Marie Haller-Nevermann

# »Mehr ein Weltteil
als eine Stadt«

Berliner Klassik um 1800
und ihre Protagonisten

Marie Haller-Nevermann

# »*Mehr ein Weltteil als eine Stadt*«

## Berliner Klassik um 1800 und ihre Protagonisten

Galiani Berlin

MIX
Papier aus verantwor-
tungsvollen Quellen
FSC® C083411
www.fsc.org

Verlag Kiepenheuer & Witsch, FSC® N001512

1. Auflage 2018

Verlag Galiani Berlin
© 2018, Verlag Kiepenheuer & Witsch, Köln
Umschlaggestaltung: Manja Hellpap und Lisa Neuhalfen, Berlin
Umschlagmotiv: © Porträts auf dem Cover; Heinrich Kleist, Rahel Varnhagen,
Wilhelm von Humboldt, E. T. A. Hoffmann
Abbildung: Schauspielhaus Berlin um 1825, Stich von Friedrich Thiele, © bpk
Foto der Autorin: © Jan Konitzki
Das Titelzitat stammt von Jean Paul
Lektorat: Wolfgang Hörner
Gesetzt aus der Whitman
Satz: Buch-Werkstatt GmbH, Bad Aibling
Druck und Bindung: CPI books GmbH, Leck
ISBN 978-3-86971-113-3

Weitere Informationen zu unserem Programm finden Sie
unter www.galiani.de

*Für Nora*

# Inhalt

# 1. Berlin als Künstler- und Gelehrtenrepublik: Großstädtische Bürgerkultur um 1800

Wenn von den »Klassikern« die Rede ist, dann richtet sich der Blick nahezu reflexhaft nach Weimar, auf Goethe und Schiller, auf die »Weimarer Klassik«, die zu einem Kulturmythos geworden ist. Aber »Klassisches« gab es in den Jahrzehnten um 1800 nicht nur in Weimar. In diesem Buch wird der Blick auf eine bisher weitgehend ignorierte Phase der kulturellen Blüte in Deutschland gelenkt: auf die »Berliner Klassik«. Unbestreitbar ist Weimar der Olymp der klassischen deutschen Literatur. Eine genauere Betrachtung der Kulturlandschaft in Deutschland in den Jahrzehnten vor und nach 1800 zeigt jedoch, dass in derselben Zeit auch die preußische Haupt- und Residenzstadt Berlin mit herausragenden Kulturleistungen aufwarten kann. Da sie auf allen Ebenen des Kunstverständnisses und der Gelehrtheit höchsten Wertmaßstäben entsprechen, legitimieren sie den Begriff der »Berliner Klassik«. Hier folge ich einem Forschungsprojekt »Berliner Klassik. Großstadtkultur um 1800« der Berlin-Brandenburgischen Akademie der Wissenschaften unter der Leitung von Conrad Wiedemann. Die Arbeit der Wissenschaftler hat zu der Erkenntnis geführt, dass es irreführend, ja falsch ist, den Höhepunkt der deutschen Kultur um 1800 auf den Raum Weimar/Jena zu beschränken. Neben den vielen kleineren Zentren, die zu unterschiedlichen Zeiten ihren Glanz entfalten,[1] hat Deutschland vor allem zwei herausragende Zentren, Weimar und Berlin.[2] Bei dieser herausfordernden These kann es nicht um einen qualitativen Vergleich gehen, sondern um eine Gegenüberstellung der unterschiedlichen Strukturen. Die Phase der Hochkultur in der preußischen Hauptstadt Berlin lässt sich annähernd datieren auf die Zeit zwischen 1786 (Todesjahr Friedrichs des

Großen) und dem Wiener Kongress 1815 (Beginn der Restaurationszeit).

Die Weimarer Klassik mit ihrem Viergestirn Goethe, Schiller, Wieland und Herder besticht durch Konzentration und Tiefe, ihre Schwerpunkte sind die Dichtung, die Philosophie und die Ästhetik. Demgegenüber bringt die Berliner Klassik in der sich entwickelnden ersten Großstadt Deutschlands auf erstaunlich vielen Gebieten kulturelle Neuerungen und Höhepunkte hervor und hält der Weimarer mindestens die Waage. Die von Berliner Künstlern und Gelehrten ausgehenden Impulse umfassen sowohl Literatur, Theater und ästhetische Theorie als auch die Bereiche Kunst, Bildhauerei, Musik und Architektur, sie erstrecken sich zudem auf eine moderne Staatslehre und den gesellschaftlichen – heute würden wir sagen den zivilgesellschaftlichen – Diskurs. Rückblickend gesehen wirken sie sogar ›moderner‹ als die Weimarer Anstöße.

Den Persönlichkeiten, die die Epoche in Weimar/Jena vor allen geprägt haben – neben Goethe, Schiller, Herder, Wieland auch bedeutende Frauenfiguren wie Anna Amalia, Charlotte von Stein, Sophie Mereau oder Johanna Schopenhauer[3] –, kann man als »Parallel- und Gegenentwurf« (Conrad Wiedemann) die Berliner Geistesgrößen gegenüberstellen: Moses Mendelssohn, Lessing, Christoph Gottlieb Nicolai, die Brüder Wilhelm und Alexander von Humboldt, Karl Philipp Moritz, Heinrich von Kleist, E. T. A. Hoffmann, Carl Gotthard Langhans, Karl Friedrich Schinkel, August Wilhelm Iffland, Johann Gottfried Schadow, Carl Friedrich Zelter, Ludwig Tieck und Wilhelm Heinrich Wackenroder oder auch die Königin Luise, Henriette Herz, Rahel von Varnhagen, Caroline von Humboldt und Bettina von Arnim. Dem großen Weimarer protestantischen Theologen und Dichter Johann Gottfried Herder steht in Berlin der protestantische Theologe, Philosoph und Staatstheoretiker Friedrich Schleiermacher gegenüber. Während in der Kleinstadt Weimar ein Musenhof, also das elitäre höfische Leben den Ton angibt, sind in Berlin republikanische Tugenden angesagt: in den berühmten Salons, die den Bürgern wie auch dem Adel die Türen für den künstlerischen und intellektuellen Austausch öffnen und einen neuen gesellschaft-lichen Stil pflegen; im Nationaltheater auf dem Gendarmenmarkt als einem der zentralen, für alle Gesellschaftsschichten offenen Treffpunkt; in den Königlichen Akademien der Wissenschaften und der Künste, in denen Gelehrte und Künstler zum Diskurs über ihre Werke aufrufen; in der Sing-Akademie zu Berlin, wo Bürger und Ad-lige, Männer und Frauen zum ersten Mal in der Welt im gemischten Chor gemeinsam singen.

Wenngleich die Erscheinungsformen dieser »deutschen Kultur-blüte« um 1800 in Berlin und Weimar in ihrer Struktur also durch-aus unterschiedlich sind, so handelt es sich insgesamt um ein der Aufklärung verpflichtetes Zeitalter der ästhetischen Ideale, um eine Revolution des Geistes, um Kunsterfahrung als Anleitung nicht nur zum Verstehen, sondern auch zum bewussten Gestalten der Welt. Die singuläre Rolle Johann Wolfgang von Goethes wie auch die von Friedrich Schiller soll dabei nicht infrage gestellt werden. Beider nicht unbegründeter zeitgenössischer Machtanspruch, das Oberge-stirn der deutschen Geisteselite sein zu wollen, dem dann später, im 19. Jahrhundert nur allzu gern stattgegeben wurde, bricht sich aber an der Vielfalt der exzellenten Kunst- und Geistesschaffenden, die das klassisch-romantische Berlin aufzubieten hat.

Dieses Buch stellt die problematische Dominanz des Begriffes der »Weimarer Klassik« infrage, insbesondere, wenn die deutsche Klassik schablonenhaft mit ihr gleichgesetzt wird. Bis heute fehlt in der breiteren Öffentlichkeit eine angemessene Auseinanderset-zung mit anderen Zentren – insbesondere aber mit der eminent vielfältigen und interessanten »Berliner Klassik«. Dieses Buch versucht, dem zu begegnen. Die urbane Kulturphysiognomie der preußischen Hauptstadt soll über ihre wichtigsten Repräsentan-ten gewürdigt, analysiert und dokumentiert werden. Das Ziel ist eine Epochenrekonstruktion; dieses Zeitalter und seine wichtigs-ten Protagonisten sollen in das kulturelle Gedächtnis zurückgeholt werden. In Anbetracht der Komplexität der Berliner Kulturland-schaft um 1800 wäre ein Vollständigkeitsanspruch allerdings illu-sorisch, weshalb das vorliegende Buch nur beispielhaft einige der wichtigsten Protagonisten und ihre bedeutsamsten Beiträge vorstellen wird. Bevor dies geschieht, richtet sich in gebotener Kürze ein vergleichender Blick auf Weimar. Erst in dieser Gegenüberstellung hebt sich das Spezifische der Potentiale der beiden Kulturstädte scharf konturiert ab. Diese Konfrontation eines provinziellen mit einem urbanen Kulturprojekt schärft zum einen den Blick für die spektakulären Leistungen in beiden Zentren der deutschen Klassik. Sie ermöglicht darüber hinaus die Reflexion der typischen Muster, die eine Kanonisierung generiert und bis heute fortgeschrieben haben.

Weimar, die Haupt- und Residenzstadt von Thüringen, hat in der Zeit um 1800 rund 6000 Einwohner.[4] Das Schloss, als Zentrum der armen Stadt, dient seit dem 16. Jahrhundert als Stammsitz der Ernestiner, einer Linie des deutschen Fürstengeschlechtes der Wettiner. Wohlstand gibt es nur bei Hofe, eine wohlhabende städtische Mittelschicht gibt es nicht, 58 % der Bewohner leben unter dem Existenzminimum.[5]

Seit 1741 werden die Herzogtümer Sachsen-Weimar und Sachsen-Eisenach in Personalunion regiert, 1809 werden sie unter Herzog Carl August formell im Herzogtum Sachsen-Weimar-Eisenach vereinigt, 1815 erhält es den Status eines Großherzogtums. Erster Landesherr des vereinten Landes Sachsen-Weimar-Eisenach war der despotische und verschwenderische Ernst August I., der Bauherr des Schlosses Belvedere bei Weimar. Als er 1748 stirbt, ist sein 1737 geborener einziger Sohn Ernst August Constantin gerade elf Jahre alt. Von schwächlicher Konstitution und krank, wird er ab 1755 nur drei Jahre regieren und 1758 im Alter von 20 Jahren sterben. Mit kaum 18 Jahren hat er 1756 die zwei Jahre jüngere Prinzessin Anna Amalia von Braunschweig-Wolfenbüttel, eine Nichte des preußischen Königs, geheiratet, ihre Mutter ist eine Schwester Friedrichs des Großen.[6] Mit Anna Amalia »kommt ein Stück aufgeklärtes Preußen in die Stadt an der Ilm.«[7] Ein Jahr später bringt die Herzogin ihren ersten Sohn, Carl

August, zur Welt und erfüllt damit die dynastischen Erwartungen, den Erhalt der männlichen Linie des sonst vom Untergang bedrohten Herrscherhauses der ernestinischen Linie des Hauses Wettin. Nach einem weiteren Jahr – da ist sie mit 19 Jahren gerade Witwe geworden – kommt der zweite Sohn, Friedrich Ferdinand Constantin, zur Welt. Nach dem frühen Tod ihres Mannes 1758 übernimmt Anna Amalia 1759, seiner testamentarischen Verfügung entsprechend, als Herzoginmutter die Regentschaft des Landes Sachsen-Weimar-Eisenach. Sie erhält dafür die (damals notwendige) Zustimmung der Kaiserin Maria Theresia und wird unterstützt von ihrem kompetenten und integren Minister Jakob Friedrich Freiherr von Fritsch. Anna Amalia wird bis zu ihrem Tod 1807 Witwe bleiben. Die hochgebildete Herzogin widmet ihr Leben der Kunst, der Literatur und vor allem der Musik. Sie wird eine geschätzte Komponistin, sie gründet nach dem Vorbild der – ihr seit ihrer Kindheit vertrauten – Wolfenbütteler Herzog-August-Bibliothek die noch heute weltbekannte Anna Amalia Bibliothek,[8] die Goethe 35 Jahre lang leiten wird[9]. Großen Wert legt sie auf die Erziehung ihrer beiden Söhne. Als Prinzenerzieher holt sie neben anderen 1772 den Dichter Christoph Martin Wieland nach Weimar, der seit 1769 an der Universität Erfurt lehrt. Sie ernennt ihn zum herzoglichen Hofrat und sichert großzügig seinen Lebensunterhalt. Der klugen und kunstsinnigen Anna Amalia gelingt es zudem, weitere große Geister nach Weimar zu holen, so zum Beispiel den großbürgerlichen Mäzen und Verleger Friedrich Justin Bertuch, der das *Journal des Luxus und der Moden* herausgibt. Er wird ein enger Vertrauter des Herzogs und dessen Finanzverwalter werden und das wichtigste Mitglied im Weimarer Stadtrat. Sie kann den Schriftsteller und Literaturkritiker Johann Karl August Musäus gewinnen, den Lyriker und Übersetzer Karl Ludwig von Knebel und den Juristen und Schriftsteller Friedrich Hildebrand von Einsiedel.

Am 3. September 1775 übergibt Anna Amalia nach sechzehnjähriger Regentschaft die Regierung an ihren nunmehr achtzehnjährigen Sohn Carl August. Im gleichen Jahr 1775 heiratet Carl August die gleichaltrige Prinzessin Luise aus Darmstadt. Im Februar 1783 wird der Thronfolger Carl Friedrich geboren.

Im November 1775 kommt Goethe nach Weimar und mit ihm gelangt stürmische Bewegung in das kleine ärmliche Städtchen. Der damals erst 26 Jahre alte, durch seinen Briefroman *Die Leiden des jungen Werthers* berühmt gewordene Autor folgt einer Einladung des acht Jahre jüngeren Herzogs Carl August von Sachsen-Weimar-Eisenach, der ihn 1774 in Frankfurt aufgesucht hat, weil er ihn kennenlernen wollte. Wie schon sein früh verstorbener Vater, will auch Carl August einen Beitrag leisten für die Kultur und Kunst des kleinen und machtlosen Herzogtums. Der Herzog erwartet, dass der aus einem wohlhabenden und hochgebildeten Frankfurter Patrizierhaus stammende Goethe Glanz, Geld und Kultur in das verarmte Weimar bringt. Der dem Bürgertum entstammende Goethe hingegen, ein ausgebildeter Jurist, erhofft sich über den Hof- und Staatsdienst Ansehen und weitere Karrierechancen. Nur zu gut weiß er, wie sehr hierarchisches Denken und mehr noch die gesellschaftliche Stellung den eigenen Einfluss im höfischen, kleinteilig-überschaubaren Weimar lenken. Schon bei der ersten Begegnung am Hof gewinnt Goethe ganz und gar das Herz des jungen, vaterlos aufgewachsenen Herzogs und zunehmend auch das Wohlwollen der Herzoginmutter Anna Amalia. Sie entzieht dem bisherigen Vormund und Erzieher Wieland ihr Vertrauen und überträgt die Erziehung Goethe. Als dieser dann die Bekanntschaft der Charlotte von Stein, einer Hofdame Anna Amalias, macht, festigt sich sein Bestreben, in Weimar zu bleiben. Goethes dauerhaft getroffene Wahl ist eine klare Entscheidung gegen seine städtische Herkunft. Frankfurt wird er nur noch ganz selten aufsuchen. Der 1782 nobilitierte und zum Minister ernannte Immigrant wird fürstlich bezahlt: »Nach dem Freiherrn von Fritsch erhält er mit tausendzweihundert Talern das höchste Jahresgehalt im Staat.«[10] Als Weimarer Minister wird er dafür sorgen, dass der erst dreißig Jahre alte Theologe und Dichter Johann Gottfried Herder 1776 als Generalsuperintendent, als Mitglied des Kirchenrates und als erster Prediger an die Stadtkirche St. Peter und Paul zu Weimar berufen wird.

Er wird damit jene Trias schaffen, die die Voraussetzung dafür ist, dass der Arzt, Dichter, Philosoph und Historiker Friedrich Schiller im Oktober 1799 mit seiner Familie von Jena endgültig nach Weimar übersiedelt. Spätestens jetzt tritt Weimar glanzvoll in die Literaturgeschichte ein. In den wenigen Jahren bis zu Schillers Tod 1805 entfaltet sich die Mitte der neunziger Jahre begonnene intensive Zusammenarbeit von Schiller und Goethe und wird zum Kern der Weimarer Klassik.

Als Kleinstadt kann Weimar um 1800 nicht isoliert betrachtet werden. Das 22 Kilometer entfernte Jena mit seiner 1558 gegründeten traditionsreichen Universität ist das geistige Hinterland von Weimar. Auf den engen wissenschaftlichen und kulturellen Zusammenhalt beider Städte hat Goethe selbst hingewiesen, wenn er Ende 1825 davon spricht, dass er »bis auf den heutigen Tag noch immer Jena und Weimar wie zwey Enden einer großen Stadt anzusehen habe, welche im schönsten Sinne geistig vereint, eins ohne das andere nicht bestehen könnten«.[11] Die Salana (heute Friedrich Schiller-Universität) gewinnt unter Carl August und seinem (Kultus-)Minister Goethe an Einfluss. Auf dessen Betreiben wird Schiller hier 1789 Professor, 1794 wird Johann Gottlieb Fichte berufen und 1796 Friedrich Wilhelm Joseph Schelling, ab 1801 lehrt Friedrich Hegel hier – die Salana wird zum Zentrum der deutschen idealistischen Philosophie (alle drei gehen übrigens später nach Berlin). Darüber hinaus ist Jena ein Zentrum der literarischen Romantik. Hier leben um diese Zeit die Brüder August Wilhelm Schlegel mit seiner Frau Caroline und Friedrich Schlegel mit Dorothea (der Tochter von Moses Mendelssohn), Ludwig Tieck, Clemens Brentano und Friedrich von Hardenberg (Novalis). In Jena, wo Goethe zeitweilig über Wochen lebt, erholt er sich von der steifen Atmosphäre des Weimarer Hofes. Er findet dort die wissenschaftliche Anregung, die ihm in Weimar fehlt, vor allem zu Fragen der damals unterentwickelten Naturwissenschaften, die er fördert. Hier schließt Goethe den Freundschaftsbund mit Schiller. Hier pflegt er den Kontakt mit den Romantikern.

Schiller und Goethe unterscheiden sich in ihrem politischen

Denken. Der konservative Goethe, der 1792 seinen Herzog in den Krieg gegen das revolutionäre Frankreich begleitet, wünscht nur eines: dass wenigstens in Deutschland die alte Ordnung erhalten bleibe.[12] Eine demokratische Bewegung, gar von der Masse getragen, stößt bei Goethe auf tiefe Reserve. Er fürchtet den »Aufstieg der Massenkräfte«, diese erscheinen ihm »unheimlich, gefährlich und destruktiv, eine eigentlich geistige Kultur kann für ihn nur in einer ›aristokratischen Bildungsschicht‹ lebendig sein«.[13] Die Französische Revolution verwirft er theoretisch und praktisch von ihren Anfängen an. Jede Form der Gewalt lehnt er zutiefst ab. Goethe setzt auf Evolution.

Schiller wie auch Herder hingegen sind anfangs glühende Verfechter der Ideale der Französischen Revolution. Die Ermordung von Ludwig XVI. am 21. Januar 1793 empört sie dann aber zutiefst. Beide werden erst durch die Schrecken der Guillotine und durch die Diktatur der Jakobiner zu Gegnern der politischen Kämpfe in Frankreich. Mit seinen Briefen *Über die Ästhetische Erziehung des Menschen* versucht Schiller, eine umfassende theoretische Antwort auf die Französische Revolution zu geben, kritisch und doch Frankreichs Idealen verpflichtet. Schiller denkt europäisch. Sein politisches Bekenntnis formuliert er in der Audienzszene des 1787 uraufgeführten Dramas *Don Karlos*. Zweimal weist Marquis Posa das Angebot König Philipps, in freier Wahl einen Posten am Hofe zu wählen, zurück: »Ich kann nicht Fürstendiener sein.« Posa lehnt jeden Kompromiss mit dem Despoten ab. Höhepunkt dieser Szene ist Posas Forderung nach »Gedankenfreiheit« (III/10). Das Verlangen nach »Gedankenfreiheit« erhebt Schiller als öffentliche Forderung. Er schreibt für die großen Ideen der europäischen Aufklärung und wendet sich gegen Zensur und Despotismus im eigenen Land.

Die europäische Dimension von Schillers Denken zeigt sich in allen seinen dramatischen Werken. Es fällt rasch auf, dass er kaum nationale Stoffe behandelt, sondern seine Themen und Figuren in der Geschichte der anderen europäischen Länder findet. Schon der Autor der *Räuber* hatte aus seiner republikanischen Gesinnung, seiner rebellischen, antiabsolutistischen Einstellung kein Hehl ge-

macht und bis zu seinem letzten Stück, *Wilhelm Tell,* beibehalten.
Schillers Freiheitsanspruch bezieht sich nicht allein auf deutsche
Fürstentümer oder Kleinstaaten der noch immer nicht geeinten
deutschen Nation, Freiheit wird in einer europäischen Dimension
verstanden. So wie er die Themen für seine Freiheitsdramen in
der italienischen Geschichte gefunden hat (*Die Verschwörung des
Fiesko zu Genua; Die Braut von Messina*), in der spanischen (*Don
Karlos*), in der englischen (*Maria Stuart*), in der französischen (*Die
Jungfrau von Orleans*), in der russischen (*Demetrius-Fragment*) und
schweizerischen (*Wilhelm Tell*) (die *Wallenstein-Trilogie* behandelt
den Dreißigjährigen Krieg und erfordert eine Sonderstellung),
kaum aber in der deutschen Geschichte (*Die Räuber; Kabale und
Liebe*), so verweisen auch die historischen Schriften Schillers auf
die Geschichte nicht der deutschen, sondern der europäischen
Staaten.

Auch wenn Schiller die großen Ideale der Französischen Revolution bejaht, so weiß er sich mit Goethe einig, dass erst der umfassend gebildete, sittlich gereifte Mensch befähigt ist, an einer Veränderung der gesellschaftlichen Verhältnisse zu arbeiten. Mit seinen
Dramen will er aufklären, mit seinen Briefen *Über die ästhetische
Erziehung des Menschen* will er erzieherisch zu diesem Ziel beitragen.

Verglichen mit dem nationalstaatlichen Europa fehlte in dem
noch zersplitterten Deutschland ein nationales kulturelles Zentrum. Die Weimarer Elite, sich selbst als »kulturelles Reservat« be-
greifend, reflektierte darauf, die Vielzahl der Herzog- und Fürstentümer in eine deutsche Kulturnation zu transferieren. Das konnte
nicht geschehen ohne eine Orientierung nach außen. Diese gipfelte in »nationalen und sogar europäischen Führungsansprüchen,
die um 1800 vom klassischen Weimar und idealistischen Jena erhoben wurden« (Conrad Wiedemann). Der Adressat einer solchen
»ästhetischen Erziehung« (Schiller) war nicht die Zivilgesellschaft,
sondern eine spezifische kulturelle Elite, die als Multiplikator wirken sollte. Derartige Impulse für eine moderne Weiterentwick-
lung der Gesellschaft sind aber nicht von dieser kleinstädtischen

höfischen Schicht zu erwarten, sondern viel eher von den in Berlin versammelten Philosophen, Intellektuellen und Künstlern. Die idealistische deutsche Geistesgeschichte hat es nicht vermocht, sich gegenüber den politischen Machtzentren zu behaupten. Demgegenüber war »das klassische Berlin das erste deutsche Versuchslabor urbaner Modernisierung« (Conrad Wiedemann).

Dieses Buch wird zeigen, dass die sich zur selben Zeit in Berlin vollziehende Entwicklung grundlegend andere Koordinaten insofern hat, als es sich hier im Wesentlichen um eine großstädtische Bürgerkultur handelt, also um eine nicht höfische, sozial offene Bewegung der bürgerlichen Intelligenz.

Goethes Entscheidung, sein Leben nicht in einer großen Bürger- oder Residenzstadt, sondern in einem kleinen und politisch unbedeutenden Fürstentum zu verbringen, ist die Voraussetzung für Weimars soziokulturelle Einzigartigkeit. Für ihn, für die Weimarer überhaupt, ist vor allem die Landschaft der geistige Schwingraum der klassischen deutschen Kultur. Für die Romantiker wird dann die Natur – und der Wald als Innenraum der Natur – zum deutschen Zauberwort. Für Goethe wird die Natur zu einem Ersatzheiligtum, er generiert eine eigene Naturreligiosität. In der Natur sieht er ein Modell für den universalen Zusammenhang aller Erscheinungen. Goethe begreift Weimar »ganz und gar als Landschaft«.[14] Die Stadt betrachtet er als bedrohenden Raum. Für den Historiker Schiller war mehr noch die Geschichte der wichtigste Bezugspunkt.

Das Beziehungsgeflecht zwischen dem politisch abseits gelegenen und von Goethe dominierten Kleinfürstentum Weimar und der Bürgerkultur der preußischen Hauptstadt, diese Struktur als Gesamtprojekt, ist lange ignoriert worden. Einer der Gründe für diese Ignoranz ist die Großstadt im Allgemeinen, vor allem aber die Stadt Berlin, der die Weimarer Klassiker – Schiller und auch Herder punktuell ausgenommen – mit deutlicher Distanz gegenüberstehen. Die Deutschen haben sich erst spät (1871) zu einer Nation entwickelt, sie haben jahrhundertelang in Kleinstaaten, in zer-

splitterten Fürstentümern gelebt, Metropolen und Großstädte, die
sich in den europäischen Nachbarländern entwickelten, gehörten
noch für lange Zeit nicht zu ihrem Denk- und Wunschraum. Goethes Einfluss in Weimar wird hier insofern erkennbar, als er in einer
Zeit, in der Deutschland noch nicht wie die anderen europäischen
Nationen geeint war, in genialer Weise dort ein kulturelles Zentrum geschaffen hat, wo die Macht gering und begrenzt war. Einen
Anschluss an die urbane deutsche oder gar europäische Entwicklung hat Weimar nie angestrebt. Auch dies ist einer der wesentlichen Gründe dafür, dass die Berliner Klassik als solche, dass ihr
Rang so lange nicht wahrgenommen worden ist. Goethe prädomi-
nierte mit seiner Vorstellung, dass der Ort der deutschen Kultur
die Landschaft und nicht die Stadt ist. Selbst die großen Repräsentanten der Berliner Klassik, die so viel wagten, haben das Konzept
der »nationalen Mythisierung«, der »elitären Selbstkodierung Weimars (und Jenas)« (Conrad Wiedemann) nicht angezweifelt. Auch
sie hielten Weimar für den Olymp deutscher Kultur. Die eigene
Modernität, der wegweisende Charakter der eigenen autonomen
Lebensentwürfe war ihnen trotz ihrer großstädtischen Lebensweise nicht bewusst.

Der Epoche der Berliner Klassik ist ein Zeitumbruch vorausgegan-
gen. Als Nachhall der Französischen Revolution hat sich auch in
Deutschland das Machtgefüge grundlegend verändert. Kern der
Krise am Ende des 18. Jahrhunderts ist der Zusammenbruch der alten absolutistischen Ordnung auf politischer, wirtschaftlicher, gesellschaftlicher und kultureller Ebene. Eine überall wahrnehmbare
Paralyse generiert den Wunsch nach einer grundlegenden historischen Erneuerung, politisch-gesellschaftlich formuliert: das ambitionierte Ziel weitgehender, an den Erkenntnissen der Aufklärung
orientierter Reformen, kulturell das Ziel neuer ästhetischer Koordinaten. Eine deutliche Zäsur ist der Tod Friedrichs des Großen am
17. August 1786. Unter ihm, der der französischen Aufklärung viel
näher stand als der deutschen Geisteswelt und der sich in Potsdam
sein kleines Versailles errichtete, hat sich das Berliner Großstadt-

leben vom Hofleben weit entfernt. Zudem schafft der Ausklang seiner Regentschaft Raum für eine Aufbruchsstimmung. Vorbei ist die Zeit, in der die deutschsprachige Kultur und die deutsche Sprache von dem nur Französisch sprechenden König geächtet werden. Diese Phase des Neubeginns verdichtet sich in der preußischen Hauptstadt zu einem urbanen Kulturkonzept, zu einer einschneidenden Emanzipationsbewegung, die in der kurzen glanzvollen Phase der preußischen Reformen gipfelt.

Die intellektuellen Prämissen waren dabei sowohl in Weimar als auch in Berlin vergleichbar. Hier wie dort ging es um Selbstbestimmung, um ein Individualitätskonzept, um emanzipative Forderungen, die auf den Grundüberzeugungen der Aufklärung, der Empfindsamkeit, des Idealismus basieren. Der auf Friedrich den Großen folgende König, sein Neffe Friedrich Wilhelm II. (1744–1797), setzt in Opposition zu seinem Onkel in seiner Regierungszeit von 1786 bis 1797 radikal andere Akzente.[15] Seine Grundorientierung ist, wie man an den von ihm favorisierten Künstlern sehen kann, bürgerlich inspiriert. Dennoch kam es auch in seiner Regentschaft nicht zu einem kulturellen Zusammenwirken von Hof und Bürgerkultur. Für das im Aufbruch befindliche geistige Klima der Stadt bedeutete die Verschärfung der Zensur im Jahre 1788 durch den Minister des Königs, Johann Christoph von Wöllner, einen deutlichen Einschnitt. Die Kontroll- und Überwachungsmaßnahmen vermögen es dennoch nicht, die starken neuen Impulse aufzuhalten. Diese gleichsam antithetische Politik setzen dann, mit anderen Vorzeichen, auch sein Sohn, König Friedrich Wilhelm III. und dessen Frau, die Königin Luise, fort.

Der primär militärisch groß gewordene preußische Staat sieht sich den Herausforderungen der Französischen Revolution und der Modernität des Napoleonischen Zeitalters konfrontiert. Die preußische Hauptstadt konnte sich selbst auch städtebaulich nicht mehr nur als Dynastie (über ein Schloss) und über das Militär (mit dem Zeughaus) repräsentieren, sondern zugleich als Ort der Wissenschaften (mit der Königlichen Bibliothek, den Akademien und Instituten sowie mit der 1810 gegründeten Universität), der Bil-

dung (Theater, Oper, Musik) und der Reformen (Stein, Hardenberg, Gneisenau). Die Berliner Klassik war das Gegengewicht zu
der Tradition des preußischen Militärstaates und zugleich Wegbereiter der modernen Entwicklungslinien in Berlin. Die Autonomie der Kunst (Karl Philipp Moritz), der Fantasie (Ludwig Tieck),
der Wissenschaft (Wilhelm von Humboldt), der Bildung (Friedrich
Schleiermacher) und der Lebenspläne (Rahel Levin, Heinrich von
Kleist) standen zur Disposition.»Nichts schien abgesprochen, auch
wenn man sich in der Reserve gegenüber Kirche, Staat und Hof vermutlich stillschweigend einig war.«[16] Die gelehrte und kulturaf-
fine Oberschicht Berlins um 1800 war umfangreicher als irgendwo
sonst in Deutschland. Hier war eben auch »das einschlägige Reservoir an Ministerialbeamten, Offizieren, Lehrern, Theologen,
Wissenschaftlern, Kunsthandwerkern und Künstlern, an freiberuf-
lichen Juristen, Ärzten, Unternehmern, Kaufleuten, Buchhändlern,
Verlegern und Journalisten, an Privatiers und nicht zuletzt an Gym-
nasiasten und gebildeten Frauen«[17] deutlich größer. Dieses Reservoir stellt dann auch die Bewunderer Schadows, die Leser der neu
entstehenden Literatur, das Publikum von Ifflands Nationaltheater (hier versammelte sich allerdings das ganze kulturelle Berlin),
die Gründer und die Besucher der Salons, die Chorsänger der Sing-
Akademie zu Berlin, die Repräsentanten der preußischen Reformen. In dem geistigen Berlin um 1800 vollzieht sich die kulturelle
Emanzipation der Bürgerstadt vom Hof, im Hinblick auf das Individuum bedeutet das den Gleichheitsanspruch des Untertans mit
dem Bürger. Die Künstler und Gelehrten entwickeln sich unabhängig vom Hof, sie sind nicht durch diesen protegiert. Conrad Wiedemann bringt es prägnant auf den Punkt:»Die Berliner Bürgerkultur
war nicht implantiert, sondern gewachsen, ihre Genies hatten kein
Bündnis mit der Herrschaft geschlossen, sondern blieben auf sich
gestellt, und vom ruhigen Gang ihrer Arbeit konnte keine Rede
sein, weil ihre künstlerische oder intellektuelle Freiheit nicht auf
mäzenatisch geschützter Solidarität, sondern auf dem Gegenteil,
auf offenem Streit, wechselnden Partnerschaften, Einzelgängerei
und periodischer Stadtflucht gründete.«[18] Ein großes Thema dieser

Zeit ist die bürgerliche Selbstbestimmung des Individuums; Goethes 1795/96 erschienener wegweisender Bildungsroman *Wilhelm Meisters Lehrjahre* wird gerade in Berlin gelesen als Unterweisung und Wegleitung für eine die Ich-Findung voraussetzende Bildung der Individualität, für einen autonomen Lebensentwurf.

Die Einwohnerzahl der von einer 17 Kilometer langen Zollmauer umgrenzten preußischen Hauptstadt verdoppelt sich in der Phase um 1800 von etwa 140 000 auf fast 300 000 Einwohner. Die Ringmauer umschließt 1802 ein Stadtgebiet von ca. 13,5 Quadratkilometern. Hinzuzurechnen sind im Norden die Rosenthaler Vorstadt mit ca. 4000 Bewohnern sowie verstreut um die Stadtmauer einige Mühlen, Gewerbebetriebe, Weinberge und im Westen die »Scharfrichterey« mit dem Galgen, wo im Juni 1839 die letzte öffentliche Hinrichtung stattgefunden hat. Im Südwesten der Stadtgrenze entwickelt sich westlich des Potsdamer Platzes die *Friedrichs-Vorstadt*, ein bevorzugtes Viertel wohlhabender Bürger. Entlang der Tiergartenstraße entstehen vornehme Villen und Sommerhäuser; die nahe gelegene Potsdamer Straße ist 1792 die erste preußische Straße, die zu einer mit Steinen gepflasterten Chaussee ausgebaut wird. Es war Friedrich der Große, der 1742 den nördlich der Friedrichs-Vorstadt, also noch außerhalb der Zollmauer gelegenen Tiergarten vom kurfürstlichen Jagdrevier und Wildgehege zu einem »Lustpark für die Bevölkerung« umgestalten ließ; in der Folgezeit entstehen die großen Straßen, als Schnittpunkt von acht Alleen wurde der Große Stern angelegt.[19] »1745 genehmigte der König den Ausschank von Getränken in Leinwandzelten zwischen dem ›Zirkel‹ – heute Zeltenplatz – und dem Spreeufer. Aus den Zelten wurden später Holzhütten, dann große Vergnügungslokale, die jedoch den Namen ›die Zelten‹ beibehielten.«[20]

Erst 1799 bekommt Berlin als eine der letzten Großstädte Europas Hausnummern, um das Auffinden von Personen und das Adressieren der Post zu erleichtern. Jetzt werden auch Schilder mit dem Namen der Straße an den jeweiligen Eckhäusern angebracht. Für diese Schilder ist eine goldene Schrift auf blauem Grund vor-

geschrieben. Zentrum der Haupt- und Residenzstadt ist das Stadtschloss. Hier führen die großen Straßen hin, von hier aus erfolgt
konzentrisch die städtische Expansion. Um 1800 gab es weder flie-
ßendes Wasser noch Kanalisation, es gab aber ca. 5500 öffentliche
und private Brunnen. Die Stadt wurde mit Laternen beleuchtet, die
gut organisiert gewartet wurden.[21] Berlin ist um 1800 noch keine
Weltstadt wie London mit seinen 950 000 oder Paris mit etwas über
eine halbe Million Einwohnern, aber bereits eine wachsende Großstadt, eine Metropole.

Für den deutschen Schriftsteller Jean Paul hingegen, der gerade
von Weimar nach Berlin gezogen ist, war es gleichwohl eine Weltstadt. In einem Brief vom 1. August 1800 bekannte er enthusiastisch: »Berlin ist mehr ein Weltteil als eine Stadt ...«[22]

Betrachtet man den »Neuesten Grundriss von Berlin« aus dem
Jahr 1826,[23] lassen sich innerhalb der Zollmauer folgende Stadtteile
unterscheiden: Das Zentrum bilden das südlich (also links) der
Spree gelegene Alt-Cölln (hier steht das Stadtschloss), Friedrichs-
werder, die Dorotheenstadt, die Friedrichstadt und die Luisenstadt.
Südöstlich daran anschließend liegt das bis zum Festungsgraben
reichende Neu-Cölln und im Süden die Luisenstadt. Im Nord-
Osten (also rechts) der Spree schließen sich Berlin, die Spandauer,
die Königs- und die Stralauer Vorstadt an. Eine städtebauliche Attraktion sind die drei südlich der Spree gelegenen großen Torplätze,
das Quarré (Viereck) vor dem Brandenburger Tor, später und bis
heute der Pariser Platz, das Octogon (Achteck) vor dem Potsdamer Tor, später und bis heute der Leipziger Platz, und das Rondel
(Rundanlage) vor dem Halleschen Tor, später Belle-Alliance-Platz,
heute Mehringplatz. Ein weiterer architektonischer Höhepunkt ist
der Gendarmenmarkt.

Die Berliner Bevölkerung um 1800 besteht zu rund 85 % aus Zi-
vilpersonen, ca. 15 % stellt das Militär (Offiziere, Soldaten sowie
deren Frauen und Kinder).[24]

Rund 97 % sind Deutsche, davon 2,5 % Juden. Hinzu kommen
3 % Franzosen, meist Hugenotten, und 0,3 % Böhmen, auch sie hat
Friedrich II. vormals ins Land geholt.

Die Sozialstruktur der Berliner Bevölkerung lässt sich (stark vereinfacht) folgendermaßen aufgliedern: Neben dem Hof und dem Militärstand gibt es drei soziale Gruppen. An der Spitze der städtischen Gesellschaft steht eine wohlhabende Schicht unabhängiger Bürger. Sie stellen gut 8 % der Bevölkerung. Es folgt eine mittlere Schicht mit rund einem Drittel selbständigen Handwerkern und Gewerbetreibenden und rund zwei Dritteln in der Fabrikation Beschäftigten. Frauen sind alle gewerblichen Berufe verschlossen, sie stellen beim Dienst- und Hauspersonal den größten Anteil. Die (oft arbeitslose) Unterschicht stellt gut 8 % der Zivilbevölkerung.

Der mit Abstand bedeutendste Wirtschaftszweig in Berlin ist in dieser Zeit die Textilherstellung und Textilverarbeitung. Auch weitere Branchen zeigen eine differenzierte Arbeitswelt. In den Bereichen Leder, Metall, Holz, Nahrung, Bau, Reinigung, Kunst, Papier und Druck, Steine und Erden sowie Chemie entstehen prosperierende Gewerbe- und Handwerksbetriebe. In der Folge der sich entwickelnden Industrialisierung verändert sich die Sozialstruktur der arbeitenden Bevölkerung. Die Zünfte verlieren an Einfluss, denn es entstehen größere Betriebe, in denen gelernte und ungelernte Arbeitskräfte an den Maschinen beschäftigt werden. Armutsbedingt entstehen zwangsläufig Frauen- und Kinderarbeit. Die materielle Situation der arbeitenden Bevölkerung hat sich von 1750 bis 1800 deutlich verschlechtert, bei in etwa gleichbleibenden Löhnen sind die Lebenshaltungskosten drastisch gestiegen. Bettelei und Prostitution sind sichtbare Indikatoren.

Das Stadtbild Berlins gilt um diese Zeit, also noch vor Schinkel, als durchaus schön und imposant, insbesondere das der Friedrichsund der Dorotheenstadt. Rund 30 Kirchen, die mächtige Silhouette des Stadtschlosses, repräsentative öffentliche Gebäude und elegante Wohnhäuser bestimmen den Eindruck in den Hauptstraßen der Residenz. Fabrikschornsteine fehlen um 1800 noch völlig. Nur wenige Straßen sind zu dieser Zeit gepflastert; in den Nebenstraßen und vor allem in den außerhalb des Zentrums gelegenen armen Vierteln dominieren kleine, oftmals unansehnliche Häuser, in den Straßen türmt sich Unrat, die Nachttöpfe werden in die nicht befestigten Rinnsteine der sandigen Straßen entleert. Elendsviertel, wie sie ab Mitte des 19. Jahrhunderts als Folge der Industrialisierung entstehen, gibt es noch nicht. Aber Wohlstand und elegantes städtisches Flair sind weitgehend auf die Innenstadtviertel beschränkt. August Friedrich Julius Knüppeln, ein schriftstellernder Zeitzeuge, berichtet, dass Berlin »für einen Fremden, der vom Hamburger, Schlesischen und Cottbusser Tor hereinkommt, ein klägliches Aussehen [hat], denn man findet elende gestützte Häuser, wüste unbebaute Plätze, große Misthaufen vor den Thüren, und die Bewohner tragen das Zeichen der äußersten Dürftigkeit auf ihrer Stirn. Das gilt auch von der Köpenicker Vorstadt und der Linienstraße, wo man traurige Gruppen des menschlichen Elends antrifft.«[25] Soziale Widersprüche machen auch vor der Großstadt Berlin nicht halt, auch hier kontrastieren Pracht und menschliches Elend, großer Reichtum mit Misere und Bedürftigkeit. Vergleicht man den Lebensstandard einer Hauptstadt wie Berlin mit dem einer Residenzstadt wie Weimar, so war das Leben in Weimar noch immer deutlich günstiger.[26]

Wenige Monate vor dem Ende seines kurzen Lebens reist Schiller mit seiner Frau über Potsdam nach Berlin. Mehrfach ist er eingeladen worden, vor allem von dem berühmten Schauspieler, Dramatiker und Intendanten des Berliner Nationaltheaters August Wilhelm Iffland. Er hält sich vom 1. bis zum 18. Mai 1804 in der preußischen Hauptstadt auf. Wo er auftritt, wird er stürmisch begrüßt und enthusiastisch gefeiert. Ganz und gar erstaunlich ist das umfangreiche Programm, das er trotz seines hoch gefährdeten Gesundheitszustandes absolviert. Seine Frau ist zu diesem Zeitpunkt hochschwanger mit einem vierten Kind. Im Theater führt Iffland ihm zu Ehren vier seiner Stücke auf (am 4. Mai *Die Braut von Messina*, am 6. Mai *Die Räuber*, ebenfalls am 6. Mai und auch am 12. Mai *Die Jungfrau von Orleans* und am 14. Mai *Wallensteins Tod*, hier spielt Iffland selbst die Titelrolle). Schiller nimmt teil an Konzerten in der Sing-Akademie zu Berlin, er besucht zwei Opernaufführungen, am 2. Mai Mozarts *Zauberflöte* und am 11. Mai die von ihm überaus geliebte *Iphigenie auf Tauris* des Komponisten Christoph Willibald Gluck. Er empfängt den berühmten Berliner Bildhauer und Maler Johann Gottfried Schadow oder den Maler Friedrich Georg Weitsch, beide haben ihn porträtiert. Hat er zunächst im Hotel de Russie, Unter den Linden 23, logiert, so wird er schon nach wenigen Tagen Gast in Ifflands prächtigem, von Carl Gotthard Langhans, dem Architekten des Brandenburger Tores, gebauten Haus in der Tiergartenstraße 29. Er trifft wichtige Vertreter der Berliner Kulturprominenz wie den renommierten Arzt Christoph Wilhelm Hufeland oder den Prinzen Louis Ferdinand von Preußen, den Neffen Friedrichs des Großen. Höhepunkt der Berlinreise Schillers ist eine Audienz bei König Friedrich Wilhelm III. und der Königin Luise. Zweimal empfängt das preußische Königspaar ihn und seine Frau. Am 13. Mai 1804 ist Schiller in das Charlottenburger Schloss geladen, am 17. Mai folgt eine Einladung nach Potsdam, in das Schloss Sanssouci. Die Königin ist bestens vertraut mit dem Werk Schillers, sie bezaubert ihn mit ihrem Charme, ihrer Klugheit und mit profunden Kenntnissen. Nachdrücklich bemüht sich die Königin, Schiller nach Berlin zu holen. Im Anschluss an ein Frühstück im Schloss Sanssouci kommt es zu einem Treffen mit dem Kabinettsrat Karl Friedrich Beyme, bei dem der Plan einer Übersiedlung nach Berlin beraten wird. In Absprache mit dem König bietet das preußische Kabinett Schiller ein Jahresgehalt von 3000 Reichstalern und ist zu weiteren Vergünstigungen bereit. Auch eine Mitgliedschaft in der Akademie der Wissenschaften wird erwogen. Nur allzu gern würde Schiller der Enge der Weimarer Gesellschaft entfliehen. Mehrfach hat er erwogen, mit seiner Familie nach Berlin überzusiedeln. In einem Brief vom 14. Februar 1803 schreibt er Wilhelm von Humboldt:»[...] oft treibt es mich in der Welt nach einem andern Wohnort und Wirkungskreis umzusehen; wenn es nur irgendwo leidlich wäre, ich gienge fort.« Die preußische Hauptstadt hatte bereits einige seiner Freunde und Arbeitskollegen angelockt: den Schauspieler August Wilhelm Iffland, den Arzt Christoph Wilhelm Hufeland, den Philosophen Johann Gottlieb Fichte, seinen Verleger Friedrich Gottlieb Unger oder den Komponisten Carl

Friedrich Zelter. In einem Brief vom 16. Januar 1804 teilt er Zelter mit: »Gern möchte ich mich in diesen Monaten zu Ihnen nach Berlin versetzen. Hier leben wir in einem wahren Mangel alles Kunstgenußes. Goethe befindet sich seit mehrern Wochen unpaß, Herder hat uns gar verlassen, und manche andere traurige Umstände haben sich vereinigt uns diesen Winter zu verkümmern!« Zu den »traurigen Umständen« gehören nicht nur der Tod Herders am 18. Dezember 1803, sondern auch Konflikte am Weimarer Theater und das tiefe Unbehagen an der sozialen Enge des kleinstädtischen Lebens. Sorgen bereitet ihm auch die Abwanderung bedeutender Professoren aus Jena und die dadurch bedingte Nivellierung des Niveaus der Jenaer Universität.

Schiller wird sich trotz aller Verlockungen nicht nach Berlin orientieren. Schon sein instabiler Gesundheitszustand verunmöglicht einen Umzug, vor allem aber ist es das Bündnis mit Goethe, das ihn in Weimar hält. Insbesondere jetzt erweist die tiefe Bindung ihre Tragfähigkeit. Auch versucht Goethe mit allen Mitteln, Schiller in Weimar zu halten. Aufgrund seiner kranken Konstitution hätte ihn der kulturelle Reichtum der preußischen Hauptstadt überfordert. Schiller weiß, dass er die Ruhe und Übersichtlichkeit Weimars braucht. Dennoch gesteht er am 16. Juni 1804 dem Freund Wilhelm von Wolzogen: »Ich habe ein Bedürfnis gefühlt, mich in einer fremden und größeren Stadt zu bewegen. Einmal ist es ja meine Bestimmung, für eine größere Welt zu schreiben, meine dramatischen Arbeiten sollen auf sie wirken, und ich sehe mich hier in so engen kleinen Verhältnissen, daß es ein Wunder ist, wie ich nur einiger maaßen etwas leisten kann, das für die größere Welt ist.« In der kurzen Zeit, die ihm bis zu seinem Tod am 9. Mai 1805 bleibt, wird er an dem Fragment bleibenden Drama *Demetrius* arbeiten und *Phèdre* (Phädra) von Jean Racine ins Deutsche übertragen.

Goethe hat sich allen Einladungen zum Trotz konsequent geweigert, Berlin aufzusuchen.[27] Er war nur einmal und höchst unfreiwillig im Mai 1778 für vier Tage in der preußischen Hauptstadt, weil der Herzog Carl August ihn ersucht hat, ihn zu begleiten. Bemerkenswerterweise trifft er bei den Kurzbesuchen, die er dort

absolviert hat, weder den Verleger und Schriftsteller Friedrich Nicolai (der ihm unsympathisch war) noch den großen Philosophen
Moses Mendelssohn. Trotz des deutlichen ihm entgegengebrachten
Interesses verhält er sich reserviert, bleibt verschlossen, unzugänglich, ablehnend. Er erlebt Berlin als Zumutung, der er sich bei seiner Rückkehr durch einen schönen, die Seele reinigenden Schlaf[28]
entledigt. »Berlin [...] taugt Goethe nicht als Erfahrung«, Berlin
bleibt ein »Schreckbild.«[29] »Das bedeutet die Entscheidung für die
Idylle gegen die Geschichte und für die Natur gegen die Stadt. [...]
Es ist zugleich die Entscheidung für die Bildung gegen das Zeremo-
niell, für den Konventikel gegen die Gesellschaft und dementsprechend für den Musenhof gegen den politischen Hof.«[30] Auch die
damaligen Weltstädte London, Paris oder Petersburg haben Goethe
nie interessiert.

Goethes Großstadtskepsis, sein bis zur Ablehnung gefestigtes
Desinteresse an der preußischen Residenz, wird sich nicht wandeln. Am 4. Dezember 1823 spricht Goethe, mittlerweile in seinem
75. Lebensjahr, mit Eckermann über Berlin und bemerkt: »Es lebt
aber, wie ich an allem merke, dort ein so verwegener Menschenschlag beisammen, daß man mit der Delikatesse nicht weit reicht,
sondern daß man Haare auf den Zähnen haben und mitunter etwas grob sein muß, um sich über Wasser zu halten.«[31] Im Gegensatz zu Weimar hat es im damaligen Berlin in einem noch nie da
gewesenen Ausmaß Optionen für individuelle Lebensformen gegeben. Es gab Wahlmöglichkeiten für den persönlichen Umgang, das
Metier, den Wohnsitz, den Stil, die Denkweise. Vor allem Goethe,
aber auch Schiller errichten gleichsam eine Festungsmauer um die
eigene hohe Literatur und: gegen die profane Pluralität der offenen
Stadtgesellschaft. Dennoch lässt Goethe sich genauestens über das
kulturelle Leben in Berlin informieren. Einer seiner wichtigsten
Informanten ist der Komponist und Dirigent Carl Friedrich Zelter,
der große Förderer und Leiter der Sing-Akademie zu Berlin.

Die kaum überbrückbare Diskrepanz zwischen dem Weimarer Musenhof und einer pluralen großstädtischen Gesellschaft lässt sich

auch an den Konflikten zwischen Goethe und dem Aufklärer und Dichter August von Kotzebue (1761–1819) ablesen. Dieser ist in Weimar geboren und dort aufgewachsen. Schon seit seiner frühesten Jugend ist er ein theaterbesessener Bühnenautor. Nach einem bewegten Leben vor allem in Russland und Estland, nach Aufenthalten in Paris und Wien kehrt er im Sommer 1801 nach Weimar zurück. Hier legt sich der damals weltbekannte, weit gereiste und erfolgsverwöhnte Vielschreiber mit Goethe an, was ihm schlecht bekommen soll.[32] Der hochgebildete, der Weimarer Hofgesellschaft entstammende Kotzebue bringt eine für die damalige Zeit singuläre Stadterfahrung mit, seine aufklärerische Grundhaltung und sein Auftreten signalisieren moderne Urbanität. Er ist außerordentlich kommunikativ, seine Dramen und Komödien wollen weder belehren noch theoretisieren, sie wollen aufgeklärt unterhalten und richten sich an ein Massenpublikum. Die zwischen Animosität und Feindschaft schwankende Beziehung des berühmten Sohnes der Stadt zu dem zwölf Jahre älteren Goethe erklärt sich aus dessen Weigerung, Kotzebue nach dem erfolgreichen Abschluss des Jurastudiums ein Amt in Weimar zu geben. Immer wieder hatte Kotzebue sich versteckt über die Weimarer belustigt, Goethe hat ihn deshalb abblitzen lassen. Immerhin hat dieser Affront dazu geführt, dass der junge Advokat nicht im kleinstädtischen Weimar hängengeblieben ist, sondern Welterfahrung sammeln konnte. Als Kotzebue dann nach Weimar zurückkehrt, ist er der meistgespielte Bühnenautor seiner Zeit, er ist beim damaligen Publikum weitaus beliebter als Goethe und Schiller. Das schafft Verwirrung. Die kränkende Behandlung des Heimkehrers durch Goethe, mithin ein persönlicher Konflikt ist der Hintergrund für die Entstehung einer bösen Satire. Im Winter 1801/02 schreibt Kotzebue das Theaterstück *Die deutschen Kleinstädter*, es ist bis heute eines seiner bekanntesten Werke. Goethe habe ihn zu übermütig beleidigt, als dass er ganz still dazu schweigen könne, schreibt Kotzebue 1803 in einem Brief an den Weimarer Schriftsteller Karl August Böttiger. Man trifft sich immer zweimal, hat der damalige Theaterliebling der Epoche wohl gedacht und in *Die deutschen Kleinstädter* die Spießbürger und ihre

Titelsucht parodiert und subtil die Verklärung der Provinz und den hohen Ton von Goethes 1796/97 entstandenem Kleinstadt-Epos *Hermann und Dorothea* karikiert. Der Weimar-Immigrant Goethe liefert hierin »das ultimative Hohelied und der Weimar-Emigrant Kotzebue wenig später die ultimative Travestie auf den Geist der Kleinstadt«.[33] Dies hat das damalige Publikum sehr wohl verstanden. Der Gegenschlag des tief getroffenen Goethe gipfelte 1803 in der über den Herzog erreichten Verbannung Kotzebues aus dem Herzogtum Weimar. Seiner Bürgerrechte beraubt, geht dieser daraufhin nach Berlin und gibt die nicht zuletzt gegen Goethe gerichtete Zeitschrift *Der Freimüthige oder Berlinische Zeitung für gebildete, unbefangene Leser* heraus. Goethe, damals Leiter des Weimarer Theaters, kommt allerdings nicht umhin, »den ungeliebten, teils verhaßten Kotzebue immer wieder auf den Spielplan zu setzen: Mit 638 Aufführungen von 87 Stücken ist Kotzebue in Goethes Zeit als Theaterdirektor vor Iffland mit 31 Stücken und weit vor Goethe und Schiller der in Weimar am häufigsten aufgeführte Autor.«[34] Kotzebue wird zur damaligen Zeit weltweit, das heißt in Paris wie in Sibirien, in Nord- und in Südamerika, gespielt. Er ist also, um Goethes Wort aufzugreifen, »Weltliteratur«, wenn auch nur quantitativ.

Die persönliche Konfrontation zwischen Goethe und Kotzebue spiegelt nicht nur die Rivalität zwischen Provinz- und Großstadt. Sie lässt sich generalisieren und macht vor allem eines deutlich: die Ignoranz, mit der die Weimarer der urbanen Kulturentwicklung in Berlin begegnen. Sie haben das Potential nicht begriffen, das sich in Berlin entwickelt hat.

Weimar als kulturelles Reservat bleibt nur eine Episode. Diese ist allerdings in einer herausragenden Weise exzellent und maßgebend. Davon können sich die Leser der Klassiker und die Weimar-Besucher bis heute überzeugen. Die goldene Zeit der Weimarer Klassik findet aber keine Fortsetzung, auch wenn der große ungarische Komponist, Pianist, Dirigent und Musikpädagoge Franz Liszt (1811–1886) von 1848 bis 1860 in Weimar gelebt hat und diese Zeit als die produktivste Phase seines Lebens gilt.[35] Auch wenn der bereits unheilbar kranke Friedrich Nietzsche (1844–1900) seine letzten Lebensjahre in Weimar verbrachte und die Stadt zum Ausgangspunkt eines dubiosen Nietzschekultes wurde. Auch wenn das Bauhaus – als Inbegriff der klassischen Moderne – 1919 in Weimar von Walter Gropius gegründet wurde, bevor es dann 1925 nach Dessau umziehen musste.»An einer Neucodierung des kulturellen Potentials der Stadt bestand kein Interesse; man strebte im Wesentlichen ihre Musealisierung an«, merkt die Stadthistorikerin Annette Seemann ganz richtig an.[36] Die innovative Rolle als Ort der Wissenschaft, der Musik, der Literatur, der Kultur insgesamt, spielt seither Berlin.

Das Fundament der Berliner Klassik wird gelegt durch den Freundschaftsbund zwischen Gotthold Ephraim Lessing und Moses Mendelssohn, dem Schöpfer des modernen Judentums, dem Lessing mit seiner Figur des Nathan ein berühmtes Denkmal gesetzt hat. Beide geben den Blick frei auf das grandiose Panorama einer unvergleichlichen Kulturblüte. Historisch gab es weder vorher noch nachher ein auch nur annähernd gleichrangiges Aufgebot. In dieser Zeit bekommt Berlin ästhetisch und geistig eine neue Kontur, durch die Werke von Langhans, Schinkel, Schadow und vielen anderen entsteht das noch heute erkennbare »Spree-Athen« als Konzept und als Gestalt.

Das Gesamtnarrativ Berliner Klassik erfordert eine kurze Reflexion des Klassik-Begriffes. Der Begriff des Klassischen meint nicht das Exzellente. Die Begriffe Weimarer wie auch Berliner Klassik sind in ihrem Bedeutungshorizont an der Antike orientiert. Nicht nur die Weimarer, auch die Berliner Künstler und Gelehrten haben die Antike rezipiert. Für Goethe, wie auch für viele der Berliner Geistesarbeiter war die Romreise Glanzpunkt und Krönung des eigenen Bildungsweges und Reservoir der individuellen Leistung. Für viele Berliner erfolgte die Sozialisation über die vier neuhumanistischen Gymnasien, die Kenntnis der Antike war das Fundament jeder höheren Bildung. Hinzu kommt für viele eine Ausbildung in einer der beiden klassizistisch ausgerichteten Akademien.

Auch wenn in der folgenden historischen Rekonstruktion Einzel-
leistungen gewürdigt werden, so geht es doch immer um Berlin
als Gesamtgefüge, um die geistig-kulturelle Entität dieser Stadt in
der Zeit um 1800. Trotz der Diversität der Konstellationen und der
vielfältigen Wechselbeziehungen wird eine weitgehend chronologische Darstellung der literatur- und geistesgeschichtlichen Entwicklung versucht. Der Fokus richtet sich auf die folgenden Berliner Künstler und Intellektuellen:

Als eine der ersten Großtaten der Berliner Klassik durchbricht der
Architekt Carl Gotthard Langhans die bisher vorherrschende baro-
cke Formensprache. Er errichtet von 1789 bis 1793 das Branden-
burger Tor, das, gekrönt von der Quadriga des Bildhauers Gottfried
Schadow, noch heute als Wahrzeichen Berlin in der Welt repräsentiert. Es ist das einzige noch erhaltene der insgesamt 20 Tore, die
Einlass in die Stadt gewährten. Auf dem Gendarmenmarkt schafft
Langhans neue urbane Räume, von 1800 bis 1802 baut er dort das
Berliner Nationaltheater. In dem neu gebauten Haus wird August
Wilhelm Iffland als Intendant und als Schauspieler den Ruhm Berlins als führende Theaterstadt Deutschlands begründen. Bis heute
hat der Gendarmenmarkt die Form, die Langhans ihm einst gegeben hat (dazu Kap. 2).

Mit seinen frühklassizistischen Ausdrucksformen geht Langhans
neue Wege. Ihm kommt eine wichtige Rolle für die weitere Entwicklung der Architektur zu, nicht zuletzt bahnt er Karl Friedrich
Schinkel den Weg: Dieser mit genialen künstlerischen Fähigkeiten
ausgestattete preußische Architekt und Stadtplaner leistet einen
wichtigen Beitrag für die Herausbildung einer großstädtischen Bürgerkultur. Als Architekt des Königs und Direktor der Oberbaudeputation leitet Schinkel fast alle Bauvorhaben im Königreich Preußen. Er prägt das klassizistische Stadtbaukonzept der preußischen
Hauptstadt. Das von ihm errichtete Alte Museum zählt zu den bedeutendsten Bauwerken des Klassizismus. Einer Idee Alexander
von Humboldts folgend, realisiert er mit diesem Museum eine universelle Bildungseinrichtung für ein bürgerliches Publikum. Als er-

folgreichster und berühmtester Architekt Preußens hat Schinkel die Architekturmoderne eingeleitet und auf die folgenden Generationen bis heute einen großen Einfluss (dazu Kap. 3). Johann Gottfried Schadow gilt als der bedeutendste Bildhauer dieser Zeit. Mehr als sechs Jahrzehnte repräsentiert der in Berlin geborene und gestorbene Schadow die Entwicklung der Kunst in der preußischen Hauptstadt. Er hat Werke geschaffen, mit denen die deutsche Bildhauerkunst europäischen Rang erreicht. Seine Karriere als Hofbildhauer zweier preußischer Könige, die auch in vielen Ämtern bis hin zu seinem Jahrzehnte währenden Direktorium der Königlichen Akademie der Künste gipfelte, wäre in Weimar nicht realisierbar. Schadow ist der Sohn eines Schneiders (dazu Kap. 4).

Für den legendären Schauspieler, Intendanten und Dramatiker August Wilhelm Iffland, 1759, im gleichen Jahr wie Friedrich Schiller, geboren, wird Berlin zum wichtigsten Wirkungsort. 1796 holt König Friedrich Wilhelm II. ihn als Direktor des Nationaltheaters in die Stadt, hier wird er fortan leben. Das *Königliches Nationaltheater* genannte Haus wird unter seiner Leitung zur führenden Sprechbühne in Deutschland. 1807 fertigt Schadow eine Porträtbüste von Iffland. Iffland entwickelt die Schauspielkunst zu einer autonomen Profession und verhilft damit dem Beruf des Schauspielers zu Ansehen. Er sichert zudem durch grundlegende Reformen die eigenständige Entwicklung des Theaters in Deutschlands (dazu Kap. 5).

Die größte deutsche Stadt hat sich längst zu einem kulturellen Zentrum gewandelt. Entscheidende Impulse nicht nur für die Berliner Aufklärung, sondern auch für die Weimarer Klassik gehen von Karl Philipp Moritz aus, dessen gesamtes Werk in Berlin entstand. Hier beendet er 1790 seinen autobiographischen Roman *Anton Reiser*, der heute – als erste Selbstanalyse eines Kindheitstraumas – zur Weltliteratur zählt. Aufgrund der Originalität und Vielseitigkeit seines Werkes zählt Moritz zu den bedeutendsten Repräsentanten der deutschen Literatur- und Geistesgeschichte des 18. Jahrhunderts. Mit seinem *Magazin zur Erfahrungsseelenkunde* schuf er die Basis für eine empirische Psychologie und ist somit Vorläufer der Psycho-

analyse. Moritz entstammt ärmlichen Verhältnissen, als Militärmusiker gehört sein Vater dem vierten Stand an. Moritz' Karriereweg
vom Schriftsteller und Philosophen bis zu seiner Ernennung als
Professor an der Preußischen Akademie der Wissenschaften wie
auch der der Künste wäre in Weimar undenkbar gewesen (dazu
Kap. 6).

Der Komponist und Chorleiter Carl Friedrich Fasch hat 1791 aus
dem Berliner Bildungsbürgertum heraus die Sing-Akademie zu Berlin begründet. Mit dem Angebot eines gemischten Chores etabliert
er ein Forum der bürgerlichen Kultur, wo sowohl Kirchenmusik als
auch nichtsakrale Musik zum ersten Mal außerhalb der Kirche und
unabhängig vom Hof aufgeführt werden können. Zum ersten Mal
singen hier Männer und Frauen gemeinsam im Chor. Faschs Schüler Carl Friedrich Zelter führt dieses Werk fort, er begründet die
moderne bürgerliche Musikkultur. Die Sing-Akademie zu Berlin
hat einen bis heute andauernden Ruhm erlangt (dazu Kap. 7).

In der preußischen Hauptstadt entsteht eine ganz neue bürger-
lich-aufgeklärte Salonkultur, die von Henriette Herz begründet und
in der weiteren Entwicklung vor allem von Rahel von Varnhagen
geprägt wird. Beide sind Jüdinnen und haben den Mut, aus ihrem
orthodoxen Traditionszusammenhalt auszubrechen. In dem gelehrten, auf Emanzipation versessenen, vielseitig sich entwickelnden Berlin um 1800 öffnet auch Rahel von Varnhagen – inspiriert
durch Moses Mendelssohn – 1791/92 als Frau/als Jüdin einen Salon,
der ähnlich dem der Henriette Herz von den damaligen Berliner
Intellektuellen, Künstlern und Philosophen frequentiert wird. Adlige, Gelehrte, Künstler, Bürger – alle sind hier vertreten und geben
Zeugnis von der sich abzeichnenden Auflösung der Ständegesell-
schaft (dazu Kap. 8).

Mit der Freundschaftskonstellation zwischen dem »romantischen Dichterfürsten« Ludwig Tieck und Wilhelm Heinrich Wackenroder wird der konzeptionelle Weg in die Romantik gewie-
sen. Beide Dichter sind in Berlin geboren, ihr Werk ist von dieser
Stadt geprägt, hier sind sie gestorben. Die Krisensymptome der
Zeit finden auf eine höchst eigenwillige Art Eingang in ihr Werk.

Der durch Krankheit bedingte frühe Tod Wackenroders setzt seiner Dichtung ein jähes Ende. Tieck hingegen kehrt immer wieder nach Berlin zurück. Er bleibt der Stadt verbunden, hier schreibt er irisierende Werke. Sein Berliner Frühwerk entsteht in der Umbruchzeit um 1800, es ist gekennzeichnet durch das urbane Bewusstsein der Spätaufklärung. In seiner Auseinandersetzung mit Friedrich Nicolai und Iffland schreibt er zeitdokumentierende Berlinliteratur (dazu Kap. 9).

Heinrich von Kleist, der rätselhafte und geniale Einzelgänger, dieser ungeheuer kühne und moderne Dichter, ist kein Berliner von Geburt. Wenngleich er zeit seines Lebens ständig auf Reisen ist, so kehrt er doch immer wieder nach Berlin zurück. Er ist mit dieser Stadt bis hinein in seinen Tod verbunden. Die Chancen, die in einem Großstadtleben liegen, erkennend, erfindet und projektiert er die *Berliner Abendblätter* und begründet mit ihnen die erste Tageszeitung der preußischen Hauptstadt. In Berlin schreibt er eines seiner großen Stücke, hier gibt er die wichtigsten, damals vorliegenden Erzählungen heraus. Sein antiidealistisches, von deutlichem Pessimismus gezeichnetes Weltbild ist ein Gegenentwurf zur Weimarer Ästhetik. Sein Werk, in dem er wagt, mit psychischen Grenzzuständen zu experimentieren, kann man als Auftakt zur Moderne lesen, weltweit ist er einer der wirksamsten und meistgekannten deutschen Autoren (dazu Kap. 10).

Es ist der Dichter E. T. A. Hoffmann, der zum ersten Mal Berlin als Stadt ein literarisches Profil verliehen hat. Mit ihm verwandelt sich die preußische Hauptstadt in einen literarischen Ort. Das außerordentlich facettenreiche Werk Hoffmanns lässt sich allerdings nicht auf diesen Blickwinkel beschränken. Der Schriftsteller, der Komponist, der Kapellmeister, der Zeichner und der Karikaturist hat vieldimensional gewirkt; als Jurist hat er sich der Demagogenverfolgung[37] verweigert – und das alles in einem Leben von nur 46 Jahren (dazu Kap. 11).

Mit seinem Engagement für die Neuordnung des preußischen Bildungswesens hat sich der Berliner Gelehrte, Staatsmann, Schriftsteller und Sprachforscher Wilhelm von Humboldt dauerhaft in

die Kulturgeschichte Berlins eingeschrieben und der Stadt einen
bis heute richtungsweisenden Bildungsauftrag erteilt. Mit seinem
Konzept des humanistischen Gymnasiums sorgt er für eine Reform
des Schulwesens. Seinem Engagement als Minister ist es zu verdanken, dass die preußische Hauptstadt 1810 endlich ihre erste Universität bekommt. Die von Humboldt erstellte Berufungsliste der Professoren gehört zu den glanzvollsten, die jemals für eine Universität
vorgelegt worden sind. Der Kosmos der Humboldt'schen Weltaneignung ist nicht zu denken ohne seine Arbeiten zur Vergleichen-
den Sprachwissenschaft und zur Sprachphilosophie. Humboldt ist
nicht nur preußischer Reformer, sondern auch ein exzellenter Gelehrter, ein erstrangiger Sprachforscher (dazu Kap. 12).

Ein erstes Resümee kann mit Madame de Staël formuliert werden.
In ihrem 1809 abgeschlossenen Buch *Über Deutschland* heißt es,
Berlin habe sich »zur wahren Hauptstadt des neuen Deutschlands,
des Deutschlands der Aufklärung« gewandelt.

In Berlin entwickelt sich eine Zivilgesellschaft selbstbestimm-
ter Individuen, es dominiert der Bürgergeist. Hier gibt es eine
funktionierende Öffentlichkeit. Hier herrscht eine emanzipierte
städtische Diskursethik. In der preußischen Residenz muss kein
Künstler oder Gelehrter nobilitiert oder alimentiert werden. Diese
Kriterien erfüllen um 1800 nur wenige deutsche Städte, am ehes-
ten aber Berlin, das, wie Conrad Wiedemann treffend zusammen-
fasst,»damit als erste deutsche Bürgerkultur neben die im modernen Sinn gesellschaftslosen Elite-Kulturen von Weimar und Jena«
tritt.[38] Die Berliner Kulturblüte um 1800 ist aus einer großstädtischen bürgerlichen Emanzipationsbewegung hervorgegangen, deren Repräsentanten alle auf eine jeweils eigene Art urban geprägt
sind.[39] Sie alle kennzeichnet der Mut zum Experiment, herausragende Kreativität und das Generieren einer Fülle innovativer Ideen.
Die preußische Hauptstadt, die damals zu den größten Städten Europas gehört, ist das Zentrum der Emanzipation der Juden, ihrer
Assimilation in die deutsche Kultur. Berlin ist der Ort der Haskala,
der jüdischen Aufklärung, und das Eintrittstor der Juden in die sä-

kulare Welt Westeuropas. Berlin ist zugleich der Brennpunkt einer hohen politisch-ästhetischen Diskussionskultur. Offen und höchst differenziert erörtern die Repräsentanten der Berliner Klassik die damals aktuellen Themen: die durch die Französische Revolution gebotenen Fortschrittschancen und Fehlentwicklungen, die Politik Napoleons, die Institution der Monarchie, bürgerliche Selbstbestimmung, die Gleichstellung der Juden, die aufbrechenden geistesgeschichtlichen Differenzen zwischen Klassik und Romantik, die Rolle der Frau in der Gesellschaft. Conrad Wiedemann verweist dabei auf »Wilhelm von Humboldts Herleitung bürgerlicher Selbstbestimmung aus der athenischen polis« sowie auf Karl Philipp Moritz' »Grundlegung der modernen ›Autonomieästhetik‹«. Als Mitglied der beiden Berliner Akademien hat Moritz noch vor Immanuel Kant in mehreren Publikationen die »Lehre von der Selbstzweckhaftigkeit des Schönen« dargestellt und damit eine wichtige Voraussetzung geliefert für das Kunst- und Literaturverständnis der deutschen Klassik. Seine Auseinandersetzung mit dem Unbewussten bereitete den Weg für die Werke Wilhelm Wackenroders, Ludwig Tiecks und E. T. A. Hoffmanns.

Berlin bringt Gelehrte wie Savigny oder Niebuhr und die beiden großen gelehrten Humboldt-Brüder hervor: Alexander, der mit seiner Forschungsreise nach Südamerika den grundlegenden Beitrag zu einer Weltbeschreibung leistet, und Wilhelm, der das bis heute gültige Konzept eines humanistischen Gymnasiums entwickelt, ein Gleichstellungsgesetz für die Juden geschaffen und eine vom Hof unabhängige Forschungsuniversität gegründet hat. Obwohl beide Brüder häufig auf Reisen sind, stehen sie in ständigem intensiven Austausch. Beide verbindet ein zunehmend gemeinsames Wissenschaftsverständnis. Sie wollen die bis heute wirksame Trennung von Natur- und Geisteswissenschaften transdisziplinär überwinden. In Berlin wirken Philosophen wie Hegel, Fichte, Schleiermacher, in dieser Stadt agieren bedeutende Politiker wie Friedrich Gentz, Scharnhorst oder Clausewitz und vor allem Stein und Hardenberg mit ihrem Reformwerk. Theatergrößen wie If-

fland mit seinem Konzept eines Nationaltheaters für ein bürgerliches Publikum, Musiker wie Felix Mendelssohn Bartholdy, Carl
Friedrich Fasch, Carl Friedrich Zelter, Johann Friedrich Reichardt
bereichern die Metropole. Zelters aus Bürgergeldern finanzierte
Sing-Akademie ist ein herausragendes Beispiel der neuen selbständigen stadtbürgerlichen Musikpflege. Zelter, Sohn eines Maurer-
meisters, kann als der erfolgreichste Reformer der großen Berliner
Emanzipationsjahrzehnte zwischen 1786 und 1815 gelten.[40]

Aus der preußischen Residenz ist das klassische Berlin geworden, die erste Großstadtkultur in Deutschland, hervorgebracht
durch die erste selbstbestimmte deutsche Bürgerkultur. Vor allem Schinkels Bauwerke verleihen der Stadt Schönheit und Eleganz. Der Gendarmenmarkt mit seinem Schauspielhaus, die umliegenden Kirchen, die Bauakademie, die Schlossbrücke, das Alte
Museum und die Neue Wache, die Sing-Akademie und das Kreuz-
bergdenkmal bieten einen grandiosen Anblick. Die Liste ließe sich
fortsetzen. Die Entwicklung der ersten modernen großstädtischen
Zivilgesellschaft Berlins vollzieht sich auf mehreren Ebenen: als
urbane Topographie, als Wirtschaftswachstum und als kulturelle
Emanzipation des Bürgertums. Berlin um 1800 ist, wie Conrad
Wiedemann zu Recht sagt, ein »Ideenparadies«.[41]

## 2. Brandenburger Tor und Nationaltheater am Gendarmenmarkt – das klassizistische Berlin entsteht: Der Baumeister *Carl Gotthard Langhans*

Die Französische Revolution stellt Preußen und die preußische Hauptstadt Berlin vor neue Herausforderungen und bewirkt einen Strudel grundlegender Veränderungen, sowohl auf politischer Ebene als auch in städtebaulicher Dimension. Durch die kulturelle Emanzipation vom Hof entwickelt sich Berlin, wenn auch nur für eine kurze Phase, zu einer Bürgerstadt. Diese Entwicklung ist selbst in ihrer Architektur ablesbar. Hier setzt nach dem Tod Friedrichs des Großen 1786 und dem Regierungswechsel zu Friedrich Wilhelm II. in der Baugeschichte eine stilistische Wende ein: der Übergang vom barocken friderizianischen Zeitalter zum Berliner Klassizismus. Die verspielten Formen des Rokoko weichen den klaren Linien klassizistischer Architektur. Wegbereiter dieser Entwicklung ist der Baumeister und Architekt Carl Gotthard Langhans (1732–1808), der auch das bis heute als Wahrzeichen Berlins geltende Bauwerk hinterlassen hat: das Brandenburger Tor.

Eine differenzierte architektur- oder kunstgeschichtliche Würdigung seiner Verdienste ist in Deutschland seltsamerweise noch nicht geleistet worden. Auch seine Biographie ist bis jetzt nur in Ansätzen erschlossen.[1] Dennoch weiß man einiges: Der 1732 in Schlesien geborene Langhans entstammt einer alten schlesischen Familie, viele seiner Vorfahren sind Gelehrte. Sein Vater hat in Schweidnitz ein evangelisches Gymnasium geleitet, auf dem Langhans eine hervorragende Bildung erfahren hat, zu der auch sein Vater maßgeblich beitrug. Über seine Jugend weiß man wenig.

Der Blick auf Langhans ist bis heute eingeschränkt. Erwähnung findet er meist nur als Architekt des Brandenburger Tores,[2] ein Umstand, der ob der Tatsache, dass er zwanzig Jahre lang, von 1788 bis 1808, Direktor des Oberhofbauamtes in Berlin gewesen ist, doch verwundert. Zuvor hat er es in Schlesien zu einigem Erfolg und zu Ansehen gebracht: Langhans hatte auch in seiner Heimatstadt Breslau/Wrocław einen entscheidenden Einfluss auf das Erscheinungsbild der Stadt. Kurz nach seinem Regierungsantritt holt König Friedrich Wilhelm II. 1786 die besten Baumeister nach Berlin, vor allem die Architekten Friedrich Wilhelm von Erdmannsdorff (1736–1800), Heinrich Gentz (1766–1811) und eben Carl Gotthard Langhans. Der König beteiligt ihn an allen seinen Bauprojekten und erteilt ihm zahlreiche Aufträge.

Auch das heutige, durch den Zweiten Weltkrieg stark beschädigte Stadtbild Berlins ist noch immer von einigen von Langhans geschaffenen Bauten gekennzeichnet. Die Turmspitze der Marienkirche, die Mohrenkolonnaden, die heute in der Mohrenstraße den Eingang zum Bundesjustizministerium darstellen, und das noch heute zur Charité gehörende Anatomische Theater der ehemaligen Tierarzneischule, alles Bauten aus dem Jahr 1787, sowie das Schlosstheater in Charlottenburg gehören zu den wichtigsten historischen Bauwerken in Berlin. Das Brandenburger Tor ist das einzige noch erhaltene von ehemals zwanzig Berliner Stadttoren, es gehört zu den bedeutendsten bis heute erhaltenen städtebaulichen Monumenten aus dieser Zeit. Die differierenden Angaben über die Anzahl der Tore der Akzisemauer in der kulturhistorischen Literatur erklären sich durch die unterschiedlichen Entstehungsjahre der Tore. Für den themenrelevanten Zeitrahmen der Berliner Klassik, konkret bis 1802, entstanden 14 Tore. Bis 1852 entstanden sechs weitere Tore: 1824 wurde das Potsdamer Tor, 1827 das Unterbaumtor, 1836 das Neue Tor, 1840 das Anhalter Tor, 1847 das Köpenicker Tor und 1852 das Wassertor gebaut.

Es gab »einfache Tore«, also eher schmale Durchfahrten, es gab »moderne Tore«, die letztgenannten, und es gab vier repräsentative »Schmucktore«: das Rosenthaler Tor (1788), das Oranienburger Tor (1789), das Hamburger Tor (1789) und das Brandenburger Tor (Ersatzbau von 1791).[3]

Carl Gotthard Langhans ist kein ausgebildeter Architekt. Er hat vielmehr von 1753–57 an der Universität von Halle Rechtswissenschaft, Mathematik und Kunstgeschichte studiert und nebenbei wahrscheinlich Zeichenunterricht erhalten und sich einige Grundkenntnisse im Bauwesen erworben.[4] Seinen Neigungen folgend hat er sich im Selbststudium der Antike zugewendet und sich immer grundlegender mit Architektur beschäftigt. Das Werk des deutschen Archäologen und Kunsthistorikers der Frühaufklärung, Johann Joachim Winckelmann (1717–1768), ist ihm bestens bekannt; dieser versuchte die Kunstgeschichte wissenschaftlich zu begründen und reflektierte sein enormes Wissen über die Kunst des Altertums methodisch. Die Anerkennung als Architekt gelingt Langhans 1764 mit dem Entwurf für eine protestantische Kirche im schlesischen Glogau und dann vor allem 1766 über den Bau eines privaten Palais für den Fürsten Franz Philipp Adrian von Hatzfeld in Breslau. Schon 1764 ist Langhans als Bauinspektor in den Dienst des Fürsten Hatzfeld getreten und wird von diesem alsbald mit hochrangigen Projekten betraut. 1768/69 ermöglicht er Langhans eine Kunstreise nach Italien. Hatzfeld vermittelt den jungen Bauherren wenig später an den Berliner Hof. Von dort erhält Langhans 1769 den königlichen Auftrag, das bis heute erhaltene Treppenhaus und den Muschelsaal im Schloss Rheinsberg zu bauen. Die Fassade der Glogauer Kirche gestaltete er noch im barocken Stil mit doppelten Kuppeltürmen in der Art der älteren protestantischen Kirchen Schlesiens. Auch das Hatzfeld'sche Palais im römischen Hochrenaissancestil zeigte in den wenigen Stuck-Dekorationen des Inneren Elemente des Barockstils. Und der mit einigen Rokokodekorationen versehene Saal im Rheinsberger Schloss hat noch Anklänge an den herkulaneischen und römischen Geschmack. Aber weitere Bildungs- und Kunstreisen 1775–76 nach Holland, Frankreich und England geben Langhans entscheidende Anregungen für eine neue, eigene Stilrichtung der Einfachheit und Sachlichkeit, die er dann anwendet. 1775 wird er zum Oberinspektor für das Bauwesen der preußischen Provinz Schlesien berufen. Das Studium der großen Werke des italienischen Baumeisters Andrea Palladio (1508–1580) beeinflusst den Bau eines Landsitzes in Romberg bei Breslau (1776) und die Entwürfe für zwei evangelische Kirchen in Groß-Wartenberg und in Waldenburg (1785). Auch durch verschiedene Villen und Paläste und die Zuckerfabriken in Breslau und in Hirschberg prägt er die Baugeschichte Schlesiens.[5] Seit Ende der Siebzigerjahre hat Langhans zu einem vor allem von Palladio und Winkelmann geleiteten Klassizismus gefunden.

Im Jahre 1786, Langhans ist nun schon 54 Jahre alt, holt ihn König Friedrich Wilhelm II. von Schlesien nach Berlin. Er zieht mit seiner Familie in die preußische Hauptstadt und wohnt in der Charlottenstraße 48, Ecke Behrenstraße und wird wichtigster Baumeister der Stadt, noch über den Tod des Königs hinaus. Auch sein 1781 geborener Sohn Carl Ferdinand Langhans wird später, dem Vorbild des Vaters folgend, ein namhafter preußischer Architekt werden.

Mit der preußischen Bautradition ist Langhans eng verbunden. König Friedrich Wilhelm II. schätzt den Architekten, als Auftraggeber bespricht er alle Projekte unmittelbar mit ihm. Trotz seiner Position als oberster Architekt des Königs wird Langhans dennoch keine Repräsentations-, sondern eine Bürgerarchitektur schaffen. 1788 erfolgt die Ernennung zum Direktor des Oberhofbauamtes in Berlin, Langhans erhält den Titel des Geheimen Rates. Diese 1786 neu entstandene Behörde ist mit der Leitung aller Bauaufgaben betraut, die zuvor unmittelbar dem König unterstanden haben. Als Direktor des königlichen Hofbauamtes ist Langhans für die nächsten Jahre der am besten beschäftigte Baumeister Berlins. Zudem gehört er zur Gründungskommission der Berliner Bauakademie, an der er bedeutende Architekten wie Friedrich Gilly (1772–1800) unterrichtete.

Der Vorläufer des heutigen Brandenburger Tores, das auch Tiergarten-Tor genannt wurde, stammt aus dem 17. Jahrhundert. Durch dieses Stadttor, an dem die schon zu dieser Zeit prächtig angelegte Straße Unter den Linden endete, gelangten die Berliner in den Tiergarten. Der damalige Park war nicht mehr vergleichbar mit der

1742 von Friedrich dem Großen in Auftrag gegebenen und von Georg Wenzeslaus von Knobelsdorff (1699–1753) angelegten Gartenlandschaft, er war vielmehr ein vor den Toren der Stadt gelegenes Waldgebiet, das bis zum Charlottenburger Schloss reichte.

Für das Stilempfinden der damaligen Zeit, aber auch für die Rezeption der Antike bis zum heutigen Tag hat Johann Joachim Winckelmann den geistigen Orientierungsrahmen vorgegeben, als er in seiner epochalen Schrift von 1755, *Gedanken über die Nachahmung der Griechischen Werke in der Malerei und Bildhauerkunst*, die »edle Einfalt und stille Größe« der griechischen Meisterwerke bewundert und daraus die Erkenntnis zieht: »Der einzige Weg für uns, groß, ja, wenn es möglich ist, unnachahmlich zu werden, ist die Nachahmung der Alten.«[6] Auch das zweite große Werk Winckelmanns, die 1764 erscheinende *Geschichte der Kunst des Altertums*, findet europaweite Beachtung. Die ebenso von Langhans gesuchte Auseinandersetzung mit der griechischen Architektur führt zu einer neuen Orientierung und wird zu einer treibenden Kraft bei der Entstehung des preußischen Klassizismus.

Winckelmanns Konzept prägte sich dem Epochenbegriff des Klassizismus ein. Im Spannungsverhältnis zum Formenreichtum des Barock kann der Klassizismus als sein künstlerisches Gegenmodell verstanden werden. Klassizistische Architektur orientierte sich seit dem späten 18. Jahrhundert an Einfachheit und Strenge der Form.

Unter den Repräsentationsansprüchen der königlichen Residenz wird auch eine Neukonzeption des Stadttores erwogen. Wieder ist Friedrich Wilhelm II. der Initiator, im Revolutionsjahr 1789 beauftragt er Langhans, ein neues Tor zu errichten.

Dem Baustil seiner Zeit entsprechend gilt das Interesse des Baumeisters nicht der Tradition der römischen Triumphbögen, Langhans wählt ein anderes klassisches Ideal als Vorlage. In einer den Bau begleitenden Schrift schreibt er: »Die Lage des Brandenburger Tores ist in ihrer Art ohnstreitig die schönste der Welt, um hiervon gehörig Vortheil zu ziehen, und dem Thore so viel Oefnung zu geben, als möglich ist, habe ich bey dem Bau des Neuen Thores das

Stadt-Tor von Athen zum Modelle genommen.«[7] Er hat die Propyläen vor Augen, die Eingangshalle der Akropolis in Athen. Für die Athener Bürger war es das »Tor«, das sie von der Unterstadt in die Höhe, in den Tempel führte. Damit schafft Langhans die Voraussetzung für die neue Formensprache des Frühklassizismus. Er nimmt in seinen Arbeiten die Stilelemente vorweg, die für die Epoche der klassizistischen Architektur maßgeblich werden. Diese orientiert sich weitgehend am Formenkanon des griechischen Tempelbaus. Langhans lehnt das klassische Tor des militärischen Sieges ab, er möchte es umdeuten und konzipiert sein »griechisches Tor« als ein Monument des Friedens, als ein Friedenstor, das es bis zu Beginn des 19. Jahrhunderts, bis zum Sieg über Frankreich auch blieb. In der oben genannten Schrift heißt es ferner: »Die auf der Attique stehende Quadriga stellet den Triumph des Friedens vor, das darunter angebrachte Basrelief bedeutet den Schutz der gerechten Waffen, welchen sie der Unschuld leisten.« Über die Architektur setzt Langhans hier also ein erstes Zeichen für die Entwicklung der preußischen Hauptstadt zu »einer Stadt der Kultur und des Geistes in athenischer Tradition«.[8] Der Friedensidee entsprechen auch die Figuren- und Reliefplastik.

Was also ist das gesellschaftspolitische Narrativ des Brandenburger Tors?

Nachdem das bisherige Stadttor abgerissen worden ist, führt eine bewachte Umgehungsstraße für lange Zeit an der königlichen Baustelle vorbei. Der das Tor kennzeichnende Sandstein wird aus dem in der Nähe von Dresden gelegenen Pirna geholt; kostensparend werden außerdem fast eine Million Ziegelsteine verbaut.[9] 1791 erklärt Langhans nach zweijähriger Arbeitszeit den Bau des neuen Tores für abgeschlossen. Nun wird der König um eine feierliche Eröffnung ersucht. Da dieser nicht in der Stadt weilt, wird das Tor am Abend des 6. August 1791 ohne Feierlichkeiten dem Verkehr übergeben, und ohne Anwesenheit des Königs.

Erst 1793, zwei Jahre nach Fertigstellung, wird die weithin sichtbare, die Attika des Tores krönende Quadriga hinzugefügt. Dieses Viergespann entsteht nach Entwürfen des genialen Berliner Graphikers und Bildhauers Johann Gottfried Schadow (1764–1850), dem das 4. Kapitel des vorliegenden Buches gewidmet ist. Die Quadriga gilt als sein Meisterwerk. Angefertigt wird sie von dem Potsdamer Kupferschmied Emanuel Jury. Der als »deutscher Horaz« bezeichnete Dichter Karl Wilhelm Ramler (1725–1798) entwirft – vermutlich sogar in Zusammenarbeit mit dem König – das allegorische Bildprogramm für das Tor. Die Fertigstellung der Skulpturen dauert noch bis 1794.

Fast parallel zum Baubeginn des Brandenburger Tores beginnt in Frankreich am 14. Juli 1789 die Französische Revolution. Mit diesem Epochenereignis setzt sich auch die Berliner Bevölkerung auseinander – nach einer Phase der Akklamation breiten sich Enttäuschung und Entsetzen über den Verlauf der Revolution aus. Im Sommer 1792 zieht die preußische Armee in die Koalitionskriege gegen die Franzosen. Die rasanten historischen Entwicklungen spiegeln sich auch in dem Entwurf für die Skulpturen des Tores und ihrer Realisierung bis 1794 wider. Auf die Darstellung militärischen Auftrumpfens wird verzichtet. Karl Wilhelm Ramlers in Sandstein gefertigter Reliefzyklus stellt vielmehr die Taten des Herakles dar. Dieser Sohn des Zeus und der Alkmene ist der beliebteste Heros der Hellenen. Die Reliefplatten erzählen, wie der Held über Gewaltherrscher, Riesen und Ungeheuer siegt, sie berichten die Geschichte der Abenteuer des Halbgottes von dessen Entscheidung zu Demut und Tugend bis zu seiner Aufnahme in den Olymp. Die Heraklesfigur kann als Präfiguration des guten Herrschers gedeutet werden.

Die Zeitgenossen haben die Botschaft einer Nachbildung der »Propyläen des Perikles« von Athen verstanden. Als Athener Staatsmann hat Perikles mit dem Ausbau der attischen Demokratie eine kluge Politik betrieben, er steht für siegreiches Handeln und für Frieden. Er repräsentiert die Blütezeit Athens und mit diesem Bild eines Goldenen Zeitalters will auch Friedrich Wilhelm II. identifiziert werden. Das Sandsteinrelief in der Attika, direkt unter der Quadriga, stellt einen »Zug des Friedens« dar. Es birgt das

Geheimnis der Entstehung des Tores als ein preußisch-niederländisches Friedenssymbol: Die 1787 erfolgte Intervention Friedrich Wilhelms II. in den niederländischen Freiheitskrieg war von seiner Schwester, Wilhelmine von Oranien als gleichberechtigter Erbstatthalterin der Republik der Niederlande, politisch vorbereitet worden. In den Vereinten Provinzen der Niederlande drohte ein Bürgerkrieg. Preußen trat als diplomatischer Vermittler auf, die Patrioten wurden entwaffnet und ein Bürgerkrieg damit verhindert. Dass die Einheit der Republik wieder hergestellt wird, kann Preußen sich als Erfolg zuschreiben. Der damit verbundene Bedeutungszuwachs soll mit dem Bau des Brandenburger Tors gekrönt werden. Es erzählt die Geschichte des preußischen Königs Friedrich Wilhelm II. und ebenjener Schwester, Wilhelmine von Oranien, allegorisch dargestellt in der Figur des Herakles und der Friedensgöttin Eirene.[10] Er symbolisiert ein im Frieden gedeihendes Staatswesen, das Raum geben kann für das Erblühen der Künste und Wissenschaften. Von zentraler Bedeutung ist auch hier die Ikonographie der Figur des Herakles: Er symbolisiert den Herrscher. Der Tugendheld dominiert das Tor und verdeutlicht damit, dass Größe und Tapferkeit Voraussetzungen für den Aufbau eines sieg- und glückhaften Gemeinwesens sind.

Stil und Ikonographie des Reliefzyklus verweisen nicht nur auf den Frieden und dessen Verteidigung, sondern auch auf den Kampf als dessen Voraussetzung. Die in 20 Tafeln unterteilte Relieffolge gehört zu den umfangreichsten bildhauerischen Arbeiten, die in der damaligen Zeit in Berlin entstanden. Besonders gut einsehbar sind die in jüngster Zeit renovierten Reliefs allerdings nicht, der Betrachter muss die Tordurchfahrten schon sorgfältig durchmessen, um sie nicht zu übersehen. Bis heute leer geblieben ist ein Inschriftenfeld auf der Tiergartenseite des Tores.

Der zentralen topographischen Bedeutung des neuen Tores entsprechen zunächst einmal seine beachtlichen Ausmaße. Es hat insgesamt eine Höhe von 26 Metern, ist 65 Meter breit und 11 Meter tief. Es besteht aus zwölf dorischen Säulen, die paarweise angeordnet sind, sodass sie Raum geben für fünf Durchfahrten. Es fällt auf, dass die in der Mitte gelegene deutlich breiter ist als die übrigen, sie war bis 1918 ausschließlich der königlichen Familie vorbehalten, während die zwei rechts und links davon gelegenen Durchgänge dem öffentlichen Verkehr der Wagen, Kutschen und Reiter sowie den Fußgängern zur Verfügung standen.

Sinn und Zweck des Stadttores sind typisch für das 18. Jahrhundert: Es erfüllt vorrangig eine fiskalische Funktion. An das Tor grenzen an beiden Seiten zwei als antike Tempel eingekleidete Torhäuser an – hier halten sich zum einen die militärischen Wachen auf, zum anderen ist in den Häusern die Akziseverwaltung untergebracht, das heißt, hier werden die eingehenden Steuern verbucht und vor allem werden Zölle erhoben. Daneben gibt es noch einige Beamtenwohnungen. Seit der Erbauungszeit nimmt von hier aus die Akzisemauer, die über vier Meter hohe Zollmauer, ihren Lauf. Ihr Umfang beträgt 17 Kilometer, als Grenzlinie schließt sie die ganze Stadt ein. Über die Besteuerung der durch das Tor eingeführten Güter wird vor allem die Armee finanziert. Das Tor ist nicht wie heute einfach passierbar, ausführliche Befragungen sind üblich, jeder Ankommende oder die Stadt Verlassende wird streng kontrolliert. Flüchtige jeder Couleur oder Deserteure sollen abfangen werden. Charles Burney, der englische Komponist und Musikhistoriker (1726–1814), hat die Visitation an der Stadtgrenze folgendermaßen beschrieben: »Ich hoffte, man würde mich ganz ruhig nach meinem Gasthof fahren lassen, weil man an dem ersten preußischen Grenzorte, Treuenbrietzen, alle meine Sachen durchsucht und mir einen Passagierzettel mitgegeben [...]. Mein Passagierzettel half mir nichts; ich musste dreiviertel Stunden vorm Tor am Schlagbaum warten, ehe ich einen Soldaten zum Hüten bekam; dieser setzte sich alsdann mit geschultertem Gewehre und dem Bajonett auf der Flinte zu mir auf den Wagen und führte mich gleich einem Gefangenen durch die Hauptstraßen der Stadt nach dem Packhofe. Hier musste ich über zwo Stunden unter freiem Himmel [...] zubringen und meinen Koffer und Schreibkästchen [...] emsig untersuchen lassen.«[11] Erst 1861 wird die Stadtgrenze am Tor aufgehoben, 1867 fällt die Zollmauer.

Bemerkenswert ist die Ausrichtung und mit ihr die Symbolik der Quadriga. Ein Viergespann kraftvoller Pferde wird angeführt von einer Frauengestalt, für die die Friedensgöttin Eirene, eine Tochter des Zeus, zwar das Modell darstellt, aber von Zeitgenossen auch mit Wilhelmine von Oranien assoziiert werden kann. Majestätisch stürmt sie mit ihrer Friedensbotschaft in die Stadt hinein.[12] Würdevoll blickt sie nach Osten in Richtung Stadtschloss. Bis zu den Befreiungskriegen ist das Brandenburger Tor ein Friedenstor. Das Konzept der Krönung des Tores mit einer von vier Pferden gezogenen, Frieden in die Stadt tragenden Göttin stellt sich in den Dienst der preußischen Militärpolitik, die den Zeitgenossen und der Nachwelt tradiert werden soll. Architektur und bildhauerische Gestaltung verweisen trotz des königlichen Auftraggebers nicht nur auf den Monarchen. Hier wird eine durch die Herausforderungen der Französischen Revolution bedingte Zurückhaltung der monarchischen Repräsentation deutlich, die dem wachsenden Selbstbewusstsein des aufgeklärten Berliner Bürgertums korrespondiert. Das dem Hof vorbehaltene Haupttor ist nur wenig größer als die anderen, das Brandenburger Tor ist »kein Fürsten-, sondern ein Bürgertor«, gedacht für Einzelne, für Spaziergänger, es gewährt den Zugang zur »freie[n] Natur vor der Stadt, in der der Bürger feierabendliche Erholung und Unterhaltung sucht«.[13] Als ein »freier und lichter Durchgang von der Natur in die Stadt und umgekehrt« ist das Brandenburger Tor der Gegenentwurf zu einem Triumphtor nach römischem Vorbild zum Durchmarsch für Heere oder Armeen. Diese »griechische Version von Berlin ist, erstaunlich für Preußen, nicht dem Staat, kaum der Nation, sondern der Stadtgesellschaft zugedacht«,[14] betont Conrad Wiedemann. Als Ausdruck stadtbürgerlichen Lebens findet der Bürgercharakter des Tores auch schon bald seinen literarischen Ausdruck. In seinem *Ritter Gluck* aus dem Jahre 1809 erzählt E. T. A. Hoffmann: »Der Spätherbst in Berlin hat gewöhnlich noch einige schöne Tage. [...] Dann sieht man eine lange Reihe, buntgemischt – Elegants, Bürger mit der Hausfrau und den lieben Kleinen in Sonntagskleidern, Geistliche, Jüdinnen, Referendare, Freudenmädchen, Professoren,

Putzmacherinnen, Tänzer, Offiziere u. s. w. durch die Linden, nach dem Tiergarten ziehen.«

1806 muss das Tor dann allerdings einen Durchmarsch ganz anderer Art verkraften. Im Oktober wird die sonst so siegreiche preußische Armee in der Doppelschlacht von Jena und Auerstedt von Napoleon vernichtend geschlagen. Am 27. Oktober 1806 marschiert der siegreiche Franzose mit seiner Armee durch das Brandenburger Tor in die preußische Hauptstadt ein, die Stadt wird lange besetzt bleiben. Mit dem Ziel, zum Ruhme seiner Grande Nation in Paris für das Volk ein Kunstmuseum seiner Kriegstrophäen einzurichten, raubt Napoleon auch die Quadriga und lässt sie nach Paris schaffen. Fast acht Jahre steht das Brandenburger Tor nun ohne Schadows Kunstwerk da – ein schmachvoller Anblick für die Berliner. Sieben Jahre wird die Quadriga in Paris bleiben, sie wurde dort öffentlich nie gezeigt. Erst 1814, nach der Niederlage Frankreichs 1813 in der Völkerschlacht bei Leipzig, kehrt die Quadriga in einem Siegeszug nach Berlin zurück. Doch bevor die Berliner Bevölkerung sie stürmisch begrüßen kann, wird sie zunächst im Jagdschloss Grunewald restauriert: Die Figuren werden repariert und der Stab der Friedensgöttin zum Siegeszeichen umdekoriert. Nach einem Entwurf des preußischen Architekten, Stadtplaners, Malers, Graphikers und Bühnenbildners Karl Friedrich Schinkel (1781–1841) (siehe dazu das folgende 3. Kapitel) wird aus dem bisherigen Lorbeerkranz ein Eichenkranz, aus dem römischen ein preußischer Adler und als Krönung wird in den von der Siegesgöttin gehaltenen einfachen Blätterkranz ein von Schinkel geformtes Eisernes Kreuz eingearbeitet, das die Erinnerung an das während der Befreiungskriege als Orden verliehene Eiserne Kreuz wachhalten soll. Über dieses Ereignis vollzieht sich ein Bedeutungswandel in der Wahrnehmung der Figurengruppe. Von seinem Schöpfer Johann Gottfried Schadow ist das Pferdegespann mit der Friedensgöttin Eirene als Friedenssymbol konzipiert, jetzt sehen die Zeitgenossen in ihr vielmehr eine Viktoria, eine Siegesgöttin. Die Rückführung der Quadriga macht das Tor nach den Befreiungskriegen zu einem nationalen Symbol.

Der Platz am Brandenburger Tor erhält Ende 1814 seinen neuen, bis heute gültigen Namen. Der Pariser Platz wird aber nicht zu Ehren der französischen Hauptstadt geschaffen, sondern als Erinnerung an die Besetzung von Paris durch preußische, britische und russische Truppen.

Langhans baut 1789 auch den Gebäudekomplex einer veterinärmedizinischen Anstalt, die Tierarzneischule im ehemaligen Reuß'schen Garten an der Panke vor dem Oranienburger Tor. Herzstück dieser Anlage ist das originelle Anatomische Theater.[15] Sein Vorbild hierfür war das »antike Amphitheater mit seinen ansteigenden Sitzreihen, welche hier an Stelle einer Bühne den Seziertisch umgeben. Auf ihm wurden im Untergeschoss die Tierkadaver vorbereitet und mittels einer von Langhans konstruierten Hebevorrichtung zur Sektion hochgezogen. Von den fünf steil ansteigenden Bankreihen aus hatten die Zuschauer optimale Sicht auf das Geschehen im Mittelpunkt des Saales.«[16] Langhans errichtet die Mohrenkolonnaden in Berlin-Mitte, er wird zudem beauftragt, den Turmaufsatz der Berliner Marienkirche zu bauen. 1789 erhält er weitere Aufträge: König Friedrich Wilhelm II. lässt 1787 bis 1791 am Ufer des Heiligen Sees in Potsdam das Marmorpalais errichten. Als Architekten beauftragt er Carl von Gontard und Langhans. Dieser ist vor allem für die Innenausstattung zuständig. Das Marmorpalais, einer der bedeutendsten Bauten des Frühklassizismus, ist vollständig erhalten und seit 2017, nach jahrzehntelangen Restaurierungsarbeiten, wieder für die Öffentlichkeit zugänglich.

Friedrich Wilhelm II. beauftragt Langhans zudem mit der Errichtung einer Orangerie unweit des Marmorpalais, sie entsteht 1791–93. Er hat die geniale Idee, in diesen Bau einen Konzertsaal zu integrieren. Auch für den Park des Schlosses Charlottenburg wird Langhans verpflichtet: 1788 baut er als Aussichtsturm das Belvedere. Er erhält zudem den Auftrag zum Bau eines Schlosstheaters am Ende des westlichen Flügels. Es wird 1791 eingeweiht und hat für die Geschichte des Theaters seine Bedeutung darin, dass der König auf dieser Bühne die von Friedrich dem Großen vernachlässigte deutsche Sprache wieder pflegt, sie wird zu einem wichti-

gen Ort des zeitgenössischen deutschen Theaters. Ab 1795 bietet
der aufgeklärte Monarch Theaterbegeisterten aus dem Bürgertum
Freikarten an.[17] Beide Gebäude sind restauriert und öffentlich zugänglich. Erhalten ist auch der zwischen 1789 und 1791 von Langhans für den Prinzen Ferdinand geschaffene Tanzsaal im Schloss
Bellevue, der noch heute den Rahmen für Empfänge und Feste des
Bundespräsidenten bildet. Mag man in diesen Bauten noch Motive des römischen Barockstils und der Hochrenaissance, des gen-
uesischen Palast-Stils, des englischen Neuklassizismus und Andrea
Palladios vermischt sehen: das lebendige sinnlich-räumliche Gefühl gibt ihnen aber einen selbstständigen, die Frühklassik ankün-
digenden Wert. Einen deutlichen Einfluss nimmt Langhans auch
auf die Entwicklung der Landschaftsgärten in Brandenburg-Preu-
ßen. Beispiele seiner Gartenarchitektur finden sich noch heute im
Neuen Garten in Potsdam und rund um das von ihm geschaffene
Belvedere im Park des Schlosses Charlottenburg.

Bevor auf den von Langhans geleisteten Neubau des Französischen Komödienhauses zum Nationaltheater auf dem Gendarmenmarkt eingegangen wird, soll noch ein kurzer Blick auf ein weiteres
Großprojekt geworfen werden, das für Langhans von hohem archi-
tektonischem Erfahrungswert gewesen ist, nämlich den Umbau
der Hofoper, die ursprünglich zu Beginn der Regierungszeit Friedrichs II. 1740–1742 entstand, ein Bau von Wenzeslaus von Knobelsdorff. Nicht als Teilkomplex des königlichen Schlosses, sondern plat-
ziert auf der Hauptachse der Stadt, Unter den Linden, ist sie das
erste eigenständige Operngebäude Europas. Mit dem Kronprinzen-
und dem Prinzessinnenpalais sowie dem Zeughaus gehört die Hofoper zu den wichtigsten Repräsentationsbauten Unter den Linden.

Zu Lebzeiten Friedrichs des Großen dominierte die große italienische Oper den Spielplan der Berliner Hofoper, sie steht unangefochten im Mittelpunkt des Interesses der Hofgesellschaft. Auch
Friedrich Wilhelm II. bleibt, dem Vorbild seines großen Vorgängers
folgend, ein Interessent und Förderer der großen Oper. Die weitgehend heruntergekommene Hofoper erlebt allerdings nach Ab-

lauf des Trauerjahres für Friedrich den Großen eine neue Blütezeit. Bereits 1786 gibt König Friedrich Wilhelm II. den Auftrag zu
durchgreifenden Umbauarbeiten vor allem des Bühnenraums und
der Seitenbühnen des alten Opernhauses. Auch die Sitze und damit
die Sicht auf die Bühne sollen verbessert werden. Die Leitung wird
dem Direktor des Oberhofbauamtes, Carl Gotthard Langhans, übergeben. Die Neugestaltung des Innenraums wird dem italienischen
Bühnenmaler Bartolomeo Verona (1740–1813) übertragen. Friedrich der Große hat den aus Turin stammenden Künstler von Wien
nach Berlin geholt. In Breslau hat Langhans 1782 Erfahrungen bei
dem Bau eines Theaters sammeln können, die ihm nun helfen. Die
Wiedereröffnung der Königlichen Oper 1788 wird zu einem glanzvollen gesellschaftlichen Ereignis, das die große Zeit der italienischen Oper im ersten Jahrzehnt der Regierung Friedrichs II. in Erinnerung ruft. Der Komponist und Musikkritiker Johann Friedrich
Reichardt (1752–1814) war 1775 von Friedrich II. als Kapellmeister an den preußischen Hof berufen worden. Er erhält von Friedrich Wilhelm II. den Auftrag, für diesen Anlass eigens eine Oper zu
komponieren: *Andromeda* wird in einer aufwendigen und kostspieligen Inszenierung mit prachtvollen Dekorationen und Kostümen
uraufgeführt und mit ungeteiltem Beifall bedacht.

Auch das letzte große Bauprojekt von Carl Gotthard Langhans in
Berlin, das 1800 bis 1802 entstehende Nationaltheater auf dem
Gendarmenmarkt, erweist die Fähigkeit des Architekten, urbane
Räume zu schaffen. Dieses zweite Hauptwerk von Langhans steht
an zentralem Ort, es prägt den Stadtkern zwischen der Deutschen
und der Französischen Kirche. Für die damalige Berliner Innen-
stadtarchitektur ist das Nationaltheater von herausragender Bedeutung, diesem Bau ist aber nur eine relativ kurze Lebensdauer beschieden, er wird 1817 einem Brand zum Opfer fallen.

Langhans sieht sich vor die Aufgabe gestellt, das von Friedrich
dem Großen für den Gendarmenmarkt in Auftrag gegebene und
von den Architekten Johann Boumann d. Ä. (1706–1776) und Georg Christian Unger 1774–1776 errichtete Französische Komödien-

haus neu zu erbauen. Das alte Theater hatte noch zwischen den 1785 fertiggestellten Türmer. der Französischen Kirche und der Deutschen Kirche gestanden, also an der Charlottenstraße. In diesem alten Komödienhaus wird auch noch so lange weitergespielt, bis das neue Haus fertiggestellt ist, erst dann wird es abgerissen. Langhans setzt den Neubau um ein großes Stück zurück, das Nationaltheater dominiert jetzt den Gendarmenmarkt. Er schafft damit eine weite Platzanlage, die von drei Solitärbauten gerahmt wird. Sie wurde nie verändert, bis heute hat der Gendarmenmarkt die von Langhans entwickelte Form.

In Anbetracht der Bedeutung eines Theaters als einem öffentlichen Raum ist auch für Langhans dieser Auftrag nicht ohne konkurrierende Entwürfe zu haben. 1798 hat König Friedrich Wilhelm III. als Nachfolger des 1797 verstorbenen Friedrich Wilhelm II. den künftigen Intendanten, den Schauspieler und Dramatiker August Wilhelm Iffland (1759–1814), gebeten, ihm Ideen für einen Theaterneubau vorzulegen. Neben etlichen Entwürfen, vor allem der preußischen Baumeister Friedrich David Gilly (1772–1800) und Georg Friedrich Boumann (1737–1812) setzt sich der von Langhans durch. Ihm wird am 24. Januar 1800 der Auftrag erteilt, den Theaterneubau mit Unterstützung durch den Oberhofbaurat Moser zu realisieren. Langhans verfügt über einige Erfahrung im Theaterbau, er hat das Stadttheater von Breslau gebaut und die Modernisierung des Berliner Opernhauses sowie des Schlosstheaters in Charlottenburg erfolgreich bewältigt. Die Entwürfe für die Innengestaltung der Räume des neuen Nationaltheaters und für die Verzierung seiner Fassade stammen wieder von Johann Gottfried Schadow. Sie zeigen »eine Scene aus der Iphigenia, wie sie am Altare zu Tauris ihren Bruder Orestes erkennt; die Ankunft des Aeneas mit seinem Sohne Ascan bey der Dido; den Triumph des Bacchus, und Centauren-Gruppen, welche auf Instrumenten spielen«.[18] Die auf dem Gendarmenmarkt für alle Flanierenden einsehbaren Reliefs von Schadow stellen die Funktion des Gebäudes dar und verbinden auf diese Weise den im Inneren gelegenen Theaterraum mit dem öffentlichen Stadtraum. »Der Triumphzug des Bacchus im Tympanon auf dem Portikus bewegt sich gewissermaßen aus dem Haus heraus auf den Gendarmenmarkt.«[19]

In einer noch heute vorliegenden Abhandlung aus dem Jahr 1800[20] beschäftigt Langhans sich mit der Gestaltung von Theatersälen, vor allem mit Fragen der Akustik und Optik. Auf der Basis seiner physikalischen Kenntnisse sucht er nach der optimalen akustischen und optischen Form eines Zuschauerraums und erklärt die elliptische Form als die am besten geeignete: »In einer elliptischen Form findet keine Verwirrung der Schallstrahlen statt, weil diese Strahlen bei dem Abprallen sich nicht begegnen können, sondern nach andern Richtungen hin gebrochen werden.« Der neue Zuschauerraum des Theaters bietet »1800 bis 2000 Personen Platz. Der Konzertsaal fasst[e] einschließlich der Musiker 1000 Personen.«[21] Allein diese Zahlen können verdeutlichen, dass sich das Publikum gewandelt hat. Die bürgerliche Kultur hat sich entschieden vom Hof emanzipiert, eine autonome Bürgerkultur entfaltet jetzt ihr Potential.

Schon vor der Eröffnung sieht Langhans sich mit einer zum Teil harschen Kritik an seinem Theater konfrontiert, vor allem die Form des lang gestreckten, kastenförmigen Baus mit dem hohen gebogenen, aus Holz gefertigten Dach wird bemängelt, das dem Theater den Spottnamen »Koffer« einbringt.[22] Die Innenarchitektur findet dann doch weitgehende Zustimmung.

Gerade jenes Bohlendach[23] verdient hier noch eine erklärende Würdigung. Es ist kein ästhetischer Selbstzweck, sondern funktional konzipiert. Es umschließt einen großen Saal, den »Malsaal«, in dem die Bühnenbilder gefertigt und gemalt werden. Unter der Leitung von August Wilhelm Iffland hat hier der italienische Dekorationsmaler Bartolomeo Verona eine eigene, komfortabel ausgestattete Werkstatt erhalten. Er ist für alle Bühnendekorationen des neuen Nationaltheaters verantwortlich. Aufgrund der Höhe und Größe konnten mit Hilfe einer Vorrichtung die Bühnenbilder leicht auf die Bühne heruntergelassen und auch wieder entfernt werden. Einige der von Verona entworfenen Bühnenbilder haben sich bis heute erhalten und können in der Theaterhistorischen Sammlung des Berliner Stadtmuseums angeschaut werden. Aufgrund seines großen Ansehens ist Verona hoch bezahlt und von 1790 bis zu seinem Tod 1813 Mitglied der Preußischen Akademie der Künste in Berlin. In der *Vossischen Zeitung* vom 10. März 1803, Nr. 30 findet sich eine der seltenen Beschreibungen von Veronas Bühnenbildern, es handelt sich hierbei um die Aufführung: *Die Geisterinsel. Ein Singspiel in drey Akten, nach dem Sturm von Shakespeare; frei bearbeitet von Gotter.* Komponiert vom Herrn Kapellmeiste Reichardt: »Die Dekorationen sind in reicher blühender Phantasie empfangen und von Herrn Verona herrlich und wirksam ausgeführt. Die Grotte, der Sturm, die sanfte Gegend, darin die Rosengebüsche dem Boden so zauberisch entsteigen, das sternenhelle Blau des Nachthimmels, der Geistertanz im Hintergrunde, und das Paradies, was sich aus finstrer Nacht in einem Nu und in plötzlich hellem Tageslicht erhebt, man sieht nicht wie? – alle diese Meisterdarstellungen tragen den Namen des unerschöpflichen unermüdeten Künstlers Verona mit Ehre und Glanz. Auch sprach das Publikum seine Freude laut aus, als die letzte Dekoration alle Sinne in freudige Bewegung setzte. – Nur Ariels Wolken sind schwer, und das tobende Meer ist von zu greller Farbe. Auch verließ hie und da die Mechanik der Maschinerie den Zauberkünstler. Allerdings muss man erstaunen, wie eine Bühne, welche täglich Vorstellungen zu leisten hat, eine Vorstellung mit solchem Reichtum und in dem Grade der Vollendung geben kann, woran es sicher keine deutsche Bühne ihr gleichthut; allein, wenn an völliger Vollendung ein wenig fehlt, so muss man das Wenige geändert wünschen.«

Das Haus wird am 1. Januar 1802 in Gegenwart des Königs Friedrich Wilhelm III. und der Königin Luise eröffnet, zunächst allerdings nur der Theatersaal. Gespielt werden *Die Kreuzfahrer,* ein neues Schauspiel des populären deutschen Dramatikers August von Kotzebue (1761–1819). Der zu diesem Zeitpunkt noch im Bau befindliche Konzertsaal wird erst am 24. Februar 1803 mit der Aufführung von Haydns *Schöpfung* eingeweiht.[24] Nunmehr wird der Gendarmenmarkt das neue kulturelle Zentrum der schnell wachsenden Stadt. Wenngleich das neu entstandene Theater das damals prestigereichste Repräsentationsobjekt des Herrscherhauses ist, so wird es zugleich zu einem Erfahrungsraum bürgerlicher Selbstentfaltung und Verselbständigung. Damit wird ein Wandel im Erscheinungsbild des Hofes deutlich, der Hof separiert sich nicht mehr nur im Schloss oder in der dem Adel reservierten Oper, sondern feiert oder repräsentiert in dem weitgehend öffentlichen Raum des Theaters. Hier treffen nun Bürger und Gäste der Stadt zusammen, die normalerweise keinen Zugang zum Hof haben. Breite bürgerliche Schichten, die kulturelle Interessen und das dafür notwendige Geld besitzen, genießen und reflektieren Kultur und schaffen sich hier sowohl in den Räumen des Theaters als auch auf dem Platz ein neues, großstädtisches Forum, das es so bisher noch nicht gegeben hat. Während sich die Repräsentanten des Hofes und des Adels in den streng abgeschirmten Logen aufhalten, erobert sich das zahlungskräftige Publikum den Theatersaal wie auch den Konzertsaal. Die höfische Gesellschaft bekommt eine zunehmende Konkurrenz durch eine sich entwickelnde bürgerliche Öffentlichkeit. Die inneren Räume des Nationaltheaters und der äußere Raum des Platzes geben »gleichermaßen die Kulisse [ab] für die höfische Repräsentation des Königshauses wie für das Zusammenkommen der Stadtbevölkerung«.[25]

Die bürgerliche Konzertkultur hat sich seit der zweiten Hälfte des 18. Jahrhunderts stetig entwickelt, seit Beginn des 19. Jahrhunderts steigt damit auch der Bedarf an neuen Attraktionen für eine breite bürgerliche Hörerschicht. Das Interesse an Solokonzerten entsteht, es werden Abonnementkonzerte eingerichtet. Neben dem musikalischen Gehalt der Komposition gewinnen auch die Persönlichkeiten der Solisten immer deutlicher an Interesse. Die sich entwickelnde bürgerliche Öffentlichkeit erörtert die Qualität der Konzert- und Theaterstücke, die künstlerische Leistung der Musiker und Schauspieler. Diese Diskussionen schlagen sich nicht nur in Korrespondenzen nieder, sondern auch in den Feuilletons der neu entstehenden Tageszeitungen. In Berlin ist es die *Haude & Spenersche Zeitung* und die *Vossische Zeitung*. Vor allem diese überregional angesehene Berliner Zeitung vertritt die Positionen des liberalen Bürgertums. In der Berliner Presselandschaft nimmt die *Vossische Zeitung* eine historisch begründete Sonderrolle ein: sie ist die älteste Zeitung der Stadt. Die Berichte konzentrieren sich in den damals entstehenden Theater- und Opernrezensionen. Theaterkritiken erscheinen jetzt täglich.[26] Oper und Theater sind zu einer öffentlichen Veranstaltung geworden, getragen werden sie von einem selbstbewussten bürgerlichen Publikum. Das Berliner Nationaltheater wird zur Bühne der höfischen, vor allem aber der bürgerlichen Selbstdarstellung und damit auch zu einem Forum für die literarischen, kulturellen und politischen Debatten der Zeit. Das Nationaltheater gerät zu einem Indikator für die kulturelle Emanzipation der Bürgerstadt vom Hof. Seine entscheidende Bedeutung gewinnt es durch die Herausbildung einer Theaterkultur, die die Emanzipation des Bürgertums reflektiert (siehe dazu das 5. Kapitel über August Wilhelm Iffland). Das Berliner Nationaltheater wandelt sich um 1800 »zu einer Institution des Bildungsbürgertums.«[27] Im Gegensatz zu dem sozial weitgehend homogenen Weimarer Hof- und Nationaltheater zeichnet es sich als öffentlicher Raum aus, in dem Vertreter der verschiedenen sozialen Schichten ihre kulturellen Interessen als Zuschauer und Kritiker aushandeln.[28] Hier begegnen sich »Angehörige des Hofes, des Militärs, des Bildungsbürgertums, Künstler und Prostituierte.«[29] Diese Entwicklung hat allerdings an den Grenzen der Stadt, gar an den Grenzen des Gendarmenmarktes keinen Halt gemacht.

Am Beispiel dieses Theaterbaus wird auch Langhans' Interesse an der Theorie der Akustik und technischen Neuerungen deutlich. Nicht nur das markante, aus Holz gefertigte hohe Bohlendach, die gesamte Konstruktion des Hauses entsprach neuesten Erkenntnissen.

Durch das Ansteigen der Sitze im Theaterraum herrscht eine weitgehend ungehinderte Sicht, ferner begünstigt diese Form des Raums die Akustik. Das Schauspielhaus ist zum damaligen Zeitpunkt das modernste Theater in ganz Deutschland.[30] Die Fassade des lang gestreckten rechteckigen Baus ist mit Verzierungen nach Entwürfen von Schadow versehen. Eine von sechs ionischen Säulen getragene Vorhalle weist zum Platze hin, vier ionische Säulen wie am Schauspielhaus in Potsdam aus dem Jahr 1799 flankieren drei Eingänge auf den Schmalseiten. Stuckreliefs von Schadow mit Darstellungen antiker tragischer Stoffe (die Geschichte der Iphigenie), von Dichtern, Musen und Genien sind im Inneren an den Hauptstellen des Mezzaningeschosses eingesetzt. Das Innere bildet ein ansteigendes Parterre in elliptischer Form mit dreizehn Parterrelogen und vier Rängen, die Mitte des ersten und zweiten Ranges nimmt die Königsloge ein; nach Norden ist ein mit acht dorischen Säulen verziertes Vestibül vorgelegt. Der Vorhang war nach Schadows Entwürfen von dem Berliner Maler Johann Christoph Kimpfel (1750–1805) gemalt und stellt die drei Musen der Dichtkunst (Thalia), des Schauspiels (Melpomene) und der Musik (Polyhymnia) dar.

Unter mehreren von Langhans gestalteten Sälen wird auch der Konzertsaal mit seiner elliptischen Form mit eingebautem Orchester und Logen besonders gerühmt. Neben den beiden großen Sälen gibt es Garderoben, Ankleideräume, eine Bibliothek und eine Konditorei. Schon damals könnte man von einem Kulturhaus sprechen, hätte man den Begriff schon gekannt.

Neun Jahre nach Langhans' Tod steht am 29. Juli 1817 das von ihm erbaute Schauspielhaus in Flammen. E. T. A. Hoffmann, der schon damals bekannte Dichter der Romantik, der auch als Komponist, Zeichner und Kritiker zu den führenden Köpfen des Berliner Geisteslebens zählt (siehe dazu das 11. Kapitel), wohnt in unmittelbarer Nähe des Schauspielhauses. Von seiner Wohnung aus kann er den Brand beobachten. In einem Brief vom 15. Dezember 1817 hat er später anschaulich darüber berichtet: »Das Dach des Hauses, in dem ich im zweiten Stock wohne (Tauben- und Charlottenstraßen-Ecke), brannte bereits von der entsetzlichen Glut, die das ungeheure, brennende Bohlendach des Theaters verbreitete, und nur der Gewalt von drei wohldirigierten Schlauchspritzen gelang es, das Feuer zu löschen und das Haus sowie wohl das ganze Viertel zu retten. Ich saß gerade am Schreibtisch, als meine Frau aus dem Eck-kabinett etwas erblaßt eintrat und sagte: ›Mein Gott, das Theater brennt!‹ – Weder sie noch ich verloren indessen nur eine Sekunde den Kopf. Als Feuerarbeiter, zu denen sich Freunde gesellt hatten, an meine Türe schlugen, hatten wir mit Hülfe der Köchin schon Gardinen, Betten und die mehrsten Meubles in die hinteren, der Gefahr weniger ausgesetzten Zimmer getragen, wo sie stehenblie-ben, da ich nur im letzten Moment alles heraustragen lassen wollte. In den vorderen Zimmern sprangen nachher sämtliche Fenster-scheiben, und die Ölfarbe an den Fensterrahmen und Türen tröp-felte von der Hitze herab. Nur beständiges Gießen bewirkte, dass das Holzwerk nicht vom Feuer anging.«[31] Über die Ursachen des Brandes gibt es nur Vermutungen. Genannt werden Arbeiten an der Maschinerie, die bei ungeschütztem Licht durchgeführt wor-den sind, das unbeaufsichtigt geblieben ist.[32] Das Gebäude brennt vollständig nieder, der gesamte Fundus an Dekorationen und ein großer Teil der Kostüme werden vernichtet.

Da das Gebäude bis auf die Grundmauern niedergebrannt ist, muss es vollständig neu errichtet werden. Mit der Planung für einen Neubau wird Karl Friedrich Schinkel beauftragt. Er ist zum damaligen Zeitpunkt Geheimer Oberbaurat in der preußischen Hauptstadt. Als Nachfolger Ifflands hat sich der neue Generalinten-dant der Königlichen Schauspiele von 1815 bis 1828, Carl Reichs-graf von Brühl (1772–1837), bei Hofe für Schinkel eingesetzt. Der zum Hochadel gehörende Brühl ist aufgrund langjähriger Studien und umfangreicher Reisen durch Europa kenntnisreich und hoch-gebildet. Eine langjährige Freundschaft verbindet ihn mit Goe-the, der Brühls Interesse für das Theater geweckt und gefördert hat. Dem klassischen Ideal und dem Weimarer Theatervorbild ver-bunden, hat Brühl die Idee eines Theaters für die Nation gefördert, er will literarisch anspruchsvolles Theater machen und vor allem Goethe, Schiller und Shakespeare (1564–1616) spielen. Er muss al-lerdings bei seiner Spielplangestaltung erhebliche Zugeständnisse an den Geschmack der Berliner Hofgesellschaft machen, wofür er wiederum von der bürgerlichen Öffentlichkeit zum Teil hart kritisiert wird. In Schinkel sieht Brühl den angemessenen Architekten für die Realisierung seiner Vorstellungen. 1821 wird Schinkels Neubau mit einem Festakt der Öffentlichkeit übergeben. Wenngleich die Kubatur des klassizistischen Langhansbaus weitgehend aufrechterhalten bleibt, so erinnern heute nur noch die sechs bei dem Brand erhalten gebliebenen Säulen des Portikus an Langhans' Theater.

Stilprägend sind neben seinen Theaterbauten auch die von ihm entworfenen ovalen Festsäle mit eingestellten Säulen. Dieses Raumkonzept eines Festsaals hat Langhans in Berlin und Potsdam mehrmals wiederholt, nach einer Äußerung Schadows ist der in Form einer Ellipse gestaltete Festsaal seine »Lieblingsidee« gewesen. In Schadows Selbstbiographie heißt es: »Friedrich Wilhelm II. ließ zugleich die Wohnung der Königin, seiner Gemahlin, gelegen nach der Sonnenseite des Schlosses, stattlich dekorieren. Dies wurde ausgeführt nach den Angaben des Baudirektors Langhans, wo derselbe den ovalen Saal anbrachte, eine Form, die er mehrmals wiederholte und welche bei ihm eine Lieblingsidee war.«[33]

Langhans stirbt 1808 weitgehend vergessen in Grüneiche bei Breslau. Im Alter vereinsamt, hat er sich auf seinen dortigen Besitz zurückgezogen. Er wird auf dem Großen Breslauer Friedhof beigesetzt. Da dieser 1957 zerstört worden ist, ist sein Grab nicht mehr erhalten.

Der Architekturstil des Baumeisters Carl Gotthard Langhans hat sich während seines Lebens deutlich gewandelt. Sein Weg beginnt noch in der Barockzeit, er entwickelt einen in die Zukunft weisenden emanzipatorischen Gestus und entfaltet diesen im Klassizismus form- und stilbildend für Berlin. In seiner Architektursprache lassen sich sehr unterschiedliche Einflüsse erkennen, mehrere Stilrichtungen greifen ineinander. Langhans zeichnet sich aus durch Offenheit und enorme Kreativität, dennoch ist es ihm nicht gelungen, zu einem eigenen, in sich geschlossenen Kunstausdruck zu finden. Deutlich erkennbar ist Langhans' Bedeutung für den Früh-klassizismus und damit auch seine wichtige Rolle für die weitere Entwicklung der Architektur, nicht zuletzt bereitet er Karl Fried-rich Schinkel den Weg. Die architektonische Bedeutung des Bran-denburger Tors droht bis heute überstrahlt zu werden von dem sym-bolischen Gehalt des Tores, aber gerade seine Architektur sichert seinem Baumeister bis heute Weltgeltung. Mit dem Brandenburger Tor gelingt es dem preußischen Klassizismus erstmals, einzugehen in die architektonische Fortschrittsgeschichte, was Friedrich dem Großen mit seinem epigonalen Rokoko-Klassizismus nicht gelun-gen ist.[34]

Über Jahrzehnte ist Langhans ein bekannter und hoch geschätz-ter Architekt gewesen. Er wird gerühmt als Wiederentdecker anti-ker Baukunst. »Höchst achtbar steht dieser tüchtige Meister da in der Zeit einer neu beginnenden Kunstblüte, die er zum nicht gerin-gen Teil mit veranlasst hat.«[35] Dennoch gehört er nach 1806 auf-grund der historischen Situation schnell zu den Vergessenen. Auch Schinkels aufleuchtender Ruhm trägt dazu bei, die baukünstleri-schen Verdienste von Langhans zu überstrahlen.

Sein großes Werk, das Brandenburger Tor, ist heute in der gan-zen Welt bekannt als Symbol für Berlin als einer Weltstadt im Auf-bruch.

# 3. Klassizistische Stadtbaukonzepte: Karl Friedrich Schinkel als Architekt des urbanen Bürgertums

Der außergewöhnlich begabte Architekt, Maler und Bühnenbildner Karl Friedrich Schinkel kommt erst spät nach Berlin – doch mit ihm geht die preußische Hauptstadt den Weg in die Moderne. Schinkel wird zum prägenden Gestalter und Stadtplaner Preußens. Er wird die Schinkelschule begründen und den Klassizismus in Preußen und seiner Hauptstadt singulär entfalten. Er wird später mit seinen Projekten die Lähmung der Restaurationszeit durchbrechen – ein Prozess, der sich über Schinkels Tod 1841 bis weit in die zweite Hälfte des 19. Jahrhunderts hineinzieht.

Nach einem kurzen Einblick in die wichtigen biographischen Grundlinien und die daran gebundenen Entwürfe und Bauprojekte Schinkels will ich seine Geschichtsphilosophie veranschaulichen sowie seinen Versuch, die Höhe mittelalterlicher Kunst aufzugreifen und in dem von ihm hochgeschätzten *Gotischen Stil* aufzubewahren. Auch sein Antikenbild ist prägend für sein vielfältiges Werk. Vor dem Hintergrund dieser zentralen Linien wird Schinkels Architekturverständnis vor allem da genauer betrachtet, wo es einen Beitrag leistet für das klassizistische Stadtbaukonzept der preußischen Hauptstadt, für die Berliner Klassik.

Schinkel wird am 13. März 1781 in einem Pfarrhaus in Neuruppin im Land Brandenburg geboren.[1] Sein Vater Johann Cuno Schinkel ist Superintendent bei der Hauptkirche, als evangelischer Geistlicher leitet er den Neuruppiner Kirchenkreis und ist zugleich Schulinspektor. Mit nur sechs Jahren verliert Schinkel den Vater, als dieser am 25. Oktober 1787 nach einem Großbrand in Neuruppin an einem schweren Lungenleiden stirbt, das er sich bei den Rettungsarbeiten zugezogen hat. Die Stadt fällt dem Brand fast völlig zum Opfer. Der frühe Verlust des Vaters hat Schinkels Kindheit und Jugend zweifellos geprägt. Seine Mutter Dorothea, eine Neuruppiner Kaufmannstochter, zieht wenige Jahre später mit ihren fünf Kindern nach Berlin, »woselbst die Mutter noch mehr Gelegenheit für [die] Ausbildung der Kinder zu finden hoffte«, wie Schinkel in seiner knappen *Selbstbiographie* aus dem Jahr 1825 berichtet. Schinkel ist jetzt 14 Jahre alt. Ab 1794 besucht er bis 1798 das renommierte Berliner Gymnasium zum Grauen Kloster, das er in der Obersekunda verlässt. Über seine Kindheit und vor allem über seine Jugend ist bis heute wenig bekannt. Erst in späteren Jahren hat er Tagebuch geführt und einen umfangreichen Briefwechsel hinterlassen. Dann aber hat er Hunderte Kontakte gepflegt und ist auch über Berlin hinaus bestens vernetzt gewesen. Eine Autobiographie hat Schinkel allerdings nicht geschrieben. In seiner nur wenige Seiten langen, für den 12. Band des von Friedrich Arnold Brockhaus 1825 herausgegebenen Konversations-Lexikons verfassten *Selbstbiographie* geht er mit wenigen Worten auf seine Kindheit und dann auf die Anfänge seiner künstlerischen Entwicklung ein. Gleich zu Beginn stellt er sich in seinem 44. Lebensjahr in aller Klarheit als erfolgreicher, hoch ausgezeichneter »Königlich Preußischer Geheimer Oberbaurat« dar.

1825 ist er genau da angekommen, wo er hinwollte, sein Lebensplan hat sich erfüllt. Als Leiter der preußischen Bauverwaltung in den Jahren nach den Befreiungskriegen war Schinkel in erster Linie Beamter, als Architekt des Königs war er in das Geschehen bei Hofe und in der Baubehörde fest eingebunden. Hier war sein Hauptwirkungsbereich. Welche Konsequenzen hat der Blick des königlichen Baubeamten auf die Entwicklung eines eigenen Stils? Wie schafft es Schinkel, zum bedeutendsten Architekten Preußens zu werden? Wer sind die Adressaten seiner Bauwerke?

Ein »entschiedener Hang zur Kunst hatte sich früh bei ihm gezeigt«, schreibt er – immer in der dritten Person – von sich in seiner *Selbstbiographie*. Von Beginn seines Lebens an ist Schinkel ein »ästhetischer Mensch«.[2] Schon früh ist er sich seiner Talente bewusst, die dazu führen, dass er noch heute als erfolgreicher Maler,

Zeichner, Baumeister, Architekt, Stadtplaner, Graphiker, Bühnenbildner und Kunsttheoretiker ungeteilte Bewunderung erfährt. Mit
solidem Selbstwertgefühl ausgestattet, setzt er alles daran, seine Fähigkeiten zielgerichtet zur Entfaltung zu bringen, auch über viele
Widrigkeiten hinweg.

Schon während seiner Schulzeit scheint er sich für die Kulturan-
gebote der preußischen Hauptstadt interessiert zu haben. Öffentliche Museen, wie wir sie heute kennen, gab es damals allerdings
noch nicht; auch die Berliner Universität wird erst 1810 gegründet. Wie eine Initiation erlebt Schinkel in seinem 16. Lebensjahr
den Besuch einer Ausstellung in der Königlich-Preußischen Akademie der Künste im Jahre 1797. Hier werden Entwürfe gezeigt für
ein Denkmal Friedrichs des Großen, unter ihnen der von Friedrich
Gilly. Dieser stellt das Modell eines sakralen Tempelbezirks aus, der
von einem dorischen Tempel gekrönt wird. Schinkel ist überwältigt
von diesem Werk (das nie gebaut worden ist). Hier erfährt er den
tiefgreifenden Impuls, Künstler, genauer, Architekt werden zu wollen. In dem Entwurf von Friedrich Gilly, dem Sohn des renommierten preußischen Architekten und Stadtplaners David Gilly (1748–
1808), wird Schinkel, der sich bisher nur mit der Geschichte der
Kunst beschäftigt hat, zum ersten Mal und ganz unmittelbar mit
dem Werk eines zeitgenössischen Berliner Künstlers konfrontiert,
der in seiner Nähe lebt, der sogar für ihn erreichbar wäre. Kurz
entschlossen verlässt er 1798 direkt vor der Matura das Graue Kloster und bewirbt sich bei Gilly und dessen Sohn Friedrich um einen
Ausbildungsplatz. Der 17-jährige Schinkel, der schon während seiner Berliner Schulzeit mit dem Zeichnen und Malen begonnen hat,
wird zugelassen und bekommt bei ihnen eine umfassende Ausbildung. 1799 wird Schinkel in den ersten Jahrgang der neu gegründeten Bauakademie aufgenommen, hier studiert er bis 1800 und
erweitert vor allem sein theoretisches Wissen. Er besucht zudem
Vorlesungen der Kunstgeschichte an der Königlich-Preußischen
Akademie der Künste. 1799 gründet Friedrich Gilly eine »Privat-
gesellschaft junger Architekten«, die er als Weiterbildungseinrich-
tung konzipiert; Schinkel tritt gleich ein. Während seiner Ausbil-

dung kann er im Hause der Gillys in der Taubenstraße 16 wohnen. Zunächst ist der neun Jahre ältere Friedrich Gilly Schinkels Lehrer, aber schon bald entwicke_t sich zwischen den beiden noch sehr jungen hochbegabten Architekten eine tiefe Freundschaft. Sie wird durch den frühen Tod Gillys 1800 jäh beendet, der in seinem 28. Lebensjahr an Tuberkulose stirbt. Im gleichen Jahr verliert Schinkel seine Mutter. Er ist nun für viele Jahre allein, ganz auf sich gestellt. In einem Testament hat Friedrich Gilly verfügt, dass der noch keine 20 Jahre alte Freund die von ihm begonnenen Arbeiten vollenden solle – für Schinkel stellt das eine enorme Herausforderung dar.

Wenn er dem Auftrag seines Freundes, der 1798 als Professor an die neugegründete Bauakademie berufen worden war, gerecht werden will, muss er als Künstler einen inneren Standpunkt finden und sein Können vervollkommnen. In seiner *Selbstbiographie* hat Schinkel die Beziehung zu Friedrich Gilly als »innigste Freundschaft« dargestellt. Die Bürde des durch den Tod bedingten Auftrags vermag er kaum zu tragen. »Dieses Verhältnis gründete nach seinem eigenen Bekenntnis zuerst bei ihm eine gewisse rastlose Thätigkeit, der er späterhin, da sie ihm zur Natur geworden, vieles zu danken hatte«, betont er in seiner *Selbstbiographie*.[3] Sein Leben lang wird Schinkel sich abarbeiten an dieser inneren Verpflichtung. Noch 1804 schreibt er auf seiner Italienreise in einem Brief an den alten David Gilly, der ihm ein Vaterersatz gewesen ist, von der Bedeutung des verstorbenen Freundes für seine Entwicklung. Er bekennt, »daß für jedes Glück, was mir bis jetzt in meiner Laufbahn begegnete und was in Zukunft vielleicht noch meiner wartet, nur von ihm her der erste Samen fiel; daß ein unauslöschliches Dankgefühl immer in meinem Herzen leben und mich an den Schöpfer dessen, was ich bin, erinnern wird«.[4]

Nach dem Tod des Freundes erfährt Schinkel auf seinem beruflichen Weg Unterstützung nicht nur durch David Gilly, sondern auch durch den erfahrenen, hoch angesehenen Berliner Architekten Heinrich Gentz (1766–1811). Unter ihrer Leitung erfüllt er mehrere Aufträge. Gentz ist Mitbegründer der Bauakademie und hat Schinkel als Professor dort unterrichtet. Er schätzt den Zwanzigjährigen und vermittelt ihm weitere Bauaufträge. Schinkels setzt seine theoretischen Studien an der Bauakademie bis 1802 fort. Als erstes eigenes Bauwerk entwirft er den 1801 ausgeführten kleinen Pomonatempel auf dem Potsdamer Pfingstberg. Er orientiert sich dabei an den Formen der griechischen Tempelarchitektur.

Nach mehreren weiteren Arbeiten erfüllt Schinkel sich einen lang ersehnten Wunsch: Mit zweiundzwanzig Jahren bricht er im Frühjahr 1803 über Dresden, Prag und Wien zu einer ersten Reise nach Italien auf. Er reiht sich ein in die große Zahl der Künstler, die es in das Licht des Südens zieht. Durch seine intensiven kunsthistorischen Studien der klassischen Baukunst ist er bestens vorbereitet. Sein Hauptinteresse gilt der antiken Architektur, mit der ihn seine Lehrer an der Bauakademie, Johann Georg Sulzer (1720–1779) und Aloys Hirt (1759–1837), vertraut gemacht haben. In Italien wird sich sein Interesse vor allem auf die griechische, kaum auf die römische Antike richten und auf die frühe mittelalterliche Architektur Italiens. »Er entdeckte die so schlicht zwischen Antike und Christentum vermittelnde Form der einfachen Basilika und die handwerkliche Pracht der mittelalterlichen Hausteinarchitektur der Dome von Pisa und Mailand. [...] Auf dieser Reise muß sich mit dem tiefen Eindruck der Dome von Wien, Prag und Mailand für Schinkel auch die Welt der Gotik in besonderer Weise mit dem Streben nach einem höheren baumeisterlichen Ideal verbunden haben«, schreibt sein Biograph Andreas Haus.[5] Fast zwei Jahre wird Schinkel sich in Italien aufhalten, das Land von Nord nach Süd bereisen und in Tagebuchaufzeichnungen, ausführlichen Briefen, Zeichnungen und Aquarellen seine Erfahrungen festhalten.[6] Die außerordentliche Bedeutung dieser Reise für seinen beruflichen und künstlerischen Werdegang zeigt sich in der umfangreichen Mappe von Zeichnungen und Gemälden höchster Qualität. Sie werden vielfach zu Vorlagen für spätere Bauwerke. Er reist über Istrien, Venedig, Padua, Ferrara, Bologna nach Florenz, Siena und

Rom. 1804 reist er nach Neapel und Sizilien, besucht Messina, Taormina, den Ätna und Syrakus. Besonders in Sizilien studiert er die griechische Vergangenheit. Die Rückreise tritt er über Florenz, Pisa, Genua und Mailand an. Ausführlich äußert er sich in Briefen über italienische Architektur. Seine stupende Meisterschaft zeigt sich beispielsweise in einer kolorierten Zeichnung des Mailänder Doms,[7] die jeden Betrachter staunen lässt über sein herausragendes Talent, das ihn befähigt, auch ohne jeden professionellen Mal- oder Zeichenunterricht dergleichen zu produzieren. Schon in dieser Zeit gehen in seinen Bildern die Dimension der Malerei und die der Architekturzeichnung eine so enge Verbindung ein, dass Maler und Architekt kaum mehr zu unterscheiden sind. In einem Brief klagt Schinkel über römische Künstlerfreunde, »welche mich gegen meinen Willen und meine Bestimmung mehr als Landschaftsmaler [denn] als Architekt beurteilen«.[8] Auch wenn Schinkel sich vorrangig als Architekt sieht, bleiben beide Disziplinen auch in seinem weiteren Leben in dieser Symbiose das Kennzeichen seiner Arbeit. Vor allem im Süden Italiens, in Sizilien, hat Schinkel die »sarazenische Architektur« studiert, so nennt er dem Zeitgeist entsprechend die Kunst und Architektur des dortigen Mittelalters, das 200 Jahre lang von den Arabern beherrscht wurde. Und er hat viele Kontakte knüpfen können. Die für ihn wichtigste Begegnung ist zweifellos 1803 in Rom die mit Wilhelm von Humboldt (1767–1835) gewesen, der dort als preußischer Gesandter im Vatikan tätig ist. Schon in den ersten Begegnungen kann der zweiundzwanzigjährige Schinkel Humboldt für sich gewinnen, dessen hohe Wertschätzung und Unterstützung wird ihm sein Leben lang erhalten bleiben. Beide begegnen sich in der Gedankenwelt des deutschen Idealismus, in dessen Denkraum auch Schinkel inzwischen tief verankert ist. Sie bewegen sich damit in dem Menschen- und Weltbild, dem auch die Philosophie und Literatur der Zeit verhaftet ist.

Humboldts Wohnsitz im Palazzo Tomati in der Via Gregoriana gilt zu dieser Zeit als gesellschaftlicher Mittelpunkt Roms. Gemeinsam mit seiner Frau Caroline fördert Humboldt die in Rom lebenden deutschen Künstler und bietet ihnen ein Zentrum des geistigen

Austausches. In diesem Kreis lernt Schinkel den deutschen Maler Christian Gottlieb Schick (1776–1812) kennen, mit dem ihn eine bleibende Freundschaft und künstlerische Nähe verbindet. Schick, der in Paris im Atelier des französischen Historienmalers Jacques Louis David (1748–1825) eine Ausbildung auf höchstem handwerklichem Niveau erhalten hat, führt Schinkel an die Ölmalerei heran, während dieser den Malerfreund in die Kunsttheorie einführt. Während seiner Italienreise beginnt Schinkel mit der professionellen Arbeit an Farbgemälden, auch hier stellt er höchste Ansprüche an sich.

Über Paris kehrt er im Frühjahr 1805 nach Berlin zurück. Nun wäre der Zeitpunkt gekommen, dass er sich in seiner Profession hätte entfalten müssen. Wenn es in seiner *Selbstbiographie* lapidar heißt:»Die Verhältnisse nach dem bald darauf eintretenden unglücklichen Krieg von 1806 ließen wenig Gelegenheit fürs practische Baugeschäft«, formuliert er die verengten Verhältnisse, unter denen er fortan zu arbeiten gezwungen ist. Nach dem Sieg der Franzosen 1806 in der Schlacht bei Jena und Auerstedt besetzt Napoleon Berlin. Das alte Preußen findet sein Ende, obwohl der preußische Staat nicht aufgelöst wurde. Das Land verarmt, für größere Bauprojekte fehlt das Geld.

Nach seiner Rückkehr in die preußische Hauptstadt mietet Schinkel sich die erste eigene Wohnung in der Breiten Straße 22. Aus Mangel an Aufträgen ist er jetzt fast nur als Maler tätig. Es entstehen die ersten großen Gemälde, Darstellungen idealer mittelalterlicher Dome oder die »Antike Stadt an einem Berg« und »Aussicht vom Vesuv auf den Golf von Neapel«. Zum Gelderwerb entwirft er Möbel und Dekorationsgegenstände. In seiner *Selbstbiographie* heißt es dazu: »[Er] übte die Kunst ein wenig schon durch Entwerfen von Bauprojekten und Formen für Geschirre, Vasen, Öfen, Meubles, Bronzen, Monumenten in Eisenguß, Bronze und Stein, von denen der größte Teil unter seiner Aufsicht und Einfluss ausgeführt wurde.« Schon früh wird hier sein gestalterisches Interesse auch für alltagspraktische Gegenstände deutlich, deren Stil bis zum heutigen Tag überzeugen kann. Und er fertigt große, kreisförmige Dioramen an, rundgebaute Schaukästen, in denen er perspektivische Landschaften oder Gemälde zur Anschauung bringt. In dem von französischen Truppen besetzten Berlin stellt Schinkel in Wilhelm Ernst Gropius' *Optisch-Mechanischem Theater* am Gendarmenmarkt Panoramabilder von idealen Stadtlandschaften aus, zum Beispiel von Konstantinopel oder von Jerusalem. 1812 widmet er sich mit den sieben Weltwundern einem historischen Thema. Seinen größten Erfolg erzielt er mit einem Panorama von Palermo aus dem Jahr 1808. Gegen ein kleines Entgelt können die Berliner seine Dioramen betrachten und sie tun es mit Interesse und in großen Mengen. Er kann hierbei auf Vorarbeiten zurückgreifen, die er während seiner Italienreise angefertigt hat. Seine Maltechnik entwickelt er dabei weiter und schafft dadurch Voraussetzungen sowohl für weitere Ölgemälde als auch für künftige Architekturentwürfe und selbst für die ab 1813 entstehenden Bühnenbilder.

Deutlich wird immer wieder die architektonische Dimension seiner Kunstwerke, deren herausragende bildkünstlerische Qualität sich in allen seinen Werken fortsetzt. Da der Erfolg sich herumgesprochen hat, besucht Ende des Jahres 1809 sogar das gerade aus Königsberg nach Berlin zurückgekehrte Königspaar Schinkels Schaubilder. Auch Luise und ihr Mann, König Friedrich Wilhelm III., sind von der verzaubernden Wirkung der riesigen Schaubilder eingenommen.

Spätestens mit dem Jahr 1810 gewinnt Schinkels Lebenssituation an Bedeutung. Bereits 1809 hat er die Stettiner Kaufmannstochter Susanne Berger geheiratet, mit der er vier Kinder haben wird.[9] In seiner *Selbstbiographie* schreibt er: »Bei Rückkehr der Königlichen Familie nach dem Kriege hatte Schinkel das Glück, daß seine Entwürfe für mehrere Einrichtungen im Königlichen Palais den Beifall der Königin erhielten und nach seinen Angaben ausgeführt wurden.« Er erhält den Auftrag, die durch die Besatzungszeit verunstalteten Privatgemächer der Königin Luise im Palais Unter den Linden neu zu gestalten. Es folgt der Auftrag, auch das Schlafgemach der Königin im Schloss Charlottenburg neu herzurichten.

Schinkels Dioramen existieren nicht mehr, aber das 1810 von ihm eingerichtete Schlafzimmer der Königin Luise kann noch heute besichtigt werden. Mit dem im selben Jahr erfolgenden plötzlichen Tod der erst 34 Jahre alten Königin trifft Schinkel erneut ein schwerer Schlag. Er reagiert darauf mit dem noch heute erhaltenen Luisendenkmal in Gransee, das an die Aufbahrung der Königin ebenda erinnern soll. In dem unweit von Gransee gelegenen Schloss Hohenzieritz war sie überraschend verstorben. Auch durch Theodor Fontanes umfängliche Beschreibung dieses Denkmals in seinen *Wanderungen durch die Mark Brandenburg* erfreut es sich bis heute großer Beliebtheit. Für die Berliner Akademie-Ausstellung 1810 entwirft Schinkel dann noch ein Mausoleum für die Königin Luise, das aber nicht ausgeführt wird.

In dieser historischen Phase beginnt sich Schinkels Lebenssituation weiter zu konsolidieren. Er hat die schwierige Besatzungssituation bisher so aktiv wie möglich genutzt. Zu einem Zeitpunkt, als Preußen sich von der französischen Besatzung vorübergehend erholt, ist er nun auf der Höhe seines Könnens. Durch seine Dioramen und seine Entwürfe für Möbel und Geschirr hat er sich einen Namen gemacht, er ist bekannt als Maler, als Designer und als Architekt. Durch die Vermittlung von Wilhelm von Humboldt findet er im Mai 1810 eine Anstellung in der »neu organisierten Berliner Oberbaudeputation«, zunächst ist er für »den ästhetischen Theil der hier vorkommenden Bau-Arbeiten« zuständig,[10] dann wird er zum Geheimen Ober-Bauassessor ernannt. Er wird also Beamter im preußischen Staatsdienst.

Friedrich Wilhelm III. ist für Schinkel ein Glücksfall. Der König hat sich vor 1813 lange gegen die Forderung zahlreicher preußischer Politiker und Militärs gewandt, möglichst rasch einen nationalen Aufstand gegen die napoleonische Besatzung zu initiieren. Dabei spielt sicherlich auch die militärische Überlegenheit der Franzosen eine Rolle, die erst im Russlandfeldzug 1812/13 geschlagen wurden, aber auch die Sorge vor einer russischen Dominanz gegenüber Preußen.

Schinkel reagiert als Künstler auf das Ende des Russlandfeldzuges und den Untergang von Napoleons Grande Armée am 14. September 1812, der die Voraussetzung für die Befreiung Preußens von der französischen Besatzung ist. Ohne jemals in Moskau gewesen zu sein, malt Schinkel den »Brand von Moskau«, ein großformatiges, beleuchtetes und teilweise bewegliches Schaubild, und stellt es im Dezember 1812 im *Optisch-Mechanischen Theater* des Schaustellers Wilhelm Gropius in der Französischen Straße 43 aus. Es wird ein herausragender Erfolg, von dem am 24. Dezember in der *Spenerschen Zeitung* berichtet wird: »Man erblickt zur Linken den Kreml mit seinen vielen verschiedentlich gestalteten Türmen, vor demselben die Moskwa mit ihrer schönen auf einer Reihe gewölbten [sic!] Bogen ruhenden Brücke und, jenseits dieser, die weitgedehnte Stadt in einem Flammen-Meere. Der Effect des Feuers ist vortrefflich und fast noch schöner sind die Massen der Rauchwolken mit den Reflexen des Feuers! Der Brand wüthet an dem vom Zuschauer entferntesten Theile der Stadt, die seinem Auge näher liegenden Gegenden derselben, durch eine Menge und Mannigfaltigkeit von Thürmen ausgezeichnet, sind noch unversehrt. Auf der Brücke wogen die Menschen (kleine bewegliche Figuren) in großem Gedränge hin und zurück, und um die Einbildungskraft noch mehr in Anspruch zu nehmen, hört man während der Musik, die, auf dem Fortepiano, der Flamme gleich, wirbelt und rollt, abwechselnd Kanonenschüsse.«[11]

Bis Januar 1813 konnten die Berliner in Schinkels Panorama die damaligen historischen Ereignisse nachvollziehen. Heute existieren davon nur noch Vorzeichnungen und eine Rekonstruktion.

Im Herbst 1815 bekommt Schinkel von dem Intendanten der königlichen Schauspiele in Berlin, Carl Friedrich von Brühl, dem Nachfolger Ifflands, den Auftrag, Bühnenbilder für Mozarts *Zauberflöte* für die Premiere am 18. Januar 1816 zu entwerfen. Noch heute führt die Staatsoper Berlin in regelmäßiger Folge die *Zauberflöte* mit Kopien der erhaltenen zwölf Bühnenbilder auf. In der Folgezeit liefert Schinkel weit über hundert weitere Bühnenbildentwürfe für Opern und Schauspiele der Berliner Bühnen. Die für Mozarts *Zauberflöte* gehören zu den besten.

Erst 1813 ist Preußen militärisch konsolidiert und von der Unterdrückung durch die französische Besatzungsmacht so weit gereizt, dass Friedrich Wilhelm III. einen Befreiungskrieg beginnt. Auch im Inneren ist der Wunsch nach nationaler Befreiung unüberhörbar gewesen. Es gelingt Preußen, eine große Koalition mit Russland, Österreich und England gegen Frankreich zusammenzubringen und die Schlachten bei Leipzig und Waterloo 1813 zum Sieg zu führen. Preußen tritt damit wieder auf die europäische Bühne.

Vor diesem Hintergrund wird verständlich, warum Friedrich Wilhelm III. sich nun auch dem Aufbau Preußens und der Stadtentwicklung Berlins widmet und Schinkel zu seinem Experten macht. Der König will in den Bauten, die er in Auftrag gegeben hat, die Leitidee seiner friedenbringenden Politik ausgedrückt wissen.

In den folgenden Jahren wird Schinkel als Architekt zum künstlerischen Repräsentanten der preußischen Reformpolitik werden, in staunenswerter Schnelligkeit wird er alle repräsentativen Staatsbauten des neuen Berlin erschaffen und auch in Preußen bedeutende Werke errichten. In immer neuen Anläufen wird er versuchen, die Leitideen der Zeit in die Sprache der Architektur zu übersetzen. Nicht nur die 1810 erfolgte Gründung der Berliner Universität mit so bedeutenden Professoren wie dem Mediziner Christoph Wilhelm Hufeland (1762–1836) und dem Rechtsgelehrten Carl von Savigny (1779–1861) oder später den Philosophen Johann Gottlieb Fichte (1762–1814) und Friedrich Hegel (1770–1831) ist Zeichen der Modernisierung Preußens. Wie der Freiherr vom Stein (1757–1831), Fürst von Hardenberg (1750–1822) und Wilhelm von Humboldt eine dem zu erneuernden Staat angemessene Reform der Verwaltung und des Bildungswesens konzipieren und ab 1808 einleiten, so verleiht Schinkel diesem Staat durch seine Bauten die moderne, dem neuen Bürgerbewusstsein entsprechende ästhetische Gestalt.

Hervorzuheben ist, dass er Bauten schafft, in denen der Bürger sich wiedererkennt und in denen er eine neue Rolle ausfüllt. Parallel zu den zivilen Reformen wird der preußische Generalleut-

nant Gerhard von Scharnhorst (1755–1813) der entscheidende Or-
ganisator der Preußischen Heeresreform. Scharnhorst hatte nach
der Niederlage des alten preußischen Heeres 1806 in der Schlacht
bei Jena und Auerstedt eine neue Armee aus Wehrpflichtigen und
freiwilligen Bürgern aufgebaut und den Bürger zum idealen Ver-
teidiger seines Landes erklärt. Erst nach der Niederlage Napoleons
in Russland und während der Völkerschlacht bei Leipzig 1813 ist
der Weg frei für eine Konsolidierung Preußens und für die Hand-
lungsfähigkeit seines Herrscherhauses. Die preußischen Reformen werden fortgesetzt und die städtebaulichen Vorhaben insbesondere in und um Berlin werden forciert. Jetzt baut Schinkel in
schneller Folge seine großen Werke, die der preußischen Hauptstadt, jedenfalls in ihrem Zentrum, urbanen Glanz verleihen. Er
strebt »Strenge«, »Symmetrie« und »Einfachheit der Bauformen«
an. Entstehen wird das, was wir seither Schinkels Berliner Klassizismus nennen.

Als Dezernent der Oberbaudeputation Preußens legt er 1817
einen großen, fast die Hälfte der Stadt umfassenden Bebauungs-
plan vor. Vor allem für das Zentrum bietet er ein Konzept an, das
Altes und Neues verbindet und Einheitlichkeit schafft. Von 1816–
1818 entwirft und baut er im Auftrag des Königs zwischen dem noch
aus der Barockzeit stammenden Zeughaus[12] und der Friedrich-Wil-
helms-Universität (heute Humboldt-Universität) die Neue Wache
auf dem Boulevard Unter den Linden als Denkmal für die Gefallenen der Befreiungskriege. Auch das angrenzende Kastanienwäldchen hat es damals schon gegeben. Der König wünschte sowohl ein
Freiheits- und Nationaldenkmal wie auch ein neues Wachgebäude,
das die Überwachung des Boulevards und auch des Kronprinzen-
palais, in dem er damals residiert, gewährleistet. Nicht seine Rolle
als Kriegsherr soll in diesem Bau verherrlicht werden, sondern
die Leistung seiner Soldaten und Heerführer. Die schon 1816 bei
Christian Daniel Rauch (1777–1857) in Auftrag gegebenen Standbilder der Generäle von Bülow und Scharnhorst werden erst 1822
an beiden Seiten der Wache aufgestellt. Stilistisch vereint dieser
Bau die griechisch-klassische Form mit preußischer Bescheiden-

heit. Gebäudekubatur und Bildschmuck sollen der Staatsrepräsentation dienen und versinnbildlichen der Zeit geschuldet den Sieg und seinen Preis, Ehre wie auch Trauer, Verteidigungsbereitschaft und »eine gewisse bürgerliche Zivilität«.[13]

Überall in Preußen und auch in der preußischen Hauptstadt wird mit Denkmälern an den Krieg erinnert. Auch Schinkel entwirft und baut im Auftrag des Königs 1817–1821 ein prächtiges Denkmal für die Befreiungskriege, das auf dem höchsten Punkt der ansonsten flachen Topographie der Stadt errichtet wird, auf dem Tempelhofer Berg, der von nun an Kreuzberg genannt wird. Der Grundriss entspricht dem 1813 für Verdienste in den Befreiungskriegen verliehenen Eisernen Kreuz, dieses krönt auch das Denkmal. Es gleicht einem gotischen Kirchturm, der ihm eine sakrale Dimension verleiht. Es ist die äußerst reduzierte Form eines Doms als Denkmal für die Befreiungskriege, den Schinkel schon 1814 entworfen hat, der aber nicht gebaut wurde. Eine Inschrift weist auf die Funktion hin, auf den Dank des Königs an sein Volk: »Der König dem Volke, das auf seinen Ruf hochherzig Gut und Blut dem Vaterlande darbrachte; den Gefallenen zum Gedächtnis, den Lebenden zur Anerkennung; den künftigen Geschlechtern zur Nacheiferung«. Diese Mitteilung wird durch zwölf in Nischen untergebrachten Figuren verdeutlicht, die an die Generäle erinnern, die die Schlachten der Befreiungskriege gegen Napoleon geführt haben, und an einige Mitglieder preußischer und russischer Herrscherhäuser. Diese Skulpturen entstammen der Werkstatt namhafter preußischer Bildhauer, nämlich der von Christian Daniel Rauch, Christian Friedrich Tieck (1776–1851) und Ludwig Wilhelm Wichmann (1788–1859) und gehören zu den bedeutendsten Werken des preußischen Klassizismus. Die Ausführung des Denkmals hat die Königliche Eisengießerei übernommen. Für die Konstruktion ist vorrangig Eisen verwendet worden, das nicht nur Dauer und Beständigkeit signalisieren soll, sondern vor allem den industriellen Fortschritt und die Wirtschaftskraft des neuen Preußens verdeutlichen. Die hohe Kompetenz in der Eisenverarbeitung wird sich auch später zeigen in der Statik der Glaskonstruktion des Oberlichts in der Rotunde des Alten Museums oder in der Deckenkonstruktion über der Vorhalle des Museums.

Mit dem Neubau des Schauspielhauses auf dem Gendarmenmarkt, dem Bau des Alten Museums und der Bauakademie baut Schinkel seine Meisterwerke. Das von Carl Gotthard Langhans 1800–1802 errichtete Schauspielhaus ist 1817 bei einem Brand fast völlig zerstört worden (vgl. dazu das 2. Kapitel). Aufgrund seiner häufigen Besuche und auch als Bühnenbildner kannte er das Gebäude gut. Noch 1817 beginnt er im Auftrag des Königs mit den Entwürfen für einen Neubau, die zwischen 1818 und 1821 ausgeführt werden. Es ist das erste stattliche Funktionsgebäude des jungen Architekten. Ein großes repräsentatives Theater mit sehr unterschiedlichen Raumkonstellationen zu bauen, stellt eine enorme Herausforderung für ihn dar. Das, was der damals ebenfalls noch junge Dramatiker Friedrich Schiller in seiner 1784 veröffentlichten Schrift *Die Schaubühne als eine moralische Anstalt betrachtet* mit der Leitfrage: »Was kann eine gute stehende Schaubühne eigentlich bewirken?« ausführt, entspricht unmittelbar den Bauintentionen Schinkels. Auch für ihn ist das Theater eine gesellschaftspolitisch wichtige Einrichtung, in der, wie Schiller formuliert, »von dem denkenden Teil des Volkes das Licht der Weisheit herunterströmt«. Von ihrer Kanzel ließen sich »die Meinungen der Nation über Regieren und Regenten zurechtweisen«. Wie Schiller hat Schinkel den aufgeklärten Bürger im Blick und möchte intellektuell, moralisch und emotional auf seine sittliche Einstellung einwirken und ihn ästhetisch erziehen. Die Sinne sollen für das Schöne aufgeschlossen werden. Hier könne der Mensch begreifen, so Schiller, was es heißt, »ein Mensch zu sein«. Schinkel baut für den reformierten preußischen Staat, seine Vision ist der Staat als Kunstwerk.

Schon seit seinen Anfängen hat Schinkel eine genaue Vorstellung davon, wie er als Architekt wirken will. Seine Ideen fasst er in seiner Schrift *Gedanken zur Baukunst* zusammen, die als Vorarbeit für sein *Architektonisches Lehrbuch*[14] gelten. Kunst und Architektur gehören für ihn unmittelbar zusammen. Baukunst ist zunächst einmal einem Zweck unterworfen; Schinkel begreift den Architekten aber als Künstler: »Der Architekt ist seinem Begriff nach der Veredler aller menschlichen Verhältnisse, er muß in seinem Wirkungskreise die gesammte schöne Kunst umfassen. Plastik, Malerei und die Kunst der Raumverhältnisse nach Bedingungen des sittlichen und vernunftgemäßen Lebens des Menschen schmelzen bei ihm in einer Kunst zusammen.«[15] Diese in allen seinen Hauptwerken deutlich werdende Programmatik bindet er stets ein in den urbanen Kontext. Architektonische Unikate ohne Berücksichtigung des stadträumlichen Zusammenhangs wären für ihn undenkbar.[16]

Zwei grundlegende Orientierungen Schinkels haben Einfluss auf seinen Baustil und helfen ihm, sich von dem Trauma der napoleonischen Kriege zu lösen. Da ist zum einen die sein Weltbild prägende Affinität zur griechischen Antike, zum anderen seine Beziehung zur Kunst des Mittelalters, die sich konkretisiert in seiner tiefen Bewunderung für gotische Bauwerke, vor allem für ihre Kathedralen. Die griechische Antike wie auch das gotische Mittelalter sind idealistische Weltentwürfe, die ihren gemeinsamen Ursprung haben in Schinkels Kulturkritik der Moderne.[17]

In seiner Jugend schafft er sich durch die Beschäftigung mit der Kunst des Hochmittelalters, mit der Gotik, einen Sehnsuchtsraum, der nicht nur der Religiosität seines protestantischen Elternhauses korrespondiert, sondern auch seinen Idealen von Maß, Formstrenge und Schönheit konvergiert. Schon früh tritt er ein in den Kreis der Romantiker und gewinnt in den Schriftstellern Ludwig Tieck (1773–1853) und vor allem in Clemens Brentano (1778–1842) lebenslange Freunde.

Wenn der junge Schinkel sich der mittelalterlichen Baukunst zuwendet oder dem romantischen Weltverständnis, so bildet er nicht nach, sondern schöpft daraus Impulse für künftiges Bauen, er generiert Neues. Seine frühen Entwürfe aus der Zeit zwischen 1805 und 1815 sind noch ganz in der Formensprache der Gotik gehalten. Und diese von der Gotik inspirierten Bauten verkünden eine nationale Programmatik, sie sind Ausdruck der Hoffnung auf eine politische Erneuerung in Deutschland.

Nachdem die Aussicht auf eine nationale Einigung im Rahmen des Wiener Kongresses 1815 definitiv gescheitert ist, geht Schinkel zunehmend auch auf Distanz zu romantischen Konzepten und wendet sich dem klassischen Griechenland zu. Dieses Land hat er – wie auch Goethe oder Winckelmann – nie bereist. Er findet in der Kunst der Antike das Ideal, das er immer gesucht hat. Er überführt die durch die Auseinandersetzung mit Gotik und Romantik gewonnene Richtung in etwas ganz Eigenes, in den von ihm geprägten Klassizismus, und gewinnt erst dadurch Größe und Meisterschaft. Schinkel denkt nie in nur rein ästhetischen Kategorien, sondern immer gesellschaftsbezogen. Er hat den einzelnen Menschen, das bürgerliche Individuum vor Augen. Durch eine ästhetische Erziehung will er die Grenzen zwischen Kultur und Politik, Schönheit und Macht aufheben und damit den geschichtlichen Fortschritt befördern. Sein Ziel ist der »gebildete Staat«, als dessen Vorbild er die attische Demokratie sieht.[18] Er erkennt, dass das anbrechende bürgerliche Zeitalter für die sich entwickelnde Industrie, für das freie Gewerbe und für die neuen, öffentlichen Interessen entsprechenden Bauten eine neue, dieser Bestimmung angemessene Ausdrucksform braucht. Seine Bauakademie wird dafür ein singuläres Beispiel. Auf seinen Reisen durch Frankreich, England und Schottland 1826 beschäftigt sich Schinkel mit der Moderne in allen ihren ökonomischen, sozialen, politischen und kulturellen Dimensionen. Sein Kollege Christian Peter Wilhelm Beuth (1781–1853), der als hoher Beamter im preußischen Finanzministerium sich besonders für Industriebauten interessiert, ist ihm hierbei ein wichtiger Begleiter. Ab 1809 verbindet den Baukünstler und den Staatsrat eine bis zu Schinkels Tod andauernde intensive Freundschaft. Beuth ist der einzige in Schinkels großem Freundeskreis, mit dem er das vertrauliche »Du« pflegt. Zentrales Ereignis des Freundschaftsbundes ist die gemeinsame Englandreise 1826. Beuth ist der »Spiritus Rector der Reise«, auf der Basis seiner Reiseerfahrungen hat er die »Reiseroute, Besichtigungen, Treffen mit Adligen, Unternehmern, Technikern und Handwerkern sowie Unterkünfte und Finanzen zuvor akribisch geplant«.[19] Schinkel hingegen schreibt ein Reisetagebuch und hält die wichtigsten Stationen in Zeichnungen fest: »Maschinenhallen mit der ihn faszinierenden Eisensklettbauweise, Fabrikschlote und Landschaften«.[20] Als erster Architekt Preußens wird Schinkel neue Baustoffe wie den Portlandzement aus England importieren und damit auch die Entwicklung neuer Bautechniken fördern.[21] Schinkel plant und entwirft seine Bauten in genauer Auseinandersetzung mit dem den Auftrag betreffenden realen Stadtgefüge. Das gilt auch für den vom König in Auftrag gegebenen Neubau des Schauspielhauses auf dem Gendarmenmarkt. Als Umfeld berücksichtigt Schinkel hier besonders das Viertel der streng durchgeplanten Friedrichstadt.

Den Vorgaben entsprechend entwirft er 1817 sein neues Schauspielhaus auf den Grundmauern des alten, die sechs noch erhaltenen Säulen integriert er in die Fassade. Das Hauptgebäude mit seinen aufwendig gestalteten Giebeln baut er ab 1818 in Form eines Kreuzes: Er flankiert das vorspringende Hauptgebäude des Bühnenhauses mit zwei Seitengebäuden. Der Eingang im Säulenportikus ist über eine hohe Freitreppe erreichbar, die den repräsentativen Charakter des Gebäudes unterstreicht. Ein zweiter, bescheidenerer Eingang führt durch einen Gang unterhalb der großen Treppe in das Gebäude. »Die Architektur der künftigen Fassade ist möglichst streng nach griechischer Art durchgeführt, um mit dem Portikus, der schon gegeben, in Übereinstimmung zu kommen«, schreibt Schinkel in seinem Entwurf für König Friedrich Wilhelm III. Wichtig ist hier der Hinweis auf den ideellen Charakter des Schauspielhauses, Schinkel will einen modernen Tempel der Kunst schaffen. Die Fassade krönt er mit Apollon, dem Gott der Künste, der mit kühner Geste auf einem Greifenwagen daherkommt. Er führt die neun Musen und die drei Grazien an, die als Statuen auf dem Dachfirst und als Halbplastiken in den vier Reliefs das Gebäude schmücken. Im Giebel des Portikus wird für jeden Besucher sichtbar die Tragödie der Niobe erzählt: als eine Warnung, den Gott der Künste nicht zu erzürnen. Mit seinem Konzept geht es Schinkel nicht um »Nachahmung der griechischen Formqualität, sondern um Aufnahme und Weiterbildung eines ›Elementes‹, das in seiner epochemachenden Neuverwendung den bewußten Abstand zur Antike deutlicher macht als imitative Nähe«. »Das historische Element aber ist von Schinkel nicht lediglich als ›Zitat‹ oder als ›Decorum‹ verwendet, sondern quasi zur strukturellen Keimzelle des ganzen Bauwerks geworden. Diese innige Verbindung von ›Idee‹ und ›Konstruktion‹ ist eine der Eigenheiten, die Schinkels Architekturauffassung aus allen anderen seiner Zeit heraushebt.«[22] Eingerahmt wird sein Schauspielhaus von den beiden motivisch verwandten Türmen des Deutschen und des Französischen Domes des Architekten Carl von Gontard (1731–1791). »Der ›griechische‹ Charakter wurde ursprünglich auch durch einen fast weißen, die Materialität von Marmor suggerierenden Verputz unterstrichen, so dass sich der Bau zu Schinkels Zeit strahlend aus dem Häusermeer hervorhob.«[23]

Im Inneren setzt Schinkel auf die linke Seite den 1600 Plätze fassenden, mit vier schmalen Rängen umzogenen Zuschauerraum. Die dem Hof vorbehaltenen Logen sind eher bescheiden konzipiert. Im rechten Teil sind auf drei Stockwerken alle Funktionsräume (Verwaltungsräume, Probebühnen, Garderoben, Werkstätten, Magazine) verteilt. Die Nähe des deutschen Idealismus zur griechischen Antike erweist sich bei der Eröffnung des Theaters: Am 26 Mai 1821 wird das Schauspielhaus feierlich mit Goethes *Iphigenie auf Tauris* eingeweiht.

1822/23 folgen Entwürfe für das erste öffentliche Museum der preußischen Hauptstadt, das die von den preußischen Regenten gesammelten Kunstschätze vereinigt. Sie sollen »in lehrreicher Ordnung aufgestellt, durch Zugänglichkeit gemeinnützig und für die Bildung der Nation wirksam gemacht werden«.[24] Die vorgesehene Lage gegenüber dem Stadtschloss erfordert allerdings zunächst einmal das Bahnen eines Weges als Zugang zum Museum und damit eine Umstrukturierung des gesamten Geländes. Ein kleiner, beide Spreearme verbindender Kanal muss trockengelegt und das nasse, sumpfige Gelände durch Pfahlgründung befestigt und bebaubar gemacht werden. Dem neuen Bürgerbewusstsein entsprechend soll der Lustgarten zu einem öffentlichen Raum umgestaltet werden und eine neue Schlossbrücke die alte Holzbrücke ersetzen. Schinkel erkennt, dass sich mit der wachsenden Großstadt neue Aufgaben für die Stadtplanung und die Landschaftsgestaltung ergeben. In einer Bleistiftzeichnung von 1823 stellt er sein Konzept der Neuordnung des Boulevards Unter den Linden in Richtung Schloss dar mit einem neuen Museum, dem Lustgarten, der Schlossbrücke und dem Schloss. Ein offener Platz soll entstehen am schönsten Punkt der Stadt. Der Dom steht bereits an seinem jetzigen Ort, die Fassade, d. h. der Säulenportikus, wird unter der Leitung von Schinkel in klassizistischem Stil restauriert. Die Verwirklichung seines Konzeptes wird vier Jahrzehnte dauern.

Bevor im Sommer 1824 mit den Bauarbeiten für sein Museum begonnen wird, unternimmt Schinkel vom Frühsommer bis in den Herbst seine zweite Italienreise, die ihn erneut nach Mailand, dann über Genua, Pisa und Lucca nach Florenz führt und weiter über Perugia, Assisi nach Rom. Er setzt seine Reise fort in den Süden bis nach Neapel, er besichtigt Pompeji und Capri. Die Rückreise nimmt er über Rom, Siena, Florenz, Venedig, Vicenza und Mantua. Über den Brenner kehrt er nach Deutschland zurück und besucht ein drittes Mal Johann Wolfgang von Goethe in Weimar. In seiner *Selbstbiographie* gibt er Rechenschaft über die Ziele dieser Kunstreise, er unternimmt sie, »um besonders in Beziehung auf die geschichtliche Ordnung der Kunstschätze in dem von ihm für Berlin entworfenen neuen Museumsbau seine Ansichten zu befestigen«. Es handelt sich hier um eine Dienstreise, die im Auftrag des Ministers Freiherr Altenstein stattfindet, begleitet wird Schinkel von dem Kunsthistoriker Gustav Friedrich Waagen (1794–1868), dem Oberfinanzrat August Kerll (1782–1855) und dem Hofmedailleur Henri-François Brandt (1789–1845).

Der König hat Schinkel als seinen obersten Baubeamten beauftragt, Berlin in eine repräsentative Hauptstadt für Preußen umzugestalten. Schon 1819 hat er eine neue, die Residenz repräsentierende Schlossbrücke entworfen, die den Boulevard Unter den Linden mit dem Schlossplatz verbindet. Als monumentale Denkmalbrücke wird sie von 1821–1824 errichtet. Als würdige Zufahrt zum Schloss konzipiert Schinkel sie sehr breit. Bereits 1823 beginnt er dann mit dem Bau des Königlichen Museums, das später Altes Museum genannt wird. Die Bauarbeiten ziehen sich bis 1830 hin. Der Name erklärt sich durch das von dem Schinkel-Schüler Friedrich August Stüler (1800–1865) zwischen 1843 und 1855 erbaute *Neue Museum*, das das schon bestehende zu dem »Alten Museum« werden ließ. Unter Friedrich Wilhelm IV. wird dann das Gelände zur Museumsinsel ausgebaut. Schon zu dieser Zeit zählt das 1830 eröffnete Königliche Museum zu den bedeutendsten Bauwerken des Klassizismus. Es ist das älteste königliche und öffentlich zugängliche Museum Deutschlands.[25] Mit dem Königlichen Museum setzte Schinkel dem von Andreas Schlüter (1659–1714) und Johann Friedrich Eosander von Göthe (1669–1728) erbauten Berliner Schloss einen ebenbürtigen Bau gegenüber.

In der Schlossfassade findet der Architekt keinen Bezugspunkt für die Gestaltung seines Museums. Also antwortet er auf diese geschlossene Front mit einer offenen Säulenhalle. Sie wird der herrliche Blickfang für das ansonsten streng konzipierte Gebäude. Die monumentale Anordnung von 18 ionischen kannelierten (d. h. mit senkrechten, konkaven Furchen versehenen) Säulen schließt die weitgespannte Vorhalle ab. Eine große, sanft ansteigende Freitreppe lädt den Besucher in das Museum ein. Im gesamten Bauwerk zeigen sich Schinkels bauphilosophische Intentionen, die ihren Ausgangspunkt nehmen im antiken Griechenland als der Geburtsstätte der Demokratie. Sie konkretisieren sich als Hinwendung zur demokratischen Bewegung im 19. Jahrhundert. Mit der großen, mit antiken Skulpturen geschmückten Rotunde zitiert Schinkel das Pantheon in Rom. Er eröffnet damit den Bürgern eine würdevolle Architektur und die Auseinandersetzung mit Kunstschätzen, die bis dahin nur Herrschern und dem Adel vorbehalten waren. Die Inschrift über der Säulenfront des Alten Museums lautet: »Friedrich Wilhelm III. hat dem Studium jeder Art Altertümer und der freien Künste das Museum gestiftet 1828«. Das Propylon, d. h. der mit Säulen gestaltete, in das Museum führende Torbau verweist auf das alte Athen. Auch hier wird eine ästhetische Besinnung auf die Antike deutlich, auf ihre am Bürger orientierte Lebenskultur, hier wird zugleich die attische Demokratie mitreflektiert, die den Bürgern als glanzvolles Vorbild dienen soll.

Schinkel hat ein dreigeschossiges Gebäude entworfen, im Erdgeschoss soll die Skulpturensammlung untergebracht werden, im Obergeschoss die Malerei, im Untergeschoss die Wirtschaftsräume und Archive. Betreten wird das Gebäude über die große offene Haupttreppe und die öffentliche Säulenhalle, die einen Blick auf den gesamten Platz bietet.

Auf dem Gelände des heutigen Lustgartens existierte bereits ab der zweiten Hälfte des 15. Jahrhundert eine höfische Gartenanlage. Zur Mitte des 17. Jahrhunderts ließ der Große Kurfürst Friedrich Wilhelm von Brandenburg (1620–1688) diesen Bereich nach dem Vorbild niederländischer Gartenanlagen aus- und umgestalten. Sowohl unter dem Soldatenkönig Friedrich Wilhelm I. (1688–1740) als auch den Nationalsozialisten diente das Areal als Exerzierplatz. In dem Entwurf für die Umgestaltung des seit 1646 so genannten *Lustgartens* geht es Schinkel um einen Garten für das Alte Museum. Mit Billigung des Monarchen verwandelt sich der einstmals höfische Bereich des Lustgartens zu einem Forum der Bürger. Schinkel baut für das Volk, er konzipiert keinen höfischen, sondern einen Bürgergarten. Er kann seinen Auftraggeber von diesem Grundgedanken überzeugen, dem auch die große in das Museum einladende Freitreppe entspricht. Der freie Zugang aller Bürger zu den Kunstwerken ist eine Idee, die in der Zeit liegt. In Berlin wird sie Realität. Schinkels Museum ist ohne den Lustgarten nicht zu denken.

Bemerkenswert ist, dass Schinkel das Alte Museum nicht parallel, sondern in einem abgeschrägten Winkel zum Schloss setzt, so dass die Wege durch den Lustgarten nicht in einem rechten Winkel auf die Straße vor dem Schloss treffen. Damit öffnet dieser geniale Baumeister den Platz so, dass der Betrachter, von der Straße Unter den Linden kommend, eine Sogwirkung auf die Platzanlage erfährt.

In unmittelbarer zeitlicher und inhaltlicher Nähe zu den Arbeiten an seinem Museum malt Schinkel 1825 sein letztes großes Gemälde, *Blick in Griechenlands Blüte*. Das Bild wurde im Zweiten Weltkrieg zerstört. Heute existieren davon nur noch ein vor diesem Krieg aufgenommenes Foto und eine Kopie von August Wilhelm Ahlborn (1796–1857) aus dem Jahr 1836.

Schinkel verbindet mit diesem »größten und reichsten landschaftlichen Bild«[26] einen programmatischen Anspruch. Es ist das einzige eigene Gemälde, dem er eine ausführliche kunsttheoretische Analyse über Landschaftsmalerei widmet.[27] Kulturlandschaften sind Schinkels ureigenes Thema; in diesem Gemälde zeigen sich neue Dimensionen. In den Hintergrund legt Schinkel das breite Panorama einer Landschaft, in den Vordergrund setzt er eine gewaltige Baustelle in der Stadt. Alles ist in sommerlicher Üppigkeit erblüht, die Landschaft, die Natur, die Stadt, die Gesellschaft. Der Betrachter blickt in einen Aufbauprozess von ungeheurer Dynamik. Der Fortgang einer Bauentwicklung scheint unaufhaltsam. So wie Schinkel in seinem Museum einen Bildungsort für das Bürgertum schaffen will, so soll auch der Betrachter des Gemäldes (und großer Gemälde überhaupt) in ein Bildungserlebnis eintauchen, das zum Nachdenken und zum Diskurs einlädt oder gar auffordert. Die Architektur und die Malerei Schinkels verfolgen das gleiche Ziel.

In der produktiven Auseinandersetzung mit seinem Vorbild Caspar David Friedrich (1774–1840) gewinnt Schinkel eine eigene künstlerische Dimension darin, dass bei ihm eine diesseitig fassbare Welt vorherrscht. Ihm geht es um eine ästhetische Bildung und Erziehung des Menschen – und diesen fasst er ganz und gar bürgerlich. In deutlicher Nähe zu dem humanistischen Bildungskonzept von Wilhelm von Humboldt gibt er der Malerei einen Bildungsauftrag mit. Vor dem Hintergrund des deutschen Idealismus finden beide in der griechischen Antike das Vorbild für ein ideales kulturelles und politisches Zusammenleben der Menschen. Seine Erläuterungen des Gemäldes veranschaulichen Schinkel als Künstler: »Der Reiz der Landschaft wird erhöht, indem man die Spuren des Menschlichen recht entschieden hervortreten läßt, entweder so, daß man ein Volk in seinem frühesten goldenen Zeitalter ganz naiv, ursprünglich und im schönsten Frieden die Natur genießen sieht [...] oder die Landschaft läßt die ganze Fülle der Kultur eines höchst ausgebildeten Volkes sehen, welches jeden Gegenstand der Natur geschickt zu benutzen wußte, um daraus einen erhöhten Lebensgenuß für das Individuum und für das Volk im allgemeinen zu ziehen. Hier kann man im Bilde mit diesem Volke leben und dasselbe in allen seinen rein menschlichen und politischen Verhältnissen verfolgen. Das letztere sollte die Aufgabe des vorliegenden Bildes sein, und es wird hierzu als Gegenstand die Blüte Griechenlands gewählt. [...] Bei dem Sinn des griechischen Volkes, überall Andenken seines Daseins und Wirkens für die Nachwelt zurückzulassen, entstand die vielseitige Kunsttätigkeit, welche in sich selbst und für die Bildung im allgemeinen den hohen Grad der Vollkommenheit erzeugte, den wir jetzt noch bewundern.«[28]

Wenngleich die jüngste Tochter des Königs Friedrich Wilhelm III., die preußische Prinzessin Luise, die unmittelbare Adressatin des Gemäldes ist,[29] so richtet es sich doch an die Gesamtgesellschaft, genauer an jedes Individuum, wie das Zitat verdeutlicht. Auftraggeber war nicht der Hof, sondern der Magistrat der Stadt Berlin, also die damalige bürgerliche Stadtverwaltung. Dieses Gemälde kann verstanden werden als ein Sinnbild für das neu zu erbauende preußische Staatswesen, für das Schinkel die bedeutendsten öffentlichen Gebäude geschaffen hat.

1825 beginnen unter Schinkels Aufsicht die Arbeiten für die Friedrichswerdersche Kirche. Entwürfe für diesen neugotischen Bau gehen zurück auf das Jahr 1817. Fertiggestellt wird das am Werderschen Markt liegende Gotteshaus erst 1830. Es ist der erste Sakralbau seit dem Mittelalter mit nach außen nicht verputzten Backsteinwänden. Schinkel wird damit den preußischen Backsteinbau einleiten und seinen Stil prägen. Nach seinem Vorbild werden noch mehrere neugotische Backsteinkirchen in Berlin, Brandenburg und in der Provinz Sachsen gebaut.

Als König Friedrich Wilhelm III. nach Ende der napoleonischen

Kriege nach Berlin zurückkehrt, sollen auch die Kirchen der preußischen Hauptstadt erneuert werden. Für die deutsche und die französische Gemeinde des Friedrichswerders soll ein neuer Kirchenbau errichtet werden. Kronprinz Friedrich Wilhelm (IV.) fordert von Schinkel einen Entwurf im mittelalterlichen Stil. Schinkel setzt sich mit mehreren konkurrierenden Entwürfen auseinander und bietet selbst mehrere stilistisch unterschiedliche Konzepte an. Der Kronprinz entscheidet sich für die neugotische Variante eines langgestreckten einschiffigen Backsteinbaus mit zwei den Eingangsbereich begrenzenden Türmen an der Südfassade. Über dem Eingangsportal wird die Figur des Erzengels Michael angebracht. Im Innenraum lässt Schinkel Züge mittelalterlicher Hochgotik erkennbar werden. Der Altarraum ist mit Gemälden von Carl Joseph Begas (1794–1854) und Gottfried Schadow gestaltet. Das Dach ist flach und dient den Berlinern eine Zeit lang als Aussichtsplattform. Aufgrund der leeren Staatskassen in der Folge der napoleonischen Kriege und den dadurch bedingten finanziellen Restriktionen ziehen sich die Bauarbeiten über 13 Jahre hin.

Auch das Gebäude der *Allgemeinen Bauschule,* die erst ab 1848 den Namen *Bauakademie* trägt, gehört zu den architektonischen Großtaten Schinkels. Nach dem Umbau des Schauspielhauses und dem Museumsbau ist es das dritte öffentliche Bauwerk, das Schinkel 1831 für die bildungsinteressierte Berliner Bevölkerung konzipiert. Er sieht auch hierin ein Gebäude, das allen dienlich sein soll. Hier sollen die künftigen Architekten des reformierten Preußens ausgebildet werden. Von diesem Bauwerk sollen Impulse für eine ästhetische Erziehung der Gesellschaft ausgehen. Strenge Funktionalität gepaart mit inspirierender Schönheit sind sein Ziel.

Erst spät bekommt die von Friedrich Wilhelm III. gegründete *Allgemeine Bauschule* hiermit ein eigenes Gebäude. Schinkel hat in den alten Gebäuden von 1799–1800 studiert, er war 1810 in den Staatsdienst eingetreten und zum Geheimen Oberbauassessor in die Oberbaudeputation berufen und 1815 zum Geheimen Oberbaurat befördert worden. 1820 wird er als Professor in die Bauakademie berufen.

Er hat eine Reihe von Restaurierungs- und Umbauvorschlägen und zahlreiche Architekturentwürfe angefertigt, veröffentlicht und realisiert, bevor er als fast Fünfzigjähriger 1830 zum Geheimen Oberbaudirektor und Leiter der Oberbaudeputation ernannt worden ist. Mit diesem Erfahrungshintergrund entwirft er nun ein Gebäude, das die bereits in der Königlichen Akademie der Künste bestehende *Architektonische Lehranstalt* ergänzen soll. Wenn in dieser vorrangig feudale Prachtbauten konzipiert werden, so geht es Schinkel jetzt eher um die Orientierung an bürgerlicher Baukunst. Für das neue Bauwerk sieht er eine strenge Konstruktion vor. Er konzipiert ein freistehendes Gebäude mit einem quadratischen Grundriss, dessen vier Seiten er identisch gestaltet sehen möchte. Der Eingang ist weder mittig noch herausgehoben. Für das Erdgeschoss sieht er im Stil heutiger Metropolen Läden und Geschäfte vor, die Bauschule setzt er in das erste Obergeschoss, die Oberbaudeputation in das zweite sowie auch eine Dienstwohnung. Das Dachgeschoss erscheint wie ein drittes Obergeschoss, es dient aber ausschließlich der Dachkonstruktion. Es ist ausgefüllt mit der nach innen gezogenen Konstruktion des nach außen flachen quadratischen Daches. Dies ist auch in der deutlich kleineren Fensterfront erkennbar.

1836 bezieht er mit seiner Familie die Dienstwohnung und wohnt dort bis zu seinem frühen Lebensende 1841. Von 1844 bis 1873 wird in dieser Wohnung ein Schinkel-Museum eingerichtet, »eines der ersten Museen überhaupt in Europa, das einer einzelnen Person gewidmet war«.[30]

Das 1836 fertiggestellte Gebäude findet aufgrund seiner Formstrenge und der Ästhetik des Materials aus roten Ziegeln schnell höchste Anerkennung. 1836 wird Christian Peter Wilhelm Beuth der erste Direktor der neu gebauten Bauakademie. Es gelingt Schinkel, die Ziegelbauweise zu einer neuen Kunstform zu erheben. Heute gilt die Bauakademie als »sein Vermächtnis an die architektonische Moderne«.[31] Die eine neue Architekturepoche einleitende Leistung, die Schinkel in seiner Bauakademie erbracht hat, liegt in der Verbindung eines modernen Zweckbaus mit schlichter Fassadengestaltung und einer in der Gesamtheit deutlich werdenden ästhetischen Gestaltung, die bis in die feinste ornamentale Ausgestaltung und Dekoration reicht. Während seiner Englandreise 1826 hat Schinkel moderne Fabrikbauten und Krankenhäuser oder neuartigen Brückenbau als Ergebnis des hoch entwickelten englischen Ingenieurwesens kennergelernt. Er kritisiert aber, dass diese Bauten unter Verzicht auf ästhetische Gestaltung, also ohne architektonische Idee errichtet worden sind. Er hingegen verbindet neueste Technik mit einem historische Vorbilder reflektierenden ästhetischen Anspruch. Architektur ist ihm nicht Zweckorientierung, sondern Kunst. Höchsten technischen Standard vereinbart er mit Bauschönheit. Schinkels Leistung besteht darin, dass er seine neue Architekturauffassung auf eine moderne Zivilgesellschaft bezieht. In seiner Bauakademie hat er ein Vorbild nicht nur für das Berliner Bauwesen geschaffen, das in Schulen, Verwaltungsgebäuden und verschiedenen Anstalten wiederholt worden ist. Er hat namhafte Architekten der Moderne wie Martin Gropius (1824–1880), Peter Behrens (1868–1940), Walter Gropius (1883–1969) oder Ludwig Mies van der Rohe (1886–1969) beeinflusst. In seiner neuen bürgerlichen Großstadtarchitektur hat Schinkel stilbildend in die moderne Architekturgeschichte hineingewirkt.

Mit einem bahnbrechenden Innovationswillen hat er das klassizistische Berlin als zukunftsfähige Stadt vollendet. Mit der Friedrichswerderschen Kirche, der Bauakademie als kreativem Zentrum, dem Museum, dem neuen Packhof und der Schlossbrücke als den Grundpfeilern entsteht im Schlossviertel der Urtyp der urbanen Stadt und dies, ohne dass das königliche Schlossumfeld infrage gestellt wird. Schinkel begreift diese große Platzanlage als Einheit. Er hat hiermit das erste bürgerliche Stadtkonzept in Deutschland geschaffen. Das Museum als Bildungsort präsentiert sich gleichberechtigt dem Machtanspruch des Monarchen im Schloss, der Kirche in ihrem Dom und dem im Zeughaus ansässigen Militär.

Das umfangreiche Werk entsteht in 20 Jahren rastloser Arbeit. Gegen Ende seines 60 Jahre währenden Lebens ist Schinkel gesundheitlich angeschlagen, er arbeitet dennoch unermüdlich wei-

ter. Den großen Erfolgen korrespondieren Enttäuschungen: Viele
seiner Entwürfe werden nie realisiert, wie die 1834 geplante Ausgestaltung der Akropolis in Athen zu einem Königsschloss oder das
1838 entworfene Schloss Orianda auf der Krim. Im September 1840
erleidet Schinkel einen Schlaganfall und verliert langsam sein Bewusstsein. Er stirbt nach monatelanger Leidenszeit am 9. Oktober
1841 in seiner Dienstwohnung in der Bauakademie. Beigesetzt wird
er auf dem Dorotheenstädtischen Friedhof in Berlin.

Dem Freundschafts- und Vertrauensverhältnis mit Christian Peter Wilhelm Beuth entspricht es, dass dieser nach Schinkels Tod
dessen Grabstein bestimmt, er vollstreckt sein Testament und sorgt
für die finanzielle Absicherung der Witwe.[32]

Schinkel ist seinem idealistischen Konzept zeit seines Lebens gefolgt – als Architekt sieht er sich als »der Veredler aller menschlichen Verhältnisse«. Sein gesamtes Werk ist auf die Erziehbarkeit
des Menschen bezogen, will sich ihr verpflichten. Sein Ziel ist die
Entfaltung des Bürgersinns durch Geschmacksbildung und gute Architektur. Er will das Gemeinwohl, basierend auf der freien Tätigkeit des Staatsbürgers. Bettina von Arnim (1785–1859) nennt ihn
einen »euphorischen Weltverschönerer«.[33]

Als Staatsbaumeister im Dienst preußischer Monarchen baut er
für die Bevölkerung der sich entwickelnden Industriegesellschaft.
Seine Architektur repräsentiert nicht den Staat, er hat vielmehr
den Bürger als Teil dieses Staates im Blick.

Als berühmtester Architekt Preußens hat Schinkel die Architekturmoderne eingeleitet und auf die folgenden Generationen
bis heute großen Einfluss. Die Tatsache, dass Schinkel der erfolgreichste Architekt seiner Zeit und bis heute hoch geschätzt ist, darf
den Blick aber nicht verstellen auf den Maler und Zeichner. Seine
Skizzen, seine genialen Entwürfe und Bilder befinden sich heute
fast alle in den Berliner Museen.

Eine große Anzahl von Schinkels Entwürfen ist realisiert und
über Kriegsschäden hinweg bis heute gerettet und gepflegt worden.
Die Gesellschaft, die sich mit seinem idealistischen Konzept erzie-

hen und veredeln ließe, bleibt allerdings ein Zukunftstraum, so wie auch Schillers *Briefe über die ästhetische Erziehung des Menschen* in ihrer Modernität immer noch als Utopie fortleben.

In Anbetracht der historischen Entwicklung, die in Preußen mit der Restaurationszeit ihren Anfang nimmt, verbleibt der von Schinkel avisierte Kulturstaat ohnehin ein Ideal.

## 4. Preußische Bildhauerkunst im deutschen Klassizismus: Der Berliner Bildhauer *Johann Gottfried Schadow*

Johann Gottfried Schadow, der bedeutendste Bildhauer des Berliner Klassizismus, schuf Werke, mit denen die deutsche Bildhauerkunst europäischen Rang erreicht.

Neben seinen berühmten Selbstporträts gibt es eine Zeichnung, 1795 angefertigt von seinem Freund Friedrich Georg Weitsch (1758–1828), die wie eine Fotografie anmutet und den 31 Jahre alten Bildhauer darstellt und deutet. Weitsch gab ihr den Titel *Arbeitspause*. Man sieht den schlanken Schadow von der Seite, der ernste, nachdenkliche Blick ist in die Ferne gerichtet. Sein linkes Bein ist auf einen Marmorblock gestellt. Der linke Arm ruht auf dem angewinkelten Knie, so dass die Hand sein Kinn stützen kann. Mit dieser Hand hält er einen Meißel. In der rechten, ebenfalls aufgestützten Hand hält er einen Hammer. Das Bildnis macht wesentliche Aspekte der Persönlichkeit Schadows sichtbar. Er ist Handwerker. Er denkt nach. Schadow war beides, bildender Künstler und Kunsttheoretiker.

Mehr als sechs Jahrzehnte repräsentiert Schadow die Entwicklung der Kunst in der preußischen Hauptstadt. Zunächst leitet er die Hofbildhauerwerkstatt, er ist tätig im Oberhofbauamt, übernimmt die Direktion der Bauakademie, leitet den von ihm gegründeten Berliner Künstlerverein, später wird er Direktor der Akademie der Künste, in der er jahrzehntelang unterrichten wird.

Sein großes, vielseitiges Talent trifft auf eine markante zeithistorische Konstellation, die unmittelbar nach Beendigung des Siebenjährigen Krieges 1764 beginnt. Er kommt aus einfachen Verhältnissen und wächst in die aufstrebende großstädtische Bürgergesellschaft der preußischen Residenz hinein. Als Bildhauer und Zeichner wird er zu einem ihrer bedeutendsten Repräsentanten und dies zu einer Zeit, als die *Berliner Aufklärung* im Umkreis von Friedrich Nicolai (1733–1811) erstarkt. Dieser kritischen, am geistigen und sozialen Fortschritt arbeitenden Denkschule wird er angehören. Er reüssiert in den genannten Ämtern, findet breite, auch internationale Anerkennung. Er wird die Bildhauerschule in den Jahrzehnten um 1800 und weit darüber hinaus prägen, so herausragende Schüler wie Christian Daniel Rauch oder Christian Friedrich Tieck ausbilden und maßgeblich dazu beitragen, dass Berlin sich zu einem Zentrum des künstlerischen Klassizismus in Deutschland entwickelt.

Hier sollen vor allem die Leistungen des Bildhauers Johann Gottfried Schadow für die Kulturtopographie der preußischen Hauptstadt verdeutlicht werden.

Der Lebensweg Schadows ist in jeder Hinsicht ungewöhnlich.[1] Der Sohn eines Schneiders wird 1764 in Berlin geboren und stirbt daselbst 1850, in einem für die damalige Zeit sehr hohen Alter von 86 Jahren. Erst spät hat er Gedanken zu seinem Leben und seinem Werk zu Papier gebracht. Gleich zu Beginn der *Selbstbiographie des alten Schadow*[2] gedenkt er seines Vaters, der sehr früh die Begabung des ständig und überall zeichnenden ältesten Sohnes erkennt und sich für diesen einsetzt. Schon der Knabe ist mit gutem Selbstbewusstsein ausgestattet, was angesichts des unterstützenden und fördernden Vaters und der liebevollen wie auch geistig sehr offenen Mutter nicht verwundert. 1770 kommt der Sechsjährige in das angesehene Gymnasium zum Grauen Kloster, unterrichtet wird er dort im Schulgebäude für die unbemittelten Schüler. Geld für Zeichenunterricht hat der arme Schneidermeister als Vater von vier Kindern nicht. So lässt er seinen Sohn ab 1776 zeichnen lernen bei einem säumigen Schuldner, Giovanni Battista Selvino (1744–1789). Dieser ist Lehrling in der Werkstatt des Berliner Hofbildhauers Jean-Pierre-Antoine Tassaert (1727–1788). Der Meister wird rasch aufmerksam auf den begabten Jugendlichen. Schadow hat sich schon 1778, also in seinem 14. Lebensjahr, für den Beruf des Bildhauers entschieden. Er wird Tassaerts Schüler, ein unvorstellbares Glück für ein Handwerkerkind. Schadow ist fortan ständiger Gast in Tassaerts Haus. Er hilft dessen Kindern beim Deutschlernen und dessen Frau, Marie-Edmée Tassaert (1736–1791), eine Malerin aus Paris, unterrichtet den sechzehnjährigen Knaben im Zeichnen. In erstaunlicher Schnelligkeit lernt Schadow Französisch. Schon wenig später wird er offiziell als Tassaerts Lehrling in die Bildhauerwerkstatt aufgenommen und bekommt dort eine profunde Ausbildung, nebenher Aufträge und ein erstes Gehalt. Parallel dazu beginnt er 1778 eine Ausbildung an der Königlichen Akademie der Künste, er besucht hier vor allem die Aktklasse. Seine schnelle Auffassungsgabe, sein Eifer und sein Talent lassen ihn rasch vorankommen. Tassaert gibt vor allem die von ihm auf höchstem Niveau entwickelte Kunst der Porträtplastik an seinen Schüler weiter. In einem seiner berühmtesten Werke hat er 1785 den fünfundsechzigjährigen Moses Mendelssohn (1729–1786) in einer Büste verewigt. Aufgrund guter Anleitung, durch intensives Selbststudium und über die vielen Aufträge entwickelt Schadow schon in jungen Jahren systematisch auch sein zeichnerisches Talent. Als einer der kreativsten und ideenreichsten Zeichner seiner Zeit wird er ein zeichnerisches Œuvre von rund 2000 Werken hinterlassen.[3]

Madame Tassaert empfängt in ihrem Haus die gebildeten Franzosen Berlins, Vertreter des Hofes und Mitglieder der Akademie der Wissenschaften. Dem noch sehr jungen Schadow werden hier Begegnungen mit Repräsentanten der Berliner Aufklärung ermöglicht, darunter auch Vertreter der Enzyklopädisten.

Sein Vater zählt einen Hofbediensteten zu seinen Kunden, diesem gelingt es, dem Sohn einen Zugang zur Oper zu verschaffen. Schon früh findet Schadow auch den Weg in den Salon von Henriette und Marcus Herz (1764–1847) und wird dort ein geschätzter Gast. In spontanen Zeichnungen hält er Szenen der abendlichen Gesellschaft fest, um 1785 gestaltet er eine Büste der Henriette Herz. Vor allem lernt er dort die wichtigsten Vertreter der geistigen Elite Berlins kennen. Immer enger verbindet Schadow sich auch mit dem kulturellen Leben der preußischen Hauptstadt. Er fertigt Porträts nicht nur einiger Staatsbeamter an, sondern auch vieler Repräsentanten des intellektuellen und kulturellen Lebens von Berlin. Die für das Schadow'sche Werk typische Kunst der Porträtbüste nimmt hier ihren Anfang, sie wird der Höhepunkt seines bildhauerischen Schaffens werden. Berühmt ist beispielsweise seine Darstellung des Berliner Aufklärers Friedrich Nicolai aus dem Jahr 1798. Die Genialität Schadows wird sich darin erweisen, dass er ohne Rücksicht auf seine Karriere seinen meist hohen Auftraggebern die Attribute des Standes, des Amtes und des Ruhms verweigert und sie in ihrer rein menschlichen Besonderheit darzustellen versucht.[4]

Außergewöhnlich, ja sogar spektakulär ist die Art und Weise, in der Schadow seine erste Ehe schließt. Allzu gern hätte Tassaert den von ihm hochgeschätzten Künstler mit seiner Tochter, der Malerin Henriette Félicité (1766–1818), verheiratet. Dieses Ansinnen des Ersten Hofbildhauers der Stadt entspricht allerdings keinesfalls den Gefühlen Schadows, er riskiert, erst zwanzig Jahre alt, seine Karriere, er widersetzt sich den Konventionen und geht eigene Wege. Um die Jahreswende 1784/85 hat er nämlich die neun Jahre[5] ältere Marianne Devidels (1758–1815) kennen- und liebengelernt. Sie ist das einzige Kind des aus Prag stammenden jüdischen Juwelenhändlers Samuel Devidels, der in Wien ein Vermögen gemacht hat und dort zu den reichsten Bürgern der Stadt zählt. In ihrem zwanzigsten Lebensjahr hatte Marianne Devidels ein Verhältnis mit einem Adligen gehabt, dem eine Tochter entstammte. Als eine im damaligen Verständnis gefallene Frau war sie daraufhin von ihrem Vater in ein Wiener Kloster gebracht worden. Dort konvertierte sie mit dem neuen selbst gewählten Namen Anna Augustine Weißenau zum katholischen Glauben. Aus diesem Kloster holte sie der vermögende Vater nach sechs Jahren wieder heraus und schickte sie nach Berlin. Ihre kleine Tochter wurde von ihren Großeltern in Wien erzogen.

In der preußischen Hauptstadt herrscht damals ein Klima, das vom Geist des Aufbruchs bestimmt ist – und hier begegnen sich Schadow und Marianne Devidels. Sie wohnt in einem Zimmer direkt unter der elterlichen Wohnung der Schadows in der Heilige-geiststraße und fällt Schadow schnell durch ihr elegantes Auftre-ten auf. Die beiden treffen sich auch im Salon der Henriette Herz. Schon bald entschließen sie sich zur Ehe. Schadows Bitte um die Hand Mariannes wird in einem Briefwechsel zwischen Berlin und Wien stattgegeben, denn Samuel Devidels weiß nur zu gut, dass die »entehrte« Tochter für eine standesgemäße Heirat nicht mehr infrage kommt. So stimmt der reiche Vater der Heirat mit dem vermögenlosen Künstler zu, der als Bildhauergeselle in der könig-lichen Werkstatt immerhin einen guten Ruf hat.

Devidels zahlt Schadow ein auf unbegrenzte Zeit ausgestelltes Stipendium für ein Land eigener Wahl, um das Paar in die Lage zu versetzen, eine Familie zu gründen. In Wien wollte er sich die bei-den nicht vorstellen, ihnen schon gar keine Hochzeit ausrichten, denn nichts fürchtete der Vater mehr als ein weiteres, seinen Ruf untergrabendes Abenteuer der Tochter.

Schadows Eltern sorgen sich aus ganz anderer Perspektive um ihren noch sehr jungen Sohn. In ihrem der Zeit entsprechenden Verständnis setzt eine Eheschließung ein geregeltes Einkommen und unbedingt eine jüngere Frau voraus, sie sind beunruhigt. Zu-dem sehen sie in der Abhängigkeit des Sohnes von dem schwer-reichen Schwiegervater ein Problem. Einflussmöglichkeiten haben sie allerdings nicht mehr.

Auf Schadow lastet aus mehreren Gründen ein hoher Druck. Tassaert war aufgrund der Ablehnung seiner Tochter tief verstimmt. Auch das damit verbundene Angebot an Schadow, als sein Nach-folger die Stelle des ersten Hofbildhauers zu übernehmen, hat die-ser damit zunichtegemacht. Zudem hat Schadow gerade für den 1785 erschienenen Roman *Eusèbe* von Jean-Charles Tiebaut de la Veaux das Titelkupfer mit dem *Triumph des Lasters* gezeichnet. Das Buch ist allerdings eine Satire gegen den Minister Graf Hertzberg und wird sogleich konfisziert. Auch Schadow muss mit Repressa-lien rechnen. Vor diesem Hintergrund entscheidet Schadow sich für einen Studienaufenthalt in Rom und flieht gewissermaßen mit seiner Geliebten im Februar 1785 heimlich aus Berlin.

Wenngleich die Eltern vor diesem schmachvollen Verhalten des Sohnes sehr betroffen sind, so beruhigt die Aussicht auf eine in Rom erfolgende und mithin hervorragend gute Ausbildung als Bildhauer dann doch die Gemüter. Noch vor Schadows Abreise entstehen weitere gesellschaftskritische Radierungen wie eine *Satire auf die Französische Revolution* oder *Die Kaffeesteuer*. Hierin kritisiert er das Verbot der Kaffeebrennerei durch Friedrich den Großen; per Dekret wurde diese nur dem Staat zugebilligt. Erst Friedrich Wilhelm II. hebt 1788, zwei Jahre nach der Entstehung von Schadows Radierung, das staatliche Kaffeemonopol auf.

Das junge Paar gelangt über Venedig und Florenz im Juli 1785 nach Rom. Nach mehreren gescheiterten Versuchen, einen Pastor zu finden, der die beiden traut, gelingt es ihnen dort endlich zu heiraten. Als Voraussetzung hat Schadow eine außerordentlich schwere Entscheidung zu treffen. Er muss zum Katholizismus konvertieren. Er tut es, leidet aber enorm unter dieser Vereinbarung, die er später rückgängig machen wird. Am 25. August 1785 werden beide von einem katholischen Geistlichen getraut. Das Paar wohnt in der Via del Babuino, nahe der Spanischen Treppe. Dort wird am 10. Juli 1786 der erste Sohn Zeno Rudolf (1786–1822) geboren; in der italienischen Variante des Namens heißt er Ridolfo. Später wird dieser, ausgebildet vom Vater, selbst ein angesehener Bildhauer werden.

Schadow lernt schnell Italienisch, es ist ihm noch vertraut durch seinen ersten Berliner Lehrer Battista Giovanni Selvino. Er wird zunächst Schüler des aus dem schweizerischen Schaffhausen stammenden Bildhauers Alexander Trippel (1744–1793), der vor allem durch zwei Marmorbüsten bekannt wird, die er 1787–1790 von Goethe fertigt. 1788 hat sich Trippel für die Leitung der Berliner Kunstakademie beworben, eine Stelle, die dann aber Schadow bekommt. Eine enge Freundschaft verbindet Schadow zudem mit dem italienischen Bildhauer Antonio Canova (1757–1822). Er bewundert den erfolgreichen Künstler, der ihm aufgrund seines Antikenverständnisses schnell zum Vorbild wird. Wegweisend wird

Canova ihm als einer der wichtigsten Vertreter des italienischen Klassizismus.

In Rom studiert Schadow vor allem die antiken Kunstschätze, hier vorrangig die bildhauerischen Arbeiten. Allzeit ausgestattet mit mindestens einem Zeichenbuch, besucht er die Vatikanischen Museen, die Antikensammlung der Kapitolinischen Museen und viele an Schätzen reiche Paläste von Adligen. In Schadow reift die Erkenntnis, dass er sich zulasten seines Zeichentalentes endlich auf die bildhauerische Arbeit spezialisieren will, obwohl er auch in Rom viel gezeichnet hat.[6]

Schadow hat bereits fast ein Jahr in Rom gelebt, als der *Concorso di Balestra,* ein Wettbewerb der Accademia di San Luca, stattfindet. Hier können Architekten, Bildhauer und Maler um Preise kämpfen. Er ist mutig genug, in Eigenregie, also ohne Protektion, sein Werk *Perseus befreit Andromeda* einzureichen – und gewinnt tatsächlich eine Medaille. Als er vom Tod Friedrichs des Großen Nachricht erhält, fertigt er sogleich erste Entwürfe für ein Grabmal an. Gemeinsam mit dem Architekten Hans Christian Genelli (1763–1823) entwirft er ein monumentales Denkmal für den preußischen König. Einer mit Kreide gezeichneten Vorstudie folgend, formt er außerdem aus Wachs ein Reiterstandbild des Königs und schickt beide Arbeiten nach Berlin an den Minister und Akademiekurator Friedrich Anton von Heinitz (1725–1802). Für die Darstellung von Pferd und Reiter hat Schadow sich an dem berühmten römischen Vorbild der Reiterstatue des Kaisers Marc Aurel auf dem Kapitol orientiert. Beide Werke werden in der Berliner Akademie-Ausstellung im Februar des folgenden Jahres 1787 mit Erfolg gezeigt. Schadow überlegt deshalb, nach Berlin zurückzukehren, zumal der Minister ihm für den Fall des Erfolgs eine jährliche Pension von 450 Talern in Aussicht gestellt hat. Diese ist allerdings an die Bedingung geknüpft, dass Schadow als Geselle in die Hofbildhauerwerkstatt zurückkehrt, die inzwischen der Kunstakademie unterstellt worden ist. Dies will Schadow auf keinen Fall. Immer deutlicher wird aber der Wunsch, sich aus der finanziellen Abhängigkeit von seinem Schwiegervater zu befreien. Da der Minister Friedrich Anton von

Heinitz sich weiter für seine Rückberufung einsetzt, beendet Schadow nach zwei Jahren seinen Romaufenthalt und tritt im Herbst 1787 mit seiner Familie auch ohne eine gesicherte berufliche Perspektive die Rückreise nach Berlin an.

Schadow findet in der Rosenthaler Straße seine erste eigene Wohnung. Und er trifft eine wichtige Entscheidung: 1788 macht er seine Konversion rückgängig. Im Kreis der Aufklärer um Nicolai findet er den protestantischen Pfarrer der Marienkirche, Johann Friedrich Zöllner (1753–1804), der ihn wieder in die evangelische Kirche aufnimmt. Jetzt kann Schadow auch wieder eine Anstellung im preußischen Staatsdienst erhalten. Ein erstes Einkommen verdient er sich als Porzellanmaler in der von Friedrich dem Großen 1763 gegründeten Königlichen Porzellanmanufaktur.

Weitere wichtige Ereignisse prägen das neue Berliner Leben. Am 11. Februar 1788 stirbt Schadows Vater; am 1. Juli 1788 wird sein zweiter Sohn Wilhelm (1788–1862) geboren. Als Taufpaten für den Knaben, der später ein bekannter Maler und der Begründer der berühmten Düsseldorfer Malerschule werden wird, wählt er den Kurator der Berliner Akademie der Künste und Wegbereiter der preußischen Reformpolitik, Anton von Heinitz, und die Architekten Friedrich Wilhelm von Erdmannsdorff und Carl Gotthard Langhans. Marianne Schadow ist ihren beiden Kindern eine gute Mutter. Dass aus den Söhnen später bekannte Künstler werden, ist auch ihrem Einfluss zu verdanken.

1790 sterben in Wien die Eltern von Marianne Schadow. Als einzige Tochter erbt sie ein Vermögen von 20 000 Talern, das den Schadows den Erwerb eines Sommerhauses im nördlich von Berlin gelegenen Französisch-Buchholz ermöglicht. In vielen Skizzen, Zeichnungen und Radierungen hat Schadow den Sommeralltag seiner Familie festgehalten.

Der durch den Tod Friedrich des Großen 1786 vollzogene Regierungswechsel bedeutet auch für Schadow eine Zäsur. Sein Aufstieg als Hofbildhauer, die Entstehung seiner größten Werke fallen in die Regierungszeit Friedrich Wilhelms II. Lange Zeit galt dieser König als schwach, sonderlich und skandalumwittert. Dieses Bild ist in der Forschung seit Längerem revidiert worden.[7] Mit der tiefgreifenden Wende in der Herrschaftspraxis des neuen Regenten geht auch eine grundlegende kulturelle Erneuerung einher. Unter der Regierung Friedrich Wilhelms II. gelangt »Berlin in den Rang einer europäischen Kulturmetropole«; dieser König ist der »Initiator einer in Deutschland einmaligen urbanen Kulturblüte«.[8]

Eines seiner großen Verdienste für die Entwicklung von Kunst und Wissenschaft in Preußen besteht in der Berufung von deutschen Künstlern, Schriftstellern und Wissenschaftlern an die Akademien der Künste und der Wissenschaften. Da Friedrich der Große ausschließlich französische Gelehrte nach Berlin geholt hatte, werden diese nun nach und nach von deutschen abgelöst. Zudem wird in der Regierungszeit Friedrich Wilhelms II. die deutsche Bildhauer- und Architektenschule begründet. Jetzt werden auch bürgerliche Künstler wie Karl Philipp Moritz (1756–1893), Schinkel oder Schadow berufen. Letzterer hat sich nicht explizit zu dem Europa verändernden Großereignis der Französischen Revolution geäußert, dennoch hat er sich mit den politischen und sozialen Auswirkungen auseinandergesetzt und diese künstlerisch reflektiert.

Schadows Berliner Karriere als Bildhauer fällt in die wichtigste Phase der nur elf Jahre währenden Regierungszeit Friedrich Wilhelms II., der schon 1797 mit 57 Jahren stirbt. Die glanzvollsten Aufträge, vermittelt durch den Minister Anton von Heinitz, wird Schadow von diesem König erhalten.

Gänzlich unerwartet stirbt Schadows Lehrer und Förderer Antoine Tassaert am 21. Januar 1788 an einem Schlaganfall. Noch im gleichen Jahr tritt Schadow seine Nachfolge als Direktor der Hofbildhauerwerkstatt an, zu der seit den von Friedrich Wilhelm II. vorgenommenen Reformen auch das Oberhofbauamt gehört. Dessen Direktor ist seit 1786 der Architekt Carl Gotthard Langhans. Als Bildhauer obliegt Schadow die Aufsicht über alle Arbeiten der Bildhauerwerkstätten in Berlin und Potsdam, während Langhans alle architektonischen Projekte betreut. In der Zeit der Zusammenarbeit dieser beiden Berliner wird Schadow eines seiner bedeutendsten Werke schaffen: die Quadriga auf dem Brandenburger Tor.

Als eine der ersten Ordern des neuen Königs erhält Schadow den Auftrag, das von Tassaert begonnene Grabmal für den im Alter von neun Jahren verstorbenen Sohn Friedrich Wilhelms II., den Grafen Alexander von der Mark (1779–1787), in der Dorotheenkirche fertigzustellen. Dort war der Knabe bestattet worden.[9] Es soll das erste Meisterwerk des noch jungen Bildhauers werden.

Die Idee und die Konzeption der Gesamtkomposition des zwischen 1788 und 1790 in Marmor gefertigten Grabmals stammen von dem Maler Johann Gottlieb Puhlmann (1751–1826), der Text der Tafelinschrift von dem der Aufklärung und Empfindsamkeit verpflichteten Dichter Karl Wilhelm Ramler. Über der liegenden Gestalt des schlafend dargestellten Kindes sitzen in einem Halbrund die drei Parzen und sprechen ihr Urteil über das kurze Leben des Knaben: Klotho, die den Lebensfaden spinnt und Atropos daran hindern möchte, diesen zu zerreißen, sowie Lachesis, die im Buch des Verhängnisses liest. Im Basrelief ist die Chronos-Geschichte abgebildet. Dieser der griechischen Mythologie entlehnte Gott versinnbildlicht die Zeit, auch die Lebenszeit. Hier ist Chronos dargestellt als ein geflügelter Alter, der den sich heftig gegen sein Schicksal wehrenden Knaben mit sich in die Unterwelt reißt.

Schadows Grabmal des Grafen Alexander von der Mark gilt »als das erste bedeutende frühklassizistische Grabmal der deutschen Bildhauerschule an der Wende zum 19. Jahrhundert«.[10] Die hier bereits deutlich werdende Künstlerpersönlichkeit Schadows ist gewachsen in seiner zwei Jahre währenden Romerfahrung und in der Auseinandersetzung mit dem Werk von Antonio Canova, dem Hauptvertreter des italienischen Klassizismus.

Die kunstgeschichtliche Bedeutung des frühklassizistischen Grabmonuments wird vor allem im Vergleich mit dem noch im Barock verhafteten Entwurf von Tassaert deutlich, den Schadow vorgefunden hat. Diese Vorlage bietet ein Wandgrabmal mit einer Felsengrotte an, über der die Schicksalsgöttinnen ihr Urteil über das

Lebensende des Knaben sprechen. Auch der das Kind raubende
Chronos ist hier vorgesehen. Dem König gefiel diese Vorlage zunächst so unmittelbar, dass Änderungen kaum möglich schienen.
Die Kühnheit in Schadows Umgestaltung zeigt sich vor allem in der
klaren frühklassizistischen Formstruktur, in dem Zauber des schla-
fenden Kindes und in der Idee, die Schicksalsgöttinnen nicht wie
gewohnt als alte, sondern wenigstens zwei von ihnen als junge und
schöne Frauen darzustellen.

Am 26. Januar 1788 wird Schadow als ordentliches Mitglied in die
Königliche Akademie der Künste aufgenommen. Mit dieser Ernennung tritt er als Hofbildhauer mit einem Jahresgehalt von 600 Talern in den preußischen Staatsdienst ein. Als Oberaufseher für alle
in königlichen Diensten stehenden Bildhauer erhält er zusätzlich
500 Taler pro Jahr. Zur Akademie der Künste gehören seit der Aka-
demiereform des Königs das Oberhofbauamt, die Porzellanmanufaktur, die Berliner Münze am Werderschen Markt, die Hofbildhauerwerkstatt und die Königliche Oper. Schadow wird der Akademie
von 1805 bis 1815 als einer von sechs Rektoren angehören, ab Februar 1816 wird er ihr als Direktor bis an sein Lebensende vorste-
hen. Mit seinen Reformen verbindet der künftige König Friedrich
Wilhelm III. auch das Ziel, die Akademie dem neuen Bildungsbürgertum zugänglich zu machen und sie für die beginnende Industrialisierung zu öffnen. Nicht nur Maler und Bildhauer werden hier
ausgebildet, sondern zunehmend auch Hofmedailleure, Porzellanmaler und Dekorationsmaler.

1790 tritt er der Freimaurerloge Royal York de l'Amitié bei, der er
lebenslang angehören wird. Hier lernt er unter anderen den Philosophen Johann Gottlieb Fichte kennen, dessen Vorlesungen er 1806
und 1814 besucht und annotiert.

Von Sommer 1791 bis zum Februar 1792 begibt sich Schadow
dann auf eine Studienreise nach Nordeuropa. Gemäß einer Order des Königs sollte ein Bronzereiterdenkmal für den 1786 verstorbenen Friedrich II. errichtet werden. Da sein Entwurf unter
den 21 eingereichten die Chance hat, verwirklicht zu werden, will

Schadow für dieses Vorhaben vollendet gelungene Bronzestandbilder studieren. Seine Reise führte ihn vor allem in die schwedische Hauptstadt Stockholm, nach Russland, hier vor allem nach St. Petersburg und nach Kopenhagen. Eine weitere bereits genehmigte Studienreise nach Paris findet aufgrund der Kriegsvorbereitungen nicht mehr statt.

Die vom König vorgegebene Idee, mit einem Reiterstandbild Friedrichs des Großen ein Nationaldenkmal zu schaffen, ließ sich vor allem aus finanziellen Gründen nicht verwirklichen. Konzepte für ein solches Projekt gab es schon zu Lebzeiten des großen preußischen Königs. 1801 unternimmt Friedrich Anton von Heinitz erneut einen Versuch, Schadow mit dieser Aufgabe zu betrauen. Auch dieses Ansinnen scheitert, der Minister stirbt am 15. Mai 1802. Es wird noch weitere Jahrzehnte dauern, bis das gewünschte Standbild realisiert wird. Aber diesmal ist es nicht Schadow, sondern sein Konkurrent und Nachfolger Christian Daniel Rauch, der ein monumentales Reiterstandbild König Friedrichs II. von Preußen anfertigt. Es steht heute wie damals auf dem Boulevard Unter den Linden. Schadow hat diese Niederlage mit dem ihm eigenen Humor kommentiert: »Mein Ruhm ist in Rauch aufgegangen.«

Es sind vor allem die Neunzigerjahre des 18. Jahrhunderts, in denen Schadow seine bedeutendsten Werke schafft. Sein wichtigstes Großprojekt ist die Quadriga für das neu erbaute Brandenburger Tor. Sein Architekt Langhans hat das noch heute als Wahrzeichen Berlins geltende Tor als Monument des Friedens konzipiert, als ein Friedens-, nicht als ein Triumphtor. In Langhans' Konzept wird auch die Quadriga dargestellt als ein »Triumph des Friedens« und »das darunter angebrachte Basrelief bedeutet den Schutz der gerechten Waffen, welchen sie der Unschuld leisten«. Dem Friedenskonzept entspricht auch die Figuren- und Reliefplastik.

Dieser Vorgabe folgt Schadow in seinem Entwurf. Ein Viergespann kraftvoller Pferde wird geleitet von einer Frauengestalt, für die die griechische Friedensgöttin Eirene, eine Tochter des Zeus, das Modell darstellt. Majestätisch stürmt sie mit ihrer Friedensbotschaft in die Stadt hinein und auf das königliche Schloss zu. Ausrichtung und Symbolik der Quadriga wie auch die Geschichte des Brandenburger Tores werden ausführlich im ersten, Karl Gotthard Langhans gewidmeten Kapitel dieses Buches dargestellt.

Schadow beginnt die Arbeit an der Quadriga 1789, im Jahr der Französischen Revolution. Der gemeinsam mit Langhans entworfene bildhauerische Schmuck wird von beiden als der Architektur unmittelbar zugehörig begriffen. Die Quadriga ist also kein schmückendes Beiwerk, als bildhauerisches Monumentalwerk ist sie architektonischer Bestandteil des Tores. In ihrer Verbindung von Eleganz und Kraft ist sie das imposanteste Werk der klassizistischen Berliner Großplastik. Sie bildet die Spitze eines gleichschenkligen Dreiecks, dessen Grundlinie der Breite des Tores entspricht.

Die technische Realisierung der Quadriga stellt für Schadow die wohl größte Herausforderung seiner bildhauerischen Karriere dar. Hoch qualifizierte Techniker und Bildhauergehilfen unterstützen seine Arbeit. Vorstudien für die Pferdeplastiken fertigt Schadow in der Tierarzneischule und in dem Königlichen Marstall an. Schon in der Herbstausstellung 1789 der Akademie werden mehrere Pferdemodelle Schadows präsentiert. Weitere Teil- oder Gesamtmodelle werden gefertigt und aufgrund von Mängeln verworfen und erneut konzipiert. Aufgrund des hohen, die Statik des Tores gefährdenden Gewichts kann für die Quadriga keine Bronze verwendet werden. Stattdessen fällt die Entscheidung für eine Kupfertreibarbeit. Zunächst werden mehrere Modelle der Siegesgöttin und ihres Wagens aus Gips gefertigt. Wenn Größe und Proportionen endlich stimmen, werden diese in einem Potsdamer Bildhaueratelier in originalgroße Holzmodelle übertragen. Auch hier müssen Entwürfe und Modelle mehrfach überarbeitet werden. Die endgültigen Holzmodelle werden dann von dem Potsdamer Kupferschmied Emanuel Ernst Jury mit zwei Millimeter dickem Kupferblech überzogen. Die letzte Hürde ergibt sich bei der Montage. Um das schwere Kunstwerk vor Unwetter und Sturm zu schützen, wird eine massive Eisenstange durch Kopf, Figur und Wagen hindurchgeführt und im Tordach befestigt.[11] Erst mit der Aufstellung der das Tor krönenden

Quadriga wird das Bauwerk 1793 vollendet und erneuert der Öffentlichkeit übergeben.

Schadow hat den Monarchen Friedrich Wilhelm II. außerordentlich geschätzt; in seiner Selbstbiographie spricht er von seiner »grenzenlosen Herzensgüte«, davon, dass der König »seine Umgebung vergnügt und glücklich sehen« wollte.[12] Nach Rückkehr von seiner Studienreise nach St. Petersburg und anderen Städten erhält er 1792 den Auftrag, eine Porträtbüste Friedrich Wilhelms anzufertigen. »Zu dieser Arbeit war ich hinbeordert nach dem Marmorpalais am Heiligen See, wo ich in dem Hause, in welchem die Minister und Gesandten abstiegen, ein Zimmer erhielt. Der König begab sich täglich zur Parade nach Potsdam, von wo zurückgekehrt die Umkleidung in Civil à la mode geschah, was mich nötigte, Se. Majestät so abzubilden. [...] Betreffend St. Petersburg frug der König, ob ich der Kaiserin sei präsentiert worden, worauf ich dann melden mußte, [...] was ich versäumt habe. Heute darf ich wohl sagen, daß unser Gesandte, Graf Goltz, mich nicht für hinreichend geltend hielt, wogegen unser Konsul Maas mich zum großen Hoffeste mitnahm, auch die russischen Großen selbst den Umgang mit Fremden ausnehmend gut verstehen. Des Königs Stimme ungewohnt, gab ich verkehrte Antworten, worüber derselbe herzlich lachte, denn in solchen Fällen sind die Fragen: wie oder was? nicht gestattet.«[13]

Schadows meisterhafte Marmorbüste des Königs aus dem Jahr 1792 zeigt diesen allerdings nicht als machtvolle Herrscherpersönlichkeit, sondern eher als einen labilen und genussfreudigen Menschen. Offensichtlich hat diese Darstellung dem König nicht gefallen. Er verschenkt die Büste an seinen Kämmerer Ritz, den Gatten seiner Mätresse Wilhelmine Enke, der späteren Gräfin Wilhelmine Lichtenau (1753–1820).

Am 22. Dezember 1793 halten die beiden Schwestern Luise und Friederike, Prinzessinnen aus dem Hause Mecklenburg-Strelitz, als Bräute des Kronprinzen Friedrich Wilhelm (III.) und seines Bruders Ludwig ihren Einzug in Berlin. In seiner Selbstbiographie kommentiert Schadow (wie immer in der dritten Person) dieses Ereignis folgendermaßen: »Im Jahre 1794 hatte sich in Berlin ein Zauber verbreitet, welcher über alle Stände ausging, durch das Erscheinen der hohen Schwestern, Gemahlinnen der Söhne des Königs. [...] Es entstanden Parteien, welcher von beiden der Vorrang der Schönheit zukomme. Die Maler kamen herbei, um zu porträtieren. [...] Im Seitenflügel des Kronprinzlichen Palais ward dem Künstler ein eigenes Zimmer eingeräumt. Ausgemacht war, die Prinzessin Louis [Friederike] solle zuerst zu ihrer Büste sitzen. Nach Empfang von Hofstaat, den Fremden, der Korrespondenz und der Toilette war das Mögliche getan, um gegen 12 Uhr fertig zu sein. Mit den beiden hohen Damen kam auch der Kronprinz. [...] Die Profilierung meines lebenden Originals hatte aber nicht die Stirn und Nase in einer fortschreitenden Linie, und nach dem ersten Visieren nahm ich mit einem Zuge, durch Wegnahme eines Stücks Ton, die Profilierung der Natur – ein Manöver, welches die hohen Herrschaften nicht wieder vergaßen und mir nachmals vormachten; auch die Prinzessin erwähnte, wie sie daraus die Abweichung ihres Profils vom Ideale wahrgenommen habe.«[14] »Der Beifall, den diese Büste erhielt, dauerte fort«, stellt Schadow noch fest und man kann hinzufügen: er dauert bis heute an. Schadow gibt hier einen unmittelbaren Einblick in seinen Schaffensprozess. Ihm wird offensichtlich nur eine Sitzung bewilligt, in dieser weicht er spontan und doch wohl fest entschlossen vom antiken Schönheitsideal ab und entscheidet sich für die Wiedergabe der lebendigen Wirklichkeit, so, wie die Natur sie vorgibt. In diesem Ansatz steigert er sich zu höchster Meisterschaft, es gelingt ihm das Ausleuchten der feinsten psychologischen Dimensionen der Persönlichkeit der Prinzessinnen. Der Hofbildhauer erhält den Auftrag, zunächst eine Porträtbüste der sechzehnjährigen Friederike zu fertigen, sodann die der älteren Schwester Luise. Die erste entsteht noch 1794, die zweite im folgenden Jahr 1795. Als zukünftiger Königin verleiht Schadow dem Antlitz von Luise ernstere Züge, der Ausdruck des anmutig zur Seite geneigten Kopfes von Friederike erscheint unbeschwerter. Beide Büsten gelten schon damals als Meisterwerke.

Schon während der Arbeit an ihnen reift nicht nur in Schadow der Plan, beide Frauen als Gruppe darzustellen. In seiner Selbstbiographie heißt es: »Die schöne Gestalt der beiden hohen Frauen bewog den Minister von Heinitz, die Gruppe derselben so modellieren zu lassen, daß eine Kopie in kleinerem Maßstabe nach dem Modell angefertigt werden könne, um mehrere Exemplare in Porzellanbiskuit zu liefern. Die Königliche Porzellanmanufaktur, unter seiner Aufsicht damals noch im Besitz des Monopols, gewährte einen Ertrag, mit welchem der Minister beim Könige die Genehmigung zu vielen Kunstunternehmungen auswirkte und die Kosten bestreiten konnte.«

»In stiller Begeisterung arbeitete der Künstler an diesem Modell; er nahm die Maße nach der Natur; die hohen Damen gaben von ihrer Garderobe das, was er aussuchte, und hatte so die damalige Mode ihren Einfluß auf die Gewandung. Der Kopfputz der Kronprinzessin und die Binde unter dem Kinn sollte eine Schwellung decken, die am Halse entstanden war, nachmals aber wieder verschwand. Es wurde von den Damen jener Zeit als Mode nachgeahmt.«[15] Wir werden von Schadow selbst informiert, dass ein Gipsmodell des Schwesternpaares auf der Herbstausstellung der Akademie gezeigt worden ist. Mit Stolz kann er berichten: »Im Jahre 1795 sah man dieses Modell in den Sälen der Königlichen Akademie. [...] Die Art der schwesterlichen Umfassung, die in Nachdenken versunkene jüngere Schwester, der freie Blick in der Stellung der älteren, welche auch manche tadelnde Bemerkung veranlaßte, ward von andern nachmals gerechtfertigt. Versetzt man sich in jene Tage und in die Mitte der vielen schwachen Kunsterzeugnisse, welche umherstanden, so erklärt sich der Eindruck, den diese Gruppe auf das Publikum machte. Man konnte täglich die Natur mit dem Bildwerke vergleichen, und es vereinten sich auch am Hofe die Stimmen dahin, daß dieses Werk wohl verdiene, in Marmor ausgeführt zu werden. Der Minister erhielt Befehl, darüber mit dem Künstler den Kontrakt abzuschließen.«[16] Als Honorar erhält Schadow für diese Präsentation des Gipsmodells und der beiden Büsten 500 Taler von der Porzellanmanufaktur. Heinitz setzt sich nun beim

König dafür ein, dass Schadow den Auftrag für eine Marmoraus-
fertigung des Doppelstandbildes der königlichen Schwiegertöch-
ter erhält. Tatsächlich ist der Monarch bereit, für das Werk die Ge-
samtsumme von 5000 Talern zu zahlen. Als Auflage erbittet er sich
lediglich das Weglassen eines von Luise gehaltenen Blumenkörb-
chens, einem Wunsch, dem Schadow umgehend entspricht. Er än-
derte auch das Gipsmodell. Bemerkenswert ist, dass in dem detailliert ausgearbeiteten Vertrag der künftige Standort der Büste nicht
festgelegt wird.

Schadow gelingt die Fertigstellung bis zum Herbst 1797, so dass
das Werk in der Herbstausstellung der Akademie gezeigt werden
kann. Unmittelbar nach Ende der Ausstellung stirbt am 16. November 1797 der Auftraggeber des Werkes. Sein Sohn, der neue König
Friedrich Wilhelm III., fühlt sich als Adressat nicht zuständig, er
lehnt den Empfang des Werkes aus mehreren Gründen ab. Luise
ist nunmehr Königin, ihre neue Rolle entspricht seiner Meinung
nach nicht mehr der von Schadow dargestellten jugendlichen Anmut und Freizügigkeit. Sodann hat die seit Dezember 1796 verwitwete Friederike von Preußen eine nicht standesgemäße zweite Ehe
geschlossen, was einen Skandal ausgelöst hat. Und nicht zuletzt
verbleibt der neue König in deutlicher Reserve gegenüber dem ersten Hofbildhauer seines Vaters, dem er einen unstatthaften Lebens-
wandel zur Last legt.

Das bezahlte Werk gelangt also zurück in Schadows Werkstatt,
der König verweigert eine private oder öffentliche Präsentation.

Der zutiefst getroffene Schadow macht noch mehrere Vorschläge,
wie und wo sein Werk aufgestellt werden könnte – aber ohne Erfolg.
In seiner Selbstbiographie vermerkt er dazu lakonisch: »Für unsern
Künstler hatte es die Folge, daß drei seiner Werke von dem Könige,
seinem Herrn, als Fatalitäten angesehen wurden. Se. Majestät be-
diente sich nämlich des Ausdrucks: ›Ist mir fatal!‹ Dies waren: das
Denkmal des Grafen von der Mark, die Marmorgruppe der beiden Prinzessinnen und das beabsichtigte Denkmal im Dom.« (Gemeint ist hier das Grabmal für den verstorbenen Prinzen Ludwig
von Preußen, den älteren Sohn von Friedrich Wilhelm II.)[17] Erst

1801 wird das Werk zum ersten Mal in einem der kleineren Räume des Berliner Stadtschlosses aufgestellt. Öffentlich zugänglich ist es damit nicht. Der heute fraglose Ruhm der Prinzessinnengruppe als einem Hauptwerk des Klassizismus lässt in Vergessenheit geraten, dass dieses Meisterwerk der Öffentlichkeit rund 100 Jahre vorenthalten und damit zu kunstgeschichtlicher Wirkungslosigkeit verurteilt wurde.[18] Schadow setzt sich über diese unverschuldete Niederlage nur schwer hinweg; er reagiert darauf mit einer lange anhaltenden Krise. Zudem ist im Sommer des Jahres 1797 in der Familie ein Todesfall zu beklagen. Am 28. Juli stirbt seine Mutter. Halt findet Schadow von Anbeginn in der eigenen Familie.

1797, wenige Monate vor dem Regentenwechsel, hat Schadow eine Marmorbüste des damals 27 Jahre alten Kronprinzen Friedrich Wilhelm (III.) von Preußen geschaffen. »Fast behutsam offenbart er das Wesen des Thronfolgers, eines scheuen, verschlossenen Menschen, dem es an Entschlusskraft und Vertrauen in die eigenen Fähigkeiten mangelte, und dem das amouröse Treiben seines Vaters zuwider war.«[19] Nach dem Tod von Friedrich Wilhelm II. fiel seine Mätresse, die aus einfachen Verhältnissen stammende Wilhelmine Enke und später geadelte Gräfin Lichtenau, in Ungnade.[20] Sie schätzte den Bildhauer sehr und hatte in ihrem Charlottenburger Palais ein Gedächtniszimmer für ihren verstorbenen Sohn, den Grafen Alexander von der Mark, von Schadow ausgestalten lassen. Nach dem Fall seiner Mäzenin 1797 geht Schadow auf Distanz zu ihr, um seine Karriere und Auftragslage unter dem neuen Monarchen Friedrich Wilhelm III. nicht zu gefährden. Die bisherige Beziehung verleugnend und am eigenen Vorteil interessiert, zeigt Schadow hier durchaus opportunistische Züge.

In den Jahren 1798 bis 1800 wird von dem Architekten Heinrich Gentz (1766–1811) die Königliche Berliner Münze am Werderschen Markt gebaut. Schadow erhält den Auftrag, einen das Gebäude umfassenden Relieffries zu schaffen. Die Idee und die Entwürfe dazu gehen zurück auf den Architekten Friedrich Gilly.

Schadows Schmuck-Arbeit, an der auch andere Kollegen mitge-
arbeitet haben, bietet der Berliner Bevölkerung ein für ein öffentliches Gebäude bisher noch nicht gekanntes Kunst- und Informati-
onserlebnis. Sein 36,41 Meter langer Relieffries an der Königlichen
Münze hat den Titel: *Das Hervorbringen und wissenschaftliche Ordnen der Metalle.* Der aus Sandstein gefertigte Fries, der das Münzgebäude auf drei Seiten umzieht, stellt einen unmittelbaren Bezug
her zu der Bestimmung des Gebäudes: »Die oberste Etage solle die
Lehrerzimmer und Zeichensäle der Bauschule enthalten«, schreibt
Schadow viele Jahre später, »die mittlere das kostbare Königliche
Mineralienkabinett bewahren und die untere dem Prägen der Münzen verbleiben; letztere Bestimmung ist allein noch vorhanden.«[21]
Detailliert fasst er den Inhalt des Frieses zusammen. Über die Herstellung der Münzen heißt es: »Die große Länge der Seitenfassade
hat die Abbildung in zwei Streifen veranlaßt. Der erste, als Fortsetzung der Geschichte vom Münzwesen, ist flach angedeutet. Der
Schmelzofen, wobei der Mann mit der Schaufel [steht], ein anderer
zieht die glühende Stufe aus dem Ofen, und der dritte bringt das zu
schmelzende Metall herbei. Dem folgt der Schmied beim Amboß.
Bei der Strecke arbeiten zwei Mann, um das flach gepreßte Metall in Empfang zu nehmen. Sichtbar ist dann die Prägemaschine
wie auch der Sitzende, welcher die Metallscheibe einschiebt und
auszieht. Der Stempelschneider betrachtet genau das Gepräge. Neben dieser Gruppe steht die Waage. Ein Arbeiter bringt die neu geprägte Münze.«[22]

Schadow findet für einige Zeit Atelier- und Wohnräume »in zwei
verlassenen Schmelzen der neuen Münze«. Seine Arbeitsbedin-
gungen dort gestalten sich allerdings immer beengter. Sein geregeltes Einkommen und die Vermögensverhältnisse seiner Frau führen
zu dem Wunsch nach einem eigenen Wohn- und Atelierhaus. Für
das vorhandene Geld findet er ein Grundstück in der Kleinen Wallstraße 10–11 (seit 1836 Schadowstraße), das in unmittelbarer Nähe
zu den Linden und den wichtigen Institutionen liegt. Nun bittet
er das Oberhofbauamt um weitere Unterstützung. In seiner Selbst-

biographie heißt es: »Friedrich Wilhelm III. wollte die Baugelder nur verwenden für das, was dem Staate nötig und nützlich war; daher war es eine besondere Gnade, die dem Schadow um diese Zeit zuteil wurde.«[23] Der König übernimmt die Baukosten, 1803 wird der Grundstein gelegt, nach rund einjähriger Bauzeit weiht Schadow sein neues Atelier ein und am 18. Juni 1805 bezieht die Familie Schadow ihr neues Haus.

Eine der Attraktionen sind zwei von Schadow entworfene in die Fassade eingelassene Reliefs. Thematisch sind sie angeregt worden von dem Altertumswissenschaftler Aloys Hirt. Das linke Relief zeigt *Die Kunst des Altertums* in ihren Hauptepochen und das rechte *Die Beschützer der Kunst*. Nachdem die Reliefs in die Fassade eingelassen worden sind, erwirbt Schadow »»ein Päckchen ächt Goldpulver zum Broncieren‹, um damit die Wirkung vorteilhaft und auch dauerhaft zu steigern«.[24] Das Erdgeschoss ist der Familie vorbehalten, das erste Obergeschoss steht Schülern und Gehilfen als Wohnraum zur Verfügung. Eine weitere Etage entsteht erst nach größeren Umbauten, die Schadows Sohn Felix 1851 vornimmt. Die Werkstatträume liegen in den Hofgebäuden, zu denen auch eine Gießerei und eine Schmiede gehören. Der im Hof gelegene Garten wird schon zu Schadows Lebzeiten berühmt, er ist der gesellige Mittelpunkt des Hauses. Schadow führt ein Haus von legendärer Gastlichkeit. Viele Freunde und sogar seine Schüler werden hier gastlich aufgenommen. Der zentrale Raum des Hauses ist das Esszimmer, auch dies weist eine Besonderheit seiner Entstehungszeit auf. Es handelt sich um eines der ersten »Berliner Zimmer«, das Licht durch ein schräg über Eck gelegenes Fenster erhält.[25] Dieses von Schadow ganz nach seinen Vorstellungen gestaltete Haus ist der deutlich sichtbare Ausdruck seines rasanten künstlerischen und gesellschaftlichen Aufstiegs.

Schadow empfängt am 6. September 1805 als eine der ersten Besucherinnen die Königin Luise, die sich über das neue Anwesen informieren lassen möchte, das trotz der zunehmenden wirtschaftlichen Schwierigkeiten, in denen sich Preußen befindet, vom König finanziert worden ist.

Kompliziert gestaltet sich die Entstehungsgeschichte der General-
standbilder für den Berliner Wilhelmsplatz, der Herstellungspro-
zess zieht sich in drei Phasen über 30 Jahre hin. Nach Ende des Siebenjährigen Krieges hatte Friedrich der Große Aufträge erteilt für
vier Standbilder, die zu Ehren gefallener preußischer Generäle errichtet werden sollen. Friedrich der Große weist hier einen neuen
Weg. Die Würdigung mit einem Denkmal im öffentlichen Raum
kam bisher nur berühmten Adligen oder Herrscherfiguren zu. Eine
Porträtbüste oder gar Statue für bedeutende Männer des preußischen Militärs ist neu, Friedrich der Große ehrt damit eine neue
Gruppe von Vertretern des Staatsapparates. Nach den Standbildern
der Generalfeldmarschälle von Schwerin (entworfen von François
Gaspard Adam, ausgeführt von Sigisbert Michel Adam) und von
Winterfeldt (entworfen von Johann David Räntz, ausgeführt von
Johann Lorenz Wilhelm Räntz) erteilt Friedrich der Große dem
neuen Hofbildhauer Antoine Tassaert den Auftrag für das dritte
und vierte Standbild. Das von Tassaert geschaffene Marmorstand-
bild für den General Friedrich Wilhelm von Seydlitz wurde 1781,
das für den Generalfeldmarschall James Keith 1786 auf dem Wilhelmsplatz aufgestellt. Beide Standbilder waren trotz der zeitgenössischen Uniformen in der künstlerischen Darstellungsweise
konventionell. Nach dem Tod von Tassaert werden Schadow die Arbeiten für zwei weitere Standbilder übertragen. Jetzt herrscht König Friedrich Wilhelm II., der den Auftrag erteilt für das Standbild
von Hans Joachim von Zieten, und der nachfolgende König, Friedrich Wilhelm III., gibt den Auftrag für ein Denkmal für Leopold
I., den Fürsten von Anhalt-Dessau, genannt »Alter Dessauer«. 1794
wird Schadows Zietenstandbild auf dem Wilhelmsplatz enthüllt;
1800 folgt das für den Alten Dessauer, das auf Wunsch des Königs
zunächst im Lustgarten aufgestellt wird. Erst 1828 wird das Denkmal auf den Wilhelmsplatz versetzt, für den Schadow es vorgesehen hat. Beide Werke des Bildhauers zeigen höchste künstlerische
Qualität. Das Zietendenkmal zeichnet sich durch hohen Realismus
aus. Der Alte Dessauer hingegen, das Auftragswerk Friedrich Wilhelms III., entspricht dem schlichten, soldatischen Sinn des neuen

Königs. Er will die Verdienste seines Feldherren, dessen an Zucht, Ordnung und Drill orientierte Lebensweise dargestellt wissen. Die vom Alten Dessauer neu eingeführte Infanterieuniform gibt Schadow Gelegenheit, auch sein plastisches Können mit der Wiedergabe zeitbedingter militärischer Kleidung unter Beweis zu stellen.

Mit dem Beginn des neuen Jahrhunderts ändert sich Schadows Arbeitssituation insofern, als er weniger Aufträge erhält. Dies hängt vor allem mit der wirtschaftlichen Lage Preußens und der damit verbundenen Sparsamkeit des neuen Königs (Friedrich Wilhelm III.) zusammen. Während der napoleonischen Besatzung werden auch der Familie Schadow belastende Einquartierungen zugemutet. Schadow leidet unter den dadurch verursachten eingeschränkten Arbeitsmöglichkeiten wie auch unter den erheblichen Kosten, die durch die Verpflegung der aufgezwungenen Mitbewohner entstehen. Am 27. Oktober 1806 zieht Napoleon unter dem Läuten der Glocken aller Kirchen Berlins mit 12 000 Soldaten triumphal in Berlin ein. Am Brandenburger Tor werden ihm die Schlüssel für Berlin überreicht. Die Vivats verhallen schnell. Schadow hält den Schock fest, der die Stadt ergreift: »... in unseren Knaben und Jünglingen setzte sich der Keim vom Kraute der Vergeltung. [...] Unser Land stand nunmehr unter dem Reiche der Willkür, welche bei der Anwesenheit des Eroberers den Anstrich von Regelmäßigkeit erhielt.«[26]

Mit großem Einsatz versucht Schadow, den Beschlagnahmungen durch die französischen Besatzer Einhalt zu gebieten. Am 2. November 1806 besucht ihn der Napoleon begleitende Generaldirektor des Pariser *Musée Napoléon,* Dominique-Vivant Baron Denon (1747–1825), gemeinsam mit Alexander von Humboldt (1769–1859) und dem angesehenen Porträtmaler Joseph Friedrich August Darbes (1747–1810) in seinem Atelier. Denon ist an der Fertigstellung des Denkmals für Friedrich den Großen interessiert, als dessen Schöpfer er Schadow wähnt. Dieser muss ihn korrigieren. »Die Geschichte dieser über unsere damaligen Kräfte gehenden prachtvollen Unternehmung geht jedoch über in ein anderes Atelier«, notiert Schadow lapidar in seiner Selbstbiographie.[27] Denon lässt sich trotz des persönlichen Kontakts in seinen Beschlagnahmen nicht einschränken. In den Schlössern von Berlin, Charlottenburg, Potsdam und Sanssouci trifft er seine Auswahl.[28] Noch einmal nimmt Schadow einen großen Anlauf, die Wegführung von Kunstschätzen aus den königlichen Schlössern zu verhindern. Diesmal versucht er, den Kaiser persönlich zu treffen. In Begleitung des Hofmalers Weitsch und weiterer Gleichgesinnter begibt er sich am 13. November 1806 in das Berliner Schloss, wo Napoleon residiert, um ihm eine Petition der Akademie der Künste zu überreichen. Dieser lässt sich entschuldigen, ihnen wird ausgerichtet, »wie sehr Se. Majestät es bedauere, heute das Vergnügen zu entbehren, uns zu empfangen«, schreibt Schadow.[29] Eine Vielzahl an Kunstwerken aus den Berliner Schlössern geht nach Paris. Einen kleinen Erfolg kann Schadow für sich verbuchen. Durch eine List in der Argumentation kann er verhindern, dass seine Stettiner Marmorstatue Friedrichs des Großen angetastet wird: »Man sagte Herrn Denon, diese sei nicht auf Königs Kosten angefertigt, was zur Folge hatte, daß sie stehenblieb.«[30] 1806 muss Schadow den von Napoleon initiierten Raub der Quadriga vom Brandenburger Tor hinnehmen. »Am 21. Dezember verlässt die in viele Teile zerlegte und in Kisten verpackte Quadriga Berlin zu Schiff. Mit einer Anzahl weiterer Kisten voller Kunstbeute nimmt sie einen erstaunlichen Wasserweg – über Spree, Havel und Elbe nach Hamburg, von dort nach Rotterdam und über den Rhein und die Mosel bis Metz, dann auf dem Landweg nach Saint Dizier und weiter auf der Marne, die im Nordosten von Paris in die Seine mündet. Am 17. Mai trifft der Kunsttransport aus Berlin beim Hafen Saint-Nicolas ein [...], der damals am rechten Seine-Ufer gleich neben dem Louvre lag.«[31] Dort soll sie als Kriegstrophäe ausgestellt werden, was allerdings nie stattgefunden hat, die Quadriga landet für Jahre in einem Depot.[32] 1814 wird Schadow aber auch Zeuge ihrer Rückführung, Restaurierung und Aufsetzung auf das jahrelang verwaiste Tor.

Schadow wird auch die Rückgabe eines großen Teils der geraubten Kunstschätze miterleben. Der Höhepunkt seines Wirkens als Direktor der Kunstakademie wird 1816 eine Ausstellung sein, in der die zurückgeführten Kunstwerke in der Akademie gezeigt werden. Während der Besatzungszeit erhält Schadow kaum noch Gehaltszahlungen. Seine finanzielle Situation ist phasenweise dramatisch. Er muss auch in dieser Situation neben seiner Familie seine sechs Werkstattgehilfen und deren Angehörige ernähren, die Bildhauer Johann Christian Unger (1743–1804), Carl Friedrich Hagemann (1772–1806), Christian Friedrich Tieck, Christian Daniel Rauch und seinen Sohn Rudolf. Bewältigen kann er diese Notzeit durch persönliche Aufträge, die immer wieder spärliches Geld einbringen.

Nach der Periode der Freiheitskriege zeigt sich in den Arbeiten Schadows eine deutliche Wende. Mit seinen Stein- und Marmorarbeiten ist er ganz im 18. Jahrhundert verwurzelt. Die neue Zeit erfordert neue Materialien und neue Verfahren, er perfektioniert jetzt das Bronze- und Eisengießen, das er während seiner Nordeuropareise studiert hat. Nach 1815, Schadow ist in seinem fünfzigsten Lebensjahr, verändert sich die preußische Hauptstadt grundlegend. Der preußische Staat wird ein anderer, die Reformen werden sichtbar, zugleich stabilisieren sich die staatlichen Institutionen. In Berlin verändert Schinkel als erster Baumeister des Königs das Gesicht der Stadt und Christian Daniel Rauch tritt als Bildhauer hervor. Schadow versucht mit allen Mitteln seine Stellung zu behaupten. Auch wenn Christian Daniel Rauch sich zunehmend als Konkurrent erweist, so hat Schadow zu keinem Zeitpunkt Achtung und Anerkennung dem ehemaligen Schüler gegenüber aufgegeben, der immer mehr seinen Ruhm zu überstrahlen beginnt. Schadow konzentriert sich nun intensiver auf die Lehre. Es gelingt ihm, diese Bedrohung seines Selbstwertgefühls als Künstler aktiv umzusetzen in ein verstärktes Engagement für die Belange der Akademie. Er übernimmt die Rolle einer bürgerlichen Autorität und schafft damit einen neuen Bezugsrahmen für Forderungen im Interesse seiner Schüler und Auftraggeber. 1810 übernimmt er die Direktion der Bauakademie; 1814 gründet er den Berlinischen Künstlerverein und übernimmt dessen Leitung. Die Gründung eines solchen Vereins in einer politisch instabilen Zeit ist eine kulturpolitische Großtat. Für viele Jahre finden die Mitglieder hier einen Ort für künstlerische und politische Auseinandersetzungen.

Kaum ein Projekt hat Schadow ein solches Maß an Langmut und Geduld abgefordert wie das Denkmal für Martin Luther, an dem er von 1816 bis 1821 arbeitet. Auf kaum ein Projekt hat er sich inhaltlich mit solcher Gründlichkeit vorbereitet. Und für kein weiteres Werk hat er den Entstehungsprozess in seiner Selbstbiographie mit vergleichbarer Genauigkeit beschrieben. Das Resultat erweist seine Hingabe und seine Souveränität im Umgang mit dem Thema. Gedanklich befasst ist Schadow mit dem Projekt eines Denkmals für Martin Luther schon seit 1805, doch erst nach den Kriegszeiten rückt es wieder in den Horizont einer Verwirklichung. Es beginnen jahrelange Auseinandersetzungen sowohl um die inhaltliche Gestaltung als auch um einen Standort.

Nach Sichtung von Schadows Entwürfen sichert ihm König Friedrich Wilhelm III. Mitte 1816 die Realisierung zu. Schadow war im März zum Direktor der Akademie der Künste ernannt worden. Der König ordnet ihm allerdings die Architekten Karl Friedrich Schinkel und Friedrich Rabe (1775–1856) als gleichberechtigte Partner zu, es wird also eine Denkmal-Kommission aus dem Geheimen Oberbaurat Schinkel und dem Hofbauinspektor Rabe gebildet, mit der sich Akademie-Direktor Schadow abfinden muss. Ab jetzt werden die Entwürfe in dieser dreiköpfigen Runde beraten. Schadow schlägt eine aus Bronze gefertigte Statue des Reformators vor, die auf einem Postament steht. Schinkel hingegen bietet um die Jahreswende 1816/17 einen monumentalen Entwurf an; er bringt »eine schöne Zeichnung zum Denkmal des Dr. Luther, ganz entworfen in seinem ungebundenen Geiste und ohngefähr eine so reich ausgestattete Wand darstellend wie das Grabmal Papst Julius' in der Kirche St. Pietro in Vincoli in Rom. So wie da der Moses angebracht ist, stand hier Dr. Luther zwischen einer Anzahl von allegorischen Statuen in Nischen verteilt. Daß hierbei an keinen Anschlag der Kosten gedacht war, läßt sich ermessen.« Schinkel zweifelt auch selbst an der Realisierbarkeit dieses in hohem Maße aufwendigen und kostspieligen Plans. Während Schadow bei seinem Entwurf bleibt, bringt Schinkel »eine zweite Zeichnung zu dem Denkmal Dr. Luthers, noch reicher ausgestattet, aber nicht im Sinne unseres regierenden Herrn«, wie Schadow kurz und bündig bemerkt.[33] Spannungen zwischen dem Pfarrerssohn Schinkel und dem 17 Jahre älteren Schadow in der Zeit- und Kunstauffassung kommen hier deutlich zum Ausdruck. In einem Brief vom 10. März 1817 an Christian Daniel Rauch schildert Schinkel seinen Entwurf: Er sei »von eigner Art, wie mirs für die neue Zeit angemessen schien, und besteht aus freier Statue, Hautreliefs und Basreliefs an der Wand einer großen Halle von 50 Fuß Höhe mit einigen 40 Figuren. Ich fürchte, daß ich mein gewöhnliches Schicksal haben werde, denn Schadow hat eine einfache Statue ebenfalls zu dem Zweck entworfen, mit der die Welt abgespeist werden wird, und so wird dann dieser große Weltmensch vor den anderen verdienstvollen keine höhere Auszeichnung erhalten.«[34] Schinkel möchte »die neue Zeit« repräsentiert wissen, er sieht in Schadows Entwurf den »großen Weltmenschen« Luther nicht angemessen gewürdigt. Dennoch wird sich Schadows Konzept durchsetzen.

Die dreiköpfige Kommission kann sich nach eingehender Prüfung der Alternativen Eisleben als Geburtsort und Mansfeld, wo Luther einen großen Teil seiner Kindheit verbracht hat, auf den Standort Wittenberg einigen als Luthers wichtigster Wirkungsstätte und seinem Begräbnisort (sein Grab befindet sich in der Schlosskirche unter der Kanzel). Die endgültige Entscheidung für Wittenberg fällt der König am 18. Oktober 1817. Man kommt auch überein, eine Statue Luthers zu errichten. Schinkel will diese allerdings in weißem Marmor fertigen, während Rabe und Schadow Bronze vorziehen. In einem Brief vom 1. September 1818 empfiehlt der König als Material für die Lutherstatue Granit, denn »an dieses Material knüpft sich indessen die Idee von unerschütterlicher

Festigkeit, dem Charakter des Mannes so ganz entsprechend. [...] Ich würde es daher nur ungern nachgeben, ein anderes Material statt des Granits zu wählen.«[35] Da die Fertigung in Bronze technisch leichter zu realisieren ist, kann Schadow seine Materialoption durchsetzen. Von der in Anwesenheit Schadows sattfindenden feierlichen Grundsteinlegung am 31. Oktober 1817 bis zur Einweihung des Denkmals werden weitere vier Jahre vergehen. Schadow fertigt eine Statue an, die Luther barhäuptig im Talar zeigt, mit einer aufgeschlagenen Bibel in den Händen. Gezeigt wird die Stelle, wo das Alte Testament endet und das Neue beginnt. Zu lesen ist: Das Neue Testament verdeutscht von Doktor Martin Luther. Schadow verdeutlicht damit, wie weit er sein Thema fasst, wie tief er in den Gegenstand eingetaucht ist. Symbolisch stellt er hier das *sola scriptura*, einen der Kernsätze des Protestantismus, in den Mittelpunkt: Allein die (Heilige) Schrift ist die Grundlage des christlichen Glaubens, nicht die Tradition der Kirche. Mitformuliert sind dabei auch die drei weiteren *soli* der Reformation.[36]

Diese Statue findet den Beifall des Königs. Schadows Figur steht auf einem kubischen Sockel aus Stein, an dessen Ecken sich achteckige Pfeiler befinden. Auf diesen ruht der gusseiserne Baldachin, den Schinkel entworfen hat und der in der Königlich Preußischen Eisengießerei in Berlin gegossen worden ist.

Am Reformationstag, dem 31. Oktober 1821, 304 Jahre nach dem Anschlag der Thesen, wie Schadow festhält, wird das Denkmal auf dem Marktplatz von Wittenberg feierlich enthüllt und der Öffentlichkeit übergeben. In der Selbstbiographie heißt es:»Zur Feier des Tages waren außer den auf des Königs Befehl nach Wittenberg beschiedenen hohen Beamten auch viele andere Personen weltlichen und geistlichen Standes und viele Fremde aus den benachbarten Provinzen und aus der Fremde erschienen; die Universitäten Berlin, Halle, Leipzig und Jena hatten Deputationen von Studierenden gesendet. Alle Anwesenden, von frommen Gefühlen beseelt, bekundeten eine so stille Teilnahme, daß eigentliche Ordner, die in solchen Fällen nötig sind, hier ganz entbehrlich wurden. Der feierlichste Augenblick war der, wo der Redner, Generalsuperintendent

Dr. Nitzsch, sich dem Denkmale zuwendete und die Verhüllung bei Trompeten- und Paukenschall niedersank. Abends war die Stadt erleuchtet, das Denkmal mit flammenden Pechpfannen umstellt.«[37]

Schadows Denkmal ist das erste in Deutschland, in dem ein nicht adliger Mensch mit einem frei stehenden Standbild in einem öffentlichen Raum geehrt wird. Aber das Denkmal ist stilistisch nicht einheitlich. Durch die Zusammenarbeit mit Schinkel ergibt sich für die von Schadow gestaltete Statue eine figurale Strenge, die dem neugotischen Baldachin in Schinkels romantischem Geschmack nicht korrespondiert. Den innovativen Charakter, die Geschlossenheit und Höhe der großen Berliner Arbeiten kann dieses Denkmal nicht erreichen.

Generell scheint sich das Arbeitsverhältnis zwischen Schadow und Schinkel aber ohne Trübung zu gestalten. 1817 beschreibt Schadow die Zusammenarbeit beim Bau der Neuen Wache: »Schinkel, der das Königswachthaus erbaute, hatte die Zeichnungen zu den Siegesgöttinnen im Friese entworfen. Diese modellierte ich und folgte dabei mit Sorgfalt seinen Entwürfen, welche mir gar wohl gefielen. Diese waren mit die ersten Arbeiten, welche in Zinkguß gefertigt worden, wobei das Verfahren wenig Schwierigkeiten darbietet, indem der Gips das leicht fließende Metall gerne annimmt.«[38] In unmittelbarer Nachbarschaft zur Neuen Wache steht (auch heute noch) das Zeughaus. Dieser 1729 fertiggestellte Barockbau, den Schlüter wesentlich mitgestaltet hatte, ist das älteste erhaltene Gebäude am Boulevard Unter den Linden. Auch hier ist Schadow tätig. Im August 1817 »wurde unter meiner Leitung eine Reparatur sämtlicher Skulpturen des Zeughauses vorgenommen. Unter allen Beschädigungen war es der herabgestürzte Kopf der Minerva, die vielen deutungsvoll erschien, und welche die Franzosen als eine weissagende Warnung besonders anführten.«[39] Die Göttin galt den Römern als Beschützerin der Handwerker und des Gewerbes. Sie galt aber auch als Göttin der Weisheit und der siegreichen Kriegsführung. Nach der Niederlage der Franzosen und dem Abzug der Besatzer bedarf die preußische Hauptstadt durchaus des Segens einer die Geschicke des Staates weise lenkenden Göttin. Schadow hat sie wieder hergerichtet.

Der Künstler wird fast ein halbes Jahrhundert, bis zu seinem Lebensende in seinem Haus in der Kleinen Wallstraße wohnen. Nach 30 Jahren glücklicher Ehe stirbt am 9. November 1815 Marianne Schadow. 1817 geht er eine zweite Ehe mit Caroline Henriette Rosenstiel (1784–1832) ein, getraut wird das Paar »durch den berühmten Prediger Schleiermacher, den größten Kanzelredner jener Zeit«, wie Schadow stolz vermerkt.[40] Aus dieser Ehe gehen vier weitere Kinder hervor.

1822 hat Schadow einen herben Schicksalsschlag zu verkraften. Sein geliebter, von ihm als Schüler ein Leben lang geförderter Sohn aus erster Ehe, Rudolf (Ridolfo), stirbt in Rom mit nur 36 Jahren an einer Lungenkrankheit. Trost erwächst ihm durch den zweitgeborenen Sohn Friedrich Wilhelm. Er wird ein bedeutender Maler und begründet gemeinsam mit dem Nazarener Peter von Cornelius die Düsseldorfer Malerschule, die sich unter seiner Leitung zu einer Inspirationsquelle für neue Impulse und Ideen entwickelt.

Zu einer schweren Belastung wird das langsam verlöschende Licht seiner Augen. Die Einschränkung seiner Sehfähigkeit ist für den zeichnenden und mit den Augen arbeitenden Künstler eine immer bedrohlicher werdende Gefährdung seiner Arbeit. Er trotzt ihr, wählt immer die hellsten Stunden des Tages zum Arbeiten, doch irgendwann muss er aufgeben.

1830 erlebt er eine letzte öffentliche Ehrung. Als Höhepunkt seiner Karriere als Professor wird er zum Ehrendoktor der Philosophie durch die 1810 gegründete Berliner Universität ernannt. Seit dem Ende der Zwanzigerjahre entstehen keine bedeutenden Werke mehr. So bewusst wie Schadow stets gelebt und gearbeitet hat, kann man davon ausgehen, dass er ebenso absichtsvoll sein Schaffen einstellt, um nicht hinter die von ihm selbst stets angelegten künstlerischen Maßstäbe zu fallen. Schadow begreift, dass eine neue Zeit angebrochen ist, er tritt zurück und überlässt jüngeren Künstlern das Feld.

Nach einer Staroperation 1836 beschränkt er sich weitgehend auf das Zeichnen, er kehrt sozusagen zu seinen Anfängen zurück. Zeichnungen und auch Karikaturen kennzeichnen sein Alterswerk. Auch als Karikaturist zeigt er herausragende Fähigkeiten. Mit diesen Arbeiten rundet er sein großes Werk ab. In den dreißiger Jahren erscheinen zudem drei kunsttheoretische Schriften. 1830 veröffentlicht Schadow seine *Lehre von den Knochen und Muskeln*, 1834 *Polyklet oder von den Maßen der Menschen nach dem Geschlechte und Alter* und 1835 seine *Nationalphysiognomien oder Beobachtungen über den Unterschied der Gesichtszüge und die äußere Gestaltung des Kopfes.*

Schon der ganz junge Schadow, noch eingebunden in die Zeittradition des verblassenden Rokoko, will in seinen Darstellungen das wirkliche Leben einfangen: »Aber der Drang, der Natur möglichst nahe zu bleiben, nicht zwischen das Modell und sich ein auswendig gelerntes Idealbild aus der Antike zu schieben« beherrsche ihn schon in seinen ersten Versuchen.[41] So arbeitet Schadow seine berühmte Büste der Henriette Herz nicht blind nach den Kriterien des Schönheitsideals seiner Zeit, sondern versucht, Natur und Ideal in Harmonie zu bringen. »Sein Realismus in der Nachfolge Tassaerts geht von der sinnlichen Anschauung, vom Studium der Wirklichkeit aus. [...] Das Selbstbewußtsein des Bürgers, in diesem Falle einer emanzipierten Jüdin im toleranten Berlin, dokumentiert sich in der würdevollen Bestimmtheit des Auftretens. Schon mit diesem Jugendwerk leistete Schadow [...] einen gewichtigen Beitrag zum Menschenbild des frühen Klassizismus.«[42] Immer wieder weist Schadow darauf hin, dass er nicht einem Idealbild folge, sondern »nach der Natur« arbeite. Des Künstlers Hand solle so hoch in der Kunst stehen, dass das Werk wahrhaftig, dass nichts geschönt ist. Dies gilt ihm sowohl für Auftragswerke als auch für solche, die aus eigenem künstlerischem Antrieb entstehen wie beispielweise die Nymphe Salmacis. Auch dafür fordert er dem Realismus verpflichtete »Originalität«: »Mitten unter solchen überkommt de[n] Künstler die Lust, die unumhüllte Natur nachzubilden, und es entstand jene Figur einer aus dem Schlafe erwachenden Nymphe, welche in der Ausstellung 1797 zu sehen […]. […] Solche nicht bestellte, sondern aus innerem Behagen entsprungene Arbeiten sollten wohl immer den Umfang der Fähigkeiten eines Künstlers zeigen, jedoch müssen hierzu manche Begünstigungen kommen: Gesundheit, nicht Broterwerb, ein gutes Modell und häusliches Glück. Durch die Natur verführt, wird man nicht […] in einer Imitation des Idealstils der Antike verbleiben, sondern seine Originalität darbieten.«[43] Der Einklang zwischen Realität und Idealität ist das Geheimnis der klassizistischen Kunst Schadows.

Vom 1. bis zum 17. Mai 1804 besucht der schon schwer kranke Friedrich Schiller (1759–1805) Berlin. Hier wird er das Leben herausfordern, sich seines wachsenden Ansehens versichern und sogar Ruhm erfahren. August Wilhelm Iffland führt zu seinen Ehren gleich mehrere seiner Stücke im Schauspielhaus auf, Schiller besucht Konzerte in Carl Friedrich Zelters (1758–1832) Singakademie und zwei Opernaufführungen. Iffland hat ihm eine Stelle am Berliner Nationaltheater angeboten, aber nicht nur sein gesundheitlicher Zustand wird eine Neuorientierung seines Lebens ausschließen. Schon in den ersten Tagen seines Aufenthaltes in Berlin kommt es zu einer Begegnung mit Schadow. Er habe »zu Mittag bei Zelters mit Hrn. und Fr. von Schiller gesprochen«, notiert Schadow am 5. Mai 1804 in seinen Kalender. Während dieser Begegnung fertigt er mit wenigen Strichen eine spröde Zeichnung des fünfundvierzigjährigen Schiller an, die nicht nur sein außergewöhnliches Können, sondern auch seine Menschenkenntnis erweist. Schiller hatte in den vorangegangenen Jahren seine ohnehin angegriffene und bedrohte Gesundheit durch eine Vielzahl von Projekten derart gefährdet, dass ihm nur noch wenige Monate seines Lebens verbleiben werden. Genau diese Situation hat der nur fünf Jahre jüngere Schadow erfasst, wenn er Schiller ohne jede Idealisierung festhält. Sein »Stift umzieht das Profil mit der hohen Stirn, der vorragenden Nase, einem fast zum Strich reduzierten Mund und dem Doppelkinn. Die Augenhöhlen wirken schlaff, das Haar um die

Schläfen spärlich und strähnig.«[44] Es gibt keine weitere Darstellung Schillers, die einen vergleichbaren Realismus aufweist.

Eine interessante Ausnahme stellt die Porträtbüste Friedrich Gillys aus dem Jahr 1801 dar. In seiner Zeit als Direktor der Hofbildhauerwerkstatt hat Schadow über zehn Jahre hinweg mit Gilly zusammengearbeitet, bis dieser 1800 unerwartet mit 28 Jahren an Tuberkulose starb. Die Krankheit findet keinen künstlerischen Ausdruck in Schadows Werk, die hohe Idealität der ein Jahr später entstandenen Büste erklärt sich wohl durch den von Schadow empfundenen Schmerz über den frühen Tod des von ihm hoch geschätzten Architekten.

Krankheit und körperlicher Verfall finden demgegenüber einen deutlichen Ausdruck in der von Schadow geschaffenen Büste von Karl Friedrich Christian Fasch (1736–1800), dem mit 64 Jahren am 3. August 1800 verstorbenen Begründer der Berliner Sing-Akademie. Schadow hat sich an dem feierlichen Ernst der von ihm selbst abgenommenen Totenmaske orientiert und nicht an den Vorschlägen von Carl Friedrich Zelter, dem Nachfolger von Fasch als Leiter der Sing-Akademie. Zelter, der Biograph von Fasch, hätte eine freundliche Heiterkeit im Ausdruck des Komponisten und Chorleiters vorgezogen.

Auch mit dem jüngeren Karl Friedrich Schinkel hat Schadow über Jahrzehnte hinweg zu tun gehabt. Eine Darstellung dieses Architekten durch Schadow sucht man allerdings vergeblich. Außer einer kleinen Porträtskizze, einer Rötelzeichnung aus dem Jahre 1830, gibt es keine weiteren Dokumente der persönlichen Bekanntschaft oder künstlerischen Auseinandersetzung des Bildhauers mit dem Architekten Schinkel.

Aus der Zeit, als Schadow mit seiner Familie noch im alten Münzgebäude in der Spandauer Vorstadt wohnt, datiert eine Freundschaft mit der Familie des Münzdirektors Johann Andreas Schlegel. Dessen Tochter ist Schadows Patenkind. Die enge persönliche Beziehung Schadows zu ihr wird erkennbar in einer Büste, die er im März 1805 von der Vierzehnjährigen fertigt. Deutlich wird hierin auch die intellektuelle und kulturelle Aufbruchsstimmung in Berlin um 1800. Schadow billigt dem Bürgermädchen eine Würde zu, die bisher dem Adel vorbehalten ist.

Im Jahre 1800 wird Schadow aufgeschreckt durch einen kleinen Artikel in der von Goethe herausgegebenen Zeitschrift *Propyläen*. Von Weimar aus kritisiert Goethe aktuelle Tendenzen in der Berliner Kunst und Wissenschaft: »In Berlin scheint, außer dem individuellen Verdienst bekannter Meister, der Naturalismus, mit der Wirklichkeits- und Nützlichkeitsforderung, zu Hause zu sein und der prosaische Zeitgeist sich am meisten zu offenbaren. Poesie wird durch Geschichte, Character und Ideal durch Porträt, symbolische Behandlung durch Allegorie, Landschaft durch Aussicht, das allgemein Menschliche durchs Vaterländische verdrängt.«[45] Das intellektuelle Berlin reagiert mit deutlichem Befremden auf diese Kritik, aber kaum jemand wagt öffentlich die Stimme gegen Goethe zu erheben. Ludwig Tieck schreibt aus Berlin an August Wilhelm Schlegel (1767–1845), dass er mit Hans Christian Genelli den Hass auf die *Propyläen* teile.[46] Nur Schadow ergreift das Wort gegen das pauschale und abfällige Urteil aus Weimar über den prosaischen Zeitgeist in Berlin. Er fühlt sich nicht nur als Künstler, sondern auch als Präsident der Akademie der Künste verleumdet und sieht sich in der Pflicht, sich als Fürsprecher seiner Berliner Künstler gegen den Vorwurf des Unpoetischen und der reinen Nützlichkeitsorientierung zu verwahren. Wie ernst es ihm mit seiner Entgegnung ist, kann man daran ersehen, dass er auf vier provokative Sätze Goethes mit einer Schrift von gut 30 Seiten in seiner *Eunomia, eine Zeitschrift des neunzehnten Jahrhunderts; von einer Gesellschaft von Gelehrten* antwortet. Der Titel lautet: *Ueber einige, in den Propyläen abgedruckte Sätze, die Ausübung der Kunst in Berlin betreffend.* Es ist die Zeitschrift der *Gesellschaft der Freunde der Humanität,* in der die intellektuelle Elite der preußischen Hauptstadt sich versammelt. Einer der bedeutendsten Berliner Künstler bezieht hier stellvertretend für die Intellektuellen der Stadt Position und grenzt sich unmissverständlich von Weimar ab. Eine deutliche Opposition zwischen Berlin und Weimar ist nun nicht mehr zu übersehen. 1803 erscheint zudem die von August von Kotzebue herausgegebene

Zeitschrift *Der Freimüthige,* in der das klassizistische Weimarer Kunst- und Literaturprogramm heftig angegriffen wird. Hier publizieren unter anderen Schadow, der Archäologe und Dichter Konrad Levezow (1770–1835), der Berliner Professor für Archäologie und Mitbegründer der Bauakademie Aloys Hirt und der Philosoph Friedrich Köppen (1775–1858). Zu Anfang des 19. Jahrhunderts besteht »zwischen Weimar und Berlin, also zwischen Provinz und Metropole, zwischen Kleinmacht (Kleinstadt) und Großmacht (Königsstadt) ein konkurrierendes Verhältnis«, ein großer Teil der Berliner Intellektuellen stellt sich »gegen das Dogma aus Weimar«.[47] Auch der sozialen und gesellschaftlichen Isolation der Weimarer begegnet man mit Reserve. »In der aufgeklärten Königsstadt wird der Klassizismus nicht zum Programm erhoben, vielmehr wird die antike Kunst und Literatur in ihrer Historizität wahrgenommen.«[48]

Der Realismus in der Bildhauerkunst von Schadow lässt sich auch im Spiegel der Wahrnehmung eines weiteren zeitgenössischen Kontrahenten erhellen. Quelle hierfür ist die Sichtung der sich über mehr als 30 Jahre erstreckenden Korrespondenz zwischen Schadow und dem Weimarer, später Dresdener Altertumswissenschaftler Karl August Böttiger (1760–1835).[49] Böttiger ist Schadow freundschaftlich zugeneigt. Er hat ihn 1797 in Berlin besucht, die großstädtische Bürgergesellschaft Berlins ist und bleibt dem aus der Provinz Angereisten allerdings fremd. In Weimar genießt der ausgewiesene Archäologe Böttiger ein hohes Ansehen als gelehrter Berater. Er teilt aber auch die in Weimar übliche Großstadtskepsis.[50] Diese Vorbehalte sind der Hintergrund für Böttigers Einwände gegen einige Werke Schadows. Böttiger beobachtet in ihm den Großstädter. In der Auseinandersetzung mit seinem Werk interessiert ihn das »Verhältnis von Klassizismus und Massenpublikum«. Er vermutet Zugeständnisse, die Schadow an den Geschmack des durchschnittlichen Berliner Publikums machen könnte, das es vergleichbar in Weimar nicht gibt. Er mutmaßt, dass »Kunst, die sich dem realen Leben verpflichtet fühle, zur Anpassung tendiere«.[51] Mit seinen Bedenken betrachtet er vor allem

Schadows erfolgreichste Werke, allen voran das Kindergrabmal und die Prinzessinnengruppe. Vor dem ihm vertrauten Erfahrungsraum des Weimarer Publikums reagiert der Altphilologe auf den damals schon renommierten Bildhauer mit Unmut und verweigert die Anerkennung der Werke. Seine Kritik speist sich aus der Tatsache, dass Schadow in seiner Kunst das antike Vorbild mit eigenen Akzenten verschmilzt. In Böttigers Verständnis sollen die Werke des Klassizismus aber eine rein an der klassischen griechischen Kunst orientierte Formensprache haben. Mit dieser Blickrichtung analysiert Böttiger die großen, öffentlich zugänglichen Werke Schadows. Das Zietenstandbild von 1794 auf dem Wilhelmsplatz findet Billigung. Seine ausführliche Kritik des Kindergrabmals hingegen fällt durchweg negativ aus und auch die Prinzessinnengruppe ist für Böttiger im Hinblick auf den antiken Geist verfehlt und der »völlig unstatthaften modernen Manier« verfallen.[52] Mit Kritik an seiner Kunstauffassung geht Schadow aber stets gelassen um, seine Autonomie als Künstler gibt er nie auf. Schadow will eben nicht verschönern oder körperliche Makel ausgleichen. Böttigers Missbilligung bezeichnet »sehr genau jenen realistischen Eigensinn [...], mit dem Schadow die generelle Tendenz der klassizistischen Plastik unterlief und damit den führenden Mainstream-Vertretern unter seinen Schülern, nämlich Tieck und Rauch, das Feld überließ. [...] Auch als Tieck und Rauch ihm eben damit den Rang abliefen, hielt er an seinem Konzept fest. Seine Büsten und Denkmäler sind wirklichkeitsnah, sie präsentieren sich bevorzugt nachdenklich-unheroisch und haben von Beginn an eine psychologische Tiefendimension. Das gilt auch für die mädchenhaften Prinzessinnen, in deren unterschiedlicher Körpersprache Schadow fast hellseherisch ihre jeweilige Entwicklung vorweggenommen hat.«[53]

An dieser Stelle erscheint ein kleiner Exkurs zu Theodor Fontane (1819–1898), dem wichtigsten Vertreter des literarischen Realismus in Deutschland, angemessen. Als Schadow 1850 mit 86 Jahren stirbt, reflektiert Fontane als Berliner Dichter die Bedeutung, die

der Berliner bildende Künstler Schadow für sein Schreiben hat. Er
sieht in ihm den Wegbereiter des Realismus in der neueren deutschen Kunst und erkennt ihn als unmittelbares Vorbild für sein Re-
alismuskonzept an.[54] In den *Wanderungen durch die Mark Brandenburg* aus den Jahren 1862/63 findet sich gegen Ende des Textes ein
kleines Juwel, die Abhandlung *Saalow. Ein Kapitel vom alten Schadow.*[55] Mit diesem Porträt setzt Fontane Schadow ein Denkmal, es
ist eine Hommage an den Künstler, der ihn geprägt hat. Dem kleinen Dorf Saalow entstammt Schadows Vater, ein Schneidermeister.
Schadows Vorfahren waren märkische Bauern aus dem Kreis Tel-
tow.[56] Fontane hat die Vierzigerjahre des 19. Jahrhunderts im Blick,
Schadow ist »ein Achtziger schon, aber immer noch ein Mann aus
dem Vollen. [...] Gottfried Schadow, der Schneiderssohn, ist Gottfried Schadow, der Akademiedirektor, geworden, ein berühmter
Mann, ein Name, der Klang hat von einem Ende Europas bis zum
andern.«[57] Fontane beschreibt den alten Schadow als energischen,
kantigen, höchst eigenwilligen Mann. »Ein Zwiespalt ging durch
sein Leben: Griechentum und Märkertum hielten sich das Gleich-
gewicht oder verbanden sich zu einem wunderbar humoristischen
Gemisch. [...] Mark Brandenburg und Athen erschienen abwechselnd als seine Heimat. Sein Körper und seine Seele lebten miteinander wie Venus und Vulkan. Diese Zwiespältigkeit wurde zuletzt sein Stolz, und er machte das Beste daraus, was sich daraus
machen ließ, ein Original. [...] Vor Bürgersinn und Bürgertrotz
war ihm ein gerüttelt und geschüttelt Maß geworden.«[58] Fontane
geht auf Schadows ausgeprägten Humor ein, auf seinen Hang, Berliner Platt zu sprechen, und wirft den Blick auf besondere Charak-
terzüge, auch auf seine Fähigkeit zur Selbstkritik: »Voller Selbstbewußtsein, war er doch frei von jeder kleinlichen Eitelkeit. [...]
Nirgends ein Verkleinern anderer, nirgends ein Vordrängen des
eigenen Ich, nirgends ein Verkennen oder wohl gar ein Grollen
über die Fortschritte, die Zeit und Kunst um ihn her gemacht hatten. Selten mag ein Künstler mit größerer Unbefangenheit über
seine Werke zu Gericht gesessen haben. [...] Anmaßung und Dün-
kel ließ er nicht aufkommen, auch da nicht, wo ein entschiedenes

Talent die Äußerungen der Eitelkeit allenfalls verzeihlich gemacht hatte.«[59]

Ausführlich geht Fontane auf das Verhältnis Schadows zum Hof ein, er hebt seine Loyalität hervor, »sein Herz für Preußen und die Mark. Er lebte durch ein volles halbes Jahrhundert hin als ein bevorzugter Liebling des Hofes, aber es waren nicht diese Bevorzugungen und Auszeichnungen, die seine Loyalität erst schufen, vielmehr *wurd* er ein Liebling, weil er sich in schwerer Zeit als ein Mann von Herz und Hand bewährt hatte. Er gehörte zu denen, denen gegenüber das allgemein patriarchalische Verhältnis, in dem die Hohenzollern zu ihren Untertanen stehen, den intimeren Charakter einer alten Bekanntschaft annimmt und zu einem Tone führt, in dem das Element der Scheu von der einen und der Hoheit von der andern Seite her in dem des *Vertrauens* völlig untergeht. Es gibt vielleicht keine zweite Fürstenfamilie, die solche beinah freundschaftlichen Verhältnisse kennt.«[60] Dem entspricht, dass der König höchstpersönlich Schadow in seiner Wohnung in der Kleinen Wallstraße 10/11 (heute Schadowstraße) aufsucht, um ihm den soeben zugesprochenen Orden *Pour le mérite* zu überbringen. Fontane berichtet die Szene so:

– Lieber Schadow, ich bring Ihnen hier den *Pour le mérite*.
– Ach, Majestät, was soll ich alter Mann mit 'n Orden?
– Aber, lieber Schadow ...
– Jut, jut, ich nehm ihn. Aber eine Bedingung, Majestät: wenn ich dod bin, muß ihn mein Sohn kriegen.[61]

Wo gibt es Vergleichbares, dass ein König sich persönlich zu einem Schneidersohn begibt, um ihn auszuzeichnen, und dieser eine solche Antwort bereithält ...? Nur in Berlin.

In seiner letzten bildhauerischen Arbeit aus dem Jahr 1844 stellt der halb erblindete Schadow noch einmal eine Figurengruppe dar, die *Gruppe der Weinsbergerin*. In seinen Lebenserinnerungen gibt er Auskunft darüber. »Noch hatte ich den Mut, eine kleine Gruppe zu modellieren nach der alten Erzählung, nach welcher Kaiser Kon-

rad der Dritte die hartnäckigen Weinsberger über die Klinge sprin-
gen lassen will, deren Frauen aber gestattet, ihr Kostbarstes aus
der Stadt zu schaffen, worauf die Frauen, wie bekannt, ihre Männer auf den Rücken nahmen. [...] Exemplare davon befinden sich
in der Königlichen Porzellanmanufaktur. So schloss ich meine Tätigkeit als Bildner, wie ich sie angefangen hatte, indem ich meine
erste Arbeit nach der Rückkehr aus Italien auch für die Königliche
Porzellanmanufaktur geliefert hatte. Wegen Schwäche des Auges
mußte ich bei der Ausführung einer geschickten Eleven zur Hülfe
nehmen.«[62]

Schadow schreibt nun, oder streckenweise diktiert er auch sein
Erinnerungsbuch *Kunstwerke und Kunstansichten. Ein Quellenwerk
zur Berliner Kunst- und Kulturgeschichte zwischen 1780 und 1845*. 1849,
ein Jahr vor seinem Tod, übergibt Schadow seine Selbstbiographie
der Öffentlichkeit.

Das zur damaligen Zeit biblische Alter, das Schadow zu erreichen
vergönnt ist, fordert seinen Tribut. Er ist schon lange nicht mehr in
der Lage, seiner Zeit aktiv gegenüberzutreten. Längst haben seine
Schüler, allen voran Christian Daniel Rauch und Christian Friedrich Tieck, ihn überholt. Die Romantikergeneration hat jetzt das
Sagen. Die Zeit geht über Schadow hinweg und eine neue Moderne
zeigt ihre Konturen.

Schadow stirbt im eigenen Hause in der Nacht vom 27. auf den
28. Januar 1850 friedlich im Kreise seiner Kinder. Am 31. Januar
wird er in einem Ehrengrab auf dem Dorotheenstädtischen Friedhof in Berlin beigesetzt. Die Ehrengrabstätte wird bis heute von der
Stadt gepflegt.

Schadow ist ein Vertreter der Goethezeit. Er repräsentiert diese allerdings nicht in der in sich geschlossenen und elitären Form, in
der sich der Weimarer Musenhof darstellt. Auch als erster Königlicher Hofbildhauer zweier preußischer Könige bleibt Schadow Teil
der großstädtischen Bürgerkultur Berlins. Diese wird durch ihn
geprägt und repräsentiert. Er überlebt die Großen der deutschen
Klassik um viele Jahre – 1803 stirbt Johann Gottfried Herder (geb.

1744), 1805 Schiller, 1813 Christoph Martin Wieland (geb. 1733), 1832 Goethe (geb. 1749) – und wird als bürgerliche Autorität für die Kunstgeschichte zu einem Erneuerer. Als Vorkämpfer des Realismus der neueren deutschen Kunst und Literatur repräsentiert er die damalige Avantgarde. Mit seinen Kunstwerken leitet Schadow zwischen 1789 und 1800 den bürgerlichen Realismus ein. Er begründet die deutsche Bildhauerschule des 19. und 20. Jahrhunderts, sein künstlerischer Einfluss wird in der Folgezeit bis zu dem Berliner Bildhauer Reinhold Begas (1831–1911) sichtbar, für dessen Werk der Realismus verbindlich ist, so wie auch Adolph von Menzel (1815–1905) ihn für seine Malerei entwickelt.

Die Zeitgenossen haben sein Genie noch erkannt. Dann versinkt sein Werk in eine temporäre Bedeutungslosigkeit, aus der es erst im 20. Jahrhundert leuchtend wieder herausfindet. Seine Bildwerke prägen bis heute das Stadtbild Berlins und entfalten unsere Vorstellung vom deutschen Klassizismus.

## 5. August Wilhelm Iffland –
## das Berliner Nationaltheater wird
## Metropolentheater

>»Denn schnell und spurlos geht des Mimen Kunst,
>Die wunderbare, an dem Sinn vorüber,
>Wenn das Gebild des Meißels, der Gesang
>Des Dichters nach Jahrtausenden noch leben.
>Hier stirbt der Zauber mit dem Künstler ab,
>Und wie der Klang verhallet in dem Ohr,
>verrauscht des Augenblicks geschwinde Schöpfung,
>Und ihren Ruhm bewahrt kein dauernd Werk. [...]
>Dem Mimen flicht die Nachwelt keine Kränze«.

Schillers Klage über die Flüchtigkeit der Schauspielkunst, die er im Prolog zu seinem 1800 erschienenen *Wallenstein* anstimmt, ist inspiriert durch den Charakterdarsteller August Wilhelm Iffland. Dieser legendäre Schauspieler, Intendant und Dramatiker hat durch sein unermüdliches Engagement inhaltlich und finanziell nicht unwesentlich dazu beigetragen, dass Schiller sein Wallensteinprojekt fertigstellen konnte. Der *Gesang des Dichters* hat fraglos weitergelebt, dem Mimen hat die Nachwelt aber keine Kränze geflochten. Iffland ist heute weitgehend in Vergessenheit geraten, auch wenn viele Straßen in Städten, in denen Iffland gelebt und gewirkt hat, noch an ihn erinnern. So in Hannover, wo Iffland 1759, im gleichen Jahr wie Schiller, geboren worden ist, in Gotha, wo er Mitglied des Hoftheaters von Conrad Ekhof (1720–1778) war, in Mannheim, wo er am Nationaltheater die ersten großen Erfolge als Schauspieler feierte, in Berlin, seinem wichtigsten Wirkungsort, und in München, Hamburg, Stuttgart und Saarbrücken, wo er aufsehenerregende Gastspiele gab.

Wo hält unsere Gegenwart noch seine Erinnerung bereit? In

Mannheim gab es ein 1864 errichtetes Standbild, das Ifflands große Verdienste an der Mannheimer Bühne würdigte. Es wurde im Zweiten Weltkrieg schwer beschädigt und nicht wieder restauriert. Eine bedeutende Spur für seinen Nachruhm hat Iffland selbst gelegt. Da er keine Kinder hatte, die sein Ansehen hätten weitertragen können, hat er diese Aufgabe einem Ring mit seinem Bildnis zuerkannt. Iffland hat mindestens einen, wahrscheinlich mehrere solcher Ringe an Freunde verschenkt. Nachweislich hat er einen wertvollen, brillantgefassten Ring mit seinem Porträt kurz vor seinem Tod an den Schauspieler Ludwig Devrient (1784–1832) übergeben, auch er schon zu Lebzeiten eine Legende. Angeregt durch die *Ringparabel*, dem Kernstück in Lessings *Nathan der Weise*, betrachtet Iffland diese Gabe gleichsam als Vermächtnis, das an ihn und sein Werk erinnern sollte. Ludwig Devrient vermachte diesen Ring 1832 seinem Neffen Gustav Emil Devrient (1803–1872), dem Star der Hofbühne in Dresden. Dieser Ring wird seither von seinem jeweiligen Träger testamentarisch an den seiner Meinung nach »jeweils bedeutendsten und würdigsten Bühnenkünstler des deutschsprachigen Theaters auf Lebzeiten verliehen«. Iffland ist es damit gelungen, der eigenen Rezeptionsgeschichte Bedeutung zu verleihen. Derzeitiger Träger ist seit 1996 der Schauspieler Bruno Ganz.

Auch in mehreren Kunstwerken ist die Persönlichkeit Ifflands von Zeitgenossen festgehalten worden. Das berühmteste Ölbild Ifflands schuf Anton Graff (1736–1813), einer der besten Porträtmaler seiner Epoche. In Berlin war er konkurrenzlos und überall gefragt. Das ganzfigurige Bildnis, das er 1800 von Iffland in der Rolle des Pygmalion aus dem gleichnamigen Stück von Jean-Jacques Rousseau (1712–1778) schuf, hat eine Sonderstellung. Derartige Bildnisse waren bisher, auch bei Graff, nur dem Adel vorbehalten. Auffallend an Graffs Darstellung ist die pathetische Gestik Ifflands, besonders die seiner Hände, für die der Schauspieler bekannt ist. Der preußische König Friedrich Wilhelm III. ehrte Iffland, indem er dieses Werk noch kurz vor seinem Tod für die Bildergalerie in Sanssouci ankaufte. Heute hängt es im Schloss Charlottenburg.

Aus dem vorangegangenen Kapitel wissen wir, dass Schadow viele bedeutende Repräsentanten des Berliner Kultur- und Geisteslebens in Porträtbüsten verewigt hat. Natürlich gehörte auch der stadt- und landbekannte Bühnenkünstler Iffland dazu. Schadow fertigte 1803 zunächst ein Modell an, danach entstand dann 1807 eine Marmorbüste. Diese war von Kronprinz Ludwig von Bayern, dem späteren Ludwig I. von Bayern (1786–1868), einem leidenschaftlichen Verehrer Ifflands, für die Walhalla in Auftrag gegeben worden. Nach einem Beschluss, keine Bildnisse lebender Künstler aufzunehmen, gelangte Schadows Iffland-Büste nach München, in die Neue Pinakothek, wo sie noch heute ihren Platz hat.

1828 schuf der Berliner Bildhauer Friedrich Tieck für das von Schinkel erbaute Königliche Schauspielhaus am Gendarmenmarkt eine Marmorstatue von Iffland. Den Kopf dieser Statue hat er nach der Büste von Schadow modelliert. »Die Plastik wurde durch Spenden finanziert, die bei Benefizvorstellungen der Theater von Berlin, Mannheim, Frankfurt/Main, München, Wien, Leipzig, Hamburg und Königsberg eingenommen worden waren. Die Iffland-Skulptur war demzufolge ein wirkliches Nationaldenkmal, sie wurde Jahre früher aufgestellt, als das erste deutsche Schiller-Denkmal.«[1]

Natürlich ist Iffland in Theaterkreisen und weit darüber hinaus auch heute kein Unbekannter. Es gibt vielseitige Bestrebungen, ihn wiederzuentdecken. In letzter Zeit wird in der Theatergeschichte intensiv und systematisch zu Iffland geforscht. Eine zentrale Rolle kommt hier der Berlin-Brandenburgischen Akademie der Wissenschaften zu. Bereits seit 2007 gibt es eine von der Akademie erstellte Datenbank zum Berliner Nationaltheater, die das vollständige Repertoire von 1796 bis 1814 einsehbar macht.[2] Auch eine weitere Datenbank ist seit Beginn des Jahres 2017 im Internet frei zugänglich. In einem jahrelangen Arbeitsprozess ist hier Ifflands dramaturgisches und administratives Archiv erschlossen, editorisch aufgearbeitet und digitalisiert worden.[3] Es umfasst den Zeitraum von 1796 bis 1814, als Iffland Direktor des Königlichen Nationaltheaters in Berlin war. Das Archiv enthält 34 Foliobände mit ca. 7500 beschriebenen Blättern, es geht darin um Korrespondenzen mit Autoren, Komponisten, Schauspielern, Sängern, Theaterdirektoren, Handwerkern, Staatsbeamten. 2009 ist ein umfangreicher Beitrag über *Das Berliner Theaterkostüm der Ära Iffland. August Wilhelm Iffland als Theaterdirektor, Schauspieler und Bühnenreformator* erschienen. Dieses Buch behandelt die Geschichte des Kostüms auf der Theaterbühne und geht der Frage nach, wie Iffland Kostüme eingesetzt hat.[4] Ferner hat der an der Berlin-Brandenburgischen Akademie tätige Iffland-Forscher Klaus Gerlach 2015 eine profunde Untersuchung über *Ifflands Berliner Bühne* herausgegeben.[5]

2014 wird Iffland plötzlich Thema in allen Zeitungen: 200 Jahre nach seinem Tod, zu Beginn des Ifflandjahres 2014 nämlich, sollte auf der Ludwigsburger Antiquariatsmesse *Antiquaria* das seit 70 Jahren verschollene Archiv der Korrespondenzen Ifflands zum Verkauf angeboten werden. Hierbei handelt es sich um 6000 Schriftstücke (Besetzungszettel des Berliner Nationaltheaters, kleine Schriften Ifflands, Briefe, Bühnenbildbeschreibungen, Kostümlisten) in 34 Bänden. Sie sind Ifflands Vermächtnis und »ein Kulturgut von nationalem Rang«, wie die Berliner Theaterhistorikerin Ruth Freydank bemerkt.[6] »Es handelt sich um nichts Geringeres als um Ifflands dramaturgisches und administratives Archiv aus der Zeit des Wirkens in Berlin von 1796 bis 1814«, so der Iffland-Forscher Klaus Gerlach. Gerlach ist es zu verdanken, dass die Akten rechtzeitig im Ludwigsburger Auktionskatalog entdeckt wurden. Das Wiener Antiquariat Inlibris wollte diesen Schatz für 450 000 Euro zum Verkauf anbieten und dies, obwohl damals noch nicht geklärt war, wem das Archiv rechtmäßig gehört. (Heute weiß man: Es ist Teil des Landesarchivs Berlin.) Bis gegen Ende des Krieges gehörten die Dokumente zur Sammlung des 1944 aufgelösten Berliner Theatermuseums.[7] Dann verliert sich ihre Spur. Während des Zweiten Weltkrieges sind die Bestände des Theatermuseums an einen bisher unbekannten Ort ausgelagert worden, ein großer Teil der Dokumente ging verloren. Von höchstem Wert hierbei ist der Briefwechsel Ifflands mit Schiller, 29 originale Briefe seien einem Diebstahl zum Opfer gefallen, vermutet Ruth Freydank. Im Ifflandjahr 2014 taucht dann der sich als Retter der Dokumente ausgebende hochbetagte Theaterwissenschaftler Hugo Fetting auf. Als langjähriger Mitarbeiter der Akademie der DDR hat er über Iffland promoviert. In Interviews gibt er zum einen an, die Iffland-Dokumente 1949 aus den Ruinen der Berliner Staatsoper gerettet zu haben, oder er behauptet, die Dokumente 1953 auf einer Müllhalde gefunden und vor dem Verderben bewahrt zu haben. In Anbetracht des guten Zustandes des Archivs ist beides unglaubwürdig. Hugo Fetting hat diesen Schatz tatsächlich seiner häuslichen Privatsammlung einverleibt und Ende 2012 dem Wiener Antiquariat für 50 000 Euro verkauft. Dubios genug, dass Fetting sich als Eigentümer ausgab,[8] obwohl die Provenienz von Teilen seiner eingelieferten Sammlung die Akademie der Künste als Eigentümerin ausgewiesen hat. Diese Widersprüche haben das Wiener Antiquariat nicht interessiert. Das Land Berlin hat sich mittlerweile mit Inlibris gütlich geeinigt: Das Archiv kommt als »unwiderrufliche Schenkung« nach Berlin zurück, dem Antiquar werden 15 000 Euro als Unkostenausgleich gezahlt. Das zum Berliner Landesarchiv gehörende Iffland-Archiv wird in der Berlin-Brandenburgischen Akademie der Wissenschaften erforscht und digitalisiert. Wo sich die Schillerbriefe und weitere Dokumente derzeit befinden, ist allerdings bis heute nicht aufgeklärt, ebenso die genaue Rolle Fettings.

Wer war nun aber der historische August Wilhelm Iffland? Und: Welche Bedeutung kann ihm heute zukommen? Eine berühmte Zeitgenossin, Germaine de Staël (1766–1817), äußert sich in ihrem 1813 erschienenen Deutschlandbuch *De l'Allemagne* sowohl hochtönend wie auch kritisch über ihn: »Iffland ist der erste Schauspieler, den Deutschland besitzt, und einer der geistvollsten deutschen Schriftsteller. [...] Seine Stücke zeichnen sich vorzüglich durch Sitten- und Charakterschilderung aus; es sind Familiengemälde von trefflicher Wahrheit und treuer Nachahmung der Natur und der Gesellschaft. In jedem seiner Stücke treten echt komische Personen auf, die dem Ganzen Leben und Farbe geben. Gleichwohl würde man vielleicht in Frankreich seine Lustspiele zu ernsthaft, zu vernünftig finden; sie binden sich zu streng an die Inschrift unserer Schauspielhäuser: *Ridendo corrigit mores*« (Durch Lachen verbessere ich die Sitten).[9] Entspricht diese Einschätzung der Französin auch der des damaligen deutschen Theaterpublikums?

Die äußeren Lebensdaten Ifflands lassen sich rasch zusammenfassen, wichtiger ist seine innere Biographie. Iffland wird am 19. April 1759 in Hannover geboren, er entstammt einer angesehenen und wohlhabenden Familie, die eines der ältesten und schönsten Häuser der Stadt bewohnt, das ehemalige Anwesen des Gelehrten Gottfried Wilhelm Leibniz (1646–1716). Iffland hat drei Geschwister, er ist der Jüngste. Älteste ist die Schwester Louise, an der er bis zu seinem Lebensende mit zärtlicher Liebe hängt. Der zweitgeborene Bruder Philipp wird von Iffland »nicht übermäßig günstig beurteilt«, er wird »als bloßer Verstandesmensch charakterisiert, der dadurch sich und andere unglücklich mache«.[10] Seinem Bruder Gottfried hingegen ist er sehr zugetan.

Der Vater, Registrator an der Königlichen Kriegskanzlei, sieht für Iffland ein Theologiestudium vor. Der Sohn aber will das nicht. Die Vorstellung einer Beamten- oder Gelehrtenlaufbahn erfüllt ihn mit tiefer Abneigung. Dem entzieht er sich durch Flucht. Nach heftigen Auseinandersetzungen mit dem Vater verlässt der 18-Jährige 1777 heimlich die Familie, die Stadt, den Wohlstand und alle Sicherheit und geht nach Gotha. Er leidet unter der konfliktreichen Trennung, innerlich weiß er aber, dass er diesen Weg gehen muss.

Im September 1777, sechs Monate nach seinem Weggang aus Hannover, erhält er einen Brief von seinem Bruder Gottfried, in dem dieser ihm mitteilt, dass er für seine Familie gleichsam gestorben sei. »Die Entrüstung der Ifflandschen Familie über den Weggang des Sohnes und Bruders war eine so starke, daß sie weder durch die mitgeteilten rührenden und demütigen Herzensergüsse, noch durch die mannigfachen Nachrichten über die Bedeutung, die der Schauspieler allmählich gewann, noch durch die Bemühungen, die von anderer Seite gemacht wurden, besänftigt oder vernichtet

werden konnten.«[11] Iffland leidet unter der starren Unversöhnlich-
keit der Familie, die sich durch die Wahl des Schauspielberufes ent-
ehrt fühlt. Er braucht Jahre des flehentlichen Bittens und Erfolge,
um wieder aufgenommen zu werden.

Schon sehr früh und aus ganz eigenem Antrieb entwickelt Iffland einen hohen Begriff von der Bedeutung der Schauspielkunst.
Ihr wird er sein Leben widmen, er bricht mit der Tradition seiner
über Generationen hoch angesehenen Familie. Schon seit seiner al-
lerfrühesten Kindheit will Iffland nur eines: Schauspieler werden
und für das Theater leben. In *Meine theatralische Laufbahn*, einer in
späteren Jahren niedergeschriebenen autobiographischen Schrift,
setzt er sich mit der eigenen Entwicklung auseinander. Es handelt
sich um eine der ersten deutschen Künstlerbiographien überhaupt.
Auch wenn hier stilisiert geschrieben und möglicherweise geglättet
und beschönigt wird, lassen sich aus dieser Selbstbiographie dennoch wichtige Informationen gewinnen. So gibt Iffland Einblicke
in ganz frühe Erfahrungen:»In meinem fünften Jahre habe ich das
erste Schauspiel gesehen, und es machte einen wundersamen Eindruck auf mich. Er steht durchaus in Verbindung mit einer früheren
Begebenheit aus dem dritten Jahre meines Lebens; diese ist meine
älteste Rückerinnerung.«[12] Gemeint ist hier ein festlicher Empfang,
den Hannover im Februar 1763 dem Herzog Ferdinand von Braunschweig bereitet hat. Am Abend ist die Stadt mit Fackeln und Lam-
pen hell erleuchtet, vor allem»ein großer beleuchteter Triumphbo-
gen«, von dem der Dreijährige meint, er reiche bis in den Himmel.
Die kleine Kinderseele erlebt ob der»Herrlichkeit« dieses Anblicks
ein»überirdisches Entzücken«. Diese Einführung in die künstliche
Welt der hellen Herrlichkeit der Illumination prägt sich ihm ein.
Die Tiefe des Erlebens wird deutlich, wenn Iffland berichtet, dass
er sich diese Erfahrung bis an sein Lebensende bewahrt als»wäre
es eine Geschichte von gestern«. Es ist mithin eine Initiationser-
fahrung, die den Elan, den ästhetischen Gestaltungswillen und sogar auch die herausragenden künstlerischen Fähigkeiten Ifflands in
seiner späteren Theaterarbeit begreiflich machen kann.

Am 14. Mai 1764 ist der fünfjährige Knabe zum ersten Mal in Hannover im Theater. Mit Stolz berichtet er es in seiner Selbstbiographie. Man spielt Molières *Der eingebildete Kranke*. Ein weiteres ihn prägendes Erlebnis erfährt der Achtjährige durch seinen ältesten Bruder. Dieser liest der Familie aus Lessings damals gerade erschienenen *Hamburgischen Dramaturgie* vor. »Ich saß in einer Ecke, von niemand bemerkt, und hörte mit Innigkeit zu. Ich verstand das wenigste, aber ich fühlte vieles. Nie kam mir der Schlaf über diese Gespräche, so lange sie auch dauern mochten.«[13] 1769 sieht er Lessings Trauerspiel *Miss Sara Sampson*. »Ich bin in Tränen zerflossen während dieser Vorstellung. Das Gute, das Edle wurde so warm und herzlich gegeben – die Tugend erschien so ehrwürdig! Die Leiden der Menschen kannte ich bis daher nur aus Hübners biblischen Geschichten oder von armen Leuten, welche Almosen empfingen: von einer solchen Leidensgeschichte, von einer solchen Sprache hatte ich keinen Begriff.« Seit diesem ihn ganz und gar packenden Ereignis wird das Theater für ihn zu einer »Schule der Weisheit, der schönen Empfindungen«.[14] Ifflands Theaterleidenschaft wird fortan der Motor seines Lebens.

Der Knabe wird zunächst von einem hoch kompetenten Privatlehrer unterrichtet. Er hat deshalb kaum gleichaltrige Freunde. Da der Lehrer früh verstirbt, kommt er in die zweite Klasse einer öffentlichen Schule. Seit Ostern 1771 ist der drei Jahre ältere Karl Philipp Moritz Ifflands Schulkamerad. Trotz der unterschiedlichen Herkunft werden sie rasch Freunde. In seinem zwischen 1785 und 1790 erschienenen autobiographischen Roman *Anton Reiser* hat Moritz Iffland eine aufschlussreiche Passage gewidmet. Er porträtiert ihn als schauspielerische Naturbegabung und spart nicht die sozialen Schranken aus, die beide trennen. »Von zehn bis elf Uhr gab der Konrektor noch eine Privatstunde, im deutschen Deklamieren, und im deutschen Stil, worauf sich Reiser immer am meisten freute [...]. Außer ihm war nur noch einer, namens I..., der an dieser Übung im Deklamieren ein eben so großes Vergnügen fand. Dieser I... ist nachher einer unsrer ersten Schauspieler und beliebtesten dramatischen Schriftsteller geworden; und Reisers

Schicksal hat mit dem seinigen bis auf einen gewissen Zeitpunkt viel Ähnliches gehabt. – I... und Reiser zeichneten sich immer in der Deklamationsübung am meisten aus. – I... übertraf Reisern weit an lebhaftem Ausdruck der Empfindung – Reiser aber empfand tiefer – I... dachte weit schneller, und hatte daher Witz und Gegenwart des Geistes, aber keine Geduld, lange über einem Gegenstande auszuhalten. – Reiser schwang sich daher auch in allen übrigen bald über ihn hinauf. – Er verlor allemal gegen I..., sobald es auf Witz und Lebhaftigkeit ankam, aber er gewann immer gegen ihn, sobald es darauf ankam, die eigentliche Kraft des Denkens an irgend einem Gegenstande zu üben – I... konnte sehr lebhaft durch etwas gerührt werden, aber es entwischte ihm gemeinglich eben so schnell wieder. – I... war zum Schauspieler geboren. Er hatte schon als Knabe von zwölf Jahren alle seine Mienen und Bewegungen in seiner Gewalt – und konnte alle Arten von Lächerlichkeit in der vollkommensten Nachahmung darstellen. Da war kein Prediger in H..., dem er nicht auf das natürlichste nachgepredigt hatte. [...] Jedermann fürchtete sich daher vor I..., weil er jedermann, sobald er nur wollte, lächerlich zu machen wußte. Reiser liebte ihn dennoch, und hätte schon damals gern nähern Umgang mit ihm gehabt, wenn die Verschiedenheit der Glücksumstände es nicht verhindert hätte. I...s Eltern waren reich und angesehen, und Reiser war ein armer Knabe, der von Wohltaten lebte, demohngeachtet aber den Gedanken bis in den Tod haßte, sich auf irgend eine Weise Reichen aufzudringen.«[15] Beide verbindet zu diesem Zeitpunkt eine veritable Theatromanie. Eine weitere Gemeinsamkeit besteht darin, dass beide sich mit wahrer Besessenheit auf Goethes *Werther* stürzen. Auch Iffland widmet dem Schulfreund in seiner 1798 erschienenen Selbstbiographie eine kleine Passage. »[...] Wir waren beide von *einem* Gefühl beseelt, und er hat über diesen wie über alle Vorgänge seines Lebens, die ich bis zu seinem Abgange von Hannover kenne, mit Genauigkeit und der strengsten Wahrheit geschrieben. Friede und Wohlwollen sei mit seinem Gedächtnis.«[16] In *Meine theatralische Laufbahn* beklagt Iffland genau den von Moritz wahrgenommenen Mangel an Ernsthaftigkeit und auch den fehlenden Arbeitseinsatz für die Schule: »Von nun an – es ist mir jetzt sehr leid – wandte ich mich entschieden von allem ab, was zur lateinischen Grammatik gehört. Ich las und las die Schauspiele mit Unterscheidung, mit Studium. Ich tat mit der zartesten Sorgfalt alles für die Schauspielkunst, was ich für die übrigen Wissenschaften hätte tun sollen. Ich war überzeugt, daß ich endlich für meine Bestimmung arbeitete.«[17] Der noch sehr junge Iffland lebt fortan und auch sein gesamtes weiteres Leben nur für seine Theaterkunst: »Wen einmal der Genius einer Kunst mit lebendigem Odem angeweht hat, der will schaffen, den Gestalten seiner Phantasie Leben geben. Lernen kann er nur, was dahin führt; alles andere Wissen ist ihm eine Erzählung von toten Dingen.«[18]

1777 bittet Iffland in Gotha um Aufnahme in das Hoftheater, einem »der ältesten barocken Kulissentheater Deutschlands«.[19] Conrad Ekhof ist sein Vorbild, er wird sein Lehrmeister, indem er ihm vor allem die Idee der Lebenswirklichkeit in der Schauspielkunst vermittelt. Ekhof wird zu einem väterlichen Freund. In Gotha debütiert Iffland am 1. April 1777, begleitet von dem Schauspieler und Bühnendichter Heinrich Beck (1760–1803). Iffland findet ein festes Ensemble vor, in den drei Jahren, in denen Ekhof das Theater leitet, entwickelt es sich zu einem der besten Theater Deutschlands. Hier gewinnt Iffland den Gothaer Dichter und Übersetzer Friedrich Wilhelm Gotter (1746–1797) als Freund, und mehr noch, er findet in ihm einen Ersatz für den verlorenen Vater. Dankbar gedenkt er des Freundes, ohne den er den damaligen Schwierigkeiten erlegen wäre, »in welche mich Lebhaftigkeit, Voreiligkeit, Unmut und Unerfahrenheit verwickeln mußten, wenn nicht mit eigener Güte ein sehr edelmütiger Mann den wankenden Kunstliebhaber und Jüngling kraftvoll ergriffen und auf die rechte Bahn geleitet hätte: Gotter! Feier seinem Gedächtnis! [...] Ihm verdanke ich alles, was man als Künstler an mir billigt, und so vieles von dem, was als Mensch das Glück meines Lebens ausmacht. Mit Unverdrossenheit leitete er meine Schritte, mit unermüdlicher Geduld lenkte er mich von Abwegen, und mit Freundlichkeit ohnegleichen empfing er meine Rückkehr.«[20]

Ein Dritter im Freundschaftsbund ist der Schauspieler und Bühnendichter Johann David Beil (1754–1794). Einen richtungsweisenden Einfluss auf den Achtzehnjährigen nimmt während der Gothaer Zeit auch der Schauspiellehrer Charles-Hubert Méreau (1727–1797), der »Theoretiker der Haltung«.[21] Iffland erfährt profunden Unterricht durch ihn, Mereau prägt maßgebend Ifflands Schauspielkunst, die dieser später in Berlin mit einer eigenen Theorie der Schauspielkunst und einer Kostümreform untermauern wird.

Im Juni 1778 stirbt Ekhof unerwartet und früh. Das Ansehen des Hauses leidet unter diesem Verlust. 1779 schließt der regierende Herzog das Theater. Im September 1779 findet Ifflands letzter Auftritt in Gotha statt; er und weitere Schauspielkollegen, unter ihnen auch Heinrich Beck und Johann David Beil, haben Verträge mit dem Mannheimer Theater geschlossen. Intendant ist Wolfgang Heribert Freiherr von Dalberg (1750–1806). Er engagiert fast die ganze Gothaer Truppe für sein Theater.

Die seit 1777 bestehende *Deutsche Nationalschaubühne* wird als Mannheimer Nationaltheater offiziell am 7. Oktober 1779 neu eröffnet. Auch der gerade zwanzig Jahre alte Iffland gibt hierbei sein Debüt als Mannheimer Schauspieler. Unter der neuen Leitung gelangt das Theater schnell zu nationalem Ansehen. Iffland wird sich hier zu einem renommierten Charakterdarsteller entwickeln. Dalberg schreibt Theatergeschichte, denn es wird ihm gelingen, Friedrich Schiller an sein Haus zu binden.

Im Dezember 1779 besuchen der Herzog Carl August von Sachsen-Weimar-Eisenach (1757–1828) und Goethe an drei Abenden das Mannheimer Nationaltheater. Am ersten Abend wird das Stück *Der Ehescheue* von Gotter gespielt, am folgenden Tag Goethes *Clavigo* und am letzten das Lustspiel *Die Nebenbuhler* des englischen Dramatikers Richard Brinsley Sheridan (1751–1816). Es kommt zu einer längeren Begegnung Ifflands mit Goethe, in deren

Verlauf Goethe dem Schauspieler seine Wertschätzung vermittelt. In einem Brief vom 29. Dezember 1797 an seinen Bruder Gottfried berichtet Iffland:»Er ließ um vier Uhr vor der Comödie mich zu sich bitten; liegt Ihnen etwas daran, sagte er, so versichere ich Ihnen meine ganze Bewunderung. Mit so viel Wahrheit und Delicatesse sah ich seit Eckhoff nicht spielen. Folgen Sie meinem Rath, spielen Sie entweder, oder. Immer das Äußerste. Das niedrigste Komische und höchste Tragische. Es ist ein odieuser Kerl, der niemals Zeug zu was Außerordentlichem hat und bleibt im Mittel. Uff! und dabey spannte er jede Nerve, hinauf! hinauf! oder ganz im Drecke. Bei Gott, ich wundere mich, daß Sie so jung sind und Resignation genug haben Alte zu spielen.«[22] Mit dem Rat, immer »das Äußerste« zu spielen, trifft Goethe bei dem damals zwanzigjährigen Iffland genau den Punkt, den seine Schauspielkunst ausmacht. Dieser Schauspieler wird immer an die äußerste Grenze gehen, auch wenn er darauf abzielt, feinste Nuancen darzustellen. Da auch Goethe diese Begegnung dokumentiert hat, ist es reizvoll, sie in seiner Darstellung gespiegelt zu sehen:»Besuch von Iffland, auf meiner Reise über Mannheim nach der Schweiz im Jahre 1779. Ich hatte lebhaft gewünscht Ifflanden zu sehen, und er hatte die Freundlichkeit mich zu besuchen; seine Gegenwart setzte mich in ein angenehmes Erstaunen. Er war etwas über zwanzig Jahre alt, von mittlerer Größe, wohl proportiertem Körperbau, behaglich, ohne weich zu sein; so war auch sein Gesicht, rund und voll, heiter ohne gerade zuvorkommende Miene. Dabei ein paar Augen, ganz einzige! Ich konnte ihm meine Verwunderung nicht verbergen, daß er, mit solchen äußeren Vorzügen, sich als ein Alter zu maskiren beliebte und Jahre sich anlöge die noch weit genug von ihm entfernt seien. Er solle der Vorzüge seiner Jugend genießen; im Fache junger Liebhaber, junger Helden müsse er lange Zeit das Publicum entzücken und verdienten unablässlichen Beifall sich zueignen. Ob er gleich nicht meiner Meinung schien und sie als allzu günstig von sich ablehnte, so konnten ihm meine Zudringlichkeiten doch nur schmeichelhaft sein; darauf im sinnigen Hin- und Wiederreden über sein Talent, seine Denkweise, seine Vorsätze, verschlang sich das Gespräch bis zum Ende, das wir denn beide, wohlzufrieden mit einander, für diesmahl Abschied nahmen.«[23] Der zehn Jahre ältere Goethe geht hier ungewohnt lobend und hellsichtig auf eine herausragende Fähigkeit des noch jungen Schauspielers ein, jede Rolle deutlich von anderen abzugrenzen, die Darstellung einer gealterten Figur genauso zu beherrschen wie die einer jungen. »Um das zu erreichen, erschuf sich Iffland eine Art mimische Grammatik und verwand große Anstrengung auf Maske und Kostüm.«[24] Goethe hat Iffland später mehrmals zu längeren Gastspielaufenthalten nach Weimar eingeladen, er hat an den Proben stets teilgenommen und den berühmten Schauspieler bei sich zu Hause empfangen. Seine Einschätzung von Iffland als einer singulären Schauspielerpersönlichkeit hat er immer deutlich zum Ausdruck gebracht.

Am 27. Mai 1781 wird das erste Bühnenstück Ifflands, das Trauerspiel *Liebe und Pflicht im Streit* (später *Albert von Thurneisen*), im Mannheimer Theater uraufgeführt. Nach einigen Fehlschlägen mit eigenen Stücken findet am 13. Januar 1782 die Uraufführung von Schillers *Räubern* mit Iffland in der Rolle des Franz Moor statt. Es ist die Zeit des Sturm und Drang, er hat sich eingearbeitet in Stil und Denkweise dieser literarischen Epoche. Hatte Iffland sich als Charakterdarsteller bereits in Gotha und auch am Mannheimer Theater sowie bei Gastvorstellungen einen gewissen Ruf erarbeitet, so kann der 23 Jahre alte Schauspieler mit dieser Erstaufführung einen triumphalen Erfolg erringen, der ihn schon bald aufgrund seiner psychologisch-realistischen Bühnenkunst in ganz Deutschland berühmt macht.

Iffland verlangt immer das Äußerste von sich. Im Oktober 1782 berichtet er seiner Schwester von einem kleinen Fehlschlag, den er sich nicht verzeiht; er schreibt: »Ich schlafe mit Desperation, denn ich kann den Gedanken nicht ertragen, schlecht gespielt zu haben.«[25] Deutlich wird hier auch Ifflands Empfindsamkeit, für die er bekannt ist. Vielleicht ist ihm sein früher Weggang von Hannover zu einem Stachel geworden, der ihn lebenslang antreibt, diesen Schritt durch Höchstleistungen zu legitimieren.

Am 27. Juni 1783 trifft Schiller als neuer vertraglich verpflichteter Theaterdichter in Mannheim ein. Er wird bis April 1785 dort bleiben und eng mit Iffland zusammenarbeiten. Im selben Jahr, 1759, geboren, sind beider Karrierewege immer wieder eng verbunden. Iffland wird viel zum Ruhm Schillers beitragen. In seiner Beziehung zu dem Dichter kommen Persönlichkeitsmerkmale zum Ausdruck, die Ifflands Verhalten auch generell kennzeichnen: seine völlige Neidlosigkeit und seine große Freundschaftsfähigkeit.[26] Während Schiller 1783/84 an seinem Stück *Luise Millerin* arbeitet, schreibt auch Iffland ein Stück, das er nach Fertigstellung Schiller zur Lektüre gibt. Beide denken über einen geeigneten Titel nach und Schiller schlägt *Verbrechen aus Ehrsucht* vor. Iffland ist sofort einverstanden. Im Austausch erhält Iffland von Schiller dessen bürgerliches Trauerspiel und rät anstelle von *Luise Millerin* zu dem publikumswirksameren Titel *Kabale und Liebe*, den Schiller sogleich für gut befindet und fortan für sein Stück verwendet. Mit Iffland und Beil in den Hauptrollen wird es am 13. April 1784 an der Frankfurter Bühne uraufgeführt, am 15. April findet eine weitere Aufführung in Mannheim statt. Zur Sensation wird auch Jahre später, am 11. September 1801, die in Leipzig stattfindende Uraufführung von Schillers *Jungfrau von Orleans*, einer *romantischen Tragödie*. Während dieses Schauspiel in Weimar abgelehnt wird und dort erst im April 1803 zur Aufführung kommt, wird es an anderen Bühnen zum Erfolg, vor allem in Hamburg, wo der legendäre Schauspieler, Dramatiker und Theaterdirektor Friedrich Ludwig Schröder (1744–1816) wirkt, und dann vor allem am Berliner Nationaltheater, wo es zum meistgespielten Stück avanciert. Ifflands Einsatz bewirkt den Durchbruch Schillers, dessen Aufstieg in den Rang eines Nationaldichters ohne das Engagement Ifflands nicht gelungen wäre.

Die Entwicklung der sich vertiefenden Beziehung zwischen Iffland und Schiller lässt sich sowohl über deren Briefwechsel als auch in den vielfältigen erhaltenen Berichten nachweisen. Ein solcher aus Schillers Mannheimer Zeit belegt dessen außerordentliche Wertschätzung für Iffland. Er berichtet von Iffland in der Rolle des Lear:»Am 19 August [1784] wurde vorgestellt: *König Lear* von Shakespeare nach der Schröderschen Veränderung. Dieses Stück blieb mehrere Jahre liegen, weil es keiner der hiesigen Schauspieler wagte, den Lear zu spielen, nachdem Hr. Schöder das Äußerste in dieser Rolle erreicht, und durch sein großes meisterhaftes Spiel das ganze Publikum gegen mindere Kunst verwöhnt hatte. Hr. Iffland mußte zuletzt dem Verlangen des Publikums nachgeben, und erschien in dieser Rolle mit soviel Glanz und Vollkommenheit, daß eben die Zuschauer, denen noch das lebhafteste Bild der Schröderschen Darstellung vorschwebte, die ersten und feurigsten seiner Bewunderer waren. Unstreitig weicht dieser große Künstler keinem einzigen Deutschlands – Sein Spiel ist geistvoll und wahr – nicht bloße Arbeit der Lunge und Gurgel, womit unsere Theaterhelden gewöhnlich dem Publikum Furcht und Erstaunen, wie Straßenräuber dem Reisenden das Geld mit gespannter Pistole, abtrotzen. Sein Fach ist das ganze Gebiet aller zärtlichen und feinen Empfindungen, des feierlichen Ernstes, wie des satirischen Spotts. Seine Darstellung ist ganz; keine Grimasse, keine Bewegung des unbedeutendsten Muskels straft die andern Lüge; Sprache und Mienenspiel vereinigen sich bei ihm, die gewagteste Täuschung hervorzubringen; nichts erinnert uns, daß dieser Lear der Franz Moor sei, den wir 2 Monate vorher mit schaudernder Bewunderung anstarrten. Zuverlässig hängt es nur von ihm ab, worin er groß sein will.«[27] Der intensive Austausch zwischen Iffland und Schiller endete ohne jede Irritation in der Beziehung im Mai 1805 durch den frühen Tod Schillers. Iffland lässt die Beziehung fortleben, indem er Schillers Dramen mit Erfolg aufführt und als Schauspieler, vor allem aber als Intendant einen hohen Anspruch hegt, Moral und Bildung zu befördern.

1777 endet die goldene Zeit der Stadt Mannheim, die weitgehend das Ergebnis der Politik des Kurfürsten Karl Theodor (1724–1799) ist. Neben der Förderung des Theaters verdankt die Stadt ihm die Gründung der Mannheimer Akademie der Wissenschaften (1763), die Vollendung von Schloss und Schlosskirche und die Neugestaltung der Hofkapelle unter dem aus Böhmen stammenden Komponisten und Geiger Johann Stamitz (1717–1757). Mannheim ist attraktiv für Künstler und Dichter, neben dem von Karl Theodor nach Mannheim berufenen Dalberg waren Schiller, Mozart und Voltaire in der Stadt tätig. 1777 erbt der Kurfürst Bayern (die andere Wittelsbacher Linie war ausgestorben) und muss aus diesem Grund seine Residenz nach München verlegen, einschließlich des ganzen Hofstaates. Das ist ein herber Verlust für Mannheim, auch das Theater leidet unter dieser Entwicklung. Aber der Kurfürst bleibt dem Haus in Treue verbunden. Er sieht in ihm einen wichtigen Wirtschaftsfaktor und finanziert Dalberg und dessen Ensemble im neuen Schauspielhaus weiter.

In den folgenden Jahren schreibt der Anfang 20-jährige Iffland Stück um Stück, Ausgangspunkt für sein Schreiben ist seine immer deutlichere Reserve gegenüber den Dramen des Sturm und Drang, die zu dieser Zeit die deutschen Bühnen erobern. Fast alle seine Stücke werden am Mannheimer Nationaltheater uraufgeführt (1784 *Verbrechen aus Ehrsucht*, es wurde sein größter Theatererfolg, 1784 *Die Mündel*, 1785 *Die Jäger* und *Liebe um Liebe*, 1786 *Bewusstsein*, 1788 *Reue versöhnt*, 1791 *Elise von Valberg* und *Die Hagestolzen*. Diese beiden letzten Stücke gefallen Goethe ausnehmend gut, *Die Hagestolzen* hält er für Ifflands bestes Stück. 1792 *Das Vorurteil*, später: *Allzu scharf macht schartig*; unter diesem Titel erstmalig 1794 am Nationaltheater Mannheim, 1793 *Die Verbrüderung* und *Der Vormund*, 1794 *Die Reise nach der Stadt* und *Scheinverdienst*, 1795 *Dienstpflicht*, *Die Aussteuer* und *Die Advokaten*, 1796 *Der Spieler*). Insgesamt schreibt Iffland 64 Theaterstücke.[28] Alle erfüllen die Anforderungen an gutes Theater, jedes Stück ist ein Kraftwerk der Gefühle. Wenngleich sie noch nicht den Rang der späteren klassischen Dramen einnehmen, so sind sie doch aufgeklärte Unterhaltung und zeigen Grundmuster humanen menschlichen Verhaltens. Im Mittelpunkt stehen bürgerliche Helden, die sich im bürgerlichen Familienalltag bewähren müssen. Die Stücke sind populär und bis hin zum Weimarer Hoftheater hoch erfolgreich.

Ab 1789 wurden in Mannheim auch die Stücke des Dramatikers und Schriftstellers August von Kotzebue gegeben. Das Mannheimer Theater führte während der Ära Dalbergs (bis Ende 1803) 39 Stücke von Kotzebue (in insgesamt 357 Aufführungen) auf. Ab 1804 kommen noch viele weitere Titel hinzu.

Iffland gibt über die Jahre hinweg Gastvorstellungen an allen bedeutenden Bühnen Deutschlands. Dennoch bleibt Mannheim vorerst seine zentrale Wirkungsstätte. »Von Michaelis 1786 bis dahin 1793 war überhaupt die beste Periode des Mannheimer Theaters«, schreibt er in Meine theatralische Laufbahn.[29]

Auch Iffland, der Vollblutbühnenkünstler, kann die schon von Schiller beklagte Flüchtigkeit der Schauspielkunst nicht festhalten, auch er muss sich damit abfinden, dass seine Kunst vergänglich ist. Aber er darf diese Vergänglichkeit betrauern. Und diese Klage gerät ihm zur Motivation, seine theatralische Laufbahn aufzuzeichnen. »Ach, eben darum ist es mir Pflicht, davon zu reden. Der Baumeister, der Bildhauer, der Maler – kann von seinem Kunstwerke sagen: ›Dies ist, und es wird sein!‹ – Nicht so der Schauspieler. Nur das Aufgebot aller seiner Kraft gewährt seinem Kunstwerke Vollendung. Jedes reißt ihn näher an das Grab. – Das sagt nach jeder kräftigen Darstellung die keuchende Brust, seine klopfenden Pulse und das erschütterte Nervensystem, ohne daß er sich rühmen könnte: ›Dies wird einst sein!‹ Sein Kunstwerk geht dahin – wie das Lächeln über das Gesicht eines Menschen.«[30]

1789 hatte man im Auftrag des Kaisers Joseph II. (1741–1790) versucht, Iffland nach Wien zu engagieren. Er lehnt aufgrund der schlechten vertraglichen und finanziellen Bedingungen ab. Die Französische Revolution wirkt politisch auch auf das Nachbarland ein. Sie »warf sehr bald eine Menge Flüchtlinge aller Art nach Deutschland. Noch mehrere kamen 1790 an. Sehr groß war die Anzahl, welche entweder in Mannheim oder der umliegenden Gegend sich niederließ oder durchreiste.«[31] Sogar während der Kriegswirren wird das Theater mit großem Interesse besucht. Im Frühjahr 1790 hat König Friedrich Wilhelm II. versucht, Iffland für die Direktion des Berliner Nationaltheaters zu gewinnen. Der Plan zerschlägt sich, Iffland fühlt sich dem Mannheimer Theater zu sehr verbunden, um es verlassen zu können.

Die Stadt wird immer weiter in das Kriegsgeschehen der Jahre 1792 bis 1797 hineingezogen, 1794 droht die Einnahme durch die Franzosen. Ende des Jahres 1795 wird Mannheim in den Kämpfen zwischen den Franzosen und den kaiserlichen Truppen bombardiert und weitgehend zerstört. Das Nationaltheater bleibt überwiegend verschont. Die siegreichen Franzosen übernehmen die Stadt. Der Theaterbetrieb ist blockiert, das Gebäude wird zum Teil besetzt und zweckentfremdet. Für Iffland ist diese Phase außerordentlich belastend. Dalberg ist vom Kurfürsten nach München berufen worden, er hat Iffland bis zu seiner Rückkehr die Leitung des Theaters übertragen. Zunächst hat Iffland zwei ihm nahestehende Kollegen verloren, am 18. Juli 1793 war der ihm befreundete Schauspieler Boeck gestorben, am 13. August 1794 Beil an den Folgen der Ruhr. Nach der Befreiung Mannheims und der Unterzeichnung eines Waffenstillstandes im Dezember 1795 nimmt das Theater den Spielbetrieb wieder auf, Iffland reibt sich auf, um den täglichen Betrieb zu retten. Der sensible Künstler ist ausnahmslos überfordert: »Ich erinnere mich nicht, jemals in meinem Leben so angespannt und verbraucht worden zu sein.«[32] Nach Dalbergs Rückkehr gestaltet sich das Verhältnis zwischen beiden unlösbar schwierig. Dalberg lässt Iffland Bericht erstatten. Er »unterbrach mich durch öfteren Tadel und endigte mit gänzlicher Unzufriedenheit über alles, was ich, nach seiner Meinung, leichtsinnig und zum größten Schaden der Theaterkasse verwilligt habe. Nie in meinem Leben ist meine Erwartung so bitter getäuscht worden. [...] Sein Benehmen schmerzte und kränkte mich tief. [...] Resigniert antwortete ich ihm, er habe mir keine Instruktion hinterlassen als die, nach Überzeugung und Gewissen zu handeln; dies sei geschehen.«[33] Das Verhältnis zu dem ehemals verehrten, ja geliebten Intendanten ist tief beschädigt. Iffland hat das Theater mit äußerster Anstrengung über die Kriegswirren hinweg gerettet, eine Anerkennung dieser Leistung oder einen Dank dafür hat er von Dalberg nie erhalten. »Mit zerrütteter Gesundheit, mit abnehmender Seelenkraft, mit einer dumpfen Gleichgültigkeit habe ich damals von einem zum anderen Tag gelebt. [...] Ich fing nach und nach an, in Mannheim fremd zu werden. Ein schönes Verhältnis, welches fast sechzehn Jahre gedauert hatte, war auf einmal verändert, so gut als aufgehoben. Ich konnte diese Gleichgültigkeit nicht ertragen.«[34]

Seiner Zeit entsprechend muss Iffland seine homosexuelle Neigung verleugnen, er geht eine Ehe ein. Am 19. Mai 1796 heiratet er Louise Margarethe Greuhm (1760–1819), die Tochter eines fürstlich leiningischen Hofrats. Sie ist Kammerfrau bei der Herzogin Wilhelmine Auguste von Zweibrücken gewesen. In Ifflands autobiographischer Schrift oder in seinen Briefen ist nur sehr selten von ihr die Rede. Wenn Iffland sie erwähnt, dann mit Achtung und Wertschätzung. Er spricht von seiner »guten, innigst geliebten Frau«, von ihrer »schönen Seele«[35]. Abgesehen von verstreuten Hinweisen[36] ist Ifflands Homosexualität bis heute weitgehend ignoriert worden.

Am 10. Juli 1796 tritt Iffland zum letzten Mal auf die Bühne des Mannheimer Nationaltheaters. Er hatte aus Berlin ein Angebot von König Friedrich Wilhelm II. erhalten, dem er persönlich vorgestellt worden war. Im Gegensatz zu Friedrich dem Großen ist sein Neffe höchst interessiert daran, das gesellschaftliche Ansehen des Theaters in der preußischen Hauptstadt zu fördern. Vorbilder sind das Wiener und das Mannheimer Nationaltheater. Jetzt scheinen alle von Iffland bisher gemachten Erfahrungen ein Ziel gefunden zu haben. Die ihm in Aussicht gestellten Bedingungen sind äußerst attraktiv. Ihm werden eine jährliche Pension von 1200 Talern und die Übernahme der in Mannheim aufgehäuften Schulden bewilligt. Ferner erhält er die Zusage einer weitgehenden Selbständigkeit in der Führung des Theaters. Am 14. November 1796 wird Iffland durch Königliche Kabinettsorder zum Direktor des Berliner Nationaltheaters am Gendarmenmarkt ernannt. Er wird zum wichtigsten Theaterdirektor der Nation. Nie zuvor ist einem nichtadligen Theaterdirektor so viel Macht zugestanden worden. Am 16. und 17. November hat er seine ersten Auftritte vor Hof und Publikum, zunächst in Potsdam, dann in Berlin. Am Ende seiner Selbstbiographie zitiert Iffland die Order seines Königs für die neue Aufgabe: »Hüten Sie sich für einseitige Rollenverteilung, lassen Sie jeden vorwärtsgehen. Ich hätte gern, daß auch das letzte Mitglied am Theater zuzeiten bemerkt würde. Die Direktion tue etwas, besonders um seinetwillen.‹ Diese väterliche Absicht wird mir stets vor Augen sein, wie die ganze unvergeßliche Unterredung – wie dieser gütige König selbst.« Iffland ist beeindruckt, dass der preußische König dem Nationaltheater eine so weit gehende Aufmerksamkeit schenkt. Er interpretiert die königliche Order hoch persönlich, er begreift sie als unmittelbare Richtschnur für seine künftige Leitungsaufgabe. Mit dieser Selbstverpflichtung beendet er die Darstellung seiner *theatralischen Laufbahn*. Dies geschieht bedauerlicherweise genau auf dem Höhepunkt seiner Karriere, nämlich vor der Übernahme der Intendanz des Berliner Nationaltheaters. Für diese neue Lebensphase gibt es keine autobiographischen Reflexionen mehr, an ihre Stelle kann nur noch der erhaltene Briefwechsel treten. Bevor er den Posten in Berlin antritt, hat Iffland ein Angebot Goethes und des Herzogs zur Leitung des Weimarer Hoftheaters genauso abgelehnt wie ein Angebot aus Hamburg. Schon ein Jahr später, am 16. November 1797, stirbt König Friedrich Wilhelm II.; sein Sohn Friedrich Wilhelm III. besteigt den Thron.

Die Wahl Ifflands erweist sich als Glücksfall für die preußische Hauptstadt. Hier gelangt die richtige Person zur richtigen Zeit an die richtige Stelle. Mit Ifflands Intendanz, die er von 1796 an bis zu seinem Tod 1814 innehat, beginnt eine neue Ära des Berliner Nationaltheaters. »Hier [wurde] ein hervorragender Künstler in einer unumschränkten Weise zum Bühnenleiter eingesetzt [...], wie es an den bisherigen Hoftheatern und auch vorher im absolutistischen höfischen Theaterwesen praktisch ohne Beispiel war.«[37] Aus einem veralteten, geradezu ärmlichen Haus wird ein Metropolentheater.

Die Baugeschichte des Berliner Theaters ist in den vorangegangenen Kapiteln dargestellt worden. Das von Johann Boumann

1774–1776 gebaute Französische Komödienhaus wird 1787 umbenannt in Königliches Nationaltheater. Dieses ist allerdings nie Hoftheater gewesen, sondern eine Einrichtung, die seit ihrer Gründung und bis zu Ifflands Tod 1814 ausschließlich von Bürgerlichen geführt worden ist.[38] Auf Ifflands Anregung hin bewilligt Friedrich Wilhelm II. einen Neubau, der theaterbegeisterte König reagiert enthusiastisch und großzügig. Er beauftragt den Architekten Carl Gotthard Langhans, den Direktor seines Oberhofbauamtes, mit diesem Vorhaben. Am 31. 12. 1801 wird das ehemalige Französische Komödienhaus endgültig geschlossen, in der glanzvollen Abschlussvorstellung wird Schillers *Johanna von Orleans* gegeben mit Iffland in der Rolle Karls des Siebenten, des Königs von Frankreich. Als legendär geht der Krönungszug des 4. Aktes in die Theatergeschichte ein, die Prachtentfaltung der Dekoration und der Kostüme sowie die Mitarbeit von 800 Personen (!) überbietet alles bisher Gesehene.[39] 1802 wird der neue Langhansbau, nunmehr unter König Friedrich Wilhelm III., eröffnet. Dieses Schauspielhaus hat 2000 Zuschauerplätze in einer Zeit, als die preußische Hauptstadt 170 000 Einwohner zählt. Es soll ein Theater für ein Massenpublikum sein. Es ist das größte im Land, mit der modernsten Technik und einem erstrangigen Ensemble. Am 18. Juni 1811 wird Iffland dann auch zum Generaldirektor der Königlichen Schauspiele ernannt. Zuvor war mit einer königlichen Kabinettsorder die administrative Zusammenlegung von Nationaltheater und Hofoper zu den Königlichen Schauspielen beschlossen worden. Mit der Position des Generaldirektors wird Iffland zum wichtigsten Kunstbeamten Preußens. In seiner fast zwanzig Jahre währenden Intendanz wird dieses Haus zu dem bedeutendsten deutschsprachigen Theater. Das Nationaltheater am Gendarmenmarkt, dem schönsten Platz der preußischen Hauptstadt, gehört zu den außergewöhnlichen Errungenschaften der Erneuerungsphase ab 1786, es wird zu einem Höhepunkt der nachfriderizianischen Kulturblüte.

Wenngleich ihm andere erstrangige Projekte zur Seite stehen, so erreicht das Nationaltheater die wohl höchste soziale Anerkennung

und Aufmerksamkeit der Berliner Bevölkerung. Es wird zu einem
Zentrum der spannendsten Debatten sowohl über ästhetische wie
auch politische Themen. Nirgends sonst erkennt man so deutlich,
wie rasant sich die Gesellschaft der preußischen Hauptstadt verändert. Man denke hier an die integrative Bedeutung der jüdischen
Salons, an die hohe Zahl geselliger bürgerlicher Vereine,[40] an die
vielen Gelehrten und Künstler, die nach Berlin streben. Die »vi-
tale, sensible, aber auch nervöse Stadtkultur war die Voraussetzung
für das auf hohem künstlerischen Niveau agierende Berliner Theater, das wiederum die Stadtkultur beeinflusste und zum Ausgangspunkt vieler Diskurse wurde«, schreibt der Iffland-Kenner Klaus
Gerlach.[41] Keinem anderen Ort darin vergleichbar, ist das Nationaltheater ein Forum für die Öffentlichkeit, so disparat diese auch
immer ist. Das Nationaltheater ist »das einzige öffentliche Gebäude Berlins, in dem alle Schichten der Bevölkerung unabhängig
von ihrer Religion, ihrem Geschlecht und ihrer sozialen Zugehörigkeit zusammentreffen konnten. Im Theater fand erstmals eine
Vermischung verschiedener Bevölkerungsschichten in einem öffentlichen Raum statt.«[42] Deshalb wird es auch überregional mit
großem Interesse wahrgenommen.

Eine nicht unwichtige Voraussetzung für diese Leistung Ifflands
ist seine Einstellung gegenüber dem König, dem er unmittelbar unterstellt ist und mit dem er persönlich in allen Angelegenheiten
des Theaters korrespondiert.[43] Nach dem guten Verhältnis zu dem
vorangegangenen König hat sich das zu Friedrich Wilhelm III. erst
langsam entwickelt. Begünstigt wird die sich kontinuierlich ver-
bessernde Beziehung durch Ifflands monarchische Einstellung und
Denkweise, die ihn zu einem Gegner der Französischen Revolution
gemacht haben. Die Kriegserfahrungen sowohl in Mannheim wie
im von den Franzosen besetzten Berlin sowie das Umkippen der revolutionären Bewegung in Terror und Chaos führen bei Iffland zu
einer tiefen Reserve gegenüber der Französischen Revolution. Er
hält die Zeit für noch nicht reif für die proklamierten Ziele von Freiheit und gesellschaftlichem Fortschritt. Dennoch hat Iffland immer
ein Theater für das Bürgertum gemacht, ein Theater zum »Vergnü-

gen des Hofes und des Publikums«.[44] Über seine enge Beziehung zu dem Freiherrn August von Hardenberg, den er seit seiner Schulzeit in Hannover kennt, findet er Eingang in die höfischen Kreise. Er ist regelmäßiger Gast bei Hardenbergs Tischgesellschaft und trifft dort den Finanzrat Koch, den Freiherr vom Stein oder den Kriegsrat Christian Friedrich Scharnweber (1770–1822). Iffland hat nicht nur das Vertrauen des Königs, er verfügt auch über eine enge Beziehung zu der Führungselite des preußischen Staates.[45]

Aufgrund seiner breiten Theatererfahrungen löst Iffland schnell alle in ihn gesetzten Hoffnungen ein. Von Anfang an trifft er den Ton der Stadt. Er kann das Berliner Bürgertum, Intellektuelle, Künstler und auch den Adel und den Hof für seine Bühnenkunst gewinnen. Er ist zum Dialog bereit und weiß seine Kunstbegeisterung zu vermitteln. Und diese wird geteilt. Das Theater spielt jeden Abend, ist fast jeden Tag ausverkauft – eine grandiose Leistung. (Selten auftretende Pausen entstehen bei Todesfällen, wenn der König Hoftrauer anordnet, oder an besonderen Feiertagen wie Karfreitag.) Viele Hundert Interessierte müssen jeden Tag akzeptieren, dass bereits alle Karten verkauft sind, und unverrichteter Dinge den Heimweg antreten. Glanz und Ansehen des Nationaltheaters lassen sich am umfangreichen und vielfältigen Angebot des Hauses ablesen.[46] Ein Theater, das jeden Abend seine Tore öffnet, gibt es für den deutschen Sprachraum nur in der Theaterstadt Berlin. Ein vergleichender Blick auf das Angebot des Weimarer Hoftheaters ergibt beispielsweise, dass dieses nur alle zwei bis drei Tage spielt und auch das nicht regelmäßig.

Das Repertoire zeigt den sich entwickelnden Geschmack des neuen Publikums. Hier wird eine bürgerliche Theaterkultur entwickelt, die kontroverse Debatten ermöglicht. Das Berliner Nationaltheater wird zu einer »Bühne der Berliner Klassik«.[47] In dieser Formel ist der gesellschaftliche Wandel mitformuliert, der sich in der Emanzipation des Bürgertums realisiert. Die Bedeutung, die dem Berliner Nationaltheater unter Ifflands Leitung in diesem Prozess zukommt, kann gar nicht hoch genug eingeschätzt werden.

Die auf eine Öffentlichkeit hin orientierte Theaterarbeit stellt einen deutlichen Gegensatz dar zum Charakter des Weimarer Hoftheaters. Dieses präsentiert sich als kleinstädtisch und gesellschaftlich weitgehend homogen. Das Berliner Theater ist ein jedem Bürger zugänglicher Raum, »in dem die Angehörigen der verschiedenen Schichten ihre Interessen als Zuschauer und Kritiker über ästhetische Werte aushandelten«.[48] Wenn hier ein heterogenes Publikum mit unterschiedlichen Verhaltensmustern einem vielseitigen Theaterangebot begegnet, sind soziale Konflikte genauso vorhersehbar wie politische Auseinandersetzungen. Im Berliner Nationaltheater ist diese Form von Öffentlichkeit gewollt.

Die zum eigenen Vorsatz gewordene Order des Königs hat Iffland von Anfang an umgesetzt. Er erfüllt sie, indem er täglich in fast allen Proben anwesend ist, die jungen Schauspieler sehr ernst nimmt und intensiv mit ihnen arbeitet. Er begreift die Arbeit im Theater als Kunst und diese Theaterkunst will er an seine Schauspielschüler und an sein Publikum weitergeben. Viele Nachwuchsschauspieler verdanken ihm eine solide Ausbildung. Er sieht und bildet in ihnen den Künstler. Erhellend ist dies vor allem, wenn man sich vor Augen führt, dass es damals noch keine professionelle Schauspielausbildung gab und dass diese Kunstausübung noch kein bürgerlicher Beruf war. In diesem wie in anderen Berufsfeldern galt das Modell der Meisterlehre. Iffland geht darüber hinaus, indem er ab 1802 ein Regelwerk für die Arbeit mit Schauspielern entwickelt und dieses 1807 in erweiterter Form in seinem *Almanach fürs Theater* herausgibt. Durch weitere Arbeit daran wird es zu einem Lehrbuch der Schauspielkunst. Ein Schritt in Richtung einer fachkompetenten Ausbildung ist auch Ifflands Kostümreform. Er misst dem Kostüm eine neue Bedeutung bei, indem er »Maskerade« ablehnt und Seriosität fordert, die sich darin ausdrückt, dass ein Kostüm äußere Manifestation der inneren Haltung einer Bühnenfigur sein soll. Sein neues Konzept formuliert er vor allem in seinem 1807 veröffentlichten Aufsatz *Über das Kostüm*. Seine Hauptthese lautet: »Das Kostüm ist Theil des Anstandes«, was für ihn heißt, dass das Kostüm nicht nur ein Gewand sei, sondern eine charakterbildende

Wirkung erzielen solle. Für die Schauspieler, die es tragen, legt es eine bestimmte Art, sich zu geben, nahe.[49] Beide Neuregelungen erhöhen den Kunstcharakter des Schauspiels und verdeutlichen die Trennung zwischen dem Kunstraum Theater und der Realität. Dem entspricht, dass die Kostüme von bekannten Berliner Künstlern wie den Malern Johann Erdmann Hummel (1769–1852) und Heinrich Anton Dähling (1773–1850), Friedrich David Gilly oder dem Graphiker und Illustrator Friedrich Jügel (1772–1833) entworfen werden. Die »nach originalen Kostümen gefertigten Figurinen waren gleichermaßen Werbung und Leistungsschau, die den hohen Berliner Standard demonstrieren und als Muster für andere Theater dienen sollten«, so wieder Klaus Gerlach.[50] Damit konnte Iffland seinem »Berufsstand eine solide Grundlage und bürgerliche Anerkennung« verschaffen.[51]

Iffland selbst tritt in allen wichtigen Rollen auf. Auch mit wachsendem Ruhm vermittelt er den Schauspielern aller Altersgruppen Wertschätzung und Anerkennung. Er kann überzeugen und wird zum Vorbild: als Intendant, als Lehrer, als Schauspieler. Und nicht zuletzt als Dramatiker. Auch in den Berliner Jahren entstehen weitere Stücke (1798 *Der Veteran*, 1808 *Wohin; Der Verein;* 1814 *Liebe und Wille*). Natürlich wollen auch alle anderen damaligen Stückeschreiber, heißen sie Goethe, Schiller, Kotzebue, Kleist oder Schlegel, nur eines: dass ihre Stücke auf der Bühne des Nationaltheaters aufgeführt werden.

Iffland ist nicht nur der berühmteste Schauspieler Deutschland, er kann als sein erster »Star«[52] bezeichnet werden. Beigetragen hierzu hat eine anonym veröffentlichte Lobschrift des Weimarer Philologen und Schriftstellers Karl August Böttiger mit dem Titel *Entwickelung des Ifflandischen Spiels in vierzehn Darstellungen auf dem Weimarischen Hoftheater im Aprilmonat 1796.*[53] Es will den »vollkommnern Darstellungen der Schauspielkunst ein bleibendes Denkmal [...] stiften«[54] und als Hommage dem großen Schauspieler dienen. Böttiger hatte Ifflands Gastauftritte besucht und, »hingerissen von den frisch empfangenen Eindrücken nach jeder Aufführung«[55] im Weimari-

schen Hoftheater, seine Bemerkungen zu Papier gebracht und Ifflands Schauspielkunst somit einem größeren Publikum zugänglich
gemacht und der Nachwelt erhalten. Er beschreibt treffend genau
Ifflands »Mimik, Gestik, Gebärde und den Ton der Stimme in allen
Einzelheiten und in ihrem komplexen Zusammenspiel. Die Rollen-
Porträts sind in einzelnen Szenen so akribisch genau, dass wir Iffland in seinem Spiel, gleichsam wie eine Marionette, wiederbeleben
könnten.«[56] Signum der Iffland'schen Schauspielkunst sind Wirk-
lichkeitsnähe und eine hohe Natürlichkeit der Darstellung.

In dem von Iffland etablierten Spielplan des Nationaltheaters
dominieren die Versdramen Schillers und die Stücke von August
von Kotzebue. Dieser damals außerordentlich populäre deutsche
Bühnendichter ist der am häufigsten aufgeführte Dramatiker der
damaligen Zeit. Das Publikum wünscht seine Stücke, es will Unterhaltung. Die Kritiker hingegen monieren den mangelnden Kunstcharakter und fehlende Bildungsimpulse für ein Massenpublikum.
Mit dem neuen Berliner Nationaltheater entstehen ab 1802 die täglichen Theaterkritiken und mit ihnen heftige Debatten über the-
aterästhetische und -politische Fragen. Die Zeitgenossen gehen
häufig und gern ins Theater, sie reiben sich an Iffland, jeder beansprucht die eigene Deutungshoheit. Diese Debatten werden vor allem in den beiden großen Berliner Zeitungen, der *Vossischen* und
der *Haude- und Spenerschen Zeitung*, ausgetragen. Es etabliert sich
damit ein öffentlicher Diskurs über das Theater, an dem jeder Bürger Berlins teilnehmen kann. Es entsteht das moderne, bis heute
aktuelle Zeitungsfeuilleton und damit ein kommunikativer Prozess,
der das Verhältnis von Gesellschaft und Individuum verändert und
der bürgerlichen Selbstverständigung dient.[57]

Die gefühlsbetonten Stücke von Iffland und von Kotzebue feiern
Triumphe.[58]

Die von diesen beiden Dramatikern ausgelöste hohe Publikums-
gunst ist von der »Gipfelliteraturgeschichte«, die nur Autoren wie
Schiller, Goethe und Lessing zulässt, weitgehend ignoriert bzw. als
Unterhaltungsliteratur ausgegrenzt worden. Ganz zweifellos haben beide Autoren den Geschmack des Theaterpublikums getrof-

fen und über ein breites Themenspektrum bedient und beeinflusst. »Mentalitäten, Konflikte und Fragen einer Epoche« haben sich gerade dort deutlicher als irgendwo sonst gespiegelt.[59] In den vom bürgerlichen Leben dominierten Stücken werden die großen Probleme der Zeit nicht thematisiert. Eine bis heute andauernde Wirkung ist ihnen deshalb versagt.

In der *Vossischen Zeitung* vom 3. Februar 1803 heißt es in einer Besprechung der *Sonnenjungfrau* von Kotzebue: »Den 30ten ward die Sonnenjungfrau des Herrn Kotzebue gegeben. Dieses Stück, welches dreizehn Jahr auf der Bühne ist, und hier über sechzigmal gegeben ward, ist an jenem Tage von einem solchen Zulauf der Menschen aus allen Klassen und Ständen besucht worden, dass eine beträchtliche Zahl aus Mangel an Raum vor Anfang der Vorstellung zurückgehen mußte. Den Widersachern von Kotzebue's Muse ist also abermals durch das große Publikum lebhaft widersprochen.«[60] Ein großer Teil der Kritiker der Zeitstücke von Iffland und Kotzebue befürwortet deren Auseinandersetzung mit der wirklichen Welt und grenzt sich damit auch ab von der hohen Poesie der Dramen der Klassiker.

Deutlich spektakulärer gestaltet sich die den offenen Zeitgeist spiegelnde Kontroverse über neue Tendenzen in der Literatur und Kunst, besonders in der Konfrontation zwischen Aufklärern und Romantikern. Autoren und Kritiker des Berliner Theaters gehen in einer »ästhetischen Prügeley« aufeinander los und liefern sich eine bis heute beispiellose Fehde. In Rainer Schmitz' Buch *Die ästhetische Prügeley. Streitschriften der antiromantischen Bewegung*[61] werden die mit bisher nicht gekannter Schärfe ausgetragenen Streitigkeiten um die romantische Schule dokumentiert. Die Kontroverse beginnt 1797 mit dem Erscheinen der Komödie *Der gestiefelte Kater. Kindermärchen in drei Akten von* Ludwig Tieck. Die damals hochaktuelle Satire spielt als Schauspiel im Schauspiel im Berliner Nationaltheater, es geht um einen missglückten Theaterabend. Das Publikum besteht aus Hohlköpfen und Ignoranten, der Adel fehlt, es geht um das (Klein-)Bürgertum. Iffland und Böttiger treten als Vertreter der Aufklärung unmittelbar auf und repräsentieren auf einer zeitsatirischen Ebene den aktuellen Theaterdiskurs. Sie werden, genauso wie das Publikum und die Kritik, in parodistischer Form Zielscheibe romantischer Ironie. *Der gestiefelte Kater* behandelt den Konflikt zwischen Aufklärung und Romantik. Böttiger (Bötticher) figuriert als scheinbar kompetenter Gelehrter und hilfloser Kritiker, der dem Gespött des Publikums ausgesetzt ist. Er zergliedert übertrieben genau das, was Iffland macht. Seine Bemerkungen über den Kater parodieren die Ifflandbegeisterung, die Tieck nicht geteilt hat. Dieser bringt sich als Dichter selbst ins Spiel, Pfeile des Spottes verschießend. Einen festen Standpunkt bezieht er aber nicht. Die damaligen Leser haben sehr wohl verstanden, dass es in dieser Komödie um Iffland und um das Nationaltheater als kulturellen Mittelpunkt der Stadt geht.

Ihren Höhepunkt erreicht die »ästhetische Prügeley« mit dem 1806 aufgeführten Lustspiel *Die Griechheit* von Julius Voß (1768–1832), in dem die Gräkomanie der Romantiker und der Berliner Salons verspottet wird.[62]

Ein Schwerpunkt von Ifflands Spielplangestaltung ist die Aufführung von Geschichtsdramen, eigener und die anderer Autoren. »Die historischen Dramen wurden in Berlin mit einem immensen Aufwand inszeniert und kamen damit sicherlich der großen Oper, um hier Ifflands Worte zu gebrauchen, sehr nahe. Ein bemerkenswertes Beispiel hierfür ist Kotzebues Stück *Die Hussiten vor Naumburg. Ein vaterländisches Schauspiel,* das mit acht Chören, die alle von verschiedenen Komponisten stammen, 1802 in Berlin seine Erstaufführung erlebte.«[63] Mit den Geschichtsdramen leistet Iffland »einen Beitrag zur patriotischen und staatsbürgerlichen Erziehung, so dass das Nationaltheater zu einer wichtigen identitätsstiftenden Institution wurde, die sich während der Napoleonischen Kriege als besonders wirkungsvoll erwies.«[64] Ein entscheidender Einfluss auf die Theaterdiskussionen in der Stadt geht von den Berliner Zeitungen aus, weil »die Theaterkritik ästhetische und tagespolitische Fragen miteinander verbindet und eine breite Öffentlichkeit daran teilnehmen läßt«.[65] Iffland will innovatives Theater

machen, er denkt, nicht zuletzt angeregt durch Schiller, europäisch. Er schätzt Shakespeare, den er sowohl in der Übersetzung von
Friedrich Ludwig Schröder als auch in der Versnachdichtung von
August Wilhelm Schlegel aufführen lässt. Er hat die französischen
Klassiker Jean Racine (1639–1699), Pierre Corneille (1606–1684)
und Molière (Jean-Baptiste Poquelin, 1622–1673) im Repertoire
oder auch Voltaire (François-Marie Arouet, 1694–1778), den einflussreichsten Autor der französischen Aufklärung. Dieser wird sowohl in der Übersetzung von Friedrich Wilhelm Gotter als auch in
der von Goethe gespielt. Und natürlich führt er die großen Büh-
nentexte von Lessing, Goethe und Schiller auf, viele davon als Uraufführung.

Iffland bewältigt ein phänomenales Arbeitspensum. Durchhalten kann er die extreme Dauerbelastung, weil er nicht nur anerkannt ist und bewundert wird, sondern weil er beliebt ist. Seine
hohe Meinung vom Theater, sein Engagement und sein idealistisches Weltbild lassen niemanden unberührt. Auch sein gewandtes
Auftreten trägt zu seinem Ansehen bei. Von seiner Gestalt her ist
Iffland eher klein, er hat einen untersetzten Köper, ein rundes Gesicht. Bekannt ist er für seine ausdrucksstarken Augen, für seine
schönen Hände, dem Kennzeichen seiner Bühnengestik. Auch der
fünf Jahre jüngere Schadow schätzt Iffland, er nimmt ihn mit dem
Blick des Künstlers wahr. 1805 hält der Bildhauer einen besonderen Moment in seiner Selbstbiographie fest: »Es ist in der Skulptur
selten angemessen befunden worden, das Komische und die Karikatur zum Motiv zu nehmen; dagegen es die Malerei in ihre Fächer
einreihte. Die Tadler bedienen sich des Ausdrucks theatralisch, um
den Zeichner zu strafen; aber der richtig im Charakter sich be-
wegende Schauspieler oder Tänzer kann gar wohl dem Zeichner
Dienste leisten, wie denn Iffland und andere große Künstler der
Bühne jeden ihrer Finger mitsprechen ließen. Dies mochte der
Kronprinz Ludwig von Bayern, jetzt regierender König, besonders
an Iffland wahrgenommen haben, weshalb er dessen Hand abfor-
men ließ.«[66] Fast jeder in der Stadt kennt Iffland und Iffland kennt

die kulturellen Multiplikatoren der Stadt. Heute würde man ihn als begnadeten Netzwerker bezeichnen. Die ununterbrochene Präsenz auf allen Ebenen, der extreme Arbeitseinsatz schränken seine Gesundheit allerdings zunehmend ein, er leidet unter Kurzatmigkeit.

Für die deutsche Theaterlandschaft kommt dem Berliner Nationaltheater unter Ifflands Direktion eine Leitbildfunktion zu. Aufgrund seiner häufigen Gastspiele an allen wichtigen deutschsprachigen Bühnen ist Iffland über die zeitgenössische Theaterrezeption bestens informiert, er kennt die Spielpläne, alle namhaften deutschen Schauspieler, die Bühnendekorationen und den Umgang mit Kostümen. In Weimar beobachtet Goethe genau, was in Berlin passiert. Als Direktor des Weimarer Hoftheaters nutzt er die hohe kulturpolitische Kompetenz seines Berliner Freundes, des Musikers, Komponisten und Dirigenten Carl Friedrich Zelter, und lässt sich von diesem ausführlich über Repertoire, Ensemble und Spielplan der Berliner Konkurrenz berichten. Regelmäßig schickt Zelter ihm die Theaterzettel aller Aufführungen, so dass Goethe genauestens über alle Abläufe informiert ist.[67] Es lässt sich nachweisen, dass Goethe sich »bei seiner Auswahl Kotzebuescher Schauspiele für die Weimarer Bühne am Berliner Spielplan orientierte«.[68]

Eine in ihren Widersprüchen bis heute nicht vollständig aufgearbeitete Kontroverse eröffnet sich Iffland, als Heinrich von Kleist (1777–1811) ihn und das Nationaltheater in den von ihm herausgegebenen *Berliner Abendblättern* angreift.[69] Sowohl Iffland mit seinem *Berliner Nationaltheater* als auch Kleist mit seinen *Berliner Abendblättern* zielen auf Öffentlichkeit ab, beide wollen auf der jeweiligen Ebene ein breites Publikum erreichen. Beide Foren möchten anspruchsvolle ästhetische und politische Debatten initiieren. Beide grenzen sich von den idealistischen Positionen der Weimarer Klassik ab. Ihre Vorgehens- und Arbeitsweise ist aber so unterschiedlich, dass sie zu Konflikten führt. Ausgetragen werden diese anhand des Theaters. Die Kontroverse drückt sich vor allem in einer deutlichen Feindschaft der *Berliner Abendblätter* gegenüber dem Nationaltheater und seinem Direktor aus. Es ist Kleist, der den Krieg anzettelt. Kleist stößt sich an der affirmativen Tendenz des Nationaltheaters und seiner Öffentlichkeit. Auch im Hinblick auf die Ästhetik des Theaterspiels geht Kleist auf Distanz zu Iffland. Gestik und Mimik des Schauspielers seien artifiziell, es ermangele ihm der Grazie. Er kritisiert vor allem das Spiel seiner Hände und wirft Iffland »Ziererei« in seiner Darstellung vor. Kleist unterscheidet zwischen echter und falscher Grazie. Er verarbeitet diese Fehde in seinem berühmten Aufsatz *Über das Marionettentheater,* der zuerst in seinen *Berliner Abendblättern* erscheint. Dort heißt es über eine Figur, die unmissverständlich auf Iffland abzielt, *die Seele sitze ihm gar [...] im Ellenbogen.* Oder noch deutlicher: »Allerdings, dachte ich, kann der Geist nicht irren, da, wo keiner vorhanden ist.«[70] Den von Iffland explizit gewollten hohen Anspruch des Nationaltheaters überzieht Kleist mit Spott. Es ist schwer einzuschätzen, in welchem Maße auch politische Differenzen der Kontrahenten hierbei eine Rolle spielen.

Kleist löst eine heftige Reaktion der Kritiker aus, die ihn öffentlich auffordern, sich zu entschuldigen. Es erfolgt aber keine Entschuldigung, im Gegenteil, Kleist legt noch nach. Die teils deutlichen, teils versteckten Invektiven spitzen sich so zu, dass die Staatsgewalt auf den Plan tritt und sich eine Untersuchungskommission des Konfliktes annimmt. Im Gegensatz zu Kleist hat Iffland beste Kontakte bis in die Spitzen der Gesellschaft und der Politik. Kleists Eskalationsstrategie zielt offensichtlich darauf ab, mit dem Theater den Staat zu treffen.[71] Während Ifflands Bühne eine gewinnbringende Attraktion mit Fortune darstellt, ist Kleists *Berliner Abendblättern* nur ein sehr kurzer und matter Erfolg beschieden. Sein Vorhaben, seine Ideen bleiben Utopie. Der Konflikt endet mit dem frühen und von niemandem erwarteten Freitod Kleists im November 1811.

Die Zeit der napoleonischen Besatzung stellt für Iffland eine harte Bewährungsprobe dar. Das Königspaar, das Militär und die Verwaltung haben Berlin fluchtartig verlassen und sich im ostpreußischen

Königsberg niedergelassen. Durch unermüdlichen Einsatz kann Iffland den täglichen Spielbetrieb aufrechterhalten. Die ausbleibende Finanzierung durch den König führt über Jahre zu existentiellen Krisen des Theaters. In dieser historischen Phase gelingt es Iffland zum zweiten Mal, ein Theater über schwierigste Kriegszeiten hinweg zu retten.

Iffland hatte eine Wohnung in der Nähe des Theaters, unmittelbar am Gendarmenmarkt. Seine Funktion als Direktor des Königlichen Nationaltheaters, als bekannter Dramatiker und als bedeutendster Schauspieler seiner Zeit führt bei dem aus angesehener Familie stammenden Künstler zu dem Wunsch eines repräsentativen Wohnsitzes. Sein zwischen 1800 und 1801 nach einem Entwurf von Carl Gotthard Langhans gebautes Landhaus liegt vor den Toren der Stadt, in der Thiergartenstraße 17.[72] Es gehörte zu den imposantesten Häusern, die um 1800 am Rande des Tiergartens nach englischem Vorbild entstanden. Das in einem zeittypischen Stil gebaute, von einem weiten Garten umgebene Haus verdeutlicht »die Ideen zweier der prominentesten Berliner Repräsentanten des geistigen Aufbruchs der Berliner Moderne um 1800«.[73] Theatergeschichtliche Recherchen haben ergeben, »daß Langhans auch beim Ifflandschen Landhaus sein Lieblingsmotiv, das sich in vielen seiner Berliner Bauten nachweisen läßt, übernimmt, und zwar den ovalen Festsaal, der hier noch überkuppelt war. Über die Dekoration im Innern des Hauses existieren hingegen bislang keine überlieferten Quellen.«[74]

Iffland lebt hier gemeinsam mit seiner Frau von 1801 bis 1813. In diesem Jahr trennt er sich von seinem Besitz. Von Krankheit gezeichnet, ist er nicht mehr in der Lage, die damals zeitraubenden Wege zwischen Landhaus und Theater zu bewältigen oder gar ein aktives gesellschaftliches Leben aufrechtzuerhalten. Das Ehepaar bezieht eine Wohnung in dem Hause Nr. 4 am Quarré (heute Pariser Platz).[75]

In seinem gesamten, an zahlreichen Höhepunkten reichen Leben, aber auch in allen Konflikten und Widersprüchen hat Iffland mit

*Lessing und Lavater zu Gast bei Moses Mendelssohn. Gemälde aus dem Jahr 1856*
*von Moritz Daniel Oppenheim (1800–1882).*
*Das Bild zeigt Gotthold Ephraim Lessing (stehend) und den Schweizer Pfarrer Jo-*
*hann Caspar Lavater in einem (fiktiven) Streitgespräch. Im Hintergrund, eintre-*
*tend, Fromet, die Frau von Moses Mendelssohn. Lavater hatte 1769 Carl Bonnets*
Philosophische Untersuchungen der Beweise für das Christentum *übersetzt,*
*und darin Moses Mendelssohn aufgefordert, entweder das Christentum zu wider-*
*legen oder sich taufen zu lassen. Mendelssohns Antwort:* »Die verächtliche Meinung, die man von einem Juden hat, wünsche ich durch Tugend und nicht durch
Streitschriften widerlegen zu können.«

*Brandenburger Tor. Friedrich August Calau (1769–1828). Aquarell mit Feder-*
*zeichnung*
*Das nach Entwürfen von Carl Gotthard Langhans für den preußischen König*
*1789–1793 gebaute Friedenstor ist ein frühklassizistisches Meisterwerk. Die das*
*Tor krönende Skulptur der Quadriga gehört zu den bedeutendsten Werken von*
*Johann Gottfried Schadow.*

*Gendarmenmarkt mit altem Schauspielhaus und Deutschem Dom, um 1815.*
*Friedrich August Calau (1769–1828). Aquarell mit Federzeichnung*
*Das von Carl Gotthard Langhans gebaute klassizistische Bauwerk entstand 1800*
*als Auftragswerk von Friedrich Wilhelm III. Das 1802 eingeweihte und vom Volk*
*als »Koffer« belächelte Haus brannte 1817 vollständig ab und wurde dann von*
*Karl Friedrich Schinkel in einer bis heute gültigen Form neu errichtet.*

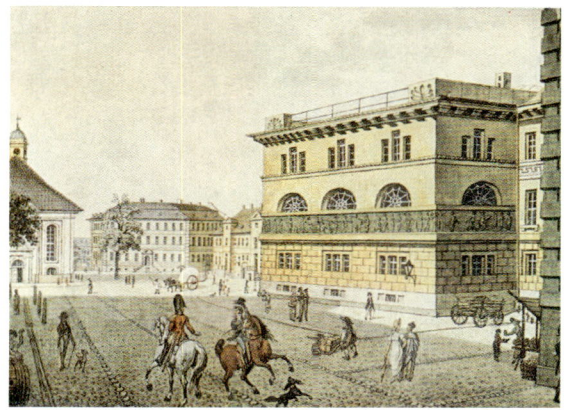

*Königliche Münze mit Werderschem Markt im Hintergrund, um 1820. Friedrich
August Calau (1769–1828). Aquarell mit Federzeichnung*
*Das nach Entwürfen von Johann Heinrich Gentz 1798–1800 errichtete klassizisti-
sche Gebäude war berühmt für den von Schadow entworfenen Bildfries. Eine Kopie dieses Frieses ist heute noch am Gebäude Mühlendamm 3 in Berlin zu sehen.*

*Neue Wache am Boulevard Unter den Linden, um 1825 (Heute: Mahnmal für
die Opfer von Krieg und Gewaltherrschaft). Friedrich August Calau (1769–1828).
Aquarell mit Federzeichnung*
*Das nach Plänen von Karl Friedrich Schinkel zwischen 1816–1818 errichtete Ge-
bäude zählt zu den wichtigsten Werken des deutschen Klassizismus. Es diente als
Haupt- und Königswache für das gegenüberliegende Palais Friedrich Wilhelms III.*

*Die Sternenhalle der Königin der Nacht. Bühnenbild zu* Die Zauberflöte *von* W. A. *Mozart von* Karl Friedrich Schinkel, 1816

*Diese wohl berühmteste Bühnendekoration der Welt für den zentralen Aufritt der Königin der Nacht hat schon die Zeitgenossen in ihren Bann geschlagen. Die weitere Dekoration geriet darüber fast in Vergessenheit. Noch heute führt die Staatsoper Berlin Mozarts* Zauberflöte *mit den originalen Bühnenbildern von Schinkel in ihrem Repertoire.*

*Altes Museum Berlin. Kolorierte Radierung von Friedrich Alexander Thiele (1747–1803)*
*1830*
*Das 1825–1830 von Karl Friedrich Schinkel gebaute Haus ist eines der bedeutendsten klassizistischen Bauwerke Berlins und zudem das erste öffentliche königliche Museum, das den Bürgern Einblick in die königlichen Kunstsammlungen gewährte.*

*Diese Federzeichnung von Johann Gottfried Schadow:* Musizierende Gesellschaft. Berliner Salonleben *aus dem Jahr 1795 dokumentiert den hohen Stellenwert der in den Salons aufgeführten Kammermusik. Im Vordergrund Henriette Herz.*

Geselligkeit bei Rahel Varnhagen, *so nennt Erich Simon (1892–1927) seine um 1825 entstandene Radierung. In den jüdischen Salons Berlins treffen jüdische und nicht jüdische Männer und Frauen verschiedener Stände und Schichten zu einem intellektuell-künstlerischen Austausch zusammen.*

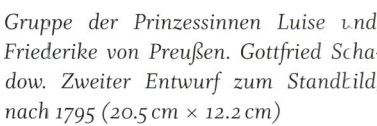

Gruppe der Prinzessinnen Luise und
Friederike von Preußen. Gottfried Schadow. Zweiter Entwurf zum Standbild,
nach 1795 (20.5 cm × 12.2 cm)
Diese Federzeichnung gibt den Glanz des
aus Carrara stammenden Marmors wieder. Details wie die Rosenkränze um die
Inschriftentafeln zeigen den herausragenden Zeichner Schadow.

Gottfried Schadow in einer Arbeitspause,
1795. Zeichnung von Friedrich Georg
Weitsch (1758–1828)
Weitsch porträtiert den 31 Jahre alten, mit
ihm befreundeten Bildhauer als nachden-
kenden Künstler. Er zeigt, was ihn ausmacht: Mit der linken Hand hält er einen
Meißel, mit der rechten einen Hammer; er
ist Handwerker, er denkt nach. Schadow
war beides, bildender Künstler und Kunsttheoretiker.

*August Wilhelm Iffland in der Rolle des Pygmalion in Jean Jacques Rousseaus gleichnamigem Bühnenstück. Anton Graff (1736–1813), um 1800. Öl auf Leinwand*

*Graff porträtiert Iffland hier ganzfigurig, eine Ehre, die bisher nur Adligen vorbehalten war. Der Schauspieler, eher von kleiner, untersetzter Gestalt, mit einem fülligen Körper und rundem Gesicht, wird hier von Graff als antiker Idealkörper dargestellt. Iffland war berühmt für seine ausdrucksstarken Augen, für seine schönen Hände, dem Kennzeichen seiner Bühnengestik.*

keinem Menschen eine vergleichbare Nähe gelebt wie mit seiner Schwester Louise. Diese ist seit jungen Jahren glücklich verheiratet; sie wird Mutter von vier Kindern. Die Liebe zu dieser Schwester ist tief und sie reicht ohne jede Irritation bis an sein Lebensende. »Nur *eine* Seele hat nie den Glauben an mich verloren. Dadurch wurde die bessere Kraft in mir gerettet und erhalten«, schreibt Iffland in seiner Selbstbiographie.[76] Unmittelbar nachvollziehen lässt sich diese ungewöhnliche Beziehung in dem erhaltenen Briefwechsel der Geschwister.[77] An die Brüder sind nur wenige Schreiben gerichtet, die 1747 geborene Louise ist die Hauptadressatin von Ifflands Briefen, die häufig den Charakter von Liebesbriefen haben. Basso continuo ist sein hochgestimmtes Lob, seine Huldigung ihrer Person. Louise, die auch von einem Zeitgenossen als »ein ungemein edles, gebildetes und verständiges Frauenzimmer«[78] geschildert wird, ist das Glück seines Lebens. Sie verkörpert sein Frauenideal. »Ihr bin ich viel, ihr bin ich alles schuldig, jede gute Stunde im Leben und jede bessere Stufe in jener andern Welt, deshalb werde ich nun und nie heiraten.«[79] Immer wieder schreibt Iffland von seinem Entschluss, nie heiraten zu wollen, zunächst mit der Begründung, dass sein »Ideal von einer Frau [...] gewiß selten in der Schöpfung realisiert« sei.[80] Später spricht er unmittelbar von seiner Liebe zu ihr. »Oft schon habe ich gleichsam den Himmel gefragt, warum Du meine Schwester bist, nicht meine Frau? Denn eben so selten ist, dass Du mich über Deine Kinder nicht vergißt, als daß kein Weib Dein Gedächtniß in mir mindern könnte. Mir gefallen nur Weiber, damit ich desto inniger denken kann, wieviel Du mir lieber bist! ... Zerreiß diesen Brief, einem Konsistorialrath wäre er ein Aergerniß und den meisten Menschen Thorheit. Sieh aber eben darinn den Grund, warum ich nie heurathe. Ich glaubte eine Untreue an Deiner Liebe zu begehen. Ich muß Dein Gefühl, Dir ganz erwiedern, nicht halb ...«[81] Auch später, als Iffland ein landesweit bekannter Schauspieler und hoch geschätzter Theaterleiter ist, schreibt er alles Gute, was er erreicht hat, ihr zu. Der Name Louise taucht in vielen seiner Stücke auf, die Frauenfiguren ihres Namens zeigen immer wieder einzelne Züge der geliebten Schwester.[82]

Die selbst verordnete extreme Dauerbelastung wird für Iffland immer mehr zu einer existenziellen Bedrohung. Er stirbt in seinem 55. Lebensjahr am 22. September 1814. Schon lange hat er an zunehmender Atemnot gelitten; er erliegt der »Brustwassersucht als Folge einer Verderbniß des rechten Lungenflügels«.[83] Dem heutigen Stand der Medizin entsprechend ist Iffland an einer Lungentuberkulose gestorben. Die Beisetzung findet am 25. September auf dem Friedhof vor dem Halleschen Tor statt. Die 2010 restaurierte Grabstätte Ifflands[84] befindet sich auf dem Friedhof II der Jerusalems- und Neuen Kirchengemeinde. Dieser 1796 angelegte Friedhof vor dem Halleschen Tor ist der älteste, auf dem auch heute noch bestattet wird.

Welche Bedeutung für die weitere Entwicklung des Theaters kann Iffland aus heutiger Sicht zuerkannt werden? Abgesehen davon, dass eine Künstlerpersönlichkeit von seinem Format und seinem Engagement ein zeitloses Leitbild darstellt, hat dieser Intendant und Schauspieler von Shakespeare bis Schiller ein bis heute gültiges Repertoire auf die Bühne gebracht. Das Berliner Nationaltheater unter seiner Leitung war ein öffentliches Forum, ein Ort der Begegnung mit gesamtstädtischem Charakter. Iffland hat das Theater in das Zentrum der preußischen Hauptstadt und seiner Bürger gebracht. Als Kommunikationszentrum diente es der Selbstverständigung und der Selbstvergewisserung des Bürgertums in der Phase seiner Emanzipation. Wo, wenn nicht in einem Theater, konnte sich damals ein Bürgertum mit und über sich selbst verständigen? In dieser Leistung Ifflands liegt bis heute Modernität, ja Aktualität.

Seinen Stücken kommt ein historischer Wert zu, der dem Themenkreis der bürgerlichen Spätaufklärung zuzuordnen ist und der sich in dem enormen Erfolg zweifelsfrei erwiesen hat. Die Dramen passen in ihre Zeit, die sie differenziert spiegeln. In ihrer Welt waren sie urteilssicher, auf einer kritischen Ebene haben sie den Zeitgeist mit aktuellen Themen bedient. Diesen Zeitbezug gibt es heute nicht mehr. Hier stellt sich dennoch die Frage nach den Chancen ihrer Wiederentdeckung für die Jetztzeit. Erfolgsstücke wie *Der*

*Spieler*, im Dezember 1795 am Wiener Burgtheater uraufgeführt, oder *Die Jäger*, uraufgeführt in Dürkheim im März 1785, haben Goethe und Schiller an Publikumswirkung weit übertroffen. Ein Familienstück wie *Der Spieler*, in dem es um Statusorientierung, Generationskonflikte und Intrigen geht, kann immer gezeigt werden. Wenngleich Ifflands Dramen die Überzeitlichkeit von Form und Inhalt der Klassiker nicht haben, können sie auch heute durchaus den Anspruch kritischer Gesellschaftsstücke erheben, die Themen von Moral, Bildung und verantwortlichem Handeln anbieten. Der aufgeklärte Bürger ist gefordert als mahnendes Korrektiv.

## 6. Berliner Aufklärer und einer der ersten Psychologen der deutschen Literatur: *Karl Philipp Moritz*

Jede Auseinandersetzung mit dem kurzen Lebensweg des genialen Karl Philipp Moritz lässt den Leser verwundert zurück. Da bricht ein Soldatensohn, ein christliches Armeleutekind aus dem vierten Stand, früh und voller Verzweiflung aus seinem deplorablen Umfeld aus. Er hat den Willen zur Selbstorganisation, reflektiert sein Unglück und wagt irgendwie sein Glück. Moritz landet in Berlin und legt einen beispiellosen Aufstieg hin. Er findet seine Identität als Schriftsteller und Intellektueller und schafft es bis zur Ernennung zum »Königlich Preußischen Hofrat«. Wie kann das gehen?

Eine richtungweisende Voraussetzung dafür ist zunächst in den Maximen der Epoche der Aufklärung zu suchen. Dem Individuum wird das von Kant geforderte *sapere aude* zugestanden, es wird zum »Mut« herausgefordert, sich »seines eigenen Verstandes zu bedienen« und sich aus »der selbst verschuldeten Unmündigkeit zu befreien«. Das wäre in vorangegangenen Zeiten undenkbar gewesen, das Individuum früherer Epochen ist gefangen in ständischen Grenzen, denkt autoritätsorientiert und lebt geleitet durch Glauben und Gehorsam. Wenngleich der Staat und weitgehend auch das Schicksal als gottgewollt erlebt werden, so dringt jetzt die Neuzeit in die Köpfe und fordert sie auf mitzudenken. Als Zeitgenosse und Eleve der Aufklärung nimmt Karl Philipp Moritz sich nun das in seiner Zeit erstmalig geforderte Menschenrecht auf Selbstverwirklichung heraus, ein deutsches Grundthema, das parallel zu seinem Lebensweg vor allem Schiller und Goethe zu höchster Blüte entfaltet haben.

Der Blick richtet sich im Folgenden vor allem auf die Lebenszeit, die Moritz in Berlin verbringt. Der Provinz entstammend, erweist er sich offenkundig als Stadtmensch. Es geht also vor allem um die Rolle, die Berlin als Zentrum der deutschen Spätaufklärung für seine Entwicklung spielt. Zuvor irrt Moritz durch die Welt und findet nirgendwo Ruhe, es geschieht kaum Nennenswertes mit ihm. Es gelingt ihm aber, immer wieder weiterzukommen. Stets stellt er Maximalforderungen an sich. Dem schwierigen Lebensbeginn entspricht eine kontroverse Persönlichkeit, die sich über höchste Bildungsanstrengungen, aber auch durch chancenreiche Begegnungen aufgrund seiner Originalität und der Vielseitigkeit seines Werkes zu einem der interessantesten Intellektuellen des damaligen Berlins entwickelt, ja zu einem der wichtigsten Repräsentanten der deutschen Literatur- und Geistesgeschichte des 18. Jahrhunderts. Bis heute ist sein Werk von höchster Modernität und Aktualität. Das umfangreiche literarische, kunsttheoretische, psychologische, philosophische und publizistische Œuvre entsteht in einem kurzen Leben, dem kaum ein Schrecken erspart bleibt und das in seinen Anfängen an Trostlosigkeit kaum zu überbieten ist.

*Er ist ein Kind des Krieges.* Am 15. September 1756, der Siebenjährige Krieg hatte gerade begonnen, wird er in der damaligen Garnisonstadt Hameln an der Weser in ärmlichen Verhältnissen geboren. Sein Vater ist Militärmusiker, ein Oboist, er nimmt mit seinem Regiment an diesem Krieg teil. Auch seine Mutter, die zweite Frau des verwitweten Vaters, ist in Armut aufgewachsen. Die Beziehung der Eltern erschöpft sich in Streitigkeiten, die häusliche Atmosphäre ist insgesamt düster und bedrückend. Der Vater hängt dem Quietismus an, einer dem Katholizismus entfremdeten Sonderform christlicher Mystik. Die Mutter ist eine eher strenge, aber pietistisch eingefärbte Protestantin.

*Er ist ein Kind kleiner Leute* und dieser Makel wird ihn zeit seines nur knapp 37 Jahre währenden Lebens verfolgen, er wird ihm vorgehalten, auch wenn er am Ende Mitglied zweier Berliner Akademien geworden ist, einen Lehrstuhl hat und Geistesgrößen wie Schiller, Goethe, Herder, Mendelssohn, Jean Paul oder Schadow zu seinen Freunden oder Gesprächspartnern zählt. Die tiefen Verletzungen, die der trostlose Beginn seines Lebens bei ihm hinterlassen hat, sind seiner psychischen Konstitution eingebrannt. Sie können aber als Voraussetzung dafür gesehen werden, dass Moritz ein tiefgehendes Interesse an seelischen Vorgängen entwickelt, das ihn dazu bringt, das *Magazin für Erfahrungsseelenkunde* herauszugeben und das ihn antreibt, einen der ersten autobiographischen Romane der Weltliteratur zu schreiben, in dem sich ein Ich-Erzähler einer gnadenlosen psychologischen Selbstanalyse unterzieht.

*Er ist ein Kind der Aufklärung* und darin gehört er ganz sich selbst. Dieses Wunder einer gegen die Realität gestemmten Entwicklung erklärt sich mit seiner außergewöhnlichen Begabung und mit Lebenskonstellationen, in denen große Geister diese Begabung erkannt und gefördert haben.

Der Knabe bringt sich das Lesen und Schreiben selbst bei. Seine Initiation in die Welt der Bücher vollzieht sich zunächst über die Bibel. Er begegnet den biblischen Geschichten aus dem Alten und Neuen Testament, die den Horizont seiner Eltern prägen. Die Mutter, Dorothea Henriette Moritz geb. König (1721–1783), und der Vater Johann Gottlieb Moritz (1724–1783) haben allerdings grundverschiedene Lebensorientierungen. Als Karl Philipp Moritz später Kindheit und Jugend in seinem Roman *Anton Reiser*, einem »psychologischen Roman«, so der Untertitel, verarbeitet, heißt es im ersten Teil: »Wenn er in das Haus seiner Eltern trat, so trat er in ein Haus der Unzufriedenheit, des Zorns, der Tränen und der Klagen.« Durch den Vater lernt er die frommen Traktate der französischen katholischen Mystikerin Jeanne Marie Bouvières de la Mothe Guyon (1648–1717) kennen. Madame Guyon predigt asketische Frömmigkeit und gilt als Hauptvertreterin der quietistischen Mystik. In *Anton Reiser* wird über Antons Mutter gesagt, dass sie nie in ihre Heirat eingewilligt hätte, »hätte sie die Hölle von Elend vorausgesehen, die ihr im Ehestand drohete«. Sie leidet unter »der harten und unempfindlichen Seele ihres Mannes«, der der asketischen Lehre der Madame Guyon zugeneigt ist, »[...] gegen [die] sich ihr Herz auflehnte. Dies war der Keim zu aller nachherigen ehelichen Zwietracht.« Parallel zu den biblischen Geschichten begegnet dem Knaben die Welt der Götter der griechischen Mythologie. Monotheismus und Frömmelei hier und Vielgötterei dort verwirren das zarte Kind und faszinieren es zugleich. In *Anton Reiser* heißt es: »Die erste Person in der Gottheit und Jupiter, Calypso und die Madame Guion, der Himmel und Elysium, die Hölle und der Tartarus, Pluto und der Teufel, machten bei ihm die sonderbarste Ideenkombination, die wohl je in einem menschlichen Gehirn mag existiert haben.«

Während sein Vater im Krieg ist, bringt die Mutter 1760 eine Schwester zur Welt, Johanna Maria Juliane, sie stirbt mit zwei Jahren. Nach Ende des Siebenjährigen Krieges wird das Regiment des Vaters 1763 nach Hannover verlegt, die Mutter folgt ihm mit den Kindern nach. 1764 wird ein Bruder geboren (Johann Christian Conrad, gest. 1828) und 1767 die Zwillinge August Friedrich (gest. 1768) und Johann Simon Christian (gest. ca. 1795). Für kurze Zeit kümmert sich der Vater noch selbst um die Erziehung seines ersten Sohnes, das meiste bringt dieser sich allerdings selbst bei. 1768 gibt er den Knaben in die Lehre eines quietistisch orientierten Hutmachers nach Braunschweig. Die Kindheit von Moritz findet hier ein jähes Ende.

Sein Lehrherr ist ein fanatischer Anhänger des Quietisten Johann Friedrich von Fleischbein (1700–1774), der die Schriften der Madame Guyon übersetzt und verbreitet. Das Unglück des Knaben setzt sich fort. Sein Körper erfährt schwere Schädigungen durch chemische Stoffe, vor allem Quecksilber, denen er während der Lehre ausgesetzt ist. Sein lebenslanges Lungenleiden nimmt hier seinen Anfang.

Die ständige Unterdrückung und Demütigung durch seinen Lehrherren führt nach eineinhalb Jahren seelischer und körperlicher Qualen zu einem Zusammenbruch und zu einem Selbstmordversuch. Die »katastrophalen Beschädigungen des jungen Moritz durch den von Fleischbein praktizierten Mystizismus«[1]

führen dazu, dass Moritz seine Lehre vorzeitig abbricht und nach zwei Jahren nach Hannover zurückkehrt. Seine ausgeprägte Neigung zu Hypochondrie erfährt auch hierdurch eine weitere Begründung.

Neue Recherchen (vgl. dazu Fußnote 1) erlauben es, die bisher vermutete Gleichsetzung der Entwicklung von Anton Reiser mit den Lebenserfahrungen des jungen Moritz zu untermauern. Vor allem zwei Briefe von Moritz' Lehrherren, dem Hutmacher Johann Simon Lobenstein, vom 15. September 1769 und vom 22. Mai 1770 an Johann Friedrich von Fleischbein, dem quietistischen »Seelenführer« Lobensteins, wie auch an seinen Vater, Johann Gottlieb Moritz, verdeutlichen, dass die Kindheitsqualen Anton Reisers detailgetreue Lebensrealität von Moritz gewesen sind. Lobenstein bekennt, dass er alle Formen von »Scherffe brobiert« habe, um den Knaben in sein pietistisches Korsett zu zwängen. Auch der Einsatz von Stockschlägen und anderen »Straffen« ist dokumentiert. Der »kleine Moritz« sei allerdings gänzlich »verstockt« geblieben. Lobenstein stellt den Lehrling als verkommenes und verteufeltes Wesen dar.

Die Funde erlauben auch Rückschlüsse auf das Verhalten von Anton Reiser/Karl Philipp Moritz. Der Lehrling reagiert mit Ablehnung auf die extreme quietistischen Erziehungsmethoden, die vor allem auf die Ausrottung aller individuellen Persönlichkeitsmerkmale abzielen. Die Persönlichkeitsstruktur des Einzelnen, alle Willensäußerungen, jede Form von Sinnlichkeit müssen ausgelöscht werden zugunsten einer bedingungslosen Hingabe an Gott. Die Kirche und ihre Sakramente werden scharf abgelehnt, jede Form der Selbstreflexion ist streng verboten. Extreme Lebensfeindlichkeit und Entindividualisierung sind die Folge. Im Gegensatz zu Anton Reiser scheint Karl Philipp Moritz sich gegen die Erziehungspraktiken seines Lehrherren gewehrt zu haben. Aber »mit Prügelpädagogik und religiöser Disziplinierung war dem Hochbegabten sicher nicht beizukommen.«[2] Die fanatische Erziehungsdiktatur hat es fast geschafft, Anton Reiser/den jungen Moritz zu zerstören. Moritz ist es zwar gelungen, trotz seiner Verzweiflung auf seiner Individualität zu beharren, seelische Narben, und auch körperliche, sind ihm bis an das Ende seines Lebens geblieben. Als ein Befreiungsschlag vom quietistischen Sektenwesen kann das autobiographische Schreiben gewertet werden, dies erklärt die Genauigkeit und die bis an die Schmerzgrenze gehende Schärfe der Selbstanalyse im *Anton Reiser*. Moritz erkennt das den Quietismus kennzeichnende Verbot der Selbstreflexion als Voraussetzung für religiösen Wahn und Selbstvernichtung und schreibt gerade die Selbstreflexion auf seine Fahnen. In seinem *Magazin zur Erfahrungsseelenkunde* erfährt dieses Konzept später seine Fortsetzung. Am Ende des 18. Jahrhunderts zeigt Moritz in *Anton Reiser* den Weg einer Selbstheilung durch Kunst und Bildung. Dieser Roman sucht in der europäischen Literatur der Aufklärung seinesgleichen.

Armut hat Moritz lange begleitet. So geht auch Anton Reiser schon als Kind »fast immer traurig und einsam umher, weil die meisten Knaben in der Nachbarschaft ordentlicher, reinlicher und besser, wie er, gekleidet waren, und nicht mit ihm umgehen wollten«.

Früh erhält Karl Philipp Moritz den obligatorischen Konfirmandenunterricht. Der Garnisonspfarrer wird auf die außerordentliche Begabung des Knaben aufmerksam und verschafft ihm ein Stipendium, so dass Moritz von Ostern 1771 bis Sommer 1776 eine höhere Schule in Hannover besuchen kann. Auch dort erlebt er seine armselige Lebenssituation als demütigend und leidet darunter. Einer seiner Mitschüler ist August Wilhelm Iffland, in ihm findet er einen Freund, einen ersten wichtigen Gesprächspartner. Geschult durch die Lektüre von Shakespeare, entdeckt er das Theater, mit flammendem Herzen liest er Goethes *Werther* oder Bürgers *Lenore*. Diese Lektüre inspiriert ihn, selber zu schreiben. In einer aufschlussreichen Passage des *Anton Reiser* stellt Moritz den Beginn der Laufbahn Ifflands dar. 1776 verlässt Moritz heimlich die Schule, er hat beschlossen, Schauspieler zu werden. Er geht nach Erfurt und später nach Gotha, um sich der Wanderbühne von Conrad Ekhof anzuschließen. Er wird dort aber abgewiesen und geht zurück nach Erfurt, um ein Theologiestudium zu beginnen, das er nach kurzer Zeit abbricht. Seine Theaterbegeisterung hält an, er schließt sich einer weiteren umherziehenden Theatertruppe an, aber seine Versuche, Schauspieler zu werden, misslingen erneut. Noch immer ist er ein Umherirrender, er ist einsam und vollkommen auf sich gestellt. In seiner existentiellen Not fasst er den Entschluss, Lehrer zu werden. Er hat allerdings weder ein abgeschlossenes akademisches Studium vorzuweisen noch pädagogische Erfahrungen gesammelt. Seine außergewöhnliche Begabung schätzt er realistisch ein. Der in Kindheit und Jugend traumatisierte Intellektuelle hat sich zeit seines bewussten Lebens als Pädagoge gesehen, aber erst nach tragischen Umwegen findet er eine Tätigkeit als Lehrer und Professor. Die Lehrerlaufbahn begreift er als Zugangsweg in die Welt der Bücher und der Gelehrten. Nach dieser Welt sehnt er sich. Von Jugend an ist er süchtig nach Bildung, seiner literarischen Lesesucht ist erstaunlicherweise kein Buch zu schwierig gewesen. 1777 sucht er Kontakt zu den Herrnhutern in der anhaltinischen Kleinstadt Barby. Auch das im selben Jahr in Wittenberg wieder aufgenommene Theologiestudium bricht er bald wieder ab. Als Schauspieler ist er gescheitert und auch als Prediger sieht er sich nicht. Eine kurze Zeit arbeitet er am Philanthropin, einer von dem aufgeklärten Schulreformer Johann Bernhard Basedow (1724–1790) geleiteten Reformschule in Dessau, die Beziehung endet aber in einem persönlichen Konflikt. 1778 geht er nach Preußen und nimmt für wenige Monate die Stelle eines Hilfslehrers am Potsdamer Militärwaisenhaus an, in dem als Folge des Siebenjährigen Krieges 6000 Waisenkinder unter katastrophalen Bedingungen leben. Das Zeugnis, das dem zweiundzwanzigjährigen Moritz nach einer Arbeitszeit von fünf Monaten ausgestellt wird, lässt das Grundanliegen seines Lebens und Denkens erkennen. Später schreibt er seine Überzeugung auf, nämlich dass jeder, auch der in den nachteiligsten Verhältnissen Geborene, das Recht hat, als »Zweck seiner selbst« behandelt zu werden. Er geht davon aus, »dass nun jeder einzelne Mensch, wenn er seinen Anteil von Kräften zur Erhaltung des Ganzen aufgewandt hat, sich auch als den Zweck dieses Ganzen betrachten lerne, und auch von jedem andern so betrachtet werde – darin besteht eigentlich die w a h r e Aufklärung, welche notwendig a l l g e m e i n verbreitet seyn muß, wenn sie nicht als bloße Täuschung und Blendwerk betrachtet werden soll«.[3] Bei einer Präsentation kann er die Stimmen der damaligen Schulaufsicht und auch die des Schulleiters für sich gewinnen. Diese Gunst des Augenblicks weist ihm den Weg nach Berlin. Er erhält ein gutes Arbeitszeugnis und eine Empfehlung des Theologieprofessors und Aufklärers Wilhelm Abraham Teller (1734–1804) an den Direktor des Gymnasiums zum Grauen Kloster, Anton Friedrich Büsching (1724–1793).

Er folgt sofort dem Weg in die preußische Hauptstadt, angezogen von der Aussicht auf ein vielfältiges intellektuelles Leben und geleitet von dem Wunsch nach sozialem Aufstieg. Es gelingt ihm, Lehrer am Gymnasium zum Grauen Kloster, der Schule der preußischen Geisteselite, zu werden. Weniger durch die genannten Formalitäten als vielmehr durch sein persönliches Auftreten und sein pädagogisches Ethos kann er die Verantwortlichen für sich einnehmen. Durch diese Bekanntschaften, die er nutzt, gelingt ihm von Anfang an ein enger Kontakt zu den Berliner Aufklärern. Am Gymnasium zum Grauen Kloster ist er von 1778 bis 1786 als Lehrer tätig. Dort lernt er Karl Friedrich Klischnig (1766–1825), den Freund (und späteren ersten Biographen) kennen. Klischnig ist zunächst sein Schüler,[4] er berichtet, dass Moritz nunmehr ein Jahresgehalt von »330 Rthl.« erhält, »bares Geld und freie Wohnung, die zwar auf 40 Rthl. gerechnet wurde, aber wahrhaftig nicht 20 Rthl. werth war, denn außer der schönen Aussicht auf einen Misthaufen, hatte das dumpfe Nest keine andere[n] Reize, als daß die schönsten Pilze an den Wänden wuchsen«.[5] Er unterrichtet zunächst in der Unterstufe, 1784 wird er Gymnasialprofessor. In diesen Berliner Jahren beginnt er parallel zu seiner Lehrertätigkeit die Arbeit am *Anton Reiser*. Von Zeitgenossen wird Moritz als sowohl charismatische wie auch chaotische Lehrerpersönlichkeit beschrieben. Sein Wissen entspricht nicht der in der Schule geforderten Höhe, vor allem seine Griechischkenntnisse oder sein historisches Wissen sind dürftig. Auffallend sind sein Ehrgeiz (Klischnig spricht von »Ehrbegierde«) und seine Begeisterung für neue pädagogische Ideen. Er ist ein Sonderling, unüberwindbar geprägt von lastenden Lebenskonstellationen.

Die Anregung, nach Berlin zu gehen, verdankt Moritz eher einem Zufall.[6] Aber er, der aus der Provinz kommt, ist von höchster Aufnahmefähigkeit und Zielstrebigkeit. Und er ist unbefangen. Während die deutschen Geistesgrößen der Goethezeit generelle Vorbehalte gegenüber der Haupt- und Großstadt hegen, eine Metropole mithin zur »humanitären Brache« erklären, lässt Moritz sich von diesem Trend zu einer »idealistischen Stadtkritik« nicht vereinnahmen.[7] Conrad Wiedemann führt dies in seinem Aufsatz *Karl Philipp Moritz und der Geist der Urbanität* überzeugend aus: »Der kulturpolitische Richtungspfeil der Zeit« weise in Deutschland »aus der Stadt hinaus in die Landschaft, wofür Goethes Weimar als das strahlend gelungene Beispiel gelten« könne. Bei Moritz seien Stadt und Land hingegen »komplementäre, offene Erfahrungsbereiche, allerdings mit einem [...] entschiedenen Emanzipations- und Freiheitspfeil zur großen Stadt hin«. In diesem Punkt stehen sich Moritz und Goethe diametral gegenüber. Beide verfolgten verschiedene »Wege zu Humanität und Selbstbestimmung, [...], der eine den Weg der Selbstbespiegelung in der Natur, der andere den der Selbstbespiegelung im urbanen Raum«. Während Goethe seinen Weimarer Gegenentwurf zur Stadt, nämlich ein »machtentkoppeltes und mäzenatisch geschütztes geistiges Zentrum im Irgendwo der landestypischen Provinz« zu höchstem Erfolg führt, hält Moritz an Berlin fest. Er äußert sich an keiner Stelle zu der Frage, ob Weimar oder andere biographisch durchlaufene oder erwünschte Städte eine Lebensalternative geboten hätten. Die Weimarer Gesellschaft ist eine Elitegesellschaft; in dieser geschlossenen Gesellschaft von Weimar hätte Moritz ohne ausgewiesene Qualifikationen oder Adelsprädikat kaum eine Chance für eine Anstellung gehabt, eher vielleicht als Pädagoge in Barby oder Dessau. Dennoch – sowohl von dort, als auch von Erfurt, Wittenberg oder Dessau scheidet er im Konflikt mit sich oder anderen. Während der in einer Großstadt geborene Goethe sich (sieht man von dem Ausnahmeraum Rom ab) nie wieder in einer Großstadt aufgehalten hat, ist Moritz zielstrebig nach Berlin gegangen. Ihn, den »autodidaktischen Psychologen auf der Suche nach dem Ort der größtmöglichen pädagogischen Freiheit«, lockt von Anbeginn nur Berlin als Erfahrungsraum. Auch Klischnig weist darauf hin, dass es immer Moritz' größter Wunsch gewesen ist, »ein Mitglied der *Akademie der Wissenschaft*« zu sein.[8] Nur in dieser offenen Stadt, nur aus dieser gebotenen Distanz kann er seinen *Anton Reiser* schreiben, hier findet er Schritt für Schritt eigene Orientierungspunkte. Moritz eignet sich Berlin auf vielen Ebenen an. Sein gesamtes Werk entsteht in Berlin. Als Aufklärer, als Ästhetiker, als Denker, als Wegbereiter der modernen Psychologie wird Karl Philipp Moritz zu einem der wichtigsten Protagonisten der Epoche der Berliner Klassik.

Die meisten theoretischen Schriften von Moritz sind heute weitgehend in Vergessenheit geraten. Eine seiner ersten Veröffentlichungen, aus dem Jahr 1780, sind seine *Unterhaltungen mit meinen Schülern*. Auf ausgedehnten Spaziergängen und Wanderungen mit seinen Schülern erklärt er ihnen die Welt und hält sie zu Ordnung und Gottesgläubigkeit an. Das Wandern entspricht seiner Erfahrung und seinem beweglichen Geist, mit dem Appell an die individuelle Leistung, die es einzufordern und zu fördern gilt, entspricht er den Grundannahmen der bürgerlichen Aufklärung. Auch weitere Werke wie die *Kleine Kinderlogik* und das erfolgreiche *Neue ABC-Buch* erweisen Moritz als einen aufgeklärten Pädagogen, der den Schülern »eine Anleitung zum Denken« vorlegt, sie zu Selbständigkeit anregt und sie in die Gesellschaft hinein erziehen möchte. Im selben Jahr 1780 beendet Moritz sein erstes und einziges Drama, *Blunt oder der Gast*, in dem Anklänge an seine Familientragödie erkennbar sind. Sein zwischen 1776 und 1780 entstandenes Schicksalsdrama bleibt Fragment und wird zu seinen Lebzeiten nie aufgeführt – das geschieht erst 1986 auf einer Heidelberger Studentenbühne. 214 Jahre nach seinem Erscheinen hat die Regisseurin Andrea Breth das Stück 1994 erneut ausgegraben,

*Blunt oder der Gast* wurde allerdings kurz vor der Premiere in der Berliner Schaubühne abgesagt. Den Nimbus der Nichtaufführbarkeit durchbrach erst 1995 der damals 32-jährige Regisseur Elmar Goerden mit einer Regiearbeit im Schauspiel Stuttgart. Die Premiere am 10. November 1995 überzeugte Publikum und Kritik und wurde 1996 zum Berliner Theatertreffen eingeladen.[9] Was die Zeitgenossen als missglücktes Stück verstanden haben, erfährt heute eine neue Aktualität – ein am Leben gescheiterter reumütiger Mörder erhält die Chance, die Lebensuhr zurückzudrehen und einen Neustart zu wagen. Traumelemente spielen im ganzen Stück eine große Rolle. Das doppelte Finale hat Moritz in einer alternativen Schlussversion vereinfacht zugunsten einer Nichtunterscheidbarkeit von Traum und Wirklichkeit.[10]

Erstaunlich ist Moritz' Geschick, ohne nennenswerte Qualifikationen oder Protektionen in Berlin Fuß zu fassen. Hier kennt Moritz zunächst niemanden. 1779 tritt er den Freimaurern bei und ist fortan in deren Netzwerk präsent. Sein Horizont weitet sich und er lernt die führenden Repräsentanten der Berliner Aufklärung kennen, vor allem mit Moses Mendelssohn verbindet ihn schon bald ein enger Austausch. Neben wichtigen Kontakten erfährt er durch die Mitgliedschaft bei den Freimaurern Gemeinschaft, Nähe und das Gefühl von Zugehörigkeit, das er in seinem bisherigen Leben entbehren musste.

Mit einem Empfehlungsschreiben seiner Berliner Loge bricht er 1782 zu einer ersten Reise ins Ausland, nach England, auf, das er, wie viele andere Zeitgenossen auch, geradezu schwärmerisch bewundert. Sieben Wochen ist er unterwegs. In Ermangelung von Geld wird er den Hauptteil der Reise zu Fuß zurücklegen. Die Fußreise erhöht die Intensität der Wahrnehmung, die geschult ist an seinem Vorbild Jean-Jacques Rousseau, dessen *Bekenntnisse* kurz zuvor erschienen sind. Diese Bildungsexkursion verarbeitet Moritz in *Reisen eines Deutschen in England im Jahre 1782*. Moritz will sich auch einen Namen als Schriftsteller machen. Sein Ziel ist eine Reiseerzählung, die Informations- und Unterhaltungswert hat. 1783 veröffentlicht, wird sie sein erster literarischer Erfolg. Bedingt durch den Aufschwung des Handels, besonders der Engländer, sind Reisebeschreibungen zu dieser Zeit außerordentlich populär. Der wissenschaftlichen Reiseliteratur entspricht das Reiseverhalten Wohlhabender und Gebildeter wie zum Beispiel Goethe oder später Alexander von Humboldt. Viele Künstler reisen zu Fuß nach Rom, wo sie eine Künstlerkolonie vorfinden, Frankreich unterhält in Rom eine Akademie. England löst damals die Dominanz der großen Kulturnation Frankreich ab. Der Naturforscher und Philosoph Isaac Newton wird in Europa berühmt, Shakespeares Dramen werden von den Gebildeten ebenso gelesen wie John Locke, Henry Fieldings *Tom Jones* oder Laurence Sternes *Tristram Shandy* und *A sentimental Journey*. Ein solches Werk! Das will Moritz auch schreiben.

Er ist gut vorbereitet. Die vollkommene Freiheit eines allein reisenden Entdeckers fordert ihm eine enorme Kraft und Stabilität ab, die er nicht immer hat, sie stimmt ihn euphorisch, aber sie irritiert ihn auch, lähmt ihn zeitweilig. Sein Ton ist neu, ausführlich berichtet er über die Erkundung der Großstadt London, er besucht dort die noch heute aktuellen Kulturhighlights und bestaunt die neue Architektur. Von London gelangt er über Oxford und Birmingham nach Mittelengland, in das nahe der Themse gelegene Castleton. Der Besuch der im Peak District gelegenen Tropfsteinhöhle »Devil's Arse« ist das Hauptstück seiner Darstellung, in der er romantische Motive vorwegnimmt. Der seit frühester Kindheit religiös geprägte Sechsundzwanzigjährige ist ein empfindsamer Reisender, er erlebt das Hineinsteigen in dieses »Seelenbergwerk« (Christof Wingertszahn) als ein mystisches Wunder, er fühlt sich wie in einem majestätischen Tempel, ist tief erschüttert über die »feierliche Totenstille«, über das »heilige Dunkel«. Für ihn gleicht dieses Erlebnis einem Blick ins Elysium, der ihn tief erschüttert und ihn krank zurücklässt. Diese Szene kann seine Irritierbarkeit verdeutlichen; wahrscheinlich hat er sich überfordert, als er zu tief in die dunkle Höhleneinsamkeit des Berges hineingestiegen ist, er erlebt die Höhle als leer, ohne Gott, sie hat ihn überwältigt. Die

Heimreise schafft Moritz kaum, er kommt schwer krank in Berlin an. Nach einem lebensbedrohenden Anfall von Bluthusten im Dezember des Jahres 1782 wird Moritz mehrere Wochen lang von dem bekannten jüdischen Arzt und Aufklärer Marcus Herz ärztlich betreut. Der mit ihm befreundete Herz hat den Krankheitsverlauf in einem ausführlichen Bulletin beschrieben, dieses wird später in Moritz' *Magazin zur Erfahrungsseelenkunde* veröffentlicht.

Aus dem Blickwinkel des 18. Jahrhunderts geschrieben, ist Moritz' Bericht noch heute ein tauglicher Reiseführer. Nach seiner Rückkehr erzählt er überall vor allem die Höhlenepisode, sie gilt schnell als Meistererzählung und erreicht eine solche Öffentlichkeitswirkung, dass sie Eingang in Lese- und Schulbücher findet.

Gegen Ende des Jahres 1784 findet er auf Empfehlung von Mendelssohn und dem Schriftsteller Karl Wilhelm Ramler für eine kurze Zeit eine Anstellung als Redakteur der *Vossischen Zeitung*, für die er gelegentlich schon geschrieben hat. Noch steigt er aus der Schule nicht aus, reduziert sein dortiges Engagement aber deutlich. Seit seiner Englandreise, während der er auch das moderne englische Zeitungswesen kennengelernt hat, spielt er mit dem Gedanken, Journalist zu werden. Gelehrte Zeitschriften und Journale werden im Zeitalter der Aufklärung zu einem Netzwerk des Wissens. In der preußischen Hauptstadt sind viele gelehrte Zeitschriften verfügbar und auch die Tageszeitung beginnt sich zu entwickeln. Hier erscheint die renommierte *Berlinische Monatsschrift*, die sich an die Berliner Intelligenz richtet, es ist die von Kant bevorzugte Zeitschrift, in der er die Frage »Was ist Aufklärung?« debattiert. Und es gibt zwei, an drei Tagen der Woche erscheinende Tageszeitungen, die *Vossische* und die *Haude und Spenersche Zeitung*. Moritz erkennt früh die Chancen, die in diesem Kommunikationsmedium liegen, er will mehr als nur die üblichen Hofnachrichten. 1784 veröffentlicht er seinen Aufsatz über das *Ideal einer vollkommenen Zeitung.* »Wahrlich es ist zu verwundern, da man bisher so viel von Aufklärung geredet und geschrieben hat, daß man noch nicht auf ein so simples Mittel, als eine Zeitung, gefallen ist, um sie in der

Tat zu verbreiten.«[11] Auch hier lässt sich in Berlin eine Gegenbewegung erkennen. Während Goethe Weimar gesellschaftlich von oben gestaltet, möchte Moritz in Berlin sozial, das heißt von unten wirken. Moritz möchte ein »*Blatt für das Volk*« schreiben, »das wirklich von dem Volke gelesen würde, und eben dadurch den ausgebreitetsten Nutzen stiftet«, er möchte »nützliche Wahrheiten unter das Volk« bringen.[12] Moritz spricht von einer »öffentlichen Zeitung«, einem »Volksblatt«; ein Projekt wie dieses, auch wenn es nach kurzer Zeit aufgrund mangelnden Erfolges abgebrochen wird, Moritz damit also scheitert, wäre nur in Berlin vorstellbar. Für Städte wie Weimar, Leipzig oder Göttingen wären eher Zeitschriftenprojekte für die gebildeten Stände angemessen.

Moritz hält gut dotierte *Kollegia* an der Schule, überdies verbessern sich seine Einnahmen durch die Mitarbeit an der *Vossischen Zeitung*. »Auch erhielt er dadurch eine freie Wohnung im Hause des Verlegers, die ihm bei seinen Vorlesungen sehr zu Statten kam.«[13] 1783 zieht Moritz mit seinem Schüler und Freund Karl Friedrich Klischnig zusammen, für drei Jahre beziehen sie ein kleines Gartenhaus außerhalb der Stadt und leben »unzertrennlich« zusammen.[14]

Mit den Jahren empfindet Moritz den Schulalltag immer mehr als Bedrohung seiner vielen Projekte, er sieht sich als Gefangener im »Schulkerker«[15]. 1786 bricht er den Schuldienst am Grauen Kloster unvermittelt und endgültig ab und reist nach Italien. Dieser sich über zwei Jahre erstreckende Italienaufenthalt wird zu einer lebensverdichtenden Zäsur. In Rom lernt er Ende des Jahres 1786 Goethe kennen, der sich zeitgleich dort aufhält.

Beide sind Fliehende aus einem sie bedrückenden Leben, beide sind auf der Suche nach neuen Lebensperspektiven. In Goethe trifft Moritz das Idol seiner Jugend, dessen *Werther* er verschlungen hat. Unglück und Glück liegen eng beieinander, als Moritz in der römischen Innenstadt vom Pferd stürzt, sich den Arm bricht und dann mit großer Anteilnahme von Goethe gepflegt wird. Moritz und Goethe werden zu gleichberechtigten Gesprächspartnern in ihren Kunst- und Literaturdebatten. Der Kontakt mit Goethe intensiviert sich, es entsteht eine freundschaftliche Beziehung: »Moritz [...] erzählte mir wenn ich bei ihm war Stücke aus seinem Leben und ich erstaunte über die Ähnlichkeit mit dem meinigen. Er ist wie ein jüngerer Bruder von mir, von derselben Art, nur da vom Schicksal verwahrlost und beschädigt, wo ich begünstigt und vorgezogen bin.«[16] Die tiefe Zuneigung Goethes erlebt Moritz als beglückend. Der auf Freundschaft gegründete Gedankenaustausch mit ihm stellt einen menschlichen und intellektuellen Höhepunkt in seinem Leben dar. Er ist eine folgenreiche Voraussetzung für seine akademische Karriere.

Während der zwei Jahre seiner italienischen Reise vollzieht sich Moritz' Wandlung vom sozialen Stürmer und Dränger zum Garanten klassischer Beständigkeit, der vor allem eines garantiert: geistige Kontinuität.

In Rom studiert Moritz die Werke »der Alten«, er widmet sich der Antike und der Ästhetik und schreibt seine berühmte und für die klassische deutsche Ästhetik grundlegende kunsttheoretische Abhandlung *Über die bildende Nachahmung des Schönen*, die er 1788 publiziert. Bereits 1785 hat Moritz in der *Berlinischen Monatsschrift* seinen ersten Aufsatz zur Ästhetik, seinen *Versuch einer Vereinigung aller schönen Künste und Wissenschaften unter dem Begriff des in sich selbst Vollendeten* veröffentlicht und Moses Mendelssohn gewidmet. In dieser Schrift hat er zum ersten Mal, noch vor Schiller und Kant, den Gedanken formuliert, dass die Kunst »um ihrer selbst willen« da sei, autonom, niemandem, vor allem keinem Geldgeber verpflichtet, nur geschaffen, um eigenen Gesetzen zu folgen. Es ist Moritz, der den Begriff der Kunstautonomie geprägt hat. Diesen Gedanken führt er in seiner Abhandlung von 1788 weiter. Für Moritz ist der Begriff des Schönen nicht an einen Zweck gebunden, das Schöne bedarf außer sich »keines Endzwecks, keiner Absicht warum es da ist«, es hat vielmehr »seinen ganzen Wert und den Endzweck seines Daseins in sich selber«.[17] Der Künstler, so die kühne These in seiner Abhandlung *Über die bildende Nach-*

ahmung des Schönen, erschafft das Kunstwerk, indem es als innere Vision in ihm aufscheint. Sie ist das entscheidende Erlebnis-Moment. Die Umsetzung in jedwedes Material ist dann nur noch ein Abbild des als Vision Erlebten. In dieser Sicht ergibt sich eine gewisse Analogie des Kunstwerkes zur religiösen Offenbarung. Später hat Schelling dieses Konzept der romantischen Kunstreligion in seiner *Philosophie der Kunst* (1803) weiterentwickelt. Schon in seiner Abhandlung *System des transzendenten Idealismus* (1800) knüpft er in dem Abschnitt *Hauptsätze der Philosophie der Kunst* sowohl an Moritz als auch an Wilhelm Heinrich Wackenroder (1773–1798) an.

Mit seinem Traktat begründet Moritz die Epoche der Kunstautonomie, die in Goethe und Schiller ihre einflussreichsten Repräsentanten findet. Nachweislich hat Moritz mit seinen ästhetischen Schriften Schillers Reflexion über eine ästhetische Theorie angeregt.[18] In seinen kunsttheoretischen Schriften bringt er seine kunst- und kulturpolitischen Vorstellungen vom »schönen Ganzen« eines Kunstwerks zu Papier. Er definiert seinen Kunstbegriff in Anlehnung an das Vorbild Roms allerdings für den urbanen Raum Berlins und bringt sich damit selbst in eine Opposition zur Weimarer »Musenhof-Ästhetik«. In Berlin tritt damit die »erste deutsche Bürgerkultur neben die im modernen Sinn gesellschaftslosen Elite-Kulturen von Weimar und Jena«.[19] Moritz geht es darum, seinen in Italien entwickelten »Begriff des Schönen in den städtischen Alltag zu integrieren und in den Handwerkerschulen und Kunst- und Militärakademien zu demokratisieren«.[20] Bei Moritz steht der ästhetische Diskurs um das Ziel menschlicher Selbstverwirklichung in der Tradition von Kant und der Spätaufklärung. Im Rahmen der damals diskutierten Ästhetikmodelle der Zeit um 1790 entspricht Moritz mit seinen kunsttheoretischen Beiträgen dem sich vollziehenden Modernisierungsprozess der absolutistischen preußischen Hauptstadt zu einer Metropole der Bürger. Moritz erhofft »die Partizipation möglichst aller Stadtbewohner am Schönen – und damit am Staat insgesamt«.[21] Er stößt damit die avancierteste ästhetische Diskussion seiner Zeit an.

Im Dezember 1788 wandert Moritz von Italien nach Weimar. Für zwei Monate ist er Gast in Goethes Haus. In dieser Zeit erteilt er dem Herzog Carl August am Hofe Englischunterricht. Am 1. Februar 1789 fährt er als Begleiter des Herzogs Carl August nach Berlin. Durch dessen Vermittlung wird Moritz noch im selben Jahr Mitglied der Preußischen Akademie der schönen Künste. Er lehrt dort als Professor für Kunsttheorie, hält Vorträge über Altertumswissenschaften und Mythologie. Als Vorbereitung für dieses Amt hat er sich selbst in die Theorie und Geschichte der Kunst eingearbeitet. 1791, im Erscheinungsjahr seiner *Götterlehre,* wird Moritz zum Königlich Preußischen Hofrat ernannt, er wird außerdem Mitglied der Königlich Preußischen Akademie der Wissenschaften zu Berlin. Er gehört nun zur Berliner Gesellschaft, kann sich als etabliert betrachten. Als Persönlichkeit wird er kontrovers wahrgenommen. Im Umfeld vieler Aufklärer gilt er, der nur eine dürftige akademische Ausbildung hat und nicht adlig ist, als »Aufsteiger, Karrierist, Unbefugter und Schwärmer«.[22]

Auch seine Berufung in die Preußische Akademie der Wissenschaften ist nicht unumstritten. Ewald Friedrich Graf von Hertzberg (1725–1795), Minister unter Friedrich Wilhelm II,, widerspricht der geplanten Ernennung mit der Begründung, dass Moritz »ein sehr mittelmäßiger Gelehrter« sei und es »zu Berlin viel größere Gelehrte [gäbe], als da Zöllner, Biester und Nicolai, die sich durch ihre Schriften viel mehr als würdige Mitglieder der Akademie qualifiziert« hätten.[23] Die sozialen Differenzen zwischen dem Aristokraten und dem Soldatensohn dürften hier wie auch bei weiteren entrüsteten Stimmen eine nicht unerhebliche Rolle gespielt haben.

In den beiden traditionsreichen Berliner Institutionen erfüllt Moritz eine Vielzahl von Aufgaben. In der Akademie der Wissenschaften wird er Sekretär der »Deputation für deutsche Sprache« und schreibt alle dort notwendigen Protokolle. Als Sekretär der Akademie der Künste verwaltet er die Bibliothek der Akademie und beschreibt in deren Annalen bedeutende Ereignisse ihrer Geschichte. Er gibt die Monatsschrift der Akademie heraus sowie die

Kataloge der jährlichen Kunstausstellungen. Er schreibt zudem von Februar 1789 bis Ende 1790 die Sitzungsprotokolle des Senats, die deutlich machen, wie intensiv er nicht nur in die Arbeit der Akademie, sondern auch der Berliner Handwerke und Manufakturen eingebunden ist. So kümmerte er sich um Vorlagen für die Königliche Porzellanmanufaktur und um eine neue Methode, Farben auf Porzellan zu brennen.

Vor allem aber hält er öffentliche Vorlesungen, diese hören nicht nur die Studenten der Akademie, in sein Auditorium kommen auch zahlreiche Vertreter der Berliner Gesellschaft, unter ihnen hoch angesehene Zeitgenossen wie Wilhelm und Alexander von Humboldt, Wilhelm Heinrich Wackenroder und Ludwig Tieck. Seine Vorlesungen werden zu einem gesellschaftlichen Ereignis.

Moritz kündigt sie am 27. Februar 1789 öffentlich an: »Auf hohe Veranlassung werde ich über die Theorie der schönen Künste, vom eilften Merz an bis zu Ende des Juni, Mittwochs und Sonnabend Nachmittags, von fünf bis sechs Uhr, in dem Saale der Königl. Academie der Künste und mechanischen Wißenschaften, öffentliche Vorlesungen halten, worin ich den Begriff des Schönen, in seinen besonderen Bestimmungen, nach dem einfachsten Grundsatze werde zu entwickeln und das Wesen der einzelnen schönen Künste auf diesen Hauptgrundsatz zurückzuführen suchen, so daß der Geschmack oder die Empfindungsfähigkeit für das Schöne einen festen Punkt habe, wonach das dunkele Gefühl bei Betrachtung und Beurtheilung des Schönen jedesmal sich selbst berichtigen und sein Urtheil zugleich vor dem Verstande rechtfertigen kann«(als Handschrift erhalten).

In einem Brief vom 27. März 1789 hat Alexander von Humboldt seine Eindrücke festgehalten: Moritz sei »noch immer derselbe, ein wahres Genie, wahrer Sonderling. Nur in seinem Äußern hat er sich geändert. Er geht fast immer im Haarbeutel und seidenen Strümpfen. Sein Kollegium hat er mit ungeheurem Applaus angefangen. Er hat wohl 15–20 der angesehensten Damen zu Zuhörerinnen. Der Minister Heinitz, Graf Neal und die meisten Leute vom Hofe versäumen keine Stunde. Das Kollegium ist gewiß das

glänzendste, was in Deutschland gelesen wird. [...] Seine Beredt-
samkeit ist hinreißend und seine glänzendste Epoche jezt da.«[24]

Aber Moritz bereichert den urbanen, von der Spätaufklärung geprägten Berliner Klassizismus um 1800 nicht nur mit seinem
Charisma – sondern auch mit seiner Modernität. Diese korrespondiert dem intellektuellen Klima der damaligen preußischen
Hauptstadt. Hier findet Moritz den geistigen Horizont, nach dem
er sich seit seiner Schulzeit gesehnt hat. Neben seinen diversen
Tätigkeiten veröffentlicht er seine wichtigsten Werke. 1782 erscheint seine *Deutsche Sprachlehre für die Damen*, die er in einer
überarbeiteten Auflage 1791 erneut herausgibt, diesmal ohne den
Zusatz »für die Damen«. Anknüpfend an sein erfolgreiches Eng-
landbuch veröffentlicht er 1784 eine *Englische Sprachlehre für die
Deutschen*, die ebenfalls große Resonanz findet und die er deshalb
1786 und 1790 in jeweils überarbeiteter und verbesserter Form erneut herausgibt.

Moritz hat vor allem in seiner Berliner Zeit außerordentlich intensiv und viel gearbeitet, häufig Tag und Nacht. In seinem Gartenhaus lebt er sehr isoliert und geht selten aus. Er »schrieb nie etwas
nieder, ehe er nicht den ganzen Plan seines Werkes im Kopfe ausge-
arbeitet hatte. Tage lag er unter dieser Beschäftigung ausgestreckt
auf dem Sopha und wer ihn nicht kannte, hielt es für unthätiges
Hinbrüten. Hatte er erst die Idee des Ganzen gefaßt, so vollendete
er oft in acht bis vierzehn Tagen ein großes Werk.«[25] Klischnig, der
Freund, berichtet, dass Moritz sich häufig in einer »düsteren Seel-
enstimmung« befunden habe, dass er aber »trotz seiner schwer-
müthig trüben und schwärmerischen Laune, doch auch zuweilen
ausschweifend wild und lustig seyn konnte.«[26] Er beschreibt die
Unstetigkeit seines Charakters, seinen Hang zu Melancholie, sein
Ringen mit sich und seiner Umwelt und folgert: »Dieser Gang der
Empfindungen rührte von den Kränkungen seiner Jugend her.«[27]

1785 erscheint der erste Teil von Moritz' erstem Roman, *Anton Reiser*, bis 1790 der zweite, dritte und vierte Teil.[28] Die Bedeutung die-

ses vom Autor im Untertitel so bezeichneten »psychologischen Romans« geht über die einer Autobiographie weit hinaus. Im Vorwort kündigt er die »innere Geschichte des Menschen« an. Mit einem für die Entstehungszeit noch ungewohnten tiefenpsychologischen Blick analysiert er die seelische Entwicklung des Kindes und des Jugendlichen Anton bis zu seinem zwanzigsten Lebensjahr. Anton Reiser zählt zu den unglücklichsten Figuren der deutschen Literatur. Außergewöhnlich, und dies gilt bis in unsere Zeit, ist die luzide Selbstbeobachtung, die er literarisch umsetzt. Diese psychologische Studie ist mithin auch ein sozial- und kulturgeschichtliches Dokument. Die Leistung von Moritz besteht dabei in der Vorwegnahme späterer Erkenntnisse der modernen Individualpsychologie. Wenn er als einer der ersten Schriftsteller die Bedeutung prägender Erfahrungen der frühkindlichen Phase für die gesamte spätere Entwicklung schildert, wenn er traumatisierende Erfahrungen als Erklärung für auffälliges Verhalten heranzieht, wenn er Verdrängung, Depression (Moritz spricht von der »schwarzen Melancholie«), Minderwertigkeitskomplex, Autoaggression, Ersatzbefriedigung und Kompensation als Äußerungen des Unbewussten erkennt, erweist er sich darin als Vorläufer späterer Methoden der Psychoanalyse. Das Wechselspiel von Selbstverleugnung, Selbsttäuschung, Verstellung und Fantasterei des jungen Anton Reiser, seine Flucht in die Theaterleidenschaft, seine Empfindsamkeit, seine Neigung zu Ästhetisierung werden offengelegt und mit den qualvollen Erfahrungen seiner Kindheit begründet. In seinen Jünglingsjahren hält Reiser sich »für ein Ungeheuer von Bosheit und Undankbarkeit«. Erst spät vermag er seine Selbstvernichtungsstrategien zu reflektieren, er lernt die Ursachen für die »Erbitterung gegen sich selbst« in den ihn prägenden Negativerfahrungen zu erkennen. Modern ist sein Blick auch darin, dass er die verschiedenen Faktoren aufschlüsselt, die zusammenwirken und zu der Entstehung einer Neurose führen. »[...] alle Schmach, und die Verachtung, wodurch er schon von seiner Kindheit aus der wirklichen, in eine idealische Welt verdrängt worden war – darauf zurückzugehen hatte seine Denkkraft damals noch nicht Stärke genug.«

Diese Erkenntnis, die Moritz hier schreibend gewinnt, kann als Quintessenz seiner psychologischen Einsichten gelesen werden. Heute könnte sie das Ergebnis einer psychoanalytischen Therapie sein. Sein erster Roman ist nicht abgeschlossen. Dessen Finale besteht in mehreren erfolglosen Bemühungen Reisers, Schauspieler zu werden. 1776 schließt sich Anton Reiser einer Schauspieltruppe an, der vom eigenen Prinzipal der gesamte Fundus gestohlen wird. Die Truppe ist ruiniert. Hier bricht der Roman ab. Interessanterweise wird sich Moritz zu seinem rasanten sozialen Aufstieg in Berlin und der damit verbundenen Neuformulierung seines Lebens nicht äußern. Die fünfzehn Jahre während Berliner Lebensphase, dieser Weg in die Freiheit, wird autobiographisch nicht reflektiert.

*Anton Reiser* entsteht in engem Zusammenhang mit dem *Magazin zur Erfahrungsseelenkunde*[29], das Moritz zwischen 1783 und 1793 in zehn Bänden herausgibt. Er entwickelt in dieser ersten psychologischen Zeitschrift in Deutschland einen bahnbrechenden Entwurf für die Dokumentation von Fällen der empirischen Psychologie. Die Idee dafür hat er in Berlin in Gesprächen vor allem mit Moses Mendelssohn und Marcus Herz entwickelt. Schnell konkretisiert Moritz seine Gedanken und Absichten und entwirft 1782 ein Konzept für sein Magazin in einem Aufsatz: *Aussichten zu einer Experimentalseelenlehre*, den er Friedrich Gedike (1754–1803), dem Direktor des Friedrich-Werderschen Gymnasiums, widmet. Mendelssohn rät ihm sogleich zu und bestärkt ihn in seinem Vorhaben. So kündigt Moritz Anfang 1782 in der Berliner Wochenschrift *Allerneueste Mannigfaltigkeiten* bereits den Titel *Magazin zur Erfahrungsseelenkunde* und Mendelssohns Unterstützung an. Anknüpfend an seine journalistischen Erfahrungen für eine Zeitung will er den Kriterien einer Fachzeitschrift – Monothematik, hier: Psychologie, regelmäßiges Erscheinen, Öffentlichkeit und Vielfalt der Autoren – entsprechen. Sein Ziel ist der Austausch von Erfahrungen, von Anfang an hat er die psychischen Erfahrungen des Einzelnen im Blick und ist damit der akademischen Psychologie seiner Zeit weit voraus.[30]

Als Titel hat ihm zunächst *Experimentalseelenlehre* vorgeschwebt; auf Anraten Mendelssohns benennt er sein Magazin dann aber um. Der empirischen Psychologie seiner Zeit entsprechend geht es dem Herausgeber nicht um Experimente, sondern um gelebte Erfahrung. Er will die Selbstbeobachtung des Einzelnen befördern, die zur Selbstaufklärung gesteigert werden soll, so dass man »sich selbst weniger fremde, mit sich selbst vertrauter, und sich selber gesicherter wird«.[31] Die Erfahrung lehrt ihn allerdings, die Grenzen der Fähigkeit zur Erforschung der Seele und zur Selbstaufklärung zu erkennen. Allzu oft nimmt er stattdessen »Selbsttäuschung« wahr.

Als titelgebenden Leitspruch seines Magazins wählt er das »Gnothi seauton«, das »Erkenne dich selbst«, und aktualisiert damit die schon im antiken griechischen Denken entwickelte Forderung der Selbsterforschung. Jetzt richtet sie sich an die verstandesorientierte Gesellschaft der Aufklärung und der Sturm-und-Drang-Zeit. Moritz' Interesse gilt dem Einzelnen, dem Leidenden; wenn er hier vor allem die Armen, die Einfachen, die Notleidenden erreichen will, so hat er dabei sicher auch die eigenen traurigen Erfahrungen seines rastlosen Lebens vor Augen. Individuelles Glück und Erfüllung bestehen für Moritz vor allem in der Tätigkeit. Erst wenn seelische Not oder gar seelische Erkrankung erkannt, behandelt und möglicherweise überwunden werden, kann das Individuum zu Tätigkeit und Selbstbestimmung finden. Moritz will Erziehern, Psychologen und Ärzten die Möglichkeit geben, Einblicke in das Seelenleben der Menschen zu gewinnen und auf dieser Basis Wege der Therapie zu finden.

Seine Leser sind vorwiegend männliche Gebildete und auch Gelehrte. Über Verbreitungsgrad und Auflagen gibt es bis heute kaum gesicherte Erkenntnisse. Die Zeitschrift erscheint in Berlin, wird aber auch im protestantischen Nord- und Ostdeutschland gelesen. Im katholischen Süd- und Westdeutschland findet sie kaum Resonanz.[32] Autoren findet Moritz zunächst in seinem Freundes- und Bekanntenkreis, dann auch mit zunehmendem Bekanntheitsgrad des Magazins in diversen Gelehrten und dann vor allem in seinen gebildeten Lesern, also in Lehrern und Erziehern, Ärzten, Theo-

logen, Intellektuellen und Künstlern. Er selbst veröffentlicht im
*Magazin* Auszüge aus seinem *Anton Reiser* oder aus seinen Tagebüchern, ferner theoretische Überlegungen zu Zielsetzung und Inhalt
der Zeitschrift sowie Aufsätze über psychologische Fragen; später
kommen mehrere Arbeiten zur Ästhetik hinzu. Die von ihm avi-
sierten Armen und Unterdrückten des vierten Standes kommen
weitgehend nur als Thema, nicht aber als Leser vor.

Moritz verdankt Moses Mendelssohn auch weiterhin wertvolle
Anregungen für sein Magazin. Alle von Mendelssohn initiierten
Beiträge beziehen sich auf die Haskala, die jüdische Aufklärung.
Sein Ziel ist die Aufklärung und Bildung der Juden und ihre In-
tegration in die deutsche Gesellschaft. Unter den ungefähr 80 vorwiegend aus Berlin stammenden Autoren des *Magazins* finden sich
dementsprechend auch mehrere jüdische.[33] Nachweislich haben
Moses Mendelssohn und Marcus Herz von Beginn des *Magazins*
an dort ihre Beiträge veröffentlicht, während der der Haskala verpflichtete Bankier Joseph Veit (1745–1831), der Philosoph Salomon
Maimon (1753–1800), der Mathematiker und Philosoph Lazarus
Bendavid (1762–1832) und der Pädagoge Aaron Wolfssohn (1756–
1835) erst in den letzten Jahren des *Magazins* in Erscheinung treten.
Allen gemeinsam ist die Teilhabe am Aufklärungsdiskurs und speziell ihr Engagement für die jüdische Aufklärung. Das *Magazin*, das
Moritz von Anfang an in den Dienst der Haskala gestellt hat, gewinnt so ein weiteres großes Thema.

Moritz versammelt in seinem Magazin die verschiedensten Le-
bensgeschichten und Therapiebeispiele und lässt sie als »Erfah-
rungs-Seelenkunde« für sich selbst sprechen. Vorwissenschaft-
lich, unsystematisch und ohne reflektierte Terminologie werden
Fallbeispiele über seelische Leiden, Träume, Schwärmereien und
Selbsttäuschungen, Melancholie, Hypochondrie, Erziehungspro-
bleme, Ängste, Visionen, Zwangsvorstellungen, Geisteskrankheit
und Kriminalität berichtet. Immer geht es um persönlich erlebte
oder beobachtete Leiden, wobei sich theoretische Erörterung und
praktisch-therapeutische Vermittlung und Hilfe weitgehend ergänzen.

Ein besonderes Interesse von Moritz gilt der Sprache als Grundvoraussetzung für seine Erfahrungsseelenkunde, als Medium jeder seelischen Äußerung. Er will den Einzelnen zum Sprechen bringen. Intensiv beschäftigt er sich auch mit von Geburt an Taubstummen, hier mit dem Verhältnis von Sprache und Denken. Zeitweilig hat Moritz sogar einen Taubstummen bei sich aufgenommen, um zu erforschen, ob ein Mensch ohne Sprache Denkfähigkeit erwerben könne. Moritz erkennt bei dem fünfzehnjährigen taubstummen Jungen zudem antijüdische Vorurteile, die er als von den Eltern vermittelte darstellt. Durch Aufklärung und Erziehung versucht er, dies zu korrigieren.[34] Mit scharfem Blick hält er paradigmatisch die Wirklichkeit fest, gleichsam von unten gibt er Einblick in die seelische Verfasstheit der Deutschen im 18. Jahrhundert. Wenngleich das *Magazin* noch nicht die Stringenz heutiger psychologischer Fachpublikationen aufweist, zeigt das Material doch auch in seiner Beliebigkeit die herausragende Leistung von Moritz: Ganz nebenbei entwirft er mehr als hundert Jahre vor Sigmund Freud (1856–1939) ein Modell der Selbstreflexion, das wesentliche Elemente der psychoanalytischen Theorie vorwegnimmt:»Wer sich zum eigentlichen Beobachter des Menschen bilden wollte, der müßte von sich selber ausgehen: erstlich die Geschichte seines eignen Herzens von seiner frühesten Kindheit an sich so getreu wie möglich entwerfen; auf die Erinnrungen aus den frühesten Jahren der Kindheit aufmerksam sein, und nichts für unwichtig halten, was jemals einen vorzüglich starken Eindruck auf ihn gemacht hat, so daß die Erinnrung daran sich noch immer zwischen seine übrigen Gedanken drängt.«[35] Moritz legt besonderen Wert auf die frühen Kindheitserinnerungen, er ist einer der Ersten, der»die maßgebliche Bedeutung der frühkindlichen Prägung für das gesamte Leben entdeckte«.[36]

Erstaunlicherweise hat Freud selbst Karl Philipp Moritz nicht zur Kenntnis genommen. Aber auch in seiner eigenen Zeit wurde das *Magazin zur Erfahrungsseelenkunde* von vielen Gelehrten und Intellektuellen ignoriert. So reagiert Kant nicht auf die Briefe, mit denen Moritz sein Interesse gewinnen will, von Goethe gibt es

keinerlei Reaktion, auch von Herder, Wieland oder von Humboldt
nicht oder von den Berliner Philosophen Hegel, Fichte oder Schelling (1775–1854). Einzig Schiller hat sich in einem Brief vom 12.
12.1788 an seine künftige Frau, Charlotte von Lengefeld (1766–1826), und ihre
Schwester dazu geäußert, anerkennende Wertschätzung findet Moritz' Magazin auch hier nicht: »Ich fand, daß man es immer mit
einer traurigen, oft widrigen Empfindung weglegt, und dieses darum, weil es uns nur an Gruppen des menschlichen Elends heftet.
Ich habe ihm gerathen, jedes Heft mit einem philosophischen Auf-
satze zu begleiten, der lichtere Blicke öfnet, und diese Dißonanzen
gleichsam wieder in Harmonie auflöst.« In der kompromisslosen
doppelten Perspektive von Selbst- und Fremdbeobachtung des seelischen Leids zeigt sich die Modernität von Moritz' Denken. Fremd-
geleitete Harmonisierung verfehlt seine Intention, sie löst keine
psychischen Probleme, das wusste dieser Menschenkenner.

Bis zu seinem Aufbruch nach Italien gehört Moses Mendelssohn
zu den wichtigsten Lehrmeistern von Karl Philipp Moritz. Als der
Philosoph 1786 stirbt, würdigt er die ihn prägende Beziehung in
seinem Nachruf *Ueber Moses Mendelssohn.* Zu den Freunden und
Lehrern gehören aber auch weitere Repräsentanten der jüdischen
Aufklärung wie der Philosoph Salomon Maimon, der in deutlichem
Gegensatz zu dem weisen, ausgewogenen Moses Mendelssohn als
kompromissloser Wahrheitsfanatiker gilt.[37] Sein schwieriges Leben
hat der in Litauen geborene, aus armen Verhältnissen stammende
Autodidakt Salomon Maimon, der nur 47 Jahre alt geworden ist, in
einer Autobiographie niedergelegt, die Moritz herausgegeben hat[38]
und die öffentliches Interesse erregt. In dem von allen nur möglichen Widrigkeiten gezeichneten Lebensweg Maimons hat Moritz zweifellos Parallelen zu seinen eigenen Erfahrungen gesehen.
Aufgrund seines schwierigen, aufbrausenden Charakters ist es Maimon nie gelungen, Eingang in die aufgeklärten Berliner Salons zu
finden. Er war der Schrecken der Berliner Aufklärung.[39] Zu entsprechenden Integrationsleistungen ist er – im Gegensatz zu Mo-

ses Mendelssohn – nicht fähig. Maimon ist Außenseiter geblieben, sein schwieriger Charakter hat Mendelssohn aber nicht davon abgehalten, ihn freundschaftlich und intellektuell zu unterstützen. Hintergrund dafür sind offensichtliche Parallelen in der schwierigen Lebensgeschichte der beiden jüdischen Philosophen, die auch Moritz nicht unberührt lassen können. Ein nicht zu stillender Wissensdurst treibt das durch Armut und Unterdrückung gekennzeichnete Leben aller drei Gelehrten an. Alle drei sind Wahrheitssucher und der Aufklärung verpflichtet. Moritz hat Salomon Maimon 1789 bei Marcus Herz kennengelernt. Es scheint einen Grundkonsens zwischen beiden zu geben, denn im März 1791 kündigt Moritz den Lesern seines *Magazins* an, dass er es mit Beginn des neunten Bandes gemeinsam mit Salomon Maimon herausgeben wird.

Zur Zeit des Erscheinens seines *Anton Reiser* stellt Moritz diesem Roman eine grotesk-allegorische Parallelerzählung gegenüber, *Andreas Hartknopf*. In zwei anonym herausgegebenen Teilen erscheint zunächst 1786 *Andreas Hartknopf. Eine Allegorie* und 1790 *Andreas Hartknopfs Predigerjahre*. Auch in diesen Roman gehen autobiographische Erfahrungen und Reflexionen ein. Es ist allerdings keine dem *Anton Reiser* vergleichbare psychologische Studie. Entlang der Lebensgeschichte von Andreas Hartknopf finden sich vielmehr Auseinandersetzungen mit religiösen Erfahrungen aus der Jugendzeit von Moritz und mit Gedankengut aus dem Umfeld der Freimaurer. Als eine weitere Frucht seines Romaufenthalts erscheint 1791 seine *Götterlehre* (mit vollständigem Titel: *Götterlehre oder Mythologische Dichtungen der Alten*). Ohne Referenz auf die bisher gewohnte Betrachtung der Mythologie. wagt Moritz eine eigene Sichtweise. Gleich zu Beginn fasst er die wichtigsten Erkenntnisse zusammen. »Die mythologischen Dichtungen müssen als eine Sprache der Phantasie betrachtet werden: Als eine solche genommen, machen sie gleichsam eine Welt für sich aus, und sind aus dem Zusammenhange der wirklichen Dinge herausgehoben.« Mit einem ganz individuellen Ansatz betrachtet er die mythologische Überlieferung, indem er sie als »Dichtungen« wertet, als autonome ästhetische

Texte. Er charakterisiert die einzelnen »alten Götter« und macht dabei keinen Unterschied zwischen der griechischen und der römischen Mythologie. Das Werk gliedert sich nach der Entstehungszeit der Mythen.

In Berlin haben sich alle Wünsche und Hoffnungen von Moritz erfüllt. Er gehört zur intellektuellen Szene, er ist ein anerkannter Schriftsteller. Dennoch bleiben ihm auch in seiner letzten Lebensphase Demütigungen nicht erspart. Im August 1792 wagt er den späten Entschluss, eine Ehe zu schließen. Er verlobt sich mit der damals 15-jährigen Christiane Friederike Matzdorff (1776–1797) und vermählt sich kurz darauf mit ihr. Als die zwanzig Jahre jüngere Frau durch einen früheren Liebhaber entführt wird, erfolgt bereits im Dezember 1792 die Scheidung aufgrund von Untreue. 1793 heiratet Karl Philipp Moritz Friederike Matzdorff erneut. Wenige Monate später stirbt er an dem Lungenleiden, das ihn schon seit seiner Jugend begleitet. Karl Friedrich Klischnig berichtet 1793 über das unerwartete Lebensende seines älteren Freundes: »Fünf Tage vor seinem Tode kam er in der größten Wallung zu mir, und hatte kaum einige Worte geredet, als er in eine Ohnmacht fiel, aus der er nur mit Mühe zu sich kam, auch gleich Blut auswarf. Da ich ihn schon oft so elend gesehen hatte, daß ich keine Minute für sein Leben hätte Sicherheit stellen mögen, und er sich doch immer bald wieder erholt hatte, so hielt ich auch diesen Zufall nicht für so gefährlich. Aber er war der Vorbote des Todes. Durch die Erhitzung waren die Geschwüre in der Lunge, die ihn schon viele Jahre gequält hatten, in Eiterung übergegangen. Nur zwei Tage lag er krank. Den dritten Tag – es war der 26te Juny – Nachmittags zwischen fünf und sechs Uhr hatte er ausgerungen.«[40] In einem Brief des Verlegers Johann Friedrich Unger vom 27. Juni 1793 erhält Goethe die Nachricht von Moritz' Tod: »Es wird Ihnen gewiß sehr nahe gehen, wenn ich Ew. Hochwohlgebohren das Schicksal des armen Moritz melde, so wehe es auch meinem Herzen thut. Vor 5 Tagen war er nach seiner Art noch munter. Abends spät mußte ich ihm einen Arzt plötzlich holen lassen, und es zeigte sich eine Entzündung am

Magen. Diese wurde gehoben, allein die heftigen Mittel die dazu haben gebraucht, und zwar plötzlich auf einander haben gebraucht werden müssen, hatten seine Lunge so erschüttert, daß sich diese nun entzündete, und die lange gefürchtete Lungenkrankheit so heftig ward, daß er den 25sten Abend zwischen 5 u. 6 Uhr entschlief, u. wahrscheinlich erstiken mußte, weil er keine Kräfte mehr hatte, die Wirkungen der Arznei zu ertragen.«[41] Moritz stirbt an einem Lungenödem. Seine Frau, die ihn pflegte, steckte sich bei ihm an und starb 1797 im Alter von nur zwanzig Jahren. Begraben wird Karl Philipp Moritz auf dem nur bis 1848 genutzten St. Georgenfriedhof in Friedrichshain. Die Grabstelle ist bis heute nicht ermittelt worden.

Sucht man im heutigen Stadtbild nach Spuren von Karl Philip Moritz, so erinnert nur wenig an ihn. Immerhin wurde die in Kreuzberg gelegene Moritzstraße am 5.7.1866 nach ihm benannt. Weitere gleichnamige Straßen oder Plätze haben mit ihm nichts zu tun. In der Münzstraße 7–11 in Mitte gibt es seit dem 15. September 1998 eine Gedenktafel an dem Wohnhaus, in dem Moritz während seiner Berliner Zeit wohnte und in dem er 1793 sechsunddreißigjährig starb. In der Alten Nationalgalerie Berlin ist eines der wenigen Bildnisse von Moritz zu sehen, das um 1790 entstandene Ölgemälde von Christian Friedrich Rehberg. In einer Arbeitsstelle der Berlin-Brandenburgischen Akademie der Wissenschaften entsteht seit 1996 eine auf 13 Bände angelegte kritische und kommentierte Gesamtausgabe seiner Werke.

Wenngleich seinem dürftigen Lebensbeginn eine derartige Karriere keineswegs vorgezeichnet zu sein schien: Mit seinem scharfen und brennenden Geist trotzt er sich und seiner Zeit diesen Lebensweg ab. Heute erkennt man in Moritz endlich einen der wichtigsten Repräsentanten der Berliner Großstadtkultur um 1800. Seine Bedeutung liegt in der Modernität seines gesamten Werkes. In seinen Romanen, vor allem in *Anton Reiser,* stellt Moritz ein disharmonisches Menschenbild dar, die »kranke Seele«, die sich selbst reflektiert. Heutige Psychologen und Pädagogen erkennen in ihm

einen der Aufklärung verpflichteten Wegbereiter, der für seine
Zeit Ungeheures gewagt hat. Der an Reiseliteratur interessierte
Leser liest auch heute mit Gewinn seine England- und Italienbe-
schreibungen, die Sprachwissenschaftler sehen in ihm einen Vorläufer Humboldts, die Altphilologen würdigen seinen klassischen
Horizont. Erst im 20. Jahrhundert wird das Ausmaß seiner Genialität und Modernität erkannt. Erst im 21. Jahrhundert erscheint
eine kritische Werkausgabe, erst jetzt gilt er als moderner Klassiker
und wird als solcher auch in Schule und Universität gelesen.

# 7. Die Sing-Akademie zu Berlin: Der Erfinder des gemischten Chors, *Carl Friedrich Fasch*, und sein Schüler *Carl Friedrich Zelter*

Die Geschichte der Gründung der Sing-Akademie zu Berlin ist die Geschichte des Hof-Cembalisten Friedrichs des Großen, Carl Friedrich Fasch, und seines Schülers und Nachfolgers, Carl Friedrich Zelter. Mit dem Lebensweg des Komponisten und Chorleiters Fasch wie auch mit dem des Komponisten, Dirigenten und großen Musikpädagogen Zelter verbindet sich eine Phase der Berliner Musikgeschichte, deren Bedeutung bis heute fortwirkt. Aus einem kleinen Kreis begeisterter Gesangsfreunde hat sich die älteste gemischt singende Chorvereinigung nicht nur der preußischen Hauptstadt, sondern der Welt entwickelt. Und dies als bürgerliche Vereinigung außerhalb des Hofes. Dabei hat Fasch gar nicht vorgehabt, eine Sing-Schule zu stiften. Durch seine Initiative ist aber etwas grundlegend Neues entstanden: ein oratorischer Chor.

Die Gründung der Sing-Akademie zu Berlin gehört zu den überraschendsten und aufschlussreichsten Vorgängen in der Geschichte jener um 1800 vorherrschenden großstädtischen Bürgerkultur der preußischen Hauptstadt. In seiner feinsinnigen, gut 60 Seiten umfassenden Fasch-Biographie beschreibt Zelter diese Einrichtung folgendermaßen: Es sei »eine Art von Kunst-Corps, das man allenfalls Akademie nennen könnte, für die *heilige* Musik zu stiften, wo sich jeder ernsthafte Freund dieser Kunst anschließen und durch eigene Mitwirkung so viel Genugthuung verschaffen könnte, als möglich ist. [...] Die Wiege der Gesellschaft war das Haus eines der edelsten und rechtschaffensten Männer von Berlin gewesen. Der anständige, freie, freundliche deutsche Ton dieses Hauses, war der Ton der Gesellschaft geworden und ist es geblieben. Jeder Fremde und jedes hinzutretende Mitglied fand darin etwas, wo die Tugend gern verweilt: Aufmerksamkeit ohne sichtbare Anstrengung, Schönheit ohne Vorzug, Mannigfaltigkeit aller Stände, Alter und Gewerbe, ohne affektirte Wahl; Ergötzung an einer schönen Kunst, ohne Ermüdung; ein freundliches, wohlverziertes, geräumiges Zimmer; die Blüthe des schönen Berlin; die Jugend und das Alter, den Adel und den Mittelstand; die Freude und die Zucht; den Vater und die Tochter; die Mutter mit dem Sohn und jede Vermischung von Geschlechtern und Ständen, die, gleich einem Blumengarten im Frühling, den feinsten Sinn bildsamer und gebildeter Menschen nur ergötzen kann. Diese Gesellschaft erschuf und erzog sich selber; regierte, ernährte, richtete und beschützte sich selber; ohne weite Plane, ohne Förmlichkeit und strenge Justiz – und in dieser Verfassung hat sie ihr Stifter entlassen.«[1]

In Zelters Bericht klingen Freude und Stolz mit über die erfolgreiche Gesellschaft. Liest man seine Aussagen genauer, verstecken sich darin zudem sowohl ihr ideengeschichtliches Konzept wie auch ihre Programmatik. Und noch wichtiger: Es herrschte tatsächlich ein »freier« Ton und »jeder Fremde« hatte Zugang. Die Sing-Akademie ist von Anfang an eine überkonfessionelle Einrichtung. Dies führt dazu, dass jüdische Mitglieder gerade in der Entstehungsphase eine herausragende Rolle gespielt haben und dies sogar noch heute tun. Es handelt sich hier um das historisch einmalige Phänomen eines »deutsch-jüdischen Kunstvereins für die heilige Musik, also einer kunstreligiösen Vereinigung«.[2]

Auf diese drei konstitutiven Faktoren, also das Konzept, die Programmatik und den überkonfessionellen Charakter, soll genauer eingegangen werden. In der Gründung der Sing-Akademie spiegeln sich die tiefgreifenden kulturellen Wandlungsprozesse, die die preußische Hauptstadt auf allen Ebenen durcheinanderwirbeln. Große Teile der Salongesellschaft gehen bisher unentdeckte Wege und formen sich um in eine neue, öffentliche Form der Akademie, zu der später sogar ein »Wissenschaftlicher Verein der Sing-Akademie zu Berlin« gehören wird.

Gerade hier wird ein Emanzipationsprozess ablesbar, der seinesgleichen sucht. »Bei keiner vergleichbaren Gesellschaft lässt sich die für die Berliner Klassik spezifische Herausbildung einer bürgerlich-autonomen Kunstreligion derart mustergültig nachvollziehen«, so Christian Filips, einer der maßgeblichen Erforscher der Geschichte der Sing-Akademie zu Berlin. Das Bürgertum löst die Musikausübung aus der kirchlichen wie aus der höfischen Exklusivität heraus. »Zum ersten Mal in der europäischen Musikgeschichte stand hier eine Akademie nicht mehr im Kontext zweckgebundener hierarchischer Strukturen der Kirche oder des Hofes, sondern konnte sich als ein autonomes, auf freier Kunstausübung fußendes Institut der Bürgerschaft begreifen. Von der innovativen Kraft dieser Idee zeugt nicht zuletzt die Präsenz des Komponisten Fasch in Aufsätzen von Wilhelm Heinrich Wackenroder und E. T. A. Hoffmann (1776–1822), den beiden wohl kundigsten Musikästheten unter den deutschen Romantikern.«[3] Die neue Chorgemeinschaft versammelt sich zum Ruhm Gottes, sie tritt aber (bis auf ganz seltene Ausnahmen) nicht in den Rang eines Kirchenchores. Die Musik selbst wird hier zur Religion, zum Religionsersatz.[4] Der früh verstorbene Berliner Fasch-Schüler Wilhelm Heinrich Wackenroder ist durch die Leistungen der Sing-Akademie zu seinen kunstreligiösen Anschauungen inspiriert worden, »wenn er Musik, vor allem ›reine Vokalmusik‹, als ›Sprache der Engel‹ ansieht, als ›letztes Geheimnis des Glaubens«, vergleichbar der Mystik, der geoffenbarten Religion«, so der Musikwissenschaftler Gottfried Eberle.

Über das Selbstverständnis der kleinen Gruppe von Gesangbegeisterten, die sich um Carl Friedrich Fasch geschart haben, ist bis heute wenig bekannt. 1786 war sein König, Friedrich der Große, gestorben. Fasch hatte noch ein kurzes Requiem zu dessen Bestattung komponiert, jetzt sucht er nach neuen Aufgaben. Und er findet sie. Der Komponist und Hofkapellmeister Johann Friedrich Reichardt (1752–1814) hatte ihm 1778 aus Venedig neben anderen musikalischen Kostbarkeiten eine sechzehnstimmige Messe von Orazio Benevoli (1605–1672) aus dem Jahr 1613 mitgebracht. Fasch war schon damals begeistert von dem polyphonen A-capella-Stil, jetzt fertigt er eine Abschrift dieser Partitur an. Ein solches Werk will auch er komponieren. Hier begegnet er seiner alten Neigung zum vielstimmigen Satz.[5] »Fasch behauptete, daß der vielstimmige Satz eine eigene Kraft habe und daß es kein eitles Unternehmen sey, für die Kirche [...] sechzehnstimmig zu setzen, besonders, wenn der Satz *vierchörig* sey. Diesen vierchörigen Satz hielt er für das nehmliche im Großen, was der *vierstimmige* Satz im Kleinen sey und deshalb legte er sich selbst die Regel auf: daß jeder Chor in sich selbst reinstimmig sein müsse. Mit diesem Vernehmen ging er nun selbst daran, die Messe sechzehnstimmig in Musik zu setzen«, so Friedrich Zelter. Die Komposition entsteht in nur wenigen Wochen,[6] die Arbeit schwächt Fasch allerdings derart, dass er schwer krank wird und sich nur sehr langsam wieder erholt. Er meint sterben zu müssen und möchte der Welt wenigstens ein einziges Werk hinterlassen, das Bestand hat. »Diese frühe Form eines rein kunstreligiösen Interesses für eine katholische Kirchenmusik war im protestantisch geprägten Berlin äußerst ungewöhnlich.«[7] Faschs Vater, ein protestantischer Kirchenmusiker und Komponist der Barockzeit, hatte dem einzigen Sohn eine strenge musikalische Ausbildung geboten. Der alte Fasch war selbst noch Schüler von Johann Sebastian Bach (1685–1750) gewesen. Dessen Sohn Carl Philipp Emanuel Bach (1714–1788), der oft als *Berliner Bach* bezeichnet wird und damals der berühmteste deutsche Komponist ist, wurde Freund und Kollege von Carl Friedrich Fasch. Gemeinsam hatten sie Friedrich II. bei seinen Flötenkonzerten begleitet. Aufgrund seines einfühlsamen Begleitens hatte Fasch schnell die Gunst des Königs gewonnen. 1756 ist dieser in den Krieg gezogen, der sieben Jahre wüten wird und ihm zwar den Ruf eingebracht hat, ein großer König zu sein, der aber seine musikalischen Ambitionen weitgehend zum Erliegen bringt, so dass Fasch in der Folgezeit ohne Arbeitsgebiet und Aufgaben dasteht. Er ist sich selbst überlassen und muss sich neu orientieren. Mangels anderer Aufträge beginnt er zu komponieren, zunächst sind es Kanons.

Fasch ist äußerst selbstkritisch, jede seiner Kompositionen unterwirft er allerhöchsten künstlerischen Ansprüchen. Die wenigsten Arbeiten aber können seinen hohen Erwartungen standhalten, viele Werke hat er noch direkt vor seinem Tod vernichtet. Zelter betont dies in seiner Fasch-Biographie mit Bedauern. Überliefert ist uns allerdings seine sechzehnstimmige Messe, an der der Komponist zeitlebens gearbeitet hat. Sie wird eine entscheidende Rolle bei der Akademiegründung spielen.

Zelter erzählt, dass Fasch keineswegs die Absicht gehabt habe, eine »Singschule zu stiften oder Sänger zu bilden. Da er selbst kein Sänger war, so wollte er dieß gern denen überlassen, die ihm hierin an Talent und Kräften überlegen waren.«[8] Seine geliebte Messe möchte er aber doch gerne aufführen. Er unternimmt erste Versuche in diese Richtung, die Sänger, die er dafür ausgewählt hat, sind mit diesem Vorhaben aber überfordert. Jetzt geht er neue Wege, und zwar mit seinen eigenen Schülern.

Im Sommer 1790 trifft er sich mit neun Sängerinnen und drei Sängern im Gartenhaus des Geheimrates Milow, An der Spittelbrücke 17. Mademoiselle Milow, seine Stieftochter, gehört zu den Sängerinnen und hat diese gemeinsame Probe mit initiiert. Zelter erzählt: Er unterrichtet diese junge Dame und »accompagnierte ihr oft ihre Arien. Auch die meisten anderen Sänger sind Schüler von Fasch. In dem Hause dieser edlen Musikliebhaberin fanden sich öfter noch zwei oder drei Musiklustige ein; daraus entstand bald ein kleines Vocal-Concert. Fasch komponierte für diese Gesellschaft nach und nach mehrere vier-, fünf- und sechsstimmige Stücke, so daß [...] sich immer mehr Theilnehmer fanden, die eine Art von Chor bildeten, der aus lauter Lehrbegierigen bestand.«[9] Der Kreis wächst so an, dass man sich nach neuen Räumen umsehen muss. Eine ehemalige Sängerin, die Witwe des Generalchirurgus Voitus, stellt Räume in ihrer Wohnung Unter den Linden 59 zur Verfügung. Der Dienstag entwickelt sich zum festen Probentag. Die Gruppe besteht jetzt schon aus zwanzig Sängern und wächst ständig weiter an. Der fleißige Fasch beginnt ein *Präsenzbuch* zu führen; sein erster Eintrag in dieses Probentagebuch, datiert auf den 24. Mai 1791, gilt als Gründungstag der Sing-Akademie zu Berlin. Der Chor hat zu diesem Zeitpunkt 28 Mitglieder. Längst ist aus dem spontanen gemeinsamen Singen und Proben regelmäßige und gezielte Arbeit geworden, auch mit häufigen Zusatzterminen. Im Oktober 1791 taucht Faschs Schüler Carl Friedrich Zelter als Tenor zum ersten Mal in der Liste auf.

Im September dieses Jahres hat Fasch für die Gesangsgruppe ein neues Stück komponiert. Hierüber berichtet Zelter: Ein »achtstimmiges Miserere, das den Namen seines Meisters unsterblich erhalten wird, so lange die Musik eine Kunst ist.«[10] Mit diesem *Miserere mei* zum 51. Psalm und Faschs sechzehnstimmiger Messe hat der neu gegründete Verein am 11. September 1791 in der Marienkirche seinen ersten öffentlichen Auftritt. Sein Leben lang ist Fasch bemüht, Notleidenden zu helfen, an Bescheidenheit ist er kaum zu übertreffen. Sein Verhalten entspricht der Botschaft seiner Miserere-Komposition.

Längst ist Fasch Gefangener seiner inspirierenden Arbeit und seiner von allen Schülern geschätzten Kompetenzen. Unermüdlich steht er seinen Schülern als Lehrer und Chorleiter zur Verfügung und wird, ohne dass er dies wirklich intendiert hat, einen herausragenden Beitrag für die Bürgerkultur der preußischen Hauptstadt leisten. Fasch veranlasst auch einige seiner begabtesten Schüler dazu, italienische A-capella-Werke sowie von ihm für den Kreis komponierte Motetten einzustudieren.

Die Chorgemeinschaft wächst an Zahl und Qualität derart an, dass sie im November des Jahres 1792 von der Leitung sowohl der Akademie der Künste als auch der Akademie der Wissenschaften die Erlaubnis erhält, den beiden Akademien zugehörigen *Runden Saal* zu nutzen, der im Gebäude des Marstalls Unter den Linden 38 liegt, in der Mitte zwischen diesen beiden Institutionen. Diesen Raum hat Zelter entdeckt, der, Fasch unterstützend, mit unermüdlichem Einsatz die Qualität der Chorarbeit zu verbessern suchte. »Ich entdeckte den Runden Saal der Königlichen Akademie, welcher bis dahin ein großer Durchgang, eine Vorhalle der Akademie gewesen war, wirkte durch den damaligen Direktor Meil beim Curatorio und dem Senate der Akademie die Erlaubnis aus, hier unsere Übungen fortzusetzen, wo wir ungestört, unabhängig, unentgeltlich mitten unter Künsten und Wissenschaften unsere Wohnung aufschlagen konnten.«[11] Am 8. April 1794 findet hier das erste öffentliche *Auditorium* in Gegenwart des Prinzen Louis Ferdinand (1772–1806) und weiterer hochrangiger Persönlichkeiten des Berliner Kulturlebens statt. Fasch hat die Motette Nr. 1 *Komm Jesu, komm* von Johann Sebastian Bach einstudiert. Da der runde Saal gelegentlich auch für Gemäldeausstellungen genutzt wird, ist die Sing-Akademie in diesen Phasen gezwungen, auf andere Orte auszuweichen. Man nutzt beispielsweise die Wohnung der Kaufmannsgattin Madame Wegely in der Leipziger Straße 39 oder die Petrikirche, die sich aber aufgrund ihres langen Nachhalls für die Probenarbeit als ungünstig erweist. Abgesehen davon kann das Chorensemble im Akademiegebäude bis 1818 uneingeschränkt arbeiten. Der neue Ort hebt das Selbstbewusstsein des Chores, hier arbeitet Fasch fortan mit seinen Sängern, die sich, angelehnt an die neuen Räumlichkeiten, von jetzt an Sing-Akademie nennen. »Das Direktorium der Musik bestand allein aus Fasch, der den ganzen Chor, vor einem Flügel, mit dem bloßen Accompagnement, ohne Taktschlagen oder andere störende Merkzeichen dirigierte, welches sehr gut von Statten ging.«[12] Fasch, dessen Gesundheit schon immer labil und gefährdet war, sagt zu diesem Zeitpunkt alle Aufträge und den Unterricht seiner Schüler ab, um sich nur noch auf die Arbeit mit der Chorgemeinschaft konzentrieren zu können. Hochmotiviert komponiert er Motetten und Psalmen, die er umgehend mit seinen Sängern einstudiert. Unermüdlich kopiert er eigene Stücke und die anderer Komponisten, damit seine Sänger eigene Noten zur Verfügung haben. Zelter berichtet: »Die Anstalt besaß durch den Eifer ihres Stifters binnen wenigen Jahren einen Schatz von ausgeschriebenen Musiken, unter denen außer den eigenen Compositionen des Stifters und den für diesen Endzweck verfertigten Produkten neuerer Meister, viele Werke der Sebastian Bach, Durante, Leo, Händel, Cannicciari, Benevoli, Graun, Hasse, Pränestini, Marcello, Mozart, Schulz, Kirnberger, Allegri und anderer, wechselsweise die Singstunden ausfüllten.«[13] Das Programm entspricht dem spätaufklärerisch-empfindsamen Zeitgeist. Die Chorgemeinschaft tritt kaum öffentlich auf, das Singen dient »allein der ästhetischen Selbstbewährung und Selbsterbauung unabhängiger stadtbürgerlicher Laiensänger«.[14] Ihre Mitgliederzahl wächst ständig an. Ende 1793 zählte man 60 Mitglieder, jetzt konnten vierchörige Kompositionen eingeübt werden. Jede Stimmlage bildet eine Gruppe, die, angeleitet von einem jeweiligen Stimmleiter, in vier Einheiten um den im Zentrum stehenden Flügel angeordnet werden. Sobald das Werk auswendig gelernt ist, dient nur noch der Flügel zur Orientierung.

Eine Komposition entspricht in besonderem Maß dem Geist und Programm der Sing-Akademie, es ist *Der Tod Jesu* von Carl Heinrich Graun, dem Kapellmeister Friedrichs II. Das Libretto ist von dem Dichter Karl Wilhelm Ramler, dem »deutschen Horaz«, wie er genannt wird. Fasch erarbeitet das 1755 in der Berliner *Ober-, Pfarr- und Domkirche* uraufgeführte Oratorium zu Beginn des Jahres 1796 und führt es am 12. April in kleinem Kreis auf. Zum ersten Mal ordnet er dem Chorgesang Instrumente zu. Die anwesenden auserlesenen Gäste werden das hohe Ansehen, das die Chorgemeinschaft bereits hat, weiter verbreiten. Fortan wird *Der Tod Jesu* regelmäßig am Karfreitag aufgeführt, bis 1882 gehört es zum festen Repertoire der Sing-Akademie. Dann wird das Werk von Bachs *Matthäus-Passion* in den Hintergrund gedrängt.

Ein Höhepunkt im Musikleben der Sing-Akademie ist der Besuch Ludwig van Beethovens (1770–1827), der sich am 21. Juni 1796 in der Akademie ein Konzert mit geistlichen Kompositionen von Fasch anhört und aus Anlass eines weiteren Konzertbesuches am 28. Juli über diese Fasch-Kompositionen »coram publico eine eigene Fantasie« spielt.[15]

Während die beiden gastgebenden Akademien vom Monarchen finanziert werden, trägt sich der Chor als private Einrichtung durch eigene Mittel. Fasch beauftragt drei weibliche und drei männliche Sänger mit der Organisation der Chorkasse. »Diesen sechs Personen übertrug er [...] die Ökonomie derselben. Es wurde eine Kasse errichtet [...]. Zu dieser Kasse zahlte jedes Mitglied monatlich einen halben Thaler, und aus derselben wurden die Kosten für Erleuchtung, Heitzung, Stimmung des dirigirenden Flügels, Aufwartung und Reinigung der Zimmer bezahlt.«[16] 1797 zählte der Chor 100 Mitglieder, 1800 sind es 150, eine für die damalige Zeit außergewöhnliche Größenordnung (1842 werden es dann 642 eingeschriebene Sänger sein). Die im Archiv der Sing-Akademie erhaltenen Stammbücher mit den Namenslisten ihrer Mitglieder belegen, dass vor allem Frauen und Männer aus dem Bildungsbürgertum gesungen haben, auch einige aus dem Adel sowie Mitglieder der Hof-Oper. Selbstverständliche Disziplin und eine hohe Moral sind Voraussetzung für das Gelingen dieses neuartigen Modells. »Die vollkommenste Achtung und Neigung und ein festes Vertrauen der Gesellschaft zu ihrem Direktor, in jeder Hinsicht, die die Kunst und das Leben betrift, sind unerläßliche Erfordernisse«, so beschreibt Zelter den inneren Zusammenhang der Chorgemeinschaft.[17] Fasch begreift sich als Diener der Kunst, der Musikkunst. Ihm geht es um Menschenbildung, um ethische Erziehung durch Kunst. Sein gesamtes Dasein widmet er dem »einzigen allgemeinen Zweck der Kunstbeförderung«, er möchte der »heiligen« Musik dienen und über diese zur Herzensbildung der Bürger beitragen.[18] Vor allem die an den Idealen der Aufklärung orientierte Offenheit des Modells erklärt die Attraktivität und den großen Erfolg, der langsam auch breitere Bevölkerungsschichten anzieht.

Einer Sensation entspricht die Tatsache, dass hier ein »gemischter« Chor singt: Zum ersten Mal in der Geschichte der Musik singen Männer und Frauen gemeinsam in einer Singgemeinschaft. Dies wirft die Frage nach der Rolle der Frauen in der Geschichte der Chormusik auf: Die aus dem mittelalterlichen Messgesang hervorgegangene Chormusik (Vokalmusik) ist das Ergebnis einer langen Entwicklung. Zunächst haben öffentlich nur Männer gesungen, im Mittelalter zunächst noch einstimmig. In den von Frauen geführten christlichen Klöstern haben auch Nonnen vor allem mit dem geistlichen Lied den Gesang gepflegt, dies allerdings nur innerhalb der Klostermauern. Ein weiterer wichtiger Schritt vollzieht sich im 15. Jahrhundert: die Stimmaufteilung. Es dominierte zunächst die männliche Tenorstimme, ihrem mehrstimmigen Gesang wurde ein Contratenor gegenübergestellt und eine tiefere Stimme, also ein Bass, hinzugefügt. Instrumentale Musik hatte dabei stets eine untergeordnete Funktion, sie diente vorrangig dem Unterstreichen der – vor allem geistlichen – Texte. Erst in der Barockzeit (spätes 16. bis 17. Jahrhundert) wurde in Deutschland die Mehrstimmigkeit weiterentwickelt, es war die Blütezeit der evangelischen Kirchenmusik, deren inhaltliches Ziel die Verbreitung religiöser Inhalte war. Die wichtigsten Vertreter der geistlichen Chormusik sind die deutschen frühbarocken Komponisten Michael Praetorius (1571–1621), Heinrich Schütz (1585–1672) und der Italiener Claudio Monteverdi (1567–1643). Biblische Texte für Messen, Requien, Oratorien wurden jetzt mit großer Musik unterlegt, das heißt, dem Vokalchor wurde gleichrangig ein Orchester an die Seite gestellt. Bedeutende Vertreter sind hier vor allen Georg Friedrich Telemann (1681–1767), Georg Friedrich Händel (1685–1759) und Johann Sebastian Bach. Im Spätbarock entwickelte sich die eigentliche große Chormusik, seit dieser Zeit wird in einem festen Chorensemble gesungen. Die Chöre waren allerdings noch deutlich kleiner als heute. Vor allem Bach schuf die Form der Kantate, der Chor bestand hierbei mindestens aus zwölf Sängern.[19] Für die hohen Stimmen hatte Bach seine im Thomaner-Chor auf professionellem Niveau ausgebildeten Knaben – in Bachs Chören sangen keine Mädchen oder Frauen. In der Oper wurden die hohen Stimmen vorrangig von Kastraten oder auch von Knaben gesungen. Allerdings gab es Opern von Händel und Mozart, in denen auch Frauen weibliche Rollen übernahmen. Erst im Spätbarock entstand das Klangbild, das weitgehend unserem heutigen Chorverständnis entspricht, wenngleich die Chöre noch immer deutlich kleiner gewesen sind. Vor allem in der Kirchenmusik wurden umfangreiche Werke für Chor und Orchester geschaffen; die wichtigsten Komponisten waren Haydn (1732–1809), Mozart, Schubert (1797–1828), Beethoven, Mendelssohn (1809–1847) und Brahms (1833–1897). Die Gattung des Chorliedes entwickelte sich dann vor allem in der Romantik.[20] Erst vor diesem Hintergrund wird der bahnbrechende Charakter von Faschs Konzept, wird sein soziales Experiment in seiner ganzen Tragweite erkennbar, die »Mannigfaltigkeit aller Stände, Alter und Gewerbe« und eben die »Vermischung von Geschlechtern und Ständen« zuzulassen. So etwas gab es vor Fasch nicht. Man kann Fasch durchaus einen »medialen Revolutionär«[21] nennen, wenn er die Knaben-, Kastraten und Falsettstimmen ersetzte, indem er Frauen am Chorgesang partizipieren lässt. Es ist, so Filips, die Utopie einer »ständelosen, herkunftslosen, übergeschlechtlichen Gesellschaft, die hier entworfen wird. Die Protestanten können ihre Herkunft ablegen und sich katholischem Budenzauber hingeben, ohne (wie etwa die Schlegels oder Brentanos) gleich konvertieren zu müssen. Die Aristokraten können hier Bürger ohne Stammbaum sein, die Bürger Aristokraten, die Frauen können an der Seite der Männer singen, ohne die Verdikte der geistlichen, paulinischen Regel zu erleiden, dass die Frau in der Kirche zu schweigen habe. Es können also alle glauben, dass sie ohne Herkunft seien.«[22]

Eine weitere sensationelle Besonderheit in der Geschichte der Sing-Akademie ist ihre enge Beziehung zu den intellektuellen jüdischen Kreisen der Stadt, vor allem die Verbindung mit den von Jüdinnen geführten Salons. Eine Vielfalt an Dokumenten im Archiv der Sing-Akademie ist Zeugnis der »deutsch-jüdischen Symbiose in den Jahren, die zur Gründung der Sing-Akademie geführt haben«.[23]

Eine besonders enge Beziehung zur Sing-Akademie hat die Cembalo-Virtuosin Sara Levy (1761–1854). Ihr Musik-Salon ist nicht nur in der preußischen Hauptstadt berühmt, hier treffen sich die bedeutenden Berliner Musiker und Gelehrten. Die hochgebildete Tochter des vermögenden Bankiers Daniel Itzig ist von 1774 bis 1784 von Bachs ältestem Sohn, Wilhelm Friedemann Bach (1710–1784), am Cembalo unterrichtet worden, ihre breite Bildung verdankt sie der privaten Schulung durch Moses Mendelssohn. Gemeinsam mit ihrem Mann Samuel Levy (1760–1806) pflegt sie einen veritablen

»Sebastian und Emanuel Bach-Kult«, wie der Kapellmeister Fried-richs des Großen, Johann Friedrich Reichardt, in seiner Autobio-graphie von 1813 referiert.[24] Daniel Itzig, der Urgroßvater von Felix Mendelssohn Bartholdy, ist Bankier des Königs und der privilegier-teste und angesehenste Jude in ganz Preußen. Während ein Bach-kult in deutschen Musikkreisen nichts Außergewöhnliches ist, so ist er hier, im Haus des hochgeschätzten Juden Itzig, durchaus auf-sehenerregend. Die Beziehung sowohl der Familie Itzig als auch der Familie Mendelssohn zur Bachfamilie ist über Generationen hinweg äußerst eng.

Seit ihrer Hochzeit 1783 führt Sara Levy ihren vornehm-stilvol-len Musiksalon, dessen Räumlichkeiten es erlaubt hätten, einem Orchester in der Größe des 18. Jahrhunderts problemlos Platz zu bieten. Viele Gäste ihres Salons gehören zu den Gründungsmit-gliedern der Sing-Akademie. Auch Sara Levy und ihr Mann sind ihr beigetreten. »Im Zentrum des Salons der Sara Levy steht ohne Zweifel der Bach-Kult und damit ein kunstreligiöser Gedanke. Be-denkt man, dass Friedemann Bach in seinen letzten Lebensjahren als der wohl erste freischaffende, also autonom von Hof und Kir-che agierende Komponist gelten darf, so erkennt man den enor-men Einfluss der Sara Levy auf jene Kultur, aus der die Singaka-demie hervorgehen sollte.«[25] Nach dem frühen Tod ihres Mannes 1806 engagiert sie sich in den öffentlichen Konzerten der Sing-Aka-demie. Sie tritt als Solistin mit Orchester auf oder als Cembalistin mit Werken von Bach und seinen Söhnen oder anderen Kompo-nisten. Um 1815, sie ist jetzt Mitte fünfzig, beendet sie ihre öffent-lichen Auftritte, bleibt aber bis zum Ende ihres Lebens Mitglied der Sing-Akademie. Es ist anzunehmen, dass ihr Großneffe Felix, der der Sing-Akademie in seinem zehnten Lebensjahr beitrat, sie nie hat spielen hören.[26] Vor ihrem Tod im hohen Alter von 94 Jahren hat sie ihr monetäres Erbe einem jüdischen Waisenhaus, ihr No-tenarchiv aber der Sing-Akademie vermacht, die es bis heute – mit Unterbrechung durch die Kriegswirren – aufbewahrt.[27] Diese No-tensammlung der Sara Levy ist außerordentlich umfangreich. Sie umfasst vor allem Instrumentalmusik von fast allen bedeutenden

Komponisten der zweiten Hälfte des 18. Jahrhunderts. »Das Repertoire erstreckt sich von Solo-Cembalo-Stücken über Kammermusik bis hin zu Concertos und Symphonien.«[28]

Auch ein Bach-Nachlass gelangt in die Akademie: Anna Carolina Bach (1747–1804), die älteste Tochter von Carl Philipp Emanuel Bach, ist die letzte Verwalterin des Bachnachlasses. Dieser soll 1805 versteigert werden. Die Mendelssohnfamilie kauft ihn und überlässt ihn 1811 als Schenkung der Sing-Akademie, die nach Faschs Tod 1800 unter der Leitung seines Schülers Zelter steht. Zwischen ihm und den Mendelssohns besteht seit Langem eine enge Beziehung.

Nicht nur Sara Levy ist der Sing-Akademie eng verbunden. Ein intensiver Austausch entwickelt sich mit Amalie Beer (1767–1854), ihr hebräischer Name lautet Esther Jehuda Beer. Sie entstammt einer gebildeten und wohlhabenden Berliner jüdischen Familie und wird im Zeichen der Aufklärung und Judenemanzipation erzogen. Amalie Beer tritt 1810 der Sing-Akademie bei und bleibt bis 1834 Mitglied. Auch drei ihrer vier Söhne singen im Chorensemble. Bekannt geworden ist ihr ältester Sohn, Giacomo Meyerbeer (1791–1864), einer der erfolgreichsten deutschen Opernkomponisten des 19. Jahrhunderts und Meister der französischen Grand Opéra. Seinen ersten Kompositionsunterricht hat er von Zelter erhalten. Für die Sing-Akademie hat Meyerbeer 1810 die Kantate *Gott und die Natur* verfasst, ein großes Werk für Solisten, Chor und Orchester, das mittlerweile unverdienterweise in Vergessenheit geraten ist.

Der schon seit 1800 bestehende literarische Salon der Amalie Beer ist aufgrund seiner bürgerlich-aufgeklärten Geselligkeit stadtbekannt, er wird aber vor allem nach den Befreiungskriegen zu einem Ort politischer Einflussnahme. Unter ihren Habitués finden sich nicht nur Vertreter des Adels und der Politik, sondern viele bedeutende Komponisten und Virtuosen der Frühromantik, darunter ihr eigener Sohn Giacomo Meyerbeer wie auch Schauspieler, Sänger, Schriftsteller und Gelehrte. Mit Rahel von Varnhagen (1771–1833) steht sie in Verbindung. Ihr Grab befindet sich neben dem ihres Sohnes Giacomo Meyerbeer auf dem Jüdischen Friedhof in der Schönhauser Allee in Berlin.

Das Verhältnis zwischen der jüdischen Familie Beer und der Sing-Akademie ist gekennzeichnet durch ein wechselseitiges Bemühen um Akkulturation. Ein im Geist Baruch de Spinozas (1632–1677) komponiertes Werk wie die Kantate *Gott und die Natur* aufzuführen, steht zwar – so Filips –»in der Tradition von Joseph Haydns Schöpfung, aber man darf nicht vergessen, dass ein Spinozist zu sein in diesen Jahren als identisch galt, ein Atheist oder eben ein Jude zu sein. Die Sing-Akademie hatte da offenbar keine Berührungsängste. Uraufgeführt wurde das Werk im Schauspielhaus am Gendarmenmarkt 1811, ein Jahr bevor der preußische König das Emanzipationsedikt für die Juden seines Landes erließ.«[29] Dass der Rezeption des Werkes nur eine kurze Dauer beschieden war, ist »nicht zuletzt den ideologischen Verwerfungen geschuldet. Eine so unbefangene philosophisch-gläubige Interaktion zwischen Judentum, Christentum, Bibel-Tradition und Ansätzen des als Ketzer aus der Synagoge ausgeschlossenen Spinoza ist ab 1815, mit dem Beginn der Restaurationsepoche, kaum noch möglich.«[30] Hier leuchtet die kurze fruchtbare Blütezeit um 1800 auf, in der das intellektuelle Klima der Haskala zu aufgeklärtem Bürgergeist führt, zu dem vorübergehenden Zwischenspiel einer in Deutschland einzigartigen, von Toleranz und Offenheit gekennzeichneten deutsch-jüdischen Beziehung. Ein Beleg für die wechselseitige Akkulturation ist sicher auch die von Carl Friedrich Zelter nach 1817 komponierte Synagogalmusik für die jüdischen Andachten im Haus der Amalie Beer. Sie ist das seltene Beispiel für eine auf gegenseitigem Respekt basierende deutsch-jüdische Symbiose.

Der in der Geschichte wohl am besten dokumentierte deutsch-jüdische Künstleraustausch dieser Zeit findet statt zwischen der Familie Mendelssohn und der Sing-Akademie. Ein berühmter Gast der Mendelssohn'schen Sonntagsmusiken ist der in Berlin geborene jüdische Sänger und Schauspieler Eduard Devrient (1801–1877). Mit seiner von Zelter ausgebildeten Stimme, einem ausgeprägten Bassbariton, ist er ein wichtiges Mitglied der Sing-Akademie. Als Sänger der Hauptpartie in Carl Heinrich Grauns *Der Tod Jesu* hat er Zelters hohe Anerkennung erworben. 1824 heiratet er die Tochter des jüdischen Kaufmanns Simon Schlesinger. Therese Devrient (1803–1882) berichtet über die Musikmatineen: »Welchen Genuß, welchen Nutzen gewährte mir der Verkehr im Mendelssohn'schen Hause, wieviel Berühmtheiten lernte ich hier kennen. [...] Mein alter Zelter im Frack und in der weißen Halsbinde sah sehr stattlich aus; ein derbes, offenes Gesicht und die große, kräftige Gestalt bildeten einen rechten Gegensatz zu Monsieur Spontini, der im grünen Frack, schlank und schmal, sich wie ein Schilfrohr hereinbewegte.«[31]

Die Mendelssohn'schen Sonntagsmusiken können als Weiterführung des Musiksalons der Sara Levy betrachtet werden, der Großtante von Felix Mendelssohn Bartholdy (1809–1847). Abraham Mendelssohn (1776–1835), der zweite Sohn von Moses Mendelssohn und Vater von Felix Mendelssohn Bartholdy, tritt 1793 der Sing-Akademie bei, Lea Mendelssohn (1777–1842) gehört der Akademie seit 1796 an. Ihr Sohn Felix und die Tochter Fanny (1805–1847), beide Kompositionsschüler von Zelter, werden 1820 als herausragende Repräsentanten Mitglieder und die Geschichte des Hauses mit ihren Kompositionen und der Entdeckung bedeutender Musikliteratur maßgeblich prägen.[32]

Das zentrale Ereignis des aufgeklärten deutsch-jüdischen Zusammenwirkens zwischen den Mendelssohns und der Sing-Akademie ist die Wiederentdeckung und Aufführung der *Matthäus-Passion* von Johann Sebastian Bach unter der Leitung des damals zwanzigjährigen Felix Mendelssohn Bartholdy am 11. März 1829.[33] Dieses Konzert wird zum Schwungrad der Bachrenaissance. Es sind Vertreter des deutschen großbürgerlichen Judentums, die Bach im 19. Jahrhundert dem Vergessen entrissen haben! Devrient singt den Jesus und wird dadurch schlagartig bekannt. Diese Aufführung ist der Höhepunkt des Bachkultes, den Sara Levy initiiert hat.

Erklärungsbedürftig ist das zwiespältige Verhältnis, das Rahel von Varnhagen zur Sing-Akademie hat. Gemeinsam mit dem Mendelssohn gegenüber kritisch eingestellten Dichter Heinrich Heine (1797–1856)[34] hat sie am 11. März 1829 die Aufführung der *Matthäus-Passion* in der Sing-Akademie besucht. Sowohl Heine als auch sie finden keinen Zugang zu diesem von Mendelssohn geleiteten Konzert. Sie ist dem Haus gegenüber befangen, weil gerade ihre Beziehung zu einem angesehenen Tenor des Chores, zu dem Grafen Karl Friedrich Alexander von Finckenstein (1745–1818), zerbrochen ist. Die Tragödie dieser Beziehung ist ausführlich sowohl in der Rahel-Varnhagen-Biographie von Hannah Arendt[35] als auch in der von Carola Stern[36] dargestellt worden. Für Rahel von Varnhagen, die gerade die Unmöglichkeit erfahren hat, als Jüdin in adlige Kreise aufgenommen zu werden, ist die in dieser Aufführung zum Ausdruck kommende deutsch-jüdische Symbiose unerträglich. Sie hat gerade den Versuch unternommen, durch Flucht in die Aristokratie dem Judentum zu entkommen. Sie konnte aber weder festgefügte Grenzen des Standes noch der Religion überwinden. In der Folgezeit äußert sie sich immer wieder kritisch-herabsetzend über die Sing-Akademie und deren Arbeit.

Eine tiefgreifende, von Antisemitismus gekennzeichnete Zäsur in der Geschichte der Sing-Akademie vollzieht sich 1832. Felix Mendelssohn Bartholdy wird nach dem Tod Zelters als neuer Direktor der Sing-Akademie abgelehnt, obwohl Letzterer ihn ausdrücklich zu seinem Nachfolger bestimmt hat. Neben dem jugendlichen Alter Mendelssohns spielen Vorbehalte gegenüber seiner jüdischen Herkunft eine zentrale Rolle.[37] Als Konsequenz tritt fast die ganze Familie Mendelssohn aus der Sing-Akademie aus; nur Sara Levy bleibt der Sing-Akademie bis zu ihrem Tod verbunden.

Nach der erfolgreichen und auch widerspruchsvollen Geschichte der Sing-Akademie kommt dem Konzept der Kunstreligion eine identitätsstiftende Funktion zu. Hier kommt der »Glaube an das Originalgenie« zum Tragen, »der Glaube daran, dass man durch Bildung aus dem eigenen Leben wirklich ein Kunstwerk machen könne. [...] Der Bach-Kult der Sara Levy, der Goethe-Kult der Henriette Herz und der Varnhagen, es waren folgenreiche, realisierte Lebensentwürfe von enormer gesellschaftlicher Strahlkraft.«[38]

Carl Friedrich Fasch, Sohn eines Hofkapellmeisters und selbst Hof-Cembalist, der seinen Dienst lebenslang loyal erfüllt hat, verwirklicht »seine musikalische Vision auf der Gegenseite, nämlich im offenen und bildungsbewussten Milieu der Bürgergesellschaft«.[39] Am 3. August 1800 stirbt der schon seit Langem todkranke Fasch in seinem vierundsechzigsten Lebensjahr. Er hinterlässt eine über die Musik eng verbundene Gemeinschaft, sein Tod ist für jedes einzelne Mitglied ein schmerzlicher Verlust. Am 7. August wird Fasch, der weder verheiratet war noch Kinder hinterlässt, auf dem Jerusalemer Friedhof in der Nähe des Halleschen Tores beerdigt. Heute ist seine Ruhestätte ein Ehrengrab des Landes Berlin. Der Grabstein trägt eine Inschrift mit Worten aus dem 40. Psalm: *Ich harrete des Herrn und er neigte sich zu mir. Und hat mir ein neues Lied in meinen Mund gegeben zu loben unseren Gott.* Aus Anlass von Faschs Tod wird am 8. Oktober 1800 das gerade erschienene *Requiem* von Mozart zum ersten Mal in Berlin, in der Garnisonkirche, aufgeführt. Am 18. November 1800 singt die Sing-Akademie zum Gedächtnis ihres Gründers dessen sechzehnstimmige Messe.

Johann Gottfried Schadow nimmt Fasch die Totenmaske ab und fertigt nach dieser Vorlage eine Marmorbüste an, die auf seiner Grabstätte aufgestellt wird. Von hier wird sie im Jahr 2005 gestohlen, seither ist sie unauffindbar.

Schon ein Jahr nach Faschs Tod veröffentlicht sein Schüler und Nachfolger Carl Friedrich Zelter dessen Biographie, die zu einem herausragenden Zeitdokument der Geschichte der Gründungsphase der Sing-Akademie wird. Hier finden sowohl die Lebensäußerungen von Fasch ihre erste Deutung wie auch sein ästhetisches Konzept der Kunstreligion. Zelter lobt Faschs große Liebenswürdigkeit, seine Munterkeit, seine hohe Gesprächskultur und seinen Witz. In Faschs Lebensweg spiegelt sich exemplarisch der Übergang von der höfischen zur bürgerlichen Musikkultur. Zelters Darstellung »dieser durch schicksalhafte Zeitläufte vereitelten Karriere«

gipfelt in dem Resümee einer »späten Initiation: Erst die Gründung der Sing-Akademie im Jahr 1791 bringt das Potential des Komponisten ganz zur Entfaltung.«[40] Diese Lebensdarstellung ist eine der ersten Musikerbiographien im deutschen Sprachraum. Auch Goethe erhält ein Exemplar der Fasch-Biographie und gehört fortan zu den Bewunderern Zelters.

Mit dem Ableben ihres Stifters wird sich auch das künstlerische Profil der Sing-Akademie grundlegend ändern. Carl Friedrich Zelter wird sie nach Faschs Tod 1800 bis zu seinem eigenen Lebensende 1832 leiten. Er gehört einer anderen Generation an, er entstammt einem anderen sozialen Umfeld als Fasch. An der Schwelle zu einem neuen Jahrhundert markiert er seine Bedeutung in einer richtungsweisenden Rede: »Ein neues Jahrhundert beginnt, die Welt fühlt das Nahen erschütternder Begebenheiten; in Allem, was den Geist beschäftigt, regt sich Fortschritt in ungewohntem Drängen. Auch die Kunst wird davon berührt, und dem stillen Verein, dessen Aufgabe mehr die Erhaltung des Bestehenden in der Kunst als die Öffnung neuer Bahnen ist, wird mit dem Tode seines Stifters die Bestimmung [zukommen], seine Volljährigkeit zu bewähren, im deutschen Vaterlande durch sein Beispiel ein edleres geselliges Kunststreben zu wecken und sich sein Bestehen unter dem Drange widriger Verhältnisse durch beharrliches Festhalten an seinem Beruf zu erkämpfen.«[41] Hier wird deutlich, dass Zelter vor allem das Bestehende bewahren möchte, neue Horizonte zu sichten ist nicht sein Ziel.

Ganz im Sinne von Fasch will er die neue Form der Akademie breiten Schichten öffnen, in seiner antihöfischen, an großstädtischer Bürgerkultur orientierten Haltung ist ihm jeder »ernsthafte Freund der Kunst« willkommen. Zelter fragt weder nach Alter, noch nach Stand oder Geschlecht, die Mitglieder der Sing-Akademie soll nichts anderes einen »als die Begeisterung für die *heilige Musik*«. Filips bemerkt dazu: »Der bloße Affekt des heiligen Gefühls, Schleiermachers *Sinn und Geschmack für das Unendliche* in seiner Vermittlung durch die Kunst ist das alles verbindende Glied des Vereins. Das kantische Ideal des interesselosen Wohlgefallens schwingt noch in Formeln wie *Aufmerksamkeit ohne sichtbare Anstrengung* mit, schon idealistisch aber ist der Einheit stiftende Bezug auf die Kategorie des Heiligen, das nun vom Kontext einer rituellen Einbindung abgelöst wird. [...] Es scheint, als habe gerade in dem kirchenmusikalisch nie sonderlich progressiven Berlin das romantische Ideal einer Gesellschaftsutopie im Zeichen der heiligen Musik eine praktische Gestalt annehmen können.«[42]

Zelter ist von Anfang an, das heißt seit Sommer 1791, Mitglied des Chorensembles und fühlt sich vom ersten Augenblick an mitverantwortlich für die Entwicklung der Qualität der Sängergemeinschaft. Dies zeigt sich daran, dass er die damals modischen, unverbindlichen Singe-Teegesellschaften ablehnt: »Man versammelte sich am Abend, trank Tee, sprach, erzählte, zerstreute sich, und an die Sache selbst wurde nur nebenher gedacht.«[43] In einem Brief an Goethe vom 27. Juli 1807 schreibt er: »Es sind hier in Berlin anjetzt vielleicht mehr als fünfzig solcher Familienkreise, die sich singend vergnügen und Singe-Thees genannt werden. Ich darf an keinem einzigen derselben Antheil nehmen, weil sie der gefährlichste Feind der Sing-Akademie sind. [...] Allein es ist alle Aufmerksamkeit nöthig, diese nicht wieder in einen Singethee aufgelöst zu sehen.«[44] Die Anstrengungen, die Zelter dauerhaft unternimmt, um das Niveau zu halten, können in ihrer Bedeutung für den Erhalt und die Traditionsbildung des Chores nicht hoch genug eingeschätzt werden. In dem von ihm entdeckten Runden Saal des Akademiegebäudes gibt Zelter über die gewohnten Probentermine hinaus zusätzlich an drei Vormittagen der Woche im Probensaal der Akademie Einzel- und Gruppenunterricht. Bewerber, die dem Chor beitreten möchten, werden mit strengen Kriterien ausgewählt. Zelter möchte das Niveau zwischen professionell ausgebildeten Sängern und Laien angleichen. »Er entwickelte eine systematische Stimmbildung, an deren Anfang die *Lehre vom Atemholen* stand [...]. Erst wenn die Vokale ›saßen‹, schritt Zelter weiter zum Solfeggio[45] und zur Verbindung von Wort und Ton, wobei er sehr auf Deutlichkeit der Artikulation und Aussprache achtete.

[...] Er bildet zugleich ein Bewusstsein für künstlerischen Wert aus und appelliert in seinen Reden vor dem Chor immer wieder an den Kunstsinn, erinnert an die bedeutendsten Leistungen des Chores und sorgt damit für Traditionsbildung.«[46] Den gleichen Rang wie dem künstlerischen Niveau misst er der Herzensbildung bei. Am 27. Oktober 1801 wird Schadows Fasch-Büste aufgestellt; in seiner Rede zu diesem Anlass erinnert Zelter an das große Erbe seines Vorgängers. Fasch habe dargelegt, »dass nur ein Herz auf ein Herz wirken könne, dass die höchste aller Künste die sey, welche den Menschen zu sich selbst bringe.«[47] Hier klingen Grundannahmen der Romantik an; auch ein anderer namhafter Schüler von Fasch, Wilhelm Heinrich Wackenroder, hat sie, inspiriert durch die Erfahrungen in der Sing-Akademie, in seinem Werk *Herzensergießungen eines kunstliebenden Klosterbruders* formuliert.

Zelter hat keine Autobiographie hinterlassen, er hat aber für unterschiedliche Anlässe Lebensbeschreibungen verfasst.[48] Eine wichtige biographische Quelle ist auch sein umfangreicher Briefwechsel, vor allem mit Goethe. Seine Vita ist gut erschlossen. Nach dem Besuch des Joachimsthalschen Gymnasiums geht der aus einfachen Verhältnissen stammende Zelter in die Lehre, um das Gewerbe seines Vaters, die Maurerprofession, zu erlernen. Nach einer schweren, sein Leben bedrohenden Erkrankung in seinem achtzehnten Lebensjahr »erwachte«, so schreibt er, »eine große Liebe zur Musik in mir; da aber jetzt die Erlernung meiner Handwerksgeschäfte alle meine Zeit erforderte, so blieb mir nur der späte Abend übrig, meinem Durst nach Musik zu genügen. Ich brachte viele Nächte mit Notenschreiben zu und um mir einige Fertigkeit im Klavier- und Violinspielen zu erwerben, allein diese Freude dauerte nicht lange.«[49] Der Vater ist besorgt über die schwache Konstitution des Sohnes, er untersagt ihm seine Selbstunterweisung, denn er will einen guten Maurermeister ausgebildet wissen. »Dies alles hielt mich indessen nicht ab, in der Musik fortzurücken, und ich fing an, da es mir an Musikalien gebrach, selbst zu komponieren. (Ein feines Mittel, sich aus der Verlegenheit zu ziehen.) Ich hatte dabei keine Regel als das absolute Bedürfnis, meine Gedanken zu Papier zu bringen, wobei es mir dann alle Augenblicke an den nötigen Kompositionskenntnissen fehlen mußte. Da ich keine Bekanntschaft mit wissenschaftlichen Musikern hatte, so nahm ich meine Zuflucht dazu, mir teils durch Freunde, teils durch List Partituren zu verschaffen, die ich mir abschrieb. Ich war so glücklich, gleich im Anfange einige Partituren von Carl Philipp Emanuel Bach und Hasse zu bekommen.«[50] Mit Selbstdisziplin und größtem Einsatz geht Zelter seinen eigenen Weg, allerdings spielt seine Gesundheit nicht mit. Wieder greift der Vater ein und der Sohn ist gehorsam, allerdings nur für kurze Zeit. Er lernt sein Handwerk, 1783 wird Zelter Maurermeister.

Danach beginnt die Musikausbildung, nun ist Fasch sein Lehrer »im reinen Satz und im doppelten Kontrapunkt«. »Diesem würdigen Herrn Fasch habe ich das Gute, was manche meiner Kompositionen haben mögen, gänzlich zu danken. Sein kritischer Geist, sein scharfes, durch vieljährigen Unterricht geübtes Auge, sein redlicher, freimütiger und anständiger Tadel, sein seltenes und mäßiges Lob und die mir unaussprechlich werte väterliche Liebe, die dieser edle Mann mir geschenkt hat, haben mir mehr Nutzen in kurzer Zeit gestiftet als vorher mein langes und eifriges Suchen und alles Lesen selbst in den besten Lehrbüchern.«[51] Zelter tritt in die gerade gegründete Sing-Akademie ein und wird weiter von Fasch gefördert. Nach einigen Liebschaften und Enttäuschungen[52] geht Zelter 1787 eine Ehe mit der verwitweten Johanna Eleonora Flöricke (1761–1795) ein. Die Liebe zu dieser Frau hat sich auch deshalb entwickelt, weil Flöricke ein enges freundschaftliches Verhältnis mit seiner Mutter verbindet. Am 25. Januar 1787 war sein Vater gestorben, fortan muss Zelter für seine kränkliche Mutter sorgen – ganze 17 Jahre lang. Eleonora Flöricke bringt zwei Töchter und einen Sohn mit in die Ehe. Das Paar bekommt gemeinsam weitere acht Kinder, von denen zwei schon kurz nach der Geburt sterben. Zelter hat also für eine Familie mit neun Kindern und die alte Mutter zu sorgen. Es gelingt ihm dennoch, neben seinem großen Aufgabenfeld als Maurermeister, sich um seine geliebte Musik zu kümmern. 1795 stirbt seine Frau nach nur acht gemeinsamen Jahren. Ein Jahr später heiratet er Julie Pappritz (1767–1806), die er als geschätzte Sängerin der Sing-Akademie schon seit Langem kennt. Sie unterstützt ihn fortan intensiv in seiner Arbeit mit seinem Chorensemble.

Genau wie Fasch stellt Zelter hohe Anforderungen an die Disziplin als Voraussetzung für ein harmonisches Miteinander aller Individuen des Chores. An die eigenen Anstrengungen anknüpfend, appelliert er immer wieder an den Fortbildungswillen des Einzelnen. Einen engen Zusammenhang sieht er zwischen der individuellen und der politisch-gesellschaftlichen Bildung, er erlegt dem Individuum eine Verantwortung auf für das Kulturniveau des Landes. »Der Grad der Kultur einer Nation wird in dem Ausbau der schönen Künste gefunden.«[53]

In den 32 Jahren seiner Direktion entwickelt Zelter die Sing-Akademie systematisch zu einem Modell der preußischen Musikpflege, in dessen Zentrum er sich selbst verortet.

Vor dem Hintergrund seiner umfangreichen Berufserfahrung weiß Zelter einzuschätzen, dass staatliche Subventionen an hohe künstlerische Qualität gebunden sind, dass Subventionen wiederum die künstlerische Qualität steigern und das Spektrum der Möglichkeiten erweitern können. Zelter denkt Faschs Arbeit gleichsam weiter, wenn er die Arbeit der Sing-Akademie zu systematisieren versucht. Was Fasch nicht angestrebt hat, eine »Singeschule zu stiften oder Sänger zu bilden«[54] – genau das ist jetzt Zelters Absicht. Er möchte die Sing-Akademie, die ja bereits in den Räumen der Akademie der Künste arbeitet, institutionell an diese anbinden. Pate dieser Idee mögen italienische Konservatorien sein, wie sie in Bologna, Florenz oder Mailand Ende des 18. Jahrhunderts gegründet wurden. Die Accademia Nazionale di Santa Cecilia in Rom gehört zu den weltweit ältesten Musikinstitutionen, sie wurde 1585 von Papst Sixtus V. gegründet. Auch das Renommee des schon damals europaweit bekannten, 1795 in Paris gegründete Conservatoire National de Musique et de Déclamation, das für die Entwicklung der französischen und westeuropäischen Musik eine erstrangige Rolle gespielt hat, könnte als Ideengeber gedient haben.

Die Berliner Akademie der Künste hatte bisher noch keine Sektion Musik. Also richtet Zelter am 13. Mai 1803 eine Denkschrift an deren Senat, in der es heißt:»Soll eine vollkommene Kunstakademie stattfinden, ist es nötig, alle schönen Künste anzubauen.«[55] Gerade die Tonkunst, die Kunst, die in der jüngeren Vergangenheit die größten Fortschritte gemacht habe, fehle in der Akademie. Wenn er seine Pläne in die Tat umsetzen könnte, müsse er, Zelter, allerdings seinen angestammten Beruf, das Bauhandwerk, aufgeben.[56] Zelter hebt hervor, dass die Sing-Akademie finanziell selbständig sei, dass sein eigener Unterhalt damit aber nicht gedeckt werden könne.»Ich diene seit dreizehn Jahren dabei, mit unerkaltetem Eifer, nicht bloß unentgeltlich, sondern auch mit nicht geringer Aufopferung und aus alleiniger Liebe zur Kunst. Könnte ich nun meine ganze Geschäftigkeit diesem Institute widmen, so wäre demselben geholfen.« Und nun macht Zelter den kühnen Vorschlag,»bey der Akademie der Künste einen öffentlichen Lehrer der gesamten Tonkunst anzustellen, der die Pflicht auf sich hätte, dieses Institut zu dirigieren und zu erhalten. Dieser Lehrer wollte ich gern seyn [...].«[57] Zelter strebt eine neu zu schaffende, vom König bezahlte Stelle an der Akademie an. Der neue Kurator der Akademie der Künste, Freiherr Karl August von Hardenberg, steht diesem Ansinnen positiv gegenüber und fordert Zelter auf, seine Zielvorstellungen zu präzisieren. Zelter verfasst daraufhin eine weitere, noch deutlich umfangreichere Denkschrift, in der er sich diesmal direkt an den König wendet und diesem den Antrag stellt, ihn als Professor für Musik an die Akademie der Künste zu berufen und ihm als Königlichem Beamten die Leitung für die gesamte Kirchen- und Schulmusik sowie des städtischen Musiklebens in Berlin zu übertragen. Er möchte das Niveau der Berliner Musikkultur verbessern, es steigern und diese Fördermaßnahmen nicht nur auf Berlin beschränkt wissen. Insgesamt sind sieben Denkschriften Zelters erhalten. In ihnen entwirft er ein Konzept für die Förderung des gesamten preußischen Musiklebens. Die zweite Denkschrift kann als »Gründungsurkunde der Preußischen Staatlichen Musikpflege«[58] bezeichnet werden.

Die unmittelbare historische Konstellation steht einer schnellen Umsetzung seiner Pläne im Weg. Sie werden gestoppt durch die napoleonische Besatzung der Stadt im Oktober 1806. Zelter, der hohes Ansehen in der Stadt genießt, wird in das »comité administratif« gewählt (einer Art Bürgerrat), das vor allem die Aufgabe hat, von den Bürgern Abgaben für die Besatzungsarmee einzutreiben. Das Amt des Bürgermeisters lehnt Zelter ab, nicht aber die Rolle im Komitee. Er entscheidet sich für weitgehende politische Zurückhaltung. Die späteren Briefe an Goethe stellen allerdings einen deutlichen Kontrast zu dieser taktischen Dezenz dar. Zelter war stolz darauf, ein Beamter in Diensten Napoleons gewesen zu sein, den er bis zu seinem Tod verehrt und überhöht hat. Unmittelbar nach Abzug der französischen Truppen zeigt sein Verhalten dann allerdings deutlichen Opportunismus.[59]

Aufgrund der napoleonischen Besetzung der Stadt muss Zelter die Arbeit mit seiner Sing-Akademie eine Zeit lang einstellen und auch weitere Schicksalsschläge bleiben ihm nicht erspart. Am 16. März 1806 stirbt seine zweite Frau, Julie Zelter. Der mit Zelter befreundete Schadow wird 1807 ein Marmorporträt von ihr anfertigen. In einer von Chorsängern über Julie Zelter angefertigten Gedächtnisschrift heißt es:»Sang sie in einem Solo, das der selige Fasch für ihre Zauberstimme gesetzt hatte, rührend und empfindungsvoll fromme, heilige Worte, so waren Aller Ohren gespannt, Aller Augen nur auf sie gerichtet und Aller Herzen ergriffen und tief bewegt; der greise Meister aber, am Ende des Flügels sitzend oder stehend, blickte mit gleichsam verklärtem Antlitz gen Himmel und lächelte und nickte mit thränendem Auge und schneeweißem Haupte der Sängerin Beifall zu.«[60]

Zelter nutzt die arbeitsfreie Phase, um seine Kompositionstätigkeit wieder aufzunehmen. Er komponiert nach einem Text von Ramler, dem Librettisten von Grauns *Der Tod Jesu*, die Kantate *Die Auferstehung und Himmelfahrt Jesu*, die, 1807 uraufgeführt, als Ergänzung zu der an Karfreitag ausgeführten Passion von Graun bis zum Jahr 1813 immer am Ostersonntag erklingt.

Am 10. Februar 1807 kann die Probenarbeit wieder aufgenommen werden. Um seine Sänger zu motivieren, wendet sich Zelter in dem ihm eigenen kraftvollen Stil mit einer Rede an sie: »Wir haben gezittert, diesen wohlgelehrten, schönen, der Wahrheit und allen Tugenden geweihten Kreis gestört und am Rande seiner Auflösung zu sehen. Aber er ist stehen geblieben in einer Zeit, da so manches andere, dessen Stützen so viel fester und sicherer schienen, in dem Drange schneller Ereignisse erdrückt und verrückt worden ist. So erkennt man mitten in der Verheerung des Sturmwindes den stämmigen Baum, der seine vielarmigen Wurzeln tief im Boden festhält und von ihm wiederum festgehalten wird, wenn um ihn her die glatten losen Stängel mit ihren lockeren Zweigen umgestürzt darniederliegen.«[61] Gemeinsam mit seinen Sängern ist Zelter voller Elan, er hat Kraft geschöpft in den vorangegangenen Monaten und wird nun eine Neuerung an die andere reihen: das »System der Zelterschen Gründungen«.

Die erste Novität ist seine Ripienschule. Das italienische Wort Ripieno (voll, die Fülle) bezeichnet eine aus dem 18. Jahrhundert stammende Bezeichnung für das volle Orchester im Concerto grosso; heute sagen wir tutti. Allgemein steht es für mehrfach besetzte Stimmen, zum Beispiel im Chor, im Gegensatz zu einem stimmlichen oder auch instrumentalen Solo. Dementsprechend sind Ripienisten Orchestermusiker oder Sänger. Natürlich pflegt Zelter weiterhin den A-Capella-Gesang, das Erbe seines Vorgängers. Aber sein Interesse hat sich verlagert hin zu Kompositionen von Georg Friedrich Händel und Joseph Haydn. Dafür braucht er ein eigenes Orchester. Bisher stand die Königliche Kapelle ihm nur selten zur Verfügung, also gründet er am 10. April 1807 mit zehn Instrumentalisten eine Ripienschule zum Aufbau eines Orchesters mit voller Besetzung, eine Orchesterschule für Instrumentalmusik. Jetzt ist er jederzeit in der Lage, Begleitmusiker für seine Aufführungen zu rekrutieren. Zelter initiiert in der Folgezeit zahlreiche Erstaufführungen Händel'scher Oratorien, die ein großes Publikum anziehen. An den Freitagsproben seiner Ripienschule nehmen bald Solisten und ausgewählte Choristen der Sing-Akademie teil, Zelter leitet hier eine Bachpflege ein, die Voraussetzung wird für die von der Sing-Akademie ausgehende Bachrenaissance des 19. Jahrhunderts.[62]

Eine weitere Neuerung ergibt sich aus den von Zelter geschaffenen Liedkompositionen. Zu diesen hat die Freundschaft mit Goethe entscheidend beigetragen, den Zelter schon 1802 in Weimar kennengelernt hat. Zwischen beiden entwickelt sich eine außerordentlich intensive Beziehung mit vielen persönlichen Begegnungen. Allerdings ist es fast immer Zelter, der Goethe aufsucht, Goethe wird den demütig, ja inständig vorgetragenen Einladungen nach Berlin keine Folge leisten. Wie stolz wäre Zelter gewesen, hätte er dem Weimarer nur eines der großen Konzerte der Sing-Akademie vorführen können. Zu stark ist Goethes Großstadtskepsis für einen unbefangenen Besuch. In einem der berühmten Gespräche mit Johann Peter Eckermann (1792–1854) teilt Goethe diesem im Dezember 1823 seine Besorgnis mit, dass Zelter in dem ruppigen Berlin leben muss. »Und dabei muß man nicht vergessen, daß er über ein halbes Jahrhundert in Berlin zugebracht hat. Es lebt aber, wie ich an allem merke, dort ein so verwegener Menschenschlag beisammen, daß man mit der Delikatesse nicht weit reicht, sondern daß man Haare auf den Zähnen haben und mitunter etwas grob sein muß, um sich über Wasser zu halten.«[63]

In diesem Gespräch tauschen sich beide über die Persönlichkeit Zelters aus. Eckermann lobt »das durchaus Wohltätige seiner Persönlichkeit«. »Er kann«, fügt Goethe hinzu, »bei der ersten Bekanntschaft etwas sehr derbe, ja mitunter sogar etwas roh erscheinen. Allein das ist nur äußerlich. Ich kenne kaum jemanden, der zugleich so zart wäre wie Zelter.«[64] Die Intensität der Beziehung ist zum einen dokumentiert durch den mehr als 30 Jahre andauernden Briefwechsel, zum anderen durch das Du, das Goethe nur mit ganz wenigen Menschen geteilt hat.

Dieses »Du« ist erklärungsbedürftig. Es stellt eine unerhörte stilistische Wende dar in Goethes Schreibhabitus. Unvermutet und erklärungslos geht er in seinen Briefen an Zelter zum Du über. Es ist seine Trostgeste angesichts des Selbstmordes von Zelters Stiefsohn Karl Ludwig Flöricke (1784–1812) im November 1812,[65] eine Beileidsgeste des jede Auseinandersetzung mit dem Tod geradezu tabuisierenden Goethe, mit der er so viel mehr ausdrückt, als es jedes noch so ernsthaft formulierte Kondolenzschreiben je gekonnt hätte. Regelmäßig schickt Goethe an Zelter Gedichte, die dieser vertont. Diese Liedkompositionen werden immer wieder und mit großem Erfolg von Mitgliedern der Sing-Akademie aufgeführt. Goethe ist tief beeindruckt von deren musikalischer Qualität. »Wenn ein Zeitgenosse angesichts der Zelterschen Vertonungen aus dem *Wilhelm Meister* konstatiert, daß Goethe ihn *liebt*, weil er so gut den Ausdruck herauszuheben wußte, den der Dichter in jene Lieder legte, so spiegelt sich darin eine tiefe Wahrheit wider. So ragt unter Zelters Vertonungen von insgesamt 126 (!) Dichtungen Goethes vor allem die in Berlin uraufgeführte Komposition zu *Der König von Thule* von 1812 heraus, weil hierin Goethes Liedauffassung (»eine Melodie von hoher Qualität, einfach, ergreifend und schön«) nahezu idealtypisch realisiert ist.«[66] Ein bleibendes Verdienst ist auch sein Einsatz für das deutsche Volkslied. Noch heute kennt jeder *Der Kuckuck und der Esel*. Musikalisch ist Zelter orientiert an den Werken Bachs und Händels; neben seinem Lied-, Kantaten- und Chor-Werk hat er auch Symphonien komponiert.

Anfang 1809 begründet Zelter seine »Liedertafel«. Diese Initiative fällt in eine Krisenzeit der preußischen Geschichte. Die Salonkultur oder vergleichbare spätaufklärerische Lese- und Diskussionszirkel sind weitgehend untergegangen. Das Interesse an neuen Formen kultivierter Geselligkeit in Berlin ist hoch. Zelters Stiftung kann als exemplarisch für das Interesse an neuen Foren angesehen werden. Er ist ein Organisationsgenie, sein kreatives Potenzial wird auch hier wieder deutlich. Nicht unerheblich ist allerdings auch Goethes Einfluss auf die Gründung der Liedertafel.[67] Am 26. Dezember 1808 – die letzten französischen Besatzungstruppen haben die preußische Hauptstadt gerade verlassen – schreibt Zelter an Goethe: »Zur Feyer der Wiederkehr des Königs habe ich eine

Liedertafel gestiftet. Eine Gesellschaft von 25 Männern, von denen
der 25ste der gewählte Meister ist, versammelt sich monatlich einmal bey einem Abendmahle von zwey Gerichten und vergnügt sich
mit gefälligen deutschen Gesängen. Die Mitglieder müssen entweder Dichter, Componisten oder Sänger sein. Der ein neues Lied gedichtet oder componiert hat, lieset oder singt solches der Tafel vor,
oder lässt es singen [...].«[68] Alle zur Liedertafel gehörenden Männer entstammen der Sing-Akademie, in seiner Funktion als Direktor kommt Zelter die Rolle des Meisters zu, er wird am 24. Januar
1809 ernannt. Über einen Zeitraum von 136 Jahren wird diese Liedertafel sich dann am Leben erhalten.

Die Sängergemeinschaft, deren Mitglieder weitgehend dem preußischen Bürgertum entstammen, gibt sich einen eigenen Bildungsauftrag. Verwunderlich muten die in einer Satzung formulierten
Ziele an, dass das Lob des Königs »zu den ersten Geschäften der Tafel gehört. [...] Gedichte und Lieder, die eine persönliche specielle
Satyre enthalten, sind von der Liedertafel ausgeschlossen. Dagegen
sind die Gegenstände des Vaterlands und allgemeinen Wohlseins
in ihrem ganzen Umfange Dichtern und Componisten anbefoh-
len.«[69] Bestrebungen wie diese sind erstaunlich, weil gerade die
gesellige Dimension und auch Patriotismus oder die Huldigung
des Monarchen bisher in der Sing-Akademie unstatthaft und un-
erwünscht waren. Die wenigen patriotischen Äußerungen Zelters
datieren aus der Zeit der preußischen Reformpolitik, der es um die
Realisierung aufklärerischer Ideen, auch nach französischem Vorbild, in der preußischen Gegenwart ging, die eine Nation gebildeter
Bürger einen sollten.[70]

Wie Fasch mit seiner Sing-Akademie, so lässt Zelter mit seiner
Liedertafel einen neuen Klangkörper entstehen, hier den Männer-
chor. Der Männerchorgesang gehört zu den wichtigen Neuerungen
im 19. Jahrhundert. Volkstümlichkeit, eine patriotische Haltung
und Geselligkeit stehen im Mittelpunkt. Mit seiner Liedertafel
macht Zelter den Anfang, Liedertafeln und Liederkränze wird es
schon nach kurzer Zeit in jeder Stadt in Deutschland geben.

Der an die Person von Zelter gebundene Gründungimpuls ist zu
Recht als Ausdruck der großstädtischen Bürgerkultur Berlins gedeutet worden. Der Berliner Germanist Conrad Wiedemann verweist auf den »Autonomieanspruch, mit dem die Liedertafel, nicht
anders als siebzehn Jahre vorher die Sing-Akademie, ins Berliner
Kulturleben tritt. Sieht man von der Loyalitätserklärung für das Kö-
nigshaus, die in der Zeit der Reformen und Befreiungskriege auch
in anderen Vereinen üblich wird, ab, dann wirkt alles an ihr neu
und eigenwillig. Am eigenwilligsten wohl der musikalische Selbst-
versorgungsanspruch, wonach an der Liedertafel nur Eigenpro-
dukte gesungen werden durften.«[71] Konstitutiv für das Konzept der
Zelter'schen Liedertafel ist nicht vorrangig ein Kunstideal gewesen,
»sondern die Selbsterprobung des begabten Laien. [...] Damit wiederholt sich der Selbstbildungsanspruch der Sing-Akademie, den
Zelter 1801 so stark hervorgehoben hatte, gesteigert allerdings um
die fortlaufende Eigenproduktion des Repertoires, so dass jetzt
wirklich alles: Ort, Anlass, Rekrutierung, Komposition und Wiedergabe in der Eigenverantwortung des Kollektivs steht. Das nimmt
sich wie die endgültige Unabhängigkeitserklärung der Laienchor-
musik aus und war es für Zelter wohl auch, weshalb er 1819 gerne
zustimmte, dass die Liedertafel, analog zu Faschs Sing-Akademie,
nach ihm benannt wurde.«[72]

1809 kommt Zelter endlich auch mit seinen Bemühungen um
eine Reform des Berliner Musiklebens weiter. Wichtigste Voraussetzung hierfür ist, dass es durch das Engagement des gerade zum
Geheimen Staatsrat ernannten Wilhelm von Humboldt gelingt,
Zelter eine feste Stelle an der Akademie der Künste zu verschaffen. Humboldt erreicht, dass König Friedrich Wilhelm III. ihn am
17. Mai 1809 zum Professor der Musik ernennt und ihm ein Jahresgehalt von 600 Talern zusichert: Es ist die erste preußische Profes-
sur in diesem Fach.

In einem Brief vom 11. März 1809 teilt Wilhelm von Humboldt
seiner Frau Caroline (1766–1829) seine persönliche Einschätzung
dieser Entwicklung mit, die eine weitgehende Übereinstimmung
mit Zelters Intentionen aufweist.»Ich werde mir vermutlich bald

einen sehr schönen Namen durch die Musik machen. Die Musik, für die es doch hier ein sonst nirgend existierendes Institut, die Sing-Akademie, gibt, war hier der Kunstakademie gar nicht einverleibt. Auch außerdem geschah gar nichts mehr, und seit der Abschaffung der Kapelle der Oper noch weniger als je für die Musik. Selbst die Chorschulen waren nach und nach eingegangen oder hatten sich entsetzlich verschlechtert. Wegen aller dieser Dinge habe ich mich an Zelter gewandt, der schon vor einigen Jahren einen wirklich trefflichen und sehr schönen Aufsatz über die Musik und den Nutzen, den sie auf die Bildung ausüben könnte, geschrieben hat. Von ihm lasse ich nun einen Plan zur Veredlung der Musik, zur Errichtung ordentlicher Schulen, zur Verbesserung der Kirchenmusik usf. machen, und werde gleich mein möglichstes tun, die Sache wenigstens im kleinen augenblicklich auszuführen. Alle Musik, die man irgendwo hier macht, muß unter gehörige Aufsicht kommen. [...] Die Kirchenmusik ist dabei das Wichtigste, und auch in Absicht der Kirchen werde ich mich dadurch verherrlichen. So viel Langeweile mir auch die Musik gemacht hat, so bin ich doch wirklich recht ernsthaft und nicht aus Nebenabsichten eifrig für diesen Plan. Die Musik, das bleibt einmal unleugbar, ist ein unendlich mächtiger Hebel der Empfindung, sie fängt an, wo das Wort aufhört, und wo sie endigt reicht selbst der Gedanke nicht hin. [...] Da Zelter so viel guten Willen hierfür hat, so kann mit ihm auch vieles ohne große Mittel geschehen. Dabei habe ich noch einen anderen Zweck. Ich weiß, man will in Königsberg den Gottesdienst feierlicher, eindringender machen, denkt auf Veränderung der Liturgie usf. Daraus wird nun leicht Spielerei. Bringe ich aber auf die Weise einen ernsten Kunstsinn hinein, so entgehe ich auch dieser Gefahr. Wo man etwas auf etwas Ernstliches in Wissenschaft und Kunst zurückführen kann, ist immer alles gewonnen.«[73]

Die in Zelters Denkschrift zur Reform des Musikwesens von 1803 erhobene Forderung, die Musik in die Akademie der Künste zu integrieren, und sein Bittgesuch um eine Anstellung sind überaus kühn gewesen. Er fühlt sich dazu berechtigt aufgrund der von ihm

über 17 Jahre hinweg geleisteten ehrenamtlichen Arbeit, die auf seiner »aufrichtigen Liebe zur Kunst, zur Bildung und zum Staat«[74]
beruht. Seine Existenz ist nunmehr finanziell gesichert, er ist jetzt –
in seinem 51. Lebensjahr – in der Lage, sein Baugewerbe aufzugeben und sich ganz den neuen Aufgaben zu widmen. In einem Brief
teilt er Goethe im Mai 1809 mit: »Aus der Zeitung werden Sie gesehen haben, daß ich Professor der Musik bei der Akademie der
Künste geworden bin. Das Gewerbe hatte ich schon so gut als niedergelegt und nun wäre ich in meinem Elemente und will sehen
was uns noch in unsern Jahren und Zeiten wird gelingen wollen.«

Es wird ihm nicht nur gelingen, der Sing-Akademie zu einem
eigenen Haus zu verhelfen, er wird zudem ein Konzept für eine *Musikalische Bildungsanstalt* entwickeln, das zur Gründung eines Instituts für Kirchenmusik führt. Der Erfolg der 1791 gegründeten Sing
Akademie lässt zu Beginn des 19. Jahrhunderts den Wunsch nach
Aufgabe des Provisoriums, nach einem eigenen Domizil aufkommen. Es werden insgesamt 36 Jahre Aufbauleistung vergehen, bevor der Chor 1827 ein Konzerthaus erhält. Schon lange hegt Zelter
den Plan für ein eigenes Haus. Ganz in der Nähe der Neuen Wache
hat er ein Grundstück ausersehen, das der König der Sing-Akademie im April 1824 übereignet. Nach Entwürfen von dem mit Zelter
befreundeten Karl Friedrich Schinkel, dessen Frau Susanne (1780–
1861) Mitglied der Sing-Akademie ist, errichtet der Braunschweiger
Hofbaumeister Karl Theodor Ottmer (1800–1843) ein Gebäude in
klassizistischem Stil, das sich nicht nur durch vornehme Schönheit
auszeichnet, der älteste und damals größte Konzertsaal Berlins hat
auch eine hervorragende Akustik. Am 8. April 1827 wird das Haus
nach zweijähriger Bauzeit feierlich mit Faschs Messe eröffnet. Die
Sing-Akademie hat sich für dieses Bauwerk horrend verschuldet.
Sie ist nun gezwungen, aus ihrer Exklusivität herauszutreten und
öffentliche Konzerte zu geben. Sie muss um Abonnenten werben
und das Haus viele Abende vermieten. Schnell gewinnt sie ein gro
ßes Publikum und begeistert dieses für die Oratorien von Johann
Sebastian Bach und Georg Friedrich Händel, für das reiche Repertoire der Vergangenheit und der Gegenwart. Das eigene Haus inspi

riert Zelter zu einer weiteren musikhistorisch wichtigen Neuerung. Parallel zu dem Archiv der Sing-Akademie baut er systematisch eine eigene Musikbibliothek auf. Und er vervollständigt sein Archiv mit einer Dokumentation der Chor- und Orchesterkonzerte. Durch den weiten Radius seiner Bekanntheit gelingt es Zelter, viele Musikalien-Sammlungen und Nachlässe, fast immer Handschriften und Autographe, zu erwerben. Viele der Donatoren sind Mitglieder der Sing-Akademie oder deren Erben.

Kurz nach seiner Ernennung zum Professor verfasst Zelter Mitte 1809 einen entsprechenden Bericht, in dem er sich für die »Errichtung eines Seminariums für Cantores, Praefecti und Singlehrer« einsetzt, einer Singschule mit dem Schwerpunkt Singen, Klavier- und Orgelspiel sowie Generalbass. Dieses von ihm projektierte Institut für Kirchenmusik wird erst 13 Jahre später realisiert. In der Zwischenzeit unterrichtet Zelter selbst junge Musiker, die in die genannten Berufe streben, in Gesang und Instrumentalmusik. Sie werden gleichzeitig in die Arbeit der Sing-Akademie eingebunden.

Im Mai 1819 wird der Nachlass des ein Jahr zuvor verstorbenen Direktors der Musikfakultät der Universität Göttingen, Johann Nikolaus Forkel (1749–1818), versteigert. Berlin erwirbt ihn, so dass »durch den Erwerb von 214 gedruckten und 184 handschriftlichen musikalischen Werken der Grundstock einer Bibliothek« für das zu gründende Institut gelegt wird.[75] Langsam nimmt Zelters Projekt Gestalt an. Ab 1820 wird auch ein Lehrer für Orgelspiel bestellt, ein Posten, der bis dahin vakant geblieben ist. 1822 erfolgt endlich die offizielle Gründung des Instituts für Kirchenmusik in Berlin unter der Leitung des Direktors Zelter. Hier werden fortan Organisten, Musiklehrer an Gymnasien und Schullehrer-Seminaren ausgebildet. Zehn Jahre bis zu seinem Tod 1832 wird Zelter dieses Institut prägen. Er kann nun als Begründer der akademisch geprägten staatlichen Musikpflege und Musikerziehung in Preußen gelten, der die Akademie der Künste um eine wichtige Fachrichtung bereichert hat. Sein Institut ist die älteste Vorgängerin der Fakultät Musik der heutigen Universität der Künste Berlin. Zelters

Wirken als Pädagoge ist seine wohl größte Leistung. Er gehörte »zu den wenigen Lehrern, die zwischen der künstlerischen Ausbildung individueller, hochbegabter Talente und der breit angelegten Volksbildung musikalischer Laien zu vermitteln verstanden«.[76]

Zelter stirbt in seinem 75. Lebensjahr, am 15. Mai 1832, nur wenige Wochen nach seinem Freund Goethe. Der mit ihm seit Jahrzehnten befreundete Schadow nimmt ihm eigenhändig die Totenmaske ab. Beigesetzt wird Zelter auf dem 1713 entstandenen Kirchhof an der Sophienkirche, Große Hamburger Straße 29–30. Friedrich Schleiermacher (1768–1834) hält die Grabrede. Zelters Ruhestätte ist bis zum heutigen Tag ein Ehrengrab des Landes Berlin. Die von Christian Daniel Rauch 1825 geschaffene Marmorbüste Zelters befindet sich in der Sing-Akademie zu Berlin.

Zelter hat wie kein anderer vor ihm das Musikleben der Stadt geprägt. Er war einer der erfolgreichsten Reformer der großen Berliner Emanzipationsjahrzehnte zwischen 1786 und 1815. Sowohl Fasch als auch Zelter entsprechen in herausragender Weise den Humboldt'schen Forderungen nach bürgerlicher Selbstorganisation und Selbstbestimmung in einer autonomen Vereinsbewegung.[77]

Schon 1800 wird ein Resümee über die Sing-Akademie formuliert, das bis in unsere Tage fortgeschrieben werden kann: Das ganze Institut besitze »etwas so Originelles, wie man es noch vorher nirgends fand, und nur erst seit einigen Jahren hat die Liebe zu den Musenkünsten in andern Orten eine Anzahl Verehrer vereinigt, denen diese Akademie zum Muster diente.«[78]

Die Sing-Akademie zu Berlin besteht bis heute, sie hat sich internationales Renommee erworben.

## 8. Jüdische Frauen treten in die Berliner Öffentlichkeit: Die Salons von *Henriette Herz* und *Rahel von Varnhagen*

In Deutschland um 1800 gab es in mehreren Städten ein vielfältiges Salonleben. Aber Salons, die von einer Jüdin geführt wurden, gab es nur in Berlin und in Wien. Bevor auf die Berliner Salons vor allem von Henriette Herz und Rahel Varnhagen eingegangen wird, richtet sich der Blick, dreißig Jahre zurückgehend, auf den prägenden Einfluss des Philosophen Moses Mendelssohn. Mendelssohn, vor allem aber dessen Freund David Friedländer(1750–1834) verbindet eine enge Freundschaft mit Henriette Herz. Ebenso kennt und schätzt Rahel Varnhagen diesen deutsch-jüdischen Aufklärer, der nach Mendelssohns Tod 1786 dessen Werk, die Emanzipation der Juden in Berlin, fortsetzt.

### *Der Einfluss Moses Mendelssohns und die Haskala als Voraussetzung für die Entstehung der jüdischen Salons*

Die Berliner Salonièren sind fast alle Töchter, Frauen oder Schwestern der Repräsentanten der Haskala, der jüdischen Aufklärung, die Salons sind also eine ihrer Folgeerscheinungen. Dass diese überhaupt gesamtgesellschaftlich wirksam werden konnte, ist eine spezielle Berliner Entwicklung, die ihresgleichen sonst in Deutschland nicht hat.

Unter Friedrich dem Großen ist der Zuzug der Juden in die Stadt streng reglementiert, sie dürfen Berlin nur durch eines der beiden zugelassenen Tore, meist das Rosenthaler Tor, betreten. Nur die Juden, für die die jüdische Gemeinde bürgen kann, erhalten den für den Eintritt in die Stadt notwendigen Passierschein.

Mendelssohn, Sohn eines armen Thoraschreibers in Dessau,

kommt als Vierzehnjähriger 1743 nach einem fünf- bis sechstägigen Fußmarsch in Berlin an und betritt die Stadt durch eines der beiden »Juden und dem Vieh vorbehaltenen« Stadttore.[1] Im Gepäck hat er nichts als seinen außergewöhnlichen Intellekt, seine Güte und seinen Humor. Der Pflicht entsprechend trägt der Torsteher ins Wachjournal ein: »Heute passierten das Tor 6 Ochsen, 7 Schweine, 1 Jude.«

Die Begegnung dieses Juden mit der Berliner Gesellschaft ist einer der großen Höhepunkte der deutschen Geistesgeschichte. Als der bedeutendste Dichter und Theoretiker der Aufklärung hat der im gleichen Jahr wie Mendelssohn geborene Lessing (1729–1781) daran einen nicht unerheblichen Anteil.

Schon die Zeitgenossen haben lange gebraucht, um in der Person des jüdischen Philosophen Moses Mendelssohn das zu erkennen, was er ist: ein »Weltweiser«, eine Lichtgestalt der Aufklärung und der Toleranz. David Friedländer hat sich auf seinem Grabstein als »Treuer Schüler und Freund des Weltweisen Moses Mendelssohn« bekannt. Kenntnislosigkeit diesem Repräsentanten der deutschen Kulturnation gegenüber reicht bis in unsere Zeit. Anders als bei Goethe und Schiller, für die Ernst Rietschel (1804–1861) mit dem im Jahr 1857 eingeweihten Doppelstandbild vor dem Weimarer Hoftheater ein weltweit bekanntes Symbol deutscher klassischer Kultur schafft und für die auch weitere Künstler und Bildhauer bedeutende Denkmäler errichten, fehlt bis heute ein vergleichbares, die intellektuelle Nähe und den Freundschaftsbund von Gotthold Ephraim Lessing und Moses Mendelssohn bezeugendes Denkmal.[2] In seinem 1779 erschienenen Stück *Nathan der Weise* hat Lessing dem hochgeschätzten Freund in der Figur des Nathan ein solches Denkmal gesetzt. In Berlin, Mendelssohns Hauptwirkungsort, hätte man auch vor der Shoa vergebens nach einer Spur des Philosophen gesucht. Erst im Sommer 2015 hat der israelische Künstler Micha Ullman, 1939 als Sohn deutscher Juden in Tel Aviv geboren, in Berlin einen neuen Gedenkort geschaffen: Unweit der aus dem Mittelalter erhaltenen Marienkirche, an der Ecke, wo sich heute die Span-

dauer und die Karl-Liebknecht-Straße kreuzen, hat zu Lebzeiten
das Wohnhaus von Moses Mendelssohn gestanden. Auch Lessing,
Karl Philipp Moritz, der Verleger Friedrich Nicolai, der Aufklärer
Johann Wilhelm Ludwig Gleim (1719–1803) oder der jüdische Philosoph Salomon Maimon haben in der unmittelbaren Nachbarschaft der Spandauer Straße gewohnt. Ullmanns Idee ist folgende:
Er legt die Fassade des ehemaligen Wohnhauses von Mendelssohn
als Relief auf den breiten Fußweg der Straße von heute, »Haus der
Hoffnung« nennt der Künstler dieses Erinnerungsprojekt. Bis jetzt
gibt es weder eine Gedenktafel noch einen Hinweis auf einen der
bedeutendsten Repräsentanten der Aufklärung, dessen größte Leistung es war, die Aufklärung in das Judentum zu tragen und damit
das moderne Judentum zu begründen. Nur die 1943 von der SS verwüstete und nach dem Krieg rekonstruierte Grabstelle auf dem Gelände des ehemaligen Jüdischen Friedhofs in der Großen Hamburger Straße erinnert an Moses Mendelssohn.

Dem Toleranzgedanken verpflichtet, gibt Gotthold Ephraim Lessing der Entwicklung des deutschen Theaters entscheidende Impulse und verhilft der Literatur der Aufklärung zu öffentlicher Wirkung. Er ist der erste deutsche Theaterdichter, dessen Werk bis
heute ohne Unterbrechung auf deutschen und internationalen
Bühnen aufgeführt wird. In seiner Berliner Zeit 1749–55 lernt er
Friedrich Nicolai und Moses Mendelssohn kennen und findet in
Letzterem schnell einen Freund und Geistesbruder, der ihm auch
über räumliche Distanzen hinweg erhalten bleibt. Der Freundschaftsbund vertieft sich vor allem während der längeren Berlin-
aufenthalte Lessings in den Jahren 1758–60 und 1765–67. Im Jahre
1760 wird Lessing Auswärtiges Mitglied der Berliner Akademie der
Wissenschaften – eine Ehrung, die dem Juden Moses Mendelssohn
nie zuerkannt worden ist. Er wird 1771 als Mitglied für die Akademie vorgeschlagen, aber aufgrund einer königlichen Anweisung abgelehnt. Beide, Lessing und Mendelssohn, wollen daran mitwirken,
die Menschen aus der »selbst verschuldeten Unmündigkeit« zu befreien, wie der Philosoph Immanuel Kant (1724–1804) das Ziel der

Aufklärung beschrieb. Mendelssohn ist Kant vielfältig verbunden und besucht ihn mehrfach in Königsberg. Augenzeugen berichteten von der Bewunderung junger Studenten, als Mendelssohn den Philosophen 1777 in einer Vorlesung aufsucht; sie bildeten »eine Gasse, als die beiden Weltweisen Hand in Hand den Hörsaal verließen«.[3]

Die guten, mitunter freundschaftlichen Kontakte Kants zu Juden, nicht nur zu Mendelssohn, sondern vor allem zu Marcus Herz oder dem Mathematiker und Philosophen Lazarus Bendavid, dürfen allerdings nicht über den theoretischen Antisemitismus in der Religionsphilosophie Kants und über den Widerspruch hinwegtäuschen, dass einer der bedeutendsten Philosophen der Aufklärung zugleich Antijudaist war. Ende des Jahres 1777 besucht Mendelssohn auch Lessing, es wird ihre letzte Begegnung sein. Als beharrlicher, dem Toleranzgedanken verpflichteter Aufklärer verbindet sich Lessing freundschaftlich nicht nur mit der Person von Moses Mendelssohn, er ist auch Freund der Juden. »Er hat zeitlebens die religiöse, intellektuelle, emotionale und ästhetische Gleichwertigkeit der Juden behauptet.«[4] Lessing verschafft durch seine Theaterstücke und theoretischen Schriften dem Freiheits- und Toleranzgedanken Geltung. Als Theologe und wichtigster Vertreter der deutschen Aufklärung festigt er zum einen das Selbstbewusstsein des Bürgertums, zum anderen befreit er die Religion vom Dogma der Kirche. Mendelssohn ist der erste Jude in Deutschland, der als »Weltweiser«, als Gravitationszentrum der jüdischen Aufklärung, Hochachtung und Freundschaft und damit uneingeschränkte Anerkennung und ungetrübtes Vertrauen so berühmter Aufklärer wie Lessing gewinnen kann und gleichwohl der jüdischen Religion fest verbunden bleibt.

Mendelssohn ist immer einer doppelten Herausforderung ausgesetzt gewesen. Er will als Aufklärer überzeugen und zugleich ein selbstbewusster Jude bleiben – eine vor dem Hintergrund der rechtlosen Stellung der Juden fast unmögliche Selbstverpflichtung. Seine Position als Aufklärer ist im Judentum nicht unangefochten, seine Aufklärungsintentionen sind vor allem im Kreis der jüdischen Orthodoxie umstritten. Kraft seiner differenzierten Überzeugung, seiner Demut, seines Langmuts gelingt es ihm, zur Symbolfigur der jüdischen Aufklärung zu werden und als Repräsentant der Haskala in die nichtjüdische Berliner Öffentlichkeit hineinzuwirken.

Es ist Moses Mendelssohn, der als Erster in der September-Nummer der *Berlinischen Monatsschrift* von 1784 seinen Aufsatz *Über die Frage: was heißt aufklären?* veröffentlicht. Erst dann folgt in der Dezember-Nummer Kants berühmte Beantwortung der Frage: *Was ist Aufklärung?* In Berlin und in Königsberg diskutiert die jüdische Aufklärungsbewegung ihr Selbstverständnis. 1786 schreibt der damals 30-jährige Karl Philipp Moritz in seinem Essay *Ueber Moses Mendelssohn:* »Alle seine Gespräche, ja man könnte sagen, jedes Wort von ihm war lehrreich und unterrichtend; weil er kein einziges Wort überflüßig oder am unrechten Ort sagte (...). Schon sein b e j a h e n d e s Kopfnicken in der Unterredung war sehr bedeutend – und man konnte sicher darauf bauen – denn auch jede seiner Geberden war dem auf weise Ueberlegung gegründeten, feststehenden Gedanken heilig, dem sie zum lebendigen Ausdruck dienen sollte. (...) In seiner Gegenwart war einem wohl – man fühlte sich schon durch seinen Anblick erhoben und ermuntert – und nie ist vielleicht einer ungebessert von ihm gegangen.«

Da es in Berlin nie ein die Juden räumlich isolierendes Ghetto gegeben hat, konzentriert sich Mendelssohns Wirken darauf, dass die Berliner Juden aus ihrer kulturellen Isolation herausfinden. Dafür müssen sie die deutsche Sprache beherrschen. Eines der Großprojekte der Haskala ist Moses Mendelssohns Pentateuchübersetzung. Er übersetzt die fünf Bücher Mose ins Deutsche, schreibt die deutschen Wörter aber in hebräischen Buchstaben auf. Die Übersetzung kann also in der jüdischen Schule als deutscher Text gelehrt werden, die Schüler können die deutsche Sprache anhand des heiligen Textes erlernen. Wenngleich Mendelssohn keinen Salon führt, kommt sein offenes und gastfreundliches Gelehrtenhaus dem Charakter der aufgeklärten jüdischen Salons doch sehr nahe.

Seine Frau, Fromet Mendelssohn (1737–1812), hält sich allerdings stets bescheiden im Hintergrund. Auch David Friedländer (1750–1834), den Mendelssohn 1771 kennenlernt, verkehrt dort. Der in Königsberg geborene junge wohlhabende Fabrikantensohn kommt nach Berlin und wird Mendelsohns Schüler und Freund. In der Folgezeit gehören Mendelssohn und Friedländer zu den prominentesten Vertretern der Haskala. Als erfolgreicher Kaufmann setzt Friedländer seinen Wohlstand ein, er fördert und unterstützt diverse Projekte der Haskala. 1778 gründet er gemeinsam mit seinem Schwager Daniel Itzig die jüdische »Freischule für Knaben« sowie eine ihr angeschlossene Buchdruckerei und löst damit eine wichtige Forderung Mendelssohns ein: Er schafft schulische Bildungseinrichtungen für arme Juden. Die »Freischule« ist kostenlos, Kinder aller Konfessionen sollen sich kennenlernen und gemeinsam unterrichtet werden. Der Lehrplan bietet Naturwissenschaften, Englisch, Französisch, Griechisch und Latein an; Friedländer lehnt das traditionelle unsystematische Talmudlernen ab, an seine Stelle sollen an der Aufklärung orientierte Bildung und Kultur treten. Die Integration der Mädchen in schulische, gar in eine universitäre Bildung liegt allerdings noch in weiter Ferne. Mendelssohn schreibt Beiträge für das Lesebuch dieser Schule und wohnt auch den öffentlichen Prüfungen bei. 1786 gibt Friedländer mit weiteren Mitarbeitern das Buch *Gebete der Juden* heraus, es fasst die wichtigsten, von ihm aus dem Hebräischen ins Hochdeutsche übersetzten jüdischen Gebete zusammen. Die Bedeutung dieser Übersetzung für den deutsch-jüdischen Alltag zeigt sich beispielhaft bei der Lektüre der Lebenserinnerungen von Henriette Herz, wenn sie berichtet, wie die Mädchen in hebräischer Sprache beten mussten, ohne dass sie verstanden, was sie beteten: »Ich erinnere mich wohl, mit Andacht und Inbrunst zuweilen so gebetet zu haben, besonders aber, wenn es gewitterte, was mich immer sehr ängstigte, dann sagte ich geschwind viele, irgendwelche Gebete hintereinander her. Jetzt tun die Judenkinder dies freilich nicht mehr, denn die Gebete sind ins Deutsche übersetzt worden.«[5]

1783, drei Jahre vor seinem Tod, gibt Mendelssohn eine seiner wichtigsten Schriften, *Jerusalem oder über religiöse Macht und Judentum* heraus. Darin bekennt er sich zum Judentum als einer allgemeinen Menschenreligion, die nicht wie das Christentum auf Offenbarung beruht, sondern auf den von Moses empfangenen Gesetzen. Er umreißt das Grundverständnis des Judentums als einer Gesetzesreligion, in deren Mittelpunkt die Treue gegenüber den Zeremonialgesetzen und der Messiasglaube stehen. Er gibt entscheidende Impulse für einen innerjüdischen Dialog, indem er für Gewissensfreiheit und Toleranz plädiert. Er setzt sich mit antijüdischen Vorurteilen auseinander und reflektiert diese im Rahmen seiner aufklärerischen Forderungen nach Toleranz und Menschenrechten für alle Menschen und befürwortet eine Überprüfung der Prinzipien des jüdischen Glaubens.

16 Jahre später, 1799, stößt David Friedländer mit der Veröffentlichung seines *Sendschreibens* eine Debatte an, die im Widerspruch steht zu den Überzeugungen seines Lehrers. Er und auch andere jüngere jüdische Aufklärer halten an der Zielsetzung, der Emanzipation und Integration der Juden fest, aber Friedländer empfiehlt die Aufgabe der Zeremonialgesetze und unter bestimmten Einschränkungen auch die der Taufe und löst damit eine heftige Kontroverse aus. Nicht nur prominente Rabbiner, auch christliche Theologen wie Friedrich Schleiermacher grenzen sich von diesen Empfehlungen ab.

Seit 1808, im Rahmen der Stein-Hardenberg'schen Reformen, verbessert sich die gesetzliche Situation der Juden. So kann auf der Basis der neuen Städteordnung, die auch Juden einzelne stätische Ehrenämter zugesteht, David Friedländer zu dem ersten jüdischen Stadtrat in Berlin werden. Moses Mendelssohn und sein Schüler wollen in ihrem Engagement für die Emanzipation der Juden immer zugleich auch die innerjüdischen Reformen voranbringen. Es geht ihnen dabei um die Modernisierung und Öffnung der Juden für die deutsche Gesellschaft. Die jüdischen Aufklärer, in ihrer Selbstbezeichnung Maskilim genannt, müssen dabei den jahrzehntelangen intellektuellen, politischen, kulturellen und sozialen

Vorsprung aufholen, den die englische, die französische und die deutsche Aufklärung haben. In seiner langen Auseinandersetzung mit den traditionalistischen Rabbinern beklagt David Friedländer deren Kampf gegen Vernunft und Aufklärung und kritisiert ihren Machtanspruch und ihre Herrschsucht. Für die radikalen Maskilim wie David Friedländer, Saul Ascher (1767–1822) oder den Kant-Anhänger Lazarus Bendavid ist die Forderung nach Emanzipation und Aufklärung des Judentums gebunden an einen Bruch mit der erstarrten rabbinischen Tradition.

In seiner Person löst David Friedländer die eigenen Forderungen nach Emanzipation und Integration ein. Aufgrund seiner umfassenden Bildung, seiner Sprachkenntnisse und seiner rhetorischen Gewandtheit ist er als Jude in die Berliner Gesellschaft integriert. Er führt selbst ein offenes Haus, verkehrt als Freund bei den Mendelssohns, ist Freund und Mentor von Wilhelm von Humboldt und eng verbunden mit Henriette und Marcus Herz. Er ist Mitglied der Gesellschaft der Freunde und des Vereins für Cultur und Wissenschaft der Juden, er sitzt im Vorstand der jüdischen Gemeinde und wirkt als erster Stadtrat Berlins auch vermittelnd für die Belange der bürgerlichen Verbesserung der Juden. Kreise wie diese können als Avantgarde verstanden werden, die weitgehend von Antisemitismus verschont bleiben. Ein antisemitischer Nährboden ist in der Gesellschaft der preußischen Hauptstadt dennoch immer vorhanden.

Der hebräische Begriff der Haskala ist dreifach gefüllt. Er bezeichnet zunächst einmal die jüdische Aufklärung als Epoche, er steht sodann für die Leistung der jüdischen Aufklärer, der Maskilim, und für die innerjüdische Aufklärungs- und Reformbewegung.[6] An der Person von Moses Mendelssohn oder der von David Friedländer lässt sich exemplarisch verdeutlichen, dass die Haskala die erste Bewegung in der jüdischen Geschichte war, die nicht von Rabbinern getragen wurde, sondern von einer gebildeten säkularen jüdischen Avantgarde. Im Rahmen der europäischen Aufklärung ist die Haskala eine bildungsbürgerliche Aufklärungsbewegung, die sich keinesfalls antireligiös versteht. Die Maskilim sind religionskritisch, sie wollen die jüdische Religion aber nicht infrage stellen oder verwerfen, sondern sie verändern und weiterentwickeln. Eine deutliche Opposition entwickeln sie gegenüber der jüdischen Orthodoxie. Die Haskala hat ihren Ursprung vor allem in Preußen und verbreitet sich von hier aus in ganz Europa. Zentren gibt es neben Berlin und Königsberg vor allem in Breslau, Prag und Wien. Es werden eigene Zeitschriften und Publikationen herausgegeben und damit eine breite Öffentlichkeit gesucht. Die Haskala kann auf keine eigene Tradition zurückgreifen und sucht und findet ihre Vorbilder deshalb in der nichtjüdischen europäischen Aufklärung. Im Zentrum steht die Frage, ob die jüdische Religion, das heißt die rabbinische Tradition des Judentums, einer Reform unterworfen werden und damit den modernen Entwicklungen im Bildungsbereich, im Bereich der bürgerlichen Kultur und auf staatspolitischer Ebene entsprechen kann. Gegründet auf das Wirken von Moses Mendelssohn in Preußen ab 1770, beginnt mit der Haskala das moderne Judentum. Diese Aufklärungsbewegung richtet sich nicht nur an Juden, sondern auch an Christen; sie hat einen jüdischen Binnendiskurs und einen nichtjüdischen Außendiskurs. Damit erkennt sie den jüdischen Aufklärern eine zweifache Vermittlungsfunktion zu. Es soll eine vernunftorientierte Bewegung für alle werden – und das heißt auch für die Frauen. Die Haskala ist also sowohl eine Aufklärung der Gelehrten wie eine des Volkes. Das Studium verlangt jetzt nicht mehr nur das Talmud-Lernen, es findet eine Öffnung statt zum damals anerkanntem Allgemeinwissen, zur Musik und der Musikgeschichte, zu europäischen Sprachen, zur Philosophie und zu den neuen Erkenntnissen der Naturwissenschaften. Die Integration der Juden erfordert die Bereitschaft, auf Kleidungs-, Essens- und Kommunikationsvorschriften zu verzichten. Das noch am Ende des 18. Jahrhunderts gebräuchliche Jiddisch ist eine Minderheitensprache und als Schriftsprache nicht vergleichbar hoch entwickelt wie das Deutsche oder das Hebräische. Der Aufklärungsdiskurs setzt die Beherrschung der deutschen Sprache voraus.

Die Anforderungen an eine gelingerde Akkulturation sind für die aus den unterschiedlichsten religiösen und soziokulturellen Zusammenhängen stammenden Maskilim also außerordentlich hoch. Angeregt durch Moses Mendelssohn, hat der protestantische preußische Staatsbeamte Christian Wilhelm Dohm (1751–1820) im Jahr 1781 seine Schrift *Ueber die bürgerliche Verbesserung der Juden* veröffentlicht und damit eine breite Debatte über die rechtlose Stellung der Juden im preußischen Staat und weit darüber hinaus eröffnet. Es ist die erste Schrift dieser Art. Mit der Forderung nach Gleichberechtigung will Dohm die Juden vom Rand in die Mitte der Gesellschaft holen, er will sie aus ihrer beruflichen Isolierung befreien und sie den preußischen Staatsbürgern gleichstellen. Aufklärung und Bildung der Juden sind nunmehr eine unverzichtbare Voraussetzung für die Überwindung ihrer politischen, wirtschaftlichen und rechtlichen Unterdrückung. Drei Ziele sollen eine »bürgerliche Verbesserung« garantieren: rechtliche Gleichstellung, freie Religionsausübung und freie Berufswahl. Dadurch sollen die Juden in die bürgerliche Mehrheitsgesellschaft integriert und zu wirtschaftlich nützlichen Untertanen im preußischen Staat gemacht werden. Die die Aufklärungsintention begleitenden antijüdischen Züge des aus einem Pastorenhaushalt stammenden preußischen Diplomaten Dohm erklären sich auch aus seiner Bewunderung für Friedrich II. Für die seit den Siebzigerjahren des 18. Jahrhunderts während Haskala ist das Emanzipationsedikt von 1812, das die Juden zu »Einländern und preußischen Staatsbürgern« macht, eine deutliche Zäsur. Obwohl schon der Code Napoléon einen ersten Beitrag zur staatsbürgerlichen Emanzipation der Juden geleistet hat, werden erst dann wesentliche Ziele für die Integration der Juden in den Staat, in Berufe und in die Gesellschaft in Deutschland erreicht.

Ohne den Einfluss, den die Haskala auf das intellektuelle Klima der preußischen Hauptstadt nimmt, ist der in den jüdischen Salons herrschende Bürgergeist nicht erklärbar. In dem Maße, wie die Salons sich zu Zentren der jüdischen Emanzipation entwickeln, werden wichtige Forderungen der Berliner Haskala eingelöst. Dies geht einher mit der wachsenden Dominanz der deutschen Kultur gegenüber der hebräischen: Die Maskilim aus den mittleren und unteren Schichten werden von Angehörigen der jüdischen Oberschicht, des Großbürgertums und des Adels dominiert. Mendelssohns Engagement für die Integration der Juden ist in besonderem Maße wichtig für die jungen jüdischen Frauen, es ist gleichsam die Voraussetzung für das Entstehen ihrer späteren Salons. Ein weiterer Grund liegt in der speziellen Situation des Hofes begründet: »Das Fehlen einer eigentlichen Hofgesellschaft im damaligen Berlin hat sicher auch der emanzipatorischen Tendenz der jungen jüdischen Salonièren Vorschub geleistet.«[7] Nach dem Tod Friedrichs II. 1786 wandelt sich das friderizianische Prinzip von Maß, Strenge und Nüchternheit auch auf gesellschaftlicher Ebene. In der preußischen Hauptstadt lockern sich die gesellschaftlichen Konventionen. Neue Lebensformen und Konversationsmöglichkeiten werden erprobt und begünstigen das Entstehen der jüdischen Salons. Glanz und Erfolg der Berliner Salons können allerdings nicht darüber hinwegtäuschen, dass es sich hierbei nur um ein vorübergehendes Zwischenspiel in der Geschichte der deutsch-jüdischen Beziehungen handelt: Für eine kurze Zeit verbünden sich Juden- und Frauenemanzipation und schaffen eine Verbindung, die sich so nie mehr wiederholen wird. Jüdische Frauen sind in den Berliner Salons die Gastgeberinnen der preußischen Aristokratie und Intelligenz, sie schaffen damit eine Form der Geselligkeit, die Aufsehen wie auch Neid erregt. Das damals spröde, karge, nüchterne Berlin erlebt über mehr als ein Jahrzehnt hinweg eine bisher nicht bekannte offene Gastlichkeit auf höchstem intellektuellem Niveau. Die Höhe der Berliner Salonkultur soll im Folgenden anhand der beiden berühmtesten Salons, dem von Henriette Herz und dem von Rahel Varnhagen, dargestellt werden.

## Der Doppelsalon von Henriette und Marcus Herz

Henriette Herz verkehrt schon früh im Hause von Moses Mendelssohn. Das intellektuelle Klima sowie die dort erfahrene Gesprächskultur setzen Maßstäbe für sie und werden zu einem Leitbild für ihren Salon. In ihren Lebenserinnerungen berichtet sie davon:»Nur von einem Gelehrten Berlins lässt sich sagen, daß er ein Haus machte [...]. Es war dies Moses Mendelssohn. Das Haus dieses trefflichen Mannes, dessen Einkünfte als Disponent in einer Seidenwarenhandlung im Verein mit dem Ertrage seiner schriftstellerischen Arbeiten immer noch wenig bedeutend waren und welchem die Sorge für sechs Kinder oblag, war dennoch ein offenes. Selten berührte ein fremder Gelehrter Berlin, ohne sich bei ihm einführen zu lassen. Seine und der Seinigen Freunde kamen ungeladen, daher auch die geistreichen Freundinnen der Töchter des Hauses. Fehlten alte orthodoxe Juden ebenfalls nicht, gegen welche Mendelssohn sich stets als ein freundlich gesinnter Glaubensgenosse erwies, so waren es doch die intelligentesten der Stadt. Und Mendelssohn übte diese ausgedehnte Gastfreundschaft, ungeachtet die Familie sich ihrethalben große Beschränkungen auferlegen musste.«[8] Es folgt ein bedeutsames Detail, das den differenzierten Blick der Autorin zeigt, aber auch die materiellen Bedingungen im Hause Mendelssohn: Die Genüsse, welche sein Haus den Gästen bietet, dürfen »die Grenzen strengster Mäßigkeit nicht überschreiten«. Als Freundin der Töchter des Hauses weiß Henriette Herz,»daß die würdige Hausfrau die Rosinen und Mandeln, damals ein Naschwerk de rigueur, in einem bestimmten Verhältnis je nach der Zahl der Gäste in die Präsentierteller hineinzählte, bevor sie in das Gesellschaftszimmer gebracht wurden.«[9] Überhaupt ist der Vorbildcharakter von Moses Mendelssohn, sein diskursorientiertes Kommunikationsverhalten und die Art seiner Geselligkeit in seiner Bedeutung für die Berliner Salonkultur insgesamt nicht hoch genug einzuschätzen.

Die außergewöhnlich gute und umfassende Bildung, die wohlhabende oder reiche jüdische Väter ihren Töchtern zukommen ließen, ist die Voraussetzung dafür, dass jüdische Salonièren den weitaus größeren Anteil an den frühen Berliner Salons haben. Sie sind meistens weitaus gebildeter als die Frauen aus dem großbürgerlichen christlichen Umfeld. »Die christlichen Häuser Berlins boten (...) nichts, welches dem, was jene jüdischen an geistiger Geselligkeit boten, gleichgekommen oder nur ähnlich gewesen wäre«, schreibt Henriette Herz.[10] Und sie präzisiert: »Von einem christlichen bürgerlichen Mittelstande, welcher andere geistige Interessen gehabt hätte als diejenigen, welche der äußere Beruf etwa anregte, war damals hier noch nicht die Rede. Es gab da viele ehrenwerte Familientugenden, aber jedenfalls noch mehr geistige Beschränktheit und Unbildung. Der höhere christliche Kaufmannsstand zählte nur noch wenige Mitglieder, und es stand bei ihm in geistiger Beziehung nicht viel anders. In den Häusern desselben wurden wohl große prächtige Gastmähler und Feste gegeben, die Töchter des Hauses wurden in dem verweichlichendsten Luxus erzogen, aber von Bildung ward nur der äußerlichste Firnis angestrebt. Von dem Beamtenstande war der niedere bei geringen Einkünften mit Amtsgeschäften überhäuft, die Not in den Büros und die Not im Hause, letztere durch die oft zahlreiche Familie verursacht, drückte jede etwa erstrebte geistige Erhebung sofort nieder. – Die hohen Zivil- und Militärbeamten teilten das Geschick des Hofes, welchem der bei weitem größte Teil durch adelige Geburt angehörte und welchem eine geistreiche und anregende Geselligkeit gänzlich abging.«[11] Das emanzipatorische Potenzial sowohl der bürgerlichen europäischen Aufklärung als auch der Haskala hat eine hohe Bedeutung für die Frauen, insbesondere sorgt es für den Aufbruch der jüdischen Frauen, steigert ihren Wunsch nach intellektuellem Austausch und ist Voraussetzung für die Entstehung der Salons. Dem Bildungsbedürfnis der jüdischen Frauen entspricht ein besonderes Interesse für belletristische Literatur. Die durch ihre Initiative entstehenden jüdischen Salons figurieren als gesellschaftliche und intellektuelle Freiräume gegenüber der ständisch gegliederten Gesellschaft und bieten ein Forum für das Zusammentreffen von Vertreterinnen unterschiedlicher Stände und Glaubensrichtungen.

Kennzeichen aller Salons ist, dass sie von einer Frau geleitet werden. Die Salons, die gegen Ende des 18. Jahrhunderts in Berlin entstehen, haben eine andere soziale Struktur als die nichtjüdischen bürgerlichen Salons. Hier begegnen sich Vertreter des Adels, des Großbürgertums und Intellektuelle, vor allem treffen sich dort aber wohlhabende jüdische Bürger. Um einen Salon führen zu können, mussten entsprechende Räume zur Verfügung stehen, meistens ein Haus, das den Stadtpalästen des Adels vergleichbar war. Wer einen Salon initiieren wollte, verfügte meistens über eine außergewöhnliche Bildung, über eine gute Erziehung und soziales Ansehen. Dieses ist in der Regel über die gesellschaftliche Position des Mannes vermittelt, die wiederum eine deutliche Aufwertung erfährt durch das Ansehen des Salons.

Die 1764 geborene Henriette de Lemos ist eine Vatertochter. Ihr Vater Benjamin de Lemos (1711–1789) ist ein portugiesischer Jude, ein Sepharde, dessen Vater mit seiner Familie vor der Inquisition nach Deutschland geflohen ist. Er studiert »Arzneiwissenschaft« und Medizin und wird, wie seine Tochter berichtet, »der erste Arzt jüdischer Nation«, später Direktor des Jüdischen Krankenhauses in Berlin.[12] In zweiter Ehe heiratet er Esther de Charleville (1742–1817), auch sie Tochter eines jüdischen Arztes. »Ich war das erste Kind in seiner zweiten Ehe. Die Kinder der ersten waren noch vor der Mutter gestorben, und er liebte mich sehr«, erzählt Henriette Herz in ihren Lebenserinnerungen.[13] Der Vater ist »selbst im Alter noch schön«, er kleidet sich sorgfältig und anspruchsvoll. In seinem privaten Leben führt Benjamin de Lemos das Leben eines frommen Juden und regiert in patriarchalischem Stil die Familie. Henriette Herz verortet sich über die Herkunft und den Glauben ihres Vaters: »Mein Vater lebte streng im Gesetz seines Glaubens […]. Das Haus war völlig nach jüdischen Gesetzen und Gebräuchen eingerichtet.«[14] Auch die Mutter lebt streng nach orthodoxen Gesetzen. Wenn Henriette Herz über ihre Entwicklung berichtet, wird sie eine typische jüdische Kindheit und Jugend darstellen. Ihre Mutter verhält sich ihr gegenüber kalt und gefühllos, sogar »unfreundlich«. Sie »hatte weder Talent noch Geduld, mich in irgendetwas zu unterrichten«. Zwar wird sie als fleißige Hausfrau, sorgende Mutter der Geschwister und liebende Gattin beschrieben, doch ihr »ewiges Zanken, das ich immer für ungerecht hielt«, ist der ältesten Tochter so »zuwider«, dass sie sich früh von der Mutter abgrenzt.[15] Die selbstgeschaffene Distanz verstellt aber nicht das Verständnis für ihre Mutter, die früher einmal eine schöne Frau gewesen sein muss. Henriette hingegen kennt sie »nur kränklich und mit bösen Augen«, was von dem unaufhörlichen »Weinen über den Tod eines zweijährigen Knaben« herrührt.[16] Die Mutter liebt ihren Mann »bis zur Anbetung, was er ihr auch ebenso erwiderte. [...] Nie war ein Streit oder ein unfreundliches Wort zwischen ihnen zu hören.«[17] Die Tochter erhält eine hervorragende Erziehung und ist selber ausgesprochen bildungsinteressiert. Henriette de Lemos geht zunächst zur Schule, wird dann aber von privaten Lehrern unterrichtet. Da sie außerordentlich sprachbegabt ist, wird sie vor allem in mehreren Sprachen sehr gut ausgebildet. »Ich hörte sehr früh auf zu spielen, und früher vielleicht, als es gut für mich war, fand ich Geschmack am Lesen.«[18] Sie holt sich Bücher aus der unweit des elterlichen Hauses gelegenen »Viewegschen Leihbibliothek« in der Spandauer Straße. Eine Lektüre führt zur nächsten – Henriette Herz hat zeit ihres Lebens enorm viel gelesen, in der frühen Kindheit unter dem strengen Blick des Vaters, der sich nach getaner Arbeit vor allem dem Thorastudium widmet.

Im Alter von 13 Jahren wird sie der jüdischen Tradition entsprechend vom Vater mit dem 17 Jahre älteren Marcus Herz verlobt, das Paar findet schnell zueinander. Henriette de Lemos schildert die Verlobungsfeier: »Meine Eltern waren sehr vergnügt und zärtlich und liebevoll gegeneinander wie immer – eine Nachbarin machte Marcus aufmerksam darauf und sagte, daß es eine Freude sei, eine solche Ehe zu sehen – gedulden Sie sich ein paar Jahre, antwortete er, und sie sollen eine zweite sehen.«[19] 1779, zwei Jahre später, heiratet das Paar und lebt bis zu dem frühen Tod von Marcus Herz 1803, er ist damals gerade 56 Jahre alt, ähnlich harmonisch zusammen wie Henriettes Eltern. Henriette Herz schildert ihren Mann als »klein und hässlich«, er hätte aber »ein geistreiches Ge-

sicht und den Ruf eines Gelehrten«.[20] Gegen Ende ihres Lebens beschreibt sie eine Begegnung mit dem Prinzen Louis Ferdinand, die
ihr die Möglichkeit gibt, aus der Distanz die Beziehung zu ihrem
verstorbenen Mann zu überdenken. An die ebenfalls anwesende
Herzogin von Kurland gewandt, ruft der Prinz aus:»Betrachten
Sie diese Frau! [...] Und diese Frau ist nie geliebt worden, wie sie
es verdiente!‹ – Recht hatte er in letzterem freilich. So unendlich
gut mein Mann gegen mich war, so liebend er sich die Bildung meines Geistes angelegen sein ließ, so vertrauensvoll er mir alle Freiheit gewährte, die mir das Leben verschönen konnte, eine Liebe,
wie ich sie im Herzen trug, kannte er nicht, ja wenn ich sie äußerte,
wies er sie gleich einer Kinderei zurück.«[21]

Marcus Herz wird 1747 in Berlin geboren, sein Vater ist ein armer
Thoraschreiber der Berliner Jüdischen Gemeinde. Die Eltern schi-
cken den begabten Sohn früh nach Königsberg, wo er sich nicht
der für ihn vorgesehenen kaufmännischen Ausbildung widmet,
sondern sehr schnell den Weg in die Medizin und die Philosophie
findet. Er studiert bei Immanuel Kant und gilt als ein von diesem
hochgeschätzter Schüler. Der Sohn des Thoraschreibers wird das
Leben eines weltlichen Gelehrten führen. Er wird sich zu einem
bedeutenden jüdischen Arzt und Philosophen der Aufklärung entwickeln.[22] Kant erkennt rasch sein großes Talent, er fördert ihn
und schickt ihn mit einem Empfehlungsschreiben zu Moses Mendelssohn nach Berlin. Hier hat Marcus Herz nicht die finanziellen
Mittel, um sein Medizinstudium fortzusetzen. Der über Mendelssohn vermittelte David Friedländer ermöglicht es Herz, sein Studium am Berliner Collegium medico-chirurgicum fortzusetzen. Da
es in Berlin noch keine Universität gibt, setzt Herz sein Studium an
der Fridericiana in Halle fort und erwirbt dort 1774 den Doktorti-
tel. Mit Kant bleibt er weiter in Kontakt, er tauscht Briefe mit ihm
aus und verbreitet Kants Ideen in Berlin. Marcus Herz findet eine
Stelle am Jüdischen Hospital in Berlin und übernimmt 1792 dessen Leitung. Er löst Benjamin de Lemos, den Vater von Henriette
Herz, ab, der bis zu diesem Zeitpunkt das Krankenhaus geleitet hat.

Drei Jahrzehnte wirkt Marcus Herz dort und unterrichtet nebenbei auch die jüdischen Studenten des Collegium medico-chirurgicum. Er ist nicht nur einer der angesehensten jüdischen Ärzte Berlins, er kann mit Recht als bekanntester jüdischer Arzt im Deutschland des 18. Jahrhunderts gelten.[23] Schnell engagiert er sich in der Debatte um die bürgerliche Verbesserung der Juden, 1785 wird er zum Waldeckschen Hofrat und Leibarzt ernannt und behandelt noch Moses Mendelssohn bis zu dessen Tod 1786. Als erster deutscher Jude wird Marcus Herz 1787 vom preußischen König zum Professor ernannt, allerdings nicht für eine medizinische Lehreinrichtung, sondern für Philosophie. 1792 scheitert seine Aufnahme in die Preußische Akademie der Wissenschaften an seiner jüdischen Herkunft. Marcus Herz gelingt es dennoch, sich höchstes Ansehen nicht nur als Arzt, sondern auch als Repräsentant der medizinischen Ebene der Haskala zu erwerben. Das Haus des Ehepaars Herz in der Friedrichstraße gilt als eines der Zentren der Berliner Aufklärung überhaupt. Marcus Herz gibt mehrere philosophische und medizinische Werke heraus. Er beteiligt sich an der Debatte um die »bürgerliche Verbesserung der Juden«, nachdem 1781 der erste Teil von Dohms Schrift erschienen ist. 1789 polemisiert er mit einer Schrift gegen die zu frühe Beerdigung der Toten bei den Juden. Die unmittelbar nach dem Tod zu vollziehende Beisetzung gilt als selbstverständlicher jüdischer Brauch und entspricht bis zum Ende des 18. Jahrhunderts dem halachischen Gesetz. Dies führt aber bei dem aufgeklärten Bürgertum immer häufiger zu einer »Scheintod-Panik«. Man hat Angst, zu früh und damit lebendig begraben zu werden. Herz sucht nach einer neuen aufgeklärten Form des Begräbnisrituals und gerät dabei in erhebliche Konflikte mit der rabbinischen Tradition.[24] Er hat viele Christen unter seinen Patienten, er schreibt eine Krankengeschichte sowohl von Moses Mendelssohn als auch von dem eng mit ihm befreundeten Karl Philipp Moritz.

Der Salon seiner Frau Henriette Herz weist zwei Besonderheiten auf: Er ist der erste literarische Salon Berlins und er ist ein Doppelsalon. Schon kurz nach seiner Eheschließung 1779 beginnt Marcus Herz damit, in seiner Wohnung »philosophische Collegia« zu lesen,

zu welchen sich ein ausgesuchtes Publikum einfindet. Er ist der
erste Jude, der als Philosoph und Naturwissenschaftler dort regelmäßige philosophische und physikalische Gesprächs- und Vortrags-
abende anbietet, an denen sowohl Studenten als auch Gelehrte, Juden und Nichtjuden und natürlich seine damals erst 16 Jahre alte
Frau teilnehmen. Marcus Herz wird im damaligen Berlin bereits
zu den »jetztlebenden Gelehrten« gezählt, seine Vorlesungen werden in der Berliner Tagespresse angekündigt.[25] Trotz ihres Alters
ist Henriette Herz in der Lage, das profunde Wissen ihres Mannes
zu ermessen und wertzuschätzen. Sie hilft ihm bei den durch Experimente erläuterten Physikvorlesungen, der junge Gelehrte hat
schon damals »vortreffliche Instrumente und Apparate« zur Verfügung. Dem häuslichen Auditorium gehören »viele der ausge-
zeichneten Notabilitäten« an wie zum Beispiel »die jüngeren Brüder des Königs« und der »damals etwa fünfjährige Kronprinz« samt
dem Erzieher Delbrück.[26] Henriette Herz schildert, dass sich damals auch in Deutschland die Erfindung des Blitzableiters durch-
setzt und Marcus Herz aufgrund seiner physikalischen Kenntnisse
als Berater hingezogen wird, als zum Beispiel ein Blitzableiter im
Schloss Tegel errichtet werden soll und Wilhelm und Alexander
von Humboldt, 16 und 17 Jahre alt, deshalb in seinen Vorlesungen
auftauchen. Henriette Herz lernt die Humboldt-Brüder also schon
früh kennen. Es kommen der Geheimrat Christian Gottlieb Selle
(1748–1800), er ist der Leibarzt des Königs, hat aber auch Marcus
Herz unter seinen Patienten, und Gottlob Johann Christian Kunth
(1757–1829), der Erzieher der Brüder Humboldt. Es kommen Gottfried Schadow und David Friedländer. »So jung und unwissend ich
auch war, unterhielten sie [die Gäste] sich doch viel mit mir, weil
sie mir und auch wohl sich selbst einbildeten, ich sei klug, weil
ich hübsch war; doch waren diese Gespräche nicht ohne Nutzen
für mich, denn es waren größtenteils gescheite Leute, die sie führ-
ten, und konnten sie auch nicht immer *mit* mir sprechen, so sprachen sie doch *zu* mir.«[27] Henriette Herz ist beeindruckt von den
Wissenschaftlern. Ihr Mann bringt sie in seinem aufklärerischen
Impetus sogar dazu, auch naturwissenschaftliche Texte zu lesen.

Dokumentiert ist beispielsweise Henriettes Einblick in das Werk des damals berühmten Mathematikers Leonhard Euler (1707–1783): »Das erste Buch, das ich ganz eigentlich unter Leitung meines Mannes las, war Eulers *Brief an eine deutsche Prinzessin*. War Herz schon zu sehr beschäftigt, um mich eigentlich unterrichten zu können, so konnte er mir doch manches erklären, was ich nicht verstand.«[28] Marcus Herz ist zudem die hohe Begabung seiner Frau für fremde Sprachen aufgefallen, er fördert diese Fähigkeiten, indem er ihr private Lehrer ins Haus holt. Henriette Herz beherrscht mehrere lebende und tote Sprachen fließend, vor allem Hebräisch, Griechisch und Latein, Französisch, Englisch, Italienisch, Spanisch und etwas Sanskrit. Sie liest die Texte im Original und spricht in der jeweiligen Sprache darüber. Hierin ist sie Herz haushoch überlegen, ihre Fähigkeiten kann sie im gesellschaftlichen Leben der Zeit zum Tragen bringen.

Das Hauptinteresse von Henriette Herz gilt der Literatur und der mit Lessing befreundete Gatte respektiert die Neigung seiner Frau, wenngleich er sie in diesem Umfang nicht teilt. Hier der Aufklärer, dort die Repräsentantin der frühromantischen Empfindsamkeit und des Sturm und Drang – es sind zwei unterschiedliche Kreise, die sich auch in unterschiedlichen Räumen aufhalten. Der Wissenschaftsdiskurs ist durch Männer repräsentiert, den ästhetischen Diskurs führen die Frauen. Hier diskutieren die Gelehrten um Marcus Herz, dort tagen die an Dichtung, Kunst, Musik und Theater Interessierten, Romane, Theaterstücke und Gedichte Lesenden mit ihren intensiven Gesprächen über damals neu entstehende Literatur. Man liest Novalis, beschäftigt sich mit den Ideen der Frühromantiker, man macht sich die Gedankenwelt der Klassiker zu eigen: »Man suchte sich mit der deutschen schönen Literatur in ihrem ganzen Umfange bekannt zu machen, und eine besondere Gunst des Geschickes wollte, daß die Blütezeit derselben eben damals begann. Ihre Meisterwerke wurden mit uns.«[29] Im Salon der Henriette Herz trinkt man Tee, Essen wird nur in bescheidenem Umfang gereicht.

Beide Salons sind experimentelle Kommunikationsräume. Einer

der Gäste ist der schwedische Diplomat und deutsche Dichter Karl Gustav von Brinkmann (1764–1847), den später eine intensive Freundschaft auch mit Rahel Varnhagen verbindet. Auf seinen umfangreichen Reisen hat Brinkmann in Weimar Christoph Martin Wieland kennengelernt, er ist Mitarbeiter an Schillers *Musenalmanach* und später Anhänger der Berliner Romantik. Ein weiterer Gast ist der Bildhauer Gottfried Schadow, er wird in diesem Salon seine spätere Frau Marianne Devidels kennenlernen. Schadow fertigt 1783 eine Büste von Henriette Herz an, die sich heute in Privatbesitz befindet. Auch eine um 1800 entstandene Zeichnung von Schadow zeigt sie im Kreis ihrer Freunde, im Vordergrund mit Abraham Mendelssohn am Klavier. Zu dem Kreis von Henriette Herz gehören Alexander Graf von Dohna (1771–1831), der spätere preußische Innenminister, wie auch der Philosoph und Schriftsteller Friedrich Schlegel (1772–1829). Dieser begegnet hier Henriette Herz' enger Freundin Dorothea Mendelssohn-Veit, die später seine Frau wird. Auch der Schriftsteller und Diplomat Christian Wilhelm von Dohm gehört zu diesem Kreis, der Autor der *Bürgerlichen Verbesserung der Juden*. Mit den meisten Mitgliedern steht Henriette Herz in einem engen Freundschaftsverhältnis. Sie hat eine große Fähigkeit, Menschen zu gewinnen und Menschen zusammenzubringen.

Alle Teilnehmer ihres Kreises bemühen sich, die wichtigen Neuerscheinungen wahrzunehmen und dem Kreis zu überbringen, man liest sie, bespricht sie, rezitiert und diskutiert die Texte. Henriette Herz' größte Verehrung gilt Goethe, dem sie später auch mehrfach persönlich begegnen wird. Zunächst liest man die frühen Werke des Sturm und Drang, die weitere Lektüre führt zu einem regelrechten Goethekult. Diesen Doppelsalon zeichnet eine rege Gesprächskultur aus und natürlich gibt es fließende Übergänge zwischen beiden Gruppierungen. Ist es hier das hohe Ansehen des Gelehrten, so sind es dort die Schönheit, Bildung und Begeisterungsfähigkeit der Hausherrin, die das schaffen, was wir heute einen wissenschaftlichen beziehungsweise literarischen Salon nennen. Ihr Kreis zeichnet sich aus durch ein weitgehend ausgeglichenes Verhältnis von Männern und Frauen, dem Kreis von Marcus Herz gehören hingegen fast nur Männer an. Zweimal in der Woche lädt das Ehepaar zu sich ein, vor allem der Freitag etabliert sich als Empfangstag. Engere Freunde des Hauses wie Wilhelm und Alexander von Humboldt, Wilhelm von Burgsdorff (1772–1822) oder Karl Gustav von Brinkmann werden auch an weiteren Tagen zum Mittag- oder Abendessen oder zum Tee geladen. Eine gewisse Konkurrenz zwischen dem philosophischen und dem literarischen Salon dürfte nicht gefehlt und geistige Funken geschlagen haben. Das Haus des Ehepaars Herz erwirbt schnell den Ruf, das Zentrum der Berliner Aufklärung zu sein.

Wenngleich in diesem Doppelsalon nicht eigentlich politisch diskutiert wird, so werden die frühen Errungenschaften der Französischen Revolution doch mit Sympathie aufgenommen und in beiden Zirkeln erörtert. Ab 1791 geht man allerdings zunehmend in Reserve und beklagt die Radikalisierung der Revolutionäre und das Umkippen der revolutionären Ideale in Gewalt und Terror. Die Ermordung Louis' XVI. (1754–1793), des letzten Königs des Ancien Régime, im Januar 1793, vertieft die Vorbehalte. Man sieht in dieser Entwicklung vor allem eine Gefährdung des durch die Aufklärung beschworenen Fortschritts. »Aus enthusiastischen Anhängern wurden erbitterte Feinde der Revolution«, teilt Henriette Herz mit. »Herz war ein scharfer Kritiker«,[30] schreibt sie. Der an Kant und Lessing geschulte Aufklärer erwartet stets ein Höchstmaß an Klarheit und Logik. Ein von beiden geschätzter Vermittler zwischen den Kreisen ist Karl Philipp Moritz, der nicht nur ein enger Freund von Marcus Herz ist, sondern auch dessen Patient. Moritz' literarische Orientierung entspricht eher der von Henriette Herz, die seinen *Anton Reiser* kennt und schätzt. Sie beschreibt, dass Moritz »ganz vortrefflich« vorlesen konnte. »In unserer damaligen Lesegesellschaft wurde fast jährlich einmal Lessings *Nathan* mit verteilten Rollen gelesen. Moritz las die Rolle des Tempelherren, und ich habe sie nie wieder so vortragen hören.«[31] Der hochsensible Karl Philipp Moritz ist »ein genauer Freund« von beiden, für sie ist er vor allem der Schriftsteller, für ihn der Gelehrte. Henriette findet in ihm einen Verbündeten, wenn Herz sich allzu prosaisch zeigte:

»Als einst Karl Philipp Moritz eben bei mir war, trat Herz, Goethes Gedicht *Der Fischer* in der Hand, zu mir ein. – ›Kühl bis ans Herz hinan!‹ rief er. ›Erkläre mir doch gefälligst einer, was das hier sagen will!‹ – ›Aber wer wird dies Gedicht auch da verstehn wollen!‹ erwiderte Moritz, den Zeigefinger auf die Stirn legend. – Herz sah ihn groß an. – Es gibt gewiß vieles in der Poesie, was nur demjenigen verständlich ist, welcher Gleiches oder Ähnliches selbst empfunden hat, und ich darf sagen, daß Herz nicht vieles solcher Art empfunden hatte.«[32] Marcus Herz ist und bleibt ein Repräsentant der Generation der Aufklärer, für neue literarische Strömungen hat er kein Verständnis.

Auch Rahel Levin besucht hin und wieder den literarischen Salon von Henriette Herz und lernt dort Karl Philipp Moritz kennen. Aufgrund seiner persönlichen Beziehung zu Goethe kann er der Goethekennerin Rahel Varnhagen wertvolle Anregungen für ihre Auseinandersetzung mit dem Werk des Weimarers geben. Der schon damals berühmte protestantische Theologe und Philosoph Friedrich Schleiermacher findet erst später zu diesem Kreis.

Zur damaligen Zeit entstehen viele Lesegesellschaften, die zu Foren des intellektuellen Austausches werden. »Eine der frühesten Lesegesellschaften, deren ich mich erinnere, war die, welche sich wöchentlich im Hause meiner ein Jahr früher als ich verheirateten Freundin Dorothea Veit, der Tochter Mendelssohns, später Friedrich Schlegels Gattin, versammelte. Zu ihr gehörten außer dieser Freundin und mir unter anderen mein Mann, Moritz, David Friedländer und eine zweite Tochter Mendelssohns. Gewöhnlich wurde Dramatisches gelesen, und ich darf sagen, gut. Mendelssohn war uns ein fleißiger und aufmerksamer Zuhörer.« Auch hier wird Mendelssohns prägender Einfluss erkennbar: »Aber wie schlichen wir auch um ihn herum, um ein Wort des Urteils von ihm zu hören! War es gar ein beifälliges, wie glücklich waren wir! – Der Weise war so gut und mild in seiner Weisheit. Dabei liebte er den Scherz, aber der seine war nie beißend. Selbst seinem Tadel wußte er eine anmutige, ja wohltuende Form zu geben.«[33]

Henriette Herz, aber auch ihr Mann haben in den 1780er und
1790er Jahren verschiedene Lesekreise besucht. Sie alle dienen
dem intellektuellen Austausch. Es entstehen damals viele »Tee-
kränzchen«, »Lesekränzchen« oder »Lesegesellschaften«, die sie
in ihren Briefen erwähnt. Sie sind unterschiedlich anspruchsvoll und haben unterschiedlich lange existiert, manche werden
über Jahre fortgesetzt. Die kulturhistorisch interessanteste ist die
1796 von Ignaz Aurelius Feßler (1756–1839) gegründete »Mittwochsgesellschaft«, zu der unter anderen Gottfried Schadow, der
Kunsthistoriker Aloys Hirt oder der Schauspieler Ferdinand Fleck
(1757–1801) gehören. Henriette Herz rühmt sie als »eine Lesegesellschaft, an welcher die ausgezeichnetsten Männer Berlins von
den verschiedensten Fächern und Altern teilnahmen. Ich will unter ihnen nur Engel, den stets alten und etwas pedantischen Ramler, Moritz, Teller, Zöllner, Dohm, den Juristen Klein und meinen
Mann nennen. Auch die weiblichen Mitglieder ihrer Familien gehörten ihr an. Außerdem aber auch die beiden sechzehn- bis achtzehnjährigen Brüder Wilhelm und Alexander von Humboldt, damals schon von feiner Sitte, lebendig, geistreich, kurz, durchaus
liebenswürdig, und von umfassendem Wissen. […] Die Versamm-
lungen fanden stets bei dem Kastellan des Königlichen Schlosses,
Hofrat Bauer, statt. […] Gelesen wurde jedesmal. Kleinere und
größere Aufsätze, lyrische und epische Dichtungen, Dramatisches
usw. wechselten ab, und sowohl Männer als Frauen lasen vor.«[34]
In ihren späten Lebensaufzeichnungen erwähnt Henriette Herz,
dass diese »noch heute unter dem Namen *Mittwochsgesellschaft* be-
stehe. Dieses »noch heute« lässt sich bis in das 21. Jahrhundert
fortschreiben; die Mittwochsgesellschaft besteht trotz kriegsbe-
dingter Unterbrechung bis in die Jetztzeit fort. Von den Anfängen
bis heute versteht sie sich als eine »freie Gesellschaft zur wissenschaftlichen Unterhaltung«, man trifft sich in privatem Kreis, der
jeweilige Gastgeber hält einen Vortrag, der in ein intensives Fach-
gespräch mündet. Wenn Henriette Herz schreibt: »Man aß nach
dem Lesen ungemein schlecht. Und dies bei einigen Talglichtern,
die kaum mehr als einen Dämmerschein über einen Saal […] ver-

breiten. Aber keiner war anspruchsvoll, keiner tat vornehm, und so störten uns denn diese Äußerlichkeiten nicht«[35], so hat sich daran – sieht man von dem Beleuchtungsmodus ab – bis heute wenig geändert.

So unterschiedlich die einzelnen Lesegesellschaften auch sind, so haben sie alle einen enormen Einfluss auf die Entwicklung des Doppelsalons von Henriette und Marcus Herz:»Mehrere der Teilnehmer der Feßlerschen Gesellschaft kamen in unser Haus, so wie fast jeder an Geist bedeutende Fremde es besuchte. Unter so begünstigenden Umständen bildete sich unser Haus, von welchem ich ohne Übertreibung sagen kann, daß es in nicht langer Zeit eines der angesehensten und gesuchtesten Berlins wurde.«[36] Diese zweifellos angemessene Selbstsicht darf aber nicht darüber hinwegtäuschen, dass das hohe Ansehen dieses jüdischen Hauses kaum zu Gegeneinladungen führte. Das Prinzip der Reziprozität als Grundprinzip gesellschaftlichen Handelns ist hier nicht gegeben. Es gibt kaum Hinweise, dass einzelne Jüdinnen von Gästen des Herz'schen Hauses zu sich eingeladen worden wären. Man weiß, dass Sara und Salomon Levy in Tegel bei den Humboldts zu Gast waren, vergleichbare Einladungen an Henriette Herz oder Rahel Varnhagen sind nicht bekannt.

Wenn die Lesekreise vor allem dem Wunsch nach intellektueller Auseinandersetzung und dem Bedürfnis nach gesellschaftlichem Leben entsprechen, schließt Henriette Herz 1787 den Kreis ihrer persönlichen Freunde aus einem weiteren Anliegen zusammen. Sie schafft ein neues Forum, diesmal eines, das der geistig-seelischen Orientierung, das vor allem der Herzensbildung, der Tugend und der moralischen Vervollkommnung gilt:»Der Zweck dieses Bundes, einer Art Tugendbund, war gegenseitige sittliche und geistige Heranbildung sowie Übung werktätiger Liebe.«[37] Dem Vorbild Moses Mendelssohns entspricht das Ziel aller Mitglieder, besonders aber der jüngeren, sich deutsche Bildung und Gesittung anzueignen. Das Ziel des vorbildlichen, des tugendhaften Verhaltens entspricht zudem einer zeitgeistigen Strömung, der zufolge die

Kardinaltugenden (Weisheit, Klugheit, Gerechtigkeit, Tapferkeit, Mäßigung) um die christliche Nächstenliebe ergänzt werden sollen, so wie die zehn Gebote des Alten Testamentes ihre Fortsetzung in den in der Bergpredigt formulierten Tugenden gefunden haben. Einflüsse aus dem Pietismus werden hier genauso deutlich wie die von Freimaurern. Tugend wird als Voraussetzung für individuelles Glück, für ein geglücktes Leben gesehen. Mit der Aufklärung konkretisiert sich das sittlich gute Handeln in den bürgerlichen Tugenden wie Fleiß, Reinlichkeit, Sparsamkeit oder Pünktlichkeit, die sich funktional zu einer bürgerlichen wirtschaftlichen Existenz verhalten. Nur so kann sich das Bürgertum wirtschaftlich und kulturell gegenüber dem Adel emanzipieren.

Nachdem viele Freunde von Henriette Herz umgezogen sind, wird mit ihnen intensiv korrespondiert. Henriettes Tugendbund verbindet Dorothea Veit-Schlegel, deren Schwester Henriette Mendelssohn (1775–1831), Carl von La Roche (1766–1839), den Sohn der Sophie von La Roche (1730–1807), Schillers Schwägerin Caroline von Wolzogen (1763–1847), die Schriftstellerin Therese Forster-Huber (1764–1829), Wilhelm und Alexander von Humboldt und Caroline von Dacheröden (1766–1829), die spätere Frau von Wilhelm von Humboldt. Sittlich gutes Handeln soll die Freunde verbinden, die Freundschaften sollen gepflegt werden, man will keine Geheimnisse voreinander haben, man will sich in allen Herzensangelegenheiten austauschen. Die an Karl Philipp Moritz geschulte erfahrungsseelenkundliche Erforschung der eigenen Psyche und ihrer Implikationen im Hinblick auf das eigene Handeln und Empfinden ist ein für die Zeit hochmodernes Konzept. Die Herzen werden geöffnet, lange Briefe werden geschrieben. Diese hehren Ziele erweisen sich aber rasch als unerreichbar, sie lassen sich nicht lange durchhalten. Henriettes Tugendbund scheitert an den unterschiedlichen individuellen Orientierungen und Entwicklungen der einzelnen Mitglieder. Anfang der Neunzigerjahre löst sich der Tugendbund wieder auf, viele der dort gepflegten Freundschaften oder Beziehungen halten aber weiter an.

Die späten 1790er Jahre bis zum Beginn des neuen Jahrhunderts sind die glücklichsten ihres Lebens, sie selbst spricht von ihrer eigenen »Klassik«.

Eine besonders innige Freundschaft verbindet Henriette Herz mit Friedrich Schleiermacher während dessen Berliner Zeit. Mit knapp dreißig Jahren ist er 1796 nach Berlin gekommen, wo er rasch Friedrich Schlegel und über diesen die literarischen Salons der Stadt kennenlernt. 1804 verlässt Schleiermacher Berlin wieder und geht nach Halle auf eine Stelle als Professor der Theologie und Philosophie. Er kehrt 1809 nach Berlin zurück, wo er als einflussreicher Prediger an der Dreifaltigkeitskirche wirkt. Im selben Jahr tritt er in Zelters Singakademie ein, die sich längst zu einem kulturellen Zentrum Berlins entwickelt hat, und verbleibt dort bis zu seinem Tod 1834. 1810 wird er Mitglied der Preußischen Akademie der Wissenschaften. Schleiermacher ist ständiger Gast im Herz'schen Hause, Henriette wird seine engste Gesprächspartnerin bei der Entstehung aller seiner Schriften, sie lernen gemeinsam fremde Sprachen und tauschen sich über Literatur aus. Der Kontakt zwischen Henriette Herz und Schleiermacher ist so eng, dass man sie – fälschlicherweise – für ein Paar hält. »Überhaupt legt seine Korrespondenz mit mir von den Jahren 1798 bis 1804, einer Zeit großer innerer und äußerer Tätigkeit Schleiermachers, ja vielleicht seiner eigentlichen Entwicklungs-Periode, das lebendigste Zeugnis für Geist und Gemüt des trefflichen Mannes ab. Wir waren in Berlin gewohnt, uns täglich zu sehen, und waren wir voneinander getrennt, mußte briefliche Mitteilung den mündlichen Verkehr tunlichst ersetzen.«[38] Das enge Verhältnis hält sich bis zu Schleiermachers Tod: »Die Geschichte seiner letzten Tage, wie sie seine Witwe niedergeschrieben hat, gibt uns das erhebendste Bild eines bis zum letzten Atemzuge liebenden, selbstbewußten, geistesklaren, in sich befriedigten großen Menschen.«[39]

Ein jäher Einschnitt in ihr Leben ist der Tod von Marcus Herz, der 1803 mit 56 Jahren stirbt, Henriette ist gerade 38 Jahre alt. Ihren Salon führt sie noch einige Zeit weiter, schränkt ihre Aktivitäten aber immer weiter ein. Ihr Salon ist eine Institution und sie gilt als eine

»Sehenswürdigkeit«. Als sie ihn 1806 auch infolge der napoleonischen Besatzung Berlins auflöst, sind bereits viele Berlinerinnen ihrem Beispiel gefolgt. Ihr Ansehen als erste Berliner Salonière kann
ihr niemand mehr streitig machen. Ihre Bedeutung liegt nicht nur
in ihrer Rolle als Gründerin eines ersten jüdischen literarischen Salons und in den außergewöhnlichen Freundschaften, die sie dort
gepflegt hat, sie gründet auf ihrer Fähigkeit, zwischen den unterschiedlichsten gesellschaftlichen Kreisen, zwischen den verschiedensten literarischen Strömungen und historischen Phasen des
friderizianischen Berlins vermittelt zu haben. Dies führt zu dem
Ondit: »Wer den Gendarmenmarkt und Madame Herz nicht gesehen hat, hat Berlin nicht gesehen.«

Auch die verwitwete Henriette Herz bleibt der Literatur weiterhin treu, sie liest enorm viel, die zeitgenössische wie auch die klassische europäische Literatur, häufig in der Originalsprache. In der
zweiten Hälfte ihres Lebens, fast vier Jahrzehnte lang, kämpft sie
als Witwe um Selbständigkeit und auch um ihre religiöse Identität.[40] Erst im Jahre 1817 konvertiert Henriette Herz mit 53 Jahren
zum Christentum, zum protestantischen Glauben. Über diese Konversion, über den Weg bis hin zu dieser Entscheidung weiß man
bisher wenig, es gibt kaum Dokumente. Als emanzipierte Jüdin
hat Henriette Herz zeit ihres Lebens Freundschaften mit Protestanten gepflegt, am intensivsten die mit dem Theologen Friedrich
Schleiermacher. Gerade in der Entstehungszeit seiner 1799 veröffentlichten Schrift *Über die Religion* begegnen beide sich täglich
oder wechseln ausführliche Briefe. Heute sind nur noch die Briefe
Schleiermachers erhalten. Ein großes Problem für die Forschung
ergibt sich daraus, dass Henriette Herz 1833 den größten Teil ihrer Briefe vernichtete, nachdem sie die Briefe Rahel Varnhagens
gelesen hat. Wer konnte damit konkurrieren? Auch ihre (wenigen)
literarischen Texte übergibt sie den Flammen. Die noch erhaltenen
Briefe geben über die Motive ihrer späten Konversion keine Aus-
künfte. Ihr strenggläubiger Vater stirbt bereits 1789, die Mutter erst
1817. Offensichtlich wartet Henriette Herz den Tod ihrer Mutter
ab, bevor sie im Alter von 53 Jahren konvertiert. In ihren zwischen

1818 und 1829 verfassten Lebenserinnerungen wird ihr Verhältnis zum Judentum nicht reflektiert und auch der Weg ihrer Konversion bleibt ausgespart. Der Mangel an Quellen schränkt die Möglichkeiten einer Interpretation dieses Schrittes ein. Hier hätte der vollständige Briefwechsel mit Schleiermacher sicher Material geboten. Ihre frühere Glaubensrichtung hat sie aber an keiner Stelle verurteilt. Ihre jüdische Biographie wird vor allem geprägt durch die Haskala, ihre Ehe durch den Rationalismus des Philosophen Marcus Herz. Dem Aufleben in ihrem Tugendbund ist nur eine kurze Dauer der Emphase vergönnt, wenngleich ihre Freundschaften dadurch an Intensität gewinnen. Über ihren Glauben sagt sie Folgendes: »Die Vernunft, welche die Gebildeteren sich zur Stütze und Hilfe nehmen, reicht nicht hin, sie zu tragen in schweren Leiden. Glücklich der, dem später im Leben wenigstens noch das schöne Licht des Glaubens im Innern aufgeht, und er nicht stirbt, ohne von jenem erhebenden, beglückenden Gefühl der Andacht durchdrungen gewesen zu sein. – Gottes Gnade sei es Dank, daß auch mir dieses Glück ward.«[41] Möglicherweise füllt der Protestantismus hier eine Leerstelle.

## Der Salon Rahel Varnhagens

Interessanterweise schließt sich Rahel Levin dem Kreis von Henriette Herz nicht wirklich an, wenngleich sie ihn hin und wieder aufsucht. Wenn ihr Mann, Karl August Varnhagen von Ense (1785–1858), lange nach ihrem Tod schreibt: »Rahel, in allen Dingen nur auf das Wesen blickend, erkannte in allem, was die Herz mitteilte, nur empfindsames Tändelwerk, eitles Schöntun, und lehnte es ab; Mitglied zu werden«, so verdeutlicht dieses harsche Urteil zweifellos vorhandene Vorbehalte gegenüber Henriette Herz. Es sagt etwas aus über die Ambivalenz Rahel Levins wie auch über die Vorbehalte Varnhagens. Deutlich wird hier zugleich eine Rivalität um den attraktivsten und renommiertesten Berliner Salon. Beide Salonièren verbindet die jüdische Herkunft, beide gehören der romantischen

Epoche an und beide vertreten Positionen der Aufklärung, engagieren sich für die jüdische Emanzipation und für die Emanzipation der Frauen.

Rahel Levin Varnhagen ist in ihrer Zeit in jeder Hinsicht ungewöhnlich, sie ist die brillanteste und geistreichste der Berliner Salonnières. Im Vergleich mit Henriette Herz ist sie auch zweifellos die intellektuellere. Wenn Henriette Herz' Bedeutung darin liegt, die Pionierin der Salongründung zu sein, so ist Rahel Levin die erste unverheiratete Frau, der es gelingt, mit einem Salon gesellschaftliches Leben zu entfalten. Beide sind konfrontiert mit einer Öffentlichkeit, in der der männliche Diskurs dominiert.

Die 1771 in Berlin geborene Rahel ist das älteste der insgesamt fünf Kinder des jüdischen Bankiers und Juwelenhändlers Markus Levin (1723–1790) und seiner Frau Chaie Levin. Beide Eltern sind der jüdischen Tradition verpflichtet, sie sprechen jiddisch und sind ohne Bildungshintergrund. Der Vater ist über den Juwelenhandel reich geworden.

Henriette Herz ist seit frühester Jugend durch mehr oder weniger engen Kontakt mit Rahel Levin verbunden und entwirft später in wenigen Sätzen ein Porträt der jugendlichen Freundin: »Der Vater war der geistreichste und witzigste Despot, den man sich denken kann und eben deshalb der verletzendste. […] Wie es hieß, hatte er ein sehr schlechtes Leben geführt, soll unter einer Räuberbande gewesen und gebrandmarkt gewesen sein. Er war ungemein klug, aber nicht gut. Sein Wille war sein höchstes Gesetz, und unter diesem eisernen Willen litt seine ganze Familie; doppelt aber Rahel, welche auch das Leid mitlitt, unter welchem ihre gute, sanfte, aber etwas geistesbeschränkte Mutter seufzte. Das etwa fünfzehnjährige Mädchen war infolge dieser Verhältnisse wirklich sehr unglücklich. Denn neben dem Geiste und der Freiheitsliebe, welche sie schon damals vor allen Mädchen ihres Alters auszeichneten, war sie auch durch ein fühlendes Herz hervorragend, wie sie mir denn überhaupt immer für die schlagendste Widerlegung der Behauptung gegolten hat, daß Herzensgüte nicht neben einem scharfen und kritischen Verstande bestehen könne. Sie war von der regsten

Teilnahme für die Ihrigen und für ihre Freunde, und diese Teilnahme war umso wohltuender und wirksamer, als Rahel tief in die Geschichte der Herzen eindrang. Hilfreich war sie bis zur Selbstaufopferung, und dies von jenen frühen Jahren an bis zu ihrem Lebensende.«[42]

Der Vater stirbt, als Rahel 19 Jahre alt ist, der Familie droht nun die Armut. Unter der Leitung ihres Bruders Markus übernehmen die Brüder das väterliche Geschäft, die Mutter und Rahel werden versorgt, die jüngere Schwester wird verheiratet. Rahel Levin wächst ohne schulische oder sonstige Bildung auf. Von ihrer frühesten Jugend an leidet sie bis an ihr Lebensende an schwerem Rheuma. Sie ist klein von Gestalt, unauffällig. Sie hat schöne, ausdrucksvolle blaue Augen. »Ich habe keine Grazie; nicht einmal die, einzusehen, woran das liegt: außerdem, daß ich nicht hübsch bin, habe ich auch keine innere Grazie. [...] Ich bin unansehnlicher als hässlich ...«,[43] so sieht sie sich, nachdem einige Beziehungen unglücklich enden. Rahel Levin ist also weder reich, noch gebildet, noch entspricht sie dem damaligen Schönheitsideal. Der Jüdin fehlen mithin alle Grundvoraussetzungen für den Kampf um Anerkennung als Frau in der Gesellschaft, um einen Stand, um eine soziale Existenz, für eine bürgerliche Integration, um eine Eheschließung, menschliche Freiheit und persönliches Glück, um Sicherheit im Leben. Die Welt scheint für sie verschlossen. Wie schafft sie es also, eine der faszinierendsten Figuren der preußischen Hauptstadt um 1800 zu werden?

Zunächst durch Selbstwahrnehmung und durch Selbstreflexion: »Ich hab' Unglück: ich lass es mir nicht ausreden.« Oder: »Nichts, niemand kann mir helfen.«[44] Also hilft sie sich selbst, erträgt den Schmerz. Wilhelm von Burgsdorff, der Freund, schreibt ihr: »Ein langer Schmerz hat Sie erzogen, [...] es ist wahr, daß eine Spur des erlittenen Schicksals an Ihnen sichtbar ist, daß man das früh gelernte Schweigen und Verbergen in Ihnen sieht.«[45]

Die wache und begabte Tochter wächst auf in dem modernen Lebensumfeld des Berliner jüdischen Bürgertums. Das Fehlen einer eigenen Bildungswelt verhindert eine enge Bindung an die Tradition, entlässt sie aber auch vorurteilslos ins Leben. Sie ist außerordentlich bildungsinteressiert, liebt die Musik und die Literatur, sie liest sehr viel, nimmt Klavier- und Geigenunterricht, will sich in Kompositionslehre ausbilden lassen, sie arbeitet sich in die höhere Mathematik ein, lernt Englisch und Italienisch. Den besten Unterricht erhält sie von Juden. »Man entbehrt recht viel feinere Vergnügungen, wo gar keine Juden sind«, schreibt der älteste Freund, der spätere deutsche Arzt David Veit (1771–1814) 1794 an Rahel Levin im Rahmen eines umfangreichen Briefwechsels während seiner Göttinger Studienzeit von 1793 bis 1796. Über seine sorgfältigen, genauen Berichte wächst Rahel Levin in die damalige Zeit hinein, und sie erfährt über ihn von Goethe, der für sie fortan zu einem zentralen Orientierungspunkt wird.

Immer mehr entwächst sie ihren häuslichen Verhältnissen, ihrem bildungsfernen Milieu. Und: Sie lernt Menschen kennen, viele Menschen aus den unterschiedlichsten gesellschaftlichen Bereichen. Aufgrund der sie fast erstickenden Isolation der Zeit ihrer Kindheit und Jugend hat sie einen »ungeheuren Menschenhunger«.[46] Leidenschaftlich saugt Rahel Levin jede verfügbare Information auf, ihre Lebensneugier, ihr wacher Geist brauchen Nahrung, sie kann nicht genug davon bekommen. Das Gespräch wird lebenswichtig, sie weiß sehr früh, dass sie eine Meisterin darin ist. Alles, was auf sie einströmt, versucht sie zu ordnen, zu erfassen, zu durchdenken. In unermüdlicher Anstrengung entwickelt sie Menschen- und Weltkenntnis. Sie, die die Menschen und die Liebe zunächst nicht wirklich kennt, eckt an, schießt übers Ziel hinaus, aber sie gibt nicht auf. Alles muss sie ganz neu lernen und sie tut es. Die gelungene Beziehung zu anderen Menschen wird eine lebenslange Aufgabe für sie sein, die darin besteht, nicht nur mit ihrer herausragenden Fähigkeit zu Empathie den anderen Menschen zu verstehen, sondern mühevoll zu lernen, sich so zu öffnen, dass auch andere sie verstehen können. Die frühe Prägung, sich verschließen und verleugnen zu müssen, steht ihr dabei im Weg. Sie neigt auch manchmal zu Herzlosigkeit und Kälte, zu Hypochondrie und Verzweiflung, wobei die Verzweiflung sichtbar wird, nicht aber deren Ursachen. Rahel Levin ist verschlossen und undurchdringlich. Der wichtigste Antrieb, der ihr Verhalten bis an ihr Lebensende leitet, ist der Wunsch nach Wahrheit, nach Echtheit, nach Harmonie. Sie will wahrhaftig sein, sie will sich selbst treu sein. Meist hilft sie anderen, ihre psychische Struktur verhindert aber, dass sie selbst Hilfe erfahren und annehmen kann. Enge wirkliche Freunde wird sie trotz der großen Zahl ihrer Gäste nur ganz wenige haben. Die Bankierstochter Pauline Wiesel (1778–1848), die Lebensgefährtin des Prinzen Louis Ferdinand, gehört dazu, interessanterweise ist sie keine Jüdin. Über alle Entfernungen hinweg bleibt sie Rahel ohne jede Irritation in der Beziehung lebenslang eine enge Freundin.

Das Jahr 1790, das Todesjahr ihres Vaters, wird für sie zu einer Zäsur, Rahel Levin ist jetzt 19 Jahre alt. Sie fühlt sich mit ihrer kraftvollen Persönlichkeit nun innerlich so weit, dass sie einlädt, zu sich in die Jägerstraße 54–55 in der vornehmen Berliner Friedrichstadt. Die Freunde kommen. Der familiäre Freundeskreis wird der Ausgangspunkt für ihren ersten Salon, dessen Attraktivität sich rasch herumspricht. An der Wand hängt für alle sichtbar ein Porträt Lessings. Der kulinarische Rahmen ist bescheiden, man trinkt Tee. Rahel Levin ist nicht wie Henriette Herz schön oder attraktiv, sie wirkt über ihre Persönlichkeit, die auch in all ihren Widersprüchen Anerkennung findet. Der Diplomat und Dichter Karl Gustav von Brinkmann, ein langjähriger Freund, urteilt über sie: »… alles versteht sie, alles empfindet sie, und was sie sagt, ist in amüsanter Paradoxie oft so treffend wahr und tief, daß man es sich noch nach Jahren wiederholt, und darüber nachdenken und erstaunen muß.«[47] Ihr Witz gefällt nicht jedem, aber ihre Originalität fällt sogar Goethe auf. Rahel Levin begegnet ihm zum ersten Mal, als sie im Sommer 1795 in Karlsbad zur Kur weilt. Es sind ihre Lebendigkeit, ihr Esprit, die geistvolle Art ihrer Gesprächsführung oder ihrer Kommentare, die sie so anziehend machen: Sie ist ein Kommunikationsgenie. Rasch gelingt es ihr, einige der bemerkenswertesten Menschen ihrer Zeit an sich zu binden: Wilhelm und Alexander von Humboldt, den Schriftsteller und Politiker Friedrich von Gentz (1764–1832), Friedrich Schleiermacher, Prinz Louis Ferdinand und Pauline Wiesel, den Fürsten Anton Radziwill (1775–1833), den preußischen General Ernst von Pfuel (1779–1866), den schwedischen Diplomaten Karl Gustav von Brinckmann, den jüdischen Arzt David Veit, dazwischen auch berühmte Schauspieler wie Ferdinand Fleck oder Friederike Unzelmann (1760–1815), und bedeutende Sängerinnen wie Giuseppina Marchetti. Fast alle bekannten Schriftsteller und Publizisten der damaligen Zeit gehen bei Rahel Levin ein und aus: Friedrich Schlegel, Clemens Brentano, Ludwig Tieck, Friedrich de la Motte Fouqué (1777–1843), Jean Paul (1763–1825), Adelbert von Chamisso (1781–1838). Natürlich sorgt keiner der vielen illustren Gäste so für gesellschaftlichen Auftrieb wie der Hohenzollernprinz Louis Ferdinand. Wilhelm von Humboldt, den Rahel Varnhagen regelmäßig in ihrem Salon empfängt, schätzt an ihr besonders ihre ungewöhnliche Eigenständigkeit. Er schreibt über sie:»Man suchte sie gern auf, nicht bloß, weil man fast mit Gewißheit darauf rechnen konnte, nie von ihr zu gehen, ohne nicht etwas von ihr gehört zu haben und mit hinwegzunehmen, das Stoff zu weiterem ernstem, oft tiefem Nachdenken gab, oder das Gefühl lebendig anregte. [...] Sie verdankte ihre geistige Ausbildung ganz sich selbst. [...] Alle ihre Gedanken und selbst die Form ihrer Empfindungen [hatten] ein so unverkennbares Gepräge der Originalität an sich, daß es unmöglich war, dabei an irgend [einen] bedeutenden fremden Einfluß zu denken.«[48]

Viele dieser Persönlichkeiten verkehren auch im Hause Herz. 1801 stellt Jean Paul Friedrich Richter, als er neu in Berlin ankommt, erstaunt fest:»Gelehrte, Juden, Offiziere, Geheime Räthe, Edelleute, kurz alles was sich an anderen Orten (Weimar ausgenommen) die Hälse bricht, fället einander um diese und lebt wenigstens freundlich an Thee- und Es[s]tischen beisammen.«[49] Der größte Anteil der Gespräche gehört der Literatur. Goethe steht hierbei im Zentrum, man überbietet sich darin, ihn zu verehren. Aber auch die Neuerscheinungen zeitgenössischer Autoren wie Ludwig

Tieck, Jean Paul oder Novalis (1772–1801) werden gelesen und besprochen oder die im Schauspielhaus aufgeführten Theaterstücke. Natürlich geht es auch um Liebesdinge, Intrigen und Affären, den herrlichen immerwährenden Salonklatsch. Politik spielt als Thema eine untergeordnete Rolle. Dies entspricht zum einen dem zeitgebundenen Frauenbild, zum anderen ist Rahel Levin kein politisch denkender Mensch, zumindest nicht in dieser Lebensphase. Sogar dem 1812 beschlossenen Emanzipationsedikt, das den Juden die bürgerliche Gleichberechtigung zugesteht, wird sie mit Desinteresse begegnen. In keinem ihrer Briefe ist darüber etwas zu finden.

Ungeachtet aller Standes- und Bildungsunterschiede verkehren Dichter, Philosophen, Schauspieler, Minister und Diplomaten, Naturforscher, Repräsentanten der bürgerlichen Gesellschaft und der Aristokratie in einem von einer Jüdin initiierten Salon freundschaftlich miteinander. Dieses bisher nur »erträumte Idyll einer gemischten Geselligkeit« ist allerdings nichts anderes als das Produkt einer »zufälligen Konstellation in einer gesellschaftlichen Übergangsepoche. Die Juden wurden zu Lückenbüßern zwischen einer untergehenden und einer noch nicht stabilisierten Geselligkeit.«[50] Das alle verbindende Interesse an Bildung, an intellektuellem Austausch ermöglicht für eine kurze historische Phase eine von gesellschaftlicher Norm und Unterdrückung befreite geistige Höhe, einen sozialen Raum außerhalb der Gesellschaft, der spätestens mit der Restaurationszeit beendet und so nie wieder möglich geworden ist. Die Jüdin Rahel Levin erschafft ein Zentrum gebildeter Geselligkeit, »in welches aufgenommen zu werden, königliche Prinzen, fremde Gesandte, Künstler, Gelehrte oder Geschäftsmänner jeden Ranges, Gräfinnen und Schauspielerinnen [...] sich gleich eifrig bemühten; und wo jeder von ihnen nicht mehr Wert, aber auch nie weniger hatte, als er selbst durch seine gebildete Persönlichkeit geltend zu machen vermochte.«[51] Rahel Levin ist der Mittelpunkt einer Gesellschaft, die sie mit der sie kennzeichnenden Originalität, ihrem Witz, ihrer authentischen Lebendigkeit zusammenhält. An der Wende vom 18. zum 19. Jahrhundert findet in den von Frauen geführten Berliner jüdischen Salons die Idee einer Symbiose zwischen Preußentum und Judentum, zwischen Judenemanzipation und Frauenemanzipation eine grandiose Verwirklichung. Von 1790 bis 1806 führt Rahel Levin in ihrem Elternhaus in der Jägerstraße ihren ersten Salon. Er findet sein Ende durch den Einmarsch Napoleons in die preußische Hauptstadt. Mit der Niederlage Preußens lösen sich auch die Beziehungen, die Rahel Levin aufgebaut und gepflegt hat, auf. Viele Freunde verlassen Berlin. »Nie wieder hat sie so gewirkt wie in dieser Zeit, nie wieder hat sie solche Macht über Menschen gehabt, nie wieder erschien sie den Menschen so ganz sie selbst in ihrer Einzigkeit.«[52] Die sonst von Freunden umgebene Rahel Levin vereinsamt, in der Kriegssituation bleiben nur ganz wenige Freunde an ihrer Seite.

Für die preußischen Juden, die erst 1812 durch das Emanzipationsedikt den rechtlich gesicherten Status des Staatsbürgers erhalten haben, ist der Befreiungskrieg die erste Chance, sich zugehörig zu fühlen. In dieser Zeit engagiert sich auch Rahel Varnhagen, wie viele Frauen damals, aktiv bei der Versorgung von Verwundeten. Es ist »ein Zeichen der Modernität und der Universalität dieses Krieges, dass Frauen eine wichtige Rolle bei der Unterstützung des Staates durch Wohltätigkeitsveranstaltungen spielten«.[53] Im März 1813 gründet die Königsfamilie einen Frauenverein zum Wohle des Vaterlandes und zur Unterstützung des Krieges. Etwa 600 Frauenvereine entstehen in dieser Zeit (1813–1815), in denen sich auch viele jüdische Frauen engagieren. »Rahel Levin Varnhagen scharte zwecks einer ehrgeizigen Spendenbeschaffungskampagne einen Kreis wohlhabender Frauen um sich und reiste im Sommer 1813 nach Prag, um die Gründung einer medizinischen Mission zu beaufsichtigen, die sich um die preußischen Verwundeten kümmern sollte.«[54] An ihren späteren Ehemann Karl August Varnhagen von Ense schreibt sie: »Ich bin mit unserm Kommissar und unsern Stabschirurgen in Verbindung, habe eine Unzahl Charpie, Binden, Lappen, Socken, Hemden; lasse kochen in mehreren Vierteln der Stadt; sehe zu dreißig, vierzig Jäger und Soldaten des Tages selbst; bespreche, belaufe alles.«[55] Sie, die Ausgeschlossene, freut sich, jetzt dazuzugehören. Ihre Erfahrungen in Prag führen dazu, dass sie ihr politisches Desinteresse verliert und sich deutlicher mit dem Zeitgeschehen auseinandersetzt.

Bis zum Tod der Mutter, die 1809 stirbt, hat Rahel Levin ein von den Brüdern gezahltes sicheres Einkommen aus dem familiären Geschäft. Mitgift erhält sie allerdings nicht. Nach dem Tod der Mutter muss sie sich immer wieder mit den Brüdern über Unterhaltszahlungen auseinandersetzen. Da sie noch immer unverheiratet ist, bräuchte sie gerade jetzt ausreichend Geld, um sich als alleinstehende Frau in der Gesellschaft zu behaupten. Jetzt wäre ein Vermögen gefordert, dieses steht ihr aber nicht zur Verfügung. »Hat man nicht Stand, nicht Namen, Talent, Schönheit, so muß man Opulenz haben; war *ich* opulent? Je? Ich sah schon seit Mama'ens Tod (im Jahre 1809) deshalb wenig Menschen; sie haben sich schon verloren, und ich misse sie nur auf eine solche Weise, wie ich sie nicht haben kann. Ja, ich misse alles was ich liebe; *außer* persönliche Freiheit und Bequemlichkeit.«[56] Diese lässt sie sich trotz aller Einschränkungen und der Tatsache, dass sie wieder auf die Familie zurückverwiesen ist, nicht nehmen. Was viele ihrer Freundinnen durch eine Heirat vollzogen haben, ist ihr bis jetzt trotz mehrerer Versuche nicht gelungen: sich vom Judentum zu lösen, um die ersehnte gesellschaftliche Gleichstellung und Normalität zu erreichen.

Ab 1810 nennt sie sich Friederike Robert, sie will das Los, Jüdin zu sein, mit einem neuen, nicht jüdischen Namen abschütteln. Nach mehreren unglücklichen Beziehungen und zwei gescheiterten Verlobungen, die eine mit dem Grafen Karl von Finkenstein, die andere mit Don Raphael d'Urquijo, heiratet Rahel Levin 1814 mit 43 Jahren den um 14 Jahre jüngeren Diplomaten, Erzähler und Publizisten Karl August Varnhagen. »Nur Einer in der ganzen Welt erkennt mich an: daß ich eine Person seyn soll; will nicht nur einzelnes von mir gebrauchen, verschlucken, liebt mich, wie die Natur mich geschaffen hat, und das Schicksal behindert; sieht dies Schicksal ein; will mir den Rest von Leben noch lassen, gönnen,

erheitern, dem Himmel entgegen tragen; will für das Glück, mein
Freund zu seyn, mir alles seyn, leisten und lassen. Dieser ist der
Mann, den man meinen Bräutigam nennt«, schreibt Rahel Levin
an Clemens Brentano.[57] Vor ihrer Vermählung bekennt sie sich zum
christlichen Glauben und lässt sich taufen. Lebenslang wird Rahel
versuchen, auch innerlich aus dem Judentum herauszufinden. Es
wird ihr nicht gelingen.»Assimilation gab es nur und ausschließlich für wohlhabende Juden«, schreibt Hannah Arendt.[58]»Die Ju-
denfrage war in Berlin und in ganz Preußen eine Frage der reichen
Juden und die Assimilation die erhoffte Lösung der vermögenden
Kaste, die dazu prädestiniert schien, in der wohlhabenden bürgerlichen Schicht der Gesellschaft unterzugehen. [...] Rahel Levin gehörte zu der ersten Generation der Assimilierungsperiode, die vom
Adel eine Zeitlang gesellschaftlich aus verschiedenen Gründen anerkannt wurde.«[59] Varnhagen war Ende zwanzig, als Rahel Levin
ihn heiratet, er ist zu diesem Zeitpunkt gänzlich unbekannt und
weder reich noch von gesellschaftlichem Stand. Erst später wird er
in den erblichen Adelsstand erhoben. Er ist sich bei der Wahl seiner
Frau vollkommen sicher, Varnhagen akzeptiert Rahel Levin so mit-
tellos wie sie ist. Echte Geldnot hat sie jedoch nie gekannt.

Rahel Varnhagen folgt ihrem Mann nach Wien, als dieser in diplomatischer Mission zum Wiener Kongress berufen wird; nach mehr-
jährigen Aufenthalten in Wien, Frankfurt und Karlsruhe kehrt das
Paar 1819 nach Berlin zurück, 13 Jahre nach dem Ende ihres ersten
Salons. Der fast fünfzigjährigen Rahel ist Karl August von Varnhagen ein verständnisvoller Partner und wird dies auch lebenslang
bleiben. Gemeinsam mit ihrem Mann lädt Rahel Varnhagen wieder ein, jetzt in ihren zweiten Salon. Das Paar findet eine Wohnung
in der Mauerstraße 36. Das gesellschaftliche Engagement Rahel
Varnhagens trägt Früchte, schnell wird auch dieser zweite Salon zu
einem gesellschaftlichen Treffpunkt und schon bald zu einer Institution und vor allem wieder zu einem Zentrum der Goetheverehrung. 1812 veröffentlicht Karl August Varnhagen in Cottas *Morgen-
blatt für gebildete Stände* ausgewählte Briefe seiner Frau, die sich mit

Goethes Roman *Wilhelm Meister* auseinandersetzen. Rahel Varnhagen trägt dadurch wesentlich zu einer geradezu kultischen Verehrung des Weimarer Dichters bei. Sie bewegt sich damit ganz im Rahmen der großen Goetheverehrung der deutschen Juden, auch sie wertet Goethes Bedeutung als umfassend, hier findet sie alles, den Menschen, die Welt, die Natur. Goethes Werk hat für sie Absolutheitscharakter: »Mit seinem Reichthum machte ich Kompagnie, er war ewig mein einzigster, gewissester Freund, mein Bürge, daß ich mich nicht nur unter weichenden Gespenstern ängstigte; mein superiorer Meister, mein rührendster Freund, von dem ich wußte, welche Höllen er kannte! – kurz, mit ihm bin ich erwachsen, und nach tausend Trennungen fand ich ihn immer wieder, er war mir unfehlbar ...«[60]

Die preußische Hauptstadt der 1820er Jahre ist eine Theater- und Musikstadt; aber das ehemals geistreich-leichte und geniale Berlin hat sich grundlegend gewandelt, der freie emanzipatorische Geist ist erstickt und Rahel Varnhagen braucht lange, bis sie sich an das veränderte Klima der Stadt gewöhnt. Die alte Salonkultur, so, wie sie sie kannte und liebte, gibt es nicht mehr und kann es nicht mehr geben. Die Restaurationszeit, die Karlsbader Beschlüsse legen dem freien, intellektuellen, gar kritischen Austausch enge Zügel an. (Vgl. dazu den Ausblick) Spitzel treiben sich überall herum und lähmen jede freie Geselligkeit. Bücher, Literatur, Theaterstücke und die Zeitungen unterliegen einer strengen Zensur. Rahel Varnhagen bedrücken diese Verhältnisse, mit Widerwillen beklagt sie, dass die ganze »Konstellation von Schönheit, Grazie, Koketterie, Neigung, Liebschaft, Witz, Eleganz, Kordialität« und der »Drang die Ideen zu entwickeln« zerstoben sei.[61]

Der gesellschaftliche Umgang in Rahel Varnhagens zweitem Salon ist aufwendiger und formeller als in ihrem ersten, eher bescheidenen. Sie pflegt nun gemeinsam mit ihrem Mann eine dem Stil der Zeit entsprechende biedermeierliche Salonkultur. Der Geist ist hier kritisch-liberal, die Atmosphäre dem fortgeschrittenen Alter entsprechend gesetzter als früher. Wieder setzt Rahel Varnhagen all ihre Fähigkeiten ein, geistvolle Konversation in der preußischen Hauptstadt zum Blühen zu bringen. Ihr geht es nicht primär um das gelehrte Gespräch, sondern vielmehr darum, alle Dinge des Lebens in einer anspruchsvollen Konversation zu reflektieren. Auch politischen oder historischen Fragestellungen wird jetzt Raum gegeben wie zum Beispiel der Julirevolution in Frankreich. Rahel Varnhagen ist längst klar geworden, dass sie nicht umhinkommt, über politische Zusammenhänge nachzudenken, sich der Gegenwart zu stellen. Wenige Habitués des ersten Salons besuchen nun auch den zweiten, Wilhelm von Humboldt oder der preußische General Ernst von Pfuel gehören dazu. Wieder versammelt Rahel Varnhagen, diesmal aber gemeinsam mit ihrem Mann, Schriftsteller, Gelehrte, Künstler, Offiziere, Aristokraten und bürgerliche Repräsentanten der höheren Gesellschaft um sich. Es stellt sich der Fürst Pückler (1785–1871) ein und ist beeindruckt von Rahel Varnhagen. Der Dichter Heinrich Heine (1797–1856), seit 1821 in Berlin weilend, verkehrt schon bald als Freund und Bewunderer Rahels im Varnhagen'schen Haus. Er sieht in Rahel Varnhagen »die geistreichste Frau des Universums«. Auch Ludwig Börne (1786–1837), Alexander von Humboldt, der Historiker Leopold von Ranke (1795–1886), die Juristen Friedrich Carl von Savigny und Eduard Gans (1797–1839), der Philosoph Georg Friedrich Wilhelm Hegel oder Mitglieder der Familie Mendelssohn sind ihre Gäste. Der Stuttgarter Verleger Freiherr von Cotta (1764–1832) stellt sich hin und wieder ein. Und auch Bettina von Arnim oder damals berühmte Salonièren wie Henriette Solmar (1794–1889), Elise von Hohenhausen (1789–1857), Amalie von Helvig (1776–1831) oder Hedwig von Olfers (1799–1891) weilen gerne bei Rahel Varnhagen.

Der österreichische Dramatiker Franz Grillparzer (1791–1872) stößt ganz unversehens und zufällig in diesen Kreis und hält die Eindrücke von einem Abend des Jahres 1827 so fest: »Nun fing aber die alternde, vielleicht nie hübsche, von Krankheit zusammengekrümmte, etwa einer Fee, um nicht zu sagen Hexe, ähnliche Frau zu sprechen an, und ich war bezaubert. Meine Müdigkeit verflog, oder machte vielmehr einer Art Trunkenheit Platz. Sie sprach und sprach bis gegen Mitternacht, und ich weiß nicht mehr, haben sie mich fortgetrieben, oder ging ich von selbst fort. Ich habe nie in meinem Leben interessanter und besser reden gehört.«[62] Bis zu ihrem Tod hat Rahel Varnhagen es geschafft, ihren Salon auf höchstem Niveau zu halten und das vor dem Hintergrund ihres Alters und ihrer zunehmenden schweren rheumatischen Erkrankung. Ihre Lebendigkeit lässt sie sich durch nichts nehmen, innerlich ist sie freier geworden. Sie freundet sich in ihren letzten Lebensjahren intensiv mit der unkonventionellen und kapriziösen Bettina von Arnim an und erfährt durch sie eine bisher kaum erlebte Höhe der Freundschaft. Sie nimmt Anteil an allem, was in der preußischen Hauptstadt geschieht, verfolgt die Entwicklung in Frankreich, vor allem die Julirevolution in Paris 1830. »Der einst vornehmlich literarische Salon wird im Revolutionsjahr zum Zentrum des Saint-Simonismus in Berlin«, schreibt Carola Stern. Auch die »Juden verbinden« mit der Revolution neue Hoffnungen«.[63] Rahel Varnhagen entwickelt noch einmal einen ganz neuen Glauben an die Zukunft, enthusiastisch glaubt sie an den gesellschaftlichen und an den technischen Fortschritt und ihr Mann oder Freunde wie Heine oder der Fürst Pückler teilen ihr Entflammtsein für den Fortschritt. Sie selbst stellt sich bis in ihre letzten Tage unter einen enormen Druck, immer auf der Höhe aller Themen und dabei immer höchst geistreich zu sein. Auch ihr ehrgeiziger Mann wird daran nicht unbeteiligt sein.

Obwohl sich ihr Gesundheitszustand ständig verschlechtert, sie von Rheuma und Gicht bis hin zu schweren Anfällen gequält wird, gibt Rahel Varnhagen ihre »Salongeselligkeit« bis zuletzt nicht auf. Täglich kommen Gäste bei ihr vorbei, auch auf der Durchreise, und suchen das Gespräch mit ihr. Sofern ihre Kräfte es noch zulassen, besucht sie mit ihrem Mann Konzerte im Hause Mendelssohn. Der schon damals berühmte Enkel von Moses Mendelssohn, Felix Mendelssohn Bartholdy, und seine hochbegabte Schwester, Fanny Hensel, führen im Familiensitz der Mendelssohns eigene Werke auf. Hier erlebt Rahel Varnhagen eine jüdische Familie in ihrer

Assimilation an die deutsche Kultur und erhält damit auch wieder Anstöße, sich mit ihrer Herkunft auseinanderzusetzen. Ob ihre letzte Äußerung eine Aussöhnung mit dem Judentum zu erkennen gibt, kann hier nicht entschieden werden:»Was so lange Zeit meines Lebens mir die größte Schmach, das herbste Leid und Unglück war, [als] eine Jüdin geboren zu sein, um keinen Preis möchte ich das jetzt missen.«[64]

Rahel Varnhagen stirbt am 7. März 1833 in ihrem 61. Lebensjahr. Sie hinterlässt neben umfangreichen Tagebuchaufzeichnungen rund 6000 Briefe in einem Korrespondentennetz von ca. 300 Briefpartnern, Dokumente, die sich durch einen brillanten Stil auszeichnen, die eine Autobiographie in Briefform darstellen. Rahel Varnhagen hat das Schreiben ihrer Briefe zu einer Kunstform entwickelt, sie gilt als die erste jüdische Schriftstellerin in Deutschland. Karl August von Varnhagen hat das von ihr hinterlassene Material mit größter Sorgfalt herausgegeben, er hat es allerdings vor seiner Veröffentlichung nach eigenem Ermessen bearbeitet und mit diesen zum Teil eigenwilligen Eingriffen das Bild Rahel Levin-Varnhagens modifiziert. Ein vollständiges Bild bietet Barbara Hahn mit ihrer 2011 erschienenen, an Varnhagens Veröffentlichung anschließenden sechsbändigen Ausgabe der Briefe und Dokumente *Rahel. Ein Buch des Andenkens für ihre Freunde*.[65] Diese Edition ist das Ergebnis einer Jahrzehnte währenden Recherche zur Überlieferungs- und Publikationsgeschichte des auffindbaren Materials. Die 1834 von Karl August von Varnhagen herausgegebene Briefedition *Rahel. Ein Buch des Andenkens für ihre Freunde* gelangt nach Varnhagens Tod in die Hände seiner Nichte Ludmilla Assing (1821–1880). Nach deren Tod wird sie der Königlichen Bibliothek zu Berlin übergeben, wo sie über viele Jahrzehnte öffentlich zugänglich ist. Im Zweiten Weltkrieg wird sie nach Schlesien ausgelagert und 1945 nach Krakau gebracht. Seit 1984 ist diese Briefedition in der Bibliotheka Jagiellonska in Krakau einsehbar. Barbara Hahn hat seither in akribischer Arbeit alle auffindbaren Briefe von und an Rahel Varnhagen zusammengesucht. Sie hat 2011 alle verfügbaren Materialien im Originalwortlaut in neuer Systematik unter dem von Varnhagen gewählten Titel herausgegeben.[66]

Die Salons von Henriette Herz und Rahel Varnhagen sind nicht die einzigen jüdischen Salons in Berlin. Der Wunsch der jüdischen Frauen nach Teilhabe an einem attraktiven gesellschaftlichen Forum ermöglicht eine zahlreiche Teilnahme von Juden. Viele jüdische Frauen, die im 18. Jahrhundert die Voraussetzung der glanzvollen Salons schaffen, haben als Töchter wohlhabender Väter eine hervorragende Erziehung erhalten. Sie sind deshalb in der Lage, Adligen und Intellektuellen ein Forum zu bieten, wo die Stände sich mischen können. Verbindendes Element ist das Interesse an Philosophie und Literatur, die zur damaligen Zeit einen enormen Aufschwung nehmen. Man liest die Literatur der späten Aufklärung, des Sturm und Drang, der Klassik und Romantik, groß ist auch das Interesse an Kunst und an Musik. Die jüdischen Frauen sind nicht in die engen Grenzen der ständischen Gesellschaft eingebunden. Als Außenseiterinnen der Berliner Gesellschaft haben sie in der Phase der europäischen Aufklärung, die die Menschen- und Bürgerrechte propagiert, gewisse Freiräume, die auch die Haskala freigelegt hat. In den Salons haben sie ein Forum, sich als Frauen und als Jüdinnen zu emanzipieren. Davon haben auch andere etwas: gebildete Geselligkeit, intellektuellen Austausch und Wissenserweiterung. Nicht zuletzt sind die Salons ein interessanter Beziehungs- und Heiratsmarkt. Insgesamt aber umfassen die Salons der preußischen Hauptstadt nur einen sehr kleinen Prozentsatz der Bevölkerung. Und die Zahl der zwischen 1780 und 1803 in Berlin lebenden Juden liegt weitgehend konstant bei 3000 bis 3600 Personen, was etwa zwei Prozent der Bewohner entspricht.[67]

Eine der bekanntesten jüdischen Frauen ist Brendel Mendelssohn (1764–1839), die Tochter des Philosophen Moses Mendelssohn und seiner Frau Fromet. 1782, also schon in sehr jungen Jahren, veranstaltet sie in ihrem Elternhaus Lektüreabende. Gelesen wird zum Beispiel Lessings *Dramatisches Gedicht Nathan der Weise*. Der Vater übernimmt dann den Part des Nathan. Ihr Lebensweg verläuft allerdings gänzlich anders, als es der tief im jüdischen Glauben verwurzelte Vater vorgesehen hat. Im Salon ihrer Freundin Henriette Herz lernt sie 1797 den jungen Friedrich Schlegel kennen, den sie in zweiter Ehe heiraten wird. Eine erste Ehe schließt sie 1783 mit dem von ihrem Vater für sie vorgesehenen Kaufmann Simon Veit (1754–1834), von dem sie sich 1799 wieder trennt. Vor ihrer zweiten Heirat tritt sie zum protestantischen Glauben über und nennt sich ab 1804 Dorothea. Sie wechselt später gemeinsam mit dem einer protestantischen Familie entstammenden Schlegel zum Katholizismus. Sie ist es, die hinter der titelgebenden Figur von Schlegels einzigem, 1799 erscheinendem Skandal- und Kultroman *Lucinde* steht. Dorothea Schlegel arbeitet als Briefautorin, Schriftstellerin und Übersetzerin. Aufgrund ihres Mutes, sich von ihrem ersten, vom Vater ausgesuchten, Ehemann zu trennen und als Geliebte des Frühromantikers Friedrich Schlegel selbst gewähltes Lebensglück einzufordern, wird sie zu einem Vorbild weiblicher Emanzipation.

Eine Besonderheit stellt der Salon von Sara Levy dar: Es ist ein Musiksalon. Sara Levy entstammt der Familie des reichen jüdischen Hoffaktors und Bankiers Daniel Itzig, sie ist hochgebildet und interessiert sich vor allem für Musik und Philosophie. Sie heiratet den Bankier Samuel Salomon Levy und bleibt zeitlebens dem Judentum verbunden. Als Lieblingsschülerin von Wilhelm Friedemann Bach ist sie eine begabte Cembalistin und eine Bewunderin und Mäzenin Carl Philipp Emanuel Bachs. Sie ist mit der Weimarer Herzogin Anna Amalia befreundet, beide verehren Johann Sebastian Bach. Mit großem Engagement befördert Sara Levy die Berliner Bachrenaissance. 1829 kann sie die durch Felix Mendelssohn geleitete erste Wiederaufführung der *Matthäus-Passion* von Johann Sebastian Bach in der Sing-Akademie miterleben. Seit ihrer Kindheit ist sie mit Carl Friedrich Zelter befreundet, sie vermacht der von ihm gegründeten Sing-Akademie testamentarisch wertvolle Originalpartituren der Bachfamilie, Erstdrucke und Handschriften, die sie in ihrer außerordentlich wertvollen Musikbibliothek aufbewahrt hat.

In ihrem Salon begegnen sich die bedeutendsten Musiker und Gelehrten Berlins, hier verkehren der Philosoph und jüdische Aufklärer Salomon Maimon, Friedrich Schleiermacher, der Politiker und Schriftsteller August Adolph von Hennings (1746–1826), der Philosophieprofessor und Dichter Henrik Steffens (1773–1845), Achim (1781–1831) und Bettina von Arnim.

Einen hohen Bekanntheitsgrad hat auch der Salon von Sara Meyer Grotthuis (1763–1828). Haben Henriette Herz und Rahel Varnhagen den Goethekult in Berlin entfaltet, so erfährt er im Salon der Sara Baronin von Grotthuis einen weiteren Höhepunkt. Sara Meyer entstammt der Familie des reichen jüdischen Bankiers Aaron Moses Meyer (1737–1795). Der mit der Familie befreundete Moses Mendelssohn nimmt Einfluss auf ihre Erziehung und Bildung und sorgt im Einverständnis mit den orthodoxen Eltern bereits 1778 für ihre Eheschließung mit dem wesentlich älteren Kaufmann Liebmann Meyer Wulff (1745–1812). Die Beziehung scheitert. Erst die zweite, 1797 geschlossene Ehe mit dem preußischen Offizier von Grotthuis entspricht ihren Vorstellungen. Schon früh hat Sara Meyer Goethes *Werther* verschlungen, eine Lektüre, die Moses Mendelssohn als sittenverderbend scharf kritisiert. Er vernichtet das von ihr geliebte Buch, einen Verlust, den Lessing, der ebenfalls mit der Familie befreundet ist und Goethe schätzt, durch ein neues Exemplar ausgleicht. Die Bildung der jungen Sara wird an Goethe, Lessing und Herder geschult, sie lernt mehrere Sprachen. Gemeinsam mit ihrer Schwester Marianne Meyer (1770–1812) begegnet sie 1795 in Karlsbad dem Weimarer Dichter, als beide dort zur Kur weilen. Goethe ist entzückt von den beiden hübschen Schwestern und tauscht über Jahre hinweg Briefe und Manuskripte mit ihnen aus. Spätestens seit 1797 lässt sich nachweisen, dass Sara, wohl auch gemeinsam mit ihrer Schwester, ihren Salon führt, der zu einem angesagten Berliner Treffpunkt wird. »Bey Meyers war ich Gestern«, heißt es in einem Brief von Rahel Varnhagen aus dem Jahre 1794; beide Schwestern verkehren auch bei Rahel. In der Forschung sind dieser Salon und auch die folgenden noch kaum gewürdigt worden,

Details über Gäste und Inhalte sind nicht bekannt. Von Sara wie auch von ihrer Schwester, Marianne Meyer-Eybenberg, gibt es bis heute keine Biographie. Beide Schwestern sind um die Jahrhundertwende bekannte und geschätzte Gastgeberinnen in Berlin. Bekannt sind sie bis heute vor allem aufgrund ihres Briefwechsels mit Goethe. Marianne Meyer-Eybenberg geht später nach Wien und macht sich als Salonière auch dort einen Namen.

Interessante Gastgeberinnen sind auch Hitzel Fließ Boye Sparre (1772–1839) und ihre jüngere Schwester Philippine Cohen (1776–nach 1833), Töchter eines wohlhabenden jüdischen Fabrikanten. Die wenigen vorhandenen Informationen über ihr gesellschaftliches Engagement finden sich in den Aufzeichnungen von Karl August von Varnhagen oder in Briefnotizen von Rahel Varnhagen, die eine lebenslange Freundschaft mit Hitzel Fließ verbindet. Auch Friedrich Schlegel erwähnt die Gastgeberin in einem Brief aus dem Jahr 1797. Philippine Cohen unterhält um 1800 einen Salon, den Dichter des »Nordsternbundes« sowie Heinrich von Kleist oder Adam Müller (1779–1829) frequentieren. 1804 findet dieser Salon aufgrund betrügerischer Spekulationen ihres Ehemannes, die sie in finanzielles Elend stürzen, ein jähes Ende.

Die Existenz erfolgreicher jüdischer Salons als Zentrum kultivierter Geselligkeit darf allerdings nicht zu der Annahme verleiten, die Juden seien nunmehr in der deutschen Gesellschaft angekommen und verankert. Die Geschichte lehrt das Gegenteil. In Preußen werden die durch das Gleichstellungsgesetz von 1812 gewährten Freiräume alle nach und nach wieder zurückgenommen. Die Juden waren und bleiben Außenseiter. In dem Maße, wie eine bürgerliche Oberschicht entsteht und an Macht und Einfluss gewinnt, bemächtigt sie sich auch des Einflusses auf Stil und Regeln des gesellschaftlichen Lebens. Der für eine kurze historische Phase gewonnene Einfluss der Juden auf das gebildete gesellschaftliche Leben in der preußischen Hauptstadt wird eliminiert durch das aufsteigende gebildete Bürgertum. Dieser Entwicklung entsprach die Entstehung patriotischer Vereine, die »geistig gegen die Aufklärung, politisch gegen Frankreich und gesellschaftlich gegen den Salon standen«.[68]

Das Netz der Beziehungen und Freundschaften war zu Lebzeiten der Gastgeber und Gäste der Salons außerordentlich vielfältig, aber auch im Tode bleiben sie oftmals verbunden. Die Grabmäler, die wir heute aufsuchen können, erweisen Nähe oder Distanz. So wie die verschiedenen Salons verstreut im Zentrum der preußischen Hauptstadt liegen, so verstreut sind auch die Grabanlagen der Repräsentanten der Salonkultur. Entscheidend für die letzte Ruhe waren der Wohnort und die Zugehörigkeit zu einer Glaubensgemeinde. Aus Hygienegründen wurden die Friedhöfe außerhalb der Stadt, vor ihren Toren angelegt; jede Gemeinde hatte ihren Friedhof. Waren diese belegt, wurde nach einer Erweiterungsfläche gesucht und an den Namen des jeweils neuen Friedhofs eine römische I, II oder III gehängt. Mit dieser einfachen Erklärung lässt sich die verwirrende Benennung der Friedhöfe vor dem Halleschen Tor (heute: »Friedhöfe am Halleschen Tor«) oder der »Friedhöfe an der Bergmannstraße« deuten.

Auf die Grabstelle von Moses Mendelssohn, der seine Zugehörigkeit zum Judentum nie in Zweifel gezogen hat, wurde schon hingewiesen. Auch Marcus Herz stellte sich nie außerhalb der jüdischen Tradition. Er ist wie Mendelssohn auf dem Jüdischen Friedhof in der Großen Hamburger Straße begraben, seine zum Christentum konvertierte Frau Henriette Herz hingegen auf dem Friedhof II der Jerusalems- und Neuen Kirche, unweit des Grabes von Iffland und der Schauspielerin Friederike Bethmann-Unzelmann. Auf dem unmittelbar nebenan gelegenen Dreifaltigkeitsfriedhof I ruht die zum Protestantismus konvertierte Rahel Varnhagen neben ihrem protestantisch getauften Mann Karl August von Varnhagen in einem Doppelgrab. In unmittelbarer Nähe, auf demselben Grund, findet man die Grabmale von Abraham und Lea Mendelssohn und von Felix Mendelssohn Bartholdy und seiner Schwester Fanny Hensel, auch sie konvertierten zum Protestantismus.

## 9. Die Frühromantik als urbanes Projekt: *Ludwig Tieck* und *Wilhelm Heinrich Wackenroder*

Ludwig Tieck, diesen genialen Schriftsteller, Übersetzer und Herausgeber als einen Berliner Autor zu betrachten, ist eher unüblich – aber er ist es, auch wenn Dresden und Jena ihn ebenfalls für sich beanspruchen. Tieck ist 1773 in Berlin geboren, er hat in der preußischen Residenz weit über zwanzig Jahre lang seine Kindheit und seine produktive Jugend verbracht, und er findet immer wieder nach Berlin zurück. Hier hat er etwas Neues geschaffen: Stadtliteratur. Endgültig kehrt er elf Jahre vor seinem Tod im Jahre 1853 nach Berlin zurück, Tieck hat also mehr als die Hälfte seines Lebens hier gelebt. Sucht man heute nach Lebensspuren von ihm, findet sich seine Grabstätte auf dem Friedhof II der Dreifaltigkeitsgemeinde, ein Ehrengrab der Stadt. Im heutigen Ortsteil Mitte erinnert die Tieckstraße noch an ihn – weiter sucht man allerdings vergebens. Und sonst? Ist der Sprachvirtuose Tieck, den Friedrich Hebbel den *König der Romantik* nannte, der zeitweise Goethe den Rang des *Imperators* der *deutschen Gelehrtenrepublik* streitig zu machen drohte,[1] dem öffentlichen Bewusstsein weitgehend entschwunden?

Ja und nein. Den meisten Lesern ist Tieck nicht mehr bekannt, seine Rolle und Bedeutung sind weitgehend in Vergessenheit geraten. Erst in jüngerer Zeit wird das komplexe Werk aber wiederentdeckt und annähernd vollständig erschlossen, erst in der neueren Forschung wird sein epochaler Rang für die Literatur um 1800 gewürdigt.[2] Tiecks Prosawerk ist das wohl heterogenste der klassisch-romantischen Epoche – aber hoch faszinierend.[3] Seine frühen Werke umfassen alle Spielarten des poetischen Schreibens, sie werden zum Vorbild für die Dichtung um 1800. Heute ist Tieck als einer der bedeutendsten Romantiker der Literaturgeschichte anerkannt, aufgrund seiner bis ins hohe Alter anhaltenden Schaffenskraft erstreckt sich sein Werk sogar über die gesamte Epoche der Romantik. Tieck hat ein Werk von einem kaum zu ermessenden Umfang hinterlassen, dessen Diversität und Differenziertheit noch immer nicht vollständig erschlossen sind. Bis heute gibt es keine umfassende Edition dieses vielgestaltigen Werks.

In diesem Kapitel soll es im Wesentlichen um Tiecks Berliner Frühwerk, also um die Zeit zwischen 1792 und 1798 gehen. Schon diese frühen Schriften reagieren überdeutlich auf den damaligen Zeitumbruch. In ihrem höchst eigenwilligen Charakter begegnet uns die Krise der Moderne, in ihnen wird Position bezogen, sie setzen sich zur Wehr gegen die Zumutungen der Zeit. Als Tieck zu schreiben beginnt, sind die Grenzen zwischen Klassik und Romantik noch nicht definiert. Tiecks Ausgangspunkt ist die Spätaufklärung, diesem Erbe fühlt er sich ein Leben lang verpflichtet. Dies lässt sich sogar in den Texten erkennen, in denen er starre Positionen der Aufklärung kritisiert. Diese aufklärerische Grundorientierung wird in seinen romantischen Texten ebenso deutlich wie in seiner späteren realistischen Phase. Wenngleich Tieck souverän über den jeweiligen Formenbestand verfügt, so geht er dennoch in keiner Epoche eindeutig auf. In einem Brief vom 9. November 1839 an seinen Freund Friedrich von Raumer (1781–1873) nimmt er »eine Ueberschauung« seines Lebens vor, er stellt seine Verwunderung dar über die Konstellationen des Leben, »über Glück, Zufall, Stimmung, Krankheit und Gesundheit« und zieht dann eine Bilanz: »... indem ich mein Leben überdenke, [stelle ich fest], wie es fast nie gestört ein Einziges, ein *harmonisches Ganzes* ist; wie ich nie eine Überzeugung, ein Erlebtes habe aufgeben dürfen, sondern sich das Frühere stets mit dem Spätern die Hand geboten hat. [...] Ich kann ernsthaft darüber lachen, daß ich mich von frühester Jugend eigentlich nicht verändert habe.«[4] Der – wie sich zeigen wird – explosive Charakter des Frühwerks wirkt weiter und verwandelt sich den unterschiedlichen zeitgeschichtlichen und biographischen Konstellationen an. Als ein durchgehendes Motiv lässt sich die Rückeroberung des Wunderbaren als Wert an sich und als Antwort auf die Aufklärer erkennen. Besonders der junge Tieck reagiert auf die hehren Ziele der Aufklärung. So in seinem radikalen Briefroman *William Lovell*, der fast nihilistische Züge hat. Der Künstlerroman *Franz Sternbalds Wanderungen* erweist den Autor wieder als Romantiker. Zu Recht lässt sich Tieck als ein »Chamäleon der Literaturgeschichte«[5] begreifen, dies sollte allerdings keinesfalls den Blick verstellen für den subversiven und höchst eigenwilligen Charakter seines Schreibens.

Tieck hat auch schon sehr früh höchste Anerkennung erfahren als Shakespeare- und Cervantes-Übersetzer,[6] er ist zudem ein profunder Kenner der europäischen Erzähltradition der Aufklärung. Für den Themenzusammenhang dieses Buches soll abschließend auch auf das Engagement des alten Tiecks eingegangen werden: Als erfahrener Dramaturg wird er, nach Berlin zurückgekehrt, mit großem Erfolg antike Stücke und Shakespeare inszenieren.

Für die frühen Berliner Jahre ist Wilhelm Heinrich Wackenroder, der erste Berliner Romantiker, von herausragender Bedeutung für die Entwicklung Tiecks. Auch dessen Werk ist bis heute weitgehend unbekannt geblieben, was wohl auch dem frühen Tod des Dichters geschuldet ist. Erst neue Forschungen haben dies ausgeglichen und Wackenroder rehabilitiert.[7] Seine Kunsttheorie gilt heute als erstes Dokument einer romantischen Ästhetik. Für den Themenzusammenhang dieses Buches konzentriert sich der Blick auf die enge, literarisch produktive Verbindung, die Tieck und Wackenroder eingegangen sind. Ihr Freundschaftsbündnis markiert den Beginn der literarischen Romantik, deren Zentrum die Kulturmetropole Berlin war. Die Frühromantiker wachsen sogar mehrheitlich in Berlin auf: neben Tieck und Wackenroder insbesondere Rahel Varnhagen, Henriette Herz, Friedrich Schleiermacher, die Brüder Schlegel. »Die kulturelle Sozialisation nahezu aller Romantiker verläuft über diese Stadt.«[8] Berlin mit seinem breiten Kulturangebot hat ihr Werk geprägt.

Ludwig Tieck ist ein langes, 80 Jahre währendes Leben vergönnt, nur die Berliner Zeitgenossen Johann Gottfried Schadow und Henriette Herz erreichen ein ähnlich hohes Alter. Tieck hat alle wichtigen europäischen historischen Zäsuren und Entwicklungen miterlebt. Von der Französischen Revolution erfährt er in seinem sechzehnten Lebensjahr, die napoleonischen Kriege erlebt er als Dreißigjähriger, die Restaurationsphase in seinen Vierzigern, die Julirevolution 1830 mit 57 und die Revolution 1848 mit 75 Jahren. Wie alle Romantiker ist Tieck, sofern es ihm seine Gesundheit erlaubt hat,[9] gerne gereist. Im Gegensatz zu Goethe und Schiller hat er die führenden europäischen Kulturstädte kennengelernt: 1813 Prag, 1817 Paris und London, von 1804 bis 1806 lebt er in Rom, von 1808 bis 1810 in Wien. Urbanität und städtische Geselligkeit haben ihn immer angezogen.

Tieck hat mehr als zwanzig Jahre in Dresden gelebt. Mit seinem damals landesweit berühmten Salon, in dem er Werke der Weltliteratur vorlas, wurde er dort zu einer kulturellen Institution, die Besucher von überallher anzog. Alle Biographen betonen seine Liebenswürdigkeit, seinen Charme, sein weltmännisches Auftreten, sein kommunikatives Talent und nicht zuletzt seine Freundschaftsfähigkeit. Dies alles erhält er sich, obwohl er seit seinem 26. Lebensjahr an einer sich fortentwickelnden Rheumaerkrankung leidet, als Gichtkranker konnte er im Alter nur noch tief gebeugt gehen. Mit Ausnahme seiner Jugendjahre ist er körperlich gebrechlich, seine psychische Disposition ist von Melancholie gezeichnet, phasenweise leidet er an schweren Depressionen. Obwohl er ohne Vermögen ist, hat Tieck sein Leben lang ein festes Amt (beispielsweise drei Rufe an die Universität) abgelehnt. Auf seine unbändige Fantasie und sein großes poetisches Talent vertrauend, will er nur eines: als freier Schriftsteller leben. Also ist er auf den Verkauf seiner schriftstellerischen Arbeit angewiesen. Dies setzt einen kenntnisreichen und strategischen Umgang mit Verlagswesen und Buchmarkt voraus. Seine Freiheit hat dieser Autor mit einem kraftzehrenden Dauereinsatz für die Sicherung seiner materiellen Existenz bezahlt. Glück hatte er darin, dass er phasenweise von dem seit Schultagen mit ihm befreundeten Mäzen Wilhelm Friedrich

von Burgsdorff oder dem Grafen Friedrich Karl Finck von Finckenstein finanziell unterstützt worden ist. Auch der sächsische König
und, am Ende seines Lebens, vor allem der preußische König tru-
gen zur Sicherung seiner Existenz bei.

Tieck wird am 31. Mai 1773 als Sohn eines ehemaligen Seilermeis-
ters, der über eigene Bildungsanstrengungen vom vierten Stand
ins Bürgertum aufgestiegen ist, im historischen Berliner Stadtteil
Neu-Cölln, in der Roßstraße 1, geboren, in einem Handwerker-
und Arbeiterviertel rund um den Fischmarkt und die Petrikirche.
Er wächst in einem protestantischen Elternhaus auf, die Eltern ermöglichen ihm und seinem jüngeren Bruder, dem später als Bildhauer berühmt gewordenen Christian Friedrich Tieck, den Besuch
des renommierten humanistischen Friedrichswerderschen Gymnasiums.[10] Es wird geleitet von dem reformfreudigen Oberschulrat
Friedrich Gedike, dem Herausgeber der *Berlinischen Monatsschrift*,
dem wichtigsten Organ der Berliner Aufklärung. Hier ist der im
gleichen Jahr 1773 geborene Wilhelm Heinrich Wackenroder sein
Mitschüler, beide verbindet von Kindheit an eine enge Freundschaft
und eine intensive Arbeitsbeziehung. Beide zeichnen sich schon als
Schüler durch außergewöhnliches Interesse und hohe Leistungsbe-
reitschaft aus. Sie schließen weitere wichtige Freundschaften und
werden von hervorragenden Lehrern, vor allem von August Ferdinand Bernhardi (1769–1820) und Friedrich Eberhard Rambach
(1767–1826), intensiv gefördert. Tieck interessiert sich besonders
für die Literatur, das Theater und die Musik. Durch seinen Klas-
senkameraden Wilhelm Hensler (1742–1779), den Stiefsohn des
damaligen königlichen Kapellmeisters und Komponisten Johann
Friedrich Reichardt, wird er in dessen großbürgerlich kulturaffines
Haus in der Friedrichstraße[11] eingeführt. Auch Wackenroder wird
dort häufig verkehren. Reichardt, der wie E. T. A. Hoffmann aus
Königsberg stammt und der Generation von Zelter angehört, lässt
Tieck teilhaben am eigenen Enthusiasmus für die Werke Shakespeares, des jungen Goethe und Schillers. In seinem Haus trifft sich
eine Gesellschaft, die Theater spielt und Musik macht. Der junge

Schüler nimmt aktiv teil an einer von Reichardt gegründeten The-
atergruppe. Reichardt vermittelt ihm nicht nur Theaterbesuche
oder den Kontakt zu Schauspielern, sein Haus eröffnet dem jungen Tieck eine umfangreiche kulturelle Bildung, hier erlebt er er-
lesenen Geschmack, hier erfährt er seine »künstlerischen Lehrjahre«.[12] Die empfangenen Eindrücke korrespondieren einem tiefen
Wunsch Tiecks nach Entwicklung – ein Wesenszug, der auch fast
alle seine literarischen Figuren auszeichnet. Schon sein Vater hat
durch ein selbst auferlegtes umfangreiches Lese- und Bildungs-
pensum einen bemerkenswerten sozialen Aufstieg vorgelebt. Diesen Weg setzt Tieck fort; am Ende seines Lebens ist er trotz aller
stets beibehaltenen Unabhängigkeit ein geschätztes Mitglied der
Berliner Adels- und Hofgesellschaft. Im Reichardt'schen Haus lernt
Tieck auch seine spätere Frau, Amalie Alberti (1769–1837), kennen,
die er 1798 in Berlin heiratet. Reichardt lebt vor allem in seiner
Musik. Durch seine Arbeit als Königlicher Kapellmeister und über
die vielen Hausmusikkonzerte vermittelt er Tieck eine tiefe Beziehung zur Musik, sie wird diesem, obwohl er sie nie aktiv ausgeübt
hat, zu einem wichtigen Lebenselement. Reichardt hat zehn frühromantische Gedichte Tiecks vertont.[13] Reichardt ist es auch, der
1789 die Verbindung zu Karl Philipp Moritz herstellt, nachdem dieser aus Italien nach Berlin zurückkehrt.

Später kühlt die enge Beziehung Tiecks zu Reichardt deutlich ab.
Gründe dafür liegen, wie noch zu zeigen ist, in einer unterschiedlichen Herangehensweise an die Musik, an die Künste überhaupt.[14]

Auch der empfindsame Wilhelm Heinrich Wackenroder nimmt
schon während seiner Schulzeit Musikunterricht. Aufgrund seiner
außergewöhnlichen Begabung wird er von Carl Friedrich Fasch,
dem Leiter der Sing-Akademie zu Berlin, gefördert (vgl. dazu Kap.
7). Als Schüler von Fasch und im Konzertleben der Sing-Akademie
empfängt er entscheidende Impulse, die später in sein Konzept der
romantischen Kunstreligion eingehen. Gemeinsam hören Tieck
und Wackenroder als sechzehnjährige Schüler in der Preußischen
Akademie der Künste bei dem gerade zum Professor ernannten Karl

Philipp Moritz Vorlesungen über Kunstgeschichte und Altertums-
kunde. Nachweislich hat Tieck die wichtigsten Schriften von Moritz gelesen; in seiner Bibliothek befanden sich Moritz' Abhandlung *Über die bildende Nachahmung des Schönen* (1788), das *Magazin
zur Erfahrungsseelenkunde* (1783–1793) und der Roman *Anton Reiser* (1785–1790)[15] (vgl. dazu Kap. 6). Schon während ihrer Berliner
Schulzeit setzen sich Tieck und Wackenroder mit der Erfahrungsseelenkunde von Karl Philipp Moritz und dessen undogmatischen
Vorstellungen über das Wesen der Kunst auseinander. Sie sind fasziniert von seiner Theorie der Autonomie der Kunst, die die Romantik vorbereitet.

Die intensive Beziehung zu Moritz bleibt aber nicht ungetrübt.
Dessen komplizierte psychische Struktur erweist sich gerade in
der Nähe als inkompatibel mit den individuellen Eigenheiten der
Persönlichkeit von Tieck. Wenn Wackenroder in einem Brief an
Tieck vom 11. Dezember 1792 diesen vielleicht etwas übertrieben
als einen »Zwillingsbruder«[16] von Moritz sieht, so distanziert Tieck
sich schon kurz darauf in einem Brief um die Jahreswende 1792
harsch und unmissverständlich von diesem Vergleich.[17] Dem ungeachtet will Tieck seine Erzählung *Die beiden merkwürdigsten Tage
aus Siegmunds Leben* in Moritz' *Magazin zur Erfahrungsseelenkunde*
veröffentlichen. Da Moritz am 26. Juni 1793 stirbt und das *Magazin*
nicht weitergeführt wird, publiziert Tieck sie 1796 im fünften Band
seiner *Straußfedern,* einer Sammlung von Erzählungen. Tiecks in
den *Straußfedern* veröffentlichte Geschichten sind deutlich beeinflusst von den erfahrungsseelenkundlichen Reflexionen und den
Fallgeschichten in Moritz' psychologischer Zeitschrift.[18]

Nach dem Abitur 1792 beginnt Tieck zunächst ein Studium der
Theologie in Halle, nebenher beschäftigt er sich mit Kunst und Literatur, hier vor allem mit Shakespeare. Weitere Studien der Philosophie und Geschichte setzt er in Göttingen und Erlangen fort,
bricht sie aber ohne akademischen Abschluss 1794 ab, um frei zu
sein für seine schriftstellerische Arbeit. 1794 kehrt er nach Berlin
zurück und wird in literarischen Kreisen schnell bekannt.

In den 1790er Jahren verkehrt der junge Tieck in fast allen wichtigen kulturellen Kreisen Berlins. Der Zugang zu der 1783 von Friedrich Nicolai (1733–1811) und Moses Mendelssohn initiierten *Mittwochsgesellschaft* und zu adligen Häusern ist ihm allerdings versagt. Aber vor allem die jüdischen Salons von Henriette und Marcus Herz in der Friedrichstraße und von Rahel Levin (verheiratete Rahel Varnhagen) in der Jaegerstraße sind zu dieser Zeit bedeutende Orte des intellektuellen Austausches von Künstlern und Gelehrten, Diplomaten und Militärs. Hier kommen Bürger und Adlige, Juden und Nichtjuden, Männern und Frauen für eine kurze historische Phase weitgehend frei von gesellschaftlichen Zwängen zusammen (vgl. dazu Kapitel 8). Als ausschließlich großstädtisches Phänomen kommt den Berliner Salons eine eminent wichtige Funktion für den literarischen Diskurs zu, der auch weit über Berlins Grenzen hinaus wahrgenommen wird und Impulse gibt.

Seit 1794 ist Tieck Rahel Levin freundschaftlich verbunden und Gast in ihrem Salon. Hier trifft er auf die Freunde Karl Gustav von Brinkmann, Wilhelm von Burgsdorff oder Alexander von Finkenstein, hier begegnet er dem berühmten Schauspieler Ferdinand Fleck, dessen darstellerische Kunst als Inbegriff von Anmut und Natürlichkeit gilt. Mit ihm und dem Bildhauer Johann Gottfried Schadow, in dessen Atelier sein Bruder, der Berliner Bildhauer Christian Friedrich Tieck, zeitweilig arbeitet, und dem Komponisten Carl Friedrich Zelter trifft Tieck sich jeden Donnerstag zum Gedankenaustausch bei einem Mittagessen. Auch Tiecks Bruder verkehrt bei Rahel Levin; 1796 fertigt er ein Medaillon von ihr an und mehrere Porträts von seinen Geschwistern Sophie und Ludwig sowie von Wilhelm Heinrich Wackenroder. Tieck ist auch Gast im Haus des Bankiers Simon Veit und seiner damaligen Frau Dorothea, der Tochter Moses Mendelssohns. Er lernt dort Friedrich Schlegel kennen, der später Dorothea (Brendel) Mendelssohn-Veit heiraten wird. Auch im literarischen Salon der Henriette Herz ist Tieck ein gern gesehener Gast. Ihr Salon wie auch der von Rahel Varnhagen und Dorothea Veit sind das Zentrum des aufblühenden Goethekults. In dieser Zeit wohnt Tieck von 1796 bis 1799 in der Schulgartenstraße (heute Friedrich-Ebert-Straße).

In Berlin entstehen jetzt alle wichtigen, die kurze Phase der Frühromantik begründenden Schriften Tiecks, ein Werk, das sich durch enorme Vielfalt und durch Souveränität im Experimentellen auszeichnet. Der Braunschweiger Germanist Cord Friedrich Berghahn fasst zusammen:»Hier kulminiert das urbane Bewusstsein der Spätaufklärung und generiert eine Poetik, die sich wie keine zweite der Umbruchszeit um 1800 ihr anarchisches und provokantes Potential bewahrt hat.«[19] Von 1795 bis zur Jahrhundertwende entsteht das Werk, auf das im Folgenden eingegangen werden soll: die *Straußfedern*, eine in loser Folge erscheinende Sammlung von Märchen und Erzählungen für den Verleger Friedrich Nicolai. 1795/96 schreibt der ambitionierte Autor *Die Geschichte des Herrn William Lovell*. 1796 erarbeitet er gemeinsam mit Wilhelm Heinrich Wackenroder die *Herzensergießungen eines kunstliebenden Klosterbruders*. 1797 erscheinen sein Stück *Der gestiefelte Kater*, das Tieck in Anlehnung an ein französisches Märchen zu einer Komödie gegen das Berliner Theater konzipiert hat und *Der blonde Eckbert*. 1798 publiziert er *Franz Sternbalds Wanderungen* und 1799/1800 die *Romantischen Dichtungen*.

Sowohl die inneren als auch die äußeren sozialen Freiräume, die es Ludwig Tieck ermöglicht haben, seinen persönlichen Neigungen zu folgen, sind Wilhelm Heinrich Wackenroder nicht gegeben.[20] Gegen den eigenen Willen, den Vorgaben des strengen Vaters folgend, absolviert Wackenroder in Erlangen und Göttingen ein Studium der Rechte. Die Atmosphäre seiner frühen Jugend ist dominiert von der Strenge des durch den protestantischen preußischen Beamtenvater geprägten Elternhauses, das dem Vernunftpragmatismus der Berliner Aufklärung folgt. Wackenroder ist in der vornehmen Burgstraße aufgewachsen, sein Vater ist ein hoher Berliner Justizbeamter, er führt den Titel eines Geheimen Kriegsrats. Der empfindsame Wackenroder leidet schon früh unter dieser Enge und zieht später mit seinem schmalen Werk dagegen zu Felde. Ein selbstgeschaffenes Gegengewicht ist seine hingebungsvolle Liebe zur Musik und zur Kunst. Während Tieck ab 1792 schon an den

Universitäten Halle und Göttingen studiert, muss sich Wackenroder auf Anraten des Vaters von Berlin aus im Privatunterricht auf sein Studium der Rechte vorbereiten. In dieser Zeit der Trennung tauschen sich die Freunde in einem regen Briefwechsel aus. Sie versichern sich darin emphatisch der gegenseitigen Freundschaft, setzen sich leidenschaftlich mit frühen Werken von Goethe und Schiller auseinander (die uneingeschränkt bewundert werden), sie schwärmen vom *Werther*, den *Räubern*, *Kabale und Liebe*, auch von Stücken von Iffland und Kotzebue. Wackenroder schreibt über seine Beziehung zur Musik, Eindrücke, die er wenig später in den *Herzensergießungen eines kunstliebenden Klosterbruders* wieder aufnimmt. Dem Zeitgeist entsprechend werden Meinungen über die Französische Revolution ausgetauscht. Hier wird der Einfluss von Wilhelm von Burgsdorff und Wilhelm Hensler auf Tieck deutlich, beide sind glühende Anhänger der Revolution. Die Hinrichtung Ludwig XVI. im Januar 1793 in Paris stellt weder für den Revolutionsschwärmer Tieck[21] noch für den weitgehend unpolitischen Wackenroder eine Zäsur dar.

Während seines Studiums beschäftigt sich Wackenroder in seiner freien Zeit mit Geschichte und Theorie der Musik, er hört weiterhin kunsthistorische Vorlesungen, vor allem über die Kunst der italienischen Renaissance. Zudem geht er eigenen philologischen Studien nach. Sein Interesse richtet sich vor allem auf die mittelhochdeutsche Literatur, er sucht nach alten Handschriften, er liest die Dramen des Nürnberger Dichters und Meistersingers Hans Sachs (1494–1576). Der Literaturhistoriker und Altphilologe Erduin Julius Koch (1764–1834) hat in einem biographisch-bibliographischen Handbuch aus dem Jahr 1795/98[22] Wackenroders Recherchen über das Mittelalter festgehalten und damit der Nachwelt bewahrt. Kochs zweibändige literaturgeschichtliche Pionierarbeit dokumentiert das Forscher-Potenzial dieses früh verstorbenen Gelehrten.

Es ist Wackenroder, der Tieck motiviert, sich mit der bildenden Kunst auseinanderzusetzen. Zu Beginn des Jahres 1793 reisen die beiden Freunde über Leipzig, Naumburg, Jena, Weimar, Erfurt, Gotha und Coburg nach Erlangen. Hier studieren sie im Sommersemester an der Universität Kunstgeschichte. Das Wintersemester 1793/94 verbringen sie in Göttingen.

Von Erlangen aus konfrontieren sich beide auf gemeinsamen Wanderungen nach Bamberg und Nürnberg mit der kulturellen Tradition dieser beiden Städte, vor allem mit den Kunstwerken des »deutschen Europäers«[23] Albrecht Dürer (1471–1528). Ein tief empfundenes Naturerleben und das Eintauchen in die Kunst sind der Grund dafür, dass ihre Reisen zum Paradigma aller späteren romantischen Kunstreisen werden. Nicht nur Wackenroder und Tieck, auch Novalis, Chamisso, Heinrich Heine – die Romantiker sind permanent auf Reisen, genau wie die literarischen Helden der Romantik in ihren Werken.

Vor allem sind diese Reisen aber die Basis für die *Herzensergießungen eines kunstliebenden Klosterbruders*.[24] Diese schmale Sammlung kunsttheoretischer Reflexionen, 1796 anonym bei Johann Friedrich Unger (1753–1804) in Berlin erschienen, ist ein erstes Zeugnis der deutschen Frühromantik, sie leitet diese literarisch ein. Im Kern sind die *Herzensergießungen* ein Werk Wackenroders. Tiecks Anteil daran ist quantitativ gering.[25] Ihr primäres Ziel sind nicht Kunsttheorie oder die Vermittlung von kunstgeschichtlichem Wissen. Hier geht es um eine neue Gefühlskultur, um Kunst-Enthusiasmus, um poetische Kunstvermittlung. Wackenroder und Tieck richten sich darin gegen die normativen Festlegungen der Aufklärungsästhetik und des Klassizismus und setzen dagegen die Kunst der italienischen Renaissance. Angelehnt an die Viten legendärer Heiliger sind Malerbiographien entstanden von Albrecht Dürer, Raffael (1483–1520), Leonardo da Vinci (1452–1519), Michelangelo (1475–1564), Piero di Cosimo (1462–1521), die sich zum Teil wörtlich an den Künstlerbiographien des die Kunstgeschichte begründenden Renaissance-Künstlers Giorgio Vasari (1511–1574) orientieren. Sie werden ergänzt durch drei theoretische Aufsätze und eine abschließende Erzählung über den Tonkünstler Joseph Berglinger, eine zeitgenössische Musikerfigur, die letztendlich scheitert.

Auf dem Höhepunkt seiner Lebensgeschichte, als Berglinger der Durchbruch zu einer Künstlerexistenz zu gelingen scheint, steht ein Gebet an die heilige Cäcilie, die Schutzpatronin der Musik. Es eröffnet den Blick in das Herz, das sich hier ergießt. Und es manifestiert den Ursprung der romantischen Musikästhetik; die Berglinger-Novelle gilt als eines ihrer Gründungsdokumente. Nach einem kurzen Leben stirbt Berglinger »in der Blüte seiner Jahre«, erschöpft von den Anstrengungen seines Künstlerlebens, an einer »Nervenschwäche«. Todessehnsüchtig antizipiert Wackenroder in dieser stark autobiographisch grundierten Geschichte den Tod, den er bald selbst erleiden wird.

Wackenroder und Tieck entwerfen in den *Herzensergießungen* ein Konzept der reinen Kunst. Diese kann nicht über die Ratio erfasst werden, sie wird durch quasireligiöse Verinnerlichung erfahrbar: »Die Kunst ist *über* dem Menschen: wir können die herrlichen Werke ihrer Geweiheten nur bewundern und verehren, und, zur Auflösung und Reinigung aller unsrer Gefühle, unser ganzes Gemüt vor ihnen auftun.«[26] Die Kunst wird in unmittelbare Nähe zur Religion gerückt, Kunst wird selbst Religion, indem sie deren Stelle einnimmt. »[...] das *Unsichtbare, das über uns schwebt*, ziehen Worte nicht in unser Gemüth herab. [...] Sie kommen durch ganz andere Wege zu unserm Inneren, als durch die Hülfe der Worte; sie bewegen auf *einmal*, auf eine wunderbare Weise, unser ganzes Wesen, und drängen sich in jede Nerve und jeden Blutstropfen, der uns angehört. Die eine dieser wundervollen Sprachen redet nur *Gott*; die andere reden nur wenige Auserwählte unter den Menschen, die er zu seinen Lieblingen gesalbt hat. Ich meine: die *Natur* und die *Kunst*.«[27] Wackenroder setzt den echten Kunstgenuss dem Gebet gleich: »Ich vergleiche den Genuß der edleren Kunstwerke dem *Gebet*. [...] Harret, wie beym Gebet, auf die seligen Stunden, da die Gunst des Himmels euer Inneres mit höherer Offenbarung erleuchtet; nur dann wird eure Seele sich mit den Werken der Künstler zu einem Ganzen vereinigen.«[28] Das Geheimnis der Kunst, so Wackenroder, ist weder in Worten aufzulösen noch in der Anschauung der technischen Dimension eines Kunstwerkes zu erfassen. Es geht darum, den »Künstlergeist«[29] aufzuspüren, der den Geist des Menschen beseelt; in ihm erweist sich das Transzendente durch das Medium der großen Künstlerpersönlichkeit. Der Akt des Kunstschaffens wie der des Kunsterlebnisses kommt in Wackenroders Verständnis einer göttlichen Offenbarung gleich. Dieses Konzept der kunstreligiösen Erneuerung indiziert einen deutlichen Gegenentwurf zur rationalen Weltauffassung der Aufklärung, es tritt an die Stelle der durch aufklärerische Intellektualität ausgehöhlten positiven Religion. Das Modell der in der Kunst aufgehobenen Religiosität ist eine Antwort der Frühromantik auf die normativen Vorgaben der Religions- und Offenbarungskritik der Aufklärung.[30]

Die kongeniale Arbeits- und Freundschaftsbeziehung zwischen Tieck und Wackenroder findet ein jähes Ende durch den frühen Tod Wackenroders, der 1798, mit 24 Jahren, an Typhus stirbt. Nach Aussagen Tiecks wurde der tödliche Verlauf der Erkrankung mitverursacht durch das schon erwähnte Nervenleiden. Er sieht die Ursachen dafür in der Diskrepanz zwischen der ungeliebten Rechtswissenschaft und Wackenroders eigentlichen musischen und wissenschaftlichen Neigungen begründet. Diesen für ihn unlösbaren Konflikt hat Wackenroder im letzten Text der *Herzensergießungen* in der Figur des Tonkünstlers Joseph Berglinger gestaltet: »Diese bittere Mißhelligkeit zwischen seinem angebohrnen ätherischen Enthusiasmus, und dem irdischen Antheil an dem Leben eines jeden Menschen, der jeden täglich aus seinen Schwärmereyen mit Gewalt herabziehet, quälte ihn sein ganzes Leben hindurch.« In der Figur Berglingers gestaltet Wackenroder die Projektionsfigur eines Musikers, der der Musik »mit eben der Andacht zu[hört], als wenn er in der Kirche wäre. [...] Seine ewig bewegliche Seele war ganz ein Spiel der Töne.«[31] Es geht um die himmlische Macht der Tonkunst. Die Musik erscheint hier als die höchste der Künste. Kaum eine andere Kunst vermag den Menschen in so absoluter Weise der Realität zu entheben wie die Musik – darin sieht Wackenroder »eine wunderbare Gabe der Musik, – welche Kunst wohl überhaupt um so mächtiger auf uns wirkt, und alle Kräfte unsers

Wesens um so allgemeiner in Aufruhr setzt, je dunkler und geheim-
nißvoller ihre Sprache ist.«[32]

In vergleichbarer Weise preist Wackenroder die Malerei des »göttlichen Raffael«. Dieser italienische Renaissancekünstler ist »die
leuchtende Sonne unter allen Malern«.[33] Ihm gelingt eine Madonna, eine »Mutter Gottes« (zu denken ist hier wohl an Raffaels
*Sixtinische Madonna* in der Galerie Alter Meister in Dresden), weil
er aufnahmebereit ist für die Inspiration: »Ich halte mich an ein ge-
wisses Bild im Geiste, welches in meine Seele kommt«, er erfährt
»das offenbare Wunder der göttlichen Allmacht«, den »unmittelbaren göttlichen Beistand«.[34] Diese geistige Aufnahmebereitschaft,
die die Voraussetzung für das Kunstschaffen ist, reproduziert sich,
durch das Kunstwerk vermittelt, als Kunstenthusiasmus im Betrachter.

Auch dem »geliebten Albrecht Dürer«, dem deutschen Renaissancekünstler aus Nürnberg, misst Wackenroder den Rang eines
Auserwählten zu, beide haben »eine ganz besonders nahe Verwandtschaft zu [s]einem Herzen«.[35] Mit *Raffaels Erscheinung* werden die Kunstreflexionen eröffnet, mit der Tonkunst werden sie
abgeschlossen. In *Einige Worte über Allgemeinheit, Toleranz und Men-
schenliebe in der Kunst* macht Wackenroder deutlich, dass vor Gott
alle Kunst gleichberechtigt ist: »Er erblickt in jeglichem Werke der
Kunst [...] die Spur von dem himmlischen Funken, der, von Ihm
ausgegangen, durch die Brust des Menschen hindurch, in dessen
kleine Schöpfungen überging.«[36] Dennoch kommt der Musik ein
absoluter Rang zu.

Der Mensch als Doppelwesen von Geist und Leib, dieser Widerspruch zwischen idealem und realem Leben, ist für Berglinger
nicht lösbar: »Mit solchen Gedanken quälte er sich oft lange, und
konnte keinen Ausweg finden.«[37] Diese von Wackenroder geschaffene zeitkritische wie auch zeitlose Konstellation, das Leiden des
Künstlers, gibt den Grundkonflikt aller romantischen Künstlerfiguren vor. Der inneren Biographie des Autors entsprechend, lässt er
Berglinger daran zugrunde gehen.

Den *Herzensergießungen* ist Moritz' Theorie der Kunstautonomie, die dieser in seiner Abhandlung *Über die bildende Nachahmung des Schönen* formuliert hat, als Extrakt eingeschrieben. Die von Wackenroder und Tieck verfassten Aufsätze sind der wohl bekannteste Versuch einer Erneuerung der Religion aus dem Geist der Kunst. Weitere durchaus unterschiedliche Konzepte gibt es von dem Theologen Friedrich Schleiermacher, von den Dichtern Friedrich von Hardenberg (Novalis) und Friedrich Schlegel oder von dem Philosophen Friedrich Wilhelm Schelling. Die *Herzensergießungen* unterscheiden sich von diesen alternativen Abhandlungen vor allem durch ihre literarische Anlage. Adressat ist der geistig offene, der empfindsame Leser. Eine ganz neue Dimension eröffnet Wackenroder darin, dass sich die Kunst in einer religiösen Dimension hier von der Kirche löst, an die Stelle der Kirche tritt und selbst Kirche beziehungsweise Religion wird.[38] Die Autorfiktion eines alt gewordenen, der realen Welt enthobenen Geistlichen macht ein parareligiöses Sprechen möglich, nur so kann er seine fromme Geistesart und seine Liebe zur Kunst zum Ausdruck bringen. Wackenroder und auch Tieck vermeiden die gelehrte Sprache. Die schlichte und nur scheinbar naive Tonlage ist eine bewusste Strategie, um sich von der aufgeklärten Kunstkritik abzusetzen. Die ganze Schrift ist trotz ihrer verschiedenartigen Anteile gekennzeichnet durch Raffinesse, durch höchste sprachliche Gewandtheit und Eleganz. 1799, ein Jahr nach Wackenroders Tod, gibt Tieck dessen *Phantasien über die Kunst für Freunde der Kunst* heraus. Im ersten Teil des Wackenroder-Textes wird das Konzept der Kunstreligion vertieft. Den zweiten Teil widmet er der Musik: Als reiner Kunst könne auch ihr nur über religiöse Verinnerlichung begegnet werden.

Das vielgestaltige Werk Tiecks konfrontiert den Leser mit einem Widerspruch. Dieser Großstadtautor, der in seiner Entwicklung zwischen 1786 und 1798 die Berliner Kultur in sich aufnimmt und literarisch auf sie reagiert, dessen Poetik die einer städtischen Geselligkeit ist und dessen Erzählkonzept Elemente urbanen Denkens aufweist, hat nur wenig von eben dieser Sphäre des Urbanen in sein Werk eingearbeitet.[39] Wenngleich beispielsweise die Märchenkomödie *Der gestiefelte Kater* – wie noch zu zeigen ist – reinste Berlinliteratur ist, so scheint das Urbane im Werk Tiecks doch weitgehend ausgeblendet und der städtische Raum mit Ablehnung belegt zu sein. Symptomatisch ist der erste Satz aus *Franz Sternbalds Wanderungen*: »So sind wir denn nun endlich aus den Toren der Stadt«, der geradezu leitmotivisch in seinen Texten wiederkehrt.[40] Die Romantiker reagieren hochsensibel auf die Veränderung der Lebenswelt an der Wende des 18. zum 19. Jahrhundert. Im Modus der romantischen Ironie wagen sie den literarischen Aufbruch in die Moderne. Die Stadt gehört sicher nicht zu den unverkennbar romantischen Topoi wie Wald, Einsamkeit oder Nacht. Sie wird aber wahrnehmbar in dem dynamischen Lebensgefühl und im Denken der Figuren. Als Ort des kulturellen und gesellschaftlichen Dialoges ist der städtische Raum fast immer positiv assoziiert. Die Stadt wird als dynamischer, als vielstimmiger, sich ständig in Bewegung befindlicher Korpus wahrgenommen. Und so irrlichtert sie durch die Texte. Sie kann auch irritieren oder als labyrinthischer Kosmos bedrohlich wirken – ein sehr moderner Gedanke. Den Romantikern geht es um eine gedankliche Aneignung städtischer Lebensformen, auch eines entsprechenden Lebensrhythmus, sie zeigen auf, wie die städtische Lebenswelt das Bewusstsein verändert. In dieser Zeit erreicht die literarische Stadtbeschreibung einen ersten Höhepunkt. Die Stadt sei vielmehr »der Ort der Kultur und der Geselligkeit, die Stadt ist der Ort der Kommunikation, die Stadt ist der Salon. [...] Der Grundgedanke der romantischen Theorie ist, daß Austausch, Gespräch und Dialog nicht nur einer städtischen Umgebung bedürfen, sondern vielmehr das unmittelbare Resultat urbaner Kommunikationsstrukturen sind.«[41] Ihre Dichter setzen auf Mobilität, Dynamik und Bewegung und erweisen damit ihre Modernität.[42]

Der in deutschen und ausländischen Städten viel gereiste, dem Wandern und der Mobilität verpflichtete, sich und seine literarischen Figuren ständig verändernde Tieck zeigt sich hier als genuiner Romantiker. Schon Wackenroder hat die sich beschleunigende Lebenswirklichkeit wahrgenommen und in den *Phantasien über die Kunst, für Freunde der Kunst* von dem »gewaltig-sausende[n] Rad der Zeit«[43] gesprochen. Die Grundbefindlichkeit der Romantiker ist auf Dynamik hin orientiert, Stillstand würde ihrer Zeitauffassung widersprechen. Dies führt notwendig zu einer neuen Offenheit, zu einer Veränderung und Neuorientierung der literarischen und ästhetischen Verfahren. »Der Fragmentcharakter romantischen Erzählens ist Ausdruck einer nur mehr fragmentiert und fragmentarisch erfahrbaren Welt: Mit genau dieser Verbindung, ja Erkenntnis leitet die Romantik die literarische Moderne ein.«[44] Dieser Ansatz wird in der Literatur des 20. Jahrhunderts fortgeführt. Aber bereits um 1800 sind die wichtigsten Momente dieses modernen Schreibens formuliert worden.[45]

Die feinen Antennen der Romantiker für die deutlich werdende Fragmentarisierung des Lebens legitimieren ihre Sehnsucht nach Ganzheit, Einheit und Totalität in einer Welt, die auseinanderzufallen droht. Das Konzept des Fragmentarischen, des Nichtabgeschlossenen, der Multiperspektivität ist der romantischen Theorie inhärent. Literarische Verfahren dieser Art sind ohne die Erfahrung großstädtischen Lebens, ohne eine urbane Orientierung nicht denkbar.

Als Tieck nach seinen Studienaufenthalten in Halle, Göttingen und Erlangen 1794 in Berlin wieder auf den Plan tritt, lebt von dem großen Dreiergespann der Berliner Aufklärung nur noch Friedrich Nicolai, den Tieck persönlich gut kennt: Lessing (1781) und Mendelssohn (1786) sind gestorben. Nicolais Haus in der Brüderstraße 13, also in der Mitte der preußischen Hauptstadt gelegen und von Carl Friedrich Zelter[46] renoviert, ist eines der intellektuellen Zentren der Stadt. Aufgrund des friderizianischen Toleranzprinzips hatte sich Berlin zur führenden Stadt der Aufklärung in Europa entwickelt. Sie galt als bedeutender Verlags- und Pressestandort, die Kultureinrichtungen, allen voran das Nationaltheater auf dem Gendarmenmarkt, die Akademie der Künste, die Akademie der Wissenschaften, die vor allem von Jüdinnen geführten Salons ziehen Künstler und

Intellektuelle in die Stadt. Die von Friedrich Nicolai herausgegebene *Allgemeine Deutsche Bibliothek*, eine der wichtigsten Rezensionszeitschriften zwischen 1765 und 1805, wird zum bekanntesten deutschsprachigen Organ der Aufklärung. Unwissenheit, Aberglaube, Vorurteile und Schwärmerei sollen kraft der Vernunft, also über die Leitgedanken der Aufklärung, überwunden werden. Kritikfähigkeit, Humanität und Toleranz sind das Ziel. Durch seinen erfolgreichen Verlag ist Nicolai weit über die Stadtgrenzen hinaus bekannt. Aber sogar der hochengagierte und streitbare Aufklärer ist nicht davor gefeit, von der nachfolgenden Generation vom Sockel gestoßen zu werden. Auch der junge Tieck attackiert die Spätaufklärer, für ihn repräsentiert Nicolai die Vätergeneration. Ablesbar ist diese Entwicklung in seinem 1793–96 entstandenen Roman *Geschichte des Herrn William Lovell*, der 1795/96 in zehn Büchern anonym bei Carl August Nicolai in Leipzig und Berlin erscheint.[47] Der 22-jährige Autor legt hier einen umfangreichen, in drei Bände unterteilten Briefroman vor, der, seinem durchaus trashigen Charakter zum Trotz, aufgrund seiner kreativen, innovativen Poesie ein staunenswertes, brillantes Beispiel für Tiecks Berliner Frühwerk darstellt.

Abgesehen von zwei Briefen zu Beginn[48] verzichtet Tieck auf eine Datierung, was den fiktiven Charakter unterstreicht. In der *Vorrede* weist er darauf hin, dass die folgende Geschichte nur für die Leser von Interesse sein könne, »die in einer Erzählung die Charaktere und ihre bestimmte Zeichnung für die Hauptsache halten«. Und in der Tat stehen die verschiedenen Charaktere und ihre luzide Selbstreflexion im Vordergrund. Da es sich um 30 verschiedene Briefpartner handelt, ist der Leser aufgefordert, sich aus verschiedenen Perspektiven ein Bild der Figuren und des Geschehens zu machen. Die komplexe Fülle der Handlung kann hier nur angedeutet werden. In einem zehnseitigen Brief[49] erzählt der wohlhabende englische Gutsbesitzer Walter Lovell seinem einzigen Sohn William die eigene Geschichte. Williams Mutter ist bei seiner Geburt gestorben. Der Vater, selbst »offenherzig, mit einer erhitzten Phantasie« und einer »übertriebenen Empfindsamkeit« ausgestattet, will seinen schwärmerisch veranlagten Sohn zu einer ausgedehnten Bildungsreise motivieren. Diese solle seinen »jugendlichen Enthusiasmus mildern« und ihm Lebens- und Welterfahrung vermitteln. William wird dieses Experiment eingehen. Seine Liebesbeziehung zu Amalie Wilmont wird daran zerbrechen, zudem beendet er den Briefkontakt mit seinem empfindsamen Jugendfreund Eduard Burton, eine der wenigen positiven Figuren des Romans. Mit Emphase sucht der junge melancholische William Lovell nun einen eigenen Lebensweg. Dieser wird allerdings nicht mit einer inneren Entwicklung gekrönt, Tieck konzipiert hier nicht das Muster des Entwicklungsromans. Viel eher wird das zeitgenössische Genre des Schauerromans bedient.[50] William Lovell wird auf seinem Weg an einem von seiner Verwandtschaft und weiteren Figuren gesponnenen Intrigennetz scheitern. Seine Sinn-Suche spielt sich typischerweise nicht in der ländlichen Idylle ab, sondern in der Stagnation und Stillstand meidenden dynamischen Bewegung zwischen den verschiedensten Städten, vor allem aber in London, Paris und Rom. In Paris, der ersten Station, wird sich der empfindsame Schwärmer seiner bisher verdrängten Sexualität bewusst. Die in der Beziehung zu der Gräfin Louise Blainville erfahrene »Wollust«, der er verfällt, trägt nicht zu einer Entwicklung bei. In einem Brief an den Italiener Rosa, einer Marionette in den Händen des intriganten Engländers Waterloo, schreibt Lovell: »Sie haben mich aus jenen Wesen hervorgehoben, die in einer bejammernswürdigen Feigheit ihr Leben nicht zu genießen wagen, die sich von unaufhörlichen Zweifeln tyrannisieren lassen [...]. Nein Rosa, hinweg mit diesem trostlosen Stolze! – Ich begnüge mich mit der Empfindung, ein *Mensch* zu sein; rasch entflieht das Leben, wehe dem, der vom irdischen Schlafe erwacht, ohne angenehm geträumt zu haben, denn wüste und dunkel ist die Zukunft.«[51] Lovell erlebt die Sinneslust schnell als schal, sie kann seine labile psychische Verfassung nicht aufhellen. »[...] der Rausch der Sinnlichkeit sank itzt zu jener Verächtlichkeit hinab, in welche er meine reinern Empfindungen des Herzens warf.«[52] Eine weitere Station seiner Reise ist Italien, sein Weg führt über Florenz nach Rom. Hier verliebt Lovell sich in die Italienerin Rosaline, ein Landkind aus einfachen Verhältnissen. Er verführt sie und verspricht ihr die Ehe, um sie an sich zu binden. Schon jetzt findet das Intrigenspiel Waterloos die ersten Opfer. William treibt gezielt Rosalines Bräutigam in den Tod. Als das Mädchen dann die Ehe einfordert, hält Lovell sie so lange hin, dass sie sich in den Tiber stürzt.

Bereits am Ende des ersten Bandes zieht Lovell in einem Brief an Rosa seine von Hybris gekennzeichnete und jedem Aufklärungsethos hohnsprechende Bilanz: »Ich bin *kälter* geworden, seit einiger Zeit? [...] Hoch triumphierend steh' ich oben, über dem Leben und seinen Freuden und Leiden erhaben, ich sehe mit stolzer Verachtung in das Gewühl der Welt hinab. – Wer sind jene armseligen Geschöpfe, die so schwer und keichend an den Bürden der Pflichten und der Tugenden tragen? – Meine Brüder? – Nimmermehr! – Die Willkür stempelt den freien Menschen; von allen Banden losgelassen rausch' ich wie ein Sturmwind dahin, Wälder niederreißend und mit lautem und wildem Geheul über die steilen Gebirge hinfahrend. Mag's hinter mir stürzen und vor mir wanken, was sind mir die Ruinen, die mich in meinem Laufe aufhalten sollten?«[53]

Lovell kehrt nach England zurück, wo sein Vater inzwischen verstorben ist, wo Amalie eine Ehe eingegangen ist. Die Freundschaft mit dem ihm treu verbundenen Eduard zerbricht endgültig, ein von Lovell geplanter Mordanschlag auf den Jugendfreund scheitert. Eingefangen in ein rasantes Intrigenspiel, stürzt William sich in weitere Beziehungen. Eine Spur der Zerstörung hinterlassend, geht er geht nach Paris und verspielt dort sein Vermögen. Verarmt und völlig heruntergekommen kehrt er noch einmal nach Italien zurück. In einem zerrütteten Zustand erhält er ein Briefpaket,[54] das der Engländer Waterloo ihm »als ein Testament, als eine Erbschaft« hinterlassen hat. Der »achtzigjährige Greis« hat lange auf Lovells Rückkehr gewartet, inzwischen ist er verstorben. »... es ist sein Testament, in dem er mich unbarmherzig verstößt, in dem er nichts mehr von mir wissen will.«[55] Das umfangreiche Schreiben enthält Waterloos Lebensgeschichte, es offenbart sein von Kälte, Zynismus und Hass getränktes Weltbild. In Einsamkeit aufgewachsen, in der Liebe mehrfach enttäuscht, ist er auch in seinem weiteren Leben unfähig zu positiven Bindungen. Lovell muss erkennen, dass er nur eine Schachfigur in seinem Machtspiel gewesen ist.

Der Roman lässt sich am Schluss als die Geschichte einer Rache erkennen. Der Engländer Waterloo, der sich in Italien Andrea Cosimo genannt hat, hat Marie Milford geliebt und um sie geworben. Diese hat aber seinen Freund Walter Lovell geheiratet, was ihn tief kränkt. Die Folge ist »ein tiefer, unversöhnlicher, brennender Hass gegen Lovell. [...] Mein Leben hatte nun einen Faden gefunden, an dem es sich hinunterspinnen konnte.« Waterloo erklärt seinen jugendlichen Konkurrenten zum Feind und ruht fortan nicht, Walter Lovell und seinen Sohn zu vernichten.[56] Als Vollzugsgehilfe für sein Zerstörungswerk gewinnt er den leichtsinnigen und beschränkten Italiener Rosa: »Schon früh suchte ich einen Schildknappen zu bekommen, der mir meine Waffen nachtrüge.« In seinem *Testament* gießt Waterloo Hohn und Verachtung über Lovell aus, am Schluss richtet er auch sich selbst: »Ich freute mich sehr, [...] ein Gespenst zu spielen, und andre Gespenster herbeizurufen, die ganze Welt zum Narren zu haben, und jetzt fällt mir die Frage ein, ob ich mich bei dieser Bemühung nicht selber zum größten Narren gemacht habe.« Nach der Lektüre hat Lovell keine Lebensmotive mehr. In seiner Einsamkeit hatte er immer wieder an Rosaline gedacht, auch seine letzten Gedanken gelten ihr. In einem Duell lässt er sich von Karl Wilmont erschießen. Hintergrund dafür ist, dass auch Wilmont von Racheimpulsen beherrscht wird. Er will Vergeltung üben, weil Lovell ihm einst eine Liebesbeziehung zerstört hat. Im letzten Brief des Romans berichtet Wilmont: »Dann heftete er die Blume [eine Malve] auf seine Brust und sagte, daß ich nun sein Herz nicht verfehlen könne.« Nachdem Wilmont Lovell erschossen hat, reflektiert er fast reuevoll seine Rachegelüste: »Es ist mir unbegreiflich, wie das rohe Gefühl der Rache mich so bezaubern konnte, daß er mich nicht rührte. Konnt' ich ihm nicht dies ärmliche Leben lassen, da er außer diesem vielleicht so nicht viel besessen hat? – Was ist mir und Emilien nun damit geholfen, daß er die Luft nicht mehr einatmet?« Einsam in seinen Lebensekel eingeschlossen, beschließt Karl Wilmont nach Amerika in den Krieg gehen.

In dieser *Geschichte des Herrn William Lovell* erfährt die Fortschrittsgläubigkeit der Aufklärung eine totale Abfuhr. Skepsis, Zynismus und Menschenverachtung machen den Glauben an den Entwicklungswillen oder die Lernfähigkeit des Menschen zunichte. Liebe oder Menschlichkeit geraten hier nur zu einem Zerrbild. Es ist das desillusionierendste Werk, das Tieck geschrieben hat.

Eine neue Gefühlskultur und eine an Moritz geschulte Fähigkeit zur Selbstreflexion zeichnen schon das Werk von Wackenroder aus, eine in der Harmonie von Gefühl und Gedanken bis auf den Grund der Seele reichende Verinnerlichung. Genau das setzt Tieck fort. Er, selbst ein Kind der Aufklärung, beginnt seine Absetzungsstrategien vom Denkgebäude dieser Epoche mit seinem *Peter Lebrecht* und mit den *Straußfedern*. Er übernimmt die Herausgabe dieser Anthologie 1795 von dem Weimarer Schriftsteller und Literaturkritiker Karl August Musäus (1735–1787) und führt sie in dem Berliner Verlag von Friedrich Nicolai und dessen Sohn Carl August weiter. Handelte es sich zunächst um eine Sammlung von vorwiegend französischen Erzählungen, also um »fremde Federn«, so gibt Tieck in den fünf von ihm von 1795 bis 1798 herausgegebenen Bänden unter Mitarbeit seiner Schwester, der Dichterin Sophie Tieck (1775–1833) und seines späteren Schwagers, dem Sprachforscher und Schriftsteller August Ferdinand Bernhardi (1769–1820), neben fremden Arbeiten vor allem eigene Texte heraus. Er nimmt satirische Erzählungen über die Empfindsamkeit, den Geniekult oder die Reformpädagogik der Philantropen auf, die der spitzen Feder Nicolais durchaus vergleichbar sind. Scharfe Attacken gegen die Aufklärung finden sich in Tiecks Lustspiel *Die Theegesellschaft*, 1797 im siebenten Band der *Straußfedern* erschienen. Ein Kreis ehrenwerter Bürger gibt sich hier scheinbar aufgeklärt, ist dabei aber dunklem Aberglauben verhaftet.

Von 1797 bis 1800 dominieren in Tiecks Erzählungen und Dramen satirische Angriffe auf bornierte Vernunftgläubigkeit. Offensichtlichen und für die Zeitgenossen unmittelbar erkennbaren Spott muss Nicolai sich in *Das jüngste Gericht* aus dem Jahr 1800 gefallen lassen. Hier geht es in der Gestalt eines »Proktophantasmisten« um die Karikatur eines Aufklärers. Die realen psychischen und physischen Leiden Nicolais verspottend, lässt Tieck diesen in der Akademie der Wissenschaften auftreten und darlegen, wie er Geistererscheinungen und Phantasmen durch Anlegen von Blutegeln am After, also durch einen Aderlass, bewältigen könne. Aber Tiecks Gericht entscheidet ohne Gnade: Zweitausend Jahre muss Nicolai sich nun Teufelsspäße anhören. Jetzt gelingt es ihm nicht mehr, solche »ungehörige Poesie absaugen zu lassen«.[57] Er langweilt weiter und wird vom Himmel in die Hölle und dann ins Nichts abserviert.

Auch in weiteren Novellen wird gnadenloser Spott über den die Berliner Aufklärung repräsentierenden Nicolai ausgegossen. Der Grundton dieser frühen Werke Tiecks ist deutlich satirisch. In der Komödie *Prinz Zerbino oder die Reise nach dem guten Geschmack* von 1799 wird Nicolais Intoleranz und sein Zynismus in der öffentlichen Auseinandersetzung mit Andersdenkenden[58] aufgespießt. Ähnlich verfährt Tieck in der Parodie *Der neue Herkules am Scheideweg* von 1800. Aus den sich zuspitzenden Angriffen Tiecks geht dieser allerdings auch nicht unkommentiert hervor. Als Vorreiter der gleichgesinnten Frühromantiker muss er deutliche Polemik, sogar in literarisierter Form, einstecken.

Sogar in *Denkwürdige Geschichtschronik der Schildbürger* aus dem Jahr 1797 geht es Tieck um eine poetologische Auseinandersetzung mit der Berliner Aufklärung. Schon die Wahl eines historischen, mittelalterlichen Stoffes und die Einbettung dieser Parodie in die *Volksmärchen herausgegeben von Peter Lebrecht* indizieren die frühromantische Zielrichtung. Abenteuerliche Elemente, Wunderbares oder Fantastisches mischen sich mit faktischen und historischen Anteilen. In dieser Aufklärungssatire sind die Schildbürger außergewöhnlich begabt und überdurchschnittlich weise. Wenn sie immer alles glückvoll richtig machen und von Erfolg gekrönt werden, so geschieht dies aufgrund ihrer »praktischen Klugheit«[59] und ihrer scharfsinnigen Vernunft. Durch ihre Politik wird die ganze Welt bereichert, besonders aber Schilda. Am Schluss bahnt sich die Dummheit aber doch wieder den Weg, alles bleibt beim Alten. In seiner aufklärungskritischen Polemik übersieht Tieck allerdings, dass die Kritik an der restaurativen Politik Friedrich Wilhelms II. und seinem Staatsminister Johann Christoph von Woellner (1732–1800) oder an den Fehlentwicklungen der Französischen Revolution von dem Berliner Kreis um Nicolai durchaus geteilt wird. Zudem hat das aufgeklärte Berlin um 1800 gesellschaftlich, kulturell und wissenschaftlich eine herausragende Bilanz vorzuweisen. Zu einem offenen Konflikt mit Nicolai kommt es 1799, als dieser ohne Absprache, also unrechtmäßig, Tiecks *Sämtliche Schriften* in zwölf Bänden herausgibt – umso ärgerlicher, als Tieck bisher nur unter Pseudonym veröffentlicht hat.

Ein weiteres polemisches Themenfeld eröffnet Tieck 1797 mit seiner Komödie *Der gestiefelte Kater. Kindermärchen in drei Akten,* die zu seinen erfolgreichsten Stücken gehört. Titel und Stoff entnimmt er der Erzählung *Le chat botté* des französischen Schriftstellers Charles Perrault (1628–1703). Dieser ist vor allem berühmt geworden durch seine Märchensammlung *Histoires ou Contes du temps passé,* die das Genre nicht nur in Frankreich, sondern europaweit popularisiert hat. Der Inhalt entspricht dem des später von den Brüdern Grimm herausgegebenen Märchens, das ebenfalls von Perrault inspiriert ist. Eine zweite Ebene hat die damals hochaktuelle Komödie darin, dass sie als Schauspiel im Schauspiel im Berliner Nationaltheater spielt, das seit 1796 von Iffland geleitet wird (vgl. dazu Kap. 5). Beide Spielebenen werden miteinander verschränkt, eine Verbindung erfahren sie in der Figur des Dichters. Über diese bringt Tieck sich selbst ins Spiel, Pfeile des Spottes verschießend. Das Stück im Stück läuft am Ende aus dem Ruder. Die durch seine Satire ausgelöste Kontroverse über neue Tendenzen in der Literatur und Kunst, besonders in der Konfrontation zwischen Aufklärern und Romantikern, spiegelt deutlich den offenen Zeitgeist in der damaligen preußischen Metropole. In verschiedenen Streitschriften der antiromantischen Bewegung[60] konnten sich die damaligen Leser über die heftig ausgetragenen Zerwürfnisse informieren. Iffland und der Schriftsteller und Hofrat Karl August Böttiger (1760–1835) treten als Vertreter der Aufklärung unmittelbar auf und repräsentieren in einem zeitsatirischen Gehabe den aktuellen Theaterdiskurs. Sie werden, genauso wie das Publikum und die Kritik, in parodistischer Form Zielscheibe romantischer Ironie. Böttiger (Bötticher) figuriert als scheinbar kompetenter Gelehrter und hilfloser Kritiker, der dem Gespött des Publikums ausgesetzt ist. Seine Bemerkungen über »das vortreffliche Spiel« und die »ganze Maske« des Katers[61] parodieren die stadtweite Ifflandbegeisterung, die Tieck nicht teilt. Er hält den mit ihm befreundeten Schauspieler Ferdinand Fleck für weitaus begabter.

*Der blonde Eckbert* gehört zu Tiecks erzählerischen Meisterwerken. Es soll hier exemplarisch für die frühen Märchen hervorgehoben werden. Mit dieser in Berlin entstandenen Märchennovelle, 1797 noch unter dem Pseudonym Peter Leberecht herausgegeben und bei Carl August Nicolai verlegt,[62] vollzieht Tieck einmal mehr einen deutlichen Bruch mit der Literatur der Spätaufklärung.[63] Der Text ist schon 1796 entstanden und hat keinerlei Vorbilder. Er ist Tiecks ureigene Erfindung und entspricht allen Kriterien des romantischen Kunstmärchens. Die Distanz zur Spätaufklärung zeigt sich vor allem in der beanspruchten ästhetischen Autonomie und in der Abgrenzung von der rationalen Zweckdienlichkeit und moralischen Funktionalität der Aufklärungsliteratur. Tiecks Märchen erzählt – und zwar in Opposition zu der Tradition des Genres – eine tragische Geschichte, die des Ritters Eckbert und seiner Frau Bertha. Das kinderlose Paar begibt sich in den Bann einer geheimnisvollen Alten, die magische Fähigkeiten hat. Über Eckbert wird schon gleich zu Beginn gesagt, dass ihn »eine stille zurückhaltende Melancholie«[64] kennzeichnet. Der Text kombiniert fantastische Elemente mit psychologischen Anteilen, Traumelemente und Wirklichkeit. Die Figuren sind psychologisch nicht deutbar, sie haben keine fest umrissene Identität. Die Figur der Alten zum Beispiel spaltet sich sogar in mehrere weitere Personen auf. Tieck zeigt Kindheit als Raum für traumatische Verletzungen, die als Wunde ein Leben lang bestehen bleiben. Für diesen Reflexionszusammenhang könnte der nachweislich von ihm gelesene, zwischen 1785 und 1790 entstandene Roman *Anton Reiser* von Moritz hochmoderne erfahrungsseelenkundliche Erkenntnisse bereitgestellt haben. Umso erstaunlicher mutet dann die Erkenntnis der vierzehn Jahre alt gewordenen Bertha an: »Es ist ein Unglück für den Menschen, daß er seinen Verstand nur darum bekömmt, um die Unschuld seiner Seele zu verlieren.«[65] Mit dieser in sich widersprüchlichen Kombination einer grotesk antiaufklärerischen Formel mit Berthas beginnender Erkenntnis ihrer eigenen Verantwortung für ihr Leben unterläuft Tieck seine im Kern aufklärerischen Erzählstrategien. Die gegenaufklärerische Stoßrichtung geht dieses Mal weit über Tiecks Absetzungsstrategien von der Spätaufklärung hinaus. Ganz anders der Einschub einer fiktiven, realistisch anmutenden Erzählinstanz zu Beginn des Textes, hier wird der an Moritz geschulte erfahrungsseelenkundliche Reflexionsrahmen deutlich, in dem Tieck sich eigentlich bewegt. Über die »innige Freundschaft«, die Eckbert mit Philipp Walther verbindet, heißt es: »Es gibt Stunden, in denen es den Menschen ängstigt, wenn er vor seinem Freunde ein Geheimnis haben soll, was er bis dahin oft mit vieler Sorgfalt verborgen hat; die Seele fühlt dann einen unwiderstehlichen Trieb, sich ganz mitzuteilen, dem Freunde auch das Innerste aufzuschließen, damit er um so mehr unser Freund werde. In diesen Augenblicken geben sich die zarten Seelen einander zu erkennen, und zuweilen geschieht es wohl auch, daß einer vor der Bekanntschaft des anderen zurückschreckt.«[66] Diese und weitere den gesamten Text durchziehende Bemerkungen eröffnen eine psychologische Dimension, ohne dass Tieck damit psychologisiert. Nachdem die noch kindliche Bertha sich an die seltsame Alte gewöhnt hat, konstatiert sie, dass »sich unser Sinn denn an alles, besonders in der Kindheit, gewöhnt«.[57] Nachdem die erwachsene Bertha auf Anraten ihres Mannes vertrauensvoll Walther ihre Lebensgeschichte, die Binnenerzählung des Kunstmärchens, erzählt hat, ergreift Eckbert ein tiefes Misstrauen: »... jetzt gereut mich diese Vertraulichkeit! – Wird er sie nicht mißbrauchen? Wird er sie nicht andern mitteilen? Wird er nicht vielleicht, denn das ist die Natur des Menschen, eine unselige Habsucht nach unsern Edelgesteinen empfinden, und deswegen Plane anlegen und sich verstellen? [...] Wenn die Seele erst einmal zum Argwohn gespannt ist, so trifft sie auch in allen Kleinigkeiten Bestätigung an.«[68] Gerade in solchen hoch modern gedachten Passagen zeigt sich Tiecks beachtliche Fähigkeit, Märchenhaftes, Wunderbares, Fantastisches sogar mit einem realistischen psychologischen Passus zu verweben. In ihrem vierzehnten Lebensjahr begreift Bertha, dass sie nunmehr ein Alter erreicht hat, in dem sie selbst verantwortlich ist für das, was sie aus ihrem Leben macht. Tieck erzählt dies ohne jedes Moralisieren und: jenseits allen Aufklärungsoptimismus. Die Erkenntnis der Selbstverantwortung wird Bertha nicht vor falschen, ihr Leben zerstörende Weichenstellungen schützen.

Eine unbewusste inzestuöse Konstellation (Bertha ist die Stiefschwester Eckberts) ist hier die Folge der sich entwickelnden, kulturgeschichtlich neuen Form der Kleinfamilie.[69] Sie generiert ein Schreckensszenario, das sich für den Leser ahnungsvoll aufbaut. Das Erdrosseln eines als bedrohlich erlebten Vogels durch Bertha spiegelt die erlittene seelische Brutalität durch den leiblichen Vater. Der von Eckbert ausgeübte Mord an einem von ihm als bedrohlich wahrgenommenen Menschen wird als Folge einer durch Magie bedingten psychischen Überforderung dargestellt: In mehreren Situationen ist er magischen Kräften ausgesetzt, ohne dass er sie durchschauen kann. Gewalt zieht sich als Kontinuum durch die gesamte Geschichte und führt zum frühen Tod der beiden Hauptfiguren. Dreimal besingt der geheimnisvolle Vogel in einem Lied die »Waldeinsamkeit«. Tieck hat hiermit einen Neologismus geschaffen. Es ist der erste Text, in dem diese die Romantik kennzeichnende Formel auftaucht. Tieck nutzt hier die für das Märchen typische dreimalige Wiederholung. Fern jeder Idylle wird in drei Textvariationen eine Katastrophe aufgebaut. Nach der letzten Wiederholung tritt diese ein. Bertha stirbt in Angst und seelischer Zerrüttung, Eckbert endet im Wahn, er »lag wahnsinnig und verscheidend auf dem Boden; dumpf und verworren hörte er die Alte sprechen, den Hund bellen und den Vogel sein Lied wiederholen.«[70] Mit diesem extremen Schluss wird das gattungstypisch eher positive Ende des Märchens pervertiert. Es stellt sich die Frage, wer oder was hier scheitert. Sowohl Eckbert als auch Bertha setzen sich einem extremen Konzept von Einsamkeit aus. »Gott im Himmel! sagte Eckbert stille vor sich hin, – in welcher entsetzlichen Einsamkeit hab' ich dann mein Leben hingebracht!«[71] Im Horizont moderner Subjektivität lotet dieser in einer rätselhaften Schwebe gehaltene, antiidealistische Text Autonomieansprüche aus, dem beide Hauptfiguren nicht gewachsen sind. Durch selbstzerstörerisches Verhalten versperren beide sich glückvolle Lebenskonstellationen. Die Botschaft des Textes liegt in der radikalen Zerstörung aller Wunschvorstellungen. Sie weist voraus auf die schwarze Romantik, die im krassen Widerspruch zum hohen Ideal der Klassik die Abgründe im Menschen thematisiert. Sie zeigt, wie weit sich Tieck mit seinem Schreiben um 1800 in die Moderne vorwagt.

*Franz Sternbalds Wanderungen* erscheint 1798 bei dem Berliner Verleger Johann Friedrich Unger in zwei Bänden. Der 25 Jahre alte Tieck, der bisher unter Pseudonym veröffentlicht hat, bekennt sich mit diesem Text zum ersten Mal zu seiner Autorschaft und veröffentlicht unter seinem Namen.[72] Mit diesem Fragment gebliebenen Künstlerroman realisiert Tieck ein weiteres, noch mit Wackenroder gemeinsam geplantes, literarisches Projekt. Dessen ideellen Anteil würdigt er in einem Nachwort zum ersten Teil des Romans.[73] Der heute Tieck zugeschriebene *Brief eines jungen deutschen Malers in Rom an seinen Freund in Nürnberg* aus den *Herzensergießungen* nimmt *Sternbalds Wanderungen* vorweg. Der Freund des Briefschreibers heißt genauso Sebastian wie der Freund Franz Sternbalds. Im *Sternbald*-Roman ist Sebastian dessen Alter Ego. Deutlich wird dies vor allem in dem Briefwechsel, gleichsam einer Selbstreflexion, zwischen dem reisenden Sternbald und dem in Nürnberg zurückgebliebenen Sebastian. Wenn in den *Herzensergießungen* eine Skizze romantischer Kunstauffassung vorgelegt wird, so schließt Tieck mit der im *Sternbald*-Roman gestalteten romantischen Künstlerproblematik daran an.

Obwohl der junge schwärmerisch veranlagte Maler Franz Sternbald während seiner längeren Wanderschaft verschiedene, seine Entwicklung befördernde Bildungserfahrungen macht, handelt es sich hier nicht um einen Entwicklungs- oder Bildungsroman. Wenn reale historische Künstlerfiguren wie Albrecht Dürer, Lucas van Leyden (1494–1533), Raffael oder Michelangelo Buonarroti dargestellt werden, so kann dennoch nicht von einem historischen Roman gesprochen werden. Die Erlebnisse und Erfahrungen führen den Helden nicht zu einer inneren Entwicklung, er bleibt ein labiler Träumer. Der Untertitel *Eine altdeutsche Geschichte* überführt die Handlung vielmehr ins Märchenhafte. Sternbalds Frage nach seiner familiären Herkunft wird nicht beantwortet. Seine Suche nach den leiblichen Eltern und damit die Frage nach der eigenen Identität laufen ins Leere. Das Rätsel seiner Herkunft wird nicht gelöst. Die zentrale Aussage des Sternbald-Romans ist das Scheitern von Identität. Hier geht es um einen erfolglosen Künstler, dem seine künstlerischen Quellen versiegen, sein Wandern bleibt Suche, gelangt an kein Ziel. Insofern kann der Roman auch als Allegorie gelesen werden, als erzählte Bilder einer Lebenswanderung.[74] Die Figur von Sternbald repräsentiert die in sich widersprüchlichen Extreme romantischen Lebensgefühls, die unlösbaren Widersprüche eines Künstlertums, das nach dem absoluten ästhetischen Ausdruck sucht, der sich ihm verweigert.

Dem entspricht, dass Tieck deutlich experimentell vorgeht. Er verzichtet auf ein festes Handlungsgerüst, er kombiniert vielmehr Handlung, Reflexion und künstlerische Imagination, er verbindet einzelne Episoden oder Binnenerzählungen mit Kunstbetrachtungen oder Landschaftsbeschreibungen, er schiebt Musikimpressionen und auch Gedichte ein. Jede Erfahrung hinterlässt im Wanderer eine unstillbare Sehnsucht. Vor allem die ins Kunstreligiöse überhöhten Landschaftsdarstellungen und die Musikerlebnisse lassen die Unendlichkeitssehnsucht der Romantiker erkennen. Tieck gelingt eine Pionierleistung: Mit seinem *Franz Sternbald* schreibt er den ersten Roman der Romantik.[75] Sein literarisches Verfahren beendet »die Geschichte des Romans der Aufklärung, ja die Geschichte des Handlungsromans überhaupt, aber hier beginnt auch etwas: der romantische Text einer absoluten Einbildungskraft.«[76]

Tieck verlegt seinen Text ins Spätmittelalter, in das Nürnberg Albrecht Dürers. Erneut wird die Verehrung Dürers thematisiert, dem schon in Wackenroders *Herzensergießungen* ein ganzes Kapitel lang ein »Ehrengedächtnis« gewidmet ist. Der junge Franz Sternbald war Dürers Schüler. Jetzt, mit 22 Jahren, verlässt er Nürnberg, »um in der Fremde seine Kenntnis zu erweitern« und »ein vollendeter Meister« zu werden.[77] Von den vielen Stationen seiner Reise seien nur die wichtigsten genannt. Sternbald besucht Lucas van Leyden in Holland; von den Niederlanden aus wandert er weiter nach Straßburg und von dort nach Italien. In Florenz lernt er die italienische Renaissance kennen. Es gibt viele Kunstgespräche in diesem Roman. Als ein Höhepunkt kann die Betrachtung des *Jüngsten Gerichts* von Michelangelo in der Sixtinischen Kapelle in Rom gelten. Die Begegnung mit diesem Gemälde gerät Sternbald zu einem Erweckungserlebnis. Als Gegenfigur baut Tieck den Maler Castellani auf, der mit harschem Urteil *Das jüngste Gericht* als unfertiges und misslungenes Gemälde darstellt.[78] Der alte Camillo weist Castellani in die Schranken und tadelt seine Vermessenheit und Lästerei, sein Unverständnis, seine Engherzigkeit. Camillo, als Topos des weisen Alten, führt Franz Sternbald noch einmal vor Michelangelos Gemälde. »In der ruhigen Einsamkeit« sieht Franz nun das »erhabene« Gemälde »mit demütigen Augen an. [...] Die großen Apostel an der Decke sahen ihn ernst mit ihren ewigen Zügen und Mienen an, die Schöpfungsgeschichte lag wunderbar da, der Allmächtige auf dem Sturmwind herfahrend. [...] er fühlte sich innerlich neu verändert, neu geschaffen, noch nie war die Kunst so mit Heeresmacht auf ihn zugekommen. ›Hier hast du dich verklärt, Buonarroti, großer Eingeweihter‹, sagte Franz, ›hier schweben deine furchtbaren Rätsel, du kümmerst dich nicht darum, wer sie versteht.‹«[79] Die sich an das Kunsterlebnis anschließende kurze Liebesbegegnung mit Marie, die er seit frühen Kindertagen kennt und als ein ihm Halt gebendes Ideal in seinem Inneren aufgehoben hat, zeigt märchenhaften Charakter. Nach langer Suche meint Sternbald in ihr sein Urbild der Liebe gefunden zu haben. Tieck hat diesen romantischen Topos der ewig ersehnten absoluten Liebe nicht weiter ausgeführt. Mit der neu erstarkten Beziehung zur Kunst endet der nicht abgeschlossene Roman.

In seiner Vorrede zum ersten Band hat Tieck diesen als »das liebste Kind meiner Muße und Phantasie«[80] bezeichnet. In einer »Nachrede« zu einer Neuausgabe vom Juli 1843 schreibt Tieck: »Oft hatte ich, in dieser langen Reihe von Jahren, die Feder wieder angesetzt, um das Buch fortzusetzen und zu beendigen, ich konnte aber immer jene Stimmung, die nothwendig war, nicht wieder finden. Aus der kurzen Nachrede, die ich in meiner Jugend dem Ersten Theile des Buches hinzufügte, haben viele Leser entnehmen wollen, als wenn mein Freund Wackenroder wirklich theilweise daran geschrieben hätte. Dem ist aber nicht also. Es rührt ganz, wie es da ist, von mir her, obgleich der Klosterbruder hie und da anklingt.«[81]

Mit den noch in Berlin 1799 begonnenen, aber in Jena 1800 vollendeten und herausgegebenen *Romantischen Dichtungen* endet die frühromantische Phase von Tiecks dichterischem Werk. Unter diesem Titel sind fünf ganz eigenständige Werke zusammengefasst: Der erste, 1799 erschienene Band enthält *Prinz Zerbino*, gleichsam eine Fortsetzung des *Gestiefelten Katers*. Dieses satirische Drama ist der einzige der fünf Texte, der sich nicht auf eine literarische Vorlage bezieht. Der zweite Beitrag ist ein Kunstmärchen, *Der getreue Eckart und der Tannhäuser*. Der 1800 erschienene zweite Band enthält das Trauerspiel *Leben und Tod der heiligen Genoveva*, das Kunstmärchen *Sehr wunderbare Historia von der Melosina* und die Tragikomödie *Leben und Tod des kleinen Rotkäppchens*. Hierbei handelt es sich um einen ironisch gehaltenen Text, der seine Besonderheit darin hat, dass Tieck nach dem Vorbild des Perrault-Märchens *Le chaperon rouge* für diese Tragikomödie den poetischen deutschen Titel »Rotkäppchen« kreiert hat, der dann zwölf Jahre später durch das Grimm'sche Märchen so berühmt wird. Diese fünf durchaus uneinheitlichen Texte fasst Tieck unter dem Titel *Romantische Dichtungen* zusammen. Sie sind ein typisches Beispiel der sich herausbildenden Romantik.

Der nur kurze Lebensabschnitt, den Tieck 1799 in Jena verbringt, den er sogar mehrfach für Aufenthalte in Berlin unterbricht, ist für ihn dennoch wichtig, weil er neben den Brüdern Friedrich und August Wilhelm Schlegel und Clemens Brentano auch Friedrich von Hardenberg (Novalis) begegnet. Neben Wackenroder gewinnt Novalis tiefgreifenden Einfluss auf Tieck, beide werden ihm zum Vorbild für eine der Kunst geweihten poetischen Lebensführung. Obwohl Tieck in Jena instruktive Begegnungen auch mit Fichte, Schelling, Goethe, Schiller und Herder hat, verlässt er die Stadt schon im April 1801 wieder. Auslösendes Moment ist zum einen der ihn erschütternde frühe Tod von Novalis am 25. März in dessen 29. Lebensjahr, zum anderen Konflikte und Attacken, die sich vor allem auf seine vermeintliche Konversion zum Katholizismus beziehen. Von 1802 bis 1818 zieht Tieck auf Einladung von Wilhelm von Burgsdorff auf das Gut Ziebingen bei Frankfurt an der Oder. Im April 1819 zieht der Dichter mit seiner Familie für 23 Jahre nach Dresden. Jena und Dresden sind wichtige Lebensstationen. 1823 nimmt er eine Stelle als Dramaturg am Dresdener Hoftheater an.

Tieck kehrt erst 1842, und diesmal endgültig, nach Berlin zurück. Obwohl diese späte Phase lange nach der hier im Fokus stehenden Zeit der Berliner Klassik liegt, sind seine für Berlin und Potsdam erbrachten Leistungen von großer Bedeutung. Friedrich Wilhelm IV., der als Romantiker auf dem preußischen Thron gilt,[82] ist es gelungen, den berühmten Dichter mit einer Pension und dem Titel eines Geheimen Hofrates in die preußische Hauptstadt zurückzuholen. Tieck wird zudem in den Orden *Pour le mérite* aufgenommen. Diese

Entscheidung des Königs wird für ihn zu einem großen Erfolg werden. Für Tieck schließt sich hier ein Kreis insofern, als er als Kind der Berliner Klassik nach Berlin zurückkehrt: Die intellektuellen und künstlerischen Grundlagen für seine letzten großen Leistungen sind in den frühen Berliner Jahren gelegt worden, durch seine gymnasiale Sozialisation, durch seine Studien in der Akademie, durch den intellektuellen Austausch in den Berliner Salons.

Tieck, der sich schon längerfristig nach Berlin zurückorientiert hat, dankt dem König mit einer Inszenierung der *Antigone* des Sophokles. Diese Aufführung findet schon im Oktober 1841 zunächst nur als private Veranstaltung für den König und seine Entourage im Neuen Palais in Potsdam statt. Anschließend wird diese Inszenierung vom Berliner Schauspielhaus übernommen. Felix Mendelssohn Bartholdy komponiert die Musik dazu, der berühmte Altertumsforscher August Boeckh (1785–1867) hat Tieck intensiv beraten. Ausgerüstet mit seinen Dresdener Erfahrungen als Dramaturg, gelingt ihm eine herausragende Inszenierung. Er verzichtet weitgehend auf Bühne, Kostüme und weiteres Beiwerk und stellt damit die pure Schauspielleistung und vor allem den Text als Sprachkunstwerk in den Mittelpunkt.

Auch mit einer weiteren Inszenierung, *Ein Sommernachtstraum* von Shakespeare, kann Tieck Maßstäbe setzen. Sie wird zunächst wieder im Neuen Palais in Potsdam am 14. Oktober 1843 für den König aufgeführt und am 18. Oktober im Berliner Schauspielhaus der Öffentlichkeit präsentiert. Seit Dresdener Zeiten ist das Ziel von Tiecks Dramaturgie eine Reform der Bühnenkunst, die, orientiert an antiken Maßstäben, Sprache und Inhalt des Bühnengeschehens in das Zentrum rückt.[83] Nach diesen Erfolgen wird Tieck auch Stücke von Shakespeare aufführen, vor allem aber griechische Tragödien, so zum Beispiel 1843 *Medea* von Euripides (480 v. Chr.–406 v. Chr.), 1845 *Ödipus* von Sophokles (497 v. Chr.–406/5 v. Chr.) 1851 *Hippolytus* von Euripides. Diese Stücke gelten als erste Aufführungen, die die griechische Antike wirklich repräsentieren. Seine Theaterarbeit verwandelt den vorrangig unterhaltenden Stil der Aufführungen und generiert ein intellektuelles Niveau, das Tieck, dem es um Gedankenaustausch geht, nicht als Widerspruch zu einem ergötzenden Charakter einer Aufführung sieht. Seinen größten Publikumserfolg erzielt er mit seinem *Sommernachtstraum*. Diese Inszenierung wird zunächst 40-mal wiederholt und bis 1885 169-mal im Berliner Schauspielhaus gegeben. Bis zum Ende des 19. Jahrhunderts setzt Tiecks Dramaturgie die Maßstäbe für eine niveauvolle Bühnenkunst.[84] Das trägt zum Glanz des Berliner Schauspielhauses bei und strahlt weit ins Land hinaus.

Tieck ist schon lange zu einem frührealistischen Erzähler geworden. Ein Hauch von romantischem Geist hat sich in seinem Erzählen erhalten, das Stilmittel der romantischen Ironie ist fast allen Texten eingeschrieben. In Berlin setzt er die Tradition der Vorleseabende fort. Er vollendet sein lyrisches Werk, dazu kommen das umfangreiche Prosaspätwerk und seine kritischen Schriften. Der zunehmend kranke und langsam vereinsamende Dichter wohnt in den Sommermonaten in Potsdam, in den Wintermonaten in der Friedrichstraße 208. Ab 1850 ist er so krank, dass er Potsdam nicht mehr aufsuchen kann. Von seiner Wohnung in der Friedrichstraße aus wird der Monarchist Zeuge der Straßenkämpfe im März 1848. Hier stirbt Tieck am 28. April 1853.

# 10. Auftakt zur Moderne: Heinrich von Kleist und die Berliner Zeitungslandschaft

»Alles Vortrefliche führt etwas Befremdendes mit sich, am meisten in Zeiten, wo die Wunder der Poesie der großen Mehrzahl der Menschen auf Erden fremd geworden sind«, schreibt Kleist am 29. Dezember 1810 in den *Berliner Abendblättern*[1] – eine Feststellung, die auch als Charakterisierung seiner selbst gelesen werden kann.

Heinrich von Kleist (1777–1811), der rätselhafte Einzelgänger, gehört zu jenen, deren Werk posthum eine ungleich größere Bedeutung zuerkannt worden ist als zu Lebzeiten. Die Zumutungen, die Kleist uns in seinen Werken auferlegt hat, brauchten wohl erst die Erfahrung der Katastrophen des 20. Jahrhunderts, um akzeptierbar zu werden. Lange galt das Verdikt des »kranken« Dichters, das vor allem durch Goethe in die Welt gekommen war. Auch mit der Romantik, die sich als Reaktion auf das hohe Ideal der Klassik den Schatten- und Nachtseiten des Menschen zugewendet hat, wurde dieses Diktum noch nicht überwunden.[2] Es traf den Menschen und den Dichter.[3] Heute ist Kleists Rang unbestritten. In seinem Züricher Vortrag aus dem Jahr 1954 hat Thomas Mann (1875–1955) ein bis heute gültiges Bild Kleists entworfen: Er sieht ihn als einen »der größten, kühnsten, höchstgreifenden Dichter deutscher Sprache, ein Dramatiker sondergleichen, – überhaupt sondergleichen, auch als Prosaist, als Erzähler, – völlig einmalig, aus aller Hergebrachtheit und Ordnung fallend, radikal in der Hingabe an seine exzentrischen Stoffe bis zur Tollheit, bis zur Hysterie, – allerdings tief unglücklich, mit Ansprüchen an sich selbst, die ihn zermürbten, um das Unmögliche ringend. [...] Alles, was er macht, ist von einer das Extreme suchenden, beängstigenden Vehemenz, – in einem so kurzen Leben also, aufgehalten auch noch durch lange Unkenntnis seiner selbst, Unverständnis seiner Berufung zum Dichter und *nur* zum Dichter, bringt er in einander drängenden Eruptionen ein Werk zustande, das rein quantitativ zum Verwundern ist.«[4] In Kenntnis der hohen Gefährdung Kleists,[5] auch in verständnisorientierter Auseinandersetzung mit Goethes Verdikt,[6] stellt Thomas Mann fest:»Und doch – ganz zu schweigen davon, daß der Dichter des *Werther* und des *Tasso* gegen das Krankhafte, Abnormale nicht gar so fremd hätte tun sollen –, so wirkt dieses bei Kleist eher als Steigerung der Lebensgewalt, als dichterische Entrückung in höhere Welten, denn als Morbidität, und mag noch soviel Krankhaftes einschlägig sein in sein Genie, noch so oft wiederkehrende Krankheit in sein von höchster Verantwortung überanstrengtes körperliches Leben, – der Mann war kein Kranker.«[7] Als aus »aller Hergebrachtheit und Ordnung« Gefallener ist Kleist vielmehr schutzlos. Er ist herausgefallen »aus der sozialen Ordnung seines Standes, aus der sittlichen Ordnung des Bürgertums, aus der ästhetischen Ordnung der idealistischen Kunst«[8] und steht vor der selbstgewählten Aufgabe, einen gänzlich eigenen, Autonomie gewährleistenden Lebensplan zu entwickeln. Hier soll es vor allem um die Zeit gehen, die Kleist in Berlin verbracht hat.[9] Kleist, kein Berliner von Geburt, ist zeit seines Lebens ständig auf Reisen, dennoch kehrt er immer wieder nach Berlin zurück, er ist mit dieser Stadt bis hinein in seinen Tod verbunden.

Ein für Kleist nicht untypischer Widerspruch zeigt sich in seinem Verhältnis zur Großstadt. Tiefe Reserviertheit, ja Abscheu kennzeichnet sein Bild von der Großstadt. Nirgends wird dies so deutlich wie in dem Brief, den er aus dem »stolzen, ungezügelten, ungeheuren« Paris, damals nach London die zweitgrößte Stadt der Welt, am 18. Juli 1801 an die Malerin Caroline von Schlieben (1784–1837) schreibt:»Wenn ich das Fenster öffne, so sehe ich nichts, als die blasse, matte, fade Stadt, mit ihren hohen, grauen Schieferdächern u[nd] ihren ungestalteten Schornsteinen, ein wenig von den Spitzen der Thuillerieen, und lauter Menschen, die man vergißt, wenn sie um die Ecke sind. Noch kenne ich wenige von ihnen, ich liebe noch keinen, und weiß nicht, ob ich einen lieben werde. Denn in den Hauptstädten sind die Menschen zu gewitzigt, um offen, zu zierlich, um wahr zu sein. Schauspieler sind sie, die einander wechselseitig betrügen, und dabei thun, als ob sie es nicht merkten. Man geht kalt an einander vorüber; man windet sich in den Straßen durch einen Haufen von Menschen, denen nichts gleichgültiger ist, als ihres Gleichen; ehe man eine Erscheinung gefaßt hat, ist sie von zehn andern verdrängt; dabei knüpft man sich an keinen, keiner knüpft sich an uns; man grüßt einander höflich, aber das Herz ist hier so unbrauchbar, wie eine Lunge unter der luftleeren Campane, und wenn ihm einmal ein Gefühl entschlüpft, so verhallt es, wie ein Flötenton im Orkan.«[10] Dieser Großstadtkritik zum Trotz wird Kleist ihre Klaviatur in herausragendem Maße bedienen: Die Chancen, die in einem Großstadtleben liegen, erkennend, erfindet und projektiert er die *Berliner Abendblätter* und begründet mit ihnen die erste Tageszeitung der preußischen Hauptstadt. Hier in Berlin schreibt er mindestens eines seiner Stücke, hier gibt er die wichtigsten, damals vorliegenden Erzählungen heraus. Dennoch muss hier angemerkt werden: Kleist ist eher scheu, in den Salons bewegt er sich ungern und nur selten. Ihm fehlen auch das notwendige Geschick und die finanziellen Mittel, sein Zeitungsprojekt in der damaligen intellektuellen und politischen Szene Berlins dauerhaft zu etablieren.

Wie kaum ein anderer vermochte Kleist, »die Phänomene des Lebens in ihrer völligen Ambivalenz«[11] darzustellen, er, der Aufklärungsskeptiker, der Dichter des Unbewussten, der doch in so hohem Maße ein bewusster, in seiner zweiten Lebenshälfte ein aufgeklärter Schriftsteller war. Nach seinem Leben in Berlin soll gefragt werden – was hat ihn mit der preußischen Hauptstadt verbunden? Und: Wie hat er Berlin geprägt?

Dies führt zu der Frage nach Kleists Beitrag für die Berliner Zeitungslandschaft. Seine publizistischen Leistungen sollen allerdings nicht isoliert dargestellt werden, sie sind das Ergebnis seiner relevanten Lebenserfahrungen und die Erfüllung eines seiner wichtigsten Lebensziele.

Zwei Aspekte sind als konstitutiv für seine Lebenseinstellung hervorzuheben. Zum einen den für Kleist existentiellen, brennenden Wunsch nach Autonomie in seinem Leben. Hintergrund dafür ist die sehr frühe Erfahrung von Tod und Einsamkeit als Waise,[12] die seinen Weg dauerhaft zeichnet. Der Wunsch nach Autonomie könnte dabei nur die Umkehrung dieser Erfahrung sein. Ihm bleibt gar nichts anderes übrig: Er ist allein, er muss für sich selbst entscheiden, den Lebensplan muss er trotz aller vorgegebenen preußischen Traditionen selbst finden.

Und zum anderen: Sein Werk kann als Auftakt zur Moderne angesehen werden. Sein antiidealistisches Weltbild ist von deutlichem Pessimismus gezeichnet, er sieht vor allem die Grenzen der Erziehbarkeit des Menschen. Kleist hat ein hoch empfindliches Rechtsbewusstsein. Er leidet unter den Ungerechtigkeiten seiner Zeit. Einen Gegenentwurf dazu versucht er mit seinem Konzept der *Berliner Abendblätter*. Als journalistisches Projekt reihen sie sich hier, in die Moderne weisend, ein.

Kaum ein Dichter hat sein Dasein zeit seines Lebens so sehr als Last empfunden wie Kleist. Die Betrachtung seiner überwiegend freudlosen Existenz muss aber unbeachtet bleiben, wenn es um die Würdigung seines grandiosen Werkes geht. Es ist weitgehend unergiebig, nach Zusammenhängen zu suchen. Kleist schreibt nicht autobiographisch. Dennoch gibt es lebensprägende Erfahrungen, wie etwa die des Militärs oder der Gewalt im Krieg, die in sein Schreiben eingehen werden. Zeiterfahrungen sind in sein Werk eingeflossen. Die persönlichen Lebensumstände taugen aber nur sehr bedingt als Muster für das Verständnis seiner Dichtung. Die Quelle der Kreativität, ihre Voraussetzungen bleiben für den Künstler unerklärbar. Ein Genie lässt sich nur über sein künstlerisches Werk definieren. Kleists Genialität ist in jeder Zeile seines Werkes spürbar.

Dieser Dichter ist von einem nicht mehr zu überbietenden Formwillen getragen. Auf diesen macht uns Kleist selbst aufmerksam in einem Brief an den Schriftsteller Heinrich Joseph von Collin

(1771–1811) vom 14. Februar 1808: »... doch in der Kunst kommt es überall auf die Form an, und Alles, was eine Gestalt hat, ist meine Sache.«[13] Identitätsfragen, die Spiegelungen von Realitätserfahrungen in der Psyche und seelische Not werden von Kleist nicht nur in ihrer ganzen Macht und Bedrohung formuliert, sondern auch in höchster sprachlicher Form präsentiert. Semantische Phrasen oder Ungereimtheiten in seinen Texten wären undenkbar. Kleist beherrscht die deutsche Sprache in Vollkommenheit. Gerade deshalb leistet er es sich, Grammatik und Semantik aufzubrechen, um die Entstabilisierung der Zeit in instabilen Sätzen zu kennzeichnen.[14] Es ist der auffallende hypotaktische Stil, der seine Sätze als Kleist'sche Texte sofort erkennbar macht. Kleists Sprachstil führt grammatische Gesetze an ihre Grenze und bewahrt doch immer seinen Kunstcharakter. Die deutsche Sprache gelangt bei Kleist zu einer Höhe, die den Vergleich mit den Weimarern wahrlich nicht zu scheuen braucht. Der Vielschichtigkeit und Varianz der Sprache entspricht die hohe Beschreibungskomplexität der von Kleist erzählten Welt. Schnelle, gar leichte Lektüre wird so verunmöglicht. Der »gedrängte, gehetzte, detailreiche, atemlose und hypotaktisch so ungemein verwickelte Stil Kleists«[15] begegnet uns, um nur ein beliebiges Beispiel herauszugreifen, im ersten Satz der in den *Berliner Abendblättern* veröffentlichten *Anekdote aus dem letzten preußischen Kriege:*

»In einem bei Jena liegenden Dorf, erzählte mir, auf einer Reise nach Frankfurt, der Gastwirt, daß sich mehrere Stunden nach der Schlacht, um die Zeit, da das Dorf schon ganz von der Armee des Prinzen von Hohenlohe verlassen und von Franzosen, die es für besetzt gehalten, umringt gewesen wäre, ein einzelner preußischer Reiter darin gezeigt hätte; und versicherte mir, daß wenn alle Soldaten, die an diesem Tage mitgefochten, so tapfer gewesen wären, wie dieser, die Franzosen hätten geschlagen werden müssen, wären sie auch noch dreimal stärker gewesen, als sie in der Tat waren.«[16]

Kleists Weltbild, wie es in den Dramen, in den Novellen und auch in seinen Briefen zum Ausdruck kommt, macht vor allem eins deutlich: Es gibt keine Sicherheit, nirgends. Menschen werden durch Menschen verwundet; Kränkung oder Verletzung provoziert Rache; die unerhörte Begebenheit ist menschengemacht.[17] Allen Absicherungsstrategien – in Form der Familie, des Staates oder auch der Religion – ist mit Mistrauen zu begegnen. Dieses Lebensbild, das dahinterstehende Denken, ist von hoher Modernität.

Kleists Leben ist gezeichnet von Einsamkeit, es ist voller Ambivalenz, voll jäher Umschwünge. Kleist ist ein Sonderling, ein Melancholiker. Sein Dasein ist ruhelos, kräftezehrend aufgrund der ständigen Ortswechsel und voller Brüche. Einer seiner wichtigsten Biographen, Günter Blamberger, beschreibt den Dichter als unermüdlichen Schmied von Lebensplänen, als »Nomaden«, als »Projektemacher«, der sich ungeheurem Karrieredruck aussetzt, ohne je dahin gekommen zu sein, wo er hinwollte. Eine eindeutige Zuordnung Kleists zu den Epochen der Aufklärung, der Klassik oder der Romantik ist kaum möglich. Kleist erweist sich vielmehr als ein Experimentator im Laboratorium der Moderne. Als Dramatiker, Erzähler, Briefeschreiber und Publizist (am wenigsten als Lyriker) hat uns dieser Dichter, dessen Leben tragisch gescheitert ist, ein Werk höchster Strahlkraft hinterlassen.

Kleist entstammt einem weitverzweigten pommerschen Adelsgeschlecht, das bis ins 13. Jahrhundert zurückreicht. 18 Generäle lassen sich in der Tradition dieser Offiziersfamilie verzeichnen. Sein Großonkel Ewald von Kleist (1715–1759) wird in Preußen als Dichter und Kriegsheld verehrt, er starb während des Siebenjährigen Krieges an den Folgen einer schweren Verwundung nach der Schlacht bei Kunersdorf. Der Aufklärer Moses Mendelssohn, der Schriftsteller und Verleger Friedrich Nicolai und der Dichter Lessing standen in engem Kontakt mit Ewald von Kleist; sein Bildnis befindet sich deshalb auf dem 1890 eingeweihten Denkmal Lessings im Berliner Tiergarten.

Die ersten Jahre seines Lebens verbringt der 1777 geborene Knabe in Frankfurt an der Oder. Hier wird er gemeinsam mit den Geschwistern zunächst von einem hugenottischen Kindermädchen betreut. Kleist erfährt keine bürgerliche Erziehung, seine Sozialisation verläuft nach aristokratischem Muster: Seine Kindheit verbringt er in einer patriarchalisch organisierten Großfamilie, er hat zunächst einen Hauslehrer, später wird er in einem Pensionat erzogen, seine Jugend verbringt er beim Militär. Unterrichtet wird Kleist von Christian Ernst Martini (1762–1833), einem Hauslehrer. Er ist Theologe und später Rektor der Frankfurter Bürgerschule. Über seinen Schüler sagt Martini Folgendes: »Kleist [ist] ein nicht zu dämpfender Feuergeist, der Exaltation selbst bei Geringfügigkeiten anheim fallend, unstät, aber nur dann, wenn es auf Bereicherung seines Schatzes von Kenntnissen ankam, mit einer bewundernswerthen Auffassungs-Gabe ausgerüstet, von Liebe und warmem Eifer für das Lernen beseelt; kurz der offenste und fleißigste Kopf von der Welt, dabei aber auch anspruchslos.«[18]

Kleists erster Aufenthalt in Berlin gilt seiner schulischen Bildung. Als Zehnjähriger wird er von den Eltern 1788 nach Berlin geschickt und in einer Privatpension in der Kronenstraße 54, Ecke Charlottenstraße untergebracht, die der hugenottische Prediger Samuel Henri Catel (1758–1838) leitet. Catel ist literarisch hoch gebildet, er hat lateinische und französische Klassiker übersetzt und als Theaterkritiker für die Berliner *Vossische Zeitung* gearbeitet. Unterricht erhält Kleist in einer Privatschule, die der Schwager Catels, Frédéric Guillaume Hauchecorne (1753–1825), in der Mohrenstraße 47 betreibt. Parallel dazu besucht er das Collège Royal François, das Gymnasium der Berliner Hugenotten am Werderschen Markt. Hier wird ihm eine solide humanistische Bildung zuteil, er lernt Französisch und Latein, er beschäftigt sich mit französischer Literatur und mit Philosophie. Er lernt Fechten, Reiten und Tanzen.

Nach nur einem halben Jahr findet dieser Unterricht aus Anlass des Todes des Vaters ein jähes Ende. Kleist muss nach Frankfurt an der Oder zurückkehren. Über die nun folgenden vier Jahre bis zu Kleists Eintritt ins Militär 1792 gibt es keine Quellen. »Wir wissen über den Bildungsgang Kleists aufgrund der mangelhaften Schriftkultur dieser Offiziersfamilie praktisch nichts. Ein Fehlschluss wäre es, Kleist deshalb für ungebildet zu halten. Seine Werke beweisen das Gegenteil, indem sie literarische, mythologische oder historische Stoffe fortschreiben. [...] Kleists Bildung war ohne Programm und System, sie folgte den wechselnden Interessen eines Autodidakten.«[19]

1792 beginnt Kleist, er ist jetzt 15 Jahre alt, eine Militärlaufbahn in Potsdam, die er nach sieben für ihn qualvollen Jahren aus eigenem Entschluss aufgibt. Zu groß ist der Widerspruch zwischen der rigiden Pflichtorientierung des preußischen Militärs und den eigenen moralischen Ansprüchen. »Ich war oft gezwungen, zu strafen, wo ich gern verziehen hätte, oder verzieh, wo ich hätte strafen sollen; und in beiden Fällen hielt ich mich selbst für strafbar. In solchen Augenblicken mußte natürlich der Wunsch in mir entstehen, einen Stand zu verlassen, in welchem ich von zwei durchaus entgegengesetzten Prinzipien unaufhörlich gemartert wurde, immer zweifelhaft war, ob ich als Mensch oder als Offizier handeln mußte; denn die Pflichten Beider zu vereinen, halte ich bei dem jetzigen Zustande der Armeen für unmöglich.«[20] Die 1793 verstorbene Mutter hatte sich noch ohne Erfolg dafür eingesetzt, dass ihr ältester Sohn an anderer Stelle, nämlich an der Berliner Militärakademie ausgebildet werde. Hier wird die preußische Adelselite zu gebildeten Offizieren erzogen, standesgemäß wird sie in Latein, Französisch, Deutsch, Mathematik, Geographie, Geschichte und Philosophie unterrichtet sowie in Fechten, Reiten und Tanzen. Diese Chance einer umfassenden Ausbildung und damit des Zugangs zur Elite ist Kleist verwehrt worden.[21] In einem langen Brief vom Mai 1799 an seine aus der ersten Ehe seines Vaters stammende Halbschwester Ulrike (1774–1849) formuliert Kleist die bittere Bilanz seines Abschieds von der Armee: »Die erste Handlung der Selbstständigkeit eines Menschen ist der Entwurf eines [...] Lebensplan's. Wie nöthig es ist, ihn so früh wie möglich zu bilden, davon hat mich der Verlust von sieben kostbaren Jahren, die ich dem Soldatenstande widmete, von sieben unwiderbringlich verlornen Jahren, die ich für meinen Lebensplan hätte anwenden gekonnt, wenn ich ihn früher zu bilden verstanden hätte, überzeugt.«[22] Kleist steht vor einem radikalen Neuanfang, ohne

Absicherung bricht er mit seinem Stand und der damit verbundenen Tradition. In einigen Regimentskameraden der Potsdamer Zeit hat Kleist
enge Freunde gefunden. Vor allem mit Ernst von Pfuel und August
Rühle von Lilienstern (1780–1847) verbinden ihn »enge Freund-
schaftsbande«. »Wissenschaften, Dichtkunst und Musik waren der
Stoff, welcher die Zusammenkünfte dieser jungen Offiziere beleb-
te.«[23] Clemens Brentano berichtet am 10. Dezember 1811 an Achim
von Arnim, dass Kleist, der in einem Offiziersquartett als Klari-
nettist spielt, »einer der größten Virtuosen auf der Flöte und dem
Klarinett« sei.[24]

Nach seinem Abschied vom Militär immatrikuliert sich Kleist im
Frühjahr 1799 an der Universität Viadrina in Frankurt an der Oder
in den Fächern Mathematik, Physik und Latein. Schon im Sommer 1800 bricht er dieses Studium höchst unzufrieden wieder ab.
In einem Brief vom 12. November 1799 an Ulrike von Kleist klagt er,
dass, »wenn man sich so lange mit ernsthaft abstrakten Dingen beschäftigt« habe, »der Geist zwar seine Nahrung« fände, »das arme
Herz [aber] leer« ausgehe. »Bei dem ewigen Beweisen u[nd] Fol-
gern verlernt das Herz fast zu fühlen; u[nd] doch wohnt das Glück
nur im Herzen, nur im Gefühl, nicht im Kopfe, nicht im Verstande.
Das Glück kann nicht, wie ein mathematischer Lehrsatz bewiesen
werden, es muß empfunden werden, wenn es da sein soll. Daher ist
es wohl gut, es zuweilen durch den Genuß sinnlicher Freuden von
Neuem zu beleben; u[nd] man müßte wenigstens täglich *ein* gutes
Gedicht lesen, *ein* schönes Gemälde sehen, *ein* sanftes Lied hören –
oder ein herzliches Wort mit einem Freunde reden, um auch den
schönern, ich möchte sagen den menschlicheren Theil unseres Wesens zu bilden.«[25]

Trotz der Kürze der Zeit erweist sich das Studienexperiment als
lebenslange Treibkraft. Die Faszination jeder Wissenschaft gegenüber hält bis an sein Lebensende an. Kleist setzt fortan auf selbst-
bestimmtes Erarbeiten der für ihn wichtigen Stoffe und Inhalte.
Mit höchster Dynamik wird er den eigenen Bildungsprozess als

Autodidakt fortschreiben. Seine Gefährdetheit wird auch in diesem Schritt erkennbar.

Im Sommer 1800 plant Kleist einen erneuten Aufenthalt in Berlin. Mitte August reist er aus Frankfurt an der Oder in die preußische Hauptstadt, um Carl August von Struensee (1735–1804) zu treffen, der seit 1791 preußischer Finanzminister und Leiter des Akzise-, Zoll-, Kommerzial- und Fabrikwesens ist. Kleist könnte es darum gegangen sein, Struensee nach den Möglichkeiten einer Anstellung im Staatsdienst zu befragen. Ein solches Gespräch lässt sich aber nicht sicher nachweisen. Kleist wohnt in dieser Zeit bei Carl von Zenge (1777–1802), dem Bruder seiner Verlobten Wilhelmine (1780–1852), in dessen Bleibe Contre-Escarpe 65, in der Nähe des Alexanderplatzes. Kleist bleibt nicht lange in Berlin, seine tatsächliche Tätigkeit dort liegt bis heute weitgehend im Dunkeln.

Von Berlin aus bricht er Ende August 1800 zu einer Reise nach Würzburg auf, die bis heute in ein unaufgeklärtes Geheimnis gehüllt ist. Für deren Ziele gibt es mehrere Hypothesen, dokumentarisch belegbar ist keine davon. Die Kleistforschung geht sowohl von einem medizinischen Eingriff (Kleist könnte an einer Phimose gelitten haben) als auch von Plänen für eine Berufsfindung aus. In diesem Rahmen könnte Kleist auch Wirtschaftsspionage betrieben haben.[26] Die rätselhafte Würzburg-Reise ist der Beginn einer rastlosen, nervösen Reisehektik, die bis an sein Lebensende anhält und ihn doch immer wieder nach Berlin zurückführen wird. Die umfangreichen Briefe, in denen er seine Erlebnisse festhält, gelten als Beginn seines literarischen Werkes. Sie dokumentieren seine existentiellen Zweifel, die innere und die äußere Unruhe, die das explosive Gemisch seines Lebens kennzeichnet.

Ende Oktober 1800 trifft Kleist wieder in Berlin ein, er wohnt zunächst im Gasthof *Zu den drei Kronen* in der Landsberger Straße 51, später dann wieder bei Carl von Zenge. Kleist will seine Idee, in Berlin Verwaltungsbeamter zu werden, weiter verfolgen. Er überlegt, gemeinsam mit Wilhelmine von Zenge in Berlin zu leben: »Als ich hinein fuhr in das Thor, im Halbdunkel des Abends u[nd] die

hohen weiten Gebäude anfänglich nur zerstreut u[nd] einzeln umher lagen, dann immer dichter u[nd] dichter, u[nd] das Leben immer lebendiger, u[nd] das Geräusch immer geräuschvoller wurde,
als ich nun endlich in der Mitte der stolzen Königsstadt war, u[nd]
meine Seele sich erweiterte um so viele zuströmende Erscheinungen zu fassen, da dachte ich: wo mag wohl das liebe Dach liegen,
das einst mich u[nd] mein Liebchen schützen wird?« Aber nur wenige Zeilen später obsiegt wieder seine Abneigung gegenüber der
Großstadt:»... je öfter ich Berlin sehe, je gewisser wird es mir, daß
diese Stadt, so wie alle Residenzen u[nd] Hauptstädte kein eigent-
licher Aufenthalt für die Liebe ist. Die Menschen sind hier zu zierlich, um wahr, zu gewitzigt, um offen zu sein. Die Menge von Erscheinungen stört das Herz in seinen Genüssen, man gewöhnt sich
endlich in ein so vielfaches eitles Interesse einzugreifen, u[nd] verliert am Ende sein wahres aus den Augen.«[27]

Er bewirbt sich erneut bei dem Minister Struensee um einen
Posten in der Technischen Deputation. Am 1. November schreibt er
ihm:»Ew. Excellenz ersuche unterthänigst um die Erlaubniß, den
Sitzungen der technischen Deputation beiwohnen zu dürfen, damit ich in den Stand gesetzt werde, aus dem Gegenstande der Verhandlungen selbst zu beurtheilen, ob ich mich getrauen darf, mich
dem Commerz und Fabriken Fache zu widmen.«[28] Der Minister rät
ihm, sich ganz dem Staatsdienst zu widmen, ein Rat, dem Kleist
nicht zu folgen vermochte. Am 13. November 1800 schreibt er in
Berlin einen ausführlichen Brief an Wilhelmine von Zenge,[29] die
in Frankfurt an der Oder lebt:»Ich will kein Amt nehmen. Warum
will ich es nicht? – O wie viele Antworten liegen mir auf der Seele!
Ich kann nicht eingreifen in ein Interesse, das ich mit meiner Vernunft nicht prüfen darf. Ich soll thun, was der Staat von mir verlangt, u[nd] doch soll ich nicht untersuchen, ob das, was er von mir
verlangt, gut ist. Zu seinen unbekannten Zwecken soll ich ein bloßes Werkzeug sein – ich kann es nicht. Ein eigner Zweck steht mir
vor Augen, [...] Meinen Stolz würde ich darin suchen, die Aussprü-
che meiner Vernunft geltend zu machen gegen den Willen meiner Obern – nein, Wilhelmine, es geht nicht, ich passe mich für

kein Amt.« Es folgen Gedanken, die Kleists Fähigkeit zur Selbstreflexion erhellen: »Ich bin auch wirklich zu ungeschickt, um es zu führen. Ordnung, Genauigkeit, Geduld, Unverdrossenheit, das sind Eigenschaften die bei einem Amte unentbehrlich sind, u[nd] die mir doch ganz fehlen. Ich arbeite nur für meine Bildung gern u[nd] da bin ich unüberwindlich geduldig u[nd] unverdrossen«. Auch seine Großstadtskepsis wird wieder deutlich, wenn er weiter unten fortfährt: »Wollte ich darum mich in eine Hauptstadt begraben u[nd] mich in ein Chaos von verwickelten Verhältnissen stürzen«? Kleist macht in diesem, seine Lebenssituation reflektierenden Brief deutlich, dass er ein Amt auch deshalb ablehnt, weil er »das ganze Glück, das es gewähren kann, verachte[t]«. Er fährt fort: »Aber darf ich mich auch jedem Amt entziehen? – Ach, Wilhelmine, diese spitzfündige Frage haben mir schon so viele Menschen aufgeworfen. Man müsse seinen Mitbürgern nützlich sein, sagen sie, u[nd] darin haben sie Recht – und darum müsse man ein Amt nehmen, setzen sie hinzu, aber darin haben sie Unrecht. Kann man denn nicht Gutes wirken, wenn man auch nicht eben dafür besoldet wird?« Seiner Braut zustimmend, bekennt er: »Liebe u[nd] Bildung sind zwei unerläßliche Bedingungen meines künftigen Glückes.« Geld oder ein noch so ehrenvolles Amt gelten ihm dagegen wenig. Kleist ist jetzt dreiundzwanzig Jahre alt. Und dann formuliert er eine mögliche Zukunftsvision: »Ich bilde mir ein, daß ich Fähigkeiten habe, seltnere Fähigkeiten, meine ich – Ich glaube es, weil mir keine Wissenschaft zu schwer wird; weil ich rasch darin vorrücke, weil ich manches schon aus eigener Erfindung hinzugethan habe – u[nd] am Ende glaube ich es auch darum, weil alle Leute es mir sagen. Also kurz, ich glaube es. Da stünde mir nun für die Zukunft das ganze schriftstellerische Fach offen. Darin fühle ich, daß ich sehr gern arbeiten würde.« Kleist weiß schon lange, dass er nur eines will: schreiben.

Am 3. Dezember nimmt Kleist an Sitzungen der Technischen Deputation teil. Hier werden die preußischen Fabrikationen überwacht, es werden Erfindungen im Hinblick auf ihre Verwendbarkeit überprüft, die Technologie wird wissenschaftlicher Überprüfung unterzogen.[30] Kleist fühlt sich in seinen Vorbehalten bestätigt. »Das Amt, das ich annehmen soll, liegt ganz außer dem Kreise meiner Neigung.« Er kritisiert, dass »das ganze preußische Commerzsystem sehr *militairisch*« ist und zweifelt daran, dass es in ihm »einen eifrigen Unterstützer finden würde. [...] Ich werde daher wahrscheinlich diese Laufbahn nicht verfolgen.«[31] Kleist nimmt tatsächlich Abstand von diesem beruflichen Weg, er akzeptiert, dass er dafür nicht taugt.

Ein Professor der Physik und Mathematik aus Frankfurt an der Oder, Johann Sigismund Huth (1763–1818), führt Kleist »ein wenig in die gelehrte Welt von Berlin«[32] ein, in der sich Kleist aber unwohl fühlt. Er ist hin und wieder zu Gast bei Berliner Kaufleuten und Fabrikanten, er lernt dadurch Karl August Varnhagen von Ense oder Adelbert von Chamisso kennen. Dennoch bleibt Kleist einsam. Ludwig von Brockes (1768–1815), den Kleist auf einer Reise nach Rügen kennengelernt und mit dem er sich angefreundet hat, weilt kurz in Berlin; Kleist hat ihn hier mehrfach getroffen. Als Brockes Berlin wieder verlässt, klagt Kleist, dass er mit ihm »den einzigen Menschen in dieser volkreichen Königsstadt verloren [habe], der mein *Freund* war, den einzigen, den ich recht *wahrhaft* ehrte u[nd] liebte, den einzigen, für den ich in Berlin Herz und Gefühl haben konnte.«[33]

Zu Beginn des Jahres 1801 ereilt ihn eine durch die Lektüre der kantischen Philosophie ausgelöste Krise. In einem Brief an Wilhelmine von Zenge reflektiert Kleist seine geistige Entwicklung. Er verortet sich in der Aufklärung; durch die Kantlektüre sei aber sein Wahrheitsbegriff nunmehr infrage gestellt. »Wir können nicht entscheiden, ob das, was wir Wahrheit nennen, wahrhaft Wahrheit ist, oder ob es uns nur so scheint. Ist das letzte, so *ist* die Wahrheit, die wir hier sammeln, nach dem Tod nicht mehr – u[nd] alles Bestreben, ein Eigenthum sich zu erwerben, das uns auch in das Grab folgt, ist vergeblich [...] Mein einziges, mein höchstes Ziel ist gesunken, und ich habe nun keines mehr –«[34] Kleist sieht sich in seinem Vertrauen in die Erkenntnisfähigkeit des Menschen, in die Wissenschaft, getäuscht. Die Erkenntnis, dass »hienieden keine Wahrheit zu finden ist«, versetzt ihn in tiefe Zweifel, in einen ihn lähmenden Lebensekel. Um dieser Orientierungskrise zu entgehen, stürzt er sich in umfangreiche Reisevorhaben, die hier nur angedeutet werden können.[35] Von Juli bis Mitte November 1801 begibt er sich gemeinsam mit Ulrike von Kleist in das nachrevolutionäre Paris. London oder auch Italien sind interessanterweise nicht Teil seines Interessenhorizontes. Er versucht, sich in der Schweiz niederzulassen und die Lebenskrise durch eine neue Lebensform als Landwirt zu überwinden. Er löst die Verlobung mit Wilhelmine von Zenge. Aufgrund einer Krankheit hält er sich zwei Monate in Bern auf. Ende des Jahres 1802 reist er nach Weimar, findet engen Kontakt zu dem Dichter und Privatgelehrten Ludwig Wieland (1777–1819), dem Sohn von Christoph Martin Wieland. Anfang des Jahres 1803 wechselt er auf dessen in der Nähe von Weimar gelegenes Gut Oßmannstedt. Er begibt sich für zwei Monate nach Leipzig, dann für eineinhalb Jahre nach Dresden. Dresden wird seine Lieblingsstadt, in Sachsen, das mit Napoleon verbündet ist, herrschen Frieden und die Kunst, in dieser Kulturstadt blüht er für kurze Zeit richtig auf. Er findet Freunde, er kommt mit seinem dichterischen Werk weiter.

Erst am 19. Juni 1804 kehrt Kleist wieder nach Berlin zurück. Jetzt wohnt er in der Spandauer Straße 53, am Rathaus, dem Vorgängerbau des heutigen Roten Rathauses. Reste dieses alten Rathauses wurden 2010 vor dem Haupteingang des jetzigen entdeckt und ausgegraben. Die Glocken des alten Rathauses sind verewigt in Kleists Anekdote *Der Branntweinsäufer und die Berliner Glocken*.[36] Hierin verspricht »ein heilloser und unverbesserlicher Säufer [...] nach unendlichen Schlägen, die er deshalb bekam, daß er seine Aufführung bessern und sich des Brannteweins enthalten wolle«. Er wird rückfällig, wird »wieder besoffen in einem Rennstein gefunden« und verhört. Er rechtfertigt sich so: »Es ist nicht meine Schuld. Ich ging in Geschäften eines Kaufmanns [...] über den Lustgarten; da läuteten vom Dom herab die Glocken: ›*Pommeranzen!*

*Pommeranzen! Pommeranzen!*‹ Läut, Teufel, läut, sprach ich, und gedachte meines Vorsatzes und trank nichts. In der Königsstraße […], vor dem Rathaus still: da bimmelte es vom Turm herab: ›Kümmel!, Kümmel!, Kümmel!‹ – ›Kümmel!, Kümmel!, Kümmel!‹« Der Teufel habe ihn nun auf dem Rückweg über den Spittelmarkt geführt. Vom Spittelturm herab habe er ein ›Anisette! Anisette! Anisette!‹ vernommen. Den Wirt der nahen Kneipe fragt er nach dem Preis für ein Glas. »Sechs Pfennige. Gebt es her, sag ich – und was weiter aus mir geworden ist, das weiß ich nicht.« Der schon damals marode Turm wurde 1819 abgetragen.

Mit seiner Rückkehr nach Berlin entspricht Kleist den Erwartungen seiner Familie und unternimmt erneut Schritte, sich um eine Anstellung in der preußischen Verwaltung zu bemühen. Er bittet den König um eine Audienz, gerät aber an dessen Generaladjutanten, Karl Leopold von Köckeritz (1762–1821), »ein Mann ohne Charakter, ein Mustermann preußischer Untertanenmentalität«. Dieser demütigt Kleist »auf eine ebenso banale wie fürchterliche Weise«,[37] indem er ihn, ohnehin schon in einer Position der Schwäche, beschämt, herabsetzt und abqualifiziert.[38] Auf der Basis eines ihm vorliegenden Briefdokumentes spricht er Kleist an auf bei ihm vorhandene »unverkennbare Zeichen einer Gemüthskrankheit« und fragt ihn, ob er wiederhergestellt sei. Er wiederholt: »Sind Sie wirklich jetzt hergestellt? Ganz, verstehen Sie mich, hergestellt?« In sadistischer Weise geht Köckeritz weiter ins Detail mit seinen Fragen. Kleist versucht zu antworten: »mit so vieler Ruhe als ich zusammenfassen konnte«. Dann wechselt Köckeritz auf eine andere Ebene und macht Kleist Vorhaltungen. Dabei tut er kund, dass er »sehr ungünstig« von Kleist denke. »Ich hätte das Militär verlassen, dem Civil den Rücken gekehrt, das Ausland durchstreift, mich in der Schweiz ankaufen wollen, *Versche* gemacht […], die Landung mitmachen wollen etc., etc., etc. Überdies sei des Königs Grundsatz, Männer, die aus dem Militär in's Civil übergiengen, nicht besonders zu protegiren. Er könne nichts für mich thun.« Es ist Köckeritz ein Leichtes, Kleist aus der Fassung zu bringen. »Mir traten wirklich die Thränen in die Augen. Ich sagte, ich wäre imstande, ihm eine ganz andere Erklärung aller dieser Schritte zu geben [...].« Kleist gelingt es standzuhalten, er bittet wieder um Hilfe, Köckeritz weist ihn erneut in die Schranken, rät ihm dann aber, sich schriftlich an den König zu wenden. Kleist befolgt diesen Rat, er schreibt einen Bittbrief an den König und wird wochenlang hingehalten. Am 31. Juli 1804 erhält er ein Schreiben, dass er über Hardenberg, den Minister des Auswärtigen, dem Oberfinanzrat Karl vom Stein zum Altenstein (1770–1840) zugeordnet sei, um diesen bei einem Reformprojekt zu unterstützen. Er akzeptiert.

Hat Kleist sich aufgegeben? Wie verhält es sich mit seinen Plänen, nur noch schreiben zu wollen? In dem schwierigen Jahr 1804 gibt er nicht das Dichten auf, er erkennt vielmehr, dass sein Ideal eines freien Schriftstellerlebens zu diesem Zeitpunkt nicht zu realisieren ist, er relativiert einen Traum, den ihm in den Jahren zuvor allein das Mäzenatentum seiner Halbschwester Ulrike von Kleist ermöglicht hat.

Kleist arbeitet hoch motiviert im Finanzdepartement unter Altenstein in einer Gruppe engagierter Reformer, die Arbeitsatmosphäre gestaltet sich ausnehmend gut. Auch zu dem sieben Jahre älteren Altenstein findet Kleist ein gutes Verhältnis, er spricht von »meinem guten, redlichen, vortrefflichen Freunde Altenstein«.[39] Kleist wohnt jetzt in der Markgrafenstraße 61 bei dem Geheimen Rat Friedrich von Massenbach (1753–1819), eine Verbindung, die seine Cousine Marie von Kleist (1761–1831) hergestellt hat. Er hofft, dass er die Probezeit im Finanzdepartement besteht und dann ein eigenes Gehalt beziehen wird. Vorerst schickt ihm die Familie monatlich 25 Reichsthaler, die aber kaum für seinen Lebensunterhalt ausreichen.

Altenstein schickt Kleist zu einer weiteren Ausbildung als Reformbeamter nach Königsberg, in die Handels- und Residenzstadt im Osten von Preußen, dem damaligen Zentrum der preußischen Reformbewegung. Die Stadt ist weltoffen, Kant hat große Namen an die Universität geholt, sie ist ein Ort modernen Denkens. Die Ausbildung soll Kleist für Spitzenämter im preußischen Staats-

dienst befähigen. Königsberg steht für eine aufgeklärte Gesellschaft, für eine prosperierende Wirtschaft, für liberales Denken
nach englischem Vorbild. Kleist verlässt Berlin am 1. Mai 1805;
in Königsberg ist er avisiert und wird freundlich empfangen. Er
wird in die Kreise der Reformpolitiker und Gelehrten eingeführt
und ist hochmotiviert, die in ihn gesetzten Erwartungen zu erfüllen. Die Königsberger Universität hat einen guten Ruf, hier konzentriert Kleist sich vor allem auf Fragen des Rechts, er hört Vorlesungen bei dem Staatsrechtler Christian Jakob Kraus (1753–1807),
der die wirtschaftsliberalen Ideen von Adam Smith (1723–1790)
propagiert. An der Kriegs- und Domänenkammer (dem Vorläufer
der späteren ostpreußischen Regierung) erhält er eine solide Ausbildung. Im Sommer 1805 zieht die Halbschwester Ulrike zu ihm
nach Königsberg, sie bleibt bis zum Frühjahr 1806. Am 10. Februar
1806 bittet Kleist den Freiherrn vom Altenstein um Verlängerung
seiner kameralistischen Ausbildung. Am 13. November 1805 hatte
er ihm mitgeteilt, dass er »diesen ganzen Herbst wieder gekrän-
kelt« habe.[40] Am 30. Juni 1806 teilt er Altenstein mit: »Ein Gram,
über den ich nicht Meister zu werden vermag, zerrüttet meine Gesundheit. Ich sitze wie an einem Abgrund.«[41] Kleist möchte aus
dem Staatsdienst entlassen werden. Sein Ersuchen äußert er zu
einem Zeitpunkt, als sich seine Ausbildungszeit dem Ende nähert und er sich auf Abschlussprüfungen vorbereiten müsste. Von
Altenstein genehmigt ihm einen sechsmonatigen Genesungsur-
laub, Kleist begibt sich zu einer mehrwöchigen Kur in das ost-
preußische Seebad Pillau. Kräftezehrend hat er nicht nur den *Zer-
brochenen Krug* und den *Amphitryon* geschrieben, er beginnt die
Arbeit an der *Penthesilea* und an den Novellen *Michael Kohlhaas*
und *Das Erdbeben in Chili*. Er weiß jetzt sicher, dass er nur noch für
das Schreiben leben will. Nachdem auch sein zweiter Anlauf, sich
für ein Staatsamt zu qualifizieren, gescheitert ist, möchte er sein
Leben ausschließlich der Kunst widmen. »Kunst? Es giebt nichts
Göttlicheres, als sie!«[42] Dieses Credo wird fortan sein Dasein bestimmen. Seine Kunst wird ihn allerdings nie ernähren können.
Kleist ist, wie er auch selbst bekannt hat, ein skrupulöser Autor,

der seine Texte mit extremer Sorgfalt zu Papier bringt, sie immer wieder, oftmals mit Qualen, überarbeitet und nie mit ihnen zufrieden ist.

Die historische Konstellation nach der Niederlage Preußens in der Schlacht von Jena und Auerstedt am 14. Oktober 1806 wirkt sich folgenreich auch auf Kleists Leben aus. Berlin wird besetzt. Der Hof, die Verwaltung fliehen nach Königsberg. Kleist sieht nicht nur Altenstein wieder, sondern auch die Freunde Pfuel und Rühle. Kleist entwickelt in dieser Situation ein ganz neues Interesse an politischen Themen, das fortan in seine literarische Arbeit einfließen wird. Nur wenige Tage nach dem Sieg Napoleons, der Preußen vernichtet, schreibt Kleist am 24. Oktober 1806 an Ulrike von Kleist: »Es wäre schrecklich, wenn dieser Wütherich sein Reich gründete. Nur ein sehr kleiner Theil der Menschen begreift, was für ein Verderben es ist, unter seine Herrschaft zu kommen. Wir sind die unterjochten Völker der Römer. Es ist auf eine Ausplünderung Europas abgesehen, um Frankreich reich zu machen.«[43] Hier werden schon die Konturen des antifranzösischen Dramas *Die Hermannsschlacht* erkennbar.

Kleist hat große finanzielle Probleme, die aufopferungsvoll immer wieder von seiner Halbschwester Ulrike von Kleist oder von seiner engagierten Förderin und seelenverwandten Vertrauten Marie von Kleist ausgeglichen werden.

Im Januar 1807 verlässt Kleist Königsberg, wo er eineinhalb Jahre gelebt und sehr produktiv gedichtet hat. Mit größeren Umwegen gelangt er nach Berlin. Auch dieses Reiseprojekt bleibt, was die Motive anbelangt, weitgehend im Dunklen. In den Staatsdienst kehrt er nicht wieder zurück. Auf seinem waghalsigen Weg nach Berlin, der auch durch von den Franzosen besetztes Gebiet führt, muss Kleist sich ausweisen, die jeweiligen Visa werden in seinen Papieren vermerkt. Auch für Berlin muss Kleist sich ein Visum besorgen. Er hat sich im Hotel Adler in der Poststraße einquartiert. Gemeinsam mit seinen damaligen Begleitern wird er unter Spionageverdacht festgenommen und verhört. Seiner Versicherung, nicht mehr im preußischen Militärdienst zu stehen, wird kein Glauben geschenkt. Er kommt in französische Gefangenschaft, wird in die Festung Fort de Joux im Jura gebracht, anschließend nach Châlons-sur-Marne. In dieser Zeit arbeitet er an seiner Tragödie *Penthesilea* und an der Novelle *Die Marquise von O.* Immer wieder versucht er, seine Festnahme als Missverständnis aufzuklären. Nach seiner Entlassung als Folge des Friedensschlusses von Tilsit am 7. Juli 1807 gelangt Kleist im August über Berlin nach Dresden. Hier sind der Buchhandel und das Verlagswesen noch intakt. Kleist will nur eines: Freiräume für seine Dichtung. In der Kunststadt, so hofft er, wird er endlich den ersehnten Erfolg als Dichter haben. Kleist schreibt ununterbrochen, Ende des Jahres 1807 schließt er die *Penthesilea* ab. In Dresden entsteht die Idee, eine *Buch-Karten- und Kunst-Handlung* zu gründen, er erhält dafür aber weder eine Handelslizenz, noch bekommt er die dafür notwendige finanzielle Unterstützung von Ulrike von Kleist.

Wenige Kundige haben Kleist so weitgehend erfasst wie Thomas Mann. In seiner Abhandlung *Heinrich von Kleist und seine Erzählungen*[44] wird deutlich, dass hier ein Dichter über einen Dichter spricht. Thomas Mann schreibt über die Krisenphasen in Kleists Leben: »Würdig ist er stets von seinen Zusammenbrüchen und Verzweiflungen wieder aufgestanden, und das Verhältnis von Gesundheit und ihrem scheinbaren Gegenteil ist zu kompliziert, als daß man schnell bei der Hand sein dürfte, seinesgleichen die Vitalität abzusprechen. Seine persönlichen Krankheiten haben etwas von den vielen Ohnmachten, die in seinen Dichtungen vorkommen, das heißt, sie gleichen Erholungen durch tiefe Einkehr ins Unbewußte, zu den Quellen des Lebens; und er besitzt eine Zähigkeit und Fähigkeit zum Reifen, die alle Robustheit beschämt. In einem einzigen Jahr, 1808, schafft er, nach den ekstatischen Strapazen der *Penthesilea*, nicht allein das überholde *Käthchen von Heilbronn*, sondern auch gleich noch die ganze wilde *Hermannsschlacht* und obendrein vier seiner stärksten Erzählungen, einschließlich des *Michael Kohlhaas*. Die Vitalität möchte ich haben!«

In Dresden realisiert Kleist sein erstes Zeitschriftenprojekt. Gemeinsam mit Adam Müller (1779–1829) gibt er im Selbstverlag eine Literaturzeitschrift heraus: *Phöbus – Ein Journal für die Kunst.* Es erscheint von Januar bis Dezember 1808 in zwölf Heften. Der Titel lässt den hohen Anspruch erkennen. Phoibos ist der alternative Name für den griechischen Gott Apollon. Das Titelkupfer des ersten Heftes, ein Kupferstich von Johann Christian Gottschick (1776–1844) nach einem Gemälde von Ferdinand Hartmann (1774–1842), zeigt den Sonnengott Phöbus, wie er in seinem von Sonnenpferden gezogenen Wagen über Dresden hinwegzieht und Kunst in die Stadt hineinbringt. Dem Plane nach will Kleist sowohl politische als auch ästhetische Diskussionen initiieren, die der Verteidigung des Vaterlandes genauso gelten sollen wie der eigenen Literatur. Als Vorbild stehen ihm die von Schiller herausgegebenen *Horen* vor Augen. Das Projekt scheitert, weil die großen Namen, die Kleist gewinnen will, nicht mitspielen und weil das Geld für seine Finanzierung fehlt.[45] Dennoch werden ihm die hier gesammelten Erfahrungen bei den weiteren publizistischen Projekten von Nutzen sein.

In Dresden erlebt Kleist eine der produktivsten Phasen seines Lebens. Auch mit seiner hochsensibler psychischen Struktur: Kleist ist ein lebenslanger Kämpfer. Das zeigt sich auch in seinem Werk. »Was ihn umtreibt in der Dresdener Zeit sind Federkriege mit Goethe, Geschlechterkriege und patriotsche Kriege, auf die er dank Österreichs Frontstellung gegen Napoleon hoffen kann. Bei Kleist werden Muße und Muse niemals ein Paar, auch nicht im friedlichen Dresden. Außen mag es ruhig sein, in seinem Inneren toben alle Konflikte seiner Zeit weiter, und er beginnt die politische Macht seiner Poesie zu testen.«[46] Nur wenige Werke Kleists werden gedruckt. So bringt der Tübinger Verleger Johann Friedrich Cotta 1807 *Jeronimo und Josephe* (später: *Das Erdbeben in Chili*) heraus und 1809 die *Penthesilea.* Geld verdienen konnte er damit nicht.

Kleist hat keine einzige Aufführung seiner Stücke gesehen. Zu seinen Lebzeiten finden drei seiner Dramen den Weg auf die Bühne:

Sein Erstlingswerk *Die Familie Schroffenstein* wird am 9. Januar 1804 im Nationaltheater in Graz uraufgeführt, davon hat er nicht einmal etwas erfahren. *Der zerbrochene Krug* wird am 2. März 1808 unter der Regie von Goethe im Hoftheater in Weimar uraufgeführt, hier erwähnt der Theaterzettel nicht einmal seinen Namen. Goethe trennt das von Kleist als Einakter konzipierte Lustspiel in drei Aufzüge, die Darbietung wird ein grandioser Misserfolg. *Das Käthchen von Heilbronn* wird am 17. März 1810 im Theater an der Wien uraufgeführt, auch diese Aufführung gerät zum Desaster. Geld hat Kleist für keine einzige Aufführung erhalten.

Zu Beginn des Jahres 1809 (Kleist lebt inzwischen in Prag) entwickelt er erneut publizistische Pläne, er will eine antinapoleonische Zeitung gründen, *Germania* soll sie heißen. Mit ihr möchte er patriotischen Geist entfachen. Auch dieses Projekt scheitert, es kommt gar nicht erst zur Ausführung. Ein Brief vom 17. Juli 1809 aus Prag an Ulrike von Kleist legt Zeugnis ab von seinen tiefen Zukunftsängsten. Kleist weiß nicht mehr, wovon er leben soll. »Noch niemals [...] bin ich so erschüttert gewesen, wie jetzt. [...] Ich ging aus D[resden] weg, wie du weißt, in der Absicht, mich mittelbar oder unmittelbar, in den Strom der Begebenheiten hineinzuwerfen; [...] Solange ich lebe, vereinigte sich noch nicht soviel, um mir eine frohe Zukunft hoffen zu lassen; und nun vernichten die letzten Vorfälle nicht nur diese Unternehmung – sie vernichten meine ganze Thätigkeit überhaupt. Ich bin gänzlich außerstande zu sagen, wie ich mich jetzt fassen werde.«[47] Kleists Versuch, dichterisch oder publizistisch den Patriotismus zu befördern, war gescheitert. Ihn drücken Schulden, er bittet die Halbschwester erneut um finanzielle Unterstützung.

Auch der Prager Aufenthalt Kleists ist unzureichend dokumentiert; für die zweite Jahreshälfte 1809 (18. Juli bis 22. November) sind keine Briefe von ihm erhalten. Es kursieren verschiedene Gerüchte über seinen angeblichen Tod.[48]

Am 1. November verlässt Kleist Prag, er begibt sich zunächst nach Frankfurt an der Oder und ersucht seine Verwandten um

Hilfe. Wo er sich in den folgenden Monaten aufhält, liegt weitgehend im Dunklen.[49]

Am 4. Februar 1810 trifft Kleist wieder in Berlin ein, die preußische Hauptstadt wird nunmehr sein letzter Lebensort. Er wohnt zunächst im *Hotel de Prusse*[50] am Wilhelmsplatz, Ende des Monats zieht er in die Mauerstraße 53. Die mit ihm befreundeten Dichter Clemens Brentano und Achim von Arnim wohnen unweit, in der Mauerstraße 34, an der Ecke Behrenstraße. Das Haus, in dem Kleist sein letztes Domizil findet, wird 1912 abgerissen und durch ein Bankgebäude ersetzt. An der Fassade des heute denkmalgeschützten Bauwerkes erinnert ein von dem Bildhauer Georg Kolbe (1877–1947) gefertigtes zweiteiliges Relief an den Dichter. In der unteren Hälfte zeigt es ein Kleistporträt, in der oberen ein weiteres Relief, das eine nackte Amazone mit Schild und Speer zeigt. Es soll auf die *Penthesilea* verweisen und Kleist damit als Vorläufer der Moderne würdigen. Ferner ehrt eine 1890 rechts neben dem Eingangstor angebrachte Gedenktafel den Dichter: »An dieser Staette wohnte der Dichter HEINRICH VON KLEIST vom Herbst des Jahres 1809 bis zu seinem Tode am 21. November 1811. SEINEM ANDENKEN DIE STADT BERLIN 1890«.

Die Wahl des neuen Berliner Wohnortes ist durchaus geschickt, »denn alle wohnen ein paar Blocks um den Gendarmenmarkt zusammen, an dem das Nationaltheater steht. Kleist, Arnim, Brentano in der Mauerstraße, Adam Müller und Hitzig[51] in der Charlottenstraße, Rahel Levin, Peguilhen und Henriette Vogel in der Markgrafenstraße.«[52]

Berlin als Ort spielt in Kleists Werk kaum eine Rolle.[53] Nur einmal, im *Prinzen von Homburg*, sind die Schlösser und Gärten von Fehrbellin und Berlin Orte des Geschehens. Das Schauspiel entstand 1809–1811, zu einer Zeit also, als Kleist definitiv nach Berlin gezogen ist und die Stadt bis zu seinem Tod nicht mehr verlassen wird. Es ist eine direkte Reaktion auf die Erfahrungen nach der Schlacht bei Jena und Auerstedt 1806, auf die Leidenszeit der napoleonischen Besetzung Berlins. Kleist hat bis zuletzt an diesem Stück gearbeitet. Es ist erst 1821 erschienen; uraufgeführt wurde es am 3. Oktober 1821 im Burgtheater in Wien. Es spielt um 1675 zur Zeit des Großen Kurfürsten. Im Mittelpunkt steht die titelgebende Figur des preußischen Reitergenerals, der, einen Befehl seines Feldmarschalls missachtend, eigenmächtig in die Schlacht gegen die Schweden zieht und: einen glanzvollen Sieg Brandenburgs erkämpft. Diese »Insubordination« hat den brandenburgischen Kurfürsten tief verärgert, er lässt den »Sieger von Fehrbellin« vor ein Kriegsgericht stellen. Eine entscheidende Szene lässt Kleist im Berliner Lustgarten spielen. Vor der Berliner Schlosskirche haben sich der Kurfürst und viele seiner Offiziere, umringt von der Kulisse des Volkes, eingefunden, um die erbeuteten schwedischen Kriegsfahnen zu einen Dankgottesdienst in die Kirche zu tragen. Vor die 9. Szene des 2. Aktes setzt Kleist folgende Szenenanweisung: »Berlin. Lustgarten vor dem alten Schloss. Im Hintergrund die Schlosskirche, mit einer Treppe. Glockenklang; die Kirche ist stark erleuchtet. [...] In der Kirche sowohl als auf dem Platz Volk jeden Alters und Geschlechts«. Der Kurfürst, dem es vor allem darum geht, »daß dem Gesetz Gehorsam sei«, dass im Staat keine »Willkür« herrscht (4/1), will den Prinzen vor ein Kriegsgericht stellen, das ihn zum Tode verurteilen soll:

> *»Wer immer auch die Reiterei geführt*
> *[...] Der ist des Todes schuldig, das erklär' ich,*
> *Und vor ein Kriegsgericht bestell' ich ihn.«*[54]

Als der Prinz erkennt, dass es dem Kurfürsten trotz seiner Sympathie für ihn mit der Vollstreckung ernst ist, packt ihn Todesangst, er fleht um sein Leben. Der Kurfürst ist zur Begnadigung bereit, allerdings muss der Prinz das Urteil des Kriegsgerichts anerkennen. Selbst zur Entscheidung aufgerufen, erkennt der Prinz das Urteil als rechtmäßig an, er ist bereit zu sterben. Mit dieser Anerkennung des Gesetzes gibt er dem Kurfürsten die Handhabe, Gnade vor Recht ergehen zu lassen.

Im Frühjahr 1810 lernt Kleist den Buchhändler Johann Daniel Sander und seine Frau Sophie kennen, in deren Haus auch Rahel Levin (seit 1814 verheiratete Varnhagen) verkehrt. Im Hause der Sanders trifft er Achim von Arnim, Clemens Brentano, Adam Müller. Kleist besucht den berühmten Salon der Rahel Levin und trifft sich mehrfach mit ihr.[55] Auch in einem weiteren Haus ist das Auftreten Kleists verbürgt. Die Schriftstellerin und Malerin Elisabeth von Staegemann (1761–1835) führt in der Jägerstraße einen Salon, in dem vor allem Literatur gelesen und diskutiert und musiziert wird. Sie führt diesen Salon gemeinsam mit ihrem zweiten Ehemann, dem preußischen Beamten und Schriftsteller Friedrich August von Staegemann (1763–1840), nachdem das Paar 1809/10 nach Berlin zurückgekehrt ist. Neben Staatsbeamten, Diplomaten, Militärs verkehren dort auch Achim von Arnim und seine Frau Bettina, Clemens Brentano, Gelehrte wie Friedrich August Wolf (1759–1824), Friedrich Carl von Savigny, der Kunsthistoriker Aloys Hirt oder der Philosoph Johann Gottfried Kiesewetter (1766–1819). Dieser Salon spielt im Kulturleben Berlins auch deshalb eine führende Rolle, weil Rahel Varnhagen ihren Salon 1806 aufgelöst und damit ein Vakuum hinterlassen hat. Kleist wird hier mit großer Sympathie aufgenommen, er hat die vielbegabte Gastgeberin sehr verehrt. Er hat dort mehrfach aus seinen Werken, vor allem aus der *Penthesilea* und aus dem *Prinzen von Homburg* vorgelesen.»... er begann meist zaghaft, fast stotternd, und erst allmählich ward sein Vortrag freier, feuriger.«[56] Als der Kreis um die Staegemanns später die Nachricht des Selbstmords von Kleist erhielt, waren sie tief verstört. Noch am 20. November 1811, einen Tag bevor Kleist aus dem Leben geht, will er die Staegemanns besuchen. Da die Mutter krank geworden ist, weist die Tochter Kleist ab; Elisabeth von Staegemann macht sich später die größten Vorwürfe, ihn nicht empfangen zu haben. Kleists Tod hinterlässt eine lang andauernde Trauer in ihrem ganzen Kreis. In einem Brief fragt der Kapellmeister, Komponist und Musikschriftsteller Johann Friedrich Reichardt die Gastgeberin »beunruhigt an, ob es sich bei dem Genannten um den ihm bekannten Heinrich von Kleist handle, den ›Dichter jener interessanten Erzählungen, deren angenehme Lectüre ich Ihnen danke und mit dem ich selbst so manchen frohen Abend in Ihrem Hause zubrachte?‹.«[57]

Der Eindruck, den Kleist bei einigen mit ihm befreundeten Berlinern hinterlässt, ist durchaus unterschiedlich. Clemens Brentano, der dem Sprach- und Literaturwissenschaftler Wilhelm Grimm (1786–1859) während dessen Berlinreise begegnet war, schreibt diesem Mitte Februar 1810 nach Kassel: »Der Poet Kleist [...] ist frisch und gesund unser Mitesser, ein untersetzter Zweiunddreißigjähriger, mit einem erlebten runden, stumpfen Kopf, gemischt launigt, kindergut, arm und fest.«[58] Achim von Arnim hingegen berichtet Grimm, dass Kleist »eine sehr eigentümliche, ein wenig verdrehte Natur [sei], wie das fast immer der Fall, wo sich Talent aus der alten preußischen Mondirung durcharbeitete. Hast du seinen Kohlhaas im *Phöbus* gelesen? Eine treffliche Erzählung, wie es wenige gibt; er ist der unbefangenste, fast zynische Mensch, der mir lange begegnet, hat eine gewisse Unbestimmtheit in der Rede, die sich dem Stammeln nähert und in seinen Arbeiten durch stetes Ausstreichen und Abändern sich äußert, er lebt sehr wunderlich, oft ganze Tage im Bette, um da ungestörter bei der Tabakspfeife zu arbeiten.«[59]

Am 10. März 1810 überreicht Kleist der Königin Luise (1776–1810) zu ihrem Geburtstag – es wird ihr letzter sein – ein Sonett *An die Königin Luise*. Ganz im Gegensatz zu ihrem Gatten, dem König Friedrich Wilhelm III., setzt Kleist in sie, die kämpferische Königin, große Hoffnung. Seit Langem unterstützt sie die patriotische Opposition, Kleist sieht sich an ihrer Seite. Damit steht er nicht allein, die Königin ist überaus beliebt. Kleist hat ein weitergehendes Interesse. In einem Brief an Ulrike von Kleist vom 19. März 1810 schreibt er: »Ich habe der Königin, an ihrem Geburtstag, ein Gedicht überreicht, das sie, vor den Augen des ganzen Hofes, zu Thränen gerührt hat; ich kann ihrer Gnade, und ihres guten Willens, etwas für mich zu thun, gewiß sein.«[60] Kleist hat keinerlei finanzielle Reserven, er hofft auf die Protektion der Königin, das heißt, auf ein Ehrenamt bei Hofe. Die von Kleist geschilderte Schloss-Szene ist nirgendwo dokumentiert, sie könnte von ihm auch erfunden sein, um die Schwester zu beeindrucken. Der frühe Tod der Königin macht Kleists Hoffnungen ein Ende. Die Nachricht von ihrem Tod stürzt nicht nur ihn, sie stürzt auch die ganze Stadt in tiefe Trauer. »Luise wird zur Legende, weil sie den Traum von der nationalen Wiedergeburt personifiziert. In Berlin finden am Sonntag, dem 5. August, zahlreiche Gedenkgottesdienste statt, und Müller, Pfuel und Kleist kommentieren kritisch die ihnen manchmal zu nüchternen Predigten.«[61]

Kleist war in den ersten Monaten seines neuen Berliner Lebens vor allem bemüht, Geld für seinen Lebensunterhalt zu verdienen. Verzweifelt nach Verdienstmöglichkeiten suchend, schreibt er einen Geschäftsbrief nach dem anderen. Große Hoffnungen setzt er auf August Wilhelm Iffland, den Intendanten des Berliner Königlichen Nationaltheaters. Kleist besucht das Theater hin und wieder, am Berliner Kulturleben nimmt er ansonsten kaum teil. Ziemlich schnell legt er sich mit Iffland an. In der dritten Ausgabe der Berliner Abendblätter vom 3. Oktober 1810 begrüßt er den nach Berlin zurückgekehrten Künstler mit einem Huldigungsgedicht (An unseren Iffland bei seiner Zurückkunft in Berlin), das aber unüberhörbare Züge einer Persiflage hat. Kleist spießt die auch von der Berliner Bevölkerung kritisierte häufige Abwesenheit des Schauspielers aufgrund seiner vielen Gastauftritte auf. Das ist riskant, denn Kleist möchte aufgeführt werden. In seiner Vorstellung ist der inzwischen landesweit berühmte Schauspieler ein bestens geeigneter Darsteller der Hauptfiguren seiner Stücke. Dazu kommt es aber nicht. In einem Brief vom 11. Oktober 1810 berichtet der Dichter Friedrich de la Motte Fouqué (1777–1843) Karl August Varnhagen: »Weißt du denn schon die herrliche Geschichte mit Iffland und Kleist? – Dieser schickt jenem sein Käthchen von Heilbronn zur Aufführung ein. Iffland antwortet lange gar nicht. Endlich schreibt ihm Kleist: er möge ihm das Manuskript zum Behuf einer freundschaftlichen Mitteilung zurücksenden, nachher stehe es ihm wieder zu Diensten. Dadurch denkt er ihn zu einer Erklärung zu kriegen. Der grobe Edelmütige aber wickelt das Manuskript in Löschpapier, und so findet es Kleist des Abends ohne Billet auf seinem Tische. Tages darauf erfährt Kleist, daß Iffland einem dritten gesagt hat: Das Käthchen gefalle ihm nicht, und was ihm nicht gefalle, führe er nicht auf. Nun wird Kleist grimmig und schickt ihm folgenden Zettel [...]: Durch Herrn Hofr. Römer erfahre ich, daß Ew. Wohlgeboren mein in Wien am Vermählungstage der Kaiserin von Frankreich mit Beifall gegebenes Schauspiel, das Käthchen von Heilbronn, nicht gefällt. Es tut mir leid, daß es ein Mädchen ist. Wenn es ein Junge wäre, würde es Ihnen besser gefallen. Heinrich von Kleist.«[62]

Kleist liefert hier eine unmissverständliche Anspielung auf Ifflands stadtbekannte Homosexualität, eine Bissigkeit, die umso mehr erstaunt, da ihm solche Neigungen selbst nicht unbekannt sind. In einem nur wenige Jahre zurückliegenden Brief[63] hatte er Pfuel seine glühende Liebe und den sehnsüchtigen Wunsch nach einem gemeinsamen Männerleben angetragen.

Weitere Zusammenstöße mit Iffland folgen. Am 1. Dezember 1810 meldete das Berliner *Journal des Luxus und der Moden:* »Hier ist leider eine starke Theater-Koalition, die gegen den würdigen Iffland gerichtet ist. Eine Anzahl Schriftsteller, deren Produkte von der Direktion wohl zurückgewiesen werden mußten, weil sie teils unsinnig, teils zu seicht waren, hat sich vereinigt, um ihn in allen seinen tätigen und redlichen Schritten für das ersprießlichste Wohl unserer Bühne zu necken, zu stören und zu beunruhigen.«[64] Kleists Grimm entlädt sich in weiteren Attacken gegen Iffland, die er in seinen *Berliner Abendblättern* im Oktober und November 1810 öffentlich macht. In polemischer Form kritisiert er nicht nur Ifflands Spielplan, sondern auch seine Bühnenauftritte als Schauspieler, er mokiert sich über das Spiel seiner Hände, was riskant insofern ist, als Iffland gerade dafür bekannt ist und geschätzt wird. Kleist unterschätzt zudem Ifflands machtvolle gesellschaftliche Stellung in der Stadt, dessen Verankerung in allen politisch relevanten Kreisen, einschließlich dem des Hofes. Seine Beschwerde über Kleist bei der Regierung und sein Rücktrittsangebot vom 26. November

1810 zeigen sofortigen Erfolg. Die Zensur wird verschärft. Auch die von Kleist initiierte Konfrontation mit Iffland wird zum Untergang der *Berliner Abendblätter* beitragen.

Kleist stellt sich radikal gegen die Klassik. Exemplarisch verdeutlichen lässt sich dies mit einem Blick auf Schillers ästhetische Schriften. Vor allem in seiner 1793 bis 1795 entstandenen großen Abhandlung *Über die ästhetische Erziehung des Menschen* erkennt Schiller den Menschen als erziehbar. Im Mittelpunkt seiner Schrift steht der Versuch einer Bestimmung des Schönen und davon ausgehend die Frage nach der Funktion der Kunst für die »Ausbildung der Menschheit« (10. Brief), mithin für die Kulturentwicklung der Menschheit. Ästhetische Erziehung sieht Schiller als Trias von physischer, ästhetischer und moralischer Vervollkommnung. Als Antwort auf die Französische Revolution ist Schillers Grundgedanke nicht äußerer Umsturz oder Revolution. Erziehung wird hier verstanden als ein sich in ständiger Entwicklung befindendes Streben nach dem Ideal der Vollkommenheit. Kunst und nur sie erscheint als Weg der Erziehung und zugleich als Werkzeug der Vervollkommnung des Menschen. In der Auseinandersetzung mit Kant sieht Schiller in der immer fortschreitenden Aufklärung des Verstandes eine Vereinseitigung, zur Einheit des Menschen gehöre die Ausbildung des Empfindungsvermögens gleichwertig dazu. Autonomie und Würde bestehen in der »inneren Freiheit« des Willens zu einer zielgerichteten Entwicklung; damit ist die Verantwortung des Menschen für eine vernunftgeleitete Erziehung und Selbsterziehung vorgezeichnet. Das Kriterium der Schönheit sieht er in der harmonischen Einheit von Rationalität und Sensualität erfüllt. Diese philosophisch-ästhetischen Reflexionen führt Schiller fort in seiner 1795/96 erschienenen Abhandlung *Über naive und sentimentalische Dichtung*, die er in drei Folgen in seiner bei Cotta erscheinenden Literaturzeitschrift *Die Horen* publiziert. Erziehung zur Vollkommenheit sieht Schiller als dauerhaften Prozess, der niemals an sein Ende kommt.

Wenngleich Kleist Schiller in seiner Jugend verehrt hat, so zeigt

sein Denken einen deutlichen Wandel. Schillers ästhetische Reflexionen widersprechen diametral der Sichtweise Kleists. Eine Novelle wie *Der Findling* oder ein Drama wie *Penthesilea* ist mit dem
Weltbild Schillers oder dem von Goethe nicht vereinbar.[65] Kleists
Denken nach der Kantkrise ist gegenidealistisch. In seinem Aufsatz *Über die allmähliche Verfertigung der Gedanken beim Reden* setzt
sich Kleist mit den Voraussetzungen für menschliche Kreativität auseinander. Kreativität ist bei ihm aber nicht wie im Idealismus ein Movens der Erziehung des Menschengeschlechts. Kleists
Werke verfolgen an keiner Stelle das Programm einer ästhetischen
Erziehung. Kleist ist nicht an idealen Verhaltensnormen interessiert, ihm geht es stets um die reale Befindlichkeit des Menschen.
Das Laster steht im Vordergrund, nicht die Tugend. »Folglich ist
sein Schreibprogramm wie das aller skeptischen Moralisten in
Krisenzeiten eines der Enttäuschung. [...] Großangelegte Gegen-
entwürfe zur herrschenden Wirklichkeit herzustellen, ist Kleist
unmöglich. Bildungsromane kann er nicht schreiben, aber Antibil-
dungsgeschichten wie den *Findling*. Radikal destruktiv ist er dabei,
unfähig zur heiteren Distanz angesichts der Scheinhaftigkeit und
Affektverfallenheit allen menschlichen Handelns.«[66] Zur Zeit der
großen preußischen Reformen erweist sich Kleist als enttäuschter
Idealist, als Skeptiker. Es ist kein Widerspruch, dass Kleist ab 1808
dennoch die patriotischen und reformpolitischen Bestrebungen
in Preußen unterstützt, allerdings nicht als preußischer Beamter,
sondern in einem journalistischen Projekt wie den *Berliner Abendblättern* oder in einem Propagandastück wie *Die Hermannsschlacht,*
das zu einer Volkserhebung gegen Frankreich aufruft, und zwar
unter Verzicht auf alle egoistischen Standes- und Besitzinteres-
sen.[67] Seismographisch ist »sein Rechtgefühl, das einer Goldwaage
glich«.[68]

Was Kleist hier über die Figur seines *Michael Kohlhaas* sagt, gilt auch
für ihn selbst. Kaum ein Autor hat ein vergleichbar empfindliches,
hoch differenziertes Rechtsbewusstsein wie Kleist, bei kaum einem
Autor ist die Überzeugung von der Relativität jeglichen Rechtsden-

kens so ausgeprägt wie bei ihm. Es geht einher mit Kleists außergewöhnlicher Sensibilität, Basis ist sein »richtiges, mit der gebrechlichen Einrichtung der Welt schon bekanntes Gefüh..«[69] Kleists Grundthema ist der Ausnahmezustand, den kein Konzept retten kann. Entsprechend verweigert er die rettende Perspektive. Entwicklung ist bei Kleist kaum absehbar. In diesem Paradigma lässt sich die Denkungsart Kleists als Vorläufer des Konzeptes der absurden Dramatik deuten. Achim von Arnim schreibt am 3. September 1810 aus Berlin an die Brüder Grimm nach Kassel: »Kleist, der sich jetzt hier aufhält, hätte eigentlich eine ungemeine Anlage, so ein zweiter Dante zu werden, so eine Lust hat er an aller Quälerei seiner poetischen Personen, er ist dabei aber der beste Kerl und gibt jetzt ein Abendblatt im Hitzigschen Verlage heraus, wozu Ihr einige Kasseler Notizen, Späße u. dgl. liefern müßt, es soll sich vorläufig gar nicht auf Belehrung oder Dichtung einlassen, sondern mit allerlei Amüsanten [sic!] die Leser ins Garn locken; lächerliche Briefe u. dgl. sind ein besondrer Fund.«[70]

In keinem Projekt hat sich Kleist so intensiv mit der preußischen Hauptstadt verbunden wie mit den von ihm begründeten *Berliner Abendblättern*. Durch Kleist bekommt die Stadt Berlin am 1. Oktober 1810 ihre erste täglich außer sonntags erscheinende Tageszeitung. Wie sah die Berliner Zeitungslandschaft zu Beginn des 19. Jahrhunderts aus, auf welche Pressesituation ist Kleist mit seiner publizistischen Großtat gestoßen? Die Geschichte Berlins als Zeitungsstadt ist durchaus ungewöhnlich. Im europäischen Maßstab ist die preußische Residenz um 1800 zwar eine Großstadt, allerdings eine noch eher kleine. Dennoch werden hier schon sehr früh Zeitungen gedruckt. Berlins Aufstieg zur Kulturstadt vollzieht sich analog mit dem Aufstieg der Zeitungen »Unter den großen Weltstädten ist Berlin eine der jüngsten; aber als Zeitungsstadt ist es eine der ältesten, wenn nicht überhaupt die älteste der Welt.«[71] Der Beginn der Berliner Zeitungsgeschichte reicht zurück bis zum Beginn des 17. Jahrhunderts.[72] In dieser Zeit vollzieht sich der Wandel von der handgeschriebenen zur gedruckten Neuigkeit. Zunächst wurde

diese von Buchhändlern und Buchdruckern verlegt. Die preußische Residenzstadt gehört zu den Wegbereitern des deutschen und
des europäischen Zeitungswesens. Als älteste Zeitung Berlins hatte
die 1704 gegründete *Vossische Zeitung*[73] schon 1721 eine Auflage von
150–200 Exemplaren; diese Auflagenhöhe wurde nur langsam gesteigert.[74] Im Jahr 1804 sind es 7000 Exemplare.

Im Rahmen seiner Pressepolitik hat Friedrich II. die strenge Zensur gelockert. Er hat schnell begriffen, dass nur eine einzige Zeitung das geistige Leben Berlins lähmen und seine Einflussmöglichkeiten reduzieren würde. Also gewährt er im Bereich von
Kunst und Wissenschaften der öffentlichen Meinung Freiheiten.
Dies gilt allerdings keineswegs für die Politik des Hofes, für die
Religion oder für Moral und Sitte, hier sind öffentliche Stellung-
nahmen weiterhin untersagt. Aufgrund einer gezielten Initiative des Königs bekommt die *Vossische Zeitung* Konkurrenz durch
den aus Potsdam stammenden Buchhändler Ambrosius Haude
(1690–1748). Am 30. Juni 1740 erscheint die erste Ausgabe von
Haudes *Berlinische Nachrichten von Staats- und gelehrten Sachen*.
Ab 1740 nimmt Haude seinen Schwager, den Buchhändler Johann
Karl Philipp Spener (1710–1756), in seinen Betrieb auf. Spener
wird später die *Haudesche Zeitung* übernehmen. Sie heißt fortan
*Spenersche Zeitung*.

Trotz der schwankenden Zensurpolitik Friedrichs des Großen nimmt das Berliner Zeitungswesen unter seiner Regentschaft
einen deutlichen Aufschwung. Die Blätter verändern ihr Profil, es
entsteht ein Anzeigenteil. 1789 erscheint in der *Vossischen Zeitung*
die erste Todesanzeige, 1793 die erste Geburtsanzeige, ein Jahr später die erste Vermählungsanzeige. Berlin hat allerdings noch immer keine Tageszeitung. Die beiden großen Berliner Zeitungen erscheinen nur an drei Tagen der Woche. Dienstag, Donnerstag und
Sonnabend können sie in der Vossischen Buchhandlung und auf allen Postämtern erworben werden. Berlin ist noch weit davon entfernt, eine Zeitungsstadt zu sein. Die Berichterstattung ist offiziell, sie wird weitgehend vom Hof gesteuert, eine eigene Meinung,

*Karl Philipp Moritz. Gemälde von Karl Franz Jakob Heinrich Schumann (1763–1827) 1791, Gleimhaus Halberstadt*
*Ernst, traurig, scheu und sehr direkt ist der Blick, mit dem der Schriftsteller, Philosoph und Kunsttheoretiker Moritz auf den Betrachter schaut. So hat er auch sich selbst gesehen und Anton Reiser, einen Roman der Weltliteratur, geschaffen und sein Magazin zur Erfahrungsseelenkunde, die erste Zeitschrift für empirische Psychologie.*

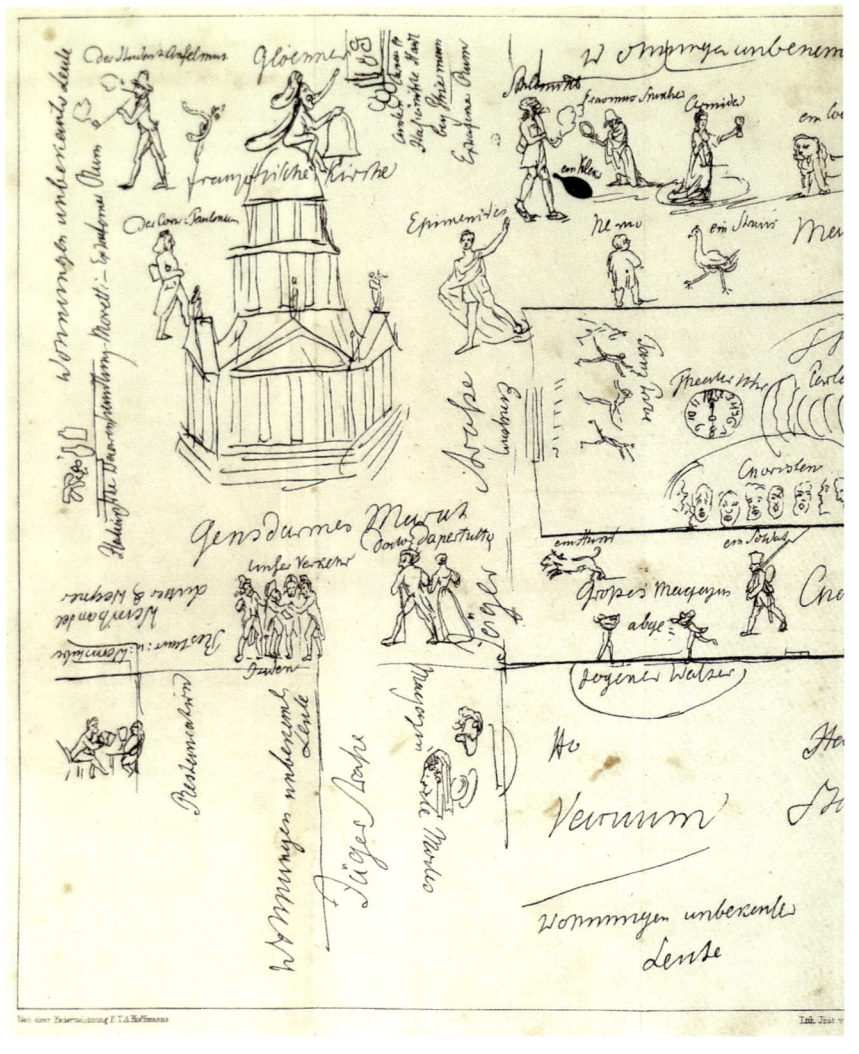

Mit dieser Federzeichnung stellt das Multitalent E. T. A. Hoffmann im Juli 1815
dem mit ihm befreundeten Bamberger Verleger Carl Friedrich Kunz …

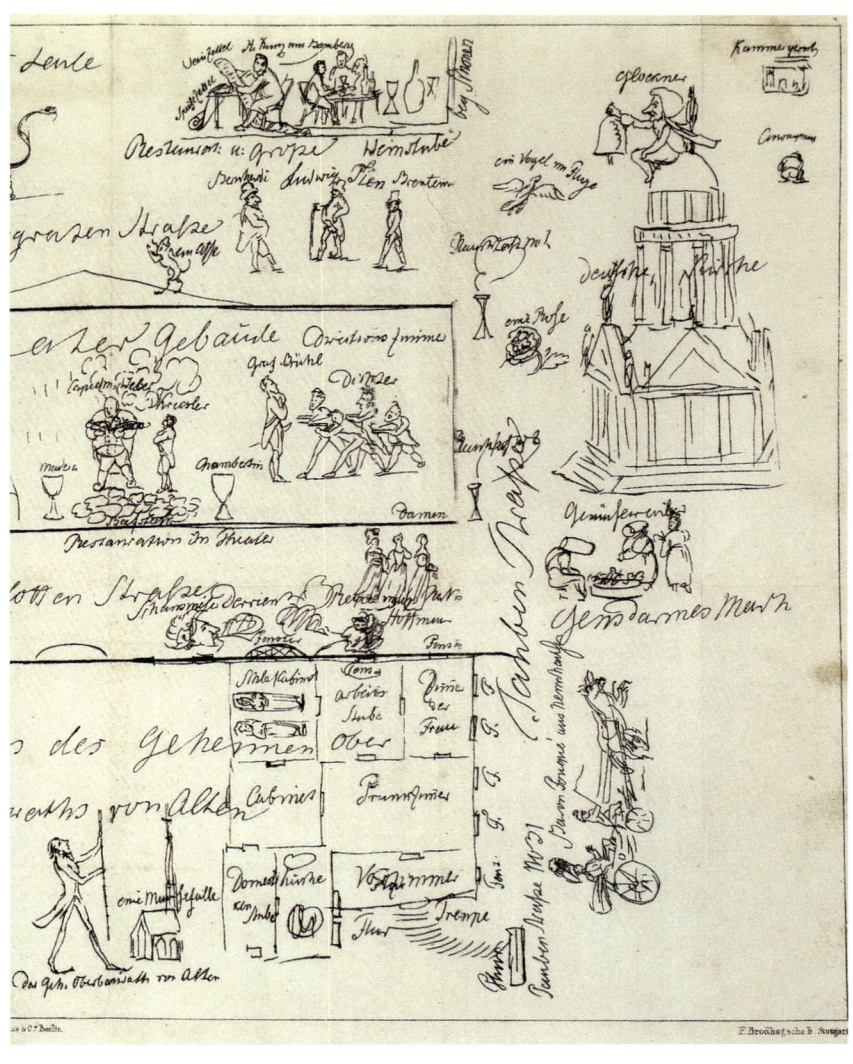

… *seine neue Berliner Wohnung in der Taubenstraße 31 und die Gegend um den Gendarmenmarkt vor.*

*Ludwig Tieck und seine Schwester Sophie (1775–1833). Marmorrelief des Berliner Bildhauers Friedrich Tieck (1776–1851), dem Bruder von Ludwig Tieck (1773–1853), aus dem Jahre 1796.*
*Die drei Geschwister waren in ihrer Jugendzeit eng verbunden.*
*Sophie unterstützte die schriftstellerische Arbeit ihres Bruders Ludwig.*

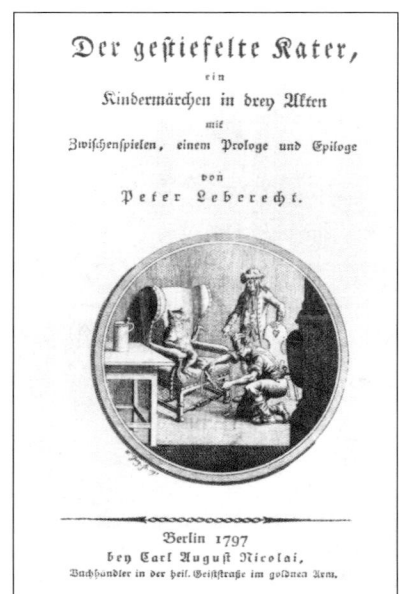

*Titelseite der Erstausgabe von* Der gestiefelte Kater. Kindermärchen in drei Akten. *Berlin 1797 von Ludwig Tieck.*
*In diesem Stück versteckt Tieck nicht nur eine Kritik an der zeitgenössischen Literatur. Die damals hochaktuelle Satire spielt als Schauspiel im Schauspiel im Berliner Nationaltheater, Tieck polemisiert auch gegen den hoch angesehenen Schauspieler August Wilhelm Iffland. Die Leser haben das sehr wohl verstanden.*

*Diese (vom Künstler nicht näher gekennzeichnete) Zeichnung von Johann Gott-
fried Schadow aus dem Jahr 1808 könnte eine Vorlesung des Philosophen Johann
Gottlieb Fichte festhalten. Dessen* Reden an die Deutsche Nation *waren im
selben Jahr erschienen. Für die Zuschreibung spricht die Kleinwüchsigkeit des
Vortragenden. 1811 wird Fichte, dessen geringe Körpergröße Legende war, zum
ersten Rektor der neu gegründeten Berliner Universität berufen. Zu seinen Zuhö-
rern damals gehörten auch Schadow und Henriette Herz.*

*Das Universitätsgebäude in Berlin. Kolorierte Lithographie von Wilhelm Loeillot
(1827–1876)*
*Die von Wilhelm von Humboldt gegründete Universität nimmt 1810 im Palais des
1802 verstorbenen Prinzen Heinrich ihren Lehrbetrieb auf.*

Die romantische Bewegung im Gipfelsturm: Karikatur von Johann Gottfried Scha-
dow (1803)
August Wilhelm Schlegel, eine der Hauptfiguren der deutschen und europäischen
Romantik, führt sie an, gefolgt unter anderen von …

*… Friedrich Schleiermacher und Ludwig Tieck, auf dem gestiefelten Kater reitend. Oben links wütet August von Kotzebue, ganz rechts wendet Goethe sich ab, neben ihm die Schriftstellerin Amalie von Imhoff.*

*Singakademie am Festungsgraben (um 1856). Friedrich Leopold Ahrends (1825–1870)*
*Die Sing-Akademie zu Berlin nannte sich selbst zu Beginn auch »Singakademie am Kastanienwäldchen.« Dieses gibt es dort noch heute.*

ein Kommentar oder gar ein Leitartikel sind zu diesem Zeitpunkt noch undenkbar. Es gibt auch noch nicht den heute üblichen Unterschied zwischen Zeitung und Zeitschrift. Die vielfältig sich entwickelnde Publizistik wird abgebremst durch das Zensur-Edikt von Friedrich Wilhelm II. vom 19. Dezember 1788. Auch unter dessen Sohn Friedrich Wilhelm III. lastet die Zensur so schwer auf den Zeitungen, dass ihre Qualität deutlich leidet. Ein Recht auf öffentliche Meinung ist ausgeschlossen.

Konträr zur Berliner Publizistik ist das kulturelle Leben Berlins um die Jahrhundertwende so lebendig wie nie zuvor. Viele Autoren leben in Berlin, hier gibt es 32 Druckereien und 34 Buchhandlungen.[75] Die Berliner lesen viel, um 1800 gibt es viele Lesezirkel und 15 Leihbibliotheken, die von Friedrich Kralowsky (1765–1821) in der Jägerstraße 25 ist die am besten frequentierte. Von der Zensur weitgehend ausgenommen sind die Kulturnachrichten. Also blühen die Konzert- und besonders die Theaterkritik auf, es wird aus den Wissenschaften berichtet. Die Zeitungen werden zwar umfangreicher, ihr Niveau bleibt aber bis zur Mitte des 19. Jahrhunderts kläglich. Eine Ausnahme bildet die Theaterkritik, hier haben die Zeitungen eine sowohl bildende wie auch unterhaltende Funktion. In Zeiten einer lastenden Zensur kommt den »gelehrten Sachen« eine besondere Bedeutung zu, so auch in Berlin zu Beginn des 19. Jahrhunderts.[76]

Auch die Geschichte von Kleists *Berliner Abendblättern* spiegelt das lamentable Verhalten der Obrigkeit gegenüber der Presse. Kleists publizistisches Projekt setzt einen bemerkenswerten Mut voraus, es fällt in die lange Regierungszeit Friedrich Wilhelms III., in der die Berliner Zeitungen durch die strenge Zensur gelähmt und dadurch in die Bedeutungslosigkeit gezwungen worden sind. Die Belanglosigkeit ist schon an den Titeln der verschiedenen Blätter ablesbar. Im Angebot waren beispielsweise *Der preußische Hausfreund, Komus oder Der Freund des Scherzes und der Laune* oder Kotzebues *Der Freimütige oder Scherz und Ernst. Ein Unterhaltungsblatt.*[77]

Die Idee für sein Blatt gewinnt Kleist zunächst über die Tradition der fliegenden Blätter und entwickelt daran anknüpfend ein Konzept für eine täglich erscheinende Zeitung. Publiziert in einem flugblattähnlichen Format, hat jede Ausgabe in der Regel vier Seiten, hin und wieder ist sie um Extrablätter erweitert. Im 19. Abendblatt vom 22. Oktober 1810 erläutert Kleist in einem als »Erklärung« gekennzeichneten Herausgebervorwort seine Ziele: »[...] in der ersten Instanz, Unterhaltung aller Stände des Volks; in der zweiten aber [...] nach allen erdenklichen Richtungen, Beförderung der Nationalsache überhaupt.«[78] Obwohl Kleist von der Administration die Lizenz nur für ein politikfernes Unterhaltungsblatt bekommen hat, will er zum einen aufklärerische und nationalpädagogische Ziele verfolgen, zum anderen will er »auf eine vernünftige Art« der Unterhaltung dienen. Nicht zuletzt sollen die *Berliner Abendblätter* ein Forum bieten für die Veröffentlichung eigener Texte, von kleinen literarischen Miniaturen wie seinen Anekdoten und eigenen Gedichten, Geschichten, Theaterkritiken oder Auszügen aus seinen Stücken bis zu differenzierten, lehrreichen Essays über Ästhetik und Literatur oder politisch-satirischen Texten. So berühmte Kleist-Texte wie sein Essay *Empfindungen vor Friedrichs Seelandschaft* oder *Über das Marionettentheater* werden zum ersten Mal in den *Berliner Abendblättern* veröffentlicht. Die genaue Auflagenhöhe ist nicht bekannt, sie lag wohl um die tausend Exemplare, was für die damalige Zeit einer hohen Auflage entspricht. »... auf schlechtem Papier billig gedruckt und zu niedrigstem Preis ausgegeben – das erste Blatt wurde sogar gratis verteilt – waren sie ihrem Format nach eher ein Flugzettel als eine Tageszeitung zu nennen.«[79] Der wichtigste Anreiz für die Berliner Bevölkerung ist aber zweifellos die lokale Berichterstattung, hier vor allem die Rubrik »Polizei-Rapport«, die Kleist als Marktlücke erkannt hat. Diese Form der Berichterstattung hat es bisher noch nicht gegeben, sie ist ein Novum im deutschsprachigen Zeitungswesen. Der mit Kleist befreundete Berliner Polizeipräsident Karl Justus Gruner (1777–1820) selbst ist es, der ihn mit den wichtigsten Auszügen aus den Polizei-Rapporten versorgt. Berichtet wird über Mord, Totschlag und Verbrechen, über alles unrechtmäßige Verhalten, dem die Polizei der preußischen Hauptstadt auf die Spur gekommen ist. Lächerlichkeiten werden aufgespießt, drastische Anekdoten übersteigen moralische Grenzen. Kleist bietet nicht nur höchst ergötzlichen Leseanreiz, die Leser werden auch zu sachdienlicher Hilfe aufgerufen: Polizei und Presse sollten ein Bündnis für die Sicherheit der Stadt eingehen.

Mit seinem Blatt zielt Kleist genau in die publizistische Lücke, die sowohl die beiden großen Berliner Zeitungen als auch die Berliner Intelligenz- und Anzeigenblätter offen gelassen haben. Sein Projekt verbucht einen sensationellen Erfolg. »Für ein paar Wochen wurde Kleists Blatt, für das sich selbst der König interessierte, zum Tagesgespräch von Berlin; das Volk stürmte die Ausgabestelle, so daß Polizei nötig wurde.«[80] Schon nach einer Woche muss der erste Ausgabeort, Hitzigs Buchhandlung »Hinter der katholischen Kirche Nr. 3«, also der unter Friedrich dem Großen gebauten Hedwigskirche, durch eine größere Lokalität ersetzt werden. Die Ausgabe erfolgt jetzt am Abend zwischen fünf und sechs Uhr im geräumigen Parterre der Leihbibliothek Kralowsky in der Jägerstraße 25, in unmittelbarer Nähe zum Gendarmenmarkt.[81] Im Gegensatz zu seinem Phöbus-Projekt gelingt es Kleist diesmal, zahlreiche Autoren für seine Zeitung zu gewinnen, Vertreter aus dem preußischen Beamtentum, aus der Wirtschaft, Dichter und Schriftsteller vor allem aus dem Berliner Kulturleben. Die wichtigsten Beiträger sind die Dichter der deutschen romantischen Bewegung Achim von Arnim, Clemens Brentano, Friedrich de la Motte Fouqué und Otto Heinrich von Loeben (1786–1825). Weitere hervorragende Mitarbeiter sind Friedrich Schleiermacher und der Rechtsgelehrte Friedrich Carl von Savigny, zudem Adam Müller, der hannoversche Offizier Christian von Ompteda (1765–1815), der Schriftsteller und Publizist Friedrich Gottlob Wetzel (1779–1819) und der konservative Publizist und Pädagoge Ludolph von Beckedorff (1778–1858). Insgesamt zeichnen sich die *Berliner Abendblätter* durch hohe stilistische Qualität aus.

Ende des Jahres gerät Kleist in Konflikt mit den beiden großen Berliner Zeitungen, die um ihre Privilegien fürchten. Schon sehr früh, am 5. Oktober 1810, hatte Kleist in einer »An das Publikum« betitelten Beilage selbstbewusst erklärt, »daß bloß das, was dieses Blatt aus Berlin meldet, das Neueste und das Wahrhafteste sei«.[82] Das war eine Ansage. Als Herausgeber nimmt Kleist für seine *Berliner Abendblätter* in Anspruch, durch das abendliche Erscheinen die einzige aktuelle und noch dazu beste Zeitung Berlins zu sein. Das musste den Widerspruch der großen Blätter provozieren. In einer Eingabe an den Staatskanzler Hardenberg vom 22. 12. 1810 heißt es: »Das seit 3 Monaten täglich allhier erscheinende, sogenannte Abendblatt [...] liefert täglich politische Nachrichten, zu deren Bekanntmachung die unterzeichneten beyden hiesigen Zeitungs-Expeditionen durch ein [...] Privilegium privative berechtigt sind.«[83] Beide Zeitungen fordern Kleists Abendblatt in seine Schranken und drohen mit Klage bei weiterer Beeinträchtigung. Schnell ergeben sich durch Kleists Herausgebertätigkeit weitere Konflikte, die ihn extrem fordern, zunehmend sogar überfordern. Er hat keine Hilfe, er hat kein Geld. Für die gesamte Arbeit ist er allein verantwortlich. Er lässt Meinungsvielfalt zu und bemüht sich dabei um Ausgewogenheit. Er muss nicht nur die eingehenden Texte redigieren, Meldungen und alle infrage kommenden Materialien auswählen und bearbeiten (Presseagenturen hat es damals nicht gegeben), er muss das Layout entwerfen und vor allem eigene Beiträge schreiben. Die eingehenden Texte redigiert er nicht immer zur Zufriedenheit der Autoren, manchmal muss er auch Wogen glätten. Am 14. Oktober 1810 wendet er sich an Achim von Arnim: »Machen Sie doch den Brentano wieder gut, liebster Arnim, und bedeuten Sie ihm, wie unpassend und unfreundlich es ist, zu so vielen Widerwärtigkeiten, mit welchen die Herausgabe eines solchen Blattes verknüpft ist, noch eine zu häufen.«[84] Kleist bittet um Verständnis für seine kleinen, eher zweckmäßigen Eingriffe in die eingereichten Texte, die der »notwendige[n] Bedingung, daß es kurz sei«, geschuldet seien.

Weitere Konflikte, vor allem mit der Zensur und der Administration, folgen. Kleist wird wegen der oppositionellen Haltung seines Blattes angegriffen, nicht nur Hardenberg, der König selbst erteilt Order und untersagt jede Kritik an staatlichen Einrichtungen. Eine strenge politische Zensur erfolgt am 16. November 1810 nach einem Aufsatz von Adam Müller zum Thema *Vom Nationalcredit*, der sich mit der Reformpolitik des Staatskanzlers Hardenberg auseinandergesetzt hat. Die Zensur wird Kleist inhaltlich und finanziell immer mehr zum Verhängnis. In tiefer Resignation übermittelt er am 24. November 1810 Christian Freiherr von Ompteda folgende Meldung: »Ew. Hochwohlgeborenen Aufsatz *Über die neueste Lage von Großbritannien* sende ich Denenselben gedruckt und von der Zensur durchstrichen zurück. Diese zwei Striche kommen mir vor wie zwei Schwerter, kreuzweis durch unsere teuersten und heiligsten Interessen gelegt.«[85] Nach den kritischen Beiträgen über Iffland und dessen Aufführungspolitik werden Kleist im Dezember die Theaterkritiken verwehrt. Hardenberg bietet dem Blatt staatliche Unterstützung an. Kleist lehnt kompromisslos alle Subventionen ab.

Die von Kleist in den *Berliner Abendblättern* angezettelte Theaterfehde gegen Iffland erbrachte seiner Zeitung auf ihrem kurzen Höhepunkt eine enorme Publikumswirksamkeit. Sie ist damit den gezielten publizistischen Strategien unserer Zeit vergleichbar. Kleist leistet einen Beitrag zur Entstehung einer bürgerlichen Öffentlichkeit und bewegt sich damit in deutlicher Opposition zu Positionen der Weimarer Klassik. Wenngleich Kleist mit seinen *Berliner Abendblättern* aufgrund der fehlenden finanziellen Grundlagen, aufgrund mangelnder organisatorischer Absicherung und der restringierten Lizenzierung gescheitert ist, zeigt sich auch in diesem Punkt sein modernes Denken.

Kleist hat mit diesem Zeitungskonzept ein bis heute gültiges Vorbild für Lokaljournalismus und für aufgeklärte, zeitkritische Publizistik geschaffen. In seinem Kampf um Pressefreiheit, um Einflussnahme auf die öffentliche Meinung vertritt er einen großstädtischen Bürgerstandpunkt. Er will Einfluss auf die Politik nehmen, er will die preußischen Reformen voranbringen, beitragen zu der dringend notwendigen Modernisierung Preußens nach dem Muster Frankreichs.

Dennoch ist den *Berliner Abendblättern* kein Erfolg beschieden. Kleists Zeitung erlebt vom 1. Oktober 1810 bis zum 30. März 1811 nur zwei Quartale. Unter dem Druck von Zensur und schnell wachsender Geldnot verlieren die *Abendblätter* an Einfluss. Im Dezember 1810 zieht sich Kleists Verleger Julius Eduard Hitzig (1780–1849) im Streit aus dem Unternehmen zurück. Mit Hardenbergs Hilfe kann Kleist August Kuhn (1784–1829) gewinnen, den Inhaber des Kunst- und Industrie-Comptoirs und Verleger der monatlich erscheinenden Zeitschrift *Der Freimüthige*. Kuhn übernimmt die *Abendblätter,* die ab dem 2. Januar 1811 mit einer neuen Zählung wieder erscheinen. Originalität ist unter den gegebenen Bedingungen fast unmöglich. Kleist druckt politische Meldungen nach, die woanders bereits erschienen sind, er veröffentlicht kleine Anekdoten und Geschichten. Er gerät in eine immer größer werdende Schuldenspirale, vor allem, als Kuhn ihm bereits in Aussicht gestellte Honorare verweigert. Er verrennt sich in Geldforderungen und Konflikten mit dem Staatsminister Hardenberg und vor allem mit dessen Mitarbeiter, Friedrich von Raumer (1781–1873). »Kleist hatte sich, um allerlei amtliche Unterstützung seines Journales, an die Staatskanzlei gewandt, und man würde nicht abgeneigt gewesen sein, sie ihm zu gewähren, wenn nicht Kleists Verbindung mit Müller, dessen zweideutige Gesinnungen gegen Preußen man wohl schon damals kannte, Hardenberg bedenklich gemacht hätten. Wahrscheinlich fühlte Müller dies und reizte Kleist zu dem Glauben, die Unterstützung werde von niemand sonst als F. v. Raumer hintertrieben.«[86] Es entsteht ein unsinniger Streit mit Friedrich von Raumer, der in einer Duellforderung Kleists endet, der Raumer aber nicht stattgibt. In einem ausführlichen Schreiben vom 26. Februar 1811 unterzieht Hardenberg Kleist einer harschen Kritik für seine kritischen Ambitionen und seine Uneinsichtigkeit und drückt ihm sein Missfallen aus. »Das Abendblatt hat nicht bloß *meine* Aufmerksamkeit auf sich gezogen, sondern die Sr. Majestät des Königs Höchstselbst, weil Sie in eben dem Augenblicke, wo die neuen Finanzgesetze erschienen, Artikel darin aufnahmen, die geradezu dahin abzielten, jene Gesetze anzugreifen. Es wäre genug gewesen, die Zensur zu schärfen oder ihr Blatt ganz zu verbieten, da es bei aller Freiheit, die man unparteiischen Diskussionen über Gegenstände der Staatsverwaltung bewilligt, doch durchaus nicht gestattet werden kann, daß in Tageblättern Unzufriedenheit mit den Maßregeln der Regierung aufgeregt werde.«[87]

Hardenbergs Fazit muss Kleist tief treffen: Der Niedergang der Zeitung liege nicht an mangelnder finanzieller Unterstützung, sondern an ihrem »Unwerth«. Am 10. März entschuldigt sich Kleist beim Staatsminister und bedauert es, in »Ungnade« gefallen zu sein. Hardenberg lässt Kleists *Abendblätter* fortan gezielt durch den Polizeipräsidenten Gruner überwachen. Kleist gibt auf. Er kann den Untergang der *Berliner Abendblätter* nicht mehr aufhalten. Am 30. März 1811 erscheint das letzte Exemplar, die Nr. 76 des II. Quartals, knappe vier Seiten lang, an dessen Ende der Herausgeber eine mit H. v. K. unterzeichnete *Anzeige* setzt:

»Gründe, die hier nicht angegeben werden können, bestimmen mich, das Abendblatt mit dieser Nummer zu schließen. Dem Publiko wird eine vergleichende Uebersicht dessen, was diese Erscheinung leistete, mit dem, was sie sich befugt glaubte, zu versprechen sammt einer historischen Construktion der etwaigen Differenz, an einem anderen Orte vorgelegt werden.« Zu einer derartigen Veröffentlichung oder gar einer Fortsetzung des Zeitungsprojektes ist es nie gekommen.

Trotz der tragischen Konstellation der *Berliner Abendblätter* kann Kleist einen großen Erfolg in der deutschen Zeitungsgeschichte für sich verbuchen. Er war das »Schwungrad«[88] für die Entwicklung der Tageszeitung. Diese ist, wenn auch viele Jahre später, in Berlin entstanden. Die *Vossische Zeitung* erscheint ab 1824 täglich (außer am Sonntag), ab 1879 erscheint sie wie die meisten anderen Berliner Zeitungen auch, sogar zweimal am Tag, in einer Morgen- und einer Abendausgabe.

Der Nachwelt ist nur ein einziges vollständiges Exemplar der auf schnellen Gebrauch hin konzipierten *Berliner Abendblätter* erhalten. Dieses Dokument ist dem Sammeleifer der Brüder Grimm zu verdanken. Das Konvolut befindet sich heute für die Öffentlichkeit unzugänglich in Schweizer Privatbesitz.[89] Getrieben vom Mut der Verzweiflung, versucht Kleist, bei Hardenberg eine Entschädigung für seine durch die *Berliner Abendblätter* entstandenen Schulden zu erwirken, er bewirbt sich in einem Brief vom 20. Mai 1811 bei Prinz Wilhelm von Preußen persönlich um eine »Anstellung im Königl. Civildienst«,[90] beiden Gesuchen wird nicht entsprochen. In einem Brief an Marie von Kleist vom Sommer 1811[91] gesteht Kleist: »Ich fühle, d[a]ß mancherlei Verstimmungen in meinem Gemüth sein mögen, die sich in dem Drang der widerwärtigen Verhältniße, in denen ich lebe, immer noch mehr verstimmen [...].« Kleist träumt von heilender Harmonie, von »heitere[m] Genuß des Lebens«. Er möchte eine Pause einlegen und sich »mit nichts als der Musik beschäftigen. Denn ich betrachte diese Kunst als die Wurzel, oder vielmehr [...] als die algebraische Formel aller übrigen, und so wie wir schon einen Dichter haben, [...] der alle seine Gedanken über die Kunst, die er übt, auf Farben bezogen hat, so habe ich, von einer frühesten Jugend an, alles Allg[em]eine was ich über die Dichtkunst gedacht habe, auf Töne bezogen. Ich glaube, d[a]ß im Generalbaß die wichtigsten Aufschlüße über die Dichtkunst enthalten sind.« In einem weiteren Brief an Marie von Kleist vom Sommer 1811[92] beklagt Kleist das »öde und traurige Leben«, das er führe. Durch die Auflösung der *Abendblätter* ist er in eine desaströse finanzielle Lage geraten. Er vereinsamt zusehends und verliert durch das Auf-sich-selbst-Geworfensein den inneren Kontakt zu Menschen und damit die Verbindung zur Welt und zum eigenen Leben. »Diesen Trost, wissen Sie, muß ich unbegreiflich unseliger Mensch entbehren. Wirklich, in einem so besondern Fall ist noch vielleicht kein Dichter gewesen.« Das Scheitern seines Zeitungsprojektes hat Kleists ohnehin nur noch schwachen Lebenswillen weiter ausgehöhlt, dieser Fehlschlag trägt bei zu seiner Todesbereitschaft wenige Monate später.

Ein letztes (vergebliches) Mal versucht Kleist, seine Halbschwester Ulrike zu einem Umzug nach Berlin zu bewegen. Marie von Kleist setzt sich bei Hof für eine finanzielle Versorgung Kleists ein, ohne Erfolg. Kleist selbst ersucht Friedrich Wilhelm III. um eine Wiederaufnahme ins Militär. In Ermanglung kriegerischer Auseinandersetzungen erhält Kleist darauf keine Antwort.

Wenige Monate später macht Kleist in seinem 34. Lebensjahr in Berlin der Qual ein Ende. In einem letzten Brief am Tage seines Todes, am 21. November 1811, formuliert er für sich die Summe seines Lebens: »Die Wahrheit ist, daß mir auf Erden nicht zu helfen war.«[93]

Über die letzten Stunden vor dem Doppelselbstmord wissen wir ausführlich Bescheid.[94] Auskunft geben die Abschiedsbriefe von Kleist und der mit ihm befreundeten Henriette Vogel (1780–1811),[95] die Protokolle des zuständigen Richters, der die Augenzeugen der letzten Stunden vernommen hat, sowie der Obduktionsbericht zweier Chirurgen[96]. Kleist hat die letzten Lebensstunden genau inszeniert.

Am 20. November 1811 nehmen sich Kleist und Henriette Vogel je ein Zimmer in dem Gasthof *Stimmings Krug* in unmittelbarer Nähe zum Kleinen Wannsee. Sie wandern zu der Stelle, an der sie am folgenden Tag sterben wollen. Sie bestellen Kaffee und auch Schreibzeug. Während der Nacht schreiben beide Abschiedsbriefe, in denen sie ihren Freitod ankündigen. Am Morgen bezahlen sie ihre Rechnung, expedieren Briefe nach Berlin. Beide werden als vergnügt, ja ausgelassen froh geschildert, was auch mit Kleists Abschiedsbrief übereinstimmt, in dem er schreibt, er sterbe »zufrieden und heiter«. Am Nachmittag des 21. November begeben sich Kleist und Henriette Vogel auf die nahe gelegenen Hügel oberhalb des Kleinen Wannsee. Sie lassen sich trotz der Novemberkälte Tisch und Stühle bringen, bestellen Kaffee und trinken ihn im Freien. Kurze Zeit später hören die Angestellten des Gasthofs in kurzen Abständen zwei Schüsse.

Der krebskranken[97] Henriette Vogel, die Kleist erst 1810 in Berlin kennengelernt hat, schießt er auf deren Wunsch ins Herz. Sich selbst aber bringt der sprachbesessenste und sprachmächtigste deutsche Dramatiker endgültig zum Schweigen, indem er sich in den Mund schießt. Bemerkenswert ist, dass Kleist nicht an der in das Gehirn eingedrungenen Kugel stirbt. Die Obduktion ergibt, dass Kleist am Schießpulver erstickt ist.[98]

Drei Pistolen werden neben den Toten gefunden; Kleist und auch Henriette Vogel haben es ernst gemeint. In den folgenden Wochen werden der Doppelselbstmord und dessen mögliche Gründe in allen Zeitungen[99] ausführlich diskutiert. Kleists Freitod wird als seine »letzte Inszenierung«[100] begriffen, sie erbringt dem Dichter einen Bekanntheitsgrad, den er sich zu Lebzeiten so sehnlich gewünscht hat. Erst jetzt gelangt Kleist ins öffentliche Bewusstsein. Der Doppelselbstmord ist der Beginn des sogenannten »Kleist-Mythos«.

Da es zu jener Zeit verboten war, Selbstmörder auf einem Friedhof zu bestatten, begrub man die Leichen an Ort und Stelle oberhalb des Kleinen Wannsees. Anfang Dezember 1811 fand an ihrem Grab eine kirchliche Zeremonie statt, für die der Stahnsdorfer Pfarrer acht Taler und drei Groschen veranschlagte.[101] Erst 1862 errichten Verehrer Kleist eine erste Grabstelle. Anlässlich des 200. Todestages des Dichters im November 2011 hat sich die 1920 gegründete Kleist-Gesellschaft für eine grundlegende Neugestaltung des Kleistgrabes eingesetzt. Der von den Nationalsozialisten 1936 aufgestellte Grabstein sollte ersetzt werden durch den in der Stiftung Stadtmuseum noch vorhandenen ersten Grabstein, der einem jüdischen Autor zu verdanken ist. Stattdessen wird der Grabstein aus der NS-Zeit restauriert und die umgebende Anlage neu entworfen.[102] Das Geburtsdatum Kleists wird nun mit dem 10. statt dem 18. Oktober angegeben; die Lebensdaten von Henriette Vogel werden in den Grabstein eingemeißelt (sie standen bisher auf einem eigenen Stein). Darunter steht nun wieder der von den Nationalsozialisten entfernte Gedenkspruch des jüdischen Dichters Max Ring (1817–1901): *Er lebte, sang und litt / in trüber, schwerer Zeit. /*

*Er suchte hier den Tod / und fand Unsterblichkeit.* Auf der Rückseite des Grabsteins findet sich eine Zeile aus Kleists *Prinz von Homburg: Nun, o Unsterblichkeit, bist du ganz mein.*[103] Der einzige Zugang zu Kleists Grab erfolgt nach wie vor über die oberhalb des Kleinen Wannsees gelegene Bismarckstraße.

Kleists kurzer Lebensweg nötigt uns bis heute Bewunderung ab und auch Erstaunen. Ihm, einem ehemaligen Soldaten, »dessen literarische Bildung keineswegs außergewöhnlich ist«, gelingt es, »zu einem der größten Erneuerer deutscher Literatur«[104] zu werden.

In seiner Kleist-Studie »Versehen und Erkennen« spricht Walter Müller-Seidel von der »oft bestürzenden Andersartigkeit und Modernität seines Werkes«.[105] Kleist hat die Grenzen seiner Zeit weit überschritten, er vermochte im Hinblick auf die Abgründe im Einzelnen, aber auch in einer Epoche bis weit ins 20. Jahrhundert vorauszudenken.

## 11. Das Multitalent *E. T. A. Hoffmann*: Jurist im preußischen Staatsdienst, Dichter, Tonkünstler und Maler

E. T. A. Hoffmann war der Erste, der Berlin als Stadt ein literarisches Profil verliehen hat.[1] Mit ihm betreten wir die preußische Hauptstadt auf ganz eigene Art, mit seinem Blick verwandelt sie sich in einen Ort des literarischen Geschehens. Das außergewöhnlich facettenreiche Werk Hoffmanns lässt sich allerdings kaum auf einen Blickwinkel beschränken. Der Jurist, der Schriftsteller, der Komponist, der Kapellmeister, der Zeichner und Karikaturist E. T. A. Hoffmann hat vieldimensional gewirkt – und das in einem Leben von nur 46 Jahren.

Hier soll es um das Berlin E. T. A. Hoffmanns gehen, in der preußischen Metropole hat er insgesamt elf Jahre gelebt, hier ist er gestorben. Im Zentrum der Stadt, in unmittelbarer Nähe zum Gendarmenmarkt ist der größte Teil seines literarischen Werkes entstanden. In Berlin hat der aus dem ostpreußischen Königsberg stammende Jurist die Großstadt als literarisches Thema entdeckt. Es ist ausgesprochen lohnend, das Berlin der Zeit aus seinen *Berlinischen Geschichten* herauszulesen.

Entgegen dem damaligen deutschen Zeitgeist ist Hoffmann fasziniert von Berlin, der junge Jurist stürzt sich in das großstädtische Treiben, er besucht Konzerte, die Oper, das Theater, er geht in Museen und Ausstellungen. In seinen Briefen hat er sich immer wieder enthusiastisch zum Leben in der Großstadt Berlin bekannt. Es ist die vielfältige kulturelle Szene, die diese Stadt für ihn so anziehend macht. Hoffmann saugt die Metropole in sich auf, stundenlang wandelt er als Flaneur durch ihre Straßen, nichts entgeht seiner scharfen Beobachtung. So entstehen seine Werke. So wird er als Künstler Teil der Topographie der Berliner Klassik.

Ganz anders klingt das mahnende Urteil über die Großstadt von Christoph Wilhelm Hufeland, einem der berühmtesten Ärzte der Zeit. Der aus einer angesehenen Arztfamilie stammende Mediziner und Sozialhygieniker, der in seiner Weimarer Zeit als Hofarzt auch Goethe, Schiller, Herder und Wieland zu seinen Patienten zählte, erachtete das »Zusammenwohnen der Menschen in großen Städten« als »eines der größten Verkürzungsmittel des menschlichen Lebens«.[2]

Hoffmann beginnt erst relativ spät mit dem Schreiben. In der ersten Hälfte seines Lebens hat die Musik Vorrang. *Ritter Gluck*, seine erste Erzählung und eine seiner besten, entsteht 1809, noch in Bamberg, Hoffmann ist damals 33 Jahre alt. Aber bereits hier sind Erfahrungen verarbeitet, die er bei seinen ersten beiden Aufenthalten in Berlin gemacht hat. Im Vollbesitz seiner Kraft schildert er die sonntäglichen Spaziergänger Unter den Linden. »Dann sieht man eine lange Reihe, buntgemischt – Elegants, Bürger mit der Hausfrau und den lieben Kleinen in Sonntagskleidern, Geistliche, Jüdinnen, Referendare, Freudenmädchen, Professoren, Putzmacherinnen, Tänzer, Offiziere u. s. w. durch die Linden, nach dem Tiergarten ziehen.«[3] In dieser Zeit entwickelt Hoffmann die fiktive Figur des Kapellmeisters Johannes Kreisler, sie wird zu seinem literarischen Alter Ego.[4] Ganz anders seine letzte, Anfang 1822 entstandene Erzählung *Des Vetters Eckfenster*, hier blickt der Schwerstkranke kurz vor seinem Tod mit Wehmut von seiner Wohnung aus auf das Treiben auf dem Gendarmenmarkt, wo zur damaligen Zeit noch der große lebendige Wochenmarkt unter freiem Himmel stattgefunden hat.

Lange vor Franz Hessel (1880–1941),[5] vor Alfred Döblin (1878–1957),[6] vor Erich Kästner (1899–1974)[7] entwickelt Hoffmann erste Ansätze einer deutschen Großstadtliteratur.[8] Dabei leugnet er die vor allem von Jean-Jacques Rousseau (1712–1778) begründete Stadtkritik keineswegs. Dieser hat anhand der Metropolen von Paris und London den Topos der Gefährdungen durch die Großstadt etabliert, Rousseau hat diese Städte als »Orte der Depravation, der Verstellung, Lüge, Selbstbezüglichkeit und zwischenmenschlichen Oberflächlichkeit« gesehen. Auch Hoffmann diagnostiziert »die latenten Gefahren der Großstadt«, er »setzt seine Protagonisten diesen Wirkmächten ungeschont aus. Darüber hinaus aber erkennt er – und darin besteht die Eigenart seiner Dialektik der Urbanität – das besondere kommunikative und selbstreflexive Potential der Stadt.«[9]

Hoffmann muss schon sehr früh in seinem Leben die Erfahrung von Trennung, Verlust und Tod machen. Er ist der jüngste von drei Brüdern. Der 1773 geborene Bruder stirbt schon als Kind. Seine Eltern trennen sich kurz nach seiner Geburt 1776, seinen Vater wird er nie näher kennenlernen. Dieser verlässt die Familie und nimmt den ältesten Sohn mit sich. Auch zu diesem Bruder findet Hoffmann keine Beziehung. Die sehr labile Mutter zieht mit ihrem jüngsten Sohn zurück in ihr Königsberger Elternhaus, die Großmutter, eine außerordentlich dominante Person, ist inzwischen verwitwet. Die ungeliebte, psychisch gefährdete Mutter ist kaum in der Lage, dem Sohn Halt zu geben. Noch weniger ist dies der im Hause lebende unverheiratete Onkel, ein wegen beruflicher Unfähigkeit frühpensionierter Justizrat. Etwas Verständnis findet das Kind bei einer ebenfalls unverheirateten Tante, die auch zum Haushalt gehört. Der Knabe wächst also ohne Vater, ohne Geschwister, umgeben von einer kranken Mutter und hoch komplizierten Verwandten auf. Er ist schutzlos und sehr einsam. 1796 stirbt seine Mutter, ein Jahr später der ihm unbekannte Vater.

Eine intensive Freundschaft verbindet ihn seit seinem zehnten Lebensjahr mit dem gleichaltrigen Theodor Gottlieb von Hippel (1775–1843). In einem Brief an ihn vom Frühjahr 1803[10] schreibt Hoffmann von »jener bizarren Einsamkeit« seiner Kindheit und Jugend, von Verhältnissen, die ihm »einen guten Teil der Ruhe für lange Zeit gekostet« hätten. »In meiner ersten Erziehung, zwischen den vier Mauern mir selbst überlassen, liegt der Keim mancher von mir hinterher begangenen Torheit.«[11] Immer wieder spricht Hoffmann im Hinblick auf Hippel von »der Harmonie beider Seelen«,[12] am 24. Februar 1795 schreibt er ihm: »Bester, daß Du mir mehr am Herzen liegst, als alles übrige in der Welt, daß ich alles aufopfern möchte um Dir zu folgen, um mit Dir zusammen den ganzen Umfang des beseeligenden Glücks der Freundschaft genießen zu können, denn sage ich Dir eine heilige unzählbar oft empfundene, durch keine unedle Einwirkung entweihte Wahrheit – Wir sind für einander geboren – Laß uns auch das Schicksal auseinander reißen, unsre Herzen trennen sich nie.« Beide bleiben tatsächlich ein Leben lang freundschaftlich verbunden, immer wieder wird Hippel den Freund materiell unterstützen oder ihm in schwierigen Situationen zur Seite stehen.

Die Leiderfahrungen der Kindheit und Jugend führen zu einer sehr frühen Selbständigkeit. Bereits mit 16 Jahren immatrikuliert Hoffmann sich an der Universität seiner Heimatstadt Königsberg für das Jurastudium. Obwohl Kant zu dieser Zeit an der Universität lehrt, hat er auf Hoffmann keinen benennbaren Einfluss. Der junge Student ist offensichtlich begabt, er arbeitet erfolgreich, aber ohne Freude. »Das Studieren geht langsam und traurig – ich muss mich zwingen ein Jurist zu werden«,[13] schreibt er Hippel, der ebenfalls die Juristenlaufbahn eingeschlagen hat.

Im Juli 1795 legt Hoffmann das erste Staatsexamen ab und beginnt sein Referendariat im Königsberger Obergericht. Schon während des Studiums ist er mit Hingabe seinen ausgeprägten künstlerischen Neigungen nachgegangen. Die Musik rettet ihn über Krisen hinweg. »Ich müßte verzweifeln ohne mein Pianoforte, dies schafft mir mitten in dem Sturm von tausend quälenden Gefühlen noch Trost.«[14] Er spielt nicht nur Klavier, sondern lässt sich auch von dem Königsberger Dom-Organisten Christian Podbielski (1741–1792) an der Orgel ausbilden. Er schafft seine ersten eigenen Kompositionen, leider sind sie nicht erhalten. Parallel dazu macht er eine Ausbildung als Maler und Zeichner.

In dieser Zeit beginnt Hoffmann auch zu schreiben. 1795/96 entstehen zwei Romane, auch sie sind nicht erhalten. Seitdem der für ihn so wichtige Freund Hippel seine Ausbildung in Marienwerder (heute Kwidzyn in Polen) fortgesetzt hat, rettet er sich mit seinen vielfältigen Begabungen über die ihn schmerzende Trennung hinweg. »Im Ernste – ich glaube, Du kannst Dir von meinem jetzigen Leben einen nicht so recht eigentlichen Begriff machen. Die Eingezogenheit verbunden mit den glücklichen Stunden der Autorschaft fängt an für mich Reiz zu haben. Wenn ich dann des Abends sitze, mein Werk vor mir, und wenn meine Fantasie tausend Ideen vervielfältigt, die sich in mein[em] Gehirn erzeugen – dann verliere ich mich so ganz in diese neu erschaffne Welt, und vergesse darüber alles bittre der Gegenwart«,[15] schreibt Hoffmann dem »einzigen teuren« Freund am 25. Oktober 1795 aus Königsberg.

Ende 1795 gesteht er Hippel in einem ausführlichen Brief die seit 1792 andauernde leidenschaftliche Beziehung zu einer zehn Jahre älteren verheirateten Frau. Die kunstsinnige Dora Hatt (1766–1804) ist seine Klavierschülerin, Mutter von fünf, bald sechs Kindern. Der Freund rät von der Beziehung ab; zu Recht – nach Bekanntwerden der Affäre und einem Streit mit dem Ehemann lässt Hoffmann sich im Sommer 1796 in die Oberamtsregierung im schlesischen Glogau versetzen. Hier kann er bei seinem Patenonkel, dem Regierungsrat Johann Ludwig Doerffer (1743–1803), wohnen. Am 20. Juni 1798 besteht er sein zweites juristisches Examen, wie auch das erste mit Auszeichnung. Er ist dadurch in der Lage, sich den Ort des Referendariats selbst auszusuchen. Hoffmann will nach Berlin. Am 29. Juli 1798 schreibt er an Friedrich Wilhelm III. und bittet den König, ihn »von der hiesigen OberAmtsRegierung an Höchstdero KammerGericht zu Berlin als Referendarius allergnädigst zu versetzen, und dieserhalb das erforderliche an das letztere Collegium zu erlassen«. Er verlobt sich mit seiner Cousine Wilhelmine Konstantine (Minna) Doerffer (1775–1853). Im Herbst des gleichen Jahres, Hoffmann ist jetzt 22 Jahre alt, bekommt er die gewünschte Stelle als Referendar am Kammergericht. Ab 29. August 1798 sei er in Berlin, teilt er Hippel mit. »Auf das BriefCouvert setze *abzugeben in der ChurStraße im Hause der Madame Patté*, so wird mich kein Brief verfehlen, denn da werd' ich wohnen.«[16] Eine derartige Adressierung war damals üblich, denn erst 1799 wurden die Gebäude in den Straßen Berlins mit Hausnummern versehen. Nach Madrid (1750), London (1765) und Paris (1779) war die preußische Residenzstadt eine der letzten europäischen Großstädte, die die Hausnummernvergabe einführte. Im Juli 1799 teilt Hoffmann Hippel seinen Umzug mit. »Damit Du mich in Berlin gleich auffindest, so sage ich Dir, daß ich in die Leipziger Straße zwischen der MarkGrafen und Jerusalemer Straße im Brandtschen Hause bei meinem Onkel wohne. Das Brandtsche Haus ist dem allgemein bekannten großen Henchelainschen Hause gegenüber, [...] ich wohne eine Treppe hoch in der bel étage.«[17]

Obwohl Hoffmann weiter schreibt, malt und zeichnet, steht noch immer die Musik im Mittelpunkt seines Interesses. Hippel, der sich selbst als Juristen sieht, bezeichnet Hoffmann sogar als Musiker.[18] In Berlin nimmt er Kompositionsunterricht bei Johann Friedrich Reichardt, der wie er aus Königsberg stammt und sich immer wieder in Berlin aufhält. Wenngleich ihn das reiche kulturelle Angebot Berlins fasziniert, so muss er sich doch an das großstädtische Leben erst gewöhnen. »Hier war mir nun alles neu – eine andere Welt umgab mich, – ich war nicht Herr meiner Zeit.« Aber er fügt hinzu: »Ist es irgend möglich zu machen, so bleibe ich hier in Berlin.«[19] Nach 1797, in den ersten Jahren der Regentschaft Friedrich Wilhelms III. und der schönen und vom Volk geliebten Königin Luise, ist das Berliner Kultur- und Geistesleben außerordentlich attraktiv. Hoffmann würde auch Hippel gerne nach Berlin holen und empfiehlt ihm die Stadt als einen »Ort, der gerade für uns äußerst interessant ist. In den schönen Künsten ist man hier wirklich sehr weit, der gute gebildete Geschmack zeigt sich in den öffentlichen Vergnügungen. Du kannst Dir z. B. keine Vorstellung von der großen italiänischen Oper machen – Der Zauber der Meisterstücke Verona's – die himmlische Musik – alles vereinigt sich zu einem schönen Ganzen, das auf Dich gewiß seine Wirkung nicht verfehlen würde.«[20] Ende des Jahres 1798 beginnt Hoffmann mit der Komposition seiner ersten Oper, dem Singspiel Die Maske, das er im März 1799 abschließt. Im gleichen Jahr schickt er die handgeschriebene dreibändige Partitur an die Königin Luise von Preußen. Der Hof rät ihm, sich an den Generaldirektor Iffland persönlich zu wenden.

In einem mehrseitigen Schreiben vom 4. Januar 1800 bittet Hoffmann, sich auf den Hof und den Rat kundiger Freunde berufend, den »Ew. WohlGeborenen Herrn Direktor« so höflich wie auch inständig, seinem »Werke Aufmerksamkeit zu schenken« und sein Singspiel aufzuführen.[21] Iffland schenkte keine Aufmerksamkeit, das Werk wurde zu seinen Lebzeiten nicht inszeniert. Der Textband und die Partitur, deren Einband Hoffmann selbst bemalt hat, befinden sich heute im Hoffmann-Archiv der Berliner Staatsbibliothek.

Seit frühester Jugend hat Hoffmann mit einer schwachen Konstitution und gesundheitlichen Problemen zu kämpfen, er nennt es sein »physisches Übel«. Dieses besteht vor allem aus »Migräne« und »Unwohlheit«, Hoffmann ist häufig krank, er glaubt, einen »KünstlerKörper« zu haben, der nicht mehr lange mitspiele. Er berichtet Hippel von Wunden, die immer wieder aufreißen, er hält sie für unheilbar.[22] Am 6. Oktober 1800 berichtet er Hippel: »Ich leide an einer Verhärtung der Leber und habe, ein Feind aller Arzenei und aller Doktoren, einen Arzt annehmen müssen, der mir wieder auf die Beine helfen will.«[23] Nicht ganz unschuldig an dieser Malaise sind sicher auch die vielen feuchtfröhlichen Nächte, in denen er intensiv dem Alkohol zuspricht. Er kennt und akzeptiert seine dunklen Seiten und beichtet sie Hippel. »Ein Kampf von Gefühlen, Vorsätzen pp, die sich gerade zu widersprachen, tobte schon seit ein paar Monaten in meinem Innern – ich wollte mich betäuben, und wurde das, was SchulRektoren, Prediger, Onkels und Tanten liederlich nennen. – Du weißt, daß Ausschweifungen allemal ihr höchstes Ziel erreichen, wenn man sie aus Grundsatz begeht, und das war denn bei mir der Fall.«[24] Ihm gelingt eine Sublimierung, sogar eine schöpferische Rationalisierung: »Ein reizbares Herz, ein unruhiger Charakter wird uns nie *ganz* glücklich sein lassen, aber unserer Bildung, unserm Streben nach größerer Vollkommenheit wohltätig sein.«[25]

Auch sein drittes juristisches Staatsexamen besteht Hoffmann 1800 mit Auszeichnung.

Sein erster Berlinaufenthalt wird nach nur einem halben Jahr höchst unfreiwillig beendet, weil er als Assessor in das damals zu Preußen gehörende Posen versetzt wird. Zum Jahreswechsel erklingt hier aber eine Komposition von ihm, die *Cantate zur Feier des neuen Jahrhunderts*. Hier lernt er auch seine spätere Frau, Maria Thekla Michalina Rorer-Trzcińska (1778–1859), »Mischa«, kennen, eine Polin aus einfachen Verhältnissen. Er löst seine Verlobung mit der in Berlin gebliebenen Minna Doerffer und heiratet am 26. Juni 1802 seine neue Liebe. 20 Jahre, bis zu seinem Tod, wird sie ihm eine bis zur Selbstverleugnung aufopfersvolle, treue, bescheidene und sich mit allem Gegebenen abfindende Frau sein.[26] In Hoffmanns autobiographischen Werken, seinen Briefen oder literarischen Werken wird sie so gut wie nicht präsent sein. 1805 bringt sie Hoffmann eine Tochter zur Welt, die den symbolträchtigen Namen Cäcilia erhält in Anspielung auf die heilige Cäcilia von Rom, die Schutzpatronin der Kirchenmusik. Das Kind stirbt schon im zweiten Lebensjahr.

1802 ist er in einen Skandal verwickelt: Bei einem Karnevalsfest hat er mehrere Karikaturen von in Posen bekannten Honoratioren gezeichnet, darunter auch Adlige, und wird daraufhin nach Płock strafversetzt. Diese Verbannung in das kleine polnische Städtchen ist zwar mit einer Beförderung zum Regierungsrat verbunden, dennoch empfindet Hoffmann sie als »Exil, welches mein Selbst zerstört«.[27] Hier hat er immerhin ausreichend Zeit für die Trias seiner Künste: »Meine Musik – mein Malen – meine Autorschaft.«[28] Er weiß aber noch immer nicht, in welchem Bereich seine stärkste Begabung liegt. Jetzt führt er für den Zeitraum vom 1. Oktober 1803 bis zum 10. März 1804 zum ersten Mal Tagebuch, das gesicherte Einblicke in sein inneres und äußeres Leben gewährt, Informationen, die für sein bisheriges Leben ansonsten kaum vorliegen.

1804 wird er in das zu dieser Zeit zu Preußen gehörende Warschau versetzt, die damals nach Berlin zweitgrößte Stadt Preußens. Hier werden in der »Musikalischen Gesellschaft« Werke von Hoffmann aufgeführt, als Dirigent kann er dem Publikum neu entstandene

Kompositionen von Christoph Willibald Gluck (1714–1787), von Mozart und Beethoven vorstellen. Hier schreibt er sein erstes Lustspiel, *Der Preis,* hier komponiert er 1804 das Singspiel *Die lustigen Musikanten* zu Texten von Clemens Brentano. Aufgrund seiner Verehrung für Mozart nennt er sich auf dem Titelblatt dieser Partitur zum ersten Mal Ernst Theodor Amadeus Hoffmann. Wichtig für ihn wird hier vor allem die Begegnung mit dem Juristen, Schriftsteller und Verleger Julius Eduard Itzig, durch den er die wichtigsten Schriften der damaligen Gegenwartsautoren, vor allem der Romantiker, kennenlernt. Itzig entstammt einer der bekanntesten jüdischen Familien Berlins und verfügt über ein weitgespanntes Netz kultureller Beziehungen; später tritt er zum Christentum über und nennt sich ab 1809 Hitzig. Für Hoffmann wird er zu einem vertrauten Freund, und bleibt ihm, ohne je in innere Konkurrenz zu Hippel zu treten, bis zu seinem Tod eng verbunden, er wird später sogar sein erster Biograph.[29]

Auch in Warschau kann Hoffmann nicht lange bleiben. Nach der preußischen Niederlage 1806 in der Schlacht bei Jena und Auerstedt besetzen die napoleonischen Truppen die Stadt, die Verwaltung wird aufgelöst. Auch Hoffmann wird nun stellungslos: Die französischen Besatzer wollten den noch anwesenden Preußen eine Huldigungserklärung an Napoleon aufzwingen, deren Unterzeichnung Hoffmann aber ablehnt. Er ist damit gezwungen, Warschau zu verlassen und sucht ergebnislos Arbeit – seine »Lage ist wirklich ganz verdammt«.[30] Mitte des Jahres 1807 geht er – ohne seine Frau und ohne Geld oder Stellung – zum zweiten Mal nach Berlin, es beginnt die wohl schwerste Zeit seines Lebens. Nach einem Diebstahl im Hotel zum *Goldenen Adler,* der ihn aller seiner Mittel beraubt, bezieht er zunächst eine Wohnung in der Charlottenstraße 42, wenig später in der Friedrichstraße 179, Ecke Taubenstraße. Er lebt in größter Armut und bemüht sich überall, Arbeit zu finden. Lediglich dem treuen Freund Hippel, der ihn finanziell unterstützt, gesteht er seine traurige Lage und wagt auch einmal eine bittere Klage. Er nutzt die unfreiwilligen zeitlichen Freiräume und stürzt sich, wie er Hippel berichtet, »tief, tief in das Studium alter Meisterwerke, von denen ich hier die Partituren auftreiben konnte [...]. Du kannst Dir überhaupt nicht denken, mein einziger Freund, was ich hier in B[erlin] für ein stilles zurückgezogenes Künstlerleben führe. In meinem kleinen Stübchen, umgeben von alten Meistern, Feo, Durante, Händel, Gluck, vergesse ich oft alles, was mich schwer drückt, und nur, wenn ich Morgens wieder aufwache, kommen alle schweren Sorgen wieder.«[31] Er bietet Iffland sein Singspiel an (dieser wird es ablehnen), er besucht den Salon der Sara Levy, um dort Zelter zu treffen[32] in der (vergeblichen) Zuversicht, dass dieser seine Kompositionen aufführt. Er hofft auf Erfolge und setzt darauf, dass er langsam bekannter wird. »Sehen Sie«, schreibt er an Itzig, »daß ich auf gutem Wege bin mit meinen Werken hervorzutreten [...], indessen lasse ich den Mut nicht sinken, und arbeite nur daran mich gegen das Eindringen der ängstlichen Sorgen ums Brod zu waffnen, um nicht die innere Kraft des Geistes, von der mein Leben und Glück abhängt, töten zu lassen.«[33] Am 12. April 1808 schreibt er Hippel über den »harten Druck der Umstände«, dem sein »KünstlerEnthusiasm« versucht standzuhalten. Am 7. Mai 1808 gesteht er ihm: »Alles schlägt mir hier fehl. Weder aus Bamberg, noch aus Zürich, noch aus Posen erhalte ich einen Pfennig; ich arbeite mich müde und matt, setze fast die Gesundheit zu und erwerbe nichts! – Ich mag dir meine Not nicht schildern; sie hat den höchsten Punkt erreicht. – Seit fünf Tagen habe ich nichts gegessen als Brod – so war es noch nie! [...] Ist es dir möglich mir zu helfen, so schicke mir etwa 20 fridr., sonst weiß ich bei Gott nicht, was aus mir werden soll.«[34]

Als alle seine Anstrengungen, Arbeit zu finden, ins Leere gehen, gibt er von Berlin aus im *Allgemeinen Reichs-Anzeiger* Annoncen auf, die nach langwierigen Verhandlungen dazu führen, dass der Direktor des Bamberger Theaters, Reichsgraf Friedrich Julius von Soden (1754–1831), ihm zum 1. September 1808 eine feste Stelle als Kapellmeister und Komponist anbietet. Damit ist sein zweiter Berlinaufenthalt nach gut einem Jahr – und wieder höchst unfreiwillig – beendet. Hoffmann soll eines der Werke von Sodens vertonen; dessen Aufführung scheitert allerdings daran, dass dieser sich im Streit vom Bamberger Theater trennt. Hoffmanns Weiterbeschäftigung ist gefährdet. Auch der neue Leiter Heinrich Cuno (1772–1829) erbittet sich von Hoffmann für zwei seiner Werke die Bühnenmusik. Beide, *Das Gelübte* und *Die Wünsche*, werden am 9. November 1808 aufgeführt. Sechs relativ sichere und ihn gleichwohl deprimierende Jahre wird Hoffmann dem Haus verbunden bleiben. Er wird einige Bühnenwerke komponieren, das 25 Musiker und zwölf Chorsänger starke Orchester dirigieren, er wird Regie führen, Theaterdekorationen malen, Gesangs- und Klavierunterricht geben. Ihm bleibt Zeit für weitere Kompositionen, von denen etwa 20 erhalten sind. Sie werden vereinzelt aufgeführt, aber ohne großen Erfolg.[35] Im Februar 1809 erscheint sein erster literarischer Text *Ritter Gluck. Eine Erinnerung aus dem Jahr 1809* in der *Allgemeinen Musikalischen Zeitung*. Die in Leipzig erscheinende *AMZ* gehört neben der *Neuen Zeitschrift für Musik* zu den bedeutendsten Musikfachblättern des 19. Jahrhunderts. *Ritter Gluck,* Hoffmanns erste herausragende künstlerische Leistung, findet große Anerkennung. Es gelingt ihm daraufhin, in dieser Zeitschrift neu erscheinende Kompositionen zu rezensieren. Berühmt bis heute sind vor allen seine Rezensionen der Fünften Symphonie und der Zwei Klaviertrios op. 70 von Beethoven, dessen Genie Hoffmann als einer der Ersten erkennt und durch herausragende Kritiken feiert und nicht nur in Deutschland bekannt macht. Nach seinen ersten Erfolgen bietet er der *AMZ* weitere Erzählungen an, in denen jeweils ein Kapellmeister namens Johannes Kreisler im Mittelpunkt steht. Eigene Erfahrungen in Bamberg verarbeitet Hoffmann mit poetischer Sensibilität und hintergründiger Fantastik. Er beschreibt einen Künstler, der an einer Gesellschaft leidet, die Musik nicht wie er als Kunst betrachtet, sondern bestenfalls als Unterhaltung.[36] Er analysiert den Mechanismus, dass das Unverständnis der Gesellschaft den Kunstschaffenden zum Außenseiter werden lässt. Die Konflikte, die aus mangelnder Resonanz entstehen, führen zu dem Bild des exzentrischen oder gar als wahnsinnig wahrgenommenen Künstlers. Implizit enthält diese Künstlerthematik eine scharfe Kri-

tik an einer provinziellen, in der Etikette erstarrten Gesellschaft.
Das Thema der philisterhaften Umwelt handelt Hoffmann auch in
mehreren literarischen Texten ab, am nachdrücklichsten in *Klein
Zaches, genannt Zinnober* aus dem Jahr 1819. Hier zeigt sich genau
der an Konflikten reiche Reflexionsrahmen, in dem er zeit seines
Lebens steht.

Ein weiteres für Hoffmann wichtiges Thema sind psychische Er-
krankungen, vor allem der Wahnsinn, zudem beschäftigt er sich
mit den Methoden des animalischen Magnetismus. Sein Wissen
erwirbt er durch intensive Lektüre und durch Besuche in der Ir-
renanstalt St. Getreu in Bamberg, die geleitet wird durch den ihm
gut bekannten Arzt Adalbert Friedrich Marcus (1753–1816). In der
Leihbibliothek des Bamberger Weinhändlers Carl Friedrich Kunz
(1785–1849) findet er umfangreiche wissenschaftliche Standard-
werke, Fachliteratur und Fallbeispiele als inspirierende Quellen für
spätere Werke. Kunz ist ihm zudem ein wichtiger Zechkumpan bei
seinen regelmäßigen Besuchen in einer Alt-Bamberger Weinstube.
Alkohol wird Hoffmanns ständiger Begleiter, davon berichten auch
seine Tagebücher, in denen kein Zeichen so häufig vorkommt, wie
der – manchmal sogar geflügelte – Kelch.[37] Kunz, der 1813 einen
eigenen Verlag gründet, wird Hoffmann später dazu gewinnen,
mehrere bereits erschienene Texte zur Musik zu einem Band zu-
sammenzufassen und diesen 1814 unter dem Titel *Fantasiestücke in
Callot's Manier* zu veröffentlichen.

1811 verliebt Hoffmann sich in seine 13 Jahre alte Klavierschülerin Julia Mark (1796–1864). 1812 endet die heftige Schwärmerei des zwanzig Jahre Älteren in einem Eklat. Hoffmann gerät in
einen Streit mit dem von Julia Marks Familie vorgesehenen Verlobten. Dieser, in betrunkenem Zustand, wird von Hoffmann be-
schimpft. Die Affäre ist nun nicht mehr zu verbergen und Hoffmann bekommt von Julias Mutter Hausverbot. Da sich auch die
Bamberger Gesellschaft mit Kritik und Häme daran beteiligt, sucht
Hoffmann nach einer Gelegenheit, die Stadt zu verlassen.

Auf Einladung des Schauspielers Joseph Seconda (1761–1820)

geht er ab Mai 1813 gemeinsam mit seiner Frau nach Sachsen und ist dort als Musikdirektor für dessen reisende Theatertruppe tätig, abwechselnd in Leipzig und in Dresden. Hoffmann gerät dadurch in das Zentrum des Kriegsgeschehens der Befreiungskriege, er wird Zeitzeuge des ungeheuren Elends der Völkerschlacht bei Leipzig im Oktober 1813. Trotz der Kriegswirren und der schwierigen Nachkriegszeit ist Hoffmann als Musikdirektor aktiv tätig, er schreibt weitere Beiträge für die *Fantasiestücke*, darunter das Märchen *Der goldene Topf*, er schreibt einen Entwurf für den Roman *Die Elixiere des Teufels*. Und er arbeitet weiter an seiner Oper *Undine*, zu der ihm der mit ihm befreundete Friedrich de la Motte Fouqué nach seiner berühmten gleichnamigen Erzählung selbst das Libretto geschrieben hat. Als es zu immer heftiger werdenden Konflikten zwischen Hoffmann und Seconda kommt, kündigt ihm dieser im Februar 1814 die Stelle. Da Hoffmann keine finanziellen Ressourcen hat, stürzt diese Entscheidung ihn und seine Frau erneut in die Armut. In dem Fragment gebliebenen Text *Blandina* hat Hoffmann die dramatischen Konstellationen verarbeitet und ein Porträt Secondas entworfen.

In Dresden trifft Hoffmann den inzwischen zum Staatsrat avancierten Freund Theodor Gottlieb Hippel wieder. Dieser kann aufgrund seiner engen Kontakte zu Staatskanzler von Hardenberg die Rückkehr Hoffmanns in den preußischen Staatsdienst befördern. Der Zeitpunkt ist günstig, denn das Justizministerium soll nach dem Ende der napoleonischen Herrschaft wieder aufgebaut werden. Natürlich will Hoffmann nach Berlin zurück und dem unsicheren, entbehrungsvollen und krisenreichen Leben der letzten Jahre entfliehen. Dennoch bedeutet diese Entscheidung für ihn auch den Abschied von seinem Leben als freier Künstler.

Im September 1814 zieht Hoffmann gemeinsam mit seiner Frau erneut in die preußische Hauptstadt. Hier wird er, abgesehen von kleinen Reisen, bis zu seinem Tod 1822 leben. Mittlerweile ist er für eine breitere Öffentlichkeit kein Unbekannter mehr. In den nun folgenden Berliner Jahren wird er die Werke schaffen, die ihn weltberühmt machen.

Das Ehepaar steigt zunächst wie schon 1807 im *Goldenen Adler* am Dönhoffschen Platz ab, um von hier aus eine Wohnung zu suchen. Die in der Sammlung *Fantasiestücke in Callots Manier*[38] erschienene Erzählung *Die Abenteuer der Silvesternacht* gehört zu den Berlinischen Geschichten. Zu Beginn des dritten Abschnittes widmet Hoffmann dem Wirt des *Goldenen Adlers* ein Porträt. »Herr Mathieu ist mein Freund und sein Türsteher ein wachsamer Mann. Der macht mir gleich auf, als ich im goldenen Adler an der Hausklingel zog. Ich erklärte, wie ich mich aus einer Gesellschaft fortgeschlichen ohne Hut und Mantel, im letztern stecke aber mein Hausschlüssel, und die taube Aufwärterin herauszupochen, sei unmöglich.«[39] Im ersten und zweiten Abschnitt gerät die Ich-Figur, ein »reisender Enthusiast«, an einem Silvesterabend in eine Berliner Gesellschaft; durch einen »wunderbaren Zufall« entdeckt er unter den geladenen Gästen seine frühere Geliebte Julia. Als sie sich als Trugbild des Teufels erweist, ergreift der reisende Enthusiast entsetzt die Flucht. Er rennt »über die Opernbrücke, bei dem Schlosse vorbei [...], über die Schleusenbrücke bei der Münze vorüber.«[40] In der Jägerstraße landet er in einer Kellerkneipe, denn ihn dürstet »nach einem tüchtigen Schluck starken Getränkes«. Hier begegnen ihm sonderbare Gestalten, insbesondere Peter Schlemihl. Im Morgengrauen bricht er auf und findet ein Zimmer im *Goldenen Adler*. Dort muss er sich aber mit dem im Bett liegenden »Kleinen«, der sein Spiegelbild verkauft hat, und »tollem Spuk« auseinandersetzen. Auch »Julia«, die »auf ewig verlorne Liebe«, erscheint ihm hier. Im vierten Abschnitt wird die »Geschichte vom verlornen Spiegelbild« erzählt. Hoffmann hat sich anregen lassen von Chamissos gerade erschienener Erzählung *Peter Schlemihls wundersame Geschichte,* in der die Titelfigur ihren Schatten an den Teufel verkauft. In seiner Erzählung vom verlorenen Spiegelbild verleiht Hoffmann der Schlemihl-Figur unverkennbar Züge des mit ihm befreundeten Chamisso. Das zentrale Spiegelmotiv ist hier nicht nur das die verschiedenen Erzählstränge verbindende erzählerische Mittel, es weist auch autobiographische Elemente der Selbstreflexion auf.

Als Auftakt zum kulturellen Großstadtleben wird Hoffmann schon wenige Tage nach seiner Ankunft in Berlin von Hitzig zu einem Festessen geladen, das dieser zu Ehren des Freundes gibt. Hier trifft er die Freunde Adelbert von Chamisso, Ludwig Tieck, Friedrich de la Motte Fouqué, er lernt den Schriftsteller und Sprachforscher August Ferdinand Bernhardi kennen. Am 4. Oktober 1807 zieht das Ehepaar in die nahe dem Gendarmenmarkt gelegene Französische Straße 28, wo beide bis Juni 1815 wohnen. Ab 1. Oktober erhält Hoffmann eine Anstellung als Expedient im Justizministerium, zunächst für ein halbes Jahr und ohne Honorar. »Nun arbeite ich schon über ein halbes Jahr bei dem KammerGericht ohne die mindeste Vergütung, und Du kannst [Dir] denken, wie schwer es mir wird, mich in dem teuern Berlin durchzubringen«,[41] klagt er dem Freund Hippel am 12. März 1815. Eine bezahlte Anstellung an dem ihm bereits bekannten Königlichen Kammergericht erhält Hoffmann erst am 1. Mai 1816. Er wird zum Kammergerichtsrat befördert und als Mitglied des Kriminalsenats berufen. Ihm wird ein stattliches Jahresgehalt von 1000 Reichstalern bewilligt, das 1819 auf 1300, 1820 auf 1600 Reichstaler angehoben wird.[42] Am 1. Juli 1815 zieht Hoffmann mit seiner Frau (diesmal endgültig) in eine geräumige Wohnung in der Taubenstraße 31, Ecke Charlottenstraße. Finanziell möglich wird dies aufgrund eines großzügigen Honorars, das der Verlag Duncker & Humblot ihm für seinen Roman *Die Elixiere des Teufels* zahlt. Der jährliche Mietpreis für diese Vier-Zimmer-Wohnung in der zweiten Etage beträgt 152 Reichstaler und 16 Groschen,[43] sie liegt in der vornehmen Friedrichstadt, unmittelbar am Gendarmenmarkt, in bester Lage also. Hier wohnt die kulturelle großstädtische Elite, Schauspieler, Schriftsteller, Musiker und bildende Künstler, hier öffnen die berühmten Berliner Salons ihre Räume für den intellektuellen Austausch.

Über die Lage und den Grundriss von Hoffmanns Wohnung in der Taubenstraße 31 mit Blick auf den Gendarmenmarkt und über seine neue Nachbarschaft wissen wir gut Bescheid, weil der Autor für seinen Bamberger Verleger Carl Friedrich Kunz am 18. Juli 1815 eine großformatige Zeichnung aller Räumlichkeiten und der unmittelbaren Umgebung angefertigt hat. In humoristischer Form und mit großem zeichnerischem Geschick veranschaulicht Hoffmann hier auf kleinstem Raum Ort, Personen und Ereignisse seiner neuen Lebenswelt.[44] Am gleichen Tag berichtet er, daß »der Aufenthalt in Berlin an Interesse mehr und mehr gewinnt. In so fern doch die Hauptstadt der Brennpunkt des Staats bleibt, kann es nicht fehlen, daß man wohl gewahr wird, wie diese seltene Kraft, die durchdringende Intelligenz, welche in der neuesten Zeit beinahe fabelhaft von Preußen aus gewirkt hat von hier aus ihre entzündenden Strahlen schießt.«[45]

Auch in einer der letzten Berlinischen Geschichten, in *Des Vetters Eckfenster*, stellt Hoffmann seine Wohnung vor: »Es ist nicht nötig zu sagen, daß mein Vetter ziemlich hoch in kleinen niedrigen Zimmern wohnt. Das ist nun Schriftsteller- und Dichter-Sitte. Was tut die niedrige Stubendecke? [...] Dabei liegt aber meines Vetters Logis in dem schönsten Teile der Hauptstadt, nämlich auf dem großen Markte, der von Prachtgebäuden umschlossen ist, und in dessen Mitte das kolossal und genial gedachte Theatergebäude prangt. Es ist ein Eckhaus, was mein Vetter bewohnt, und aus dem Fenster eines kleinen Kabinets übersieht er mit einem Blick das ganze Panorama des grandiosen Platzes.«[46]

Eines dieser »Prachtgebäude« auf dem Gendarmenmarkt ist das Königliche Schauspielhaus. Hoffmann kann dessen Generalintendanten, Carl Reichsgraf von Brühl, den Nachfolger Ifflands, gewinnen, seine Oper *Undine* nach dem Libretto von Friedrich de la Motte Fouqué aufzuführen. Am 3. August 1816, dem Geburtstag Friedrich Wilhelms III., findet die aufsehenerregende Uraufführung in Anwesenheit des Königs statt. Für die Gestaltung der Bühnenbilder konnte Hoffmann den von ihm hochgeschätzten Karl Friedrich Schinkel gewinnen.[47] Am 30. August 1816 schreibt er voller Stolz an Hippel: »Mein Undinchen wurde in einem Zeitraum von vierthalb Wochen gestern zum sechstenmal bei überfülltem Hause gegeben. Die Oper hat ein allgemeines Gären und Brausen und endloses Geschwätz verursacht, welches lediglich dem

Dichter zuzuschreiben ist, der die Opposition sämtlicher Philister wider sich hat. Dem einen ist der Text zu mystisch, dem anderen zu fromm. – Der dritte tadelt die Verse, alle rühmen die Musik und – die Dekorationen, die aber auch das genialste der Art sind, die ich jemals gesehen.«[48]

Die Oper wird dreizehn Mal vor vollem Haus und jeweils mit großem Erfolg gegeben. Doch am 29. Juli 1817 geschieht das Unfassbare: Das Nationaltheater wird durch ein Feuer bis auf die Grundmauern zerstört. Mehr noch: Der Brand verhindert nicht nur weitere Aufführungen, er gefährdet auch Hoffmann selbst. In einem Brief vom 15. Dezember 1817 hat er später anschaulich darüber berichtet: »Das Dach des Hauses, in dem ich im zweiten Stock wohne, [...] brannte bereits von der entsetzlichen Glut, die das ungeheure, brennende Bohlendach des Theaters verbreitete, und nur der Gewalt von drei wohldirigierten Schlauchspritzen gelang es, das Feuer zu löschen und das Haus sowie wohl das ganze Viertel zu retten. Ich saß gerade am Schreibtisch, als meine Frau aus dem Eckkabinett etwas erblaßt eintrat und sagte: ›Mein Gott, das Theater brennt!‹ – Weder sie noch ich verloren indessen nur eine Sekunde den Kopf. Als Feuerarbeiter, zu denen sich Freunde gesellt hatten, an meine Türe schlugen, hatten wir mit Hülfe der Köchin schon Gardinen, Betten und die mehrsten Meubles in die hinteren, der Gefahr weniger ausgesetzten Zimmer getragen, wo sie stehenblieben, da ich nur im letzten Moment alles heraustragen lassen wollte. In den vorderen Zimmern sprangen nachher sämtliche Fensterscheiben, und die Ölfarbe an den Fensterrahmen und Türen tröpfelte von der Hitze herab. Nur beständiges Gießen bewirkte, daß das Holzwerk nicht vom Feuer anging. – Meinen Nachbarn, die zu eilig forttragen ließen, wurde vieles verdorben und gestohlen, mir gar nichts.«[49]

Fast alle Bühnenbilder und Dekorationen von Schinkel zu Hoffmanns Oper *Undine* sind beim Brand vernichtet worden. Im Kupferstichkabinett zu Berlin werden die heute noch vorhandenen Entwürfe aufbewahrt sowie zahlreiche Rezensionstexte, die zusammen mit den ausführlichen Szenenanweisungen auch Aufschluss über den Einsatz der Bühnertechnik geben. Die erhaltenen Autographe zu *Undine* liegen in der Staatsbibliothek zu Berlin.

1817 erscheint ein weiteres Stück Großstadtliteratur aus der Feder Hoffmanns, die Erzählung *Das öde Haus*, und zwar im Teil 2 der *Nachtstücke*. Den *Nachtstücken* gelingt es zunächst nicht, den Erfolg der *Fantasiestücke* zu wiederholen. Das Licht (les Lumières, the Enlightenment) symbolisiert in den europäischen Sprachen die Aufklärung, dem setzt Hoffmann, ähnlich wie Novalis in seinen *Hymnen an die Nacht*, die Nacht als Handlungszeit entgegen. Hoffmann hat ein deutliches Interesse daran, auch die nicht ausgeleuchteten Seiten der menschlichen Existenz, die jenseits der Vernunft gelegenen Nacht- und Schattenseiten, zu gestalten. Auch wenn er selbst *Das öde Haus* nicht sehr schätzte[50], ist der Text noch heute hochinteressant.

Kaum verschlüsselt spielt die Novelle *Das öde Haus* in Berlin (***n heißt die Stadt der Erzählung[51]), und dort auf der glanzvollen Hauptstraße Unter den Linden, die »nach dem ***ger Tore führt«, also dem Brandenburger Tor. Der fokussierte Blick richtet sich dann aber auf eine gänzlich unscheinbare Stelle inmitten von Prunk und Luxus. Der Erzähler, ein Flaneur, berichtet von einem Haus, »das auf ganz wunderliche seltsame Weise von allen übrigen abstach«. Alt und verfallen steht es da, in seiner »öden« Anmutung bildet es einen deutlichen Kontrast zu den »mit geschmackvollem Luxus ausstaffierten Prachtgebäuden«. Dieses Haus hat es tatsächlich gegeben. Es stand auf der südlichen Seite der Prachtstraße Unter den Linden und hatte zur damaligen Zeit die Hausnummer 9. Es wurde im Zuge der Umgestaltung der Linden durch Schinkel 1824 abgerissen.[52] Heute befindet sich an diesem Ort die Russische Botschaft. Erwähnung findet auch die Konditorei Fuchs, Unter den Linden 8, die direkt neben dem »öden Haus« lag und deren elegante Inneneinrichtung teilweise noch von Schinkel stammte. Der Dichter Heinrich Heine beschreibt sie 1822 in seinen *Briefen aus Berlin:* »Das große Haus links ist die Konditorei von Fuchs. Wunderschön ist dort alles dekoriert, überall Spiegel, Blumen, Marzipanfiguren,

Vergoldungen, kurz die ausgezeichnetste Eleganz. Aber alles, was man dort genießt, ist am schlechtesten und teuersten in Berlin. Unter den Konditorwaren ist wenig Auswahl, und das meiste ist alt. Ein paar alte, verschimmelte Zeitschriften liegen auf dem Tische. Und das lange aufwartende Fräulein ist nicht mal hübsch.«[53] Hoffmann liebte vor allem die Weihnachtsausstellungen der Konditorei Fuchs, er erwähnt sie in *Die Abenteuer der Silvesternacht*.

Der Erzähler ist überzeugt, dass das »öde Haus« »ganz unbewohnt sein müsse, da ich niemals, niemals, so oft und zu welcher Tageszeit ich auch vorübergehen mochte, auch nur die Spur eines menschlichen Wesens darin wahrnahm«. Dennoch übt dieses Haus eine magische Anziehung auf ihn aus. So wie der sensible Nathanael sich in der Erzählung *Der Sandmann* feindlichen Mächten ausgeliefert sieht, die in dem Sandmann verkörpert sind, so hält Theodor an diesem verlassenen Haus fest. Mit einem Taschenspiegel scheint es ihm zu gelingen, »ein wundervolles Mädchen« wahrzunehmen, das in Wirklichkeit aber nur ein Porträt ist. Dem Erzähler wird geraten, »sich doch vor Taschenspiegeln in Acht [zu nehmen], die so hässlich lügen«. Der sich ins Wahnhafte steigernde Zustand des Erzählers hält aber an. »Da ich von einem *Seelen*zustande rede, der mich hätte ins Verderben stürzen können, so ist für euch, ihr Ungläubigen, da nichts zu belächeln und zu bespötteln, hört und fühlt mit mir, was ich ausgestanden.« Die Ursprünge dieses Wahns lässt Hoffmann, der selbst nie unter Psychosen zu leiden hatte, offen. Dennoch wird seine Auseinandersetzung mit der zeitgenössischen Psychiatrie hier explizit deutlich durch die mehrfache Erwähnung von Fachliteratur. Dieser Wahn, der den Erzähler am hellen Mittag, »viel stärker aber Nachts um zwölf Uhr« quält, wird erst geheilt, als er den Arzt Dr. K.[54] aufsucht und diesem den Taschenspiegel übergibt. Auch die alltägliche Zugehörigkeit zu einem Kreis gleichgesinnter Künstler und Intellektueller gibt dem Erzähler Halt. Obwohl Hoffmann sie nur selten frequentierte, waren die Salons und Gesprächskreise in Berlin um 1800 wichtige Orte der Begegnung und der Selbstvergewisserung.[55]

Ein inhaltlicher Zugang zu der Erzählung *Das öde Haus* ist aus verschiedenen Perspektiven möglich. Wenn der Erzähler feststellt: »Ein Zufall weckte alles, was eingeschlummert, wieder auf«, dann geht es hier um das Verhältnis von Innenwelt und Außenwelt, von Selbst- und Fremdwahrnehmung. Der die Normalität sprengenden Einbildungskraft gibt Hoffmann großen Raum. Es lassen sich thematische Parallelen zu *Der Sandmann* und zu *Das Fräulein von Scuderi* erkennen bei der Frage nach dem Verhältnis von romantischer Subjektivität und realer Welt oder von Krankheit/Wahn zu Gesundheit/Realität; der Künstler, der Bürger als Philister, der Wahnsinnige, der Doppelgänger sind wiederkehrende Motive im erzählerischen und auch im zeichnerischen Werk von Hoffmann. Die Fantasie, die die Gesetze von Welt und Realität außer Kraft setzt, ist gleichsam die Schatzkammer seiner kreativen Energien. Die Verzerrung der realen Welt ins Fantastische oder in die Groteske, die ironische Brechung einer Stimmung, einer Situation sind wichtige Stilmittel Hoffmanns. Hier interessiert vor allem, welchen Blick der Autor auf den großstädtischen Raum wirft.

Hoffmann thematisiert in *Das öde Haus* das facettenreiche Leben in der Großstadt mit seiner permanenten und oftmals irritierenden Vielfalt. Die Diversität der auf den Menschen einwirkenden Reize, das auf vielen Ebenen vorhandene Überangebot können zu einer Bedrohung werden, sie können sich zum Wahn steigern. Was sich dem einen als Faszination großstädtischer Vielfalt darbietet, kann bei dem anderen zu Überforderung oder Orientierungslosigkeit, zu Angst, Lähmung, zu dem Gefühl der Verlorenheit oder sogar zu Ich-Verlust führen. Diese Widersprüchlichkeit des modernen Lebensgefühls hat kein deutscher, auch kein ausländischer Autor, so früh und so prägnant literarisch fruchtbar gemacht wie Hoffmann. Er beschreibt nicht nur die eleganten Fassaden des Prachtboulevards, sondern auch die dahinterliegenden dunklen Ecken.

Auch die 1817 entstandene und 1819 im ersten Band der *Serapionsbrüder* veröffentlichte Erzählung *Ein Fragment aus dem Leben dreier Freunde* ist in Berlin entstanden, auch hier ist Berlin der Handlungsort. So wie Hoffmann in *Die Brautwahl* das aufstrebende Bürgertum parodiert, kommt in dieser Erzählung in fast heiterer Form die Liebe auf den Prüfstand. Hoffmann erzählt einen Ausschnitt aus dem Leben von drei sehr unterschiedlichen Freunden. Sie treffen sich am Pfingstmontag in den Weberschen Zelten, einem berühmten Ausflugslokal im Tiergarten.[56] Hier, am Ufer der Spree, versammeln sich die verschiedensten Vertreter der Berliner Gesellschaft. Gleich zu Beginn der Erzählung findet Kleists Novelle *Das Bettelweib von Locarno* Erwähnung. Hoffmann, der die Erzählungen des Dichters kennt und *Das Bettelweib von Locarno* für ein Meisterwerk hält, gehört zu den frühesten und lebhaftesten Bewunderern von Kleist.[57] Der durch Erbe zu Wohlstand gekommene Alexander und die Soldaten Marzell und Severin beraten mit unterschiedlichen Positionen die Chancen, Glück in der Liebe zu finden. Zwei Jahre später treffen sie sich wieder im gleichen Lokal an der Spree. Alle drei haben sich in die gleiche Frau verliebt. Alexander, der Philister unter den dreien, hat sie als sein »liebes Weiblein« nach Hause geführt. Am Schluss bleibt die Frage offen, wer mehr Glück hat: die zwei abgewiesenen Freier oder der Ehemann. Kann die schwärmerisch gepriesene Liebe in der bürgerlichen Ehe Bestand haben?

1818/19 entsteht die Erzählung *Die Brautwahl*, auch sie eine Berlinische Geschichte, die historische Stadtkulisse ist bis heute erkennbar. Wir hören das Läuten der Turmglocken der *Marien- und der Nikolaikirche*, wir laufen die *Spandauerstraße* entlang oder die *Königsstraße* (heute Rathausstraße), wir sehen das alte *Rathaus*, den *Rathaus-Turm*, lernen ein Weinstübchen auf dem *Alexanderplatz* kennen, hören von der *Akademie der Künste* und ihren damals berühmten Jahresausstellungen, vom *Schloss*, vom *Köpenicker Tor*, vom *Neumarkt* vor der Marienkirche. Es wird der Kaffeegarten *Hofjäger im Tiergarten* erwähnt, der Namensgeber der heutigen Hofjägerallee, und natürlich der *Tiergarten* selbst. Albertine, die weibliche Hauptfigur, singt in der *Zelterschen Akademie* (die Sing-Akademie zu Berlin erhält erst 1825 ein eigenes Haus, sie tagt bis dahin im Akademiegebäude), zwei männliche Figuren waren auf der *Schule zum Grauen Kloster.* Wir sehen das von Andreas Schlüter geschaffene Reiterstandbild des Großen Kurfürsten (es stand von 1703 bis 1945 auf der Langen Brücke neben dem Schloss, seit 1952 ist es im Ehrenhof des Schlosses Charlottenburg aufgestellt und als Kopie auf dem originalen Sockel im Foyer des Bode-Museums).

An dieser Erzählung entzündet sich bis heute immer wieder die Frage, ob Hoffmann sich hier antisemitischer Klischees bedient hat.[58] *Die Brautwahl* ist ein Auftragswerk für den *Berlinische[n] Taschen-Kalender auf das Schaltjahr 1820* gewesen, ein »offenbar auch finanziell lukratives Angebot« für Hoffmann aus dem Handelsministerium Hans von Bülows. Es bescheinigte ihm »doch gleichsam offiziell, daß er zu einer Berliner Zelebrität geworden war«.[59] Grundlegend überarbeitet und um viele Anspielungen auf damalige Berliner Orte, Ereignisse und Personen gekürzt, erscheint sie 1820 im dritten Band der *Serapions-Brüder.*[60]

*Die Brautwahl* ist ein Märchen[61], passagenweise ins Fantastische und Groteske gesteigert. Die Handlung spielt in der preußischen Hauptstadt zu Lebzeiten Hoffmanns. Im Mittelpunkt steht die Figur des jungen, sensiblen und schwärmerischen Malers Edmund Lehsen. Er liebt Albertine, die Tochter des wohlhabenden Kommissionsrats Voswinkel; diese bewundert seine Bilder. In dem Namen Lehsen versteckt sich als Anagramm Hensel – der Maler und Zeichner Wilhelm Hensel (1794–1861), der Ehemann der Pianistin und Komponistin Fanny Hensel, der Schwester von Felix Mendelssohn, steht für Hoffmanns Figur als Vorbild. Die wenig schmeichelhafte Darstellung dieser Figur hat Hensel nicht davon abgehalten, ein Porträt von Hoffmann zu malen; es ist, lässt man die Selbstporträts außer Acht, das einzig authentische, das es von ihm gibt.

Edmund Lehsen hat zwei Konkurrenten um die Gunst von Albertine, den reichen jüdischen Baron Benjamin Dümmerl und den Bücher liebenden geheimen Kanzleisekretär Tusmann, »ein ziemlich eingewelktes Blatt aus dem Gemüsegarten des täglichen Lebens«.[62] In dem Gold- und auch Glücksschmied Leonhard hat Edmund einen geheimnisvollen Schutzgeist. Mit allerlei Geisterspuk und magischen Fähigkeiten ist dieser in der Lage, Bedrohungen von Edmund abzuwenden. Von besonderem Gewicht ist der Schluss der Erzählung mit der titelgebenden Brautwahl. Sie ist unmittelbar orientiert an der Kästchenwahl in Shakespeares *Kaufmann von Venedig*. Edmund wählt das richtige Kästchen und bekommt Albertine als Braut. Der Bücher liebende Tusmann erhält ein unendliches Buch und der reiche Baron, die Karikatur des geldgierigen Juden, eine traumhafte Summe Geldes. Der Maler wird allerdings zur künstlerischen Weiterbildung nach Italien geschickt, so dass offen bleibt, ob die Ehe zustande kommt.

Hoffmann, der persönlich mit mehreren Juden befreundet war, etwa mit Eduard Hitzig, der Salonière Sarah Levy und dem Bamberger Arzt Adalbert Friedrich Marcus, dem Onkel von Julia Mark, macht im Interesse seiner Satire auch vor dem Judentum nicht halt. »Hoffmann spielt mit antisemitischen Klischees, ohne sie zu hinterfragen. Wohlhabende Juden verspottet er mit seinem karikaturenhaften Porträt des Barons Bensch, des Neffen von Manasse [...]. Dass Hoffmann in der Brautwahl kein freundliches Bild der jüdischen Mitbürger zeichnet, sondern satirisch überzeichnet und dabei auch gängige Vorurteile bedient, steht außer Frage. Aber war Hoffmann deswegen ein Antisemit? So hemmungslos wie über reiche Juden machte sich Hoffmann auch über deutschtümelnde Turnlehrer und Maler, geizige Christenmenschen und übereifrige Polizisten, Frauen und Behinderte lustig. Er war weder ein politisch korrekter Autor noch ein moralisierender Weltverbesserer, wollte das auch gar nicht sein. Hoffmann nahm sich einfach die Freiheit, die freie Gesellschaften Schriftstellern und Satirikern zubilligen müssen: Spott nach allen Richtungen auszuteilen [...]. Das konnte jeden treffen, und es traf eben auch wohlhabende jüdische Bürger, die Hoffmann nicht besonders sympathisch waren. Mit einem aggressiven Antisemitismus, der Juden ganz gezielt diskriminiert und ihrer Rechte beraubt, haben diese satirischen Ausfälle wenig zu tun«, bemerkt der Literaturwissenschaftler Michael Bienert allerdings treffend.[63]

Auch die bereits erwähnte, im Frühjahr 1822 erschienene Erzählung *Des Vetters Eckfenster* handelt vom Stadtleben und den Freuden der Fantasie. Ein fiktiver Erzähler berichtet von seinem »armen
Vetter«, einem gelähmten Schriftsteller. »Durch eine hartnäckige
Krankheit [hat er] den Gebrauch seiner Füße gänzlich verloren.«
Dessen ungeachtet ist er »mit besonderer lebendiger Laune begabt
und treibt wunderlichen humoristischen Scherz auf seine eigene
Weise«.[64] In kaum einer anderen Geschichte sind die autobiographischen Bezüge so deutlich wie in dieser. E. T. A. Hoffmann selbst
hatte sich eine Luesinfektion zugezogen, die zu diesem Zeitpunkt
schon ihr Spätstadium erreicht hat. Dem Tode nahe, ist er fast vollständig gelähmt und ans Zimmer und hier an einen »Lehnstuhl«
gefesselt. Den Text dieser Erzählung wie auch den seiner letzten,
*Meister Floh,* kann Hoffmann in den wenigen verbleibenden Monaten seines Lebens nur noch diktieren. Füße und Arme sind gelähmt,
auch seine Finger kann er nicht mehr bewegen.

Umso aufmerksamer lebt er über seine Augen, über die Beobachtung. Und er lehrt die *Kunst zu schauen.* Die »schwerste Krankheit
vermochte nicht den raschen Rädergang der Phantasie zu hemmen,
der in seinem Innern fortarbeitete, stets Neues und Neues erzeu-
gend.« Hoffmann wählt einen fiktiven Beobachterstandpunkt, von
seinem »Eckfenster« aus kann der todkranke Vetter das bunte Treiben auf dem berühmtesten Platz der Hauptstadt beobachten. In
seiner Fantasie entwickelt sich die »mannigfaltigste Szenerie des
bürgerlichen Lebens«. Auch wenn das reale Fenster seines Arbeits-
zimmers in der Taubenstraße 31/Ecke Charlottenstraße kein Eckfenster war, so konnte Hoffmann doch an zwei Tagen in der Woche das Marktgeschehen vom zweiten Stock seiner Wohnung aus
unmittelbar verfolgen. »Das vormittägliche Marktgewühl vor dem
Deutschen Dom wird dabei zum Gleichnis für die Fülle des Lebens,
und wenn mittags der Markt endet, erinnert die Leere des Platzes an den nahenden Tod.«[65] Aber das Eckfenster bietet ihm Trost,
»hier ist mir das bunte Leben aufs neue aufgegangen, und ich fühle
mich befreundet mit seinem niemals rastenden Treiben. Komm,
Vetter, schau hinaus!« Er ermahnt den Verwandten, das man für

das Schreiben über das Großstadtleben ein waches Auge brauche, nur »ein Auge, welches wirklich schaut«, könne die soziale Realität erfassen. Hoffmann formuliert hier wesentliche Elemente der eigenen Poetik. Mit Hilfe eines Fernglases – heute würde Hoffmann den Fotoapparat oder die Videokamera wählen – will er ihm die »Kunst zu schauen beibringen«, »das Fixieren des Blickes erzeugt das deutliche Schauen«. Er beobachtet die Händler, zum Beispiel eine Blumenverkäuferin, das Bauernweib, das aus einem großen Fass »billiges Pflaumenmus« verkauft, die Kohlenverkäufer oder zwei »Gemüseweiber«, die in Streit geraten. Er sieht die Marktbesucher, zum Beispiel eine »elegante Dame«, und wählt einzelne Gestalten aus dem bunten Geschehen aus, deren mögliche Herkunft, deren Beruf und deren soziales Verhalten er analysiert. Da sind Straßenjungen, Mägde und Tagelöhner, da ist auch eine wohlhabende Frau, die aus offensichtlichem Geiz die allerkleinste Münze aus ihrem dicken Geldbeutel für einen Blinden herauszufinden sucht. Demgegenüber scheinen gerade die Armen fähig zu Not lindernder Hilfsbereitschaft.

Hoffmann entwirft kleine Szenerien, in denen das bürgerliche Großstadtleben eingefangen ist. Er schildert das soziale Elend eines Bettlers oder die Haltung des Blinden, der mit seinem in die Endlosigkeit des Nichts gerichteten Blick dem Autor in seiner Todesnähe unmittelbar zu entsprechen scheint.

Mehrfache Erwähnung findet die private, 1796 gegründete Leihbibliothek von Friedrich Wilhelm Joseph Kralowsky in der Jägerstraße 25. Sie war nur wenige Minuten von Hoffmanns Wohnung entfernt. Hier, wo Kleist 1810 für mehrere Monate seine *Berliner Abendblätter* verkauft hat, war Hoffmann Stammkunde. Kralowskys Bibliothek hatte einen Bestand von ca. 40 000 Bänden und war eine der größten in Berlin. »Kralowsky, den Hoffmann in seinen Briefen auch als ›Freund‹ anredete, war ab 1817 sein wichtigster Bücherlieferant, insbesondere für historische Quellenwerke.«[66] Leihbibliotheken waren zu dieser Zeit eine wichtige Einrichtung, in der sich eine breite Öffentlichkeit belletristische Literatur ausleihen konnte. Nur wenige hatten das nötige Geld, Bücher für den persönlichen Besitz zu erwerben. 1830 gab es in Berlin 36 private Leihbibliotheken, 1850 waren es schon 61. Die Bücher wurden von den Verleihern mit einem charakteristischen Einband versehen, so dass sofort erkennbar war, aus welcher Leihbibliothek sie entstammten.[67] Jeder Autor, und eben auch E. T. A. Hoffmann, konnte froh sein, in einer Leihbibliothek mit mindestens einem Exemplar vertreten zu sein. Die Blumenverkäuferin auf dem Gendarmenmarkt ist eine Hommage an Kralowsky:»Die Verkäuferin, welche der Regel nach den schönsten Blumenflor ausgesuchter Nelken, Rosen, und anderer seltenerer Gewächse hält, ist ein ganz hübsches, artiges Mädchen, strebend nach höherer Kultur des Geistes; denn so wie sie der Handel nicht beschäftigt, liest sie emsig in Büchern, deren Uniform zeigt, daß sie zur großen Kralowskischen ästhetischen Hauptarmee gehören, welche bis in die entferntesten Winkel der Residenz siegend das Licht der Geistesbildung verbreitet.« Natürlich liest das Blumenmädchen *Klein Zaches,* nur leider glaubt sie nicht »an den glücklichen Zufall, der den berühmten Verfasser des *** in ihre Nähe bringt«.

Wenn Hoffmann bei seinen Recherchen in der *Kralowskischen Leihbücherei* nicht hinreichend fündig wurde, nutzte er auch den wissenschaftlichen Bestand der Königlichen Bibliothek (heute Staatsbibliothek zu Berlin) am damaligen Platz am Opernhaus (heute: Bebelplatz).

In *Des Vetters Eckfenster* kommentiert Hoffmann auch die Veränderungsprozesse in der preußischen Hauptstadt nach der napoleonischen Besatzung, und huldigt dabei den Berlinern mit einer kleinen Liebeserklärung: »Überhaupt, mein lieber Vetter, haben mich meine Beobachtungen des Marktes in der Meinung bestärkt, daß mit dem berliner Volk, seit jener Unglücksperiode, als ein frecher, übermütiger Feind das Land überschwemmte, und sich vergebens mühte, den Geist zu unterdrücken, der bald wie eine gewaltsam zusammengedrückte Spiralfeder mit erneuter Kraft emporsprang, eine merkwürdige Veränderung vorgegangen ist. Mit Einem Wort: das Volk hat an äußerer Sittlichkeit gewonnen [...]. Es

ist der Masse so gegangen, wie dem Einzelnen, der viel Neues ge-
sehn, viel Ungewöhnliches erfahren, und der mit dem *Nil admirari*
[die durch Lebenserfahrung gewonnene Fähigkeit, sich über nichts
mehr zu wundern; die Verf.] die Geschmeidigkeit der äußern Sitte
gewonnen.« Am Ende scheint die dichterische Fantasie des fiktiven Erzählers
angeregt. Über die intensiven Dialoge scheint er in die Lage versetzt zu sein, das Werk des todkranken Vetters fortzuführen.

Wenn die Erzählung *Des Vetters Eckfenster* ein leises Abschied-
nehmen des todkranken Autors von dem bunten Volksgewimmel
zu sein scheint, das er täglich auf dem Gendarmenmarkt beobachten konnte, so ist seine letzte Erzählung *Meister Floh* ein lautstarker
Protest gegen staatliche Willkür und Zensur in den Jahren der preußischen Restauration.

Als hoch angesehener Jurist – Hoffmann gilt als sehr effektiv, fähig
und fleißig – wird er im September 1819 in die *Immediat-Untersu-
chungskommission zur Ermittlung hochverräterischer Verbindungen
und anderer gefährlicher Umtriebe* berufen. Diese Ehre stellt sich
für ihn als Dilemma dar, denn sein Denken entspricht keineswegs
der jetzt konservativen Ausrichtung der preußischen Regierung.
Die Jahre zwischen dem Wiener Kongress 1815 und den Karlsbader Beschlüssen 1819 waren politisch unruhig. Besonders unter
den Intellektuellen und Studenten gab es Unmut und Empörung
über die restaurativen Tendenzen. Der Wiener Kongress unter
Führung des österreichischen Staatskanzlers Metternich (1773–
1859) leitete die Rückkehr zu absolutistischen Strukturen des 18.
Jahrhunderts ein. Die Regierungen Preußens, Österreichs und
Russlands hatten sich auf der Basis der Karlsbader Beschlüsse auf
eine strenge Verfolgung aller liberalen Ideen und freiheitlichen
Bestrebungen geeinigt. In mehreren Fällen lehnt Hoffmann will-
kürliche Verfolgung und Inhaftierung sogenannter Demagogen
ab und gerät damit in Konfrontation vor allem mit dem Innen-
und Polizeiminister Friedrich von Schuckmann (1755–1834), dem
Justizminister Friedrich Leopold von Kircheisen (1749–1825) und

dem Direktor im Polizeiministerium, Karl Albert von Kamptz (1769–1849). In einem Brief vom 24. Juni 1820 teilt er Hippel seine Empörung über Repressions- und Zensurmaßnahmen mit: »[…] wie Du mich kennst, magst Du Dir wohl meine Stimmung denken, als sich vor meinen Augen ein ganzes Gewebe heilloser Willkür, frecher Nichtachtung aller Gesetze, persönlicher Animosität entwickelte!«[68] Als die Konflikte zunehmen, wird Hoffmann Ende 1821 in den Oberappellationssenat des Kammergerichts, also in die oberste Instanz der preußischen Gerichtsbarkeit, versetzt. Hier sind die ihm gesetzten Grenzen noch enger. Er ist als Jurist dem preußischen Staat absolut verpflichtet.

Mit dieser für ihn unhaltbaren Situation setzt Hoffmann sich in seinem letzten Text, dem Märchen *Meister Floh*, auseinander und gerät umgehend selbst in das Visier der staatlichen Zensur. Der Grund ist nicht nur Hoffmanns scharfe Kritik an der Demagogenverfolgung in Form von satirischen und bissigen Anspielungen. Noch schwerer ins Gewicht fällt die Erkennbarkeit konkreter Personen in den Märchenfiguren, allen voran ist der preußische Staats- und Justizminister Karl Albert von Kamptz identifizierbar (in der sogenannten Knarrpanti-Episode). Der preußische Staatsminister des Innern, Friedrich von Schuckmann, leitet umgehend ein Zensurverfahren gegen den Verfasser des Märchens ein sowie ein Verfahren wegen »Verletzung der Amtsverschwiegenheit«. Das Verfahren gegen Hoffmann, die sogenannte »Meister Floh-Affaire«, wird ein Politikum ersten Ranges. Sie verdeutlicht zuallererst den kritischen und unbeugsamen Geist des Autors, der sich auf nichts anderes beruft als auf die verfassungsmäßig garantierten Rechte. Bis heute peinlich bleibt die Diffamierung Hoffmanns durch staatliche Behörden, die entwürdigende Diskreditierung eines hochqualifizierten Juristen.

Die erwartbaren schlimmen Folgen (Hoffmann wäre nicht nur bestraft, sondern in eine andere Stadt versetzt worden) erlebt er nicht mehr. Er ist inzwischen vollständig gelähmt. Aufgrund der schweren Erkrankung konnte die Vernehmung im Februar 1822 nur noch in seiner eigenen Wohnung vorgenommen werden. Hoffmann stirbt am 25. Juni 1822. Drei Tage später wird er auf dem Kirchhof der Jerusalemgemeinde am Hallischen Tor begraben. Den Grabstein mussten seine Freunde bezahlen, denn seiner Frau hat Hoffmann nur Schulden hinterlassen. Hoffmanns Leben endet zu einem Zeitpunkt, an dem er ein gefeierter Komponist, ein bekannter Schriftsteller und als streitbarer Jurist am Kammergericht ein hoch geachteter Anwalt der bedrohten Rechtsstaatlichkeit ist.

Schon seit Jahren ist seine berühmt-berüchtigte Persönlichkeit eine Attraktion, die man mit dem Gendarmenmarkt, dort besonders mit *Lutter & Wegner* und dem *Kaffeehaus Manderlee,* Unter den Linden 44, verbindet. In diesem eher unspektakulären Café trifft Hoffmann sich mit seinen *Serapionsbrüdern,* den Freunden Hitzig, Adelbert von Chamisso und Karl Wilhelm Salice Contessa. Auch das *Café Royal,* Unter den Linden 33, von dem Dichter Heinrich Heine als »das splendideste Kaffeehaus Berlins« gerühmt, zählt Hoffmann zu seinen Stammgästen. Heine übersieht den Kollegen nicht: »Aber dort am Tisch das kleine bewegliche Männchen mit den ewig vibrierenden Gesichtsmuskeln, mit den possierlichen und doch unheimlichen Gesten? Das ist der Kammergerichtsrat Hoffmann, der den Kater Murr geschrieben hat.«[69] Als 1815 der mit Hoffmann befreundete Schauspieler Ludwig Devrient eine Wohnung unmittelbar neben ihm bezieht, wird dieser zum bevorzugten Trinkbruder.

Während die meisten Berliner Künstler und Intellektuellen sich am Abend in den Salons aufhalten oder bei privaten Empfängen, geht Hoffmann am liebsten in die 1811 gegründete Weinstube *Lutter & Wegner* am Gendarmenmarkt. Fast jeden Abend sitzt er mit Devrient dort bis spät in die Nacht. Ihre lautstarken Dialoge, ihr improvisiertes Worttheater spricht sich herum, es fasziniert nicht nur die Habitués, sondern zieht in Scharen Gäste an. Noch heute schmückt eine kolorierte Zeichnung der beiden Freunde die Sektflaschen von *Lutter & Wegner.*

Hoffmann und Devrient haben sehr viel getrunken und das Wenigste davon bezahlt. Rechnungen haben sie nur selten beglichen, sie ließen sich aushalten oder schrieben an. Nach Hoffmanns Tod verzichtet Johann Christoph Lutter auf die Zahlung der 1116 Taler Schulden (das war mehr als Hoffmanns Jahresgehalt am Kammergericht), weil der Künstler sein Weinlokal zu einer stadtbekannten Attraktion gemacht hat. Zudem hat Hoffmann dem Haus eine ganze Mappe voller Zeichnungen und Karikaturen hinterlassen, auf denen er Gäste des Weinhauses festgehalten hat. Ludwig Devrient hat Hoffmann um zehn Jahre überlebt. Zunächst wurde ein Raum im Weinlokal nach dem Schauspieler benannt, ab 1835 aber der berühmte Keller nach E. T. A. Hoffmann.

Weltweit bekannt wurde das Weinhaus durch die Oper *Hoffmanns Erzählungen* von Jacques Offenbach (1819–1880), die am 10. Februar 1881 in der Opéra-Comique in Paris uraufgeführt wurde.[70] Der erste und der fünfte Akt spielen in der Weinstube von *Lutter & Wegner*. Hier, wo der Dichter Hoffmann als Person auftritt und mit seinen Kumpanen zecht, wird die Macht des Alkohols besungen, der Dichter soll von seinem Liebeskummer geheilt werden. Am Schluss ist er aber so weinselig, dass er die Chance auf einen glücklichen Ausgang verpasst.

E. T. A. Hoffmann ist mittlerweile längst zu einem der ersten Erfolgsautoren der Weltliteratur geworden. Ein Kuriosum hierbei ist, dass die Weltgeltung Hoffmanns die seiner Bedeutung in Deutschland selbst weit überragt. Hier gilt er als Autor absonderlicher, skurriler Geschichten; in der Wertskala wird ihm aber nicht unbedingt der ihm gebührende Rang eines großen Autors zugestanden. Das ist er aber, er gehört zu den weltweit wirksamsten deutschen Autoren. Kaum ein Autor hat die Weltliteraturgeschichte so beeinflusst wie E. T. A. Hoffmann, aber das ist ein anderes Thema.

## 12. Konzeption des humanistischen Gymnasiums und Gründung der Berliner Universität: *Wilhelm von Humboldt*

»Große, außerordentliche Menschen«, schreibt Wilhelm von Humboldt in seiner *Selbstbiographie,* seien immer »Repräsentanten einer Idee«. Er, der Ideenmensch *sui generis,* hat in allen Dingen und Themen, mit denen er sich beschäftigt hat, die darin ausgedrückten Ideen gesucht, so in der »Natur, Kunst, Wissenschaft in allen ihren Theilen, namentlich Geschichte und Sprache, Länder, Nationen, äussere Verhältnisse, Staatsgeschäfte, Menschen«. Er sucht mehr noch die im Gegenstand ausgedrückte Idee im »Zusammenhang mit dem ganzen Ideenreich«.[1] Im Mittelpunkt seines Denkens steht die Bildungsfähigkeit des Menschen, seine Autonomie, seine Freiheit.

Die Ideen der Berliner Brüder Wilhelm und Alexander von Humboldt waren nicht nur für Deutschland bahnbrechend, sie wirkten in die Welt hinaus und prägen sie bis heute: Alexander, der jüngere der Brüder, ein leidenschaftlicher Forscher, Entdecker, Weltbürger, und sein zwei Jahre älterer Bruder Wilhelm, der Erneuerer des Wissenschaftsbetriebes. Hier soll es um Wilhelm gehen, den preußischen Gelehrten, Staatsmann, Schriftsteller und Sprachforscher, der zu den geistvollsten und feinsinnigsten Vertretern der deutschen Klassik gehört, dessen Einordnung in diese bedeutende Phase der deutschen Geistesgeschichte allerdings über lange Zeit kontrovers diskutiert worden ist.[2]

Die kaum überschaubare Literatur zur Forschungs- und Rezeptionsgeschichte Humboldts ist für lange Zeit gekennzeichnet durch ein harmonisierendes Bild seiner Persönlichkeit, durch Idealisierung, ja sogar durch Monumentalisierung. Diese Vorstellung kennzeichnet seine Rezeption im 19. Jahrhundert und setzt sich fort bis hinein ins 20. Jahrhundert. Hauptkennzeichen dabei ist, dass Berlin als Ort des Geistes zuweilen ausgeblendet und verdrängt wird, dass Wilhelm von Humboldt dementsprechend nach Weimar verschoben und zum Hilfspersonal der Weimarer Klassik erklärt worden ist. In seiner großen Untersuchung *Wilhelm von Humboldt und der Staat* (1927/1963) wertet Siegfried A. Kaehler Humboldt immerhin als zugehörig »zur Gesamterscheinung der literarischen Epoche als solcher«.[3] Noch in dem großen Epochenporträt der Weimarer Klassik von Dieter Borchmeyer (1994/1998) wird Humboldt lediglich als »Anreger und Begleiter der klassischen deutschen Literatur« gewertet, er sei »weniger Repräsentant als philosophischästhetischer Wegbegleiter der Weimarer Klassik«.[4]

Neuere Forschungen rücken dieses Bild zurecht. Seit den Siebzigerjahren des 20. Jahrhunderts wächst das Interesse an Humboldts Erziehungsmodell, an der aus seiner Anthropologie abgeleiteten Bildungstheorie. Einen unbefangen neuen Blick auf Humboldt richtet die Studie *Das Wagnis der Autonomie* von Cord-Friedrich Berghahn, Humboldt gilt hier als der »wohl hellhörigste Rezeptor und Konzeptualist der Sattelzeit«.[5] »Wohl kein europäischer Intellektueller um 1800 hat in derart insistierenden Denk- und Schreibprozessen die sich ausdifferenzierenden Einzeldisziplinen noch einmal integral zu durchdenken und unter gemeinsamen Perspektiven zu ordnen versucht wie er. Und wohl nur ihm ist in seinen späten, in Tegel entstandenen linguistischen Werken genau dieses auf eine höchst moderne, von der Moderne jedoch weitgehend übersehene Weise tatsächlich gelungen.«[6] Im Mittelpunkt der Humboldt'schen Denkbewegungen stehen seine Anthropologie und in späteren Jahren seine sprachphilosophischen Arbeiten.

Hier sollen vor dem Hintergrund der wichtigsten Lebensorientierungen Humboldts vor allem seine Anstrengungen für eine Neuordnung des preußischen Bildungswesens genauer betrachtet werden.

Geboren wurde Wilhelm von Humboldt am 22. Juni 1767 in Potsdam. Gemeinsam mit seinem am 14. September 1769 geborenen

Bruder Alexander wächst er im elterlichen Schloss Tegel auf, das damals noch nicht zu Berlin gehört. Die maßgeblichen Biographien[7] stimmen alle darin überein, dass Marie-Elisabeth von Humboldt (1741–1796), die als gefühlskalt geschilderte Mutter, ihren beiden Kindern kaum Geborgenheit vermittelt hat. Der aus Pommern stammende Vater, Alexander Georg von Humboldt (1720–1779), hat sie 1766 als vermögende Witwe hugenottischer Herkunft geheiratet, sie hat das Schloss Tegel mit in die Ehe gebracht. Als der Vater stirbt, ist Humboldt gerade zwölf Jahre alt. Die erneut Witwe gewordene Mutter überlebt ihren zweiten Gatten um achtzehn Jahre. Sie ist nun allein für die Erziehung ihrer Söhne verantwortlich und scheut weder Geld noch Aufwand, die Knaben von herausragenden Gelehrten in dem privaten Rahmen des Tegeler Schlosses erziehen und bilden zu lassen. Was hier allerdings völlig fehlt, ist ein weiblicher Erziehungseinfluss, eine Ersatzmutter aus der Verwandtschaft oder dem Gesinde wird nicht zugelassen. Die Knaben sind eingeschlossen in eine virile Gelehrtenwelt.[8]

Diese ist allerdings vom Feinsten und wohl einzig in der Geschichte: Zwei Knaben werden von der Berliner Geisteselite in den gesamten aufgeklärten geistigen Horizont der damaligen Zeit eingeführt. Der Aufklärer, Sprachforscher und Schriftsteller Joachim Heinrich Campe (1746–1818) wird von 1769 bis 1773 und dann noch einmal 1775 der Hauslehrer und Erzieher der Knaben in Tegel. Ihm zur Seite steht Johann Jakob Engel (1741–1802), der Philosoph, Dramatiker und spätere Intendant des Nationaltheaters. Keiner der Lehrer hat Humboldt so nachhaltig geprägt wie Engel, der 1785/86 private Vorlesungen für die Humboldt-Söhne hielt.[9]

Wilhelm hat seiner Braut Caroline von Dacheröden darüber berichtet: »Meine erste bessere Bildung bekam ich durch Engel. Er ist ein sehr feiner und lichtvoller Kopf, vielleicht nicht sehr tief, aber so schnell auffassend und darstellend, wie ich es nie wieder gefunden habe, versteht sich nur in intellektuellen Dingen. Bei dem hört' ich Philosophie nur mit wenigen andern und unterrichtete dann wieder meinen Bruder (Alexander) in seiner Gegenwart. Er gewann mich äußerst lieb, und ich hatte eine Anhänglichkeit an ihn, eine Achtung – so in dem empfundenen Sinne des Wortes – eine Liebe, die in den höchsten Enthusiasmus überging.« Auch der hochgebildete und feinsinnige preußische Diplomat und Gelehrte Christian Wilhelm von Dohm hat Vorträge für die Knaben gehalten, schwerpunktmäßig über Rechts- und Wirtschaftsfragen. Seine wegweisende, der Aufklärung verpflichtete Schrift *Über die bürgerliche Verbesserung der Juden* aus dem Jahr 1781 erlangte europaweite Beachtung und beförderte nicht nur in Deutschland ihre Emanzipation. Sein Buch war inspiriert von den Ideen Moses Mendelssohns und wollte die soziale Gleichberechtigung der Juden befördern und ihnen aus Ghettoisierung und beruflicher Diskriminierung heraushelfen. Auch für Wilhelms berufliches Engagement hält diese Schrift entscheidende Impulse bereit, er wird später zu einem Fürsprecher der Emanzipation der Juden.[10] Ein weiterer bedeutender Lehrer der Humboldt-Brüder ist der Jurist Ernst Ferdinand Klein (1744–1810). Als Berliner Aufklärer und preußischer Jurist hat er gemeinsam mit Carl Gottlieb Svarez (1746–1798) unter der Leitung des preußischen Reformers und Großkanzlers Johann Heinrich Carmer (1720–1801) den strafrechtlichen Teil des Allgemeinen Landrechts für die Preußischen Staaten von 1794 entwickelt, zunächst unter Friedrich II., dann unter Friedrich Wilhelm II.

Die Oberaufsicht über die Erziehung der Knaben hat der Pädagoge und Politiker Gottlob Johann Christian Kunth, Sohn eines protestantischen Pfarrers. Er ist der den anderen Erziehern übergeordnete Lehrer und väterliche Beistand der Brüder, er erstellt den Bildungsplan und sorgt für die Koordination der Lehrmeister und die Abstimmung der Studieninhalte. Als Hauslehrer unterrichtet er die Knaben in Mathematik, Deutsch, Latein, Griechisch, Französisch und Geschichte. Ein vergleichbares Kompetenzaufgebot ist in der deutschen Geschichte kaum aufzufinden. Wilhelm spricht schon als Dreizehnjähriger fließend Französisch, Latein und Griechisch und kennt die wichtigsten Werke der bedeutenden europäischen Schriftsteller. Nachhaltig prägt Kunth die Entwicklung der

Knaben und ihren Bildungsweg, er stellt den Kontakt her zu Marcus Herz und Henriette Herz und ermöglicht Wilhelm und Alexander die Teilnahme an deren Salons. Nach dem Tod des Vaters 1779 setzt Elisabeth von Humboldt Kunth als Verwalter des Schlosses Tegel ein, er wird der Berater der Witwe. Nach ihrem Tod 1796 ist er der Testamentsvollstrecker und dann der Vermögensverwalter der Humboldt-Brüder.

Die Mutter hat als berufliche Perspektive für ihre Söhne den Staatsdienst vorgesehen, dem entspricht ihre Auswahl der Lehrer. Die Knaben werden unterrichtet in Nationalökonomie, Recht, Statistik und Philosophie. Wilhelm werden schon in ganz jungen Jahren auch von den anspruchsvollsten Lehrern ein außerordentliches Lerninteresse und herausragende intellektuelle Fähigkeiten bescheinigt. Kurz vor seinem Studienbeginn kann er noch für kurze Zeit Moses Mendelssohn begegnen. Er wird in ihm den Vater suchen und einen Freund finden. Von den Hauslehrern gut vorbereit, liest und analysiert man gemeinsam die Werke von John Locke (1632–1704) und David Hume (1711–1776), von Immanuel Kant und diskutiert die in der *Berlinischen Monatsschrift* veröffentlichten Artikel über die Frage *Was ist Aufklärung?*, zu der zunächst Mendelssohn, dann Kant die wichtigsten Beiträge geleistet haben.

Unter der fürsorglichen Anleitung Christian Kunths beginnen die Brüder 1787 ein rechtswissenschaftliches Studium an der Brandenburgischen Universität Frankfurt/Oder, die Wilhelm aber schon im Frühjahr 1788 gegen die Universität Göttingen tauscht. Er widmet sich dem Studium Kants und wird Schüler so bedeutender Ordinarien wie dem Altertumswissenschaftler Christian Gottlob Heyne (1729–1812) oder dem Professor für Experimentalphysik Georg Christoph Lichtenberg (1742–1799). Die Beschäftigung mit der Rechtswissenschaft tritt immer mehr in den Hintergrund. Zentrale Bedeutung für Wilhelm von Humboldt gewinnt das Studium der alten Sprachen und dann vor allem der Philosophie und der Geschichte.

Beide Brüder entscheiden sich nicht, wie vorgesehen, für eine Staatskarriere, sondern für ein Leben als Privatgelehrter.

»Kein deutsches Genie der Epoche ist so überpräpariert in die intellektuelle Welt eingetreten wie die beiden Brüder, und speziell Wilhelm konnte sich von Anfang an in der herrschenden Aufklärungskaste, die in Berlin durch Lessing und Mendelssohn nobilitiert war, heimisch fühlen.«[11] Alle Lehrer Humboldts sind bedeutende Aufklärer. Inspiriert durch Dohm, hat er während dieser Studienphase intensiven Austausch mit mehreren jüdischen Intellektuellen, er korrespondiert mit Marcus und Henriette Herz, mit David Friedländer, dem Kopf der Berliner jüdischen Elite, und begibt sich in eine enge Freundschaft mit dem Göttinger Medizinstudenten Israel Stieglitz (1767–1840).

In mehreren Anläufen löst Wilhelm sich aus dem für ihn vorgesehenen Erwartungshorizont und folgt einem eigenen Lebensentwurf. Auch Alexander von Humboldt wird eigene Wege gehen, beide Brüder bleiben dabei lebenslang eng verbunden.

Im Salon der Henriette Herz lernt Wilhelm Caroline von Dacheröden kennen, seine spätere Frau. Beide haben sich dem von der Gastgeberin initiierten sogenannten *Tugendbund* angeschlossen, einem Kreis von Gebildeten und Gleichgesinnten, denen es um die Pflege von Seelenfreundschaft und geistigem Austausch geht. Diese Tugendbundepisode gleicht für den nur mit Männern aufgewachsenen Wilhelm einer Flucht in unbekanntes Terrain, er bricht aus dem bisher gewohnten Aufklärungsmilieu aus und stürzt sich in eine Begegnung mit erotisch konnotierten femininen Empfindsamkeitsritualen. Für ihn wie auch für die weiteren Tugendbündler wird die gemeinsame Erforschung der Psyche zu einer hohen Schule der Menschenkenntnis. Die dadurch gewonnene Lebenserfahrung, die Reife und die Empathiefähigkeit finden ihren Ausdruck in Humboldts Briefwechsel, vor allem in dem mit Caroline von Dacheröden. Er wird nicht nur ein glanzvoller Brief-, sondern auch ein vollendeter Liebesbriefschreiber werden. Im Verlauf der Schreibprozesse der Briefe kristallisiert sich für Humboldt eine zentrale Idee heraus: die der autonomen individuellen Existenz. Hier ist mithin auch ein Ursprung zu suchen für seinen fundamentalen Individualismus, der sein gesamtes weiteres Denken, das politische, das bildungstheoretische und das sprachphilosophische, leiten wird. Der selbstbestimmte Lebensentwurf und seine Voraussetzung, die freie, autonom handlungsfähige Persönlichkeit werden der Kerngehalt seiner Anthropologie werden. Aufgrund seiner Modernität ist der Tugendbund also weder reine Gegenreaktion zur Aufklärung noch Überreaktion der literarischen Empfindsamkeit. Hier wird vielmehr »das psychologische Denken der Berliner Aufklärung –, das avancierteste seiner Zeit in Europa – einem lebenspraktischen und diskursformierenden Testfall unterzogen«.[12] Als Ablösungsstrategie lässt sich auch begreifen, dass Humboldt – dank seiner finanziellen Unabhängigkeit – sein Studium nach nur drei Semestern beendet. Er widmet sich nunmehr nur noch einem selbstbestimmten Gelehrtenleben.

Im Herbst 1788 unternimmt er eine mehrwöchige Fahrt in die Rhein- und Maingegend. Im August 1789 begibt sich der 22-Jährige in Begleitung des Aufklärers Joachim Heinrich Campe für drei Monate auf eine Bildungsreise in das in revolutionärem Aufruhr begriffene Frankreich. In seinem Pariser Tagebuch, das zu den herausragenden Dokumenten der Wahrnehmung der revolutionären Metropole um 1800 gehört, entwirft Humboldt ein differenziertes Bild des nachrevolutionären Paris. Er geht in die Armenviertel, konfrontiert sich mit sozialen Missständen und reflektiert gesellschaftliche Veränderungsmöglichkeiten. Bereits hier finden sich Ansätze von dem, was er später in seiner Schrift *Ideen zu einem Versuch, die Grenzen der Wirksamkeit des Staates zu bestimmen* konkretisiert, seinem Konzept eines liberalen Staates, das zunächst im 5. Heft von Schillers *Thalia,* später überarbeitet in der *Berlinischen Monatsschrift* erscheint. Während Frankreich als Nationalstaat durch eine Revolution fundamental erneuert worden ist, setzt die Elite des in Fürstentümer zersplitterten Deutschland auf grundlegende Reformen. Auch Humboldt, der sich im Rahmen des damaligen Staatsdenkens definiert, geht davon aus, dass über Reformen hinausgehende Konzepte für Deutschland weder realistisch noch erfolgreich gewesen wären.

Ende des Jahres 1789 versprechen sich Humboldt und Caroline von Dacheröden ohne vorheriges Einvernehmen mit den Eltern die Ehe. Aber Wilhelms Mutter erachtet ihren Sohn als noch zu jung für eine Heirat, Carolines Vater (ihre Mutter ist früh verstorben) vermisst Amt und Titel bei seinem künftigen Schwiegersohn. Humboldt will seine finanzielle Unabhängigkeit statuieren, er bewirbt sich deshalb bei Friedrich Wilhelm II. um eine Anstellung im Justizdepartement zu Berlin. Im Juli 1790 gelingt ihm die Aufnahme in das Kammergericht, er wird preußischer Beamter. Die verschiedenen Kriminalfälle, die er im Berliner Justizministerium nun täglich zu bearbeiten hat, entsprechen weder seinen Neigungen noch seinen Fähigkeiten. Bereits im Frühjahr 1791 scheidet er aus dem Staatsdienst wieder aus.

Am 29. Juni 1791 findet die Vermählung in Erfurt statt. Während Humboldt die »große und edle Seele« seiner als Schönheit gerühmten Frau sucht, verlangt Caroline in einer für die damalige Zeit unerhörten Kühnheit vor allem eines: Freiheit. »Sie [die Freiheit] in einem so engen Verhältnis wie die Ehe respektiert zu sehen, war das einzige, was ich bei einem Mann suchte, dem ich meine Hand geben wollte.« Wilhelm stimmt dem vorbehaltlos zu, für beide gehören Liebe und Freiheit untrennbar zusammen: »Unsere Seelen waren füreinander geschaffen. [...] Darum werden wir auch beide gerade in dem engsten Verhältnis die höchste Freiheit behalten. So werden wir jeder unsern eignen Pfad wandeln und werden uns immer gleich nah bleiben.«[13] Wilhelm gefällt ihre souveräne Lebenseinstellung. Furcht vor dem Wagnis der Ehe scheint keiner der beiden zu spüren. Beide Partner wissen sich einig in ihrem Streben nach individueller Vervollkommnung, beide hegen den Wunsch, in der Ergänzung durch den anderen die eigenen Anlagen weiterentwickeln zu können, beider Anschauungen wurzeln tief in der Ethik der Aufklärung.

Das Paar lebt für die nächsten Jahre auf den thüringischen Gütern des Schwiegervaters. Die Ehe wird fast vierzig Jahre, bis zum Tod von Caroline von Humboldts 1829, halten. Aus der Verbindung gehen acht Kinder hervor, von denen drei schon sehr früh sterben.

Die Beziehung ist gekennzeichnet durch gegenseitige Achtung und Liebe, im Mittelpunkt stehen der intensive geistige Austausch und das Gewähren gegenseitiger Freiheit. Beide Partner akzeptieren uneingeschränkt die Affären des anderen. Am Ende seines Lebens hat Humboldt seine Ehe als das wichtigste Agens seines Daseins begriffen. Der Briefwechsel zwischen Caroline und Wilhelm von Humboldt hat hohen literatur- und sogar kulturgeschichtlichen Wert. Er reicht von 1788, der Brautzeit, bis zu Carolines Tod. Das Paar war häufig und über längere Zeiträume getrennt, vor allem aufgrund von Wilhelms Reisen und Auslandsaufenthalten. Trotz erheblicher Verluste sind ca. 1000 Briefe erhalten, die die Enkelin, Anna von Sydow, herausgegeben hat.[14] »Als fortdauerndes schriftliches Gespräch« legt dieser Briefwechsel »Zeugnis ab von der Vernetzung der klassisch-romantischen Kultur und ist zugleich ein Seismograph der zeitgeschichtlichen Tendenzen zwischen Spätaufklärung, Klassik, Romantik und dem Ende der Goethezeit.«[15] Die Briefe lassen sich als Doppelbiographie eines Paares lesen, das sich auf Augenhöhe begegnet, die Briefe von Caroline von Humboldt sind denen ihres Mannes ebenbürtig.

Aufgrund seiner finanziellen Unabhängigkeit ist es Humboldt möglich, den nur kurz ausgeübten Staatsdienst wieder zu verlassen und ein autonomes Gelehrtendasein zu führen. Schnell findet er zu eigenen Themen, schon früh gelingt es ihm, die gesellschaftlichen und sozialen Themen des Zeitalters der Aufklärung mit dem eigenen Konzept von Individualität zu verbinden. Im Mittelpunkt von Humboldts Denken stehen der selbstbestimmte, unabhängige Einzelne und die Frage der Schaffung einer Gesellschaft, in der das Individuum frei und selbstverantwortlich agieren kann. Er will den Menschen aus den Zwängen der Gesellschaft und des Staates herauslösen. Seine Überlegungen führen ihn zu seiner *Ideen-Schrift*. Die Erforschung der Individualität des Menschen wird zu seinem Lebensthema, er reflektiert den Einzelnen im Rahmen der ihn prägenden Gesellschaft und analysiert vor diesem Hintergrund die Sprache.

Wilhelm von Humboldt präsentiert sich auf allen Ebenen seines Wirkens als Schreibender, alle Arbeit und alles Leben wird Text. Intellektuelle Kreativität steht lebenslang im Zentrum seines Agierens. Von Anfang an wird das Tagebuch zu einem experimentellen Raum der Selbstbeobachtung. Der umfangreiche Briefwechsel belegt seine Studien wie auch die Auseinandersetzung mit dem Menschen im Allgemeinen, parallel dazu entstehen seine Schriften zur Anthropologie. Zudem dokumentiert der Briefwechsel den intensiven geistigen Austausch mit ihm nahestehenden Menschen. In den Tagebüchern wie auch in den Briefen zeigt sich seine Fähigkeit zur Selbstreflexivität. Auf gar keinen Fall möchte er in der eigenen Entwicklung stagnieren oder einmal gewonnene Überzeugungen auf Dauer stellen und damit künftig unüberprüft lassen. Eine lebenslange Ambivalenz bleibt der ausgeprägte Rückzugswunsch in das Gelehrtendasein, der seinem politischen Gestaltungsdrang im Wege steht. »Ich trage eigentlich einen zweifachen Menschen in mir«, schreibt er an Caroline von Humboldt, »einen, der immer von der Welt ab nach der Einsamkeit gerichtet ist, und einen, der sich durch die Umstände und manchmal zu leicht durch die Lust sich in einer Lage zu versuchen, nach der Welt hinstoßen lässt.« Dieses Schwanken in seiner Persönlichkeitsstruktur ist in den idealisierenden Lebensdarstellungen lange Zeit über der Zeichnung eines klassisch-harmonischen Persönlichkeitsbildes ignoriert worden. Erst Siegfried August Kaehler hebt 1927 vor allem »das Zwiespältige, Wirklichkeitsferne und Passive in seinem Persönlichkeitsbild hervor«,[16] Widersprüchen, denen Humboldt selbst nie aus dem Weg gegangen ist.

Wilhelm von Humboldt ist an kaum einem Denksystem seiner Zeit vorbeigegangen. Seine wichtigsten Schriften, also seine Anthropologie, seine Geschichtsphilosophie und seine sprachwissenschaftlichen Werke, sind fast alle Fragment geblieben. Veröffentlicht wurden sie zumeist erst nach seinem Tod. Das zu Lebzeiten gedruckt vorliegende Werk ist schmal: 1798 erscheint als Dokument der ästhetischen Auseinandersetzung mit Goethe die Untersuchung

*Über Göthes Hermann und Dorothea.* 1816 veröffentlicht er die mit einem Essay versehene Übersetzung des *Agamemnon* von Aischylos (525 v. Chr.–456 v. Chr.). Humboldt hat sich nur für diesen ersten Teil der 458 vor Christus entstandenen Atriden-Trilogie, nicht für die weiteren Stücke (*Die Choephoren* und *Die Eumeniden*) interessiert. Die Einleitung gerät ihm zu einem intensiven Bekenntnis zu Geist und Kunst der griechischen Antike. Unter allen Werken der griechischen Bühne käme keines dem *Agamemnon* gleich. Zwanzig Jahre lang, von 1796 bis 1816, hat Humboldt stetig und gleichbleibend intensiv an diesem Übersetzungsprojekt gearbeitet. Er betrachtet das Altgriechische als perfekten sprachlichen Ausdruck und sucht dafür eine gleichwertige deutsche Entsprechung. Er möchte den griechischen Sprachrhythmus unmittelbar in das Deutsche hineinretten. Sprachrhythmus und Versmaß stehen im Fokus seiner Übertragungsarbeit.[17] 1821 wird die seine sprachhistorischen Forschungen dokumentierende Abhandlung *Prüfung der Untersuchungen über die Urbewohner Hispaniens vermittelst der Vaskischen Sprache* publiziert. Als Ergebnis sprachwissenschaftlicher Forschung gibt er 1821 seine in der Berliner Akademie gehaltenen Vorträge sowie den geschichtstheoretischen Text *Über die Aufgabe des Geschichtsschreibers* heraus.

In seiner autobiographischen Schrift *Bruchstück einer Selbstbiographie* aus dem Jahr 1816 schreibt Humboldt in seinem 49. Jahr: »Es ist immer eine innere Plage meines Lebens gewesen, mit Ideen schwanger zu gehen, die ich zum Gegenstand eines Aufsatzes, eines Buches, oft eines bedeutenden Werkes machen wollte, und nie dazu zu gelangen. Die Umstände, die es verhinderten, waren nicht gerade äussre, ich war eine lange Reihe von Jahren hindurch in der freiesten, beneidenswürdigsten Lage. Es waren vielmehr innere, deren […] Untersuchung den hauptsächlichsten Aufschluss über meine ganze geistige Eigenthümlichkeit geben wird. […] Fast zu keiner Zeit, selbst nicht in den geschäftvollsten Lagen, bin ich von solchen Plänen frei gewesen; hundertmal habe ich einen neuen gefasst, angefangen zu schreiben, und das Geschriebene zerrissen,

Sammlungen zu künftigen Arbeiten gemacht, und sie halbvollendet wieder aufgegeben.«[18] Wenn Humboldt sich hier gleichsam als Gescheiterten darstellt, so können diesem Bild seine Leistungen entgegengehalten werden, wenngleich diese auch aus unübersehbar vielen Einzelstücken zusammengesucht werden müssen. »Das aus zahllosen Fragmenten, Entwürfen und Bruchstücken zusammengesetzte und aus dem Nachlass von Albert Leitzmann zwischen 1903 und 1936 im Rahmen der *Gesammelten Schriften* als Ganzes präsentierte Werk ist ein gigantischer Selbstentwurf in Fragmenten, der auf einer intensiven Selbstbeforschung, Selbstinterpretation und Selbstinszenierung ruht und der zugleich die Probebühne für unzählige, sich z. T. widersprechende Rollen abgibt, denen gleichwohl ›Authentizität‹ nicht abgesprochen werden kann.«[19] Nicht aufgenommen in diese Werkausgabe sind sowohl der viele tausend Seiten umfassende Briefwechsel als auch die umfangreichen sprachphilosophischen Werke. Erst die Gesamtheit dieser vielfältig vernetzten Texte zeigt die enorme Tragweite des Humboldt'schen Schreibens und Denkens.

Eine intensive Geistesfreundschaft schließt Humboldt mit dem acht Jahre älteren Friedrich Schiller. Beide haben sich 1789 im Umkreis ihrer späteren Lebenspartner kennengelernt, Caroline von Dacheröden ist mit den Lengefeld-Schwestern Caroline (1763– 1847) und Charlotte (1766–1826) eng befreundet. Humboldt, der als Gelehrter und Staatsmann bereits zu den herausragenden Persönlichkeiten seiner Zeit gehört, weckte aufgrund seines distanzgebietenden Habitus bei Schiller anfänglich kaum Interesse an einer Vertiefung der Bekanntschaft. Weitere Begegnungen erweisen ihn dann aber rasch als hochinteressanten Gesprächspartner, dessen profunde Kenntnis der Antike Schiller besonders schätzt. »Humboldt ist mir eine unendlich angenehme und zugleich nützliche Bekanntschaft; denn im Gespräch mit ihm entwickeln sich alle meine Ideen glücklicher und schneller. Es ist eine Totalität in seinem Wesen, die man äußerst selten sieht.«[20] Der Kontakt vertieft sich in der Weise, dass Schiller Humboldt

1794 dazu bewegen kann, nach Jena zu ziehen, wo er sich mit einigen Unterbrechungen bis April 1797 aufhält. Die unmittelbare Nähe der Wohnungen beider Familien ermöglicht den täglichen Austausch. Es entwickelt sich eine intensive Freundschaft, in die auch Goethe unmittelbar einbezogen ist.[21] Was Humboldt an Schiller hervorhebt, dass er für »das Gespräch ganz eigentlich geboren schien«, gilt zweifellos auch für ihn selbst. Hier finden sich zwei kongeniale Gesprächspartner, die einander für »gemeinsame Geistesarbeit bedürfen«. Wie kaum ein anderer hat Humboldt Schillers Dichtergenie, seine »hohe, reine, nach Totalität strebende Ansicht der menschlichen Natur« erfasst und dessen »rastlose Geistestätigkeit« und sein schöpferisches Genie bewundert.

Von dem Wunsch geleitet, die kreativen Geister seiner Zeit zusammenzubringen, vermittelt Schiller Humboldt an den Juristen und Schriftsteller Christian Gottfried Körner (1756–1831), einen seiner vertrautesten und einflussreichsten Freunde und Förderer. In einem Brief vom 6. August 1797 betont Schiller, dass er sich freue, dass Körner der »Umgang mit Humboldten so wohl gefallen« habe. Er fährt fort: »Zum Umgang ist er auch recht eigentlich qualifiziert, er hat ein seltenes, reines Interesse an der Sache, weckt jede schlummernde Idee, nötigt einen zur schärfsten Bestimmtheit, verwahrt dabei vor der Einseitigkeit und vergilt jede Mühe, die man anwendet, um sich deutlich zu machen, durch die seltene Geschicklichkeit, die Gedanken des anderen aufzufassen und zu prüfen. So wohltätig er aber auch für jeden ist, der einen gewissen Gedankenreichtum mitzuteilen hat, so wohltätig, ja so höchst notwendig ist es auch für ihn, von außen ins Spiel gesetzt zu werden, und zu der scharfen Schneide seiner intellektuellen Kräfte einen Stoff zu bekommen; denn er kann nie bilden, immer nur scheiden und kombinieren.«[22]

Es gibt keinen Bereich in Schillers geistigem Horizont, der Humboldt nicht interessiert. Er schätzt die Klarheit der intellektuellen Auseinandersetzung wie auch die Art der Aneignung neuer Quellen und Fakten und ist fasziniert von der Beharrlichkeit und Ausdauer bei jeder Arbeit.

Die beiderseitige Übereinstimmung tritt vor allem in ästhetischen, dichtungs- und bildungstheoretischen Fragen zutage. Humboldt setzt sich mit den Gedichten der klassischen Zeit auseinander, er ist Schiller ein kritischer Ratgeber in den Belangen poetischer Arbeit, etwa für die 1795 verfassten Lehrgedichte oder die Balladen des Jahres 1797. Der Briefwechsel nimmt gerade hier einen ausgesprochenen Arbeitscharakter an. Weitere Schwerpunkte sind Schillers kritische Auseinandersetzung mit der Romantik sowie die Planung und Realisierung des *Horen*-Projektes, das zwischen 1795 und 1797 breiten Raum beansprucht. Humboldt selbst veröffentlicht in dieser Zeitschrift 1795 eigene Aufsätze, wie zum Beispiel *Über den Geschlechtsunterschied und dessen Einfluss auf die organische Natur* und *Über die männliche und weibliche Form*.

Sowohl Humboldts politische als auch seine bildungstheoretischen Ansichten sind wesentlich geprägt durch die Auseinandersetzung mit Schiller, vor allem mit dessen Briefen *Über die ästhetische Erziehung des Menschen* aus dem Jahre 1795. Auch später, als Humboldt in Berlin-Tegel (1795–1796), Paris (1797–1801) und Rom (1802–1808) lebt, bleibt die enge geistige Verbundenheit bis zu Schillers Tod 1805 erhalten. Gerade die unterschiedlichen Lebensbereiche und Arbeitsgebiete und vor allem die andersgearteten Begabungen und Fähigkeiten gewährleisten eine harmonisch-produktive, konkurrenzfreie Freundschaft von erstaunlicher Stabilität. Humboldt schätzt in Schiller den Dichter und Denker, den intellektuell und künstlerisch Kreativen, während dieser in dem Freund den weltgewandten Staatsmann und Gelehrten bewundert. Humboldt hat die Dominanz Schillers stets akzeptiert und ihm gegenüber die Haltung eines kritischen Ratgebers eingenommen. In seinem letzten Brief, den Schiller am 2. April 1805, wenige Tage vor seinem Tod, an Humboldt schreibt, ist er auf das hohe Maß an Übereinstimmung eingegangen, das beide ohne jede Einschränkung verbunden hat: »Für unser Einverständnis sind keine Jahre und keine Räume«. Humboldt seinerseits hat diese Einschätzung vielfältig bestätigt, am eindringlichsten im Vorwort zu dem von ihm 1830 edierten Briefwechsel. In ihrem bildungstheoretischen Denken verbindet beide ein idealistischer Ansatz des Denkens.»[…] und am Ende sind wir ja beide Idealisten und würden uns schämen, uns nachsagen zu lassen, dass die Dinge uns formten und nicht wir die Dinge«, heißt es in dem oben zitierten Brief vom 2. April 1805 an den Freund.

Im Herbst 1808 kehrt Humboldt von seiner sieben Jahre währenden diplomatischen Mission in Rom nach Berlin zurück. Sein Posten als preußischer Gesandter im Vatikan ist durch die Niederlage Preußens bei Jena und Auerstedt nutzlos geworden. Haben die vorangegangenen Erfahrungen mit der im Aufbruch befindlichen Metropole Paris, die Einblicke in die sich erneuernde Politik Frankreichs, die Auseinandersetzung mit dem neu entstandenen modernsten Nationalstaat der damaligen Zeit auf allen Ebenen Humboldts Denken herausgefordert und vorangebracht, so kam seine berufliche Situation in Rom zuletzt einem Stillstand gleich. Hat Paris, ja das ganze nachrevolutionäre Frankreich für ihn eine Aufbruchserfahrung bedeutet, so stellt sich Rom für ihn nur noch als ein Monument seiner selbst dar, das von seiner eigenen Vergangenheit zehrt, nur noch Sinnbild der Antike und der Renaissance ist. Wenngleich sein Haus in Rom ein gesellschaftliches und kunstaffines Zentrum gewesen ist, wenngleich Caroline und Wilhelm von Humboldt ihre wohl glücklichste Zeit in diesen römischen Jahren erlebt haben, so bleibt die Summe doch blass gegenüber der rasanten gemeinsamen Zeit des Paares in Paris von 1797 bis 1801. Die hier erfahrenen Formen der Geselligkeit, das Niveau der Kunstbetrachtung und der literarischen Auseinandersetzung haben eine Höhe gehabt, an die das Rom der Napoleonischen Epoche nicht heranreichen kann.

Mit seiner Rückkehr aus Rom nach Berlin beginnt für Humboldt die wohl bedeutendste Phase seines Lebens. Jetzt begegnet uns eine neue Seite Humboldts, der als Bildungspolitiker, als Verwaltungsreformer (1808–10), als Gesandter in Wien (1810–13), als Teilnehmer des Prager Kongresses von 1813 und des Wiener Kongresses 1814/15 »in ganz erstaunlicher und aus dem Vorhergegangenen nur schwer ableitbarer Weise das Politische zu seinem Element machte«.[23] Humboldt kehrt unter einem Vorwand nach Deutschland zurück; das von den Franzosen geplünderte und verwüstete Schloss Tegel bedarf der Wiederherstellung, weitreichende Vermögensfragen müssen neu geregelt werden.

Schnell spricht sich herum, dass Humboldt wieder in der preußischen Hauptstadt weilt. Im Rahmen der preußischen Reformbestrebungen wird ihm die Leitung der *Section des Kultus und des öffentlichen Unterrichts im Ministerium des Inneren* (unter dem Minister Friedrich Ferdinand Alexander Graf zu Dohna-Schlobitten und dem Freiherrn vom Stein zum Altenstein angeboten. Am 20. Februar 1809 erfolgt seine offizielle Ernennung zum Geheimen Staatsrat, ihm wird die Leitung des preußischen Unterrichtswesens übertragen. In dieser Funktion wird Humboldt herausragende, richtungsweisende Leistungen erbringen, die in ihrer Summe dazu führen, dass er bis heute als eine der bedeutendsten Persönlichkeiten gilt, die je ein Ministeramt in Deutschland ausübten.

Der preußische Militärstaat erweist sich nach der Schlacht von Jena und Auerstedt im Oktober 1806 nicht nur als militärisch besiegt, sondern auch als historisch gescheitert. Es war die Niederlage eines gesamten Staates, der seit Friedrich dem Großen als Machtstaat galt und als solcher einen Expansionskurs verfolgt hatte. Der König samt Gefolge musste nach Königsberg fliehen. Staat und Verwaltung des rückständigen Preußens mussten sich nunmehr neu konstituieren. Nach Beendigung des Krieges ist ein dringender Reformbedarf in vielen Bereiche offensichtlich: auf der Ebene der Regierungsorganisation, der Verwaltung der Städte und Gemeinden, der Finanzverwaltung, der Militärverwaltung und vor allem in einer längerfristigen Perspektive auf der Ebene der Bildung und Erziehung. Durch rechtzeitige Neustrukturierung des gesamten preußischen Staatswesens wollte man revolutionären Konflikten nach französischem Muster zuvorkommen. Die wichtigsten Reformer, vor allem Staatskanzler Karl August von Hardenberg und der Freiherr vom Stein, sehen in Humboldt als dem Repräsentanten des deutschen Liberalismus den idealen Exponenten für diese Aufgabe. Mit seiner Staatstheorie entsprach er allen Reformzielen. Im Kern haben die Neuerungen das Ziel, die während der französischen Besatzung unterdrückte Bevölkerung zu einen, sie zu eigenverantwortlichem Handeln zu motivieren und ihrem durch die Französische Revolution geweckten Freiheitsdrang Betätigung und Ziel zu geben. Der Staat und die Nation müssen auf der Grundlage der Ideen der Aufklärung modernisiert, neue Kräfte und Ressourcen müssen erschlossen werden. Dies gilt in besonderem Maße für den Bereich Bildung und Erziehung.

Schon in seiner frühen staatsphilosophischen Ideen-Schrift hat Humboldt sich kritisch mit Bürokratie und aufgeklärtem Despotismus auseinandergesetzt und eine freie Persönlichkeitsentfaltung für jedes Individuum eingefordert. Jeder Bürger, jeder Mensch soll sich zu einer autonomen Persönlichkeit entwickeln können. Bereits hier hat er sein als grundsätzliche gesellschaftliche Aufgabe verstandenes Humanitätsideal entworfen, das fortan zu seinem Grundthema wird: »Der wahre Zweck des Menschen – nicht der, welchen die wechselnden Neigungen, sondern welchen die ewig unveränderliche Vernunft ihm vorschreibt – ist die höchste und proportionierlichste Bildung seiner Kräfte zu einem Ganzen. Zu dieser Bildung ist die Freiheit die erste und unerlassliche [sic!] Bedingung. Allein ausser der Freiheit erfordert die Entwikkelung der menschlichen Kräfte noch etwas andres, obgleich mit der Freiheit eng verbundenes, Mannigfaltigkeit der Situationen. Auch der freieste und unabhängigste Mensch, in eine einförmige Lage versetzt, bildet sich minder aus.«[24] Vorrangig ist die Forderung nach Befreiung von jeder Bevormundung durch den Staat. Humboldt, der selbst nie eine öffentliche Schule besucht hat, sorgt zunächst für eine Reform des Schulwesens und daran anschließend, obwohl er nie Professor war, für die Gründung der ersten Berliner Universität. Sein Reformkonzept für das preußische Bildungswesen ist deutlich geleitet von Auffassungen, die er in seiner Ideen-Schrift formuliert hat.

Humboldt stößt auf ein größtenteils verknöchertes, heterogenes und sich im Umbruch befindendes Schulwesen. Im Wesentlichen entspricht es altem Standesdenken. Humboldt kritisiert die in »Text- und Konjekturalkritik erstarrten«[25] Bildungsvorstellungen des Althumanismus, der dem Lateinischen absolute Priorität einräumt. Er will es ablösen durch ein erneuertes Konzept des philologischen Neuhumanismus. Diesem geht es darum, die Antike in ihrer Ganzheit zu erfassen, nach der Bedeutung antiker Monumente zu fragen, sie zu deuten und sie zu interpretieren. Das Ziel hier ist nicht die Kritik der antiken Autoren auf der Ebene der Textverbesserung, sondern die Deutung und das Verständnis ihrer Aussagen. Das starre Erlernen von Lateinkenntnissen im Rahmen eng definierter Ziele soll überwunden werden durch neue Bildungsvorstellungen, die einem erweiterten Begriff von Bildung und Erziehung entsprechen. Es handelt sich hierbei allerdings nur um vereinzelte Bestrebungen, eine einsatzfähige Theorie findet Humboldt noch nicht vor. Ein neuhumanistisches Bildungskonzept sieht für den Umgang mit der klassischen Literatur vor, dass diese den jungen Menschen bildet und seine kreativen Kräfte entfaltet.

Diese grundlegende Umorientierung am Ende des 18. Jahrhunderts konnte aber das höhere Schulwesen nicht erreichen. Der damalige Staat konzentrierte sich vorrangig auf die Militärorganisation und das Steuerwesen, für den Bildungsbereich gab es noch kein Regierungskonzept. Staatlicher Einfluss war kaum gegeben, das Schulwesen war durchweg uneinheitlich, staatliche Erlasse hatten keine Wirkung. Bildungspolitik und Bildungsverwaltung steckten noch in den Anfängen, die staatliche Aufsicht über das Schulwesen lag noch in weiter Ferne.

Noch gab es keine Trennung zwischen Staat und Kirche, Organisation und Finanzierung der höheren Schulen oblagen der örtlichen Verwaltung in den Städten und Gemeinden.

Als Humboldt auf den Plan tritt, ist die Notwendigkeit einer allgemeinen Bildungsreform, vor allem aber einer Neukonzeption des Schulwesens offensichtlich. Humboldt will ein einheitliches dreistufiges Schulsystem schaffen, bei dem er die Elementarschule, die gelehrte Schule und die Hochschule als einen zusammenhängenden Bildungskörper begreift, als eine sich bedingende Einheit. Nach jeder Schulstufe soll es die Möglichkeit geben, in das Berufsleben einzutreten.

In Ermangelung einer gültigen Schultheorie entwickelt Humboldt ein Konzept für die Neubestimmung des Gymnasiums, das von drei ihn leitenden Gedanken ausgeht. Zum einen soll das Gymnasium keine neue Standesschule werden. Deshalb fordert er zweitens eine inhaltliche Ertüchtigung für alle Schüler mit dem Ziel einer moralischen Bildung als Basis für menschliches Handeln. Drittens sollen die Unterrichtsthemen einen Zusammenhang darstellen und den Zielen der höheren Schule entsprechen. Enzyklopädische Ausrichtung der Fächer lehnt Humboldt ab, die inhaltlichen Schwerpunkte sollen den Interessen der Gesellschaft entsprechen und nicht mehr Abbild des universitären Kanons sein.

Auch die Lehrerpersönlichkeit wird im Rahmen dieses Reformkonzeptes einem deutlichen Rollenwechsel unterzogen, er soll ein »Anwalt der Bildung des jungen Menschen«[26] sein. Das Modell der veralteten Gelehrtenschule will Humboldt auch dadurch überwinden, dass er eine Neubestimmung der Lehrinhalte vornimmt. Der junge Mensch soll in einer harmonischen Entwicklung alle seine Kräfte entfalten; entsprechend sollen die schulischen Lerngegenstände zu dieser Selbstvervollkommnung beitragen und den Weg aufzeigen zu einer fortschreitenden Kenntnis der Welt. Da Humboldt noch kein der Zeit entsprechendes Konzept gymnasialer Lerninhalte und -ziele vorliegt, wie sie Bildungstheoretiker wie Johann Heinrich Pestalozzi (1746–1827), sein Schüler Friedrich Fröbel (1782–1852) oder Adolph Wilhelm Diesterweg (1790–1866) entwickelt haben, muss er selber ans Werk gehen.

Philosophie als universelles Fach taugt seiner Meinung nach nicht, weil dies junge Menschen überfordere. Schulisches Lernen könne aber philosophisches Basiswissen vermitteln und damit den Sinn für die Philosophie entwickeln und schärfen. Die Vorherrschaft der alten Sprachen wie auch die der Philosophie ist damit gebrochen. Als unverzichtbar für den individuellen Bildungsprozess sieht Humboldt den Erwerb umfangreicher Kenntnisse und Fähigkeiten. Intellektualität, Emotionalität und Körpergefühl sollen entwickelt und der Lernende in seiner Ganzheit angesprochen werden. So wird dem Humboldt'schen Kerngedanken entsprechend »die harmonisch-proportionierliche Ausbildung aller Kräfte des Menschen« gefördert. Grundvoraussetzung für sein Ziel einer allgemeinen Menschenbildung ist systematisches und kontinuierliches Lernen. Dazu bedarf es der Anleitung. Dies gelte für alle Menschen, für den »gemeinsten Tagelöhner« genauso wie für den »am feinsten Ausgebildeten«, wie es im litauischen Schulplan heißt. Humboldt fordert deshalb einheitliche allgemeinbildende Schulen, die jedem Lernwilligen offenstehen. Damit will er die Trennung aufheben zwischen dem reinen Kopfmenschen und dem ausschließlich mit der Hand Arbeitenden.

Ebenso lehnt er ein bloßes Nützlichkeitskonzept ab, das Schule in engem Rahmen darauf einengt, nur auf den Beruf vorzubereiten. Schulische Bildung soll umfassende, allgemeine Menschenbildung sein. Jedem Kind soll die Chance der Entfaltung gegeben werden. Eine vorzeitige Festlegung auf ein Berufsfeld und die damit verbundene Hinorientierung lehnt Humboldt ab.

Detaillierte inhaltliche Lehrpläne oder Vorgaben für die Schulorganisation hat Humboldt nicht formuliert. Diese Aufgabe hat er im Rahmen der dargestellten Leitgedanken seinen wissenschaftlich geschulten Mitarbeitern im Ministerium überlassen, vor allem dem Pädagogen und Politiker Johann Wilhelm Süvern (1775–1829) und seinem Ministerialbeamten für Kirchen- und Schulangelegenheiten Heinrich Ludwig Nicolovius (1767–1839). Für die inhaltliche Ausrichtung hat Humboldt nur wenige Vorgaben geliefert. So spielt die Leibeserziehung bei ihm kaum eine Rolle. Demgegenüber wird der ästhetischen Erziehung eine herausragende Funktion zugebilligt.

Die den Menschen bildende Bedeutung des Schönen ist für den an Schiller geschulten Humboldt von grundlegender Bedeutung: »Wer die Kunst, sei es auch nur von einer Seite, erfaßt, [...] für den ist die Natur immer und ewig, und jeder einzelne Naturgegenstand immer reich, die Einbildungskraft immer unerschöpflich und das eigene Gemüth immer zur Annahme neuer Formen bereit. Es hängt damit alles andere zusammen, aber es ist von dieser Seite viel leichter, das andere alles zu erfassen.«[27]

Ausdrücklich setzt Humboldt, der selbst kein Instrument gespielt hat, sich dafür ein, dass der Musikerziehung eine herausragende Stellung im gymnasialen Lehrplan zukommt. Dies kann nicht erstaunen, hier wird der Einfluss Zelters deutlich, den Humboldt sehr schätzt. Humboldt bezeichnet die Musik als einen unendlich mächtigen »Hebel der Empfindung«, der gerade für die Bildung des Volkes eine große Bedeutung zukomme.[28] Ein weiterer Schwerpunkt sind Mathematik, die Erfahrungswissenschaften und der historische Unterricht. Jede gelehrte Schule habe die Aufgabe, »den mathematischen und historischen Unterricht gleich gut mit dem in den alten Sprachen einzurichten, so dass jeder Schüler, ohne dass ihm gestattet werde, einen von diesen ganz darin zu vernachlässigen, sich nach seinem Talent einem wird vorzugsweise widmen können.«[29] Eine herausragende Bildungsfunktion kommt der Mathematik zu, als reine Wissenschaft hat sie ihre bildende Bedeutung vor allem in der Ausbildung des Verstandes. Gemeinsam mit den alten Sprachen soll sie im Zentrum des neuen gymnasialen Lehrplans stehen. Humboldt hat aber nicht nur die alten Sprachen im Blick. Sprachen vermitteln den Zugang zur Welt. Für Humboldt ist die Beschäftigung mit Sprachen vorrangiges Ziel jeder schulischen Bildung. Von Herder ausgehend sieht er den Menschen vor allem als ein Sprachgeschöpf; die Sprache wird »als dasjenige bestimmt und ausgelegt, was Menschsein konstituiert«.[30] In den Schulplänen nimmt die Kenntnis des Lateinischen und des Griechischen eine herausgehobene Rolle ein. Das systematische Erlernen dieser Sprachen – in dem Fall einer abgeschlossenen Sprache – bedeutet die Einsicht in ihr System. Anhand eines Beispiels lernt der Schüler ihre Struktur kennen und kann diese Kenntnis dann auch auf andere Sprachsysteme anwenden. Darauf aufbauend gewinnt er zudem Einsicht in den unendlichen Prozess der Entwicklung, der jede Sprache unterworfen ist.

Auch das Hebräische, das Humboldt perfekt beherrscht, solle angeboten werden. Die Schule muss dafür sorgen, »dass der Sprachunterricht wirklich Sprachunterricht und nicht [...] eine mit Alterthums- und historischen Kenntnissen verbrämte, und hauptsächlich auf Übung gestützte Anleitung zum Verständnis der classischen Schriftsteller sey. Denn die Kenntnis der Sprache ist immer, als den Kopf erhellend, und Gedächtnis und Phantasie übend, auch unvollendet nützlich, die Kenntnis der Literatur hingegen bedarf, um es zu werden, einer gewissen Vollständigkeit.«[31] Darauf soll der Unterricht der alten Sprachen derart vorbereiten, dass der Schüler in den Stand versetzt wird, sich selbständig mit der antiken Literatur auseinanderzusetzen. Ohne die Kenntnis auch neuer Sprachen sind das Kennenlernen und das Verstehen der Welt nicht möglich. Weltaneignung und Selbstverwirklichung sind die wichtigsten Koordinaten seines Bildungskonzeptes. Hier wird deutlich, dass Humboldt Verfahren vorgibt, mit denen starre, nicht auf Erkennen gegründete, althumanistische Unterrichtspraktiken überwunden werden sollen.

Obwohl Humboldt in seinen Empfehlungen der geisteswissenschaftlichen Orientierung den Vorrang gibt, hat für ihn der naturwissenschaftliche Unterricht für die Praxis des humanistischen Schulbetriebs eine herausragende Bedeutung.

Kurz nach seiner Ernennung legt Humboldt dem Ministerium im Herbst 1809 eine knappe interne Denkschrift vor, den *Königsberger Schulplan*, in dem er sein Modell eines einheitlichen dreistufigen Bildungssystems mit dem dreijährigen Elementar-, dem anschließenden Gymnasial- und dem diesen Bildungsprozess abschließenden Universitätsunterricht darstellt. In engem Zusammenhang damit steht sein *Litauischer Schulplan*.[32] Beide Schriften sind trotz ihrer Kürze Dokumente der deutschen Schulgeschichte. Sie sind an den König gerichtet und haben das Ziel, dass Preußen die schweren materiellen und physischen Kriegsverluste und die damit verbundenen psychischen Folgen durch Reformen, das heißt, durch eine geistige Erneuerung kompensiert.

Mit Humboldts Neukonzeption wird das Gymnasium von einer

ständischen zu einer den Menschen bildenden Einrichtung. Wie sehr Humboldt eigene Erfahrungen zugrunde legt, wird ersichtlich in seinen Forderungen nach freier, selbsttätiger Entwicklung, die das Individuum befähigen, sich mit der Welt zu verbinden. Das Höchstmaß an Freiheit, an eigener Lernbereitschaft und Lernfähigkeit, das für ihn selbst der Motor war, ist auch das Paradigma seines Schulkonzeptes. Er stellt höchste Anforderungen an die Selbstorganisation des Einzelnen. Humboldt ist allerdings realistisch genug, die sozialen, politischen und materiellen Herausforderungen, die sein Modell darstellt, zu erkennen. Sein idealistisches Schulkonzept wird schnell durch die gesellschaftliche Realität abgeschliffen und modifiziert. Seine Vorgaben für das humanistische Gymnasium, seine Bildungstheorie des Individuums sind dennoch so richtungsweisend, dass sie bis heute die Grundlage darstellen für das Konzept der höheren Schulen in Deutschland.

Hochaktuell ist das von Humboldt formulierte pädagogische Ziel, das Lernen zu lernen. Im *Königsberger Schulplan* heißt es: »Der Zweck des Schulunterrichts ist die Übung der Fähigkeiten und die Erwerbung der Kenntnisse, ohne welche wissenschaftliche Einsicht und Kunstfertigkeit unmöglich ist. Beide sollen durch ihn vorbereitet, der junge Mensch instand gesetzt werden, den Stoff [...] teils jetzt schon wirklich zu sammeln, teils künftig nach Gefallen sammeln zu können und die intellektuell-mechanischen Kräfte auszubilden. Er ist also auf doppelte Weise, einmal mit dem Lernen selbst, dann mit dem Lernen des Lernens beschäftigt. [...] Der Schüler ist reif, wenn er so viel bei andern gelernt hat, daß er nun für sich selbst zu lernen im Stande ist.«

Nicht nur das frühe Ausscheiden Humboldts aus dem Bildungsministerium, auch der für seine Zeit unrealisierbare Charakter seines Konzeptes führen zu Verzögerungen und Kompromissen in der Verwirklichung. Die lateinische Sprache wird weiter als Regelwerk unterrichtet, das Griechische tritt in ihren Schatten. Die Volksschulen verbleiben weiter in strenger Trennung von den gelehrten Schulen. Die humanistischen Gymnasien sind – bis heute – der Bildungselite vorbehalten.

Bis auf wenige Ausnahmen sind die meisten deutschen Universitäten um die Jahrhundertwende in einem desolaten Zustand. Einer bis in die Karikatur reichenden Professorenherrlichkeit entsprechen mangelnde Aktualität des Lehrangebots, ein Mangel an hochschuldidaktischer Aufbereitung des Stoffes sowie eine weitgehende Disziplin- und Sittenlosigkeit der (damals ausschließlich männlichen) Studenten. Es liegt im Geist der Zeit, Struktur und Verfassung der rückständigen und unzeitgemäßen Universitäten zu reformieren, neue Ziele und Programme zu entwerfen. Aus der eigenen Studienzeit bringt Humboldt hinreichend Erfahrungen mit Pseudogelehrsamkeit, Professoreneitelkeit, schlechtem Lehrangebot und mangelndem Realitätsbezug mit. Er hat die Universität als ein lebensfernes Ghetto erlebt. Im Zentrum seiner Kritik steht die veraltete, auf starrer Organisation, auswendig gelernter Vielwisserei, zeitfernem Traditionalismus und Enzyklopädismus beruhende Universitätsstruktur.

Gefragt ist eine der Gegenwart um 1800 angemessene Berufsausbildung, die der politisch-gesellschaftlichen Umordnung Rechnung trägt. Die universitären Bildungsziele mussten neu definiert werden. Neben den klassischen Disziplinen Rechtswissenschaft, Theologie und Medizin sollte der Philosophie eine analoge Bedeutung zukommen. Die Naturwissenschaften und auch die Medizinerausbildung mussten der fortschreitenden Entwicklung angepasst werden. Ein zeitgemäßes Beispiel ist das 1724 in Berlin gegründete Collegium medico-chirurgicum, das sich schon im 18. Jahrhundert zu einer fast alle naturwissenschaftlichen Disziplinen umfassenden Institution entwickelte. Die 1790 gegründete Berliner Tierarzneischule, die Pépinière für Militärärzte aus dem Jahre 1795, die 1799 gegründete Bauakademie und die in mehreren deutschen Städten entstehenden Bergakademien sind weitere Indikatoren für eine verknöcherte, rückständige universitäre Struktur. Die Universitäten bekommen in diesen leistungsfähigen, fortschrittsorientierten Berufs- und Fachhochschulen ernstzunehmende Konkurrenten.

Der Beharrungswille der meisten deutschen Lehranstalten wird herausgefordert durch innovative Universitäten wie die 1694 in

Halle oder die 1737 in Göttingen gegründete Hochschule. Bedeutende Professoren wie Christian Gottlob Heyne oder Georg Christoph Lichtenberg reflektieren die Wissenschaftsgeschichte und setzen sich für eine Universitätsreform ein.

Um 1800 kommen auch erste Pläne für eine Universität in der preußischen Hauptstadt auf, für die der König und die Bildungsverwaltung gewonnen werden müssen. In bedeutenden Denkschriften und Abhandlungen werden die Voraussetzungen für eine radikale Erneuerung der Universität geschaffen. Einen Anfang macht der Philosoph Friedrich Wilhelm Joseph Schelling. Als einer der Hauptvertreter der idealistischen Philosophie formuliert er in seinen *Vorlesungen über die Methode des akademischen Studiums* (1802/03) eine generelle Neuordnung der Universitäten aus dem Geist des deutschen Idealismus. Hieran schließt der Philosoph Johann Gottlieb Fichte an mit seinem *Deducierte[n] Plan einer zu Berlin zu errichtenden höheren Lehranstalt* von 1807. Zeitgleich entsteht 1808 ein Konzept des Theologen, Philosophen und Staatstheoretikers Friedrich Schleiermacher: *Gelegentliche Gedanken über Universitäten im deutschen Sinn.* Diese unabhängig voneinander entstehenden Entwürfe zielen alle ab auf eine radikale Erneuerung der herkömmlichen Universitäten.

Nicht nur dem akademischen Lehrer, sondern auch dem Lernenden soll ein neues Selbstverständnis zukommen. Zur Disposition stehen das Wissenschaftsverständnis, das Lehren der Wissenschaft und entsprechend das Verhältnis von Lehren und Forschen. Gefragt ist ein neuer Typus des Hochschullehrers. »Kein Lehren an der Universität ist möglich, das nicht gleichzeitig ein Forschen ist, und kein Forschen ist denkbar, das nicht sogleich im Lehren durchschlägt. Schelling ist wohl der erste, der diesen die neuzeitliche Universität konstituierenden Zusammenhang erkannt und als unabdingbar für ihre Verwirklichung gefordert hat.«[33] Schelling begreift die Universität als »Pflanzschule der Wissenschaft« und zugleich als »allgemeine Bildungsanstalt«.

Im Kern geht es sowohl Schelling als auch Fichte schon darum, dass der Mensch nicht nur in seiner Intellektualität, sondern in

der Gesamtheit seiner Anlagen angesprochen und entwickelt wird.
Der Gelehrte wie auch der Lernende sollen sich in einem Raum der
inneren Freiheit bewegen; der Vorgabe des Stoffplanes mit allen
Denkanregungen soll in einem dialogischen Prozess die freie An-
eignung des Stoffes entsprechen als einem fortdauernden Gang der
Reflexion. Sowohl Fichte als auch Schleiermacher zielen ab auf die
praktische Anwendung der Ideen, auf reflektiertes Handeln nach
Maßgabe des Wissens. Das Wunschbild ist der vernunftgeleitete
Staat als Rahmen und eine alle gesellschaftlichen Schichten umfassende Nationalerziehung.

Auch wenn das Konzept des Theologen Schleiermacher nicht
die Kühnheit der Entwürfe von Schelling und Fichte hat, so sehen
alle drei die Universität als Instrument nationaler Erneuerung. Die
Universität soll mit der Philosophie als zentralem Fach »das Lernen des Lernens« lehren, so auch Schleiermacher, und dazu führen, dass »die Idee des Erkennens, das höchste Bewußtsein der
Vernunft, als ein leitendes Prinzip in dem Menschen aufwacht«.[34]
Schleiermachers Konzept orientiert sich eher an der gesellschaftlichen Lebensrealität, in der Studenten Schüler auf Zeit sind, die
auf der Basis des Gelernten Impulse der Erneuerung in die Gesellschaft tragen.

Als Wilhelm von Humboldt auf den Plan tritt, findet er mithin ein
noch unbestelltes Feld von Konzepten und Entwürfen zur Erneuerung der Universität vor; ihm obliegt es nun, für die preußische
Hautstadt ein tragfähiges Modell zu schaffen. Dazu bedarf es der
Zustimmung des Königs. Friedrich Wilhelm III. lässt für die kurze
historische Phase der Reformära den Einfluss großer Gelehrter und
kühnes Denken zu, dem sich die neue Universität verdankt. Geschult an Schiller und dessen Konzept einer ästhetischen Erziehung
des Menschen, eingearbeitet in das Denkgebäude von Kant, ermöglicht und fordert Humboldt zweckfreies philosophisches Denken,
das fortan die Grundlage liefert für ein neues Wissenschaftsethos.

In der kritischen Auseinandersetzung mit den Konzepten von
Schelling, Fichte und Schleiermacher erarbeitet Humboldt eine

eigene Bildungstheorie, die die gesamte Bildungsorganisation von der Elementarschule bis zur Universität umfasst. Sein Universitätskonzept *Über die innere und äußere Organisation der höheren wissenschaftlichen Anstalten zu Berlin* ist eine gänzlich eigenständige Leistung. Humboldt will den König für die Idee einer modernen Forschungsuniversität gewinnen, die das neue Preußen glanzvoll repräsentieren kann. Auf der Basis der Kenntnis des politischen Betriebes und der Wissenschaftsszenerie muss Humboldt einen Diskussionszusammenhang herstellen zwischen Politikern und den Gelehrten, er muss deren Widerstände Neuem gegenüber überwinden und einen grundlegenden Neuentwurf von der Planung zur Realisierung bringen. Vor allem muss er die Finanzierung regeln und für die gesamte Infrastruktur einer Universität sorgen.

Zunächst müssen auch noch Bedenken anderer Art zerstreut werden. Eine Universitätsneugründung in Berlin ist nicht unumstritten. Auch Humboldt teilt zeitweise den Großstadtvorbehalt und steht der Standortalternative Potsdam positiv gegenüber. Er geht davon aus, dass kleinere Städte geeigneter und seinen Zielvorstellungen gegenüber förderlicher sind. Er ist aber realistisch genug einzusehen, dass er sich mit dieser Reserve nicht durchsetzen kann.[35] Nach umfänglichen Absprachen vor allem mit dem König wird er zu einem überzeugten Befürworter eines Universitätskonzeptes für die preußische Hauptstadt.

Jetzt sieht Humboldt sich mit dem Widerstand der alten preußischen Universitäten gegen eine Neugründung in Berlin konfrontiert. Im Gegensatz zu den Hochschulen in Breslau und in Frankfurt an der Oder hat Königsberg dabei eine starke Position. Humboldt geht davon aus, dass zwei gut geführte Universitäten in Preußen dem Bedarf ausreichend entsprechen. Deshalb sieht er auf lange Sicht die Existenz der Hochschulen in Breslau und Frankfurt gefährdet.

Als Repräsentant des Liberalismus schreibt Humboldt programmatisch für seine Universitätsidee vor allem die Freiheit der Wissenschaften vor, in keinem Bereich dürfe sich der Staat inhaltlich in den Wissenschaftsbetrieb einmischen. Anstelle des Staates solle die Universität sich in verantwortungsvoller Selbststeuerung verwalten. Weiter will er eine Verbindung von Lehre und Forschung festgelegt wissen, die Lehre solle unmittelbar aus der Forschung hervorgehen. Dadurch wird eine enge Gemeinschaft von Lehrenden und Lernenden sowohl gefordert wie auch geschaffen. Universitäre Wissenschaft begreift er als unendlichen Prozess der Bildung und Bildung dementsprechend als eng an den Wissenschaften orientiert.

Den freien gedanklichen Austausch sieht er als Voraussetzung für sein grundlegendes Ziel der umfassenden Bildung und Entwicklung des Individuums. Befreit von Vorschriften, wird diesem Individuum im Austausch mit Gleichgesinnten rege Selbsttätigkeit abverlangt mit dem Ziel der umfassenden Selbstbildung. Dem Staat schreibt Humboldt hierbei eine klar umrissene Rolle zu. Unmittelbares Interesse des Staates ist der gebildete, mündige und selbstbewusste Bürger. Der gebildete Mensch ist nach Humboldt kein »devoter Diener des Staates. Vielmehr nimmt er als Repräsentant der Nation den Staat für die Erwirkung seines Menschseins in Anspruch um dadurch selbst die fortschreitende Vervollkommnung der Nation zu fördern.«[36] Auch die Rolle des Hochschullehrers erfährt eine Neubestimmung. Er stellt dem Lernenden sein Wissen zur Verfügung, ohne zu bestimmen. Kernaufgabe ist das wissenschaftliche Gespräch. »Auf diese Weise wird das bildende Gespräch, das für die geselligen Zirkel kennzeichnend ist, zum Zentrum universitären Lernens. [...] Dieses Gespräch ist prinzipiell unabschließbar.«[37] Der Staat muss also Rahmenbedingungen bereitstellen, die es dem Einzelnen ermöglichen, durch strenge und disziplinierte wissenschaftliche Arbeit aktiv eine umfassende Persönlichkeitsentfaltung zu realisieren. Allgemeines Ziel universitärer Bildung ist die Veredlung und Versittlichung des Menschen, mithin ein Absolvent, der ein verantwortungsvoller Staatsbürger ist, der sich durch Tüchtigkeit auszeichnet.

Festgelegte Studiengänge wie auch das Studium beendende Examen würden diesem gleichsam endlosen Lern- und Forschungsprozess nicht entsprechen. Humboldt legt die Beendigung eines Studiums in den Verantwortungsbereich des Einzelnen. Die Finanzierung sowohl schulischer wie auch universitärer Einrichtungen sieht Humboldt ausschließlich als Pflicht des Staates.

Für seinen Antrag an den König bezieht Humboldt sich vorrangig auf Schleiermachers Abfassung von 1808, fasst die zentralen Aspekte der vorliegenden Entwürfe zusammen und integriert sie in sein Vorhaben. 1809 liegt sein Konzept vor; am 16. August 1809 entspricht der König nach mehreren Änderungen seinem Antrag. Als Gebäude für die Universität wird das 1776 erbaute Palais des Prinzen Heinrich von Preußen (1726–1802) vorgesehen.

Humboldt hat zuvor auch das Verhältnis der neuen Universität zu den in Berlin bereits bestehenden Akademien der Künste und der Wissenschaft sowie verschiedenen wissenschaftlichen Instituten reflektiert. Er will die Wissenschaftslandschaft so verbunden wissen, dass sie »ein organisches Ganzes« darstellt, in dem »jeder Theil« die ihm »angemessene Selbstständigkeit erhält, doch gemeinschaftlich mit den andern zum allgemeinen Endzweck mitwirkt«.[38] Er räumt auch den Mitgliedern der Preußischen Akademie der Wissenschaften das Recht ein, an der Universität zu lehren. Humboldt selbst hat öffentliche Vorlesungen in dieser Akademie gehalten. Für sein Lehrangebot hat er sich auch immer wieder die Sing-Akademie gewählt, weil dies der einzige Versammlungsort Berlins war, der weder vom Hof noch von der Universität oder der Kirche abhängig gewesen ist.

Bevor die Universität am 15. Oktober 1810 eröffnet wird, ist Humboldt mit der Berufung herausragender Professoren beschäftigt. Gemäß seinen Maßstäben müssen sie allerhöchsten Anforderungen genügen. Seine Berufungsliste gehört zu den glanzvollsten, die jemals für eine Universität vorgelegt worden sind. Zu den ehrenvollsten neuen Lehrstuhlinhabern (bis 1923 nur Männer[39]) zählen Friedrich Schleiermacher, Johann Gottlieb Fichte, der Philosoph Georg Wilhelm Friedrich Hegel als bedeutendster Vertreter des deutschen Idealismus, der Rechtsgelehrte und Historiker

Friedrich Carl von Savigny, der Althistoriker Barthold Georg Niebuhr (1776–1831), der Arzt Christoph Wilhelm Hufeland, Carl Ritter (1779–1859), der die Geographie wissenschaftlich begründete
und auf den ersten Lehrstuhl für Geographie in Deutschland berufen wurde, der Theologe August Wilhelm Neander (1789–1850),
für den ein Lehrstuhl für Kirchengeschichte eingerichtet wird, und
einer der renommiertesten Gelehrten seiner Zeit, der Altertumsforscher August Boeckh. 1811 wird der Philologe und Philosoph
Karl Wilhelm Ferdinand Solger (1780–1819) an die Universität berufen, die er 1814 bis 1815 als Rektor leitet. Eine Ernennung Hegels
erfolgt erst 1818. Das außerordentliche Niveau seiner Vorlesungen
spricht sich herum, sein hohes Ansehen wird schnell in der ganzen
Stadt bekannt und führt ihm viele Hörer auch außerhalb des universitären Rahmens zu. Unter seiner Ägide wurde die Philosophische Fakultät das Zentrum der Berliner Universität, deren Rektor
er 1829 wurde.

Die Eröffnung dieser Reformuniversität mit Fichte als erstem Rektor findet ohne Humboldt statt. Schon am 23. Juni 1810 scheidet er
verbittert aus seinem Amt aus. Er erkennt, dass er aufgrund der zunehmenden Reaktion in Preußen und dem konkurrierenden Verhalten des Staatskanzlers von Hardenberg nichts ausrichten kann,
er ist nicht weiter gewillt, den Hofintrigen des entscheidungs-
schwachen, ständisch-konservativ orientierten Königs Friedrich
Wilhelm III. ausgesetzt zu sein. Der zu seinem Nachfolger ernannte Innenminister Friedrich von Schuckmann kommt aus dem
reaktionären Lager und opponiert gegen jede liberale Gesinnung.
Sein Bildungsbegriff ist ganz an der Funktionalität für staatliche Interessen orientiert.

Zuletzt erweist sich Humboldts Universitätskonzept in vielen
Punkten als nicht vollständig realisierbar.[40] Eine deutlicher werdende Diskrepanz zwischen seinen bildungstheoretischen Grundüberzeugungen und der gesellschaftlichen und politischen Realität
zeigt sich schon in der ersten Hälfte des 19. Jahrhunderts. Die Universität repräsentierte nicht die Nation, sondern blieb Instrument

des Staates. Sowohl Humboldts Wissenschafts- als auch sein Bildungsbegriff lassen sich nicht einlösen. Studenten wie auch Professoren können seinen hohen Ansprüchen nicht folgen, da Studenten in der Regel keine produktiven Forscher sind und Hochschullehrer zu sehr ihrer Wissenschaft verpflichtet sind, als dass sie in der geforderten Weise bildend auf ihre Studenten einwirken könnten. Auch bereiten die Gymnasien nicht ausreichend auf die geforderte Rolle vor. Hinzu kommt, dass der Bildungs- und Wissenschaftsbegriff sich entsprechend der Zeit verändert.

Die von Humboldt vorgesehene Einheit von Forschung und Lehre, sein Konzept der Einsamkeit und Freiheit des individuellen Lernens, sein Postulat der Autonomie und der Selbsttätigkeit brechen sich an der Eigendynamik der Realität und dem Wandel der Zeit.

Humboldt war nur wenig Zeit vergönnt für die Reorganisation des preußischen Bildungswesens. Mit enormem Arbeitseinsatz und diplomatischem Geschick hat er in den knapp eineinhalb Jahren seiner Amtsinhabe 1809/10 sein umfangreiches und bis heute richtungsweisendes Bildungskonzept auf den Weg gebracht.

Eine herausragende Rolle für die Entwicklung der Universität spielt Johann Gottlieb Fichte. Schon als Professor der Philosophie in Jena hat er vehement politische und soziale Reformen gefordert und sich in Wort und Schrift für den Fortschritt der Gesellschaft eingesetzt. Hier hat der an Kant geschulte Philosoph private Vorlesungen gehalten, zu denen auch Frauen zugelassen waren.

In Berlin wird der kleine, gedrungene Mann, den Goethe einen »wunderlichen Kauz« nannte, schnell berühmt für seine allwöchentlich stattfindenden Vorlesungen in der Preußischen Akademie der Wissenschaften. Seine feurigen Reden, sein rhetorisches Talent tragen ihm den Ruf ein, der »Bonaparte der Philosophie« zu sein.

Er will das noch von Frankreich besetzte Preußen wachrütteln und zu geistiger Selbstbefreiung aufrufen. Vor allem in den vierzehn *Reden an die deutsche Nation* (1808), neben seiner *Wissenschaftslehre* seine bekannteste Schrift, profiliert sich der inzwischen berühmt gewordene Philosoph als Gegner Napoleons. Fichtes Buch basiert auf Vorlesungen, die er während der französischen Besatzung gehalten hat. Fichte will das gebrochene Nationalgefühl wieder entfachen und zu einer Emanzipation von der französischen Herrschaft aufrufen. In einem leidenschaftlichen Appell wendet er sich an die Deutschen, sich zu bilden und zu alter Geistesgröße zurückzufinden. Er fordert eine erneuerte Nationalerziehung. Er formuliert sein Ideal eines sittlichen, auf Vernunft gegründeten Staates. Der einzige Weg dorthin ist für ihn die Erziehung.

Fichte wird, als er 1811 zum ersten Rektor der neu gegründeten Universität berufen wird, der entscheidende Motor der Berliner philosophischen Debattenkultur. Schnell gewinnt der selbstbewusste und streitbegabte Philosoph durch öffentliche Vorträge die meinungsbildenden Kreise für sich und dominiert durch sein scharfes Denken und seine charismatische Ausstrahlung das intellektuelle Berlin.

Einfluss gewinnt Fichte auch durch seine judenfeindlichen Äußerungen, die dazu beitragen, den Antisemitismus unter den Gebildeten salonfähig zu machen.

Durch die Klarheit seiner philosophischen Reflexion über Bildung und Nation gelingt es ihm, die bürgerliche Öffentlichkeit mitzureißen. Viel Zeit, seine Rhetorik der Freiheit politisch umzusetzen und in der Realität zu verankern, verbleibt ihm allerdings nicht. 1813 steckt Fichte sich bei seiner an Typhus erkrankten Frau, die im Lazarett Kriegsverletzte gepflegt hat, an und stirbt am 29. Januar 1814.

Bis zum Ende des Zweiten Weltkrieges trägt die Berliner Universität den Namen ihres königlichen Stifters Friedrich Wilhelm. 1949 erhielt die im damaligen Ostteil der Stadt gelegene Universität den Namen Humboldt-Universität, den sie bis heute trägt. Die damalige DDR berief sich bei dieser Umbenennung auf den fortschrittlichen Humanismus der Brüder Wilhelm und Alexander von Humboldt. Je ein Marmordenkmal, links und rechts am Eingang zum Hauptgebäude der Universität aufgestellt, erinnert an die Leistungen der beiden Gelehrten. Zwei Berliner Bildhauer schufen die

Werke: Martin Paul Otto (1846–1893) das von Wilhelm von Humboldt zur Linken des Tores und Reinhold Begas (1831–1911) das von Alexander zur Rechten. Eingeweiht wurden beide Standbilder am 28. Mai 1883.

In einem weiteren Lebensabschnitt vertritt Humboldt in verschiedenen Missionen Preußen. Aufgrund seiner außen- und innenpolitischen Leistungen wächst seine Reputation. 1813 ist er preußischer Unterhändler auf dem Prager Kongress. Neben Hardenberg tritt er als preußischer Gesandter 1814/15 in Wien auf verschiedenen Kongressen auf. Hier geht es um die Neuordnung Europas. Humboldt setzt sich ein für das Ziel der Überwindung der deutschen Kleinstaaterei und für die Verwirklichung der angeforderten demokratischen Rechte. Vor allem Metternich und sein Berater Friedrich von Gentz – er war in der Jugendzeit ein Freund Wilhelm von Humboldts – bereiten aber allen Freiheitsbestrebungen ein Ende, liberale Tendenzen werden unterdrückt. Die deutsche Kleinstaaterei in all ihrer Zersplitterung wird zementiert.

Nach der Niederlage Napoleons am 19. Juni 1815 in Waterloo nimmt Humboldt teil an den Friedensverhandlungen in Paris. Im Oktober 1817 ist er als Gesandter in London, 1819 wird er Minister für ständische und kommunale Belange im preußischen Innenministerium. Sein entschieden liberaler Einsatz für die Einführung einer Verfassung wird von Hardenberg verworfen, seine unverhohlene Missbilligung der Karlsbader Beschlüsse führt 1819 zu einer Kabinettskrise und zu seiner Entlassung aus dem Staatsdienst. Dass Preußen der Weg zu einer konstitutionellen Monarchie verstellt ist, hat Humboldt tief enttäuscht.

Am Ende desselben Jahres 1819 trennt Humboldt sich endgültig von der Politik und zieht sich nach Tegel zurück, um sich fortan bis zum Ende seines Lebens nur noch eigenen Forschungsvorhaben zu widmen. Er ist jetzt 51 Jahre alt. Öffentlich tritt er nur noch selten auf, hält Vorträge in der Akademie der Wissenschaften oder den Kultureinrichtungen der preußischen Hauptstadt.

Einmal noch wird Humboldt vom König mit einer wichtigen

Aufgabe betraut: Am 8. Mai 1829 erhält er den Vorsitz der Kommission für die Inneneinrichtung des von Schinkel gebauten Alten Museums, dem ersten öffentlichen Kunstmuseum in Preußen. In Paris hatte Humboldt die Idee eines für die Öffentlichkeit zugänglichen Museums schätzen gelernt. Jetzt sollte auch Berlin ein solches alle Bürger bildendes demokratisches Haus erhalten. Mit diesem Konzept nimmt Humboldt entscheidenden Einfluss auf die Auswahl und die Hängung der Bilder. Der ästhetische Genuss der originalen Kunstwerke und damit die ästhetische und kulturelle Erziehung stehen für ihn im Vordergrund. Zentrale Aufgabe des Museums ist die Ermöglichung eines optimalen Kunstgenusses, der auf das Gefühl und die Einbildungskraft einwirkt. Die kunsthistorische Reflexion wie auch die praktische Ausbildung der Künstler sind dem nachgeordnet.[41] (Vgl. dazu auch Kap. 3)

Obwohl Humboldt seinen Lebensmittelpunkt nach Tegel verlegt hat, wird die Berliner Wohnung der Familie in der Jägerstraße 22 bis zum Tod von Caroline von den Humboldts im Winter weiter bewohnt, da das sehr einsam gelegene Schloss Tegel in der kalten Jahreszeit schwer zu beheizen ist und der Weg zur Stadtwohnung lang ist. Wilhelm von Humboldt ist seit 1802 alleiniger Erbe, er lässt das elterliche Anwesen, das seit 1766 im Besitz der Familie ist, von Schinkel grundlegend umbauen. Die Familie hatte den Architekten 1803 während der Romjahre kennen- und schätzen gelernt, als Humboldt preußischer Gesandter beim Heiligen Stuhl war. Humboldt hatte sich erfolgreich dafür eingesetzt, dass Schinkel nach seiner Rückkehr in die preußische Hauptstadt eine Anstellung bei der Oberbaudeputation erhält. Humboldt bleibt Schinkel ein Leben lang in Freundschaft verbunden, mit Erstaunen hat er »die parallelen Entwicklungslinien ihrer intellektuellen Sozialisation wahrgenommen«.[42]

Die Neugestaltung des herrschaftlichen Gebäudes, dessen älteste Anteile noch aus dem 16. Jahrhundert stammen, ist ein Geniestreich Schinkels. Es zählt zu den Meisterwerken des Klassizismus. In kongenialer, intensiver Arbeit konzipieren Humboldt und

Schinkel einen Entwurf für den Umbau, der von 1820–24 ausgeführt wird.[43] Den Altbau mit dem Turm, in dem Humboldt aufgewachsen ist, will die Familie erhalten wissen. Schinkel nimmt die
vorhandenen Stilelemente in seine Planung auf, errichtet an den
vier Ecken des neuen Gebäudes dreigeschossige Türme, die das alte
Haus auf der Eingangsseite und den Neubau auf der Gartenseite
umstellen. Der Neubau ist in strahlendem Weiß gehalten.

Das erneuerte Schloss Tegel entspricht sowohl Schinkels als
auch Humboldts Vorstellungen einer modernen, spielerisch auf
die Antike verweisenden Villa. Im Inneren dominiert großbürger-
liche Eleganz. Die Räume bergen die vor allem von Caroline von
Humboldt mit herausragender Kenntnis erworbenen zeitgenössischen und antiken Kunstschätze. Das große Arbeitszimmer Humboldts ist als Bibliothek für seine umfangreichen Bestände konzipiert. Im Obergeschoss befinden sich die Wohn- und Schlafzimmer
der Familie und die repräsentativen Räume, der Salon und vor allem der Antikensaal. Das zweite Obergeschoss besteht aus weiteren
Wohnungen der großen Familie. Das weitläufige Anwesen, ange-
füllt mit Kunstobjekten aus allen Bereichen, ist nicht nur Zeugnis
des Bildungsweges, sondern ein Spiegel der geistigen Tätigkeit von
Wilhelm von Humboldt. Als Gesamtkunstwerk gleicht es einem
preußischen Antikenmuseum. In dem erneuerten Schloss Tegel
hat Humboldt sich mit Hilfe des ihm geistesverwandten Friedrich
Schinkel einen Traum verwirklicht, der es ihm ermöglicht, gemeinsam mit seiner Frau ein der griechischen Antike, der Kunst und
Kultur verpflichtetes Leben zu führen, in diesem Rahmen kann er
die eigene Lebensweise und seinen Bildungsanspruch in Einklang
bringen. Nach den Jahren der napoleonischen Kriege, des Herum-
reisens, der Trennungen und der wechselnden Wohnorte können
Caroline und Wilhelm von Humboldt jetzt zur Ruhe kommen und
ein gemeinsames, kunstaffines Leben führen.[44]

Der Kosmos der Humboldt'schen Weltaneignung ist nicht zu denken ohne seine Arbeiten zur Sprachphilosophie. Den Sprachforscher außer Acht zu lassen, hieße sein gelehrtes Werk zu halbie-

ren. Mit enormer Produktivität nimmt Humboldt in Tegel seine unterbrochenen Studien wieder auf, und zwar zu einem Zeitpunkt, als sich eine neue allgemeine Sprachwissenschaft stürmisch entwickelt.[45] Ziel seiner Überlegungen ist eine Definition der écriture, des Aktes des Schreibens, sowie eine Analyse des Verhältnisses von Sprache und Denken.[46] In der Beschäftigung mit der Sprache entdeckt Humboldt den Kern seiner Forschung. Die Sprache ist für den Theoretiker das humane Medium, in dem sich sowohl das einzelne Individuum als auch die gesamte Menschheit kundtun und erkennen lassen. Jede Sprache birgt in sich ein einzigartiges Verständnis von Welterfahrung.

Die Sprache gehört zur universellen Ausstattung jedes Menschen und findet in den vielen Sprachen der Welt ihren jeweiligen Ausdruck. Zusammengesehen bilden die Sprachen den Geist der Menschheit. Humboldt entwickelt eine Sprachtheorie, der zufolge es universelle Gesetze gibt, die jede Sprache strukturieren, die das Sprachverhalten des Einzelnen leiten. Im Rahmen dieser Grundprinzipien entwickelt sich die kaum überschaubare Vielfalt der Einzelsprachen in allen verschiedenen Ausprägungen. Das Hauptinteresse Humboldts gilt dabei nicht den allgemeinen Strukturen, dem Regelwerk der Sprache, ihn interessiert viel mehr der individuelle Akt des Sprechens. Diesen sieht Humboldt als eingebunden in den Kontext des jeweiligen Kulturraumes. Dieser Ansatz macht ihn zu einem »der ersten Theoretiker eines kulturräumlichen Denkens, das Differenz und Kontingenz als real konstatiert und als Gewinn bilanziert«.[47] Das Individuum, und eben auch der individuelle Sprecher, standen immer im Mittelpunkt seines Bildungsdenkens. Sprache entfaltet und prägt das Denken, sie ist die kreative Kraft, die es zu fördern gilt. Seine Anthropologie ist die Basis für sein Sprachdenken, er geht davon aus, dass das Potential des Menschen in seinem Sprachverhalten am besten zu erfassen ist. Die am höchsten entwickelte Ausdrucksform der Sprache findet Humboldt in der Antike und in der Literatur.

Das vergleichende Studium der Sprachen wird in den einein-halb Jahrzehnten, die ihm verbleiben, zu seinem großen Projekt.

Er erforscht vor allem das Baskische, die Indianersprachen Amerikas, das Sanskrit, das Javanische, das Altägyptische, das Chinesische und Japanische. Ihn interessieren die Sprachen der Welt als Ausdrucksform des menschlichen Geistes. »Humboldt war in seiner Zeit, wie sein Bruder Alexander bemerkt, wohl der Mensch, der die umfassendsten Kenntnisse von den Sprachen der Welt hatte.«[48] Zu seinem unvollendet gebliebenen Werk *Über die Kawi-Sprache auf der Insel Java* schreibt er eine umfangreiche Einleitung: *Über die Verschiedenheit des menschlichen Sprachbaues und ihren Einfluss auf die geistige Entwicklung des Menschengeschlechtes*. An dieser Einleitung arbeitet Humboldt von 1830 bis zu seinem Tod, sie stellt die Summe seiner sprachphilosophischen Einsichten dar.

Als Caroline von Humboldt am 26. März 1829 stirbt, beginnt ein schneller Alterungsprozess des noch nicht Zweiundsechzigjährigen. Humboldt wird gebrechlich, er leidet an starker Kurzsichtigkeit, er erkrankt an Parkinson. Jahrelang ist er mit einem angemessenen Grabmal für Caroline von Humboldt beschäftigt. Im Schlosspark Tegel entwirft Schinkel nach Humboldts Vorgaben eine Grabanlage für die gesamte Familie. Humboldt lässt für Caroline eine fünf Meter hohe Säule aus rotem Granit errichten, auf deren Spitze eine Skulptur der römischen Göttin der Hoffnung des dänischen Bildhauers Bertel Thorvaldsen (1770–1844) thront. Für diese Figur hatte Caroline von Humboldt noch zu ihren Lebzeiten Modell gestanden. Nach ihrem Tod 1829 verlässt der Witwer Tegel nur noch selten.

In seinen letzten Lebensjahren ist Goethe über den Austausch von Briefen einer der wichtigsten intellektuellen Gesprächspartner von Humboldt. Bemerkenswert ist, dass Humboldt 1805 nicht nur Adressat des letzten von Schiller geschrieben Briefes war. Auch Goethe hat den letzten Brief seines Lebens am 17. März 1832, fünf Tage vor seinem Tod, an Humboldt gerichtet.[49] Goethe hatte die Faust-Dichtung vollendet; in diesem Brief zieht er Bilanz seines Lebens und nimmt Abschied, von anderen und von sich selbst.

Am 8. April 1835 schließlich stirbt Humboldt in Tegel. Am 12. April wird er im Park des Schlosses beigesetzt.

Aufgrund seiner häufigen und lang andauernden Reisen ist Humboldt in seinem Land weitgehend ein Fremder geblieben. Weit mehr noch als Goethe war er Kosmopolit. Über lange Phasen seines Lebens hat Humboldt in den europäischen Zentren Paris, Rom, Wien oder London gelebt, er beherrschte die wichtigsten Sprachen der Alten und der Neuen Welt. Am liebsten war er unterwegs, suchte Welterfahrung. Wo immer er hinkam, schätzte man seine klare Geistesgegenwart und seine Urteilsfähigkeit.

In seiner Selbstbiographie sieht Humboldt sich als »Zuschauer«, als »Betrachter«, als »Beobachter«. Fasst man sein Lebenswerk zusammen, wird aber deutlich, dass Humboldt als preußischer Staatsmann nicht nur aufgrund seiner Schulreform und der Neukonzeption der Berliner Universität, sondern auch wegen seiner bildungs- und staatstheoretischen Schriften als Humanist sui generis in die Geschichte eingegangen ist. Auch das aus seiner Anthropologie abgeleitete Konzept einer Individualbildung und seine Sprachphilosophie haben bleibenden Wert. Es hat in seiner Bedeutung neben dem Konzept der Kunstautonomie von Karl Philipp Moritz oder von Schleiermacher Bestand.

Er, der eigentlich für den hohen Staatsdienst erzogen worden ist, entwirft einen eigenen Lebensplan, der darauf abzielt, als Individuum gegenüber dem autoritären Staat standzuhalten und der, eine ausgeprägte Subjektivität wagend, den Weg für eine optimale Selbstentfaltung weist.

Diese Leistungen sind bleibende Verdienste, die der dem Adel entstammende Gelehrte der bürgerlichen Großstadtkultur der preußischen Hauptstadt um 1800 inkorporiert hat. Seine Reflexionen eines auf Freiheit beruhenden authentischen Lebensentwurfes, einer von Autonomie gekennzeichneten Gesellschafts- und Staatsordnung sind bis heute modern und von großer Strahlkraft.

# Ausblick: Die Phase der Restauration

Die vorangegangenen Kapitel konnten zeigen, dass viele der singulären Kunst- und Kulturleistungen der Berliner Klassik noch heute eindrucksvoll gegenwärtig sind. Die großen idealistischen Ideengebäude der Zeit um 1800 allerdings, die eine erneuerte, moderne Gesellschaft projektierten, gerieten schnell zu einem Zukunftstraum, selbst in Berlin. Grundlegende politische Veränderungen sind weder von Friedrich Wilhelm II. noch von Friedrich Wilhelm III. vollzogen worden. Während Schinkel als »Veredler aller menschlichen Verhältnisse«[1] viele seiner Architekturentwürfe realisieren konnte, blieb die aufgeklärte Gesellschaft, für die er sie konzipiert hat, weitgehend Illusion. Ihr war nur ein kurzes Zwischenspiel vergönnt. Der nationale Aufbruch bekam Gegenwird, die Reformbewegungen wurden in der Zeit der Restauration erstickt. Der Kampf um eine Verfassung, also für ein repräsentatives gesamtgesellschaftliches Organ des Königreiches, für bürgerliche Freiheiten, für eine auf Vernunft gegründete Verwaltung, die das große Modernisierungsprogramm der Reformer umsetzen soll, scheiterte. Das in Preußen angelaufene Reformrad wurde zurückgedreht, Deutschland weder vereint noch erneuert. Die zukunftsorientierten Emanzipationskonzepte der Welterklärung und Weltveränderung, die an der von Wilhelm von Humboldt gegründeten Berliner Universität und in ihrem Umfeld ersonnen und diskutiert wurden, blieben zur damaligen Zeit weitgehend Wunschträume. Ihre Wirkung entfalten sie erst später. Auch die jüdischen Salons, in denen die Idee einer Symbiose von Preußentum und Judentum auf einen glanzvollen Höhepunkt zuzusteuern schien, waren nur ein funkelndes Intermezzo in der Geschichte der deutsch-jüdischen Beziehungen.

Nach der Niederlage Napoleons in der Völkerschlacht bei Leipzig 1813, der Schlacht bei Waterloo und seiner Verbannung 1815 wird auf dem Wiener Kongress im gleichen Jahr eine Neuordnung Europas verhandelt.[2] Das Ziel ist eine Restauration,[3] das heißt die Wiederherstellung der politischen Machtverhältnisse des Ancien Régime, von Verhältnissen also, wie sie Europa vor der Französischen Revolution gekennzeichnet haben. Für dieses Vorhaben treffen sich die konservativen Monarchen Kaiser Franz I. von Österreich (1768–1835), der russische Zar Alexander I. (1777–1825) und der preußische König Friedrich Wilhelm III. in Wien. Sie bilden eine *Heilige Allianz.*

Im Rahmen des Wiener Kongresses wird das Herzogtum Sachsen-Weimar-Eisenach zum Großherzogtum erhoben, sein Territorium wird verdoppelt, der Großherzog Carl August kann sich nunmehr *Königliche Hoheit* nennen. Der mit zunehmendem Alter zu überzogener Machtrepräsentation und Verschwendung neigende Fürst gibt dem Großherzogtum 1816 immerhin eine neue Verfassung, in der er vor allem die Pressefreiheit verankert. Er realisiert damit als einer der wenigen die eigentlich allen Fürsten auferlegte Vorgabe der Wiener Gründungsakte des Deutschen Bundes und setzt damit richtunggebende liberale Maßstäbe. Dies erklärt, warum sich in der Jenaer Universität die oppositionelle Burschenschaftsbewegung[4] konzentriert, die liberale, nationale und demokratische Forderungen vertritt.

Die *Allgemeine deutsche Burschenschaft* ist den Grundsätzen der Französischen Revolution verpflichtet. In aller Vielfalt stellen die Studenten einen völlig neuen politischen Faktor dar: der Einzelne engagiert sich für seine Nation und für das Konzept von »Freiheit, Gleichheit und Brüderlichkeit, von Demokratie und aggressivem Rationalismus mit romantischen Vorstellungen von organischer Gemeinschaft, christlichem Charakter, mittelalterlichem Kaisertum und Enthusiasmus des Gemüts.«[5]

Um ihren Forderungen Nachdruck zu verleihen, organisieren die Burschenschaftler 1817 das Wartburgfest. Hier soll die Feier der nationalen Befreiung von Tyrannei durch die Völkerschlacht bei

Leipzig 1813 mit dem dreihundertsten Jubiläum der Reformation verbunden werden. Die Einladungen ergehen deshalb fast nur an protestantische Universitäten. Die thüringische Wartburg, die über den mittelalterlichen Sängerkrieg und die Figur der heiligen Elisabeth von Thüringen (1207–1231) weithin bekannt ist, bietet sich schon wegen ihrer zentralen Lage und ihrer Nähe zu den Leipziger Schlachtfeldern als Versammlungsort an, vor allem aber, weil Luther hier die Bibel übersetzt und damit die Grundlegung der deutschen Schriftsprache geschaffen hat. Mehr als 500 Studenten aus mindestens elf deutschen Universitäten nehmen daran teil. Dieses große nationale Fest gerät zu einer neuen Form des politischen Engagements, hier artikulieren sich neben den freiheitlichen Forderungen allerdings auch antisemitische Töne.[6] Konservative Kräfte wie der im Dienst des österreichischen Kaisers stehende Außenminister Metternich reagieren umgehend und bekämpfen diese neuen politischen Manifestationen.

Dem Weimarer Großherzog Carl August, dem Landesherren der Wartburg und der Universität Jena, der die Burschenschaften liberal gewähren ließ, werden sogleich harte Maßnahmen gegen die aufbegehrenden Jenaer Studenten abverlangt. Das Wartburgfest veranlasst auch die Großmächte zu entschiedenen Interventionen beim Weimarer Hof.

Der Auftakt zu einer in die Reaktion führenden Entwicklung ist die Ermordung des Schriftstellers August von Kotzebue am 23. März 1819 durch den Theologiestudenten Karl Ludwig Sand (1795–1820).[7] Kotzebue hatte nicht nur die russische Regierung mit Informationen über die deutschen Universitäten und ihre revolutionären Studenten versorgt, er hatte auch öffentlich die Burschenschaften verspottet. Seine Ermordung ist die Tat eines Einzelnen, eines labilen, schwärmerisch veranlagten Burschenschaftlers, dennoch gerät umgehend das kleine Fürstentum Sachsen-Weimar-Eisenach in den Fokus konservativer Restriktionen. Jetzt überreicht sogar Staatskanzler Hardenberg dem Großherzog ein eigenhändiges Schreiben Friedrich Wilhelms III., in dem dieser seine Sorge über die politischen Umtriebe im Großherzogtum formuliert. Auch der Wiener Hof ist empört, über seinen Gesandten zieht der Kaiser Erkundigungen über den politischen Brandherd Jena ein. Der Weimarer Hof entspricht loyal dem Wunsch nach Kontrolle, reagiert aber weiterhin überwiegend liberal. Carl August beruft sich auf die Vereinbarungen im Deutschen Bund und gibt seine freie Presse nicht auf. Die »vielgerühmte Weimarer Pressefreiheit«[8] wird dennoch von der Restauration in Mitleidenschaft gezogen. Der Weimarer Hof kann seine repressionsfreie Politik nicht weiter aufrechterhalten. Vor allem für den österreichischen Außenminister Metternich ist der Fall Kotzbue eine willkommene Chance zur Durchsetzung seiner reaktionären Ziele. Er sieht die Burschenschaften als Keimzelle einer Revolution. Also werden sie verboten, 17 Studenten werden relegiert und von jedem Staatsdienst ausgeschlossen. Metternich, der schon auf dem Wiener Kongress eine führende Rolle gespielt hat, tritt als Bewahrer der Monarchie allen nationalen und liberalen Bestrebungen in Deutschland entgegen. Er sieht die innere Sicherheit und Ordnung gefährdet und die Monarchie bedroht. Vorrangig jede Form von öffentlicher Meinung bekämpfend, wird er zum wichtigsten politischen Repräsentanten der Restauration. Er leitet die – wie man es damals polemisch nannte – *Demagogenverfolgung* ein, er verschärft die Zensur.

Auch Weimar gerät in die Zange der Restauration. »Preußen und Österreich verbieten ihren Studenten, sich in Jena zu immatrikulieren und stellen damit den ›Altburschen‹ Carl August unter Kuratel.«[9] Das Großherzogtum wird gezwungen, die Karlsbader Beschlüsse zu exekutieren.

Vom 6. bis 31. August 1819 findet im habsburgischen Karlsbad (heute Tschechien) eine Ministerialkonferenz statt, an der alle einflussreichen Staaten im Deutschen Bund teilnehmen. Die von allen Ministern und Diplomaten getragenen Beschlüsse sehen vor allem strenge Maßnahmen zur Überwachung und Bekämpfung aller liberalen und nationalen Tendenzen im nachnapoleonischen Deutschland vor. Eine zentrale Überwachungskommission wird eingerichtet, die alle Formen politischer Betätigung verbietet und über eine strenge Zensur für alle Veröffentlichungen wacht. Vor allem die Universitäten und die Presse werden streng beaufsichtigt. Spitzeln werden Tor und Tür geöffnet. Für sein Hauptziel, das monarchische Prinzip zu bewahren, kann Metternich auch die Unterstützung des preußischen Königs Friedrich Wilhelm III. gewinnen. Großherzog Carl August beugt sich nur unwillig diesen vor allem vom österreichischen Kaisertum und dem Königreich Preußen getragenen Beschlüssen. In den einzelnen Ländern werden die Karlsbader Beschlüsse mit unterschiedlicher Intensität umgesetzt. Bayern, Württemberg und Sachsen-Weimar bleiben relativ liberal, während Österreich, Baden, Nassau und vor allem Preußen mit großer Härte vorgehen. Die Universitäten werden einer strengen Zensur unterworfen, missliebige Professoren entlassen, kritische Studenten relegiert. Burschenschaftler werden besonders in Berlin verfolgt und häufig bestraft oder sogar in Haft genommen. Die berufliche Zukunft oder gar öffentliche Ämter sind ihnen verbaut. Das bekannteste Werk des Berliner Philosophen Johann Gottlieb Fichte, seine 1808 erschienenen *Reden an die deutsche Nation* (vgl. Kap. 12), darf nicht wieder aufgelegt werden. Die Predigten des protestantischen Berliner Theologen Friedrich Schleiermacher werden zensiert. Soweit es noch eine bürgerliche Öffentlichkeit in Berlin gibt, macht sie die Kommission und ihre Umtriebe zur Zielscheibe des Spottes.[10]

Der siebzigjährige Weimarer Staatsminister Goethe hingegen verhält sich restriktiv, er sieht sich durch die Karlsbader Beschlüsse eher beruhigt. Peter Merseburger formuliert es in *Mythos Weimar* so: »In der Pressefreiheit sieht er ohnehin nur *Preßfrechheit* böswilliger Goethekritiker, [er] spricht gern vom *Narrenlärm unserer Tagesblätter*, vom *Journalistenteufel,* der alles in die Öffentlichkeit zerrt. Das Mehrheitsprinzip lehnt er wiederholt schroff ab, sein Wahlrecht übt er 1815 nur *mit Spott und Gleichgültigkeit* aus, [...] für Goethe [ist es] einfach selbstverständlich, daß der Mächtige Zensur ausübt, eine liberale Verfassungsbewegung bleibt seinem Denken immer fremd.«[11]

Von Preußen aus protestierte Wilhelm von Humboldt als Minister für ständische Angelegenheiten gegen die Karlsbader Beschlüsse, sein konservativer Kabinettskollege Karl August von Hardenberg macht seinen liberalen Reformbestrebungen einen Strich durch die Rechnung. Humboldt und weitere opponierende Minister – Kriegsminister Hermann von Boyen (1771–1848) und Justizminister Carl Friedrich von Beyme (1765–1838) – werden am 31. Dezember 1819 entlassen.»Die Entlassung Humboldts markiert das Ende der Reformära in Preußen.«[12] Der König und die Mehrzahl seiner Minister waren Reformgegner und Gegner der nationalradikalen Burschenschaften. Preußen agierte bis 1848 ohne Verfassung.

1824 wurden die Karlsbader Beschlüsse noch einmal aktualisiert, sie galten bis 1848. Das politische und das intellektuelle Klima der Zeit wurde durch die konservative Grundorientierung nachhaltig geprägt. Kritisches Denken und Verhalten wurden blockiert, Obrigkeitsdenken und Kontrolle, Bevormundung und Repression, die Aufsicht von Spitzeln und fehlgeleiteter Polizei lähmten das Land. Die gesamte Öffentlichkeit und auch die Kunstszene blieben davon nicht verschont. Der Historiker Thomas Nipperdey fasst zusammen:»Das Herrschaftssystem wurde ein System der Repression.«[13] Der kritische Bürger, eine freie Presse – sie müssen sich im Geheimen ihre Wege bahnen. Die Künstler und Intellektuellen fühlen sich aufgerufen, die repressive Enge aufzubrechen. Ein Beispiel für die beißende Kritik ist E. T. A. Hoffmanns Erzählung *Meister Floh*. Das Biedermeier hingegen geht den Weg ins Private, in die Innerlichkeit, hier dominiert eine Rückzugsmentalität. Der Vormärz sucht demgegenüber zur selben Zeit auf politischem Weg revolutionäre Veränderung. Er ist aber gekennzeichnet durch Resignation und Skepsis, denn der dekretierende und zensurierende Staat hält seine Pranke auf ihm. Der Dichter Heinrich Heine geht in seinen *Briefen über Berlin* auf die politischen Restriktionen der Jahre 1821–1823 ein, der Schriftsteller Georg Büchner (1813–1837) reflektiert in seinem schmalen Werk scharfsinnig und hochpolitisch seine Zeit. Er muss vor den Schikanen und der staatlichen Gewalt im Großherzogtum Hessen zunächst nach Straßburg und dann weiter nach Zürich fliehen, wo er, an Typhus erkrankt, mit 23 Jahren stirbt.

Die Forderungen nach nationaler Einheit, nach Freiheit und Volkssouveränität werden noch einmal in großer Deutlichkeit während des Hambacher Festes erhoben. Erneut versucht die bürgerliche Opposition an das Wartburgfest und auch die französische Julirevolution anzuknüpfen. Vom 27. Mai bis zum 1. Juni 1832 wird auf dem Hambacher Schloss und in den umliegenden, damals zu Bayern gehörenden Städten Metternichs Politik kritisiert. An die 30 000 Teilnehmer werden gezählt, unter ihnen viele Intellektuelle und Künstler wie zum Beispiel der Schriftsteller Ludwig Börne (1786–1837). Pressefreiheit und politische Freiheit werden gefordert. Aber Metternich gelingt die Niederschlagung aller kritischen Umtriebe, er erlässt ein Vereinsverbot, durch Verfolgungen und Verhaftungen gelingt es der Regierung, die Bewegung zum Schweigen zu bringen. Den Geist dieser Opposition hat sie allerdings nicht brechen können. Das Hambacher Fest gilt als Höhepunkt der politischen Opposition in der Restaurationszeit und als Initialzündung für die Märzrevolution von 1848/49.

Alle den Repräsentanten der Berliner Klassik gewidmeten Kapitel haben gezeigt, dass in Berlin der Bürgersinn erwacht ist. Anders als in Weimar gelingt in der preußischen Residenz die kulturelle Emanzipation der Bürgerstadt vom dynastischen Hofstaat; kurz darauf wird die politische Emanzipation aber für lange Zeit erstickt. Der Bruch zwischen Kultur und Politik ist offensichtlich. In der preußischen Hauptstadt mischen sich die unterschiedlichsten politischen und gesellschaftlichen Entwürfe, »die sich nur einmal, in der kurzen Reformzeit, zu einem Gesamtentwurf verdichten. Kulturelle Homogenität gehört nicht zum urbanen Erfahrungshorizont.«[14] Das System der Restauration hat die Lösung der politischen und sozialen Spannungen über Jahrzehnte blockiert. Sie entladen sich in der Revolution von 1848. Auch dieser bürgerliche Freiheitskampf

wurde von der Reaktion niedergeschlagen. Sogar die nationalstaatlichen Ziele müssen für ihre Realisierung bis 1871 warten.

In ihrem politischen Potential ist die Berliner Klassik hinter ihren Möglichkeiten zurückgeblieben. Dennoch: Das Ziel der vorangegangenen Kapitel war es, zu zeigen, dass Berliner Gelehrte und
Künstler das »Wagnis der Autonomie« eingegangen sind.

Im Gefolge der europäischen Aufklärung demonstriert ihr Wirken einen modernen urbanen, bis heute überzeugenden Bürgergeist. Er kann als das wertvollste Erbe der Berliner Klassik gelten.
Ihre Ästhetik und ihre Ideen hallen noch heute nach. Kunst und Literatur haben Wege einer offenen Gesellschaft aufgezeigt. Sie haben sich neuen Gattungen gegenüber geöffnet. Sie haben den Boden bereitet für ästhetische Autonomie und moderne Subjektivität.
Die Moderne antizipierend, haben sie gezielt Widersprüche zugelassen und legitimiert, die jede idealistische Überhöhung unter-
laufen. Auch andere Bereiche wie die Musik, das Theater oder gar
die Publizistik haben sich geöffnet für Experimente. Frauenemanzipation und Judenemanzipation können in der Großstadt Berlin
um 1800 überzeugende Erfolge verbuchen. Ihr deutlichster Ausdruck ist die Selbstbefreiung der Juden in der Haskala. Deren Aus-
löschung durch den virulenten, von berühmten Historikern ange-
heizten Antisemitismus vor allem des späten 19. Jahrhunderts kann
die geistige Höhe und Evidenz des von Mendelssohn und Lessing
postulierten Toleranzgebotes nicht untergraben.

Der gescheiterten Revolution zum Trotz überdauert ein bürgerlicher Aufbruchsgeist und lässt ein gesellschaftliches Widerstands-
potential fortbestehen. Im Gegensatz zu Weimar hat es in Berlin,
aller Reaktion zum Trotz, ein vitales, dynamisches Geistesleben
gegeben, das weiterexistiert hat. Es ist urban geblieben und kehrt
nach der Restaurationszeit umso mächtiger zurück.

# Anmerkungen

## 1. Berlin als Gelehrtenrepublik

1. Exemplarisch sind hier Göttingen, Leipzig und Königsberg mit ihren bedeutenden Universitäten, Mannheim mit seinem landesweit bekannten Theater und der Antikengalerie und Dresden mit seiner Gemälde- und Antikengalerie zu nennen.

2. Es ist das bahnbrechende Verdienst des Akademieprojektes von Conrad Wiedemann, die »Berliner Klassik« für die Literatur- und Geisteswissenschaft zum ersten Mal als solche zu erkennen, zu dokumentieren und zu analysieren. Als Veröffentlichungen der BBAW sind rund 20 Einzeluntersuchungen erschienen. Sie stellen wichtige Mosaiksteine dar, die es zu systematisieren, zu ergänzen und zu würdigen gilt. Das vorliegende Buch ist der Versuch, zu einem Gesamtmosaik der Berliner Klassik zu gelangen. Mit diesem Projekt, das über die gesamte Epoche der Berliner Klassik informiert, soll über die Fachwissenschaft hinaus das kulturhistorische Interesse einer breiteren Öffentlichkeit geweckt werden.

3. Vgl. dazu ausführlich: *Frauengestalten Weimar-Jena um 1800: ein bio-bibliographisches Lexikon*, hrsg. von Stefanie Freyer et al. Universitätsverlag Winter, Heidelberg 2009

4. Vgl. dazu und zum Folgenden Peter Merseburger, *Mythos Weimar*, Deutsche Verlags-Anstalt, Stuttgart 1998, vor allen S. 47–181; Lothar Ehrlich, Georg Schmidt (Hrsg.), *Ereignis Weimar-Jena. Gesellschaft und Kultur um 1800 im internationalen Kontext*. Böhlau Verlag, Köln, Weimar, Wien 2008; Annette Seemann, *Weimar. Eine Kulturgeschichte*, Verlag C. H. Beck, München 2012, vor allem S. 67–240; Stefanie Freyer, *Der Weimarer Hof um 1800. Jenseits des Mythos*, Oldenbourg Verlag, München 2013, hier insbesondere die S. 81 ff., 300 ff., 481 ff., und 483 ff.

5. Vgl. Peter Merseburger, *Mythos Weimar*, a. a. O., S. 75 f.

6. Vgl. dazu Paul Raabe, *Wolfenbüttel und Braunschweig – Herzogin Anna Amalias Lebenshintergrund*. In: Lothar Ehrlich, Georg Schmidt (Hrsg.), *Ereignis Weimar-Jena. Gesellschaft und Kultur um 1800 im internationalen Kontext*, a. a. O., S. 145–156

7. Peter Merseburger, *Mythos Weimar*, a. a. O., S. 48

8. Seit seiner Gründung hieß das Haus *Herzogliche Bibliothek*, erst aus Anlass des dreihundertjährigen Jubiläums 1991 wurde es als Hommage an die Gründerin und Förderin umbenannt in Anna Amalia Bibliothek.

9. Michael Knoche, *Die Bücher stiften eine Universalrepublik. Die Weimarer Biblio-*

*thek und ihre handelnden Personen um 1800.* In: *Die europäische République des lettres in der Zeit der Weimarer Klassik.* Hrsg. von Michael Knoche und Lea Ritter-Santini. Wallstein Verlag, Göttingen 2007, S. 273

10. Peter Merseburger, *Mythos Weimar,* a. a. O., S. 76
11. Lothar Ehrlich, Georg Schmidt (Hrsg.), *Ereignis Weimar-Jena. Gesellschaft und Kultur um 1800 im internationalen Kontext,* a. a. O., Vorwort der Herausgeber, S. 8
12. Vgl. Peter Merseburger, *Mythos Weimar,* a. a. O., S. 99
13. Peter Merseburger, *Mythos Weimar,* a. a. O., S. 101
14. Conrad Wiedmann, *Die Klassizität des Urbanen.* In: *Kanonbildung. Protagonisten und Prozesse der Herstellung kultureller Identität.* Hrsg. von Robert Charlier und Günther Lottes. Wehrhahn Verlag, Hannover 2009, S. 122
15. In seinem reich illustrierten »Sternbuch« *Preußen ohne Legende* aus dem Jahr 1979 geht auch Sebastian Haffner auf diese Phase der Berliner Geschichte ein. Er rückt das Bild des »von der preußischen Geschichtsschreibung schlecht behandelten« Königs Friedrich Wilhelm II. zurecht und spricht sogar von einer »Kulturblüte« im damaligen Berlin: »Unter Friedrich Wilhelm II. begann in dem vorher so nüchternen, ja ärmlichen und rauhen Staat eine Kulturblüte und Talentschwemme [...].« (S. 125)
    Auch mit dem damaligen preußischen Bildungsbürgertum, das um 1800 aufblühe »wie nie zuvor«, hat Haffner sich auseinandergesetzt: »Berlin erlebte damals eine beinahe hektische Kulturblüte, wie sie politischen Katastrophen merkwürdigerweise oft vorausgeht.« (Vgl. dazu S. 170)
16. Conrad Wiedemann, *Das Archiv, die Stadt und die »Wonne des Lernens«. Annäherungsversuche an einen Berliner Vereinsnachlass der klassischen Zeit«.* In: Uta Motschmann, *Schule des Geistes, des Geschmacks und der Geselligkeit: Die Gesellschaft der Freunde der Humanität (1797–1861).* Wehrhahn Verlag, Hannover 2009, S. XX.
17. Conrad Wiedemann, *Das Archiv, die Stadt und die »Wonne des Lernens«. Annäherungsversuche an einen Berliner Vereinsnachlass der klassischen Zeit«,* a. a. O., S. XX
18. Conrad Wiedemann, *Das Archiv, die Stadt und die »Wonne des Lernens«. Annäherungsversuche an einen Berliner Vereinsnachlass der klassischen Zeit«,* a. a. O., S. XXI.
19. Vgl. dazu Wolfgang Ribbe, *Geschichte Berlins.* Bd. 1: *Von der Frühgeschichte bis zur Industrialisierung.* Verlag C. H. Beck, München 1987, S. 408 f.
20. Michael Bienert, *E. T. A. Hoffmanns Berlin,* verlag für berlin-brandenburg (vbb) 2015, S. 121
21. Vgl. Michael Bienert, *E. T. A. Hoffmanns Berlin,* a. a. O., S. 31
22. Denkwürdigkeiten aus dem Leben von Jean Paul Friedrich Richter. Zweiter Band: Blätter der Liebe. Fleischmann, München 1863, S. 129

23. Vgl. Michael Bienert, *E.T.A. Hoffmanns Berlin*, a.a.O., S. 28. Diesen Selter-Plan genannten Grundriss gibt es auch in einer Ausgabe von 1804; er zeigt kaum Veränderungen zu dem von 1826 (siehe: https://commons.wikimedia.org/wiki/File:Selter_Grundriss_von_Berlin_1804.jpg).

24. Vgl. hierzu und zum Folgenden Wolfgang Ribbe, *Geschichte Berlins*. Bd. 1: *Von der Frühgeschichte bis zur Industrialisierung*. Verlag C.H. Beck, München 1988, S. 414–421

25. Zitiert nach Bruno Preisendörfer, *Als Deutschland noch nicht Deutschland war. Reise in die Goethezeit*. Verlag Galiani, Berlin 2015, S. 91

26. Vgl. Bruno Preisendörfer, *Als Deutschland noch nicht Deutschland war. Reise in die Goethezeit*, a.a.O., S. 99

27. Vgl. dazu Conrad Wiedemann, *Goethe in Berlin*. In: Ders., *Grenzgänge. Studien zur europäischen Literatur und Kultur*. Universitätsverlag Winter, Heidelberg 2005, S. 355–360

28. Vgl. dazu Conrad Wiedemann, *Goethe in Berlin*, a.a.O., S. 358

29. Conrad Wiedemann, *Goethe in Berlin*, a.a.O., S. 358

30. Conrad Wiedemann, *Goethe in Berlin*, a.a.O., S. 359

31. Johann Peter Eckermann, *Gespräche mit Goethe*. Hrsg. von Fritz Bergemann. Insel Verlag, Frankfurt am Main, 1955, S. 74f.

32. Vgl. dazu Conrad Wiedemann, *Kotzebue zwischen Goethe und Pikard.* »*Die deutschen Kleinstädter*« *als Weimarer Affäre*. In: *August von Kotzebue im estnisch-deutschen Dialog*, hrsg. von Klaus Gerlach, Harry Liivrand und Kristel Pappel. Wehrhahn Verlag, Hannover 2016, S. 183–212

33. Conrad Wiedemann, *Kotzebue zwischen Goethe und Pikard*, a.a.O., S. 191

34. Peter Merseburger, *Mythos Weimar*, a.a.O., S. 163

35. Vgl. dazu Annette Seemann, *Weimar. Eine Kulturgeschichte*, a.a.O., S. 222–232

36. Annette Seemann, *Weimar. Eine Kulturgeschichte*, a.a.O., S. 11

37. Die Demagogenverfolgungen waren die restaurative Unterdrückung liberaler Literatur und generell aller Freiheitsbestrebungen im Deutschen Bund nach der Ermordung von Kotzebue und den darauffolgenden Karlsbader Beschlüssen 1819.

38. Conrad Wiedemann, *Karl Philipp Moritz und der Geist der Urbanität*. In: »*Das Dort ist nun Hier geworden«. Karl Philipp Moritz heute*. Hrsg. von Christoph Wingertszahn, Wehrhahn Verlag, Hannover 2010, S. 14

39. Vgl. Conrad Wiedemann, *Karl Philipp Moritz und der Geist der Urbanität*, a.a.O., S. 14

40. Vgl. Conrad Wiedemann, *Zum Geleit*. In: *Carl Friedrich Zelter. Der Singemeister*. Hrsg. von Christian Filips, Schott Verlag, Mainz 2009, S. 18

41. Conrad Wiedemann, *Wie rekonstruiert man eine vergessene Großstadtkultur?* In: *Beiträge zum Akademievorhaben Berliner Klassik. Berichte und Abhandlungen*. Band 10. Akademie Verlag, Berlin 2006, S. 225

## 2. Brandenburger Tor und Nationaltheater

1. Vgl. dazu vor allem die erste, ein Jahrhundert nach Langhans' Tod erschienene Biographie von Walther Th. Hinrichs: *Carl Gotthard Langhans – ein schlesischer Baumeister 1733–1808.* Verlag Heitz & Mündel, Straßburg 1909. Alle neuen Darstellungen basieren auf dieser Arbeit.
   Zu den im Folgenden aufgeführten biographischen Daten vgl. zudem die folgenden Quellen:
   – *Allgemeines Künstler-Lexikon.* Die bildenden Künstler aller Zeiten und Völker, hrsg. von Andreas Beyer, Bénédicte Savoy und Wolf Tegethoff. Bd. 83, S. 135 ff. Verlag Walter de Gruyter, Berlin 2014
   – Jerzy K. Kos, *Der Weg nach Berlin … Carl Gotthard Langhans' Tätigkeit in Schlesien 1760–1787.* In: *Deutsche Baukunst um 1800.* Hrsg. von Reinhard Wegner, Böhlau Verlag, Köln Weimar Wien 2000
   – Friedhelm Grundmann, *Carl Gotthard Langhans (1732–1808).* Bergstadtverlag Wilhelm Gottlieb Korn, Würzburg 2007
2. Für die Vielzahl der vorhandenen Literatur vgl. dazu v. a.: *Das Brandenburger Tor 1791–1991. Eine Monographie,* hrsg. von Willmuth Arenhövel und Rolf Bothe. Verlag Willmuth Arenhövel, Berlin 1991
3. Vgl. Helmut Zschocke, *Die Berliner Akzisemauer.* Berlin Story Verlag, Berlin 2007, S. 188 f.
4. Vgl. Walter Th. Hinrichs, *Carl Gotthard Langhans,* a. a. O., S. 83
5. Zur schlesischen Lebens- und Arbeitsphase von Langhans vgl. Jerzy K. Kos, *Der Weg nach Berlin … Carl Gotthard Langhans' Tätigkeit in Schlesien 1760–1787,* a. a. O., S. 65–92
6. Johann Joachim Winckelmann, *Gedanken über die Nachahmung der griechischen Werke in der Malerey und Bildhauerkunst.* 2. vermehrte Auflage. Waltherische Handlung, Dresden/Leipzig 1756, S. 2
7. Zitiert aus *Das Brandenburger Tor 1791–1991. Eine Monographie,* a. a. O., S. 319
8. Neil MacGregor, *Deutschland. Erinnerungen einer Nation.* C. H. Beck Verlag, München 2015, S. 48
9. Vgl. dazu Peter Feist, *Das Brandenburger Tor.* Homilius Verlag, Berlin 1997, S. 9
10. Vgl. dazu Zitha Pöthe, *Perikles in Preußen. Die Politik Friedrich Wilhelm II. im Spiegel des Brandenburger Tores.* Verlag EPUBLI, Berlin 2014
11. Zitiert nach Bruno Preisendörfer, *Als Deutschland noch nicht Deutschland war. Reise in die Goethezeit.* Verlag Galiani, Berlin 2015, S. 93
12. Vgl. dazu Ulrike Krenzlin (Hrsg.), *Die Quadriga auf dem Brandenburger Tor.* Verlag für Bauwesen, Berlin 1991, S. 11
13. Conrad Wiedemann, *Die Klassizität des Urbanen.* In: *Kanonbildung. Protagonisten und Prozesse der Herstellung kultureller Identität.* Hrsg. von Robert Charlier und Günther Lottes. Wehrhahn Verlag 2009, S. 130

14. Conrad Wiedemann, *Das Stottern des Jupiterdiskurses – Ein genealogischer Versuch über die andere Klassik von Berlin.* In: *Die europäische République des lettres in der Zeit der Weimarer Klassik.* Wallstein Verlag, Göttingen 2007, S. 74

15. Vgl. dazu *Königliche Thierarzneyschule.* In: *Schauplätze der Moderne. Berlin um 1800 – ein topographischer Wegweiser,* hrsg. von Matthias Hahn. Wehrhahn Verlag, Hannover 2009, S. 253–259

16. Friedhelm Grundmann, *Carl Gotthard Langhans,* a. a. O., S. 102

17. Vgl. Friedhelm Grundmann, *Carl Gottha-d Langhans,* a. a. O., S. 108

18. Matthias Hahn, *Schauplätze der Moderne. Berlin um 1800 – ein topographischer Wegweiser.* Wehrhahn Verlag, Hannover 2009, S. 334

19. Klaus Gerlach, *Der gesellschaftliche Wandel um 1800 und das Berliner Nationaltheater.* Wehrhahn Verlag, Hannover 2009, S. 11

20. *Vergleichung des neuen Schauspielhauses zu Berlin mit verschiedenen älteren und neueren Schauspielhäusern in Rücksicht auf Akustische und Optische Grundsätze.* Von Carl Gotthard Langhans, Königl. Geh. Kriegsrath und Director des Ober-Hof-Bau-Amts. Berlin 1800. Gedruckt bei Johann Friedrich Unger.

21. Klaus Gerlach, *Das Berliner Nationaltheater im Langhansbau auf dem Gendarmenmarkt (1802–1817) – Bühne höfischer und bürgerlicher Repräsentation Eine Reprise.* In: *Tableau de Berlin. Beiträge zur Berliner Klassik (1786–1815).* Wehrhahn Verlag, Hannover 2005, S. 219

22. Vgl. dazu Matthias Hahn, *Schauplätze der Moderne. Berlin um 1800 – ein topographischer Wegweiser,* a. a. O., S. 334 f.

23. Vgl. dazu Ruth Freydank, *Theater in Berlin. Von den Anfängen bis 1945.* Henschelverlag Kunst und Gesellschaft, Berlin 1988, S. 142

24. Vgl. dazu Matthias Hahn, *Schauplätze der Moderne. Berlin um 1800 – ein topographischer Wegweiser,* a. a. O., S. 338 f.

25. Klaus Gerlach, *Der gesellschaftliche Wandel um 1800 und das Berliner Nationaltheater,* a. a. O., S. 212

26. Vgl. hierzu Klaus Gerlach (Hrsg.), *Eine Experimentalpoetik. Texte zum Berliner Nationaltheater.* Wehrhahn Verlag, Hannover-Laatzen 2007

27. Klaus Gerlach, *Der gesellschaftliche Wandel um 1800 und das Berliner Nationaltheater.* a. a. O., S. 8. Vgl. dazu auch S. 120.

28. Vgl. Klaus Gerlach, *Der gesellschaftliche Wandel um 1800 und das Berliner Nationaltheater,* a. a. O., S. 11

29. Erika Fischer-Lichte, *Theater als öffentlicher Raum.* In: *Der gesellschaftliche Wandel um 1800 und das Berliner Nationaltheater,* a. a. O., S. 49

30. Vgl. Klaus Gerlach, *Das Berliner Nationaltheater im Langhansbau auf dem Gendarmenmarkt (1802–1817) – Bühne höfischer und bürgerlicher Repräsentation Eine Reprise,* a. a. O., S. 216

31. Brief an Theodor Gottlieb Hippel vom 15. Dezember 1817. In: E. T. A. Hoff-

mann, *Leben und Werk in Briefen, Selbstzeugnissen und Zeitdokumenten,* hrsg. von Klaus Günzel. Verlag der Nationen, Berlin 1976, S. 3

32. Vgl. dazu Gerhard Wahnrau, *Berlin Stadt der Theater.* Henschel Verlag, Berlin 1957, S. 311

33. Johann Gottfried Schadow, *Kunstwerke und Kunstansichten,* Band I–III. Ein Quellenwerk zur Berliner Kunst- und Kulturgeschichte zwischen 1780 und 1845. Kommentierte Neuausgabe von 1849, hrsg. von Götz Eckardt. Deutscher Verlag für Kunstwissenschaft, Berlin 1987, S. 34. Vgl. dazu auch Carola Aglaia Zimmermann, Die *»Lieblingsidee« von Carl Gotthard Langhans. Festsäle in Berlin und Potsdam als Variationen über Rechteck und Oval.* In: *Die Königsstadt. Stadtraum und Wohnräume in Berlin um 1800.* Wehrhahn Verlag, Hannover 2008, S. 135–168

34. Vgl. Conrad Wiedemann, *Das Stottern des Jupiterdiskurses,* a. a. O., S. 74

35. Walther Th. Hinrichs, *Carl Gotthard Langhans – ein schlesischer Baumeister 1733–1808,* a. a. O., S. 2

## 3. Klassizistische Statdtbaukonzepte

1. Zur Biographie von Karl Friedrich Schinkel vgl. vor allem
   - *Karl Friedrich Schinkel. Briefe, Tagebücher, Gedanken,* hrsg. von Hans Mackowsky. Propyläen Verlag, Berlin 1922
   - Wolfgang Büchel, *Karl Friedrich Schinkel,* Rowohlt Taschenbuchverlag, Reinbek bei Hamburg 1994
   - Felix Saure, *Karl Friedrich Schinkel. Ein deutscher Idealist zwischen »Klassik« und »Gotik«.* Wehrhahn Verlag, Hannover 2010
   - Andreas Haus, *Karl Friedrich Schinkel als Künstler,* Deutscher Kunstverlag, München/Berlin 2011
   - Jörg Trempler, *Karl Friedrich Schinkel. Baumeister Preußens.* Verlag C. H. Beck, München 2012
   - Reinhard Wahren, *Baukünstler und Ingenieur. Eine Berliner Freundschaft: Karl-Friedrich Schinkel und Christian Peter Wilhelm Beuth.* Hendrik Bäßler Verlag, Berlin 2016
   - Christoph von Wolzogen, *Karl Friedrich Schinkel. Unter dem bestirnten Himmel.* H. W. Fichter, Frankfurt a. M. 2016
2. Vgl. Andreas Haus, *Karl Friedrich Schinkel als Künstler,* a. a. O., S. 9
3. *Selbstbiographie,* 1825. Zitiert nach: *Karl Friedrich Schinkel. Briefe, Tagebücher, Gedanken,* hrsg. von Hans Mackowsky, a. a. O., S. 26
4. Zitiert nach: *Karl Friedrich Schinkel. Briefe, Tagebücher, Gedanken,* hrsg. von Hans Mackowsky, a. a. O., S. 123
5. Andreas Haus, *Karl Friedrich Schinkel als Künstler,* a. a. O., S. 24

6. Karl Friedrich Schinkel, *Reisen nach Italien.* Hrsg. von Gottfried Riemann, Verlag Rütten & Loening, Berlin 1979

7. Gemeint ist hier eine Bleistiftzeichnung auf grauem Papier (457x655) aus dem Jahre 1809, angelehnt an den Kupferstich von Jean Reycend aus dem Jahr 1728. Der Mailänder Dom ist ein häufiges Thema in Schinkels Werk.

8. *Karl Friedrich Schinkel, Reisen nach Italien,* hrsg. von Gottfried Riemann, a. a. O., S. 60

9. 1810 wird die erste Tochter, Marie, geboren, 1811 die zweite Tochter, Susanne, 1813 der Sohn Karl Raphael und 1822 die dritte Tochter, Elisabeth.

10. *Selbstbiographie,* 1825. Zitiert nach: *Karl Friedrich Schinkel. Briefe, Tagebücher, Gedanken,* hrsg. von Hans Mackowsky, a a. O., S. 27

11. Zitiert nach Jörg Trempler, *Karl Friedrich Schinkel,* a. a. O., S. 98

12. Das Waffenarsenal (Zeughaus) wurde 1695 bis 1730 für den späteren König Friedrich I. erbaut. Es war als Ort preußischer Selbstdarstellung konzipiert. Gegen Ende des 19. Jahrhunderts wurde das Arsenal, das älteste erhaltene Gebäude am Boulevard Unter den Linden, zu einem Museum umgewidmet. Heute beherbergt es das Deutsche Historische Museum.

13. Vgl. dazu *Karl Friedrich Schinkel Führer zu seinen Bauten.* Bd. I: *Berlin und Potsdam.* Hrsg. für das Schinkelzentrum der Technischen Universität Berlin von Johannes Cramer, Ulrike Laible und Hans-Dieter Nägelke. Deutscher Kunstverlag, München/Berlin 2012, S. 23

14. Schinkels *Architektonisches Lehrbuch* blieb Fragment, es ist nie erschienen. Diese Skizzen und zerstreuten Texte gelten als Schinkels architekturtheoretisches Vermächtnis. Sie wurden 1979 von Goerd Peschken veröffentlicht: *Das architektonische Lehrbuch,* bearb. von Goerd Peschken. Deutscher Kunstverlag, München/Berlin 1979

15. Zitiert nach: *Karl Friedrich Schinkel. Briefe, Tagebücher, Gedanken,* hrsg. von Hans Mackowsky. a. a. O., S. 192

16. Diesem Aspekt ist vor allem der Architekturhistoriker Hermann G. Pundt in seiner Untersuchung *Schinkels Berlin* (Lizenzausgabe für die Komet MA-Service und Verlagsgesellschaft mbH, Frechen 2002) nachgegangen. Vgl. besonders S. 120 ff.

17. Vgl. Felix Saure, *Karl Friedrich Schinkel,* a. a. O., S. 339

18. Vgl. Felix Saure, *Karl Friedrich Schinkel,* a. a. O., S. 340

19. Reinhard Wahren, *Baukünstler und Ingenieur. Eine Berliner Freundschaft: Karl-Friedrich Schinkel und Christian Peter Wilhelm Beuth,* a. a. O., S. 31 f.

20. Reinhard Wahren, *Baukünstler und Ingenieur. Eine Berliner Freundschaft: Karl-Friedrich Schinkel und Christian Peter Wilhelm Beuth,* a. a. O., S. 34

21. Vgl. Hermann G. Pundt, *Schinkels Berlin,* a. a. O., S. 181

22. Andreas Haus, *Karl Friedrich Schinkel als Künstler,* a. a. O., S. 198

23. *Karl Friedrich Schinkel, Führer zu seinen Bauten,* a. a. O., S. 34

24. Zitiert nach Wolfgang Büchel, *Karl Friedrich Schinkel*, a. a. O., S. 86
25. Als ältestes, öffentlich zugängliches Museum Deutschlands gilt das 1754 eröffnete Herzog Anton Ulrich-Museum in Braunschweig.
26. *Selbstbiographie*, 1825. Zitiert nach: *Karl Friedrich Schinkel. Briefe, Tagebücher, Gedanken*, hrsg. von Hans Mackowsky, a. a. O., S. 29
27. Nachzulesen in: *Karl Friedrich Schinkel. Architektur, Malerei, Kunstgewerbe.* Katalog der Ausstellung in der Orangerie des Schlosses Charlottenburg 13. März bis 13. September 1981. Verwaltung der Staatlichen Schlösser und Gärten, Berlin 1981, S. 262 f.
28. *Karl Friedrich Schinkel. Architektur, Malerei, Kunstgewerbe.* Katalog der Ausstellung in der Orangerie des Schlosses Charlottenburg 13. März bis 13. September 1981, a. a. O., S. 262
29. Vgl. *Selbstbiographie*, 1825. Zitiert nach: *Karl Friedrich Schinkel. Briefe, Tagebücher, Gedanken*, hrsg. von Hans Mackowsky, a. a. O., S. 29
30. Jörg Trempler, *Karl Friedrich Schinkel*, a. a. O., S. 169
31. Andreas Haus, *Karl Friedrich Schinkel als Künstler*, a. a. O., S. 288
32. Vgl. Reinhard Wahren, *Baukünstler und Ingenieur. Eine Berliner Freundschaft: Karl-Friedrich Schinkel und Christian Peter Wilhelm Beuth*, a. a. O., S. 21
33. Zitiert nach Jörg Trempler, *Karl Friedrich Schinkel*, a. a. O., S. 15

## 4. Preußische Bildhauerkunst im Klassizismus

1. Zur Biographie und zum Werk von Johann Gottfried Schadow vgl. vor allem
   – *Johann Gottfried Schadow. Jugend und Aufstieg 1764 bis 1797*, hrsg. von Hans Mackowsky. G. Grote'sche Verlagsbuchhandlung, Berlin 1927
   – Hans Mackowsky, *Die Bildwerke Gottfried Schadows*. Mit einer Einleitung von Paul Ortwin Rave. Deutscher Verein für Kunstwissenschaft, Berlin 1951 Diesem Band kommt aus zwei Gründen Bedeutung zu: H. Mackowsky ist der profilierteste Schadowforscher; er bietet hier eine Werkanalyse an, in der (fast) alle Werke Schadows abgebildet sind.
   – *Johann Gottfried Schadow, Kunstwerke und Kunstansichten, Band I–III. Ein Quellenwerk zur Berliner Kunst- und Kulturgeschichte zwischen 1780 und 1845.* Kommentierte Neuausgabe von 1849, hrsg. von Götz Eckardt. Deutscher Verlag für Kunstwissenschaft, Berlin 1987
   – Ulrike Krenzlin, *Johann Gottfried Schadow*. Deutsche Verlags-Anstalt, Stuttgart 1990
   – Götz Eckardt, *Johann Gottfried Schadow 1764–1850*. E. A. Seemann Verlag, Leipzig 1990
   – *Schadows Berlin. Zeichnungen von Gottfried Schadow*. Hrsg. von der Stiftung der Akademie der Künste, Berlin 1999

– *Unser Schadow. Gratulation zum 250. Geburtstag.* Schadow Gesellschaft Berlin 2014

2. Johann Gottfried Schadow, *Kunstwerke und Kunstansichten*, Band I–III, a. a. O.

3. Vgl. Ulrike Krenzlin, *Johann Gottfried Schadow*, a. a. O., S. 11

4. Vgl. Conrad Wiedemann, *Der Chorgeist.* In: Der Tagesspiegel, Berlin 19.08.2011

5. Vgl. dazu Götz Eckardt, *Johann Gottfried Schadow*, a. a. O., S. 14. Ulrike Krenzlin hingegen spricht von einem Altersunterschied von 6 Jahren. Vgl. dazu Ulrike Krenzlin, *Johann Gottfried Schadow*, a. a. O., S. 28

6. Die Sammlung seiner Zeichnungen wird heute in den Staatlichen Museen Berlin aufbewahrt.

7. Vgl. dazu vor allem Conrad Wiedemann, *Das Stottern des Jupiterdiskurses – Ein genealogischer Versuch über die andere Klassik von Berlin.* In: *Die europäische République des lettres in der Zeit der Weimarer Klassik.* Wallstein Verlag, Göttingen 2007, S. 65–82

8. Conrad Wiedemann, *Das Stottern des Jupiterdiskurses – Ein genealogischer Versuch über die andere Klassik von Berlin*, a. a. O., S. 67 f.

9. Die Kirche wurde im Zweiten Weltkrieg zerstört. Heute befindet sich das Grabmal in der Alten Nationalgalerie, Staatliche Museen zu Berlin-Preußischer Kulturbesitz.

10. Ulrike Krenzlin, *Johann Gottfried Schadow*, a. a. O., S. 108

11. Zur technischen Ausführung der Quadriga vgl. Ulrike Krenzlin, *Johann Gottfried Schadow*, a. a. O., S. 118 ff.

12. Johann Gottfried Schadow, *Kunstwerke und Kunstansichten*, Bd. I, a. a. O., S. 39

13. Johann Gottfried Schadow, *Kunstwerke und Kunstansichten*, Bd. I, a. a. O., S. 39

14. Johann Gottfried Schadow, *Kunstwerke und Kunstansichten*, Bd. I, a. a. O., S. 38

15. Johann Gottfried Schadow, *Kunstwerke und Kunstansichten*, Bd. I, a. a. O., S. 40

16. Johann Gottfried Schadow, *Kunstwerke und Kunstansichten*, Bd. I, a. a. O., S. 40

17. Johann Gottfried Schadow, *Kunstwerke und Kunstansichten*, Bd. I, a. a. O., S. 49

18. Vgl. Ulrike Krenzlin, *Johann Gottfried Schadow*, a. a. O., S. 141

19. Götz Eckardt, *Johann Gottfried Schadow*, a. a. O., S. 69

20. Vgl. dazu Conrad Wiedemann, *Die Liebesbriefe Friedrich Wilhelm II. von Preußen an Wilhelmine Enke.* In: *Der Liebesbrief. Schriftkultur und Medienwechsel vom 18. Jahrhundert bis zur Gegenwart.* Hrsg. von Renate Stauf et al. Verlag Walter de Gruyter, Berlin/New York 2008, S 61– 80

21. Johann Gottfried Schadow, *Kunstwerke und Kunstansichten*, Bd. I, a. a. O., S. 58

22. Johann Gottfried Schadow, *Kunstwerke und Kunstansichten*, Bd. I, a. a. O., S. 59

23. Johann Gottfried Schadow, *Kunstwerke und Kunstansichten*, Bd. I, a. a. O., S. 65

24. Matthias Hahn, *Schauplätze der Moderne. Berlin um 1800 – ein topographischer Wegweiser.* Wehrhahn Verlag, Hannover 2009, S. 503

25. Vgl. Matthias Hahn, *Schauplätze der Moderne. Berlin um 1800 – ein topographischer Wegweiser*, a. a. O., S. 503

26. Johann Gottfried Schadow, *Kunstwerke und Kunstansichten*, Bd. I, a. a. O., S. 73
    und S. 74

27. Johann Gottfried Schadow, *Kunstwerke und Kunstansichten*, Bd. I, a. a. O., S. 74

28. Vgl. dazu Reinhard Kaiser, *Der glückliche Kunsträuber*. *Das Leben des Vivant De-
    non*. C. H. Beck Verlag, München 2016, v. a. S. 215 ff.

29. Johann Gottfried Schadow, *Kunstwerke und Kunstansichten*, Bd. I, a. a. O., S. 75

30. Johann Gottfried Schadow, *Kunstwerke und Kunstansichten*, Bd. I, a. a. O., S. 74

31. Reinhard Kaiser, *Der glückliche Kunsträuber*. *Das Leben des Vivant Denon*,
    a. a. O., S. 222

32. Reinhard Kaiser, *Der glückliche Kunsträuber*. *Das Leben des Vivant Denon*,
    a. a. O., S. 296

33. Johann Gottfried Schadow, *Kunstwerke und Kunstansichten*, Bd. I, a. a. O.,
    S. 118 f.

34. Zitiert nach Götz Eckardt, *Johann Gottfried Schadow*, a. a. O., S. 207

35. Johann Gottfried Schadow, *Kunstwerke und Kunstansichten*, Bd. I, a. a. O., S. 139

36. Die vier soli als Kernsätze der protestantischen Lehre vereinen die evangeli-
    schen Kirchen:
    – Sola fide: Allein durch den Glauben wird der Mensch gerechtfertigt, nicht
      durch gute Werke.
    – Sola gratia: Allein durch die Gnade Gottes wird der Mensch errettet, nicht
      durch eigenes Tun.
    – Solus Christus: Allein Christus, nicht die Kirche, hat Autorität über Gläu-
      bige.
    – Sola scriptura: Allein die (Heilige) Schrift ist die Grundlage des christlichen
      Glaubens, nicht die Tradition der Kirche.

37. Johann Gottfried Schadow, *Kunstwerke und Kunstansichten*, Bd. I, a. a. O., S. 141

38. Johann Gottfried Schadow, *Kunstwerke und Kunstansichten*, Bd. I, a. a. O., S. 121

39. Johann Gottfried Schadow, *Kunstwerke und Kunstansichten*, Bd. I, a. a. O.,
    S. 121 f.

40. Johann Gottfried Schadow, *Kunstwerke und Kunstansichten*, Bd. I, a. a. O., S. 119

41. Zitiert nach Götz Eckardt, *Johann Gottfried Schadow*, a. a. O., S. 11

42. Götz Eckardt, *Johann Gottfried Schadow*, a. a. O., S. 13

43. Johann Gottfried Schadow, *Kunstwerke und Kunstansichten*, Bd. I, a. a. O., S. 53

44. Ulrike Krenzlin, *Johann Gottfried Schadow*, a. a. O., S. 70

45. *Propyläen. Eine periodische Zeitschrift*. Hrsg. von Johann Wolfgang von Goethe,
    Bd. 3, 2. Stück. Tübingen in der J. G. Cotta'schen Buchhandlung 1800, S. 167

46. Vgl. Klaus Gerlach, *Das Vaterländische und das Allgemeine*. In: *Der gesellschaftli-
    che Wandel um 1800 und das Berliner Nationaltheater*. Hrsg. von Klaus Gerlach.
    Wehrhahn Verlag, Hannover 2009, S. 187

47. Klaus Gerlach, *Das Vaterländische und das Allgemeine*, a. a. O., S. 188

48. Klaus Gerlach, *Das Vaterländische und das Allgemeine*, a. a. O., S. 189

49. In: Conrad Wiedemann, *Böttiger trifft Schadow. Fachgeschichtliche und kultur-topographische Voraussetzungen des Briefwechsels zwischen Karl August Böttiger und Johann Gottfried Schadow*. In: René Sternke (Hrsg.), *Böttiger-Lektüren. Die Antike als Schlüssel zur Moderne*. Akademie Verlag, Berlin 2013, S. 1–28

50. Vgl. Conrad Wiedemann, *Böttiger trifft Schadow*, a. a. O., S. 12

51. Vgl. Conrad Wiedemann, *Böttiger trifft Schadow*, a. a. O., S. 16

52. Vgl. Conrad Wiedemann, *Böttiger trifft Schadow*, a. a. O., S. 20

53. Vgl. Conrad Wiedemann, *Böttiger trifft Schadow*, a. a. O., S. 21

54. Vgl. dazu Theodor Fontane, *Der Realismus unserer Zeit (1853)*. In: Theodor Fontane, *Schriften zur Literatur*, hrsg. von Hans-Heinrich Reuter. Aufbau Verlag, Berlin 1960, S. 3 ff.

55. Theodor Fontane, *Wanderungen durch die Mark Brandenburg*. Eine Auswahl in zwei Bänden, hrsg. von Gotthard Erler. Aufbau-Verlag, Berlin und Weimar 1987. Band 2, letzter Teil: *Spreeland*, hier das Unterkapitel *Saalow. Ein Kapitel vom alten Schadow*, S. 239 ff.

56. Katalog *Johann Gottfried Schadow 1764–1850. Bildwerke und Zeichnungen*, bearbeitet von Annegret Janda u. a. Nationalgalerie, Staatliche Museen zu Berlin, Berlin 1964, S. 10

57. Theodor Fontane, *Wanderungen durch die Mark Brandenburg*, a. a. O., S. 240 ff.

58. Theodor Fontane, *Wanderungen durch die Mark Brandenburg*, a. a. O., S. 245

59. Theodor Fontane, *Wanderungen durch die Mark Brandenburg*, a. a. O., S. 246 ff.

60. Theodor Fontane, *Wanderungen durch die Mark Brandenburg*, a. a. O., S. 251

61. Theodor Fontane, *Wanderungen durch die Mark Brandenburg*, a. a. O., S. 251 f.

62. Johann Gottfried Schadow, *Kunstwerke und Kunstansichten*, Bd. I, a. a. O., S. 246

## 5. Das Berliner Nationaltheater

1. Klaus Gerlach, *Ifflands Berliner Bühne, Theatralische Kunstführung und Ökonomie*. Verlag Walter de Gruyter, Berlin/Boston 2015, S. 148

2. Klaus Gerlach, link der BBAW zum *Nationaltheater*: http://berlinerklassik.bbaw.de/BK/theater

3. Klaus Gerlach, http://iffland.bbaw.de

4. Klaus Gerlach (Hrsg.), *Das Berliner Theaterkostüm der Ära Iffland. August Wilhelm Iffland als Theaterdirektor, Schauspieler und Bühnenreformator*. Akademie Verlag, Berlin 2009

5. Klaus Gerlach, *Ifflands Berliner Bühne*, a. a. O.

6. Ruth Freydank, *Außer Kontrolle. Ein Archiv-Krimi*. In: *Theater heute*, März 2014, Nr. 3, S. 50 und S. 52

7. Vgl. dazu die ausführliche Dokumentation der Geschichte des Berliner Theatermuseums in: Ruth Freydank, *Der Fall Berliner Theatermuseum*, Teil I: Ge-

*schichte – Bilder – Dokumente.* Verlag Pro BUSINESS GmbH, Berlin 2011.
Teil II: *Relikte einer ehemaligen Theaterbibliothek – Dokumente.* Verlag Pro
BUSINESS GmbH, Berlin 2011

8.  Vgl. dazu Ruth Freydank, *Außer Kontrolle. Ein Archiv-Krimi.* In: Theater heute,
    März 2014, Nr. 3, S. 53

9.  Zitiert nach: *Ifflands Dramen. Ein Lexikon,* hrsg. von Mark-Georg Dehrmann
    und Alexander Košenina. Wehrhahn Verlag, Hannover 2009, S. 5

10. August Wilhelm Iffland, *Briefe an seine Schwester Louise und andere Verwandte
    1772–1814.* Hrsg. von Ludwig Geiger. Selbstverlag der Gesellschaft für Theater-
    geschichte, Berlin 1904, Anmerkungsteil, S. 250

11. August Wilhelm Iffland, *Briefe an seine Schwester Louise und andere Verwandte
    1772–1814,* a. a. O., Anmerkungsteil, S. 235

12. August Wilhelm Iffland, *Meine theatralische Laufbahn.* Mit Anmerkungen und
    einer Zeittafel von Oscar Fambach. Verlag Philipp Reclam Jun., Stuttgart 1976,
    S. 5

13. August Wilhelm Iffland, *Meine theatralische Laufbahn,* a. a. O., S. 9

14. August Wilhelm Iffland, *Meine theatralische Laufbahn,* a. a. O., S. 12

15. Karl Philipp Moritz, *Anton Reiser.* Insel Verlag, Frankfurt a. M. 1981, S. 153

16. August Wilhelm Iffland, *Meine theatralische Laufbahn,* a. a. O., S. 28

17. August Wilhelm Iffland, *Meine theatralische Laufbahn,* a. a. O., S. 21. Vgl. auch.
    S. 19 und S. 25

18. August Wilhelm Iffland, *Meine theatralische Laufbahn,* a. a. O., S. 25 f.

19. Klaus Gerlach (Hrsg.), *Das Berliner Theaterkostüm der Ära Iffland,* a. a. O., S. 7

20. August Wilhelm Iffland, *Meine theatralische Laufbahn,* a. a. O., S. 34

21. Klaus Gerlach, *Das Berliner Theaterkostüm der Ära Iffland,* a. a. O., S. 7

22. August Wilhelm Iffland, *Briefe an seine Schwester Louise und andere Verwandte
    1772–1814,* a. a. O., S. XXXI

23. Zitiert nach Klaus Gerlach, Manuskript eines Vortrages vor der Goethegesell-
    schaft Karlsruhe am 22. Oktober 2014: *Iffland und Goethe. Freundschaft und
    Konkurrenz zweier Theaterdirektoren und Bühnenreformer.* S. 6

24. Klaus Gerlach, Manuskript eines Vortrages vor der Goethegesellschaft Karls-
    ruhe am 22. Oktober 2014: *Iffland und Goethe. Freundschaft und Konkurrenz
    zweier Theaterdirektoren und Bühnenreformer.* S. 6 f.

25. August Wilhelm Iffland, *Briefe an seine Schwester Louise und andere Verwandte
    1772–1814,* a. a. O., Anmerkungsteil, S. 268

26. Vgl. August Wilhelm Iffland, *Briefe an seine Schwester Louise und andere Ver-
    wandte 1772–1814,* a. a. O., S. XXIX

27. Friedrich Schiller, *Über Iffland als Lear.* In: Journal von und für Deutschland,
    10. Stück, 1784

28. *Ifflands Dramen. Ein Lexikon,* hrsg. von Mark-Georg Dehrmann und Alexander
    Košenina, a. a. O., S. 5

29. August Wilhelm Iffland, *Meine theatralische Laufbahn*, a. a. O., S. 78
30. August Wilhelm Iffland, *Meine theatralische Laufbahn*, a. a. O., S. 79
31. August Wilhelm Iffland, *Meine theatralische Laufbahn*, a. a. O., S. 84
32. August Wilhelm Iffland, *Meine theatralische Laufbahn*, a. a. O., S. 120
33. August Wilhelm Iffland, *Meine theatralische Laufbahn*, a. a. O., S. 123
34. August Wilhelm Iffland, *Meine theatralische Laufbahn*, a. a. O., S. 124 f.
35. August Wilhelm Iffland, *Meine theatralische Laufbahn*, a. a. O., S. 111
36. Vgl. Lesley Sharpe, *A National Repertoire*. In: Schiller, *Iffland and the German Stage*. Oxford u. a. 2007, S. 231
37. Zitiert nach Matthias Hahn, *Schauplätze der Moderne*. *Berlin um 1800 – ein topographischer Wegweiser*. Wehrhahn Verlag, Hannover 2009, S. 329 f.
38. Vgl. Klaus Gerlach, *Der gesellschaftliche Wandel um 1800 und das Berliner Nationaltheater*. Wehrhahn Verlag, Hannover 2009, S. 10
39. Vgl. Matthias Hahn, *Schauplätze der Moderne*. *Berlin um 1800 – ein topographischer Wegweiser*, a. a. O., S. 340
40. Vgl. dazu Uta Motschmann, *Die Berliner »Gesellschaft der Freunde der Humanität« (1797–1861)*, Wehrhahn Verlag, Hannover-Laatzen 2008
    Dies., *Handbuch der Berliner Vereine und Gesellschaften 1786–1815*. Verlag Walter de Gruyter, Band I Berlin 2015, Band II Berlin 2016
41. Klaus Gerlach (Hrsg.), *Eine Experimentalpoetik. Texte zum Berliner Nationaltheater*. Wehrhahn Verlag, Hannover-Laatzen 2007, S. 13
42. Klaus Gerlach (Hrsg.), *Eine Experimentalpoetik. Texte zum Berliner Nationaltheater*, a. a. O., S. 18
43. Vgl. Klaus Gerlach, *Geschichtsdramen auf dem Berliner Nationaltheater*. In: Klaus Gerlach, *Der gesellschaftliche Wandel um 1800 und das Berliner Nationaltheater*, a. a. O., S. 109
44. Zitiert nach Klaus Gerlach (Hrsg.), *Eine Experimentalpoetik. Texte zum Berliner Nationaltheater*, a. a. O., S. 15
45. Vgl. Klaus Gerlach, *Geschichtsdramen auf dem Berliner Nationaltheater*. In: Klaus Gerlach, *Der gesellschaftliche Wandel um 1800 und das Berliner Nationaltheater*, a. a. O., S. 109
46. Vgl. Fußnote 2: link der BBAW zum Nationaltheater: http://berlinerklassik. bbaw.de/BK/theater
47. Klaus Gerlach, *Der gesellschaftliche Wandel um 1800 und das Berliner Nationaltheater*, a. a. O., S. 7
48. Klaus Gerlach, *Der gesellschaftliche Wandel um 1800 und das Berliner Nationaltheater*, a. a. O., S. 11
49. Vgl. Klaus Gerlach (Hrsg.), *Das Berliner Theaterkostüm der Ära Iffland*, a. a. O., S. 18
50. Klaus Gerlach, *Der gesellschaftliche Wandel um 1800 und das Berliner Nationaltheater*, a. a. O., S. 8

51. Klaus Gerlach, *Der gesellschaftliche Wandel um 1800 und das Berliner National-theater*, a. a. O., S. 12

52. Vgl. Klaus Gerlach (Hrsg.), *Eine Experimentalpoetik. Texte zum Berliner Natio-naltheater*, a. a. O., S. 14

53. Karl August Böttiger, *Entwickelung des Ifflandischen Spiels in vierzehn Darstel-lungen auf dem Weimarischen Hoftheater im Aprilmonat 1796*. Verlag G. J. Gö-schen, Leipzig 1796

54. Karl August Böttiger, *Entwickelung des Ifflandischen Spiels in vierzehn Darstel-lungen*, a. a. O., S. IV

55. Karl August Böttiger, *Entwickelung des Ifflandischen Spiels in vierzehn Darstel-lungen*, a. a. O., S. XIV

56. Klaus Gerlach, *Manuskript eines Vortrages vor der Goethegesellschaft Karlsruhe am 22. Oktober 2014: Iffland und Goethe. Freundschaft und Konkurrenz zweier Theaterdirektoren und Bühnenreformer*, S. 8

57. Vgl. Klaus Gerlach (Hrsg.), *Eine Experimentalpoetik. Texte zum Berliner Natio-naltheater*, a. a. O., S. 18 f.

58. Vgl. dazu Karl-Heinz Klingenberg, *Iffland und Kotzebue als Dramatiker*. Arion Verlag, Weimar 1962

59. *Ifflands Dramen. Ein Lexikon*, hrsg. von Mark-Georg Dehrmann und Alexander Košenina, a. a. O., S. 5

60. Zitiert nach Erika Fischer-Lichte, *Theater als öffentlicher Raum*. In: Klaus Ger-lach, *Der gesellschaftliche Wandel um 1800 und das Berliner Nationaltheater*, a. a. O., S. 52

61. Reiner Schmitz (Hrsg.), *Die ästhetische Prügeley. Streitschriften der antiromanti-schen Bewegung*. Wallstein Verlag, Göttingen 1992

62. Vgl. Klaus Gerlach (Hrsg.), *Eine Experimentalpoetik. Texte zum Berliner Natio-naltheater*, a. a. O., S. 24

63. Klaus Gerlach, *Geschichtsdramen auf dem Berliner Nationaltheater*. In: Klaus Gerlach, *Der gesellschaftliche Wandel um 1800 und das Berliner Nationalthea-ter*, a. a. O., S. 117

64. Klaus Gerlach, *Der gesellschaftliche Wandel um 1800 und das Berliner National-theater*, a. a. O., S. 13

65. Klaus Gerlach, *Geschichtsdramen auf dem Berliner Nationaltheater*. In: Klaus Gerlach, *Der gesellschaftliche Wandel um 1800 und das Berliner Nationalthea-ter*, a. a. O., S. 120

66. *Johann Gottfried Schadow, Kunstwerke und Kunstansichten, Band I-III. Ein Quel-lenwerk zur Berliner Kunst- und Kulturgeschichte zwischen 1780 und 1845*. Kom-mentierte Neuausgabe von 1849, hrsg. von Götz Eckardt. Deutscher Verlag für Kunstwissenschaft, Berlin 1987. Band I, S. 70

67. Vgl. dazu Klaus Gerlach, *Der gesellschaftliche Wandel um 1800 und das Berliner Nationaltheater*, a. a. O., S. 7

68. Klaus Gerlach, *Der gesellschaftliche Wandel um 1800 und das Berliner National-theater*, a. a. O., S. 7

69. Vgl. dazu im Einzelnen Sibylle Peters, *Populäre Grazie: Die Theaterfede der Berliner Abendblätter*. In: Klaus Gerlach, *Der gesellschaftliche Wandel um 1800 und das Berliner Nationaltheater*, a. a. O., S. 359–372

70. Zitiert nach Sibylle Peters, *Populäre Grazie: Die Theaterfede der Berliner Abendblätter*, a. a. O., S. 368

71. Vgl. Sibylle Peters, *Populäre Grazie: Die Theaterfede der Berliner Abendblätter*, a. a. O., S. 362

72. Dieses Haus existiert heute nicht mehr. Es wurde 1853 umgebaut und 1880 abgerissen. Vgl. dazu Matthias Hahn, *Schauplätze der Moderne. Berlin um 1800 – ein topographischer Wegweiser*, a. a. O., S. 272 ff.

73. Matthias Hahn, *Schauplätze der Moderne. Berlin um 1800 – ein topographischer Wegweiser*, a. a. O., S. 274

74. Matthias Hahn, *Schauplätze der Moderne. Berlin um 1800 – ein topographischer Wegweiser*, a. a. O., S. 277

75. Vgl. dazu Matthias Hahn, *Schauplätze der Moderne. Berlin um 1800 – ein topographischer Wegweiser*, a. a. O., S. 277

76. August Wilhelm Iffland, *Meine theatralische Laufbahn*, a. a. O., S. S. 31

77. A. W. *Ifflands Briefe meist an seine Schwester nebst anderen Aktenstücken und einem ungedruckten Drama*. Hrsg. von Ludwig Geiger. Selbstverlag der Gesellschaft für Theatergeschichte, 2 Bände, Berlin 1904 und 1905

78. A. W. *Ifflands Briefe meist an seine Schwester nebst anderen Aktenstücken und einem ungedruckten Drama*, a. a. O., Band 1, 1804, S. XVII

79. A. W. *Ifflands Briefe meist an seine Schwester nebst anderen Aktenstücken und einem ungedruckten Drama*, a. a. O., Band 1, 1804, S. XVII

80. A. W. *Ifflands Briefe meist an seine Schwester nebst anderen Aktenstücken und einem ungedruckten Drama*, a. a. O., Band 1, 1804, S. 242

81. A. W. *Ifflands Briefe meist an seine Schwester nebst anderen Aktenstücken und einem ungedruckten Drama*, a. a. O., Band 1, 1804, S. 190

82. Vgl. A. W. *Ifflands Briefe meist an seine Schwester nebst anderen Aktenstücken und einem ungedruckten Drama*, a. a. O., Band 1, 1804, S. XVIII

83. A. W. Formey, *Ifflands Krankengeschichte*. In: Carl Duncker (Hrsg.), *Iffland in seinen Schriften als Künstler, Lehrer und Director der Berliner Bühnen: Zum Gedächtnis seines 100jährigen Geburtstages am 19. April 1859*. Verlag Duncker und Humblot, Berlin 1859, S. 285

84. Dank der Initiative des Schauspielers Hans-Jürgen Schatz, der seinem »überragenden Theaterahnen August Wilhelm Iffland« eine Grabstätte in würdigem Zustand zuerkennen wollte, konnte das fast unkenntliche Grab mithilfe seiner Spendenaktion, die über 20 000 Euro erbrachte, sowie finanzieller Beteiligung des Landesdenkmalamtes wieder hergerichtet und am 22. Septem-

ber 2010, dem Todestag Ifflands, im Rahmen einer Feierstunde am Grab der Öffentlichkeit übergeben werden. Schatz sieht in den historischen Friedhöfen Berlins das »Gedächtnis unserer Stadt«, das »Spiegelbild eines bedeutenden Teils des Geisteslebens im Berlin des 18. und 19. Jahrhunderts«, das angemessen gepflegt werden müsse.

## 6. Berliner Aufklärer

1. Christof Wingertszahn, *Anton Reiser und die »Michelein«. Neue Funde zum Quietismus im 18. Jahrhundert.* Wehrhahn Verlag, Hannover 2002, S. 10.
   Im Rahmen seiner Arbeit an der historisch-kritischen Moritz-Ausgabe gelang es dem Germanisten und Kunsthistoriker Christof Wingertszahn in Lausanne, wertvolle Materialien zur Geschichte des Quietismus im 18. Jahrhundert aufzufinden. Diese erlauben einen neuen Blick auf die Biographie von Karl Philipp Moritz.
2. Christof Wingertszahn, *Anton Reiser und die »Michelein«. Neue Funde zum Quietismus im 18. Jahrhundert,* a. a. O., S. 32.
3. Karl Philipp Moritz: *Was giebt es Edleres und Schöneres in der ganzen Natur als den Geist des Menschen, auf dessen Vervollkommnung alles übrige unablässig hinarbeitet und in welchem sich die Natur gleichsam selbst zu übertreffen strebt.* In: *Denkwürdigkeiten, aufgezeichnet zur Beförderung des Edlen und Schönen. Herausgegeben von Carl Philipp Moritz.* Erstes Vierteljahr. Erstes Stück. Berlin 1786, S. 15.
4. Karl Friedrich Klischnig, *Mein Freund Anton Reiser. Aus dem Leben des Karl Philipp Moritz.* Neudruck der Ausgabe von 1794. Hrsg. und mit Anmerkungen versehen von Heide Hollmer und Kirsten Erwentraut. Mit einem Nachwort von Ralph Rainer Wuthenow, 283 Seiten. Berlin, Gatza, 1997, S. 59. (Im Folgenden zitiert als Karl Friedrich Klischnig, 1794, Seitenzahl)
5. Karl Friedrich Klischnig, 1794, S. 58.
6. Vgl. Karl Friedrich Klischnig, 1794, S. 36
7. Hierzu und zum Folgenden siehe Conrad Wiedemann, *Karl Philipp Moritz und der Geist der Urbanität.* In: *»Das Dort ist nun Hier geworden«. Karl Philipp Moritz heute.* Hrsg. von Christof Wingertszahn. Wehrhahn Verlag, Hannover 2010, S. 11–26
8. Vgl. Karl Friedrich Klischnig, 1794, S. 133
9. Vgl. dazu Gerhard Jörder, *Ödipus verkehrt oder: Schauerdrama, wie es im Buche steht. Zu Karl Philipp Moritz' »Blunt oder der Gast«.* Programm des Berliner Theatertreffens 1996
10. Vgl. dazu Hans-Walter Schmidt-Hannisa, *Traumtheater. Karl Philipp Moritz' Experimentalschauspiel »Blunt oder der Gast«.* In: *»Das Dort ist nun Hier geworden«. Karl Philipp Moritz heute,* a. a. O., S. 61–74

11. Karl Philipp Moritz, *Werke in zwei Bänden*, hrsg. von Heide Hollmer und Albert Meier, Bd. 2. Deutscher Klassiker Verlag, Frankfurt a. M. 1999, S. 863.

12. Karl Philipp Moritz, *Werke in zwei Bänden*, hrsg. von Heide Hollmer und Albert Meier, Bd. 2, a. a. O., S. 860

13. Karl Friedrich Klischnig, 1794, S. 69

14. Vgl. Karl Friedrich Klischnig, 1794, S. 73

15. Karl Philipp Moritz in einem Brief an Joachim Heinrich Campe vom 15. Oktober 1782

16. Johann Wolfgang von Goethe, Brief an Charlotte von Stein, Rom den 13–16 Dezember 1786. Hamburger Ausgabe. C. H. Beck Verlag, München 1982–2008, Briefe II, S. 28 f.

17. Karl Philipp Moritz, *Werke in zwei Bänden*, hrsg. von Heide Hollmer und Albert Meier, Bd. 2, a. a. O., S. 964 f.

18. Vgl. Sabine Schneider, *Die schwierige Sprache des Schönen. Moritz' und Schillers Semiotik der Sinnlichkeit*. Verlag Königshausen & Neumann, Würzburg 1998

19. Conrad Wiedemann, *Karl Philipp Moritz und der Geist der Urbanität*, a. a. O., S. 14

20. Iwan-Michelangelo D'Aprile, *Die schöne Republik. Ästhetische Moderne in Berlin im ausgehenden 18. Jahrhundert*. Niemeyer Verlag, Tübingen 2006, S. 3. Zu Moritz' Postulat einer ästhetischen Autonomie vgl. v. a. die S. 39–109. Vgl. dazu auch Iwan-Michelangelo D'Aprile *»Das Schöne individualisieren«. Karl Philipp Moritz' urbanes Ästhetikprogramm*. In: Ute Tintemann, Christof Wingertszahn (Hrsg.), *Karl Philipp Moritz in Berlin 1789–1793*. Wehrhahn Verlag, Hannover-Laatzen 2005, S. 141–157.

21. Iwan-Michelangelo D'Aprile, *Die schöne Republik*, a. a. O., S. 3

22. Iwan-Michelangelo D'Aprile, *Berliner Rationalismuskritik*. In: *Tableau de Berlin. Beiträge zur »Berliner Klassik« (1786–1815)*. Hrsg. von Iwan D'Aprile, Martin Disselkamp und Claudia Sedlarz. Wehrhahn Verlag, Hannover-Laatzen 2005, S. 61

23. Iwan-Michelangelo D'Aprile, *Berliner Rationalismuskritik*, a. a. O., S. 61

24. *Die Jugendbriefe Alexander von Humboldts 1789–1799*. Hrsg. u. erläutert von Ilse Jahn und Fritz G. Lange. Akademie-Verlag, Berlin 1973. Beiträge zur Alexander-von-Humboldt-Forschung 2, S. 48 f.

25. Karl Friedrich Klischnig, 1794, S. 160

26. Karl Friedrich Klischnig, 1794, S. 26

27. Karl Friedrich Klischnig, 1794, S. 155

28. Karl Philipp Moritz, *Anton Reiser. Ein psychologischer Roman*. Hrsg. von Horst Günther. Insel Verlag, Frankfurt a. M. 1981

29. *Magazin zur Erfahrungsseelenkunde als ein Lesebuch für Gelehrte und Ungelehrte 1783–1793*. Zehn Bände, Faksimile-Ausgabe mit Nachwort und Register, Lindau 1978. (Im Folgenden zitiert als MzE, Band, Stück, Seitenzahl)

30. Vgl. dazu Anke Bennholdt-Thomsen und Alfredo Guzzoni, *Zur Charakteristik des »Magazin zur Erfahrungsseelenkunde«.* In: *Aspekte empirischer Psychologie im 18. Jahrhundert und ihre literarische Resonanz,* S. 113–159. Verlag Königshausen & Neumann, Würzburg 2012, hier S. 115 ff.

31. MzE, Band VIII, 1. Stück, S. 3

32. Anke Bennholdt-Thomsen und Alfredo Guzzoni, *Zur Charakteristik des »Magazin zur Erfahrungsseelenkunde«,* a. a. O., S. 150

33. Vgl. dazu Stefan Goldmann, *Erfahrungsseelenkunde und Haskala. Jüdische Autoren in dem psychologischen Magazin von Karl Philipp Moritz.* In: *Karl Philipp Moritz in Berlin 1789–1793.* Hrsg. von Ute Tintemann und Christoph Wingertszahn. Wehrhahn Verlag, Hannover 2005, S. 293 ff.

34. Vgl. dazu MzE I, 3, S. 76 f.

35. Karl Philipp Moritz, *Werke in zwei Bänden,* a. a. O., Bd. 1, S. 799

36. Anke Bennholdt-Thomsen und Alfredo Guzzoni, *Zur Charakteristik des »Magazin zur Erfahrungsseelenkunde«,* a. a. O., S. 134

37. Vgl. dazu Claudia Stockinger, *Zwischen Mendelssohn und Maimon. Moritz und die jüdische Aufklärung in Berlin.* In: *Karl Philipp Moritz in Berlin 1789–1793.* Hrsg. von Ute Tintemann und Christof Wingertszahn. Wehrhahn Verlag, Hannover-Laatzen 2005, S. 252

38. *Salomon Maimons Lebensgeschichte. Von ihm selbst geschrieben und herausgegeben von Karl Philipp Moritz,* neu hrsg. von Zwi Batscha. Jüdischer Verlag, Frankfurt a. M. 1995

39. Vgl. dazu Joseph Wälzholz, *Der asoziale Aufklärer. Salomon Maimons »Lebensgeschichte«.* Wallstein Verlag, Göttingen 2016

40. Karl Friedrich Klischnig 1794, S. 152 f.

41. *Johann Friedrich Unger im Verkehr mit Goethe und Schiller: Briefe und Nachrichten.* Mit einer einleitenden Übersicht über Ungers Verlegertätigkeit von Flodoard Freiherr von Biedermann. Verlag H. Berthold, Berlin 1927, S. 7.

## 7. Die Sing-Akademie zu Berlin

1. Carl Friedrich Zelter, *Carl Friedrich Fasch 1736–1800.* Verlag Johann Friedrich Unger, Berlin 1801, S. 34

2. Christian Filips, *Die Geburt der Sing-Akademie zu Berlin aus dem Geist der jüdischen Salonièren.* Manuskript eines Vortrages vom 7. April 2016 im Jüdischen Museum Berlin anlässlich der Konferenz »Deutsche und jüdische Intellektuelle um 1800 (ohne Seiten).

3. Christian Filips, *»Die Sprache der Engel« – Die Kunstreligion der Sing-Akademie zu Berlin um 1800 und ihre Wirkung auf Wackenroder und E. T. A. Hoffmann.* In: *Kennen Sie Preußen – wirklich? Das Zentrum »Preußen – Berlin« stellt sich vor.* Akademie-Verlag, Berlin 2009, S. 91 f.

4. Vgl. Gottfried Eberle, *Den feinsten Sinn bildsamer Menschen ergötzen. Zelters »Sing-Accademie« und ihr Bildungsideal.* In: Christian Filips (Hrsg.), *Der Singemeister. Carl Friedrich Zelter.* Schott Verlag, Mainz 2009, S. 105

5. Karl Friedrich Zelter, *Karl Friedrich Fasch 1736–1800*, a. a. O., S. 25

6. Die musikalische Analyse des Werkes und auch Zelters Auseinandersetzung damit würde den hier gegebenen Rahmen übersteigen. Vgl. hierzu Christian Filips,»*Die Sprache der Engel*« – *Die Kunstreligion der Sing-Akademie zu Berlin um 1800*, a. a. O., S. 95 f.

7. Christian Filips, *Die Geburt der Sing-Akademie zu Berlin aus dem Geist der jüdischen Salonièren*, a. a. O.

8. Carl Friedrich Zelter, *Carl Friedrich Fasch 1736–1800*, a. a. O., S. 33

9. Carl Friedrich Zelter, *Carl Friedrich Fasch 1736–1800*, a. a. O., S. 29

10. Carl Friedrich Zelter, *Carl Friedrich Fasch 1736–1800*, a. a. O., S. 29

11. Christian Filips (Hrsg.) *Der Singemeister. Carl Friedrich Zelter.* Schott Verlag, Mainz 2009, S. 104

12. Carl Friedrich Zelter, *Carl Friedrich Fasch 1736–1800*, a. a. O., S. 30

13. Carl Friedrich Zelter, *Carl Friedrich Fasch 1736–1800*, a. a. O., S. 31

14. Conrad Wiedemann, *Der Chorgeist*. In: *Der Tagesspiegel*, Berlin am 19. August 2011

15. Matthias Hahn, *Schauplätze der Moderne. Berlin um 1800 – ein topographischer Wegweiser.* Wehrhahn Verlag, Hannover 2009, S. 442

16. Carl Friedrich Zelter, *Carl Friedrich Fasch 1736–1800*, a. a. O., S. 30

17. Carl Friedrich Zelter, *Carl Friedrich Fasch 1736–1800*, a. a. O., S. 33

18. Vgl. Carl Friedrich Zelter, *Carl Friedrich Fasch 1736–1800*, a. a. O., S. 33 f.

19. Genaue Zahlen lassen sich hier nicht ermitteln. Diese Frage ist in der Forschung noch immer umstritten.

20. Vgl. dazu: Martin Loeser, *Geschichte der Chormusik. Eine Einführung.* Laaber Verlag, Laaber (Regensburg) 2017 sowie Hans Gebhard (Hrsg.), *Harenberg-Chormusikführer* (2. Aufl.). Harenberg Verlag, Dortmund 2001

21. Conrad Wiedemann, *Der Chorgeist*. In: *Der Tagesspiegel*, Berlin, 19.08.2011

22. Christian Filips, *Die Geburt der Sing-Akademie zu Berlin aus dem Geist der jüdischen Salonièren*, a. a. O.

23. Christian Filips, *Die Geburt der Sing-Akademie zu Berlin aus dem Geist der jüdischen Salonièren*, a. a. O.

24. Vgl. Christoph Wolff, *A Bach Cult in Late-Eighteenth-Century Berlin: Sara Levy's Musical Salon.* Bulletin of the American Academy, Spring 2005, S. 27

25. Christian Filips, *Die Geburt der Sing-Akademie zu Berlin aus dem Geist der jüdischen Salonièren*, a. a. O.

26. Vgl. Christoph Wolff, *A Bach Cult in Late-Eighteenth-Century Berlin: Sara Levy's Musical Salon.* Bulletin of the American Academy, Spring 2005, S. 29

27. Vgl. Christian Filips, *Die Geburt der Sing-Akademie zu Berlin aus dem Geist der jüdischen Salonièren*, a. a. O.

28. Christian Filips, *Die Geburt der Sing-Akademie zu Berlin aus dem Geist der jüdischen Salonièren*, a. a. O.

29. Christian Filips, *Die Geburt der Sing-Akademie zu Berlin aus dem Geist der jüdischen Salonièren*, a. a. O.

30. Christian Filips, *Die Geburt der Sing-Akademie zu Berlin aus dem Geist der jüdischen Salonièren*, a. a. O.

31. Zitiert nach Christian Filips, *Die Geburt der Sing-Akademie zu Berlin aus dem Geist der jüdischen Salonièren*, a. a. O.

32. Vgl. Christian Filips, *Die Geburt der Sing-Akademie zu Berlin aus dem Geist der jüdischen Salonièren*, a. a. O.

33. Vgl. dazu im Einzelnen: Gottfried Eberle, *200 Jahre Sing-Akademie zu Berlin. »Ein Kunstverein für die heilige Musik.«* Nicolaische Verlagsbuchhandlung, Berlin 1991, S. 87 ff.

34. Heine hat Mendelssohn nach der Aufführung der Matthäus-Passion Verrat am Judentum und eine falsch verstandene Assimilation vorgeworfen.

35. Hannah Arendt, *Rahel Varnhagen. Lebensgeschichte einer deutschen Jüdin aus der Romantik.* Piper Verlag, München 1959, S. 35 ff.

36. Carola Stern, *Der Text meines Herzens. Das Leben der Rahel Varnhagen.* Rowohlt Verlag, Reinbek bei Hamburg 1994, S. 63 ff.

37. Vgl. hierzu Gottfried Eberle und Michael Rautenberg (Hrsg.), *Die Sing-Akademie zu Berlin und ihre Direktoren.* Staatliches Institut für Musikforschung Preußischer Kulturbesitz, Berlin 1998, S. 33 sowie Gottfried Eberle, *200 Jahre Sing-Akademie zu Berlin*, a. a. O., S. 119

38. Christian Filips, *Die Geburt der Sing-Akademie zu Berlin aus dem Geist der jüdischen Salonièren*, a. a. O.

39. Conrad Wiedemann, *Der Chorgeist*. In: *Der Tagesspiegel*, Berlin, 19.08.2011

40. Christian Filips, *»Die Sprache der Engel« – Die Kunstreligion der Sing-Akademie zu Berlin um 1800*, a. a. O., S. 94

41. Heinrich Lichtenstein, *Zur Geschichte der Sing-Akademie in Berlin.* Trautwein Verlag, Berlin 1843, S. 11

42. Christian Filips, *»Die Sprache der Engel« – Die Kunstreligion der Sing-Akademie zu Berlin um 1800*, a. a. O., S. 97

43. Zitiert nach Gottfried Eberle, *Zelters »Sing-Academie« und ihr Bildungsideal.* In: Christian Filips (Hrsg.), *Der Singemeister. Carl Friedrich Zelter*, a. a. O., S. 104

44. Zitiert nach Gottfried Eberle, *Zelters »Sing-Academie« und ihr Bildungsideal.* In: Christian Filips (Hrsg.), *Der Singemeister. Carl Friedrich Zelter*, a. a. O., S. 104

45. Das Solfeggio (franz. Solfège) ist die Tonlehre, also Übungen in Musiktheorie,

insbesondere Notenlehre, Gehörbildung und Gesang. Sie soll dazu befähigen, eine Partitur spielen oder nach Noten singen zu können.

46. Gottfried Eberle, Zelters »Sing-Academie« und ihr Bildungsideal. In: Christian Filips (Hrsg.), *Der Singemeister. Carl Friedrich Zelter*, a. a. O., S. 106

47. Zitiert nach Gottfried Eberle, Zelters »Sing-Academie« und ihr Bildungsideal. In: Christian Filips (Hrsg.), *Der Singemeister. Carl Friedrich Zelter*, a. a. O., S. 106

48. Hervorzuheben ist eine Analyse der autobiographischen Schriften von Zelter, die 1931 in Weimar von der Goethe-Gesellschaft herausgegeben worden ist: Johann-Wolfgang Schottländer (Hrsg.), *Carl Friedrich Zelters Darstellungen seines Lebens*. Band 44. Verlag der Goethe-Gesellschaft, Weimar 1931

49. Carl Friedrich Zelter, *Kurzer Lebenslauf*. In: Christian Filips (Hrsg.), *Der Singemeister. Carl Friedrich Zelter*, a. a. O., S. 8

50. Carl Friedrich Zelter, *Kurzer Lebenslauf*. In: Christian Filips (Hrsg.), *Der Singemeister. Carl Friedrich Zelter*, a. a. O., S. 8

51. Carl Friedrich Zelter, *Kurzer Lebenslauf*. In: Christian Filips (Hrsg.), *Der Singemeister. Carl Friedrich Zelter*, a. a. O., S. 9

52. Vgl. dazu Dietrich Fischer-Dieskau, *Carl Friedrich Zelter und das Berliner Musikleben seiner Zeit*. Nicolaische Verlagsbuchhandlung, Berlin 1997, S. 31 ff.

53. Gottfried Eberle, Zelters »Sing-Academie« und ihr Bildungsideal. In: Christian Filips (Hrsg.), *Der Singemeister. Carl Friedrich Zelter*, a. a. O., S. 107

54. Carl Friedrich Zelter, *Carl Friedrich Fasch 1736–1800*, a. a. O., S. 33

55. Heinrich Lichtenstein, *Zur Geschichte der Sing-Akademie in Berlin*. Trautwein Verlag, Berlin 1843, S. 11

56. Vgl. Gottfried Eberle, Zelters »Sing-Academie« und ihr Bildungsideal. In: Christian Filips (Hrsg.), *Der Singemeister. Carl Friedrich Zelter*, a. a. O., S. 108

57. Zitiert nach Gottfried Eberle, Zelters »Sing-Academie« und ihr Bildungsideal. In: Christian Filips (Hrsg.), *Der Singemeister. Carl Friedrich Zelter*, a. a. O., S. 108

58. Gottfried Eberle, Zelters »Sing-Academie« und ihr Bildungsideal. In: Christian Filips (Hrsg.), *Der Singemeister. Carl Friedrich Zelter*, a. a. O., S. 108

59. Vgl. dazu Christian Filips, *Im Andenken des Propheten von St. Helena. Zelter und Napoleon*. In: *Der Singemeister. Carl Friedrich Zelter*, a. a. O., S. 153 ff.

60. Gottfried Eberle und Michael Rautenberg (Hrsg.), *Die Sing-Akademie zu Berlin und ihre Direktoren*, a. a. O., S. 22

61. Zitiert nach Christian Filips (Hrsg.), *Der Singemeister. Carl Friedrich Zelter*, a. a. O., S. 109

62. Vgl. dazu Gottfried Eberle und Michael Rautenberg (Hrsg.), *Die Sing-Akademie zu Berlin und Ihre Direktoren*, a. a. O., S. 23

63. Johann Peter Eckermann, *Gespräche mit Goethe in den letzten Jahren seines Lebens*. Insel Verlag, Frankfurt a. M. 1955, S. 74 f.

64. Johann Peter Eckermann, *Gespräche mit Goethe*, a. a. O., S. 74

65. Vgl. dazu Dietrich Fischer Dieskau, *Carl Friedrich Zelter*, a. a. O., S. 108 ff.

66. Matthias Hahn, *Schauplätze der Moderne. Berlin um 1800*, a. a. O., S. 444

67. Vgl. dazu Conrad Wiedemann, *Die Liedertafel-Gründung im Licht des Briefwechsels zwischen Goethe und Zelter*. In: *Integer vitae. Die Zeltersche Liedertafel als kulturgeschichtliches Phänomen 1809–1832*. Hrsg. von Axel Fischer und Matthias Kornemann. Wehrhahn Verlag, Hannover 2014, S. 129 ff.

68. Gottfried Eberle, *Zelters »Sing-Academie« und ihr Bildungsideal*. In: Christian Filips (Hrsg.), *Der Singemeister. Carl Friedrich Zelter*, a. a. O., S. 109

69. Gottfried Eberle, *Zelters »Sing-Academie« und ihr Bildungsideal*. In: Christian Filips (Hrsg.), *Der Singemeister. Carl Friedrich Zelter*, a. a. O., S. 109

70. Vgl. dazu Ute Planert, *Carl Friedrich Zelter zwischen Aufklärung, Napoleonverehrung und preußischem Patriotismus*. In: *Integer vitae. Die Zeltersche Liedertafel als kulturgeschichtliches Phänomen 1809–1832*, a. a. O., S. 185

71. Conrad Wiedemann, *Die Liedertafel-Gründung im Licht des Briefwechsels zwischen Goethe und Zelter*. In: *Integer vitae. Die Zeltersche Liedertafel als kulturgeschichtliches Phänomen 1809–1832*, a. a. O., S. 143

72. Conrad Wiedemann, *Die Liedertafel-Gründung im Licht des Briefwechsels zwischen Goethe und Zelter*. In: *Integer vitae. Die Zeltersche Liedertafel als kulturgeschichtliches Phänomen 1809–1832*, a. a. O., S. 144 f.

73. Zitiert nach Matthias Hahn, *Schauplätze der Moderne. Berlin um 1800*, a. a. O., S. 31

74. Claudia Sedlarz, *Die Denkschriften Zelters*. In: Christian Filips (Hrsg.), *Der Singemeister. Carl Friedrich Zelter*, a. a. O., S. 116

75. Wolfgang Dinglinger, *Zelters Musikalische Bildungsanstalt*. In: Christian Filips (Hrsg.), *Der Singemeister. Carl Friedrich Zelter*, a. a. O., S. 118

76. Kai-Uwe Jirka, *Zelter als Kompositionslehrer*. In: Christian Filips (Hrsg.), *Der Singemeister. Carl Friedrich Zelter*, a. a. O., S. 96

77. Vgl. dazu Conrad Wiedemann, *Zum Geleit*. In: Christian Filips (Hrsg.), *Der Singemeister. Carl Friedrich Zelter*, a. a. O., S. 18

78. Zitiert nach Matthias Hahn, *Schauplätze der Moderne. Berlin um 1800*, a. a. O., S. 444

## 8. Jüdische Frauen treten in die Öffentlichkeit

1. Vgl. dazu Amos Elon, *»Zu einer anderen Zeit. Ein Porträt der jüdisch-deutschen Epoche von 1743–1933«*, Hanser Verlag, München 2003, S. 9 ff.

2. Vgl. dazu Conrad Wiedemann, *Ein Denkmal für Lessing und Moses Mendelssohn*. In: *Moses Mendelssohn*, hrsg. von Heinz Ludwig Arnold und Cord-F. Berghahn, Edition Text und Kritik, München 2011, S. 169 ff.

3. Zitiert nach Stephen Tree, *Moses Mendelssohn*. Rowohlt Taschenbuch Verlag, Reinbek bei Hamburg 2007, S. 94

4. Christoph Schulte, *Die jüdische Aufklärung*. Verlag C. H. Beck, München 2002, S. 10

5. *Henriette Herz in Erinnerungen, Briefen und Zeugnissen*, neu ediert von Rainer Schmitz. Die Andere Bibliothek, Berlin 2013, S. 11. (Im Folgenden zitiert als Schmitz 2013, Seite)

6. Vgl. dazu Christoph Schulte, *Die jüdische Aufklärung*, a. a. O., vorrangig S. 17–47

7. Petra Wilhelmy-Dollinger, *Die Berliner Salons*, Verlag Walter de Gruyter, Berlin 2000, S. 41

8. Schmitz 2013, S. 60 f.

9. Schmitz 2013, S. 61

10. Schmitz 2013, S. 59

11. Schmitz 2013, S. 61

12. Eberhard Wolff, *Medizin und Ärzte im deutschen Judentum der Reformära. Die Architektur einer modernen jüdischen Identität*. Vandenhoeck & Ruprecht, Göttingen 2014, S. 61 f.

13. Schmitz 2013, S. 7

14. Schmitz 2013, S. 14

15. Schmitz 2013, S. 10 f.

16. Schmitz 2013, S. 15, s. auch S. 16

17. Schmitz 2013, S. 15

18. Schmitz 2013, S. 17

19. Schmitz 2013, S. 22

20. Schmitz 2013, S. 22

21. Schmitz 2013, S. 109

22. Vgl. Eberhard Wolff, *Medizin und Ärzte im deutschen Judentum der Reformära*, a. a. O., S. 69 ff.

23. Vgl. dazu Eberhard Wolff, *Am Rande der jüdischen ›Selbstverleugnung‹? Marcus Herz als jüdischer Arzt zwischen religiöser Befreiung und kulturellem Verlust*. In: Hannah Lotte Lund, Ulrike Schneider, Ulrike Wels (Hrsg.), *Die Kommunikations-, Wissens- und Handlungsräume der Henriette Herz (1764–1847)*. V&R unipress, Göttingen 2017, S. 101–113

24. Eberhard Wolff, *Medizin und Ärzte im deutschen Judentum der Reformära*, a. a. O., S. 166–175

25. Hanna Lotte Lund, *Der Berliner »jüdische Salon« um 1800*, Verlag Walter de Gruyter, Berlin 2012, S. 172. (Im Folgenden zitiert als H. L. Lund 2012, Seite)

26. Schmitz 2013, S. 26 f.

27. Schmitz 2013, S. 27

28. Schmitz 2013, S. 29

29. Schmitz 2013, S. 58

30. Schmitz 2013, S. 27
31. Schmitz 2013, S. 65
32. Schmitz 2013, S. 28
33. Schmitz 2013, S. 44 f.
34. Schmitz 2013, S. 45
35. Schmitz 2013, S. 47
36. Schmitz 2013, S. 47
37. Schmitz 2014, S. 76
38. Schmitz 2013, S. 82
39. Schmitz 2013, S. 85
40. Neuen Forschungsarbeiten ist es gelungen, Leben und Werk von Henriette Herz aus der bisher eingeschränkten Wahrnehmung ihrer Person als der »schönen Jüdin« zu befreien und es mit neuen Perspektiven zu präsentieren. Vgl. hier vor allem: Hannah Lotte Lund, Ulrike Schneider, Ulrike Wels (Hrsg.), *Die Kommunikations-, Wissens- und Handlungsräume der Henriette Herz (1764– 1847)*. V&R unipress, Göttingen 2017. Zum religiösen Selbstverständnis der Henriette Herz vgl. den Aufsatz von Ulrike Wels, S. 187–218
41. Schmitz 2013, S. 11 f.
42. Schmitz 2013, S. 39 f.
43. Hannah Arendt, *Rahel Varnhagen. Lebensgeschichte einer deutschen Jüdin aus der Romantik*. Piper Verlag, München 1959, S. 17 f. (Im Folgenden zitiert als Hannah Arendt 1959, Seite)
44. Hannah Arendt 1959, S. 25
45. Hannah Arendt 1959, S. 26
46. Hannah Arendt 1959, S. 27
47. Zitiert nach Petra Wilhelmy-Dollinger, *Die Berliner Salons*, a. a. O., S. 83
48. Wilhelm von Humboldt, Briefe an eine Freundin. Brockhaus Verlag, Leipzig 1847. Bd. 2, S. 280
49. Zitiert nach H. L. Lund 2012, S. 352
50. Hannah Arendt 1959, S. 62
51. Zitiert nach Hannah Arendt 1959, S. 61
52. Carola Stern, *Der Text meines Herzens. Das Leben der Rahel Varnhagen*. Rowohlt Verlag, Reinbek bei Hamburg 1994, S. 270. (Im Folgenden zitiert als Carola Stern 1994, Seite)
53. Christopher Clark, *Preußen. Aufstieg und Niedergang 1600–1947*. Deutsche Verlagsanstalt, München 2007, S. 433 f.
54. Christopher Clark, *Preußen. Aufstieg und Niedergang 1600–1947*, a. a. O., S. 434
55. Christopher Clark, *Preußen. Aufstieg und Niedergang 1600–1947*, a. a. O., S. 434. Clark zitiert hier Hilde Spiel: Hilde Spiel, *Fanny von Arnstein oder die Emanzipation. Ein Frauenleben in der Zeitenwende*, Frankfurt a. M. 1962, S. 414

56. Hannah Arendt 1959, S. 67
57. Zitiert nach Carola Stern 1994, S. 193
58. Hannah Arendt 1959, S. 168
59. Hannah Arendt 1959, S. 169 f.
60. Carola Stern 1994, S. 217
61. Zitiert nach Petra Wilhelmy-Dollinger, *Die Berliner Salons*, a. a. O., S. 86
62. Carola Stern 1994, S. 245
63. Carola Stern 1994, S. 270
64. Zitiert nach Carola Stern 1994, S. 277
65. Rahel Levin Varnhagen, *Rahel. Ein Buch des Andenkens für ihre Freunde*, hrsg. von Barbara Hahn. Wallstein Verlag, Göttingen 2011
66. Vgl. dazu Barbara Hahn, *Auf dem Weg zur vorliegenden Ausgabe*. In: *Rahel Levin Varnhagen. Ein Buch des Andenkens für ihre Freunde*, hrsg. von Barbara Hahn, Bd. 6, S. 11–39
    Zur Rezeptionsgeschichte vgl. auch *Begegnungen mit Rahel Levin Varnhagens Schreiben*. In: *Begegnungen mit Rahel Levin Varnhagen*. Hrsg. von Barbara Hahn, Wallstein Verlag, Göttingen 2015, S. 7–9
67. Vgl. dazu H. L. Lund 2012, S. 160
68. Hans Bruer, *Geschichte der Juden in Preußen 1750–1820*. Campus Verlag, Frankfurt a. M. 1991, S. 225

## 9. Die Frühromatnik als urbanes Projekt

1. Vgl. Klaus Günzel, *König der Romantik. Das Leben des Dichters Ludwig Tieck in Briefen, Selbstzeugnissen und Berichten*. Verlag der Nation, Berlin 1981, S. 216 f.
2. Vgl. hierzu: Claudia Stockinger, Stefan Scherer (Hrsg.), *Ludwig Tieck. Leben – Werk – Wirkung*. Verlag Walter de Gruyter, Berlin/Boston 2016 sowie Cord Friedrich Berghahn, *Das Wagnis der Autonomie*. Universitätsverlag Winter, Heidelberg 2012, S. 405 ff.
3. Vgl. Cord Friedrich Berghahn, *Das Wagnis der Autonomie*, a. a. O., S. 453
4. Brief von Ludwig Tieck an Friedrich von Raumer. In: *Briefe und Texte aus dem intellektuellen Berlin um 1800*. Hrsg. von Anne Baillot und Johanna Preusse. Berlin, Humboldt-Universität zu Berlin, http://www.berliner-intellektuelle. eu/manuscript?LT-an-FvR_1839-11-09
5. Gustav Frank, *Tiecks Epochalität*. In: Claudia Stockinger, Stefan Scherer (Hrsg.), *Ludwig Tieck. Leben – Werk – Wirkung*, a. a. O., S. 131
6. Vgl. Marek Zybura, *Ludwig Tieck als Übersetzer und Herausgeber. Zur frühromantischen Idee einer »deutschen Weltliteratur«*. Universitätsverlag Carl Winter, Heidelberg 1994

7. Wilhelm Heinrich Wackenroder, *Sämtliche Werke und Briefe*. Historisch-kritische Ausgabe, hrsg. von Silvio Vietta und Richard Littlejohns, 2 Bände. Carl Winter Universitätsverlag, Heidelberg 1991

8. Sabina Becker, *Urbanität als romantische Kategorie. Stadt-Bilder Ludwig Tiecks*. In:»*Lasst uns, da es uns vergönnt ist, vernünftig seyn!*« – *Ludwig Tieck (1773–1853)*. Hrsg. vom Institut für deutsche Literatur der Humboldt-Universität zu Berlin unter Mitarbeit von Heidrun Markert. Peter Lang, Europäischer Verlag der Wissenschaften, Bern 2004, S. 186

9. Aufgrund seiner gesundheitlichen Beeinträchtigungen und seiner psychischen Probleme wurde das Reisen für Tieck mit zunehmendem Alter immer beschwerlicher. Seine Leiden hat er in den *Reisegedichten eines Kranken* (1823) auch thematisiert.

10. Die hochbegabte Dritte im Bunde, die Schwester Sophie (1774–1833), ist, den Zeitbedingungen geschuldet, davon ausgenommen. Die Aufnahme von Mädchen in das Gymnasium erfolgt in Deutschland erst gegen Ende des 19. Jahrhunderts.

11. Reichardt verlässt 1794 Berlin und lebte in Hamburg, Halle, Kassel und Wien. Bis 1798 hatte Berlin keine Hausnummern. Eine Hausnummer des Komponisten in der Friedrichstraße kann deshalb nicht angegeben werden.

12. Zitiert nach Roger Paulin, *Tieck in Berlin*. In: Claudia Stockinger, Stefan Scherer (Hrsg.), *Ludwig Tieck. Leben – Werk – Wirkung*, a. a. O., S. 15

13. Vgl. Roger Paulin, *Tieck in Berlin*, a. a. O., S. 16

14. Vgl. dazu Walter Salmen, *Tieck und die Familie Reichardt*. In:»*Lasst uns, da es uns vergönnt ist, vernünftig seyn!*« – *Ludwig Tieck (1773–1853)*, a. a. O., S. 298 ff.

15. Vgl. Roger Paulin, *Tieck in Berlin*, a. a. O., S. 17

16. Wilhelm Heinrich Wackenroder, *Sämtliche Werke und Briefe*, Historisch-kritische Ausgabe, a. a. O., Band 2, S. 97

17. Wilhelm Heinrich Wackenroder, *Sämtliche Werke und Briefe*, Historisch-kritische Ausgabe, a. a. O., Band 2, S. 115

18. Vgl. hierzu Detlef Kremer, *Frühes Erzählen im Zeichen der Spätaufklärung*. In: Claudia Stockinger, Stefan Scherer (Hrsg.), *Ludwig Tieck. Leben – Werk – Wirkung* a. a. O., S. 500

19. Cord Friedrich Berghahn, *Das Wagnis der Autonomie*, a. a. O., S. 406

20. Zur Biographie und zum Werk Wackenroders vgl. vor allem Dirk Kemper, *Sprache der Dichtung. Wilhelm Wackenroder im Kontext der Spätaufklärung*. Verlag J. B. Metzler, Stuttgart/Weimar 1993

21. Vgl. hier vor allem den Brief vom 28. Dezember 1792 an Wackenroder. Später wird Tieck zu einem überzeugten Monarchisten.

22. Erduin Julius Koch, Doktor der Philosophie und Prediger an der Marien-Kirche zu Berlin, *Compendium der Deutschen Literatur-Geschichte von den ältesten Zeiten bis auf Lessings Tod. Chronologische Übersicht der Deutschen Literaturge-*

schichte und *Sprachgeschichte* (Erster Theil), *Scientifischer Grundriß der Deutschen Literaturgeschichte und Sprachgeschichte* (Zweyter Theil). Berlin, im Verlage der Königlichen Realschulbuchhandlung, 1. Band 1795, 2. Band 1798. In der Vorrede zum 2. Band, S. III, geht Koch auf Wackenroder ein: »Auch haben sich zwey meiner ehmaligen Zuhörer um mich und mein Lieblingsstudium verdient gemacht. Herr Kammergerichtsreferendar Wackenroder, Verfasser der vortrefflichen Herzensergießungen eines Kunstliebenden Klosterbruders, welcher im Januar 1798 seiner verehrungswürdigen Familie, der Deutschen Literatur und der schönen Kunst durch einen frühen Tod entrissen wurde, hat bey seinen Besuchen der vorzüglichsten Bibliotheken Deutschlands zu meinen Collegienheften über die Deutsche Sprach- und Literaturgeschichte sehr viele Nachträge und Berichtigungen gesammelt, deren Benutzung bey der Bearbeitung des gegenwärtigen Bandes mir äußerst wichtig seyn mußte. [...] Nie werde ich mich dieses Zuwachses meiner Kenntnisse erfreuen, ohne an die liebenswürdigen Urheber und Beförderer desselben mit dem lebhaftesten Dankgefühle zu denken.«

Es kann davon ausgegangen werden, dass Wackenroders Recherchen zu Hans Sachs in Kochs Darstellung eingegangen sind (vgl. dazu im 1. Band im durchnummerierten I. und II. Theil die Seiten 71, 131, 228, 264 und 275 sowie im 2. Band die Seiten 15, 80 und 196).

23. Wilhelm Heinrich Wackenroder, *Sämtliche Werke und Briefe*, Historisch-kritische Ausgabe, a. a. O., Band 1, S. 91 und S. 94

24. Die 1795/1796 entstandenen kunsttheoretischen Aufsätze von Wilhelm Heinrich Wackenroder und Ludwig Tieck erscheinen unter dem von Wackenroder vorgegebenen Titel *Herzensergießungen eines kunstliebenden Klosterbruders* 1796 anonym bei Johann Friedrich Unger in Berlin. Die gemeinsam mit Tieck erarbeiteten und von diesem nach Wackenroders Tod herausgegebenen *Phantasien über die Kunst für Freunde der Kunst* erscheinen 1799 bei Friedrich Perthes.

25. Aus Tiecks Feder stammen die Vorrede *An den Leser, Sehnsucht nach Italien, Ein Brief des jungen florentinischen Malers Antonio an seinen Freund Jacobo in Rom* und der *Brief eines jungen deutschen Malers in Rom an seinen Freund in Nürnberg*. Auch *Die Bildnisse der Maler* werden heute Tieck zugeschrieben. Zu den *Phantasien über die Kunst für Freunde der Kunst* hat Tieck mehr als die Hälfte der Beiträge geliefert. 1814 gab Tieck die *Herzensergießungen* und die *Phantasien* unter dem Titel *Phantasien über die Kunst, von einem kunstliebenden Klosterbruder* heraus und leistet damit die erste Wackenroder-Edition.

26. Wilhelm Heinrich Wackenroder, *Sämtliche Werke und Briefe*. Historisch-kritische Ausgabe, a. a. O., Band 1, S. 108

27. Wilhelm Heinrich Wackenroder, *Sämtliche Werke und Briefe*. Historisch-kritische Ausgabe, a. a. O., Band 1, S. 97

28. Wilhelm Heinrich Wackenroder, *Sämtliche Werke und Briefe*. Historisch-kritische Ausgabe, a. a. O., Band 1, S. 106 f.
29. Wilhelm Heinrich Wackenroder, *Sämtliche Werke und Briefe*. Historisch-kritische Ausgabe, a. a. O., Band 1, S. 105
30. Vgl. dazu Cord Friedrich Berghahn, *Das Wagnis der Autonomie*, a. a. O., S. 481
31. Wilhelm Heinrich Wackenroder, *Sämtliche Werke und Briefe*. Historisch-kritische Ausgabe, a. a. O., Band 1, S. 133
32. Wilhelm Heinrich Wackenroder, *Sämtliche Werke und Briefe*. Historisch-kritische Ausgabe, a. a. O., Band 1, S. 134
33. Wilhelm Heinrich Wackenroder, *Sämtliche Werke und Briefe*. Historisch-kritische Ausgabe, a. a. O., Band 1, S. 58 und S. 56
34. Wilhelm Heinrich Wackenroder, *Sämtliche Werke und Briefe*. Historisch-kritische Ausgabe, a. a. O., Band 1, S. 58
35. Wilhelm Heinrich Wackenroder, *Sämtliche Werke und Briefe*. Historisch-kritische Ausgabe, a. a. O., Band 1, S. 93 und S. 94 f.
36. Wilhelm Heinrich Wackenroder, *Sämtliche Werke und Briefe*. Historisch-kritische Ausgabe, a. a. O., Band 1, S. 87
37. Wilhelm Heinrich Wackenroder, *Sämtliche Werke und Briefe*. Historisch-kritische Ausgabe, a. a. O., Band 1, S. 136
38. Vgl. dazu Lothar Pikulit, *Frühromantik: Epoche – Werke – Wirkung*. 2. Aufl., Beck Verlag, München 2000, S. 276
39. Vgl. Cord Friedrich Berghahn, *Das Wagnis der Autonomie*, a. a. O., S. 439
40. Vgl. Cord Friedrich Berghahn, *Das Wagnis der Autonomie*, a. a. O., S. 412
41. Sabina Becker, *Urbanität als romantische Kategorie. Stadt-Bilder Ludwig Tiecks*, a. a. O., S. 185 und S. 187
42. Vgl. dazu Sabina Becker, *Urbanität als romantische Kategorie. Stadt-Bilder Ludwig Tiecks*, a. a. O., S. 188 ff.
43. Wilhelm Heinrich Wackenroder, *Sämtliche Werke und Briefe*, Historisch-kritische Ausgabe, a. a. O., Band 1, S. 202
44. Sabina Becker, *Urbanität als romantische Kategorie. Stadt-Bilder Ludwig Tiecks*, a. a. O., S. 181
45. Vgl. Sabina Becker, *Urbanität als romantische Kategorie. Stadt-Bilder Ludwig Tiecks*, a. a. O., S. 182
46. Zelter war ja zunächst Bauunternehmer; vgl. dazu Kap. 7.
47. Tieck hat seinen Roman 1813/14 und 1828 in jeweils überarbeiteter Form erneut herausgegeben. Hier wird die vom Reclam Verlag veröffentlichte Erstausgabe aus dem Jahr 1795/96 zitiert: Ludwig Tieck, *William Lovell*. Hrsg. von Walter Münz. Verlag Philipp Reclam jun., Stuttgart 1986
48. Ludwig Tieck, *William Lovell*, a. a. O., S. 15 und S. 38
49. Ludwig Tieck, *William Lovell*, a. a. O., S. 129 ff.
50. In einem Brief an Wackenroder vom 12. Juni 1792 berichtet Tieck diesem von

der Lektüre des gerade erschienenen Romans *Der Genius* von Karl Grosse. Die mit Emphase vorgenommene Lektüre hat Tieck in eine schwere psychische Krise gestürzt. Vgl. dazu Ludwig Tieck, *William Lovell*, a. a. O., S. 690–694. Auch weitere zeitgenössische Literatur hat die Entstehung des *William Lovell* inspiriert; vgl. dazu Manfred Engel, *Frühe Romane*. In: Claudia Stockinger, Stefan Scherer (Hrsg.), *Ludwig Tieck. Leben – Werk – Wirkung*, a. a. O., S. 517

51. Ludwig Tieck, *William Lovell*, a a. O., S. 155 f.
52. Ludwig Tieck, *William Lovell*, a. a. O., S. 96
53. Ludwig Tieck, *William Lovell*, a. a. O., S. 187
54. Ludwig Tieck, *William Lovell*, a. a. O., S. 608–642
55. Ludwig Tieck, *William Lovell*, a. a. O., S. 607
56. Vgl. Ludwig Tieck, *William Lovell*, a. a. O , S. 636 f.
57. Zitiert nach Alexander Košenina, *Tiecks Abrechnung mit der Berliner Aufklärung*. In: »*Lasst uns, da es uns vergönnt ist, vernünftig seyn!*« – *Ludwig Tieck (1773–1853)*, a. a. O., S. 48
58. Vgl. hierzu und zu den folgenden Ausführungen Alexander Košenina, *Tiecks Abrechnung mit der Berliner Aufklärung*. In: »*Lasst uns, da es uns vergönnt ist, vernünftig seyn!*« – *Ludwig Tieck (1773–1853)*, a. a. O., S. 48 ff.
59. Alexander Košenina, *Tiecks Abrechnung mit der Berliner Aufklärung*. In: »*Lasst uns, da es uns vergönnt ist, vernünftig seyn!*« – *Ludwig Tieck (1773–1853)*, a. a. O., S. 52
60. Reiner Schmitz (Hrsg.), *Die ästhetische Prügeley. Streitschrift der antiromantischen Bewegung*. Wallstein Verlag, Göttingen 1992
61. Vgl. *Der Gestiefelte Kater*. In: Ludwig Tieck, *Schriften in zwölf Bänden*, hrsg. von Manfred Frank et al. Deutscher Klassiker Verlag, Frankfurt a. M. 1985. Band 6, S. 514
62. 1811 übernimmt Tieck seine frühen Märchen in seine Phantasus-Sammlung.
63. Vgl. Detlef Kremer, *Frühes Erzählen im Zeichen der Spätaufklärung*. In: Claudia Stockinger, Stefan Scherer (Hrsg.), *Ludwig Tieck. Leben – Werk – Wirkung*, a. a. O., S. 496
64. *Der blonde Eckbert*. In: Ludwig Tieck, *Schriften in zwölf Bänden*, hrsg. von Manfred Frank et al.. Deutscher Klassiker Verlag, Frankfurt a. M. 1985. Band 6, S. 126
65. *Der blonde Eckbert*. In: Ludwig Tieck, *Schriften in zwölf Bänden*, a. a. O., S. 136
66. *Der blonde Eckbert*. In: Ludwig Tieck, *Schriften in zwölf Bänden*, a. a. O., S. 126 f.
67. *Der blonde Eckbert*. In: Ludwig Tieck, *Schriften in zwölf Bänden*, a. a. O., S. 134
68. *Der blonde Eckbert*. In: Ludwig Tieck, *Schriften in zwölf Bänden*, a. a. O., S. 140 f.
69. Vgl. Detlef Kremer, *Frühes Erzählen im Zeichen der Spätaufklärung*. In: Claudia Stockinger, Stefan Scherer (Hrsg.), *Ludwig Tieck. Leben – Werk – Wirkung*, a. a. O., S. 505

70. *Der blonde Eckbert*. In: Ludwig Tieck, *Schriften in zwölf Bänden*, a. a. O., S. 146
71. *Der blonde Eckbert*. In: Ludwig Tieck, *Schriften in zwölf Bänden*, a. a. O., S. 145
72. Über den Einfluss von Goethes 1795/96 erschienenen Roman *Wilhelm Meisters Lehrjahre* auf die Entstehung von *Sternbalds Wanderungen* vgl. Cord Friedrich Berghahn, *Das Wagnis der Autonomie*, a. a. O., S. 491 ff.
73. Vgl. Ludwig Tieck, *Franz Sternbalds Wanderungen*. Verlag Philipp Reclam jun., Stuttgart 1966, S. 191 f.
74. Vgl. dazu Cord Friedrich Berghahn, *Das Wagnis der Autonomie*, a. a. O., S. 494 ff.
75. Vgl. dazu Manfred Engel, *Franz Sternbalds Wanderungen. Entstehung und Textgeschichte*. In: Claudia Stockinger, Stefan Scherer (Hrsg.), *Ludwig Tieck. Leben – Werk – Wirkung*, a. a. O., S. 524
76. Cord Friedrich Berghahn, *Das Wagnis der Autonomie*, a. a. O., S. 505
77. Ludwig Tieck, *Franz Sternbalds Wanderungen*, a. a. O., S. 12 f.
78. Ludwig Tieck, *Franz Sternbalds Wanderungen*, a. a. O., S. 394 f.
79. Ludwig Tieck, *Franz Sternbalds Wanderungen*, a. a. O., S. 396 f.
80. Ludwig Tieck, *Franz Sternbalds Wanderungen*, a. a. O., S. 9
81. Ludwig Tieck, *Franz Sternbalds Wanderungen*, a. a. O., S. 501
82. Vgl. dazu Jochen Strobel, *Tiecks später Wechsel nach Berlin*. In: Claudia Stockinger, Stefan Scherer (Hrsg.), *Ludwig Tieck. Leben – Werk – Wirkung*, a. a. O., S. 116
83. Vgl. dazu Peter Reinkemeier, *Tiecks dramaturgisches Schaffen in Berlin*. In: Claudia Stockinger, Stefan Scherer (Hrsg.), *Ludwig Tieck. Leben – Werk – Wirkung*, a. a. O., S. 417 ff.
84. Vgl. Peter Reinkemeier, *Tiecks dramaturgisches Schaffen in Berlin*. In: Claudia Stockinger, Stefan Scherer (Hrsg.), *Ludwig Tieck. Leben – Werk – Wirkung*, a. a. O., S. 417.

## 10. Auftakt zur Moderne

1. Heinrich von Kleist (Hrsg.), *Vollständige Ausgabe der Berliner Abendblätter vom 1sten October 1810 bis zum 30sten März 1811*. Nachwort und Quellenregister von Helmut Sembdner. Wissenschaftliche Buchgesellschaft Darmstadt 1982, S. 302
2. Vgl. dazu die ausführliche Analyse der Rezeptionsgeschichte Kleists von Anett Lütteken: *Heinrich von Kleist: eine Dichterrenaissance*. Niemeyer Verlag, Tübingen 2004 (insbesondere die S. 11 f., 110 f., 117 ff., 142 ff., 196 ff. und 349–358)
3. Vgl. dazu Günter Blamberger, *Heinrich von Kleist. Biographie*. S. Fischer Verlag, Frankfurt a. M. 2011, S. 471 ff.
4. Thomas Mann, *Leiden und Größe der Meister*. Gesammelte Werke in Einzelbänden. Frankfurter Ausgabe. Hrsg. von Peter de Mendelssohn. Fischer Verlag, Frankfurt a. M. 1982, S. 496

5. Vgl. Thomas Mann, *Leiden und Größe der Meister*, a. a. O., S. 502 ff.

6. »Mir erregt dieser Dichter, bei dem reinster Vorsatz einer aufrichtigen Teilnahme, immer Schauder und Abscheu, wie ein von der Natur schön intentionierter Körper, der von einer unheilbaren Krankheit ergriffen wäre.« In: Johann Wolfgang von Goethe, *Tiecks Dramaturgische Blätter 1826/1833*. Eine persönliche Begegnung zwischen Kleist und Goethe ist niemals zustande gekommen.

7. Thomas Mann, *Leiden und Größe der Meister*, a. a. O., S. 503 f.

8. Günter Blamberger, *Heinrich von Kleist. Biographie*, a. a. O., S. 482

9. Die Darstellung der themenrelevanten Lebensphasen orientiert sich neben den von Kleist vorliegenden autobiographischen Texten vor allem an der Kleist-Biographie von Günter Blamberger, a. a. O.

   Weitere verwendete Biographien:

   – Katharina Mommsen, *Kleists Kampf mit Goethe*. Lothar Stiehm Verlag, Heidelberg 1974

   – Horst Häker, *Kleists Berliner Aufenthalte*. Verlag Haude & Spener, Berlin 1989 Dieser Beitrag zeichnet sich in besonderer Weise aus durch das historische Bildmaterial und durch abgebildete Objekte, Gemälde, Stiche, Zeichnungen und Lithographien.

   – Peter Staengle, *Heinrich von Kleist*. dtv portrait. Deutscher Taschenbuch Verlag, München 1998

   – Wolfgang Barthel (Hrsg.), *Heinrich von Kleist (1777–1811), Chronik seines Lebens und Schaffens*. Kleist-Gedenk- und Forschungsstätte e. V., Frankfurt (Oder) 2001

   – Rudolf Loch, *Kleist. Eine Biographie*. Wallstein Verlag, Göttingen 2003

   – Jens Bisky, *Kleist. Eine Biographie*. Rowohlt Verlag, Berlin 2007

   – Gerhard Schulz, *Kleist. Eine Biographie*. C. H. Beck Verlag, München 2007

   – Anna Maria Carpi, *Kleist. Ein Leben*. Suhrkamp/Insel Verlag, Frankfurt a. M. 2011

10. Heinrich von Kleist, *Sämtliche Werke und Briefe in vier Bänden*. Hrsg. von Ilse-Marie Barth, Klaus Müller-Salget, Stefan Ormanns und Hinrich C. Seeba., Deutscher Klassiker Verlag, Frankfurt a. M. 1987–1997, Band 4, S. 237 f. (Im Folgenden: H. v. K., DKV, Band, Seite) Städte wie London und Paris sind im Hinblick auf ihre Größe mit der damaligen preußischen Residenzstadt Berlin nicht vergleichbar (vgl. dazu Kap. 1). Mir geht es hier primär um Kleists Wahrnehmung des Phänomens Großstadt.

11. Walter Müller-Seidel, *Versehen und Erkennen. Eine Studie über Heinrich von Kleist*. Böhlau Verlag, Köln 1961, S. 219

12. 1788 verliert Kleist in seinem zehnten Lebensjahr den Vater; 1793, er ist jetzt 16 Jahre alt, stirbt seine Mutter. Über seine Kindheit äußert sich Kleist in seinem Werk an keiner Stelle.

456     Anhang

13.  H. v. K., DKV, Bd. 4, S. 413

14.  So Günter Blamberger; vgl. hierzu vor allem die Analyse der *Penthesilea* und des *Zweikampfs* in: *Heinrich von Kleist. Biographie*, a. a. O., S. 325 ff. und S. 446 ff.

15.  Günter Blamberger, *Heinrich von Kleist. Biographie*, a. a. O., S. 237

16.  H. v. K., DKV, Bd. 3, S. 356

17.  Eine Sonderstellung kommt der Novelle *Das Erdbeben in Chili* zu. Selbst die Naturkatastrophe wird hier als Metapher für Zeiterschütterungen gebraucht. Vgl. dazu Günter Blamberger, *Heinrich von Kleist. Biographie*, a. a. O., S. 280 ff.

18.  Zitiert nach Peter Staengle, *Heinrich von Kleist*, a. a. O., S. 16

19.  Günter Blamberger, *Heinrich von Kleist. Biographie*, a. a. O., S. 28

20.  H. v. K., DKV, Bd. 4, S. 27

21.  Vgl. dazu Günter Blamberger, *Heinrich von Kleist. Biographie*, a. a. O., S. 32

22.  H. v. K., DKV, Bd. 4, S. 38 f.

23.  Helmut Sembdner (Hrsg.), *Heinrich von Kleists Lebensspuren*. Insel Verlag, Frankfurt a. M. 1992, S. 22

24.  Helmut Sembdner (Hrsg.), *Heinrich von Kleists Lebensspuren*, a. a. O., S. 23

25.  H. v. K., DKV, Bd. 4, S. 44 f.

26.  Vgl. dazu Günter Blamberger, *Heinrich von Kleist. Biographie*, a. a. O., S. 121–130

27.  H. v. K., DKV, Bd. 4, S. 69 f.

28.  H. v. K., DKV, Bd. 4, S. 149

29.  H. v. K., DKV, Bd. 4, S. 149–157

30.  Vgl. dazu Wolfgang Barthel (Hrsg.), *Heinrich von Kleist (1777–1811), Chronik seines Lebens und Schaffens*, a. a. O., S. 24

31.  H. v. K., DKV, Bd. 4, S. 169

32.  H. v. K., DKV, Bd. 4, S. 186

33.  H. v. K., DKV, Bd. 4, S. 187

34.  H. v. K., DKV, Bd. 4, S. 205

35.  Eine knappe chronologische Übersicht über diese verworrene Lebensphase bietet (neben den ausführlichen Biographien) Wolfgang Barthel (Hrsg.), *Heinrich von Kleist (1777–1811), Chronik seines Lebens und Schaffens*, a. a. O.

36.  H. v. K., DKV, Bd. 3, S. 360

37.  Günter Blamberger, *Heinrich von Kleist. Biographie*, a. a. O., S. 222 f.

38.  Vgl. hierzu und zum Folgenden den Brief Kleists vom 24. Juni 1804 an Ulrike von Kleist. In: H. v. K., DKV, Bd. 4, S. 322 f.

39.  Brief vom 23. April 1805. In: H. v. K., DKV, Bd. 4, S. 337

40.  Brief vom 13. November 1805. In: H. v. K., DKV, Bd. 4, S. 348

41.  Brief vom 30. Juni 1806. In: H. v. K., DKV, Bd. 4, S. 355

42.  Brief vom 31. August 1806. In: H. v. K., DKV, Bd. 4, S. 362

43.  H. v. K., DKV, Bd. 4, S. 364

44. Thomas Mann, *Leiden und Größe der Meister*, a. a. O., S. 504
45. Vgl. dazu im Einzelnen Günter Blamberger, *Heinrich von Kleist. Biographie*, a. a. O., S. 305–321
46. Günter Blamberger, *Heinrich von Kleist. Biographie*, a. a. O., S. 306
47. H. v. K., DKV, Bd. 4, S. 436 f.
48. Vgl. dazu Wolfgang Barthel (Hrsg.), *Heinrich von Kleist (1777–1811), Chronik seines Lebens und Schaffens*, a. a. O., S. 75 f.
49. Vgl. dazu Wolfgang Barthel (Hrsg.), *Heinrich von Kleist (1777–1811), Chronik seines Lebens und Schaffens*, a. a. O., S. 76 f.
50. Das Hotel de Prusse wird als *Gasthof Erster Klasse* ausgegeben; es wird geleitet von der Witwe des verstorbenen Gastwirts Töpfer. Vgl. dazu: Adreß-Kalender der Königlich Preußischen Haupt- und Residenz-Städte Berlin und Potsdam, besonders der daselbst befindlichen hohen und niederen Collegien, Instanzien und Expeditionen auf das Jahr 1806. Mit Genehmigung der Königlich Preußischen Akademie der Wissenschaften, Berlin, bey Johann Friedrich Unger, S. 34 f.
51. Gemeint ist der Berliner Jurist, Verleger und Schriftsteller Julius Eduard Hitzig, den Kleist durch Adam Müller kennengelernt hat. In seinem Verlag werden Kleists *Berliner Abendblätter* verlegt.
52. Günter Blamberger, *Heinrich von Kleist. Biographie*, a. a. O., S. 411
53. Selbst in den Gedichten AN FRIEDRICH WILHELM DEN DRITTEN KÖNIG IN PREUSSEN *gesungen zur Feier seiner Rückkehr nach Berlin und in* AN DIE KÖNIGIN LOUISE VON PREUSSEN *Zur Feier ihres Geburtstages den 10. März 1810* (von diesem Gedicht gibt es drei Fassungen) spielt die Stadt selbst kaum eine Rolle. In der ersten Fassung des Luise-Gedichtes ist die Schlosskirche (der Vorgängerbau des 1905 erbauten Berliner Doms) verewigt:

Die Glocke ruft, hoch, von geweihter Stelle,
Zum Dom das Volk, das durch die Straßen irrt.
Das Tor steht offen schon, und Kerzenhelle
Wogt von dem Leuchter, der den Altar ziert.
Bestreut, nach Festesart, ist Trepp und Schwelle,
Die in das Innere der Kirche führt,
Und, unter Tor' und Pfeilern, im Gedränge,
Harrt, lautlos, die erwartungsvolle Menge.

In: H. v. K., DKV, Bd. 3, S. 440
In dem Gedicht: AN UNSERN IFFLAND *bei seiner Zurückkunft in Berlin am 30. September 1810* wird Berlin direkt und das Berliner Nationaltheater indirekt erwähnt:

Singt, Barden! Singt Ihm Lieder,
Ihm, der sich treu bewährt;
Dem Künstler, der heut' wieder
In eure Mitte kehrt.
In fremden Landen glänzen,
Ist ihm kein wahres Glück:
Berlin soll ihn umkränzen,
Drum kehret Er zurück.
[…]
Stets auf geweihten Brettern
Wird Er, ein Heros, steh'n;
Wird dort als Fürst regieren
Mit Kunstgeübter Hand,
Und unsre Bühne zieren
Und unser Vaterland!

In: H. v. K., DKV, Bd. 3, S. 443 f.

54. H. v. K., DKV, Bd. 2, S. 593
55. Vgl. Günter Blamberger, *Heinrich von Kleist. Biographie*, a. a. O., S. 40
56. Zitiert nach Petra Wilhelmy-Dollinger, *Die Berliner Salons*. Verlag Walter de Gruyter, Berlin 2000, S. 114
57. Zitiert nach Petra Wilhelmy-Dollinger, *Die Berliner Salons*, a. a. O., S. 115
58. Helmut Sembdner (Hrsg.), *Heinrich von Kleists Lebensspuren*, a. a. O., S. 290
59. Helmut Sembdner (Hrsg.), *Heinrich von Kleists Lebensspuren*, a. a. O., S. 290 f.
60. H. v. K., DKV, Bd. 4, S. 442
61. Günter Blamberger, *Heinrich von Kleist. Biographie*, a. a. O., S. 389
62. Helmut Sembdner (Hrsg.), *Heinrich von Kleists Lebensspuren*, a. a. O., S. 300
63. H. v. K., DKV, Bd. 4, S. 335. Vgl. dazu auch Jens Bisky, *Kleist. Eine Biographie*, a. a. O., S. 224 ff.
64. Helmut Sembdner (Hrsg.), *Heinrich von Kleists Lebensspuren*, a. a. O., S. 348
65. Über die leidvolle innere Auseinandersetzung Kleists mit Goethe siehe die umfassende Studie von Katharina Mommsen, *Kleists Kampf mit Goethe*, a. a. O.
66. Günter Blamberger, *Heinrich von Kleist. Biographie*, a. a. O., S. 298
67. Vgl. dazu Günter Blamberger, *Heinrich von Kleist. Biographie*, a. a. O., S. 245
68. *Michael Kohlhaas*, in: H. v. K., DKV, Bd. 3, S. 25
69. *Michael Kohlhaas*, in: H. v. K., DKV, Bd. 3, S. 27
70. Helmut Sembdner (Hrsg.), *Heinrich von Kleists Lebensspuren*, a. a. O., S. 321
71. Peter de Mendelssohn, *Zeitungsstadt Berlin. Menschen und Mächte in der deutschen Presse*. Neuausgabe (des Erstdruckes von 1959/1982), Ullstein Buchverlag, Berlin 2017, S. 16
72. Vgl. dazu im Einzelnen Peter de Mendelssohn, *Zeitungsstadt Berlin*, a. a. O., S. 26–66

73. Bei ihrer Gründung hieß sie *Rüdigersche Zeitung*. Von Johann Michael Rüdiger gegründet, ging die Zeitung über auf seinen Sohn Johann Andreas Rüdiger. Mit ihm beginnt die moderne Berliner Zeitungsgeschichte. Er erhielt von König Friedrich Wilhelm I. das alleinige Druck-Privileg und leitete diese Zeitung dreißig Jahre lang. Er benannte seine Zeitung um in *Königlich privilegierte Berlinische Zeitung*. Nach seinem Tod übernahm sein Schwiegersohn, der Buchhändler Christian Friedrich Voss, die Leitung. Er gab der Zeitung seinen Namen. Diese blieb bis zum Beginn des 20. Jahrhunderts im *Verlag Vossischer Erben*,»also Eigentum derselben Familie, eine in der Geschichte des Zeitungswesens einzigartige Erscheinung« (Peter de Mendelssohn, *Zeitungsstadt Berlin*, a. a. O., S. 42). Die Käufer sprachen schnell von der *Vossischen Zeitung*, auch die *Haudesche* und die *Spenersche Zeitung* wurden nach ihren Besitzern benannt.

74. Als älteste Zeitung Berlins hatte die *Vossische Zeitung* zum Zeitpunkt ihrer Gründung 1721 eine Auflage von 150–200 Exemplaren; diese Auflagenhöhe wurde nur langsam gesteigert. Recherchen in der Zentral- und Landesbibliothek Berlin ergaben, dass durch Kriegsverluste Informationen über die Auflagenhöhe genau zu dieser Zeit kaum zu ermitteln sind. In der *Vossischen Zeitung* sind um 1800 keine Angaben dazu vermerkt. In der Arbeit von Marius Lange, *Berliner Lokalberichterstattung in der Vossischen Zeitung zwischen 1800– 1871* wird die Auflagenhöhe für das Jahr 1804 mit 7000 Exemplaren angegeben (FU Berlin, Institut für Publizistik, 2002, S. 5).

75. Vgl. dazu Peter de Mendelssohn, *Zeitungsstadt Berlin*, a. a. O., S. 68

76. Vgl. dazu im Einzelnen Peter de Mendelssohn, *Zeitungsstadt Berlin*, a. a. O., S. 69 f.

77. Vgl. Peter de Mendelssohn, *Zeitungsstadt Berlin*, a. a. O., S. 78

78. Heinrich von Kleist (Hrsg.), *Vollständige Ausgabe der Berliner Abendblätter vom 1sten October 1810 bis zum 30sten März 1811*, a. a. O., S. 75

79. Heinrich von Kleist (Hrsg.), *Vollständige Ausgabe der Berliner Abendblätter vom 1sten October 1810 bis zum 30sten März 1811*. Nachwort und Quellenregister von Helmut Sembdner, a. a. O., S. 1

80. Heinrich von Kleist (Hrsg.), *Vollständige Ausgabe der Berliner Abendblätter vom 1sten October 1810 bis zum 30sten März 1811*. Nachwort und Quellenregister von Helmut Sembdner, a. a. O., S. 1

81. Heinrich von Kleist (Hrsg.), *Vollständige Ausgabe der Berliner Abendblätter vom 1sten October 1810 bis zum 30sten März 1811*, a. a. O., S. 22 f.: *An das Publikum*

82. Heinrich von Kleist (Hrsg.), *Vollständige Ausgabe der Berliner Abendblätter vom 1sten October 1810 bis zum 30sten März 1811*, a. a. O., S. 22 ff.: *An das Publikum*

83. Wolfgang Barthel (Hrsg.), *Heinrich von Kleist (1777–1811), Chronik seines Lebens und Schaffens*, a. a. O., S. 86

84. H. v. K., DKV, Bd. 4, S. 453

85. Zitiert nach Peter de Mendelssohn, *Zeitungsstadt Berlin*, a. a. O., S. 80

86. So der Schriftsteller und Kleist-Herausgeber Eduard von Bülow in einer Überlieferung aus dem Jahr 1848. In: Helmut Sembdner (Hrsg.), *Heinrich von Kleists Lebensspuren*, a. a. O., S. 354

87. Helmut Sembdner (Hrsg.), *Heinrich von Kleists Lebensspuren*, a. a. O., S. 379 f.

88. Ein Kleist'scher Begriff in seinem Aufsatz *Über das Marionettentheater*.

89. Vgl. dazu Peter Staengle, *Heinrich von Kleist*, a. a. O., S. 129

90. H. v. K., DKV, Bd. 4, S. 490

91. H. v. K., DKV, Bd. 4, S. 497

92. H. v. K., DKV, Bd. 4, S. 485

93. H. v. K., DKV, Bd. 4, S. 513

94. Vgl. dazu Georg Minde-Pouet, *Kleists letzte Stunden*. Teil 1: *Das Akten-Material*. Schriften der Kleist-Gesellschaft, Berlin 1925

95. Henriette Vogel (1780–1811), verheiratet mit dem Landrentmeister Friedrich Ludwig Vogel und Mutter einer Tochter (drei weitere Kinder verstarben schon als Säuglinge), war gebildet und musisch interessiert, sie spielte Klavier und sang.

96. Günter Blamberger, *Heinrich von Kleist. Biographie*, a. a. O., S. 452 f.

97. »denata Vogeln [soll] an einem unheilbaren Mutter-Krebs gelitten, und aus Furcht für einem langsam sehr schweren Tod, sich diesen leichten Tod gewählt [haben]«. (In: Günter Blamberger, *Heinrich von Kleist. Biographie*, a. a. O., S. 458) Die These der Krebserkrankung ist in der Forschung aber umstritten.

98. Vgl. Günter Blamberger, *Heinrich von Kleist. Biographie*, a. a. O., S. 456

99. Vgl. dazu Anett Lütteken, *Kleist: eine Dichterrenaissance*, a. a. O., S. 112

100. Vgl. Günter Blamberger, Heinrich von Kleist. Biographie, a. a. O., S. 450

101. Vgl. dazu Wolfgang Barthel (Hrsg.), *Heinrich von Kleist (1777–1811), Chronik seines Lebens und Schaffens*, a. a. O., S. 103

102. Finanziert wurde die Sanierung der Grabanlage durch die Cornelsen Kulturstiftung und den Berliner Senat.

103. H. v. K., DKV, Bd. 2, S. 642

104. Günter Blamberger, *Heinrich von Kleist. Biographie*, a. a. O., S. 16

105. Walter Müller-Seidel, *Versehen und Erkennen. Eine Studie über Heinrich von Kleist*, a. a. O., S. 224

## 11. Preußischer Jurist, Dichter, Tonkünstler und Maler

1. Auch Lessings *Minna von Barnhelm* aus dem Jahr 1763 spielt in einem »Berliner Gasthof«. Die Stadt als gesellschaftspolitischer Kosmos spielt hier allerdings keine Rolle; es geht vielmehr um menschliche Schwächen und Laster und vor allem um ein zeitgeschichtliches Thema: Nach Ende des Siebenjähri-

gen Krieges kämpft der abgedankte preußische Offizier, Major Tellheim, um seine Ehre. Es geht um seinen übersteigerten Ehrbegriff, den das sächsische Edelfräulein Minna von Barnhelm ad absurdum führt, während sie sich vernunftgeleitet und emanzipiert zu ihrem Herzensziel bekennt. Beide finden am Schluss zueinander, Tellheim wird rehabilitiert. Ebenso spielt Friedrich Nicolais Roman *Das Leben und die Meinungen des Herrn Magister Sebaldus Nothanker* (1773–76) phasenweise in Berlin. Auch hier spielt die Stadt keine Rolle.

2. Christoph Wilhelm Hufeland, *Die Kunst, das menschliche Leben zu verlängern.* Verlag: in der akademische Buchhandlung (sic!), Jena 1797, S. 374. Die Städte seien »offne Gräber der Menschheit, und zwar nicht allein im physischen, sondern auch im moralischen Sinn« (S. 376). Hufeland rät, man solle nur außerhalb der großen Städte wohnen, um der schlechten Luft zu entgehen: »... und wenigstens ist es Pflicht, alle Tage eine halbe oder ganze Stunde lang, die Stadtatmosphäre ganz zu verlassen, in der einzigen Absicht, um einmal reine Luft zu trinken« (S. 376). Diese Einschätzung machte er sich selbst dann allerdings keineswegs zu eigen, als Leibarzt des Königs von Preußen siedelte Hufeland 1801 von Jena nach Berlin, er wohnte im Zentrum, in der Dorotheenstadt und wurde Direktor des Berliner Collegium medico-chirurgicum und ärztlicher Leiter der Charité mit einem Jahresgehalt von 1600 Talern. Er wurde glücklich, angesehen und alt in dieser Großstadt.

3. E. T. A. Hoffmann, *Sämtliche Werke in sechs Bänden,* hrsg. von Hartmut Steinecke et al.. Deutscher Klassiker Verlag. Frankfurt a. M. 1985–2003, Bd. 2/1, S. 19. (Im Folgenden: E. T. A. Hoffmann, DKV, Bd., Seite)

4. Der Kapellmeister Kreisler ist eine zentrale Figur sowohl in den Erzählungen *Kreisleriana* als auch in dem Roman *Lebensansichten des Katers Murr* und in dem Märchen *Der goldene Topf.*

5. Der Großstadtroman *Heimliches Berlin* erscheint 1927.

6. Der Großstadtroman *Berlin Alexanderplatz* erscheint 1929.

7. Als erster Großstadtroman für Kinder erscheint *Pünktchen und Anton* 1931.

8. Der 1768 in Brandenburg geborene und 1832 in Berlin gestorbene Julius von Voss kann trotz seines umfangreichen Werkes in diesem Themenzusammenhang vernachlässigt werden. Wenn er das Berliner Bürgertum beschreibt oder Stadträume erwähnt, ist dies keine mit Hoffmann vergleichbare Flaneurprosa, keine mit geschärften Sinnen konzipierte Großstadtliteratur. Berlin als Großstadt, als sozialer Raum wird nicht reflektiert; ihre Erwähnung hat vorrangig Unterhaltungswert. E. T. A. Hoffmann hat Voss in einer berühmten Zeichnung porträtiert.

9. Ulrike Münter, *Faszination am Verfall. E. T. A. Hoffmanns Berlinische Geschichten.* In: *Die Königsstadt. Stadtraum und Wohnräume in Berlin um 1800.* Hrsg. von Claudia Sedlarz. Wehrhahn Verlag, Hannover 2008, S. 43

10. E. T. A. Hoffmann, DKV, Bd. 1, S. 134
11. E. T. A. Hoffmann, DVK, Bd. 1, S. 134
12. Vgl. E. T. A. Hoffmann, DKV, Bd. 1, S. 24
13. E. T. A. Hoffmann, DKV, Bd. 1, S. 33
14. E. T. A. Hoffmann, DKV, Bd. 1, S. 34
15. E. T. A. Hoffmann, DKV, Bd. 1, S. 37
16. E. T. A. Hoffmann, DKV, Bd. 1, S. 114
17. E. T. A. Hoffmann, DKV, Bd. 1, S. 123
18. E. T. A. Hoffmann, DKV, Bd. 1, S. 70
19. E. T. A. Hoffmann, DKV, Bd. 1, S. 115 f.
20. E. T. A. Hoffmann, DKV, Bd. 1, S. 120 f.
21. E. T. A. Hoffmann, DKV, Bd. 1, S. 127 f.
22. Vgl. E. T. A. Hoffmann, DKV, Bd. 1, S. 32 ff.
23. E. T. A. Hoffmann, DKV, Bd. 1, S. 127
24. E. T. A. Hoffmann, DKV, Bd. 1, S. 130
25. E. T. A. Hoffmann, DKV, Bd. 1, S. 122
26. Günter de Bruyn hat ihr ein sensibles Porträt gewidmet in: *E. T. A. Hoffmann, Gespenster in der Friedrichstadt. Berlinische Geschichten*. Hrsg. und mit einem Nachwort versehen von Günter de Bruyn. Fischer Taschenbuch Verlag, Frankfurt a. M. 1987, S. 288 ff.
27. E. T. A. Hoffmann, DKV, Bd. 1, S. 135
28. E. T. A. Hoffmann, DKV, Bd. 1, S. 47
29. Julius Eduard Hitzig, *Aus Hoffmann's Leben und Nachlass, hg. von dem Verfasser des Lebens-Abrißes Friedrich Ludwig Zacharias Werner*. Berlin 1823
    Julius Eduard Hitzig, *E. T. A. Hoffmanns Leben und Nachlaß*. Mit Anmerkungen zum Text u. e. Nachwort von Wolfgang Held. Insel Verlag, Frankfurt a. M. 1968
30. E. T. A. Hoffmann, DKV, Bd. 1, S. 167
31. E. T. A. Hoffmann, DKV, Bd. 1, S. 182 f.
32. E. T. A. Hoffmann, DKV, Bd. 1, S. 168
33. E. T. A. Hoffmann, DKV, Bd. 1, S. 168
34. E. T. A. Hoffmann, DKV, Bd. 1, S. 190
35. Vgl. Detlef Kremer (Hrsg.), *E. T. A. Hoffmann. Leben – Werk – Wirkung*, Walter de Gruyter Verlag, Berlin/Boston 2012, S. 7
36. Detlef Kremer (Hrsg.), *E. T. A. Hoffmann. Leben – Werk – Wirkung*, a. a. O., S. 7
37. Vgl. Detlef Kremer (Hrsg.), *E. T. A. Hoffmann. Leben – Werk – Wirkung*, a. a. O., S. 9
38. Vgl. E. T. A. Hoffmann, DKV, Bd. 2/1. Die Fantasiestücke erscheinen 1814/15 und machen den Autor in Berlin mit einem Schlag bekannt.
39. E. T. A. Hoffmann, DKV, Bd. 2/1, S. 337 f.
40. E. T. A. Hoffmann, DKV, Bd. 2/1, S. 331

41. E. T. A. Hoffmann, DKV, Bd. 6, S. 59 f.

42. Vgl. Detlef Kremer (Hrsg.), *E. T. A. Hoffmann. Leben – Werk – Wirkung*, a. a. O., S. 11

43. Jörg Petzel, *Teufelspuppen, brennende Perücken, Magnetiseure, Hüpf- und Schwungmeister: E. T. A. Hoffmann in Berlin*. Kleist-Museum, Frankfurt (Oder) 2015, S. 8

44. Vgl. die detailreiche Wiedergabe und Analyse der Kunzische Riss genannten Federzeichnung in: Michael Bienert, *E. T. A. Hoffmanns Berlin*, vbb 2015, S. 43 ff.

45. E. T. A. Hoffmann, DKV, Bd. 6, S. 77

46. E. T. A. Hoffmann, DKV, Bd. 6, S. 469

47. Hoffmann hatte in einer Rezension im *Deutschen Wochenblatt* Schinkels Bühnenbilder zu Mozarts *Zauberflöte* als eine »im tiefsten Geist empfangene geniale Schöpfung« hoch gelobt: E. T. A. Hoffmann, DKV, Bd. 2/2, S. 449

48. E. T. A. Hoffmann, DKV, Bd. 6, S. 95

49. Brief an Theodor Gottlieb Hippel vom 15. Dezember 1817. In: E. T. A. Hoffmann, *Leben und Werk in Briefen, Selbstzeugnissen und Zeitdokumenten*, hrsg. von Klaus Günzel, Verlag der Nation, Berlin 1976, S. 333

50. Vgl. E. T. A. Hoffmann, DKV, Bd. 3, S. 1002

51. Vgl. E. T. A. Hoffmann, DKV, Bd. 3, S. 165. Auch die folgenden Zitate aus der Erzählung *Das öde Haus* sind in: DKV, Bd. 3, S. 163 ff.

52. Vgl. Günter de Bruyn in: E. T. A. Hoffmann, *Gespenster in der Friedrichstadt. Berlinische Geschichten*. Hrsg. und mit einem Nachwort versehen von Günter de Bruyn, a. a. O., S. 307

53. Heinrich Heine, *Sämtliche Schriften*, hrsg. von Klaus Briegleb. Deutscher Taschenbuch Verlag, München 1997, Bd. 2, S. 18

54. Hinter dieser Figur verbirgt sich der mit Hoffmann befreundete Arzt und Schriftsteller Ferdinand Koreff (1783–1851).

55. Vgl. Ulrike Münter, *Faszination am Verfall. E. T. A. Hoffmanns Berlinische Geschichten*, a. a. O., S. 41

56. Da, wo heute die Kongresshalle, das Haus der Kulturen der Welt steht, befanden sich ursprünglich Zelte, in denen die Ausflugsgäste versorgt wurden. Zu der Zeit, in der die Erzählung spielt, 1814 und 1816, standen dort schon längst richtige Häuser.

57. Vgl. den Kommentar von Wulf Segebrecht in E. T. A. Hoffmann, DKV, Bd. 4, S. 1311

58. Vgl. hierzu vor allem Gunnar Och, *Literarischer Antisemitismus am Beispiel von E. T. A. Hoffmanns Erzählung Die Brautwahl*. In: *Integration und Ausgrenzung. Studien zur deutsch-jüdischen Literatur- und Kulturgeschichte von der Frühen Neuzeit bis zur Gegenwart*. Hrsg. von Mark H. Gelber et al., Niemeyer Verlag, Tübingen 2009, S. 57–71.

59. E. T. A. Hoffmann, DKV, Bd. 4, S. 1467

60. Günter de Bruyns Fassung folgt dem Erstdruck in: E. T. A. Hoffmann, *Gespenster in der Friedrichstadt. Berlinische Geschichten.* Hrsg. und mit einem Nachwort versehen von Günter de Bruyn, a. a. O., S. 149 ff. Hier wird die im DKV vorliegende Fassung zitiert aus dem Bd. 4, S. 639 ff.

61. Vgl. dazu den Kommentar von Wulf Segebrecht in E. T. A. Hoffmann, DKV, Bd. 4, S. 1473 ff.

62. Zitiert nach dem Kommentar von Wulf Segebrecht in E. T. A. Hoffmann, DKV, Bd. 4, S. 1472

63. Michael Bienert, *E. T. A. Hoffmanns Berlin,* a. a. O., S. 117

64. E. T. A. Hoffmann, DKV, Bd. 6, S. 468. Die im Folgenden zitierten Textstellen beziehen sich auf die in diesem Band veröffentlichte Erzählung, S. 468 ff.

65. Günter de Bruyn in: E. T. A. Hoffmann, *Gespenster in der Friedrichstadt. Berlinische Geschichten.* Hrsg. und mit einem Nachwort versehen von Günter de Bruyn, a. a. O., S. 288

66. Jörg Petzel, *Teufelspuppen, brennende Perücken, Magnetiseure, Hüpf- und Schwungmeister: E. T. A. Hoffmann in Berlin,* a. a. O., S. 22

67. Vgl. Michael Bienert, *E. T. A. Hoffmanns Berlin,* a. a. O., S. 85

68. E. T. A. Hoffmann, DKV, Bd. 6, S. 188

69. Heinrich Heine, *Briefe aus Berlin.* In: Heinrich Heine, *Sämtliche Schriften,* hrsg. von Klaus Briegleb. Deutscher Taschenbuch Verlag, München 1997, Bd. 2, S. 20

70. Vgl. Michael Bienert, *E. T. A. Hoffmanns Berlin,* a. a. O., S. 76 f.


## 11. Humanistisches Gymnasium und Berliner Universität

1. Wilhelm von Humboldt, *Bruchstück einer Selbstbiographie.* In: Wilhelm von Humboldt, *Werke V.* Hrsg. von Andreas Flitner und Klaus Giel. J. G. Cotta'sche Buchhandlung Stuttgart. Wissenschaftliche Buchgesellschaft, Darmstadt 1981, S. 2 f.

2. Vgl. dazu Lydia Dippel, *Wilhelm von Humboldt. Ästhetik und Anthropologie.* Verlag Königshausen und Neumann, Würzburg 1990, S. 9–17 sowie Cord-Friedrich Berghahn, *Das Wagnis der Autonomie.* Hier das Kapitel zu Wilhelm von Humboldt. Universitätsverlag Winter, Heidelberg 2012, S. 185–356

3. Siegfried A. Kaehler, *Wilhelm von Humboldt und der Staat.* 2. Aufl. Verlag Vandenhoeck & Ruprecht, Göttingen 1963, S. 7

4. Dieter Borchmeyer, *Weimarer Klassik. Portrait einer Epoche.* Verlag Beltz Athenäum, Weinheim 1994/1998, S. 301 und 300

5. Cord-Friedrich Berghahn, *Das Wagnis der Autonomie,* a. a. O., S. 186

6. Cord-Friedrich Berghahn, *Das Wagnis der Autonomie,* a. a. O., S. 185

7. Bei der Fülle der Darstellungen beschränke ich mich auf folgende Arbeiten:
   – Rudolf Freese, *Wilhelm von Humboldt. Sein Leben und Wirken, dargestellt in Briefen, Tagebüchern und Dokumenten der Zeit.* Verlag der Nationen, ohne Ort 1955
   – Siegfried A. Kaehler, *Wilhelm von Humboldt und der Staat,* aus dem Jahr 1927, in der zweiten Auflage 1963. S. Anm. 2
   – Christina M. Sauter, *Wilhelm von Humboldt und die deutsche Aufklärung.* Verlag Duncker & Humblot, Berlin 1989
   – Tilman Borsche, *Wilhelm von Humboldt.* Beck Verlag, München 1990
   – Peter Berglar, *Wilhelm von Humboldt* (Rowohlts Monographien). Rowohlt Taschenbuch Verlag, Reinbek bei Hamburg 1970. 10. Aufl. März 2008
   – Manfred Geier, *Die Brüder Humboldt. Eine Biographie.* Rowohlt Verlag, Reinbek bei Hamburg 2009
   – Hazel Rosenstrauch, *Wahlverwandt und ebenbürtig. Caroline und Wilhelm von Humboldt.* Eichborn Verlag, Frankfurt a. M. 2009
   – Lothar Gall, *Wilhelm von Humboldt. Ein Preuße von Welt.* Propyläen Verlag, Berlin 2011
   – Darmar von Gersdorff, *Caroline von Humboldt. Eine Biographie.* Insel Verlag, Berlin 2011

8. Vgl. Conrad Wiedemann, *»raffinierte kunst des umgangs«. Ichfindung in den frühen Reisetagebüchern Wilhelm von Humboldts.* In: Ute Tintemann, Jürgen Trabant (Hrsg.), *Wilhelm von Humboldt: Universalität und Individualität.* Wilhelm Fink Verlag, München 2012, S. 40

9. Vgl. dazu Alexander Košenina (Hrsg.), *Johann Jakob Engel (1741–1802), Philosoph für die Welt, Ästhetiker und Dichter.* Wehrhahn Verlag, Hannover-Laatzen 2005

10. Vgl. dazu Julius H. Schoeps, *Im Kreis der Aufgeklärten. Der Einfluss Moses Mendelssohns und David Friedländers auf die Reformkonzepte Wilhelm von Humboldts.* In: Zeitschrift für Religions- und Geistesgeschichte 3/2010, S. 209–226

11. Conrad Wiedemann, *»raffinierte kunst des umgangs«. Ichfindung in den frühen Reisetagebüchern Wilhelm von Humboldts,* a. a. O., S. 40

12. Cord-Friedrich Berghahn, *Das Wagnis der Autonomie,* a. a. O., S. 203 f.

13. Zitiert nach Dagmar von Gersdorff, *Caroline von Humboldt. Eine Biographie,* a. a. O., S. 29

14. *Wilhelm und Caroline von Humboldt in ihren Briefen.* Hrsg. von Anna von Sydow. Bd. I: *Briefe aus der Brautzeit 1787–1791.* Mittler Verlag, Berlin 1906; Bd. II: *Von der Vermählung bis zu Humboldts Scheiden aus Rom 1791–1808.* Mittler Verlag, Berlin 1907; Bd. III: *Weltbürgertum und preußischer Staatsdienst. Briefe aus Rom und Berlin-Königsberg 1808–1810.* Mittler Verlag, Berlin 1909; Bd. IV: *Federn und Schwerter in den Freiheitskriegen. Briefe von 1812–1815.* Mittler Verlag, Berlin 1913; Bd. V: *Diplomatische Friedensarbeit 1815–*

*1817.* Mittler Verlag, Berlin 1912; Bd. VI: *Im Kampf mit Hardenberg 1817–1819.* Mittler Verlag, Berlin 1913; Bd. VII: *Reife Seelen 1820–1835.* Mittler Verlag, Berlin 1916

15.  Cord-Friedrich Berghahn, *Das Wagnis der Autonomie,* a. a. O., S. 199

16.  Lydia Dippel, *Wilhelm von Humboldt. Ästhetik und Anthropologie,* a. a. O., S. 13

17.  In seinem Vortrag *Humboldts Agamemnon-Übersetzung* in der Berlin-Brandenburgischen Akademie der Wissenschaften am 21. Juni 2017 weist Conrad Wiedemann darauf hin, dass diese sprachschöpferische Leistung Humboldts erst im 20. Jahrhundert angemessen gewürdigt worden ist durch Walter Benjamin.

18.  *Wilhelm von Humboldts Gesammelte Schriften,* 17 Bände. Hrsg. von Albert Leitzmann u. a. Behr Verlag, Berlin 1903–1936. Nachdruck: Verlag Walther de Gruyter, Berlin 1968. Band 15, S. 451

19.  Cord-Friedrich Berghahn, *Das Wagnis der Autonomie,* a. a. O., S. 189

20.  Hierzu und zu Folgendem vgl. Marie Haller-Nevermann, *Friedrich Schiller. Ich kann nicht Fürstendiener sein. Eine Biographie.* Aufbau Verlag, Berlin 2004, S. 97 ff.

21.  Vgl. dazu im Einzelnen Ernst Osterkamp, *Gesamtbildung und freier Genuß. Wechselwirkung zwischen Goethe und Wilhelm von Humboldt.* In: *Wechselwirkungen. Kunst und Wissenschaft in Berlin und Weimar im Zeichen Goethes,* Verlag Peter Lang, Bern/Berlin/Bruxelles/Frankfurt a. M./New York/Oxford/Wien 2002, S. 133–154, (s. insbesondere S. 134, 136 f., 142, 144 f.)

22.  *Briefwechsel zwischen Friedrich von Schiller und Christian Gottfried Körner,* hrsg. und kommentiert von Klaus L. Berghahn. Winkler Verlag, München 1973, S. 269 f.

23.  Cord-Friedrich Berghahn, *Das Wagnis der Autonomie,* a. a. O., S. 340

24.  *Wilhelm von Humboldts Gesammelte Schriften,* 17 Bände. Hrsg. von Albert Leitzmann u. a. Behr Verlag, Berlin 1903–1936. Nachdruck: Verlag Walther de Gruyter, Berlin 1968. Band I, S. 106.

25.  Clemens Menze, *Die Bildungsreform Wilhelm von Humboldts.* Hermann Schroedel Verlag, Hannover, 1975, S. 233

26.  Vgl. Clemens Menze, *Die Bildungsreform Wilhelm von Humboldts,* a. a. O., S. 239

27.  Zitiert nach Vgl. Clemens Menze, *Die Bildungsreform Wilhelm von Humboldts,* a. a. O., S. 246

28.  Clemens Menze, *Die Bildungsreform Wilhelm von Humboldts,* a. a. O., S. 248

29.  Zitiert nach Clemens Menze, *Die Bildungsreform Wilhelm von Humboldts,* a. a. O., S. 249

30.  Clemens Menze, *Die Bildungsreform Wilhelm von Humboldts,* a. a. O., S. 253

31.  Zitiert nach Clemens Menze, *Die Bildungsreform Wilhelm von Humboldts,* a. a. O., S. 253

32.  Der Name der beiden Schriften erklärt sich durch Humboldts Aufgabenbereich im Ministerium: Er ist als Schulvisitator in Preußen herumgereist und

hat unter anderem den desolaten Zustand der Schulen in Ostpreußen kritisiert und in diesem Zusammenhang sein humanistisches Schulkonzept entwickelt. Die bis dahin unveröffentlichten Schriften wurden unter dem oben angegebenen Namen erst 1910 durch den Pädagogen Eduard Spranger (1882–1963) veröffentlicht und kommentiert.

33. Clemens Menze, *Die Bildungsreform Wilhelm von Humboldts*, a. a. O., S. 290
34. Zitiert nach Clemens Menze, *Die Bildungsreform Wilhelm von Humboldts*, a. a. O., S. 300
35. Vgl. dazu Clemens Menze, *Die Bildungsreform Wilhelm von Humboldts*, a. a. O., S. 306
36. Clemens Menze, *Die Bildungsreform Wilhelm von Humboldts*, a. a. O., S. 322
37. Clemens Menze, *Die Bildungsreform Wilhelm von Humboldts*, a. a. O., S. 323 f.
38. Vgl. Clemens Menze, *Die Bildungsreform Wilhelm von Humboldts*, a. a. O., S. 310
39. Die erste ordentliche Professorin in Deutschland war die Agrikultur-Chemikerin Margarete von Wrangell (1877–1932)
40. Zu den genannten Kritikpunkten vgl. Clemens Menze, *Die Bildungsreform Wilhelm von Humboldts*, a. a. O., S. 326 f.
41. Vgl. Ernst Osterkamp, *Gesamtbildung und freier Genuß. Wechselwirkung zwischen Goethe und Wilhelm von Humboldt*, a. a. O., S. 151
42. Cord-Friedrich Berghahn, *Das Wagnis der Autonomie*, a. a. O., S. 351
43. Zum Folgenden vgl. Karl Friedrich Schinkel. *Führer zu seinen Bauten*. Hrsg. vom Schinkel-Zentrum der Technischen Universität Berlin von Johannes Cramer et al., Band I: *Berlin und Potsdam*. Deutscher Kunstverlag, Berlin 2012, S. 91 ff.
44. Das Schloss Tegel, auch Humboldt-Schloss, wird heute von der Familie von Heinz, unmittelbaren Nachfahren Humboldts, bewohnt. Große Teile des Anwesens sind als Museum der Öffentlichkeit zugänglich.
45. Zu nennen sind hier vor allem der Sprachforscher Jacob Grimm (1785–1863) als Begründer der deutschen Philologie und Altertumswissenschaft und der Sprachwissenschaftler und Sanskritforscher Franz Bopp (1791–1867), der die historisch-vergleichende indogermanische Sprachwissenschaft begründet hat.
46. Vgl. zum Folgenden Jürgen Trabant, *»Weltansichten«. Wilhelm von Humboldts Sprachprojekt*. Verlag C. H. Beck, München 2012. Vgl. auch weitere Forschungsarbeiten des Romanisten zu Humboldt: J. T., *Apeliotes oder Der Sinn der Sprache. Wilhelm von Humboldts Sprach-Bild*, Fink Verlag, München 1986. J. T., *Traditionen Humboldts*, Suhrkamp Verlag, Frankfurt a. M. 1990. J. T., *Wilhelm von Humboldt. Das große Lesebuch*, Fischer Verlag, Frankfurt a. M. 2010
47. Cord-Friedrich Berghahn, *Das Wagnis der Autonomie*, a. a. O., S. 354
48. Jürgen Trabant, *»Weltansichten«. Wilhelm von Humboldts Sprachprojekt*, a. a. O., S. 25

49. Vgl. dazu Albrecht Schöne, *Der Briefschreiber Goethe*. Verlag C. H. Beck, München 2015, S. 365 ff.

## Ausblick

1. Zitiert nach Felix Saure, *Karl Friedrich Schinkel. Ein deutscher Idealist zwischen »Klassik« und »Gotik«*. Wehrhahn Verlag, Hannover 2010, S. 343
2. Zum Folgenden vgl. Thomas Nipperdey, *Deutsche Geschichte 1800–1866. Bürgerwelt und starker Staat*. Verlag C. H. Beck, S. 276–285 sowie Peter Merseburger, *Mythos Weimar*, Deutsche Verlags-Anstalt, Stuttgart 1998, S. 151–169
3. Das Hauptwerk des Schweizer Staatsrechtlers Karl Ludwig von Haller (1768–1854), einem führenden Vordenker des reaktionären Konservativismus, *Restauration der Staats-Wissenschaften* (6 Bände, 1817–1834), hat dieser Epoche den Namen gegeben.
4. Die Aufnahme von Frauen zum Studium an deutschen Universitäten erfolgte erst zu Beginn des 20. Jahrhunderts.
5. Thomas Nipperdey, *Deutsche Geschichte 1800–1866. Bürgerwelt und starker Staat*, a. a. O., S. 280
6. Vgl. dazu Peter Merseburger, *Mythos Weimar*, a. a. O., S. 159 f.
7. Vgl. dazu im Einzelnen Peter Merseburger, *Mythos Weimar*, a. a. O., S. 164 ff.
8. Peter Merseburger, *Mythos Weimar*, a. a. O., S. 168
9. Peter Merseburger, *Mythos Weimar*, a. a. O., S. 168
10. Vgl. Thomas Nipperdey, *Deutsche Geschichte 1800–1866. Bürgerwelt und starker Staat*, a. a. O., S. 284
11. Peter Merseburger, *Mythos Weimar*, a. a. O., S. 168
12. Thomas Nipperdey, *Deutsche Geschichte 1800–1866. Bürgerwelt und starker Staat*, a. a. O., S. 278
13. Thomas Nipperdey, *Deutsche Geschichte 1800–1866. Bürgerwelt und starker Staat*, a. a. O., S. 285
14. Conrad Wiedemann, *Die Klassizität des Urbanen. Ein Versuch über die Stadtkultur Berlins um 1800*. In: Robert Charlier, Günther Lottes (Hrsg.), *Kanonbildung. Protagonisten und Prozesse der Herstellung kultureller Identität*, Wehrhahn Verlag, Hannover 2009, S. 133

# Literatur- und Quellenverzeichnis

*Allgemeines Künstler-Lexikon. Die bildenden Künstler aller Zeiten und Völker,* hrsg. von Andreas Beyer, Bénédicte Savoy und Wolf Tegethoff. Bd. 83, S. 135ff. Verlag Walter de Gruyter, Berlin/Boston 2014

Arendt, Hannah, *Rahel Varnhagen. Lebensgeschichte einer deutschen Jüdin aus der Romantik.* Piper Verlag, München 1959

Arenhövel, Willmuth und Bothe, Rolf (Hrsg.), *Das Brandenburger Tor 1791–1991. Eine Monographie.* Willmuth Arenhövel-Verlag, Berlin 1991

Barthel, Wolfgang (Hrsg.), *Heinrich von Kleist (1777–1811), Chronik seines Lebens und Schaffens.* Kleist-Gedenk- und Forschungsstätte e. V., Frankfurt (Oder) 2001

Becker, Sabina, *Urbanität als romantische Kategorie. Stadt-Bilder Ludwig Tiecks.* In: *»Lasst uns, da es uns vergönnt ist, vernünftig seyn!«* – Ludwig Tieck *(1773–1853).* Hrsg. vom Institut für deutsche Literatur der Humboldt-Universität zu Berlin unter Mitarbeit von Heidrun Markert. Peter Lang, Europäischer Verlag der Wissenschaften, Bern 2004

Bennholdt-Thomsen, Anke und Guzzoni, Alfredo, *Zur Charakteristik des »Magazin zur Erfahrungsseelenkunde«.* In: *Aspekte empirischer Psychologie im 18. Jahrhundert und ihre literarische Resonanz,* S. 113–159. Verlag Königshausen & Neumann, Würzburg 2012

Berghahn, Cord Friedrich, *Das Wagnis der Autonomie.* Universitätsverlag Winter, Heidelberg 2012

Berghahn, Klaus L. (Hrsg.), *Briefwechsel zwischen Friedrich von Schiller und Christian Gottfried Körner,* mit einem Kommentar von Klaus L. Berghahn. Winkler Verlag, München 1973

Berglar, Peter, *Wilhelm von Humboldt.* Rowohlt Taschenbuch Verlag, Reinbek bei Hamburg 1970. 10. Auflage 2008

Bienert, Michael, *E. T. A. Hoffmanns Berlin,* verlag für berlin-brandenburg (vbb) 2015

Bisky, Jens, *Kleist. Eine Biographie.* Rowohlt Verlag, Berlin 2007

Blamberger, Günter, *Heinrich von Kleist. Biographie.* S. Fischer Verlag, Frankfurt a. M. 2011

Borchmeyer, Dieter, *Weimarer Klassik. Portrait einer Epoche.* Verlag Beltz Athenäum, Weinheim 1994/1998

Borsche, Tilman, *Wilhelm von Humboldt.* Beck Verlag, München 1990

Böttiger, Karl August, *Entwickelung des Ifflandischen Spiels in vierzehn Darstellungen auf dem Weimarischen Hoftheater im Aprilmonat 1796.* Verlag G. J. Göschen, Leipzig 1796

Bruer, Hans, *Geschichte der Juden in Preußen 1750–1820*. Campus Verlag, Frankfurt a. M. 1991

Bruyn, Günter de (Hrsg.), *E. T. A. Hoffmann, Gespenster in der Friedrichstadt. Berlinische Geschichten*. Mit einem Nachwort von Günter de Bruyn. Fischer Taschenbuch Verlag, Frankfurt a. M. 1987

Büchel, Wolfgang, *Karl Friedrich Schinkel*, Rowohlt Taschenbuchverlag, Reinbek bei Hamburg 1994

Carpi, Anna Maria, *Kleist. Ein Leben*. Suhrkamp/Insel Verlag, Frankfurt a. M. 2011

Charlier, Robert und Lottes, Günther, *Kanonbildung. Protagonisten und Prozesse der Herstellung kultureller Identität*. Wehrhahn Verlag, Hannover 2009

Clark, Christopher, *Preußen. Aufstieg und Niedergang 1600–1947*. Deutsche Verlagsanstalt, München 2007

D'Aprile, Iwan-Michelangelo, *»Das Schöne individualisieren«. Karl Philipp Moritz' urbanes Ästhetikprogramm*. In: Ute Tintemann und Christof Wingertszahn (Hrsg.), *Karl Philipp Moritz in Berlin 1789–1793*. Wehrhahn Verlag, Hannover-Laatzen 2005, S. 141–157.

D'Aprile, Iwan-Michelangelo, *Berliner Rationalismuskritik. Zum Wandel der kulturellen Parameter in Berlin nach 1786*. In: *Tableau de Berlin. Beiträge zur »Berliner Klassik« (1786–1815)*. Hrsg. von Iwan D'Aprile, Martin Disselkamp und Claudia Sedlarz. Wehrhahn Verlag, Hannover-Laatzen 2005, S. 51–70

D'Aprile, Iwan-Michelangelo, *Die schöne Republik. Ästhetische Moderne in Berlin im ausgehenden 18. Jahrhundert*. Niemeyer Verlag, Tübingen 2006

Dinglinger, Wolfgang, *Zelters Musikalische Bildungsanstalt*. In: Christian Filips (Hrsg.), *Der Singemeister. Carl Friedrich Zelter*, Schott Verlag, Mainz 2009, S. 118–123

Dippel, Lydia, *Wilhelm von Humboldt. Ästhetik und Anthropologie*. Verlag Königshausen und Neumann, Würzburg 1990

Eberle, Gottfried und Rautenberg, Michael (Hrsg.), *Die Sing-Akademie zu Berlin und ihre Direktoren*. Staatliches Institut für Musikforschung Preußischer Kulturbesitz, Berlin 1998

Eberle, Gottfried, *200 Jahre Sing-Akademie zu Berlin. »Ein Kunstverein für die heilige Musik.«* Nicolaische Verlagsbuchhandlung, Berlin 1991

Eberle, Gottfried, *Den feinsten Sinn bildsamer Menschen ergötzen. Zelters »Sing-Accademie« und ihr Bildungsideal*. In: Christian Filips (Hrsg.), *Der Singemeister. Carl Friedrich Zelter*. Schott Verlag, Mainz 2009.

Eberle, Gottfried, *Zelters »Sing-Academie« und ihr Bildungsideal*. In: Christian Filips (Hrsg.), *Der Singemeister. Carl Friedrich Zelter*, Schott Verlag, Mainz 2009

Eckardt, Götz, *Johann Gottfried Schadow 1764–180*. E. A. Seemann Verlag, Leipzig 1990

Eckermann, Johann Peter, *Gespräche mit Goethe*. Hrsg. von Fritz Bergemann. Insel Verlag, Frankfurt a. M., 1955

Ehrlich, Lothar und Schmidt, Georg (Hrsg.), *Ereignis Weimar-Jena. Gesellschaft und Kultur um 1800 im internationalen Kontext*. Böhlau Verlag, Köln/Weimar/Wien 2008

Elon, Amos, *»Zu einer anderen Zeit. Ein Porträt der jüdisch-deutschen Epoche von 1743–1933«*, Hanser Verlag, München 2003

Engel, Manfred, *Franz Sternbalds Wanderungen. Entstehung und Textgeschichte*. In: Claudia Stockinger, Stefan Scherer (Hrsg.), *Ludwig Tieck. Leben – Werk – Wirkung*, Walter de Gruyter, Berlin/Boston 2016, S. 523–532

Engel, Manfred, *Frühe Romane*. In: Claudia Stockinger, Stefan Scherer (Hrsg.), *Ludwig Tieck. Leben – Werk – Wirkung*, Walter de Gruyter, Berlin/Boston 2016, S. 515–532

Feist, Peter, *Das Brandenburger Tor*. Homilius Verlag, Berlin 1997

Filips, Christian (Hrsg.), *Carl Friedrich Zelter. Der Singemeister*. Schott Verlag, Mainz 2009

Filips, Christian, *»Die Sprache der Engel« – Die Kunstreligion der Sing-Akademie zu Berlin um 1800 und ihre Wirkung auf Wackenroder und E. T. A. Hoffmann*. In: *Kennen sie Preußen – wirklich? Das Zentrum »Preußen – Berlin« stellt sich vor*. Akademie Verlag, Berlin 2009

Filips, Christian, *Die Geburt der Sing-Akademie zu Berlin aus dem Geist der jüdischen Salonièren*. Manuskript eines Vortrages vom 7. April 2016 im Jüdischen Museum Berlin anlässlich der Konferenz »Deutsche und jüdische Intellektuelle um 1800 (ohne Verlagsangabe)

Filips, Christian, *Im Andenken des Propheten von St. Helena. Zelter und Napoleon*. In: *Der Singemeister. Carl Friedrich Zelter*, Schott Verlag, Mainz 2009, S. 153–155

Fischer, Axel und Kornemann, Matthias (Hrsg.), *Integer vitae. Die Zeltersche Liedertafel als kulturgeschichtliches Phänomen 1809–1832*. Wehrhahn Verlag, Hannover 2014

Fischer-Dieskau, Dietrich, *Carl Friedrich Zelter und das Berliner Musikleben seiner Zeit*. Nicolaische Verlagsbuchhandlung, Berlin 1997

Fischer-Lichte, Erika, *Theater als öffentlicher Raum*. In: *Der gesellschaftliche Wandel um 1800 und das Berliner Nationaltheater*, Wehrhahn Verlag, Hannover 2009

Fontane, Theodor, *Der Realismus unserer Zeit (1853)*. In: *Theodor Fontane, Schriften zur Literatur*, hrsg. von Hans-Heinrich Reuter. Aufbau Verlag, Berlin 1960

Fontane, Theodor, *Wanderungen durch die Mark Brandenburg*. Eine Auswahl in zwei Bänden, hrsg. von Gotthard Erler. Band 2, Aufbau Verlag, Berlin und Weimar 1987

Formey, A. W., *Ifflands Krankengeschichte*. In: Carl Duncker (Hrsg.), *Iffland in sei-nen Schriften als Künstler, Lehrer und Director der Berliner Bühnen. Zum Gedächt-nis seines 100jährigen Geburtstages am 19. April 1859*. Verlag Duncker und Hum-blot, Berlin 1859

Frank, Gustav, *Tiecks Epochalität*. In: Claudia Stockinger, Stefan Scherer (Hrsg.), *Ludwig Tieck. Leben – Werk – Wirkung*, Verlag Walter de Gruyter, Berlin/Bos-ton 2016, S. 131–147

Freese, Rudolf, *Wilhelm von Humboldt. Sein Leben und Wirken, dargestellt in Briefen, Tagebüchern und Dokumenten der Zeit*. Verlag der Nationen, Berlin 1955

Freydank, Ruth, *Außer Kontrolle. Ein Archiv-Krimi*. In: *Theater heute*, Nr. 3, März 2014

Freydank, Ruth, *Der Fall Berliner Theatermuseum*, Teil I *Geschichte – Bilder – Dokumente*. Verlag Pro BUSINESS GmbH, Berlin 2011. Teil II *Relikte einer ehemaligen Theaterbibliothek – Dokumente*. Verlag Pro BUSINESS GmbH, Berlin 2011

Freydank, Ruth, *Theater in Berlin. Von den Anfängen bis 1945*. Henschel Verlag Kunst und Gesellschaft. Berlin 1988

Freyer, Stefanie et al. (Hrsg.), *Frauengestalten Weimar-Jena um 1800. Ein bio-biblio-graphisches Lexikon*, Universitätsverlag Winter, Heidelberg 2009

Freyer, Stefanie, *Der Weimarer Hof um 1800: Jenseits des Mythos*, Oldenbourg Ver-lag, München 2013

Gall, Lothar, *Wilhelm von Humboldt. Ein Preuße von Welt*. Propyläen Verlag, Ber-lin 2011

Gebhard, Hans (Hrsg.), *Harenberg-Chormusikführer*, (2. Aufl.), Harenberg Verlag, Dortmund 2001

Geier, Manfred, *Die Brüder Humboldt. Eine Biographie*. Rowohlt Verlag, Reinbek bei Hamburg 2009

Gerlach, Klaus, *Das Berliner Nationaltheater im Langhansbau auf dem Gendarmen-markt (1802–1817) – Bühne höfischer und bürgerlicher Repräsentation. Eine Re-prise*. In: *Tableau de Berlin. Beiträge zur Berliner Klassik (1786–1815)*. Hrsg. von Iwan D'Aprile, Martin Disselkamp und Claudia Sedlarz. Wehrhahn Verlag, Hannover 2005, S. 211–230

Gerlach, Klaus (Hrsg.), *Das Berliner Theaterkostüm der Ära Iffland. August Wilhelm Iffland als Theaterdirektor, Schauspieler und Bühnenreformator*. Akademie Ver-lag, Berlin 2009

Gerlach, Klaus, *Das Vaterländische und das Allgemeine*. In: *Der gesellschaftliche Wan-del um 1800 und das Berliner Nationaltheater*. Hrsg. von Klaus Gerlach. Wehr-hahn Verlag, Hannover 2009, S. 187–207

Gerlach, Klaus, *Der gesellschaftliche Wandel um 1800 und das Berliner Nationalthea-ter*. Wehrhahn Verlag, Hannover 2009

Gerlach, Klaus (Hrsg.), *Eine Experimentalpoetik. Texte zum Berliner Nationaltheater.* Wehrhahn Verlag, Hannover-Laatzen 2007

Gerlach, Klaus, *Geschichtsdramen auf dem Berliner Nationaltheater.* In: Klaus Gerlach, *Der gesellschaftliche Wandel um 1800 und das Berliner Nationaltheater*

Gerlach, Klaus, *Ifflands Berliner Bühne, Theatralische Kunstführung und Ökonomie.* Verlag Walter de Gruyter, Berlin/Boston 2015, S. 107–120

Gerlach, Klaus, *Link der BBAW zum Iffland-Archiv:* http://iffland.bbaw.de

Gerlach, Klaus, *Link der BBAW zum Nationaltheater:* http://berlinerklassik.bbaw. de/BK/theater

Gerlach, Klaus, *Manuskript eines Vortrages vor der Goethegesellschaft Karlsruhe am 22. Oktober 2014, Iffland und Goethe. Freundschaft und Konkurrenz zweier Theaterdirektoren und Bühnenreformer*

Gerlach, Klaus, Liivrand, Harry und Pappel, Kristel, *August von Kotzebue im estnisch-deutschen Dialog.* Wehrhahn Verlag Hannover 2016

Gersdorff, Dagmar von, *Caroline von Humboldt. Eine Biographie.* Insel Verlag, Berlin 2011

Goldmann, Stefan, *Erfahrungsseelenkunde und Haskala. Jüdische Autoren in dem psychologischen Magazin von Karl Philipp Moritz.* In: *Karl Philipp Moritz in Berlin 1789–1793.* Hrsg. von Ute Tintemann und Christof Wingertszahn. Wehrhahn Verlag, Hannover 2005, S. 293–315

Goethe, Johann Wolfgang von, *Brief an Charlotte von Stein, Rom den 13.–16. Dezember 1786, Briefe II.* Hamburger Ausgabe. C. H. Beck Verlag, München 1982–2008, Briefe II, S. 28/29

Grundmann, Friedhelm, *Carl Gotthard Langhans (1732–1808).* Bergstadtverlag Wilhelm Gottlieb Korn, Würzburg 2007

Grundriss von Berlin 1804, https://commons.wikimedia.org/wiki/File:Selter_ Grundriss_von_Berlin_1804.jpg

Günzel, Klaus, *E. T. A. Hoffmann, Leben und Werk in Briefen, Selbstzeugnissen und Zeitdokumenten.* Verlag der Nation, Berlin 1976

Günzel, Klaus, *König der Romantik. Das Leben des Dichters Ludwig Tieck in Briefen, Selbstzeugnissen und Berichten.* Verlag der Nationen, Berlin 1981

Haffner, Sebastian, *Preußen ohne Legende.* Stern-Buch. Stern-Magazin im Verlag Gruner+Jahr AG & Co, Hamburg 1979

Hahn, Barbara, *Auf dem Weg zur vorliegenden Ausgabe.* In: *Rahel Levin Varnhagen, Rahel. Ein Buch des Andenkens für ihre Freunde,* hrsg. von Barbara Hahn, Bd. 6, Wallstein Verlag, Göttingen 2015, S. 11–39

Hahn, Barbara (Hrsg.), *Begegnungen mit Rahel Levin Varnhagens Schreiben.* In: *Begegnungen mit Rahel Levin Varnhagen.* Wallstein Verlag, Göttingen 2015, S. 7–9

Hahn, Barbara (Hrsg.), *Rahel Levin Varnhagen. Rahel. Ein Buch des Andenkens für ihre Freunde.* Wallstein Verlag, Göttingen 2011

Hahn, Matthias, (Hrsg.), *Schauplätze der Moderne. Berlin um 1800 – ein topographischer Wegweiser*. Wehrhahn Verlag, Hannover 2009

Häker, Horst, *Kleists Berliner Aufenthalte*. Verlag Haude & Spener, Berlin 1989

Haller-Nevermann, Marie, *Friedrich Schiller. Ich kann nicht Fürstendiener sein. Eine Biographie*. Aufbau-Verlag, Berlin 2004

Haus, Andreas, *Karl Friedrich Schinkel als Künstler*, Deutscher Kunstverlag, München/Berlin 2011

Heine, Heinrich, *Sämtliche Schriften*, hrsg. von Klaus Briegleb. Deutscher Taschenbuch Verlag, München 1997

Hinrichs, Walther Th., *Carl Gotthard Langhans – ein schlesischer Baumeister 1733–1808*, Verlag Heitz & Mündel, Straßburg 1909

Hoffmann, E. T. A., *Sämtliche Werke in sechs Bänden*, hrsg. von Hartmut Steinecke et al. Deutscher Klassiker Verlag, Frankfurt a. M. 1985–2003

Hufeland, Christoph Wilhelm, *Die Kunst, das menschliche Leben zu verlängern*. Verlag in der akademische Buchhandlung [b] (sic!), Jena 1797

Humboldt, Alexander von, *Die Jugendbriefe Alexander von Humboldts 1789–1799*. Hrsg. u. erläutert von Ilse Jahn und Fritz G. Lange. Akademie Verlag, Berlin 1973. Beiträge zur Alexander-von-Humboldt-Forschung 2

Humboldt, Wilhelm von, *Briefe an eine Freundin*. Bd. 2, Brockhaus Verlag, Leipzig 1847

Humboldt, Wilhelm von, *Bruchstück einer Selbstbiographie*. In: Wilhelm von Humboldt, *Werke V*, hrsg. von Andreas Flitner und Klaus Giel. J. G. Cotta'sche Buchhandlung Stuttgart. Wissenschaftliche Buchgesellschaft, Darmstadt 1981

Iffland, August Wilhelm, *Briefe an seine Schwester Louise und andere Verwandte 1772–1814*. Hrsg. von Ludwig Geiger. Selbstverlag der Gesellschaft für Theatergeschichte, Berlin 1904

Iffland, August Wilhelm, *Meine theatralische Laufbahn*. Mit Anmerkungen und einer Zeittafel von Oscar Fambach. Verlag Philipp Reclam Jun., Stuttgart 1976

*Ifflands Dramen. Ein Lexikon*, hrsg. von Mark-Georg Dehrmann und Alexander Košenina. Wehrhahn Verlag, Hannover 2009

Jean Paul, *Denkwürdigkeiten aus dem Leben von Jean Paul Friedrich Richter. 2. Bd.: Blätter der Liebe*. Fleischmann, München 1863

Jirka, Kai-Uwe, *Zelter als Kompositionslehrer*. In: Christian Filips (Hrsg.) *Der Singemeister. Carl Friedrich Zelter*, Schott Verlag, Mainz 2009, S. 96–103

Jörder, Gerhard, *Ödipus verkehrt oder: Schauerdrama, wie es im Buche steht. Zu Karl Philipp Moritz' »Blunt oder der Gast«*. Programm des Berliner Theatertreffens 1996

Kaehler, Siegfried A., *Wilhelm von Humboldt und der Staat*. 2. Auflage. Verlag Vandenhoeck & Ruprecht, Göttingen 1963

Kaiser, Reinhard, *Der glückliche Kunsträuber. Das Leben des Vivant Denon*. C. H. Beck Verlag, München 2016

*Karl Friedrich Schinkel. Briefe, Tagebücher, Gedanken*, hrsg. von Hans Mackowsky. Propyläen Verlag, Berlin 1922

Kemper, Dirk, *Sprache der Dichtung. Wilhelm Wackenroder im Kontext der Spätaufklärung*. Verlag J. B. Metzler, Stuttgart und Weimar 1993

Kleist, Heinrich von (Hrsg.), *Vollständige Ausgabe der Berliner Abendblätter vom 1sten October 1810 bis zum 30sten März 1811*. Nachwort und Quellenregister von Helmut Sembdner. Wissenschaftliche Buchgesellschaft, Darmstadt 1982

Kleist, Heinrich von, *Sämtliche Werke und Briefe in vier Bänden*. Hrsg. von Ilse-Marie Barth, Klaus Müller-Salget, Stefan Ormanns und Hinrich C. Seeba. Deutscher Klassiker Verlag, Frankfurt a. M. 1987 – 1997

Klingenberg, Karl-Heinz, *Iffland und Kotzebue als Dramatiker*. Arion Verlag, Weimar 1962

Klischnig, Karl Friedrich, *Mein Freund Anton Reiser. Aus dem Leben des Karl Philipp Moritz*. Neudruck der Ausgabe von 1794. Hrsg. und mit Anmerkungen versehen von Heide Hollmer und Kirsten Erwentraut. Mit einem Nachwort von Ralph Rainer Wuthenow. Berlin, Gatza, 1997

Knoche, Michael und Ritter-Santini, Lea, *Die europäische République des lettres in der Zeit der Weimarer Klassik*. Wallstein Verlag, Göttingen 2007

Koch, Erduin Julius, Doktor der Philosophie und Prediger an der Marien-Kirche zu Berlin, *Compendium der Deutschen Literatur-Geschichte von den ältesten Zeiten bis auf Lessings Tod. Chronologische Übersicht der Deutschen Literaturgeschichte und Sprachgeschichte* (Erster Theil), *Scientifischer Grundriß der Deutschen Literaturgeschichte und Sprachgeschichte* (Zweyter Theil). Berlin, im Verlage der Königlichen Realschulbuchhandlung, 1. Band 1795, 2. Band 1798.

Kos, Jerzy K., *Der Weg nach Berlin. Carl Gotthard Langhans' Tätigkeit in Schlesien 1760–1787*. In: *Deutsche Baukunst um 1800*. Hrsg. von Reinhard Wegner, Böhlau Verlag, Köln/Weimar/Wien 2000

Košenina, Alexander, (Hrsg.), *Johann Jakob Engel (1741–1802). Philosoph für die Welt, Ästhetiker und Dichter*. Wehrhahn Verlag, Hannover-Laatzen 2005

Košenina, Alexander, *Tiecks Abrechnung mit der Berliner Aufklärung*. In: »*Lasst uns, da es uns vergönnt ist, vernünftig seyn!*« – *Ludwig Tieck (1773–1853)*, Hrsg. vom Institut für deutsche Literatur der Humboldt-Universität zu Berlin unter Mitarbeit von Heidrun Markert. Peter Lang, Europäischer Verlag der Wissenschaften, Bern 2004

Kremer, Detlef (Hrsg.), *E. T. A. Hoffmann. Leben – Werk – Wirkung*, Walter de Gruyter Verlag, Berlin/Boston 2012

Kremer, Detlef, *Frühes Erzählen im Zeichen der Spätaufklärung*. In: Claudia Stockinger, Stefan Scherer (Hrsg.), *Ludwig Tieck. Leben – Werk – Wirkung*, Walter de Gruyter, Berlin/Boston 2016, S. 496–514

Krenzlin, Ulrike (Hrsg.), *Die Quadriga auf dem Brandenburger Tor*. Verlag für Bauwesen, Berlin 1991

Krenzlin, Ulrike, *Johann Gottfried Schadow*. Deutsche Verlags-Anstalt, Stuttgart 1990

Langhans, Carl Gotthard, Königl. Geh. Kriegsrath und Director des Ober-Hof-Bau-Amts, *Vergleichung des neuen Schauspielhauses zu Berlin mit verschiedenen älteren und neueren Schauspielhäusern in Rücksicht auf Akustische und Optische Grundsätze*. Johann Friedrich Unger, Berlin 1800

Leitzmann, Albert von (Hrsg.), *Wilhelm von Humboldts Gesammelte Schriften*, 17 Bde. Verlag B. Behr, Berlin 1903–1936

Leitzmann, Albert et al., *Wilhelm von Humboldt, 1903–1936. Gesammelte Schriften*, 17 Bände. Berlin. Behr Verlag, Nachdruck: Verlag Walter de Gruyter, Berlin 1968

Lichtenstein, Heinrich, *Zur Geschichte der Sing-Akademie in Berlin*. Trautwein Verlag, Berlin 1843

Loch, Rudolf, *Kleist. Eine Biographie*. Wallstein Verlag, Göttingen 2003

Loeser, Martin, *Geschichte der Chormusik. Eine Einführung*. Laaber Verlag, Laaber (Regensburg) 2017

Lund, Hannah Lotte, *Der Berliner »jüdische Salon« um 1800*, Verlag Walter de Gruyter, Berlin 2012

Lund, Hannah Lotte, Schneider, Ulrike, Wels, Ulrike (Hrsg.), *Die Kommunikations-, Wissens- und Handlungsräume der Henriette Herz (1764–1847)*. V&R unipress, Göttingen 2017

Lütteken, Anett, *Heinrich von Kleist. Eine Dichterrenaissance*. Niemeyer Verlag, Tübingen 2004

MacGregor, Neil, *Deutschland. Erinnerungen einer Nation*. C. H. Beck Verlag, München 2015

Mackowsky, Hans, *Die Bildwerke Gottfried Schadows*. Mit einer Einleitung von Paul Ortwin Rave. Deutscher Verein für Kunstwissenschaft, Berlin 1951

Maimon, Salomon, *Salomon Maimons Lebensgeschichte. Von ihm selbst geschrieben und herausgegeben von Karl Philipp Moritz*, neu hrsg. von Zwi Batscha. Jüdischer Verlag, Frankfurt a. M. 1995

Mann, Thomas, *Leiden und Größe der Meister*. Gesammelte Werke in Einzelbänden. Frankfurter Ausgabe. Hrsg. von Peter de Mendelssohn. Fischer Verlag, Frankfurt a. M. 1982

Mendelssohn, Peter de, *Zeitungsstadt Berlin. Menschen und Mächte in der deutschen Presse*. Neuausgabe (des Erstdruckes von 1959/1982), Ullstein Buchverlag, Berlin 2017

Menze, Clemenz, *Die Bildungsreform Wilhelm von Humboldts*. Hermann Schroedel Verlag, Hannover 1975

Merseburger, Peter, *Mythos Weimar*. Deutsche Verlags-Anstalt, Stuttgart 1998

Minde-Pouet, Georg, *Kleists letzte Stunden. Teil 1: Das Akten-Material*. Schriften der Kleist-Gesellschaft, Berlin 1925

Mommsen, Katharina, *Kleists Kampf mit Goethe*. Lothar Stiehm Verlag, Heidelberg 1974

Moritz, Karl Philipp, *Anton Reiser. Ein psychologischer Roman*. Insel Verlag, Frankfurt a. M. 1981

Moritz, Karl Philipp, *Magazin zur Erfahrungsseelenkunde als ein Lesebuch für Gelehrte und Ungelehrte 1783–1793*. Zehn Bände, Faksimile-Ausgabe mit Nachwort und Register, Lindau 1978

Moritz, Karl Philipp, *Was giebt es Edleres und Schöneres in der ganzen Natur als den Geist des Menschen, auf dessen Vervollkommnung alles übrige unablässig hinarbeitet und in welchem sich die Natur gleichsam selbst zu übertreffen strebt*. In: *Denkwürdigkeiten, aufgezeichnet zur Beförderung des Edlen und Schönen. Herausgegeben von Karl Philipp Moritz*. Erstes Vierteljahr. Erstes Stück. Berlin 1786

Moritz, Karl Philipp, *Werke in zwei Bänden*, hrsg. von Heide Hollmer und Albert Meier. Deutscher Klassiker Verlag, Frankfurt a. M. 1999

Motschmann, Uta, *Die Berliner »Gesellschaft der Freunde der Humanität« (1797–1861)*, Wehrhahn Verlag, Hannover-Laatzen 2008

Motschmann, Uta, *Handbuch der Berliner Vereine und Gesellschaften 1786–1815*. Verlag Walter de Gruyter, Bd. 1 Berlin/Boston 2015, Bd. 2 Berlin 2016

Motschmann, Uta, *Schule des Geistes, des Geschmacks und der Geselligkeit. Die Gesellschaft der Freunde der Humanität (1797 – 1861)*. Wehrhahn Verlag, Hannover 2009

Müller-Seidel, Walter, *Versehen und Erkennen. Eine Studie über Heinrich von Kleist*. Böhlau Verlag, Köln 1961

Münter, Ulrike, *Faszination am Verfall. E. T. A. Hoffmanns Berlinische Geschichten*. In: *Die Königsstadt. Stadtraum und Wohnräume in Berlin um 1800*. Hrsg. von Claudia Sedlarz. Wehrhahn Verlag, Hannover 2008

Nipperdey, Thomas, *Deutsche Geschichte 1800–1866. Bürgerwelt und starker Staat*. Verlag C. H. Beck, München 1959

Och, Gunnar, *Literarischer Antisemitismus am Beispiel von E. T. A. Hoffmanns Erzählung Die Brautwahl*. In: *Integration und Ausgrenzung. Studien zur deutsch-jüdischen Literatur- und Kulturgeschichte von der Frühen Neuzeit bis zur Gegenwart*. Hrsg. von Mark H. Gelber et al., Niemeyer Verlag, Tübingen 2009, S. 57–71.

Osterkamp, Ernst, *Gesamtbildung und freier Genuß. Wechselwirkung zwischen Goethe und Wilhelm von Humboldt*. In: *Wechselwirkungen. Kunst und Wissenschaft in*

*Berlin und Weimar im Zeichen Goethes*, Verlag Peter Lang, Bern/Berlin/Bruxel-
les/Frankfurt a. M./New York/Oxford/Wien 2002, S. 133–154

Paulin, Roger, *Tieck in Berlin*. In: Claudia Stockinger, Stefan Scherer (Hrsg.), *Ludwig Tieck. Leben – Werk – Wirkunng*, Verlag Walter de Gruyter, Berlin/Boston
2016, S. 13–22

Peschken, Goerd, *Karl Friedrich Schinkel. Das architektonische Lehrbuch*, bearb. von
Goerd Peschken. Deutscher Kunstverlag, München/Berlin 1979

Peters, Sibylle, *Populäre Grazie: Die Theaterfede der Berliner Abendblätter*. In: Klaus
Gerlach, *Der gesellschaftliche Wandel um 1800 und das Berliner Nationaltheater*,
a. a. O., S. 359–372

Petzel, Jörg, *Teufelspuppen, brennende Perücken, Magnetiseure, Hüpf- und Schwungmeister. E. T. A. Hoffmann in Berlin*. Kleist-Museum, Frankfurt (Oder) 2015

Pikulit, Lothar, *Frühromantik. Epoche – Werke – Wirkung*. 2. Auflg., Verlag C. H.
Beck, München 2000

Planert, Ute, *Carl Friedrich Zelter zwischen Aufklärung, Napoleonverehrung und preußischem Patriotismus*. In: *Integer vitae. Die Zeltersche Liedertafel als kulturgeschichtliches Phänomen 1809–1832*, Wehrhahn Verlag, Hannover 2014, S. 169–
192

Pöthe, Zitha, *Perikles in Preußen. Die Politik Friedrich Wilhelm II. im Spiegel des Brandenburger Tores*. Verlag EPUBLI, Berlin 2014

Preisendörfer, Bruno, *Als Deutschland noch nicht Deutschland war. Reise in die Goethezeit*. Verlag Galiani, Berlin 2015

*Propyläen. Eine periodische Zeitschrift*. Hrsg. von Johann Wolfgang von Goethe,
Bd. 3, 2. Stück. Tübingen in der J. G. Cotta'schen Buchhandlung 1800

Pundt, Hermann G., *Schinkels Berlin*, Lizenzausgabe für die Komet MA-Service
und Verlagsgesellschaft mbH, Frechen 2002


Raabe, Paul, *Wolfenbüttel und Braunschweig. Herzogin Anna Amalias Lebenshintergrund*. In: Lothar Ehrlich, Georg Schmidt (Hrsg.), *Ereignis Weimar-Jena. Gesellschaft und Kultur um 1800 im internationalen Kontext*, a. a. O., S. 145–156

Reinkemeier, Peter, *Tiecks dramaturgisches Schaffen in Berlin*. In: Claudia Stockinger, Stefan Scherer (Hrsg.), *Ludwig Tieck. Leben – Werk – Wirkunng*, Walter de
Gruyter, Berlin/Boston 2016, S. 417–422

Ribbe, Wolfgang, *Geschichte Berlins*. Bd. 1: *Von der Frühgeschichte bis zur Industrialisierung*. Verlag C. H. Beck, München 1987

Rosenstrauch, Hazel, *Wahlverwandt und ebenbürtig. Caroline und Wilhelm von Humboldt*. Eichborn Verlag, Frankfurt a. M. 2009


Salmen, Walter, *Tieck und die Familie Reichardt*. In: *»Lasst uns, da es uns vergönnt
ist, vernünftig seyn!«. Ludwig Tieck (1773–1853)*. Hrsg. vom Institut für deut-

sche Literatur der Humboldt-Universität zu Berlin unter Mitarbeit von Heidrun Markert. Peter Lang, Europäischer Verlag der Wissenschaften, Bern 2004

Saure, Felix, *Karl Friedrich Schinkel. Ein deutscher Idealist zwischen »Klassik« und »Gotik«.* Wehrhahn Verlag, Hannover 2010

Sauter, Christina M., *Wilhelm von Humboldt und die deutsche Aufklärung.* Verlag Duncker & Humblot, Berlin 1989

*Schadow, Johann Gottfried (Unser Schadow). Gratulation zum 250. Geburtstag.* Schadow Gesellschaft, Berlin 2014

*Schadow, Johann Gottfried 1764–1850.* Katalog: *Bildwerke und Zeichnungen,* bearbeitet von Annegret Janda u. a.. Nationalgalerie, Staatliche Museen zu Berlin, Berlin 1964

*Schadow, Johann Gottfried, Jugend und Aufstieg 1764 bis 1797,* hrsg. von Hans Mackowsky. G. Grote'sche Verlagsbuchhandlung, Berlin 1927

Schadow, Johann Gottfried, *Kunstwerke und Kunstansichten,* Band I-III. Ein Quellenwerk zur Berliner Kunst- und Kulturgeschichte zwischen 1780 und 1845. Kommentierte Neuausgabe von 1849, hrsg. von Götz Eckardt. Deutscher Verlag für Kunstwissenschaft, Berlin 1987

*Schadows Berlin. Zeichnungen von Gottfried Schadow.* Hrsg. von der Stiftung der Akademie der Künste, Berlin 1999

Schiller, Friedrich, *Über Iffland als Lear.* In: Journal von und für Deutschland, 10. Stück, 1784

*Schinkel, Karl Friedrich, Architektur, Malerei, Kunstgewerbe.* Katalog der Ausstellung in der Orangerie des Schlosses Charlottenburg 13. März bis 13. September 1981. Verwaltung der Staatlichen Schlösser und Gärten, Berlin 1981

*Schinkel, Karl Friedrich, Führer zu seinen Bauten.* Bd. I: *Berlin und Potsdam.* Hrsg. für das Schinkelzentrum der Technischen Universität Berlin von Johannes Cramer, Ulrike Laible und Hans-Dieter Nägelke. Deutscher Kunstverlag, München/Berlin 2012

Schinkel, Karl Friedrich, *Reisen nach Italien.* Hrsg. von Gottfried Riemann, Verlag Rütten & Loening, Berlin 1979

*Schinkel, Karl Friedrich, Selbstbiographie, 1825.* In: *Briefe, Tagebücher, Gedanken,* hrsg. von Hans Mackowsky, Propyläen Verlag, Berlin 1922

Schmidt-Hannisa, Hans-Walter, *Traumtheater. Karl Philipp Moritz' Experimentalschauspiel »Blunt oder der Gast«.* In: *»Das Dort ist nun Hier geworden«. Karl Philipp Moritz heute,* hrsg. von Christof Wingertszahn, Wehrhahn Verlag 2010, S. 61–74

Schmitz, Rainer (Hrsg.), *Henriette Herz in Erinnerungen, Briefen und Zeugnissen,* neu ediert von Rainer Schmitz. Die Andere Bibliothek, Berlin 2013

Schmitz, Reiner (Hrsg.), *Die ästhetische Prügeley. Streitschriften der antiromantischen Bewegung.* Wallstein Verlag, Göttingen 1992

Schneider, Sabine, *Die schwierige Sprache des Schönen. Moritz' und Schillers Semiotik der Sinnlichkeit.* Verlag Königshausen & Neumann, Würzburg 1998

Schoeps, Julius H., *Im Kreis der Aufgeklärten. Der Einfluss Moses Mendelssohns und David Friedländers auf die Reformkonzepte Wilhelm von Humboldts.* In: Zeitschrift für Religions- und Geistesgeschichte 3/2010, S. 209–226

Schöne, Albrecht, *Der Briefschreiber Goethe.* Verlag C. H. Beck, München 2015

Schottländer, Johann-Wolfgang (Hrsg.), *Carl Friedrich Zelters Darstellungen seines Lebens.* Band 44. Verlag der Goethe-Gesellschaft, Weimar 1931

Schulte, Christoph, *Die jüdische Aufklärung.* Verlag C. H. Beck, München 2002

Schulz, Gerhard, *Kleist. Eine Biographie.* C. H. Beck Verlag, München 2007

Sedlarz, Claudia, *Die Denkschriften Zelters.* In: Christian Filips (Hrsg.), *Der Singemeister. Carl Friedrich Zelter,* Schott Verlag, Mainz 2009, S. 112–117

Sedlarz, Claudia (Hrsg.), *Die Königsstadt. Stadtraum und Wohnräume in Berlin um 1800.* Wehrhahn Verlag, Hannover 2008

Seemann, Annette, *Weimar. Eine Kulturgeschichte,* Verlag C. H. Beck, München 2012

Sembdner, Helmut (Hrsg.), *Heinrich von Kleists Lebensspuren.* Insel Verlag, Frankfurt a. M. 1992

Sharpe, Lesley, *A National Repertoire.* In: *Schiller, Iffland and the German Stage.* Oxford u. a. 2007

Spiel, Hilde, *Fanny von Arnstein oder die Emanzipation. Ein Frauenleben in der Zeitenwende,* Frankfurt a. M. 1962

Staengle, Peter, *Heinrich von Kleist.* dtv portrait. Deutscher Taschenbuch Verlag, München 1998

Stern, Carola, *Der Text meines Herzens. Das Leben der Rahel Varnhagen.* Rowohlt Verlag, Reinbek bei Hamburg 1994

Sternke, René (Hrsg.), *Böttiger-Lektüren. Die Antike als Schlüssel zur Moderne.* Akademie Verlag, Berlin 2013

Stockinger, Claudia, Scherer, Stefan (Hrsg.), *Ludwig Tieck. Leben – Werk – Wirkung.* Verlag Walter de Gruyter, Berlin/Boston 2016

Stockinger, Claudia, *Zwischen Mendelssohn und Maimon. Moritz und die jüdische Aufklärung in Berlin.* In: *Karl Philipp Moritz in Berlin 1789–1793.* Hrsg. von Ute Tintemann und Christof Wingertszahn. Wehrhahn Verlag, Hannover-Laatzen 2005, S. 249–271

Strobel, Jochen, *Tiecks später Wechsel nach Berlin.* In: Claudia Stockinger, Stefan Scherer (Hrsg.), *Ludwig Tieck. Leben – Werk – Wirkunng,* Walter de Gruyter, Berlin/Boston 2016, S. 116–119

Sydow, Anna von (Hrsg.), *Wilhelm und Caroline von Humboldt in ihren Briefen.* Bd. I: *Briefe aus der Brautzeit 1787–1791.* Mittler Verlag, Berlin 1906; Bd. II: *Von der Vermählung bis zu Humboldts Scheiden aus Rom 1791–1808.* Mittler Verlag, Berlin 1907; Bd. III: *Weltbürgertum und preußischer Staatsdienst. Briefe aus Rom* und *Berlin-Königsberg 1808–1810*. Mittler Verlag, Berlin 1909; Bd. IV: *Federn und Schwerter in den Freiheitskriegen. Briefe von 1812–1815*. Mittler Verlag, Berlin 1910; Bd. V: *Diplomatische Friedensarbeit 1815–1817*. Mittler Verlag, Berlin 1912; Bd. VI: *Im Kampf mit Hardenberg 1817–1819*. Mittler Verlag, Berlin 1913; Bd. VII: *Reife Seelen 1820–1835*. Mittler Verlag, Berlin 1916

Tieck, Ludwig, Brief an Friedrich von Raumer. In: *Briefe und Texte aus dem intellektuellen Berlin um 1800*. Hrsg von Anne Baillot und Johanna Preusse. Berlin, Humboldt-Universität zu Berlin, http://www.berliner-intellektuelle.eu/manuscript?LT-an-FvR_1839–11–09

Tieck, Ludwig, *Der blonde Eckbert*. In: Ludwig Tieck, *Schriften in zwölf Bänden*, hrsg. von Manfred Frank et al., Band 6. Deutscher Klassiker Verlag, Frankfurt a. M. 1985.

Tieck, Ludwig, *Der Gestiefelte Kater*. In: Ludwig Tieck, *Schriften in zwölf Bänden*, hrsg. von Manfred Frank et al., Band 6. Deutscher Klassiker Verlag, Frankfurt a. M. 1985.

Tieck, Ludwig, *Franz Sternbalds Wanderungen*. Verlag Philipp Reclam jun., Stuttgart 1966

Tieck, Ludwig, *William Lovell*. Hrsg. von Walter Münz. Verlag Philipp Reclam jun., Stuttgart 1986

Tintemann, Ute und Wingertszahn, Christof (Hrsg.), *Karl Philipp Moritz in Berlin 1789–1793*. Wehrhahn Verlag, Hannover-Laatzen 2005

Tintemann, Ute und Trabant, Jürgen (Hrsg.), *Wilhelm von Humboldt: Universalität und Individualität*. Wilhelm Fink Verlag, München 2012

Trabant, Jürgen, *Apeliotes oder Der Sinn der Sprache. Wilhelm von Humboldts Sprach-Bild*, Fink Verlag, München 1986

Trabant, Jürgen, *Traditionen Humboldts*, Suhrkamp Verlag, Frankfurt a. M. 1990

Trabant, Jürgen, *»Weltansichten«. Wilhelm von Humboldts Sprachprojekt*. Verlag C. H. Beck, München 2012

Trabant, Jürgen, *Wilhelm von Humboldt. Das große Lesebuch*, Fischer Verlag, Frankfurt a. M. 2010

Tree, Stephen, *Moses Mendelssohn*. Rowohlt Taschenbuch Verlag, Reinbek bei Hamburg 2007

Trempler, Jörg, *Karl Friedrich Schinkel. Baumeister Preußens*. Verlag C. H. Beck, München 2012

Unger, Johann Friedrich: *Johann Friedrich Unger im Verkehr mit Goethe und Schiller: Briefe und Nachrichten*. Mit einer einleitenden Übersicht über Ungers Verlegertätigkeit von Flodoard Freiherr von Biedermann. Verlag H. Berthold, Berlin 1927

Wackenroder, Wilhelm Heinrich, *Herzensergießungen eines kunstliebenden Kloster-bruders*, anonym erschienen bei Johann Friedrich Unger, Berlin 1796

Wackenroder, Wilhelm Heinrich, *Sämtliche Werke und Briefe*. Historisch-kritische Ausgabe, hrsg. von Silvio Vietta und Richard Littlejohns, 2 Bände. Carl Winter Universitätsverlag, Heidelberg 1991

Wahnrau, Gerhard, *Berlin Stadt der Theater*. Henschel Verlag, Berlin 1957

Wahren, Reinhard, *Baukünstler und Ingenieur. Eine Berliner Freundschaft. Karl-Friedrich Schinkel und Christian Peter Wilhelm Beuth*. Hendrik Bäßler Verlag, Berlin 2016

Wälzholz, Joseph, *Der asoziale Aufklärer. Salomon Maimons »Lebensgeschichte«*. Wallstein Verlag, Göttingen 2016

Wiedemann, Conrad, *Böttiger trifft Schadow. Fachgeschichtliche und kulturtopographische Voraussetzungen des Briefwechsels zwischen Karl August Böttiger und Johann Gottfried Schadow*. In: René Sternke (Hrsg.), *Böttiger-Lektüren. Die Antike als Schlüssel zur Moderne*. Akademie Verlag, Berlin 2013, S. 1–28

Wiedemann, Conrad, *Das Archiv, die Stadt und die »Wonne des Lernens«. Annäherungsversuche an einen Berliner Vereinsnachlass der klassischen Zeit«*. In: Uta Motschmann, *Schule des Geistes, des Geschmacks und der Geselligkeit. Die Gesellschaft der Freunde der Humanität (1797 – 1861)*. Wehrhahn Verlag, Hannover 2009, S. XI–XXXIII

Wiedemann, Conrad, *Das Stottern des Jupiterdiskurses. Ein genealogischer Versuch über die andere Klassik von Berlin*. In: *Die europäische République des lettres in der Zeit der Weimarer Klassik*. Hrsg. von Michael Knoche und Lea Ritter-Santini. Wallstein Verlag, Göttingen 2007, S. 65–82

Wiedemann, Conrad, *Der Chorgeist*. In: Der Tagesspiegel, Berlin 19.08.2011

Wiedemann, Conrad, *Die Liebesbriefe Friedrich Wilhelm II. von Preußen an Wilhelmine Enke*. In: *Der Liebesbrief. Schriftkultur und Medienwechsel vom 18. Jahrhundert bis zur Gegenwart*. Hrsg. von Renate Stauf et al. Verlag Walter de Gruyter, Berlin/New York 2008, S. 61- 80

Wiedemann, Conrad, *Die Liedertafel-Gründung im Licht des Briefwechsels zwischen Goethe und Zelter*. In: *Integer vitae. Die Zeltersche Liedertafel als kulturgeschichtliches Phänomen 1809–1832*. Hrsg. von Axel Fischer und Matthias Kornemann. Wehrhahn Verlag, Hannover 2014, S. 105–146

Wiedemann, Conrad, *Die Klassizität des Urbanen*. In: *Kanonbildung. Protagonisten und Prozesse der Herstellung kultureller Identität*. Hrsg. von Robert Charlier und Günther Lottes. Wehrhahn Verlag 2009, S. 121–139

Wiedemann, Conrad, *Die wilden Lebensläufe von Berlin*. In: *Kennen Sie Preußen – wirklich? Das Zentrum »Preußen – Berlin« stellt sich vor*. Akademie Verlag, Berlin 2009, S. 111–122

Wiedemann, Conrad, *Ein Denkmal für Lessing und Moses Mendelsohn*. In: *Moses*

Mendelssohn, hrsg. von Heinz Ludwig Arnold und Cord-F. Berghahn, Edition Text und Kritik, München 2011, S. 169ff.

Wiedemann, Conrad, Goethe in Berlin. In: Ders., Grenzgänge. Studien zur europäischen Literatur und Kultur. Universitätsverlag Winter, Heidelberg 2005, S. 355–360

Wiedemann, Conrad, Humboldts Agamemnon-Übersetzung. Vortrag in der Berlin-Brandenburgischen Akademie der Wissenschaften am 21. Juni 2017

Wiedemann, Conrad, Karl Philipp Moritz und der Geist der Urbanität. In: »Das Dort ist nun Hier geworden«. Karl Philipp Moritz heute. Hrsg. von Christoph Wingertszahn, Wehrhahn Verlag, Hannover 2010, S. 11–26

Wiedemann, Conrad, Kotzebue zwischen Goethe und Pikard. »Die deutschen Kleinstädter« als Weimarer Affäre. In: August von Kotzebue im estnisch-deutschen Dialog, hrsg. von Klaus Gerlach, Harry Liivrand und Kristel Pappel. Wehrhahn Verlag, Hannover 2016, S. 183 – 212

Wiedemann, Conrad, »raffinierte kunst des umgangs«. Ichfindung in den frühen Reisetagebüchern Wilhelm von Humboldts. In: Ute Tintemann, Jürgen Trabant (Hrsg.), Wilhelm von Humboldt: Universalität und Individualität. Wilhelm Fink Verlag, München 2012

Wiedmann, Conrad, Wie rekonstruiert man eine vergessene Großstadtkultur? In: Beiträge zum Akademievorhaben Berliner Klassik. Berichte und Abhandlungen. Band 10. Akademie Verlag, Berlin 2006, S. 223–237

Wiedemann, Conrad, Zum Geleit. In: Carl Friedrich Zelter. Der Singemeister. Hrsg. von Christian Filips, Schott Verlag, Mainz 2009, S. 15–18

Wilhelmy-Dollinger, Petra, Die Berliner Salons, Verlag Walter de Gruyter, Berlin 2000

Winckelmann, Johann Joachim, Gedanken über die Nachahmung der griechischen Werke in der Malerey und Bildhauerkunst. 2. vermehrte Auflage. Waltherische Handlung, Dresden und Leipzig 1756

Wingertszahn, Christof, Anton Reiser und die »Michelein«. Neue Funde zum Quietismus im 18. Jahrhundert. Wehrhahn Verlag, Hannover 2002

Wingertszahn, Christoph (Hrsg.), »Das Dort ist nun Hier geworden«. Karl Philipp Moritz heute. Wehrhahn Verlag, Hannover 2010

Wolff, Christoph, A Bach Cult in Late-Eighteenth-Century Berlin: Sara Levy's Musical Salon. Bulletin of the American Academy, Spring 2005

Wolff, Eberhard, Am Rande der jüdischen ›Selbstverleugnung‹? Marcus Herz als jüdischer Arzt zwischen religiöser Befreiung und kulturellem Verlust. In: Hannah Lotte Lund, Ulrike Schneider, Ulrike Wels (Hrsg.), Die Kommunikations-, Wissens- und Handlungsräume der Henriette Herz (1764–1847). V&R unipress, Göttingen 2017, S. 101–113

Wolff, Eberhard, Medizin und Ärzte im deutschen Judentum der Reformära. Die Architektur einer modernen jüdischen Identität. Vandenhoek & Ruprecht, Göttingen 2014

Wolzogen, Christoph von, *Karl Friedrich Schinkel. Unter dem bestirnten Himmel.* Verlag H. W. Fichter, Frankfurt a. M. 2016

Zelter, Carl Friedrich: *Carl Friedrich Fasch 1736 – 1800.* Verlag Johann Friedrich Unger, Berlin 1801

Zelter, Carl Friedrich, *Kurzer Lebenslauf.* In: Christian Filips (Hrsg.), *Der Singemeister. Carl Friedrich Zelter,* Schott Verlag, Mainz 2009, S. 8–10

Zimmermann, Carola Aglaia, *Die »Lieblingsidee« von Carl Gotthard Langhans. Festsäle in Berlin und Potsdam als Variationen über Rechteck und Oval.* In: *Die Königsstadt. Stadtraum und Wohnräume in Berlin um 1800.* Wehrhahn Verlag, Hannover 2008, S. 135–168

Zschocke, Helmut, *Die Berliner Akzisemauer.* Berlin Story Verlag, Berlin 2007

Zybura, Marek, *Ludwig Tieck als Übersetzer und Herausgeber. Zur frühromantischen Idee einer »deutschen Weltliteratur«.* Universitätsverlag Carl Winter, Heidelberg 1994

# Bildnachweise

Abdruck des Gemäldes »Lessing und Lavater zu Gast bei Moses Mendelssohn« von Moritz Daniel Oppenheim mit der freundlichen Genehmigung des Judah Magnes Museum, Berkley, Kalifornien (Gift of Vernon Stroud, Eva Linker, Gerda Mathan, Ilse Feiger and Irwin Straus in memory of Frederick and Edith Straus, The Magnes Collection of Jewish Art and Life, University of California, Berkeley). Abdruck des Bühnenbildes »Die Sternenhalle der Königin der Nacht« von Karl Friedrich Schinkel mit freundlicher Genehmigung der Bildagentur für Kunst, Kultur und Geschichte (bpk), Kupferstichkabinett, Staatliche Museen zu Berlin, Jörg P. Anders. Abdruck des Kupferstiches »Altes Museum Berlin. Perspektivische Ansicht am Lustgarten« von Friedrich Alexander Thiele mit freundlicher Genehmigung der Bildagentur für Kunst, Kultur und Geschichte (bpk), Kupferstichkabinett, Staatliche Museen zu Berlin, Volker-H. Schneider. Abdruck der Radierung »Geselligkeit bei Rahel Varnhagen« von Erich Simon mit freundlicher Genehmigung der Bildagentur für Kunst, Kultur und Geschichte (bpk). Abdruck der Zeichnung »Gottfried Schadow in einer Arbeitspause« von Friedrich Georg Weitsch mit freundlicher Genehmigung der Bildagentur für Kunst, Kultur und Geschichte (bpk), Kupferstichkabinett, Staatliche Museen zu Berlin, Dietmar Katz. Abdruck des Gemäldes »August Wilhelm Iffland in der Rolle des Pygmalion in Jean Jacques Rousseaus gleichnamigem Bühnenstück« von Anton Graff mit freundlicher Genehmigung der Bildagentur für Kunst, Kultur und Geschichte (bpk), Stiftung Preußische Schlösser und Gärten Berlin-Brandenburg, Wolfgang Pfauder. Abdruck des Gemäldes »Karl Philipp Moritz« von Karl Franz Jakob Heinrich Schumann mit freundlicher Genehmigung der Bildagentur für Kunst, Kultur und Geschichte (bpk), Das Gleimhaus, Halberstadt, Ulrich Schrader. Abdruck von Schadows Zeichnung aus dem Jahr 1808 mit freundlicher Genehmigung der Akademie der Künste, Berlin, Kunstsammlung, Inv.-Nr.: Schadow 389. Abdruck von Eduard Mauch, »Die Singakademie in Berlin«, Berlin, um 1825, Inv.-Nr.: VII 65/1 w mit freundlicher Genehmigung der Stiftung Stadtmuseum Berlin, Reproduktion: Christel Lehmann, Berlin. Abdruck des Gemäldes »Der Kreuzberg bei Berlin« von Johann Heinrich Hintze, 1829, GK I 4388, Eigentum des Hauses Hohenzollern, SKH Georg Friedrich Prinz von Preußen (Vorsatz) mit freundlicher Genehmigung der Stiftung Preußische Schlösser und Gärten (SPSG), Wolfgang Pfauder.

# Danksagung

Mein besonderer Dank gilt Professor Conrad Wiedemann, der dieses Projekt stets mit wohltuendem Interesse förderte.

Dankbar bin ich zudem folgenden Personen, die mich mit unerwartetem und selbstlosem Engagement unterstützt haben: Cord-Friedrich Berghahn, Michael Bienert, Günter Blamberger, Christian Filips, Klaus Gerlach, Barbara Hahn, Petra Hardt, Sibylle Lewitscharoff, Peter Merseburger und Johanna Preusse.

Meinem Verleger und Lektor Wolfgang Hörner danke ich für die außergewöhnlich konstruktive Betreuung des gesamten Projekts.

# Personenregister

C. Jäck sculp: